GABLER
KOMPAKT
LEXIKON
WIRTSCHAFT

GABLER KOMPAKT LEXIKON WIRTSCHAFT

7., vollständig überarbeitete und erweiterte Auflage

GABLER

Die Deutsche Bibliothek – CIP-Einheitsaufnahme

Gabler Kompakt-Lexikon Wirtschaft. – 7., vollst. überarb. und erw. Aufl. – Wiesbaden : Gabler, 1998
6. Aufl. u.d.T.: Gabler Lexikon Wirtschaft
ISBN 3-409-99167-0

1. Auflage 1980
2. Auflage 1982
3. Auflage 1986
4. Auflage 1989
5. Auflage 1991
6. Auflage 1995
7. Auflage 1998

1. und 2. Auflage unter dem Titel „Schüler-Lexikon Wirtschaft"; 3. bis 5. Auflage unter dem Titel „Kleines Lexikon Wirtschaft"; 6. Auflage unter dem Titel „Lexikon Wirtschaft"

Lektorat und Redaktion: Ute Arentzen, Thorsten Hadeler

Der Gabler Verlag ist ein Unternehmen der Bertelsmann Fachinformation GmbH.

http://www.gabler-online.de

Satz: Fotosatz L. Huhn, Maintal-Bischofsheim
Druck und Bindung: Elsnerdruck, Berlin
Printed in Germany

ISBN 3-409-99167-0

Vorwort

Von wirtschaftlichen Fragestellungen ist heute jeder betroffen – sei es in der Ausbildung, im Berufsleben oder einfach beim Zeitunglesen. Nicht jeder kann jedoch auf eine breite wirtschaftliche Vorbildung zurückgreifen. So steht man in der täglichen Informationsflut einer großen Zahl von unbekannten Begriffen gegenüber, die es zu kennen und zu verstehen gilt.

Hier hilft das GABLER KOMPAKT-LEXIKON WIRTSCHAFT weiter. Es bietet die wichtigsten Kurzinformationen zu gebräuchlichen Begriffen des Wirtschaftslebens. In mehr als 2.500 Stichwörtern werden alle Bereiche der Betriebs- und der Volkswirtschaft berücksichtigt.

Die erfahrene Gabler Lexikon-Redaktion hat mit Unterstützung ausgewählter Fachautoren dieses Werk für die 7. Auflage komplett überarbeitet und aktualisiert. Für Ihre Mitarbeit danken wir insbesondere Herrn Hans Joachim Beckers, Herrn Norbert Dautzenberg, Frau Britta Dutz, Herrn Dietmar Grichnik, Herrn Jochen Koch, Herrn Dr. Andreas Otto und Herrn Dr. Eggert Winter.

Die Gabler Lexikon-Redaktion

Abkürzungsverzeichnis

Abs.	Absatz
Abk.	Abkürzung
AFG	Arbeitsförderungsgesetz
BGB	Bürgerliches Gesetzbuch
BGH	Bundesgerichtshof
BImSchG	Bundes-Immissionsschutzgesetz
EG	Europäische Gemeinschaften
engl.	englisch
EU	Europäische Union
evtl.	eventuell
frz.	französisch
GewO	Gewerbeordnung
GG	Grundgesetz
GmbH	Gesellschaft mit beschränkter Haftung
grds.	grundsätzlich
griech.	griechisch
HGB	Handelsgesetzbuch
i.d.R.	in der Regel
i.e.S.	im engeren Sinn
i.S.v.	im Sinne von
i.w.S.	im weiteren Sinn
JGG	Jugendgerichtsgesetz
lat.	lateinisch
OLG	Oberlandesgericht
SGB	Sozialgesetzbuch
sog.	sogenannte(r) (s)
StPO	Strafprozeßordnung
urspr.	ursprünglich
u.U.	unter Umständen
vgl.	vergleiche
VwGO	Verwaltungsgerichtsordnung
z.T.	zum Teil
ZPO	Zivilprozeßordnung

Erläuterungen für den Benutzer

1. Unter einem aufgesuchten Stichwort ist die speziell diesen Begriff erläuternde, gründliche Erklärung zu finden, die dem Benutzer sofort erforderliches Wissen ohne mehrmaliges Nachschlagen vermittelt. Die zahlreichen Verweiszeichen (↑) erlauben es dem Leser, sich nicht nur umfassend über einen Begriff, sondern auch über dessen Einordnung in größere Zusammenhänge zu unterrichten. Synonyme sind mit „auch" gekennzeichnet.

2. Die alphabetische Reihenfolge ist – auch bei zusammengesetzten Stichwörtern – strikt eingehalten. Dies gilt sowohl für Begriffe, die durch Bindestriche verbunden sind, als auch für solche, die aus mehreren, durch Leerzeichen getrennten Wörtern bestehen. So steht z. B. „Computer-Generationen" vor „Computersprache" und „Europäisches Währungssystem" vor „Europäische Union". Ziffern, Symbole und Sonderzeichen werden durch das jeweilige „Wort" bestimmt (z. B. „@" entspricht „at").

3. Zusammengesetzte Begriffe sind in der Regel unter dem Adjektiv alphabetisch eingeordnet. Wird das gesuchte Wort unter dem Adjektiv nicht gefunden, empfiehlt es sich, das Substantiv nachzuschlagen.

4. Substantive sind in der Regel im Singular aufgeführt.

5. Die Umlaute ä, ö, ü wurden bei der Einordnung in das Abc wie die Grundlaute a, o, u behandelt; ß wurde in ss aufgelöst.

6. Geläufige Synonyme und anglo-amerikanische Termini werden jeweils am Anfang eines Stichwortes aufgeführt. Querverweise gewährleisten auf jeden Fall das Auffinden der Begriffserläuterungen.

A

Abandon

Aufgabe eines Rechts oder einer Sache mit der Absicht, dadurch von einer Verpflichtung (meistens zur Zahlung) entbunden zu sein. Abandonrechte finden sich vor allem im Handelsrecht.

Abbuchungsauftrag

Verfahren zur Begleichung von Rechnungen. Die Bank wird vom Kontoinhaber beauftragt, Rechnungen vom Berechtigten zu begleichen (rückläufige Überweisung, Bankquittung, Lastschrift). Die Initiative geht vom Zahlungsempfänger aus, der vom Zahlungspflichtigen aufgefordert wird,die Rechnungen unmittelbar bei der Bank vorzulegen.

ABC-Analyse

Verfahren zur Klassifizierung von Gesamtheiten. Erstmals 1951 verwendet zur Klassifizierung von Lagerartikeln in der Materialwirtschaft. Dort wird üblicherweise anhand des Kriteriums des wertmäßigen Jahresverbrauchs pro Artikel eine eindeutige Teilerangfolge ermittelt. I.d.R. ergibt sich eine Ungleichverteilung: 20 % der Lagerartikel repräsentieren 80 % des Lagerverbrauchs- oder -bestands bzw. mit 20 % der Artikel wird 80 % des Gesamtumsatzes erzielt. Damit werden die Prioritäten für die Materialwirtschaft klar: den größten Rationalisierungserfolg verspricht die exakte Disposition der A-Artikel. Die B- und C-Teile sollten mit geringerem Aufwand disponiert werden. Die ABC-A. wird häufig gekoppelt mit RSU-Analyse.

Abfallentsorgung

Oberbegriff für Abfallbeseitigung (einschl. Ablagerung) und -verwertung. Wichtige Grundsätze gemäß Kreislaufwirtschafts- und Abfallgesetz: Vorrang der Abfallverwertung vor der Abfallbeseitigung; dauerhafter Ausschluß von nicht verwertbaren Abfällen aus der Kreislaufwirtschaft; Abfallbeseitigung ohne Beeinträchtigung des Wohls der Allgemeinheit. ↑ Entsorgung.

Abfindung

Einmalige Geldleistung an eine Person, um damit einen Rechtsanspruch dieser Person abzugelten.

1. A. an einen *Arbeitnehmer* nach dem Kündigungsschutzgesetz, wenn bei einer sozial ungerechtfertigten Kündigung durch Gerichtsbeschluß das Arbeitsverhältnis gelöst wird. Die Höhe richtet sich nach der Dauer der Betriebszugehörigkeit und nach dem Lebensalter.
2. A. im Rentenrecht an *Witwen* im Falle ihrer Wiederverheiratung.
3. A. an einen ausscheidenden *Gesellschafter einer Personengesellschaft.*

Abfragesprache

Einfache Verständigungssprache für Benutzer von Computern. Die Formulierungen ähneln der Umgangssprache, sind ohne besondere Programmierkenntnisse anwendbar und dienen der Abfrage von Inhalten einer ↑ Datenbank.

Abgaben

Sammelbegriff für Pflichtzahlungen von Einzelpersonen und sonstigen Rechtspersonen an Bund, Länder und Gemeinden. Insbesondere gehören zu den A. die ↑ Steuern, deren Rechtsgründung in der Abgabenordnung (AO), auch Grundgesetz des Steuerrechts genannt, zu finden ist, und der ↑ Zoll. Im weiteren Sinne zählen dazu die Gebühren, die bei gewissen Leistungen des Staates an den Bürger erhoben werden, z.B. für das Ausstellen von Urkunden.

Abgabenordnung (AO)
Ein „Grundgesetz des Steuerrechts", in dem bestimmte Regeln, Begriffsdefinitionen und Grundsätze für zahlreiche Steuerarten einheitlich festgelegt sind, damit man diese Bestimmungen nicht in jedem einzelnen Steuergesetz immer wiederholen muß. Wenn ein Steuergesetz etwas nicht regelt, sollte also immer ergänzend die AO herangezogen werden.

Abgeld
↑ Disagio.

abgestimmtes Verhalten
Ein nach dem Kartellgesetz verbotenes Verhalten von Unternehmungen, zur gleichen Zeit etwas zu tun oder zu unterlassen, ohne eine vertragliche Vereinbarung geschlossen zu haben (formlose Absprache).

Abgrenzung
↑ Rechnungsabgrenzung.

abhängig Beschäftigte
Sammelbegriff für alle unselbständig ↑ Erwerbstätigen. Sie werden unterteilt in Angestellte, Arbeiter und Beamte.

Ablauforganisation
Räumliche und zeitliche Abstimmung der Arbeitsvorgänge einer Organisation. *Gegensatz*: ↑ Aufbauorganisation.

Ablaufplanung
↑ Produktionsprozeßplanung.

ABM
Abk. für ↑ Arbeitsbeschaffungsmaßnahmen.

Abrechnung
↑ Clearing.

Absatz
Unterschiedlich verwendeter Begriff:
1. A. ist die letzte Stufe der betrieblichen *Leistungserstellung* und umfaßt Tätigkeiten wie Absatzplanung, Werbung, Vertrieb.
2. A. ist die *Menge* der in einem bestimmten Zeitraum verkauften Güter.
3. A. ist die *Menge* dieser Waren, multipliziert mit ihrem *Preis*. In diesem Fall ist der Begriff A. gleichbedeutend mit dem Ausdruck ↑ Umsatz.

Absatzhelfer
Rechtlich und wirtschaftlich selbständige Personen oder Institutionen im Distributionsprozeß ohne Übernahme voller Handelsfunktion, z.B. Spediteure, Lagerhalter, Reeder, Kommissionäre, Makler, Handelsvertreter, Reisende; auch Marktforschungsinstitute, Werbeagenturen, Banken, Sparkassen, Inkassogemeinschaften, Leasinggesellschaften, Factoringunternehmen.

Absatzmittler
Rechtlich und wirtschaftlich selbständige Absatzorgane, die als Elemente der Absatzkette bzw. des indirekten Vertriebs von Lieferanten Produkte kaufen und ohne wesentliche Be- oder Verarbeitung (Manipulation) oder Einbau in andere Produkte an andere A. oder Endkäufer verkaufen.

Absatzpolitik
Umfaßt alle Maßnahmen eines Unternehmens, die den Vertrieb der Produkte und Dienstleistungen fördern. Sie beinhaltet nicht die Neuentwicklung oder Angleichung des Leistungsangebotes an die Wünsche und Bedürfnisse der jeweiligen ↑ Zielgruppe, sondern versucht lediglich für bereits vorhandene Produkte und Dienstleistungen bestehende Kunden zu halten und neue Abnehmer zu akquirieren (↑ Akquisition). – Vgl. ↑ Marketing.

Absatzwege
↑ Vertriebswege.

Abschlag
↑ Teilzahlung.

Abschnittsschlußverkauf
↑ Schlußverkauf.

Abschöpfung
Abgabe auf Ein- und Ausfuhren im Rahmen der EU-Agrarpolitik. Sind die EU-Preise höher (niedriger) als die Preise auf dem Weltmarkt, wird auf die Ausfuhr (Einfuhr) A. erhoben, um das EU-Preisniveau zu halten (um eine Unterversorgung in der EU zu verhindern).

Abschöpfungspreispolitik
Politik der hohen Preise bei der Einführung eines neuen Produktes (scrimming pricing), um bei der sich anschließenden Einführung von Konkurrenzprodukten die Preise wieder zu senken. Mögliche Ziele sind: Schnelle Amortisation der Entwicklungskosten; Abschöpfen der Kundengruppe, die stets als erste ein neues Produkt kauft, um dadurch den sozialen Status zu erhöhen (Innovatoren); Vorbeugen anfänglicher Kapazitätsengpässe durch künstliche Nachfragesenkung.

Abschreibung
1. *Betriebswirtschaftlicher Begriff*, der die Verteilung der Anschaffungs- oder Herstellkosten eines abnutzbaren Gegenstandes des Anlagevermögens auf die einzelnen Geschäftsjahre beinhaltet. Durch Gebrauch und Veralterung verliert ein Vermögensgut an Wert. Damit der Unternehmer in die Lage versetzt wird, bei völliger Abnutzung der alten Anlage sich durch Steuerersparnis eine neue kaufen zu können (Reinvestition), gibt es die Möglichkeit der A. I.w.S. werden auch Wertminderungen durch sonstige Abwertungsgebote oder -wahlrechte bei Anlage- und Umlaufvermögen erfaßt (z.B. A. auf Forderungen). ↑ Erhöhte Absetzungen, ↑ Sonderabschreibung.
2. *Steuerrecht*: a) Für die *Bemessung* der A. in der Steuerbilanz liefern die Finanzämter sogenannte *AfA (Absetzung für Abnutzungs)-Tabellen*. Darin sind die Zeiten enthalten, über die ein Anlagegut abgeschrieben werden darf (betriebsgewöhnliche Nutzungsdauer). Daneben gibt es die *AfaA* (*Absetzung für außergewöhnliche technische oder wirtschaftliche Abnutzung*) und im Falle von Bergbauunternehmen usw. die *AfS* (*Absetzung für Substanzverringerung*). – b) *Abschreibungsmethoden*: Die A. kann *linear*, d.h. gleichbleibend jedes Jahr vom Anschaffungswert vorgenommen werden, oder *degressiv* (genauer: geometrisch-degressiv), d.h. fallend, immer vom Restbuchwert berechnet werden. – c) *Abschreibungsarten*: *bilanzielle* A. und *kalkulatorische* A. Erstere wählt die steuerlich kürzeste Abschreibungszeit, um so schnell wie möglich das investierte Kapital durch Steuerersparnis zurückzubekommen. Die Kalkulation hingegen geht vom Wiederbeschaffungswert und von der tatsächlichen Nutzungszeit aus, um reale Preise kalkulieren zu können.
3. *Volkswirtschaftlicher Begriff* bei der Ermittlung der ↑ Investitionen.

Abschwung
↑Konjunkturphasen.

Absetzung für Abnutzung (AfA)
↑Abschreibung.

Absonderung
Das Recht eines Gläubigers, im Konkursfall eine vorzugsweise Befriedigung eines Anspruchs zu erlangen. Hierzu benötigt er ein Pfand oder ein pfandähnliches Recht an einem zur Konkursmasse gehörenden Gegenstand (§§ 47, 49 KO, ab 1.1.1999 §§ 49, 50 InsolvenzOrdnung (InsO)).

Abteilung
Subsystem einer Organisation, bestehend aus mehreren ↑ Stellen und einer ↑ Instanz mit gemeinsamer Aufgabe.

Ab Werk
Lieferbedingung, die bestimmt, daß der

Abnehmer den Warentransport auf eigene Kosten und auf eigenes Risiko übernimmt. ↑ Incoterms.

Abwertung

Wertverlust einer Währung im Vergleich zu einer anderen Währung. Eine Erhöhung des nominellen ↑ Wechselkurses in der Preisnotierung (z.B. DM/$) bzw. ein Rückgang in der Mengennotierung ($/DM) entspricht einer A. der Inlandswährung. Der ↑ Außenwert der Inlandswährung sinkt. – *Folgen:* Ausländer benötigen weniger eigenes Geld, um eine Einheit der abgewerteten Währung zu erhalten (die DM wird billiger). Inländer hingegen müssen beim Umtausch in ausländisches Geld mehr eigene Währungseinheiten aufwenden (der $ wird teurer). Die mit der A. der heimischen Währung einhergehende Verteuerung aller Auslandswährungen bedeutet somit z.B. bei ungeänderten Auslandspreisen in Auslandswährung eine Preiserhöhung für Auslandsgüter, gerechnet in Inlandswährung (Verteuerung der ↑ Einfuhren; entsprechend Verbilligung der ↑ Ausfuhren). – *Gegensatz*: ↑ Aufwertung.

Abwicklung

Auch: *Liquidation*. Die A. hat die Aufgabe, nach Auflösung einer Handelsgesellschaft die persönlichen und vermögensrechtlichen Bindungen der Gesellschafter zu lösen, um so die Vollbeendigung der Gesellschaft herbeizuführen. Die Auflösung kann auf einem Gesellschaftsbeschluß, Zeitablauf, in Personengesellschaften auf dem Tod eines vollhaftenden Gesellschafters, Konkurs (ab 1.1.1999 Insolvenz) der Gesellschaft oder Konkurs (ab 1.1.1999 Insolvenz) über das Vermögen eines Gesellschafters beruhen, soweit der Gesellschaftsvertrag nichts Abweichendes bestimmt.

Abzahlungsgeschäft

Ein Geschäft, bei dem der Käufer den Kaufpreis nicht in einer Summe, sondern in Teilzahlungen leistet (Ratenkauf, Ratenzahlung). Dafür behält sich der Verkäufer i.d.R. das Eigentum an der Sache solange vor, bis die Ware endgültig bezahlt ist. Häufig ist eine ↑ Anzahlung bei Übergabe der Ware bzw. bei der Bestellung zu entrichten, bevor die eigentliche Ratenzahlung einsetzt. Gesetzliche Regelung: Verbraucherkreditgesetz. Dieses sieht vor:

1. Der Käufer hat ein absolutes Rücktrittsrecht innerhalb einer Woche. Es hat schriftlich zu erfolgen. Gründe brauchen nicht angegeben zu werden. Jedoch müssen Aufwendungen und Abnutzungen des Gegenstandes abgegolten werden. Auf dieses Recht muß der Verkäufer den Käufer hinweisen. Die Frist beginnt erst nach vom Verbraucher extra zu unterschreibender Belehrung über sein Widerrufsrecht.
2. Im notwendigen schriftlichen Kaufvertrag müssen der Barzahlungspreis, der Teilzahlungspreis, der Betrag, die Anzahl und die Fälligkeit der einzelnen Teilzahlungen und der effektive Jahreszins aufgeführt sein.

Abzugssteuern

Steuern, die die auszahlende Stelle eines Ertrags oder einer Einkunftsart anstelle des steuerpflichtigen Empfängers direkt für diesen an die Finanzbehörde abführt. Auch als *Quellensteuer* bezeichnet, da der Abzug i.d.R. an der Ertrags- bzw. Einkunftsquelle erfolgt. – *Arten*: ↑ Lohnsteuer, ↑ Kapitalertragsteuer.

Access-Provider

(Engl. = Zugangs-Anbieter) Auch: *Service-Provider.* Dienstleister, der eine Online-Verbindung (↑ Online) zu einem ↑ Datennetz ermöglicht.

Account

Zugangsberechtigung zu ↑ Online-Diensten; ermöglicht den Zugang zum Internet über einen ↑ Access-Provider. Ein A. besteht aus dem Namen oder einer besonderen Kennung (Username oder

Zahlen/Buchstabencode) und einem Kennwort.

activity based costing
Amerikan. Bezeichnung für ↑ Prozeßkostenrechnung.

Adresse
Kennzeichnung eines Speicherplatzes im ↑ Arbeitsspeicher eines Computers. Mit Hilfe einer A. können der Inhalt eines bestimmten Speicherplatzes gefunden bzw. Daten dort abgelegt werden.

after-sales services
Technische und kaufmännische Dienstleistungen nach dem Kauf (Kundendienst), z.B. Schulung des Bedienungspersonals, Wartungs- und Reparaturdienste. Von großer Bedeutung für die Angebotsdifferenzierung und das Schaffen eines akquisitorischen Potentials bei komplexen und erklärungsbedürftigen Produkten und Produktverbunden, insbes. des Investitionsgüterbereichs.

AG
Abk. für ↑ Aktiengesellschaft.

AGB
Abk. für ↑ Allgemeine Geschäftsbedingungen.

Aggregation
Zusammenfassung mehrerer Einzelgrößen hinsichtlich eines Merkmals, um Zusammenhänge zu gewinnen. Beispiel: Die Nachfrage der einzelnen Haushalte wird zur Gesamtnachfrage zusammengefaßt.

Agio
(Ital. = Aufgeld); der Betrag, der bei Ausgabe von Aktien über dem Nennwert gezahlt wird. Das A. muß nach Aktiengesetz in die gesetzliche Rücklage eingesetzt werden. *Beispiel*: Nennwert einer Aktie 100 DM, erreichter Börsenkurs 120 DM, Agio 20 DM. – *Gegensatz*: ↑ Disagio.

Agrarpolitik
Wirtschaftspolitische Maßnahmen, die auf die Erhaltung und Förderung der landwirtschaftlichen Leistungskraft ausgerichtet sind. Binnenwirtschaftlich findet sie ihren Niederschlag in der bevorzugten Besteuerung der Landwirte, der teilweise begünstigten Vergabe von Krediten und der allgemeinen Subventionierung landwirtschaftlicher u. forstwirtschaftlicher Betriebe. Die ausreichende Versorgung der deutschen Volkswirtschaft mit Nahrungsmitteln ist in der EU und durch die Weltwirtschaft gesichert. Hauptprobleme: Zurückbleiben der landwirtschaftlichen Einkommen hinter der allgemeinen Entwicklung; Agrarüberschüsse.

AIDA-Formel
Bezeichnet die einzelnen Phasen der Werbewirkung. A steht dabei für Attention (Aufmerksamkeit erregen), I für Interest (Interesse wecken), D für Desire (Wünsche stimulieren), A für Action (Reaktionen auslösen). Die Lesefolge von AIDA entspricht dem Verlauf des Kundenkontaktes.

Akkordlohn
Eine Form des Leistungslohns, i.d.R. als Einzelakkord, aber auch als ↑ Gruppenakkord (*Gegensatz*: Zeitlohn; ↑ Lohn). Beim A. wird das Mengenergebnis unabhängig von der benötigten Arbeitszeit vergütet. – *Arten*:
1. *Stückgeldakkord*: Für jedes gefertigte Stück wird ein bestimmter, vom Tariflohn abhängiger Betrag gezahlt.
2. *Stückzeitakkord*: Pro gefertigtes Stück wird eine bestimmte Bearbeitungszeit vorgegeben, die vergütet wird, gleichgültig, ob der Arbeiter die Vorgabezeit über- oder unterschreitet.

Akkreditiv
Zahlungsversprechen einer Bank. Die Bank (A.-Bank) leistet Zahlungen (bis zu einem bestimmten Betrag) an den im A. genannten Begünstigten (meist ein Exporteur) für Rechnung eines Dritten

(Akkreditivsteller; meist ein Importeur). Zu unterscheiden sind: *Bar-A.* (Auszahlung des Betrages ohne besondere Gegenleistung des Begünstigten) und *Dokumenten-A.* (Auszahlung des Betrages nur gegen Vorlage bestimmter Dokumente). Üblich im Außenhandel.

Akkumulation
Begriff des Marxismus für Erweiterungsinvestitionen.

Akquisition
1. Gewinnung von Kunden oder Abonnenten.
2. Kauf eines Unternehmens (ganz oder teilweise).

Aktie
Ein Wertpapier, das den Aktionär als Teilhaber an einer ↑ Aktiengesellschaft ausweist. Nach Aktiengesetz darf der Mindestnennwert der A. 5 DM nicht unterschreiten, entsprechend sind ↑ nennwertlose Aktien in Deutschland nicht zulässig. Üblich sind Nennwerte von 50 DM. Jede andere Nennung muß durch volle 100 DM teilbar sein. Die A. verbrieft das Recht auf Dividende (Gewinnausschüttung), das Stimmrecht in

Aktie – Wichtige Arten

Unterscheidungen der Aktien nach der Art ihrer Übertragung		
Inhaberaktie	Übertragung formlos durch Einigung und Übergabe	Inhaber der Aktie ist Eigentümer (Inhaberpapiere)
Namensaktie	Übertragung erfolgt durch Einigung, Indossament und Umschreibung im Aktienbuch der AG	Eigentümer ist, wer im Aktienbuch eingetragen ist (Orderpapier)
vinkulierte Namensaktie	wie bei Namensaktie Übertragung nur mit Zustimmung der Gesellschaft möglich	
Unterscheidung der Aktien nach ihren Rechten		
Stammaktie	Teilnahmerecht an und Stimmrecht in der Hauptversammlung Anspruch auf den ausgeschütteten Gewinn (Dividende) Bezugsrecht auf junge Aktien Recht auf Liquidationserlös	
Vorzugsaktie	*Dividendenvorzug (in der Regel) ohne Stimmrecht* Vorzugsaktionär erhält eine Vorzugsdividende aus dem Bilanzgewinn; Restgewinn wird an Stamm- und Vorzugsaktionäre ausgeschüttet *Stimmrechtsvorzug* mehrere Stimmen je Aktie: in Deutschland auf Ausnahmen beschränkt (§ 12 Abs. 2 AktG) *Liquidationsvorzug* Bevorzugung bei Verteilung des Vermögens im Falle der Liquidation der AG	

Quelle: J.R. Tiedtke (Hrsg.), Allgemeine BWL für Schule, Ausbildung und Beruf, Wiesbaden 1998, S. 177

Aktiengesellschaft (AG) – Merkmale

Allgemeines	Kapitalgesellschaft mit oft weit gestreuten Anteilen
Rechtsgrundlagen	Aktiengesetz (AktG)
Zweck	jeder gesetzlich zulässige Zweck
Rechtsfähigkeit	eigene Rechtspersönlichkeit (juristische Person)
Gründung	notariell beurkundete Satzung
Gesellschafter	ein oder mehrere Gründer
Firma	eigene Firma, in der Regel Sachfirma + Zusatz „Aktiengesellschaft"
Eintragung im Handelsregister	zur Entstehung erforderlich
Kapital und Einlagen	Grundkapital (mindestens DM 100.000), Aktien (mindestens DM 5,–; höhere auf volle 5,– DM lautend) Sachgründung möglich
Gesellschaftsvermögen	eigenes Gesellschaftsvermögen
Haftung	beschränkt auf Gesellschaftsvermögen
Organe	Vorstand; Hauptversammlung; Aufsichtsrat
Geschäftsführung	Vorstand
Vertretung	Vorstand
Informations- und Kontrollrechte der Gesellschafter	Kontrolle durch Aufsichtsrat; Auskunftsrecht des Aktionärs in der Hauptversammlung
Mitwirkung der Gesellschafter	gesetzlich der Hauptversammlung zugewiesene Aufgaben
Gewinn und Verlust	anteilmäßiger Gewinn (Dividende)
Entnahmen/ Gewinnauszahlung	Auszahlung der von der Hauptversammlung beschlossenen Dividende
Anteilsübertragung	Übertragung von Aktien als Wertpapieren
Auflösung und Liquidation	gesetzliche Auflösungsgründe Liquidation durch Liquidatoren
Einmanngesellschaft	bei Gründung (Einmann-AG) oder durch Übernahme aller Aktien nach Gründung

der Hauptversammlung, das Bezugsrecht auf Aktien bei Neuausgabe und den Anteil am Liquiditationserlös bei Auflösung der Aktiengesellschaft.

1. *Arten:* a) Unterscheidung nach der Übertragung: *Inhaberaktie*, die durch einfache Einigung und Übergabe verkauft wird. *Namensaktie*, die namentlich im Aktionärsbuch bei der Aktiengesellschaft geführt wird; sie kann nur

durch ↑ Indossament übertragen werden. Eine verstärkte Form stellt die *vinkulierte Namensaktie* dar, die zudem nur mit Zustimmung des Vorstandes übertragen werden kann. b) Unterscheidung nach dem Recht, das man aus einer Aktie ableiten kann: *Stammaktie*, bei der normale Rechte gewährt werden, und *Vorzugsaktie*, mit weitergehenden Rechten (z.B. Mehrstimmrechtsaktie). Vgl. Übersicht.
2. Der *Wert* der A. kann schwanken. Er hängt im wesentlichen ab vom Gewinn und Vermögenswert des Unternehmens, von der Zahl der ausgegebenen Aktien, vom Vertrauen in das Unternehmen und in die Konjunkturlage sowie von Angebot und Nachfrage der A.

Aktiengesellschaft (AG)
Eine ↑ Handelsgesellschaft mit eigener Rechtspersönlichkeit, daher auch juristische Person genannt. Rechtsgrundlage ist das Aktiengesetz (AktG) vom 6.9.1965. – *Wesentliche Merkmale*: Vgl. Übersicht.

Aktienindex
Meßzahl, die die Entwicklung des durchschnittlichen Aktienkurses verdeutlicht. Bekannte A. sind auf internationaler Ebene der Dow-Jones-Index und der Nikkei-Index, auf nationaler Ebene der ↑ Deutsche Aktienindex (DAX), der FAZ-Index und der vom Statistischen Bundesamt ermittelte A.

Aktiva
Die Summe der Vermögensteile, Rechnungsabgrenzungsposten und Bilanzierungshilfen eines Unternehmens, die auf der linken Seite der ↑ Bilanz aufgeführt werden. – *Gegensatz*: ↑ Passiva.

Aktivgeschäft
Bezeichnung der Kreditgeschäfte im Bankbereich, die ihren Niederschlag auf der Aktivseite der Bankbilanz finden. Kurzfristige A. sind ↑ Kontokorrentkredite, ↑ Diskont- und ↑ Akzeptkredite, Lombardkredite, ↑ Avalkredite, Langfristige A. sind Hypothekenkredite, langfristige ↑ Darlehen. – *Gegensatz*: ↑ Passivgeschäft.

Aktivierung
Buchhalterisches Verfahren zur Erfassung von Vermögensgegenständen auf der Aktivseite der Bilanz (↑Aktiva).

Aktivitätsfeld
↑ Geschäftsfeld.

Akzept
↑ Wechsel, ↑ Akzeptkredit, ↑ Diskontkredit.

Akzeptkredit
Die Bank akzeptiert als Bezogener einen von ihrem Kunden auf sie gezogenen Wechsel (Bankakzept). Dieser Wechsel ist für den Kunden ein ausgezeichnetes Zahlungs- und Kreditmittel bei anderen Banken oder Kaufleuten. Die Bank selbst muß zunächst keine eigenen Mittel für diese Kreditvergabe aufbringen. Nur wenn der Kunde seine Verpflichtungen nicht erfüllt, wird die Bank in Anspruch genommen (sog. Eventualverbindlichkeit der Bank). A. ist eine Form der Kreditleihe neben dem ↑ Avalkredit. ↑ Diskontkredit.

Algorithmus
1. Verfahren zur Problemlösung in einer Abfolge von Schritten.
2. Eindeutige und lückenlose, meist schematische Anleitung zur Behandlung einer mathematischen Fragestellung, die sämtliche, eventuell auftretende Fälle berücksichtigt.

Alleinvertreter
Auch: *Eigenhändler*; der A. kauft und wiederverkauft Ware für eigene Rechnung und im eigenen Namen. Seine Tätigkeit ist auf Erzielung von Zwischengewinnen gerichtet. Durch einen sog. Ausschließlichkeitsvertrag wird dem A. der Alleinhandel (Monopol) für

die Erzeugnisse eines industriellen oder sonstigen Unternehmens für einen bestimmten Bezirk oder Zeitraum übertragen. Ein A. ist nicht ↑ Handelsvertreter.

Alleinvertrieb
Auch: *Exklusivvertrieb*, Vertrieb des Absatzprogramms eines Herstellers oder eines bestimmten Teils dieses Programms in einem festgelegten Gebiet ausnahmslos über einen Händler, der sich verpflichtet, die Ware nur vom betreffenden Hersteller zu beziehen und nur an bestimmte Kunden in diesem Gebiet zu vertreiben.

Allgemeine Geschäftsbedingungen (AGB)
Für eine Vielzahl von Verträgen vorformulierte Vertragsbedingungen, die eine Vertragspartei (Verwender) der anderen bei Vertragsabschluß einseitig auferlegt. Sie werden umgangssprachlich auch das „Kleingedruckte" genannt. Das Gesetz will den Vertragspartner schützen, indem es den Verwender der AGB ausdrücklich auffordert, den Vertragspartner auf die AGB hinzuweisen. Bestimmungen in AGB sind dann unwirksam, wenn sie entgegen dem Gebot von Treu und Glauben nur die Interessen des wirtschaftlich Stärkeren berücksichtigen. *Inhalt der AGB* sind z.B. ↑ Erfüllungsort, ↑ Gerichtsstand, ↑ Haftung, ↑ Eigentumsvorbehalt, ↑ Lieferungsbedingungen, ↑ Zahlungsbedingungen.

Allgemeines Zoll- und Handelsabkommen
↑ GATT.

Allgemeinverbindlichkeitserklärung von Tarifverträgen
Eine Erklärung des Bundesministers f. Arbeit und Sozialordnung, der einen abgeschlossenen ↑ Tarifvertrag zwischen Arbeitgeberverband und Gewerkschaft auch auf Betriebe und Arbeitnehmer ausdehnt, die keiner Organisation angeschlossen sind.

Allokation
Verteilung der ↑ Güter auf unterschiedliche Verwendungszwecke oder der ↑ Produktionsfaktoren auf Produktionsprozesse (Faktorallokation). Wirtschaftspolitisch wird eine optimale A. angestrebt, so daß dem *Allokationsverfahren*, d.h. der Gesamtheit der Regelungen und Verhaltensweisen in einer ↑ Volkswirtschaft, auf Grund derer die Verteilung erfolgt, eine besondere Bedeutung zukommt. *Optimale A.* bedeutet sparsamen Umgang mit den knappen ökonomischen Mitteln durch Handeln nach dem ↑ ökonomischen Prinzip. Wirtschaftspolitische Voraussetzungen für eine optimale A.: Marktwirtschaft mit Geldwertstabilität, offenen Wettbewerbsmärkten, Ordnung der Eigentumsrechte und Kontinuität in der Wirtschaftspolitik einerseits (↑ Ordnungspolitik), stabilisierende volkswirtschaftliche Kreislaufpolitik (↑ Prozeßpolitik) sowie Optimierung des Anpassungstempos und soziale Abfederung der Anpassung bei Reallokation, also im Strukturwandel, andererseits.

Allonge
(Frz. = Verlängerung); ein an einen ↑ Wechsel befestigtes Blatt, wenn für weitere ↑ Indossamente kein Raum mehr besteht. Die wichtigsten Daten aus dem Wechsel wie Betrag, Fälligkeit, Zahlungsort, Name und Wohnort des Bezogenen, Aussteller und Ausstellungsort sind zu wiederholen.

alphanumerische Daten
Mit Buchstaben und Ziffern dargestellte Daten. – *Gegensatz*: ↑ numerische Daten.

alternative Ökonomie
Wirtschaftliche Grundsätze als Alternative zur privatkapitalistischen Wirtschaft und zum real existierenden Sozialismus, z.B. Verzicht auf Privateigentum und Profitstreben, umweltschonende und naturnahe Produktion, einfache Produktionsweisen.

Altersentlastungsbetrag
↑ Freibetrag bei der Einkommensteuer, der Steuerpflichtigen ab einem Alter von 64 Jahren gewährt wird. Er ist einkommensabhängig und beträgt maximal 3.720 DM.

Altersrente
Früher: *Altersruhegeld;* laufende Leistung der gesetzlichen ↑ Rentenversicherung. Seit 1992 kann sie als Vollrente oder Teilrente in Anspruch genommen werden. – A. wird *allgemein* an Versicherte gezahlt, die das 65. Lebensjahr vollendet haben und die Wartezeit von 60 Monaten erfüllt ist. – *Vorgezogene A.* erhalten nach Vollendung des 60. Lebensjahres: (1) Versicherte, die innerhalb der letzten 18 Monate mindestens 52 Wochen arbeitslos waren und weiter arbeitslos sind sowie eine Wartezeit von 15 Jahren erfüllt ist und in den letzten zehn Jahren mind. acht Jahre rentenversicherungspflichtig beschäftigt waren; (2) weibliche Versicherte, wenn die Wartezeit von 15 Jahren erfüllt ist und in den letzten zwanzig Jahren mind. zehn Jahre ein Monat rentenversicherungspflichtig beschäftigt waren (von 2000 bis 2004 wird die Altersgrenze auf 65 Jahre angehoben). – Eine *flexible A.* erhalten nach der Vollendung des 60. Lebensjahres Versicherte, die schwerbehindert, berufsunfähig oder erwerbsunfähig sind. – Nach dem 65. Lebensjahr kann ein Altersrentner unbegrenzt zuverdienen.

Altlasten
Umweltbelastungen in oder durch verlassene, stillgelegte oder ‚wilde« Ablagerungsplätze, ehemalige Industrie- oder Gewerbestätten, defekte Leitungen und undichte Kanäle, abgelagerter Kampfstoffe u.a.m.

American Online
↑ AOL.

Amortisation
(Fr.: amortir = tilgen); ein Begriff aus dem Finanzbereich: a) Tilgung einer Schuld. b)Rückflußzeit des eingesetzten Kapitals (Aufwendungen) durch Erträge des Investitionsobjekts.

Amsterdamer Vertrag
↑ EU.

Amtsgericht
Unterste Instanz der ↑ ordentlichen Gerichtsbarkeit in Zivil- u. Strafsachen. Zugelassen sind Streitwerte bis 10.000 DM. Ohne Rücksicht auf den Streitwert ist das A. zuständig im Bereich von Mietstreitigkeiten, Streitigkeiten von Viehmängeln und Wildschäden, in Grundstücksangelegenheiten sowie für alle Streitigkeiten in Familien- u. Kindschaftsangelegenheiten. Zwangsvollstreckungen und Vollstreckungsschutzverfahren, Konkurs- und Vergleichsverfahren sind ebenfalls beim A. abzuwickeln. In Zivilsachen wird die Entscheidung durch einen Einzelrichter gefällt, in Strafsachen durch Einzelrichter oder durch das Schöffengericht.

Analogie
Übereinstimmung von Objekten bezüglich bestimmter Merkmale.

Anderskosten
Kosten, die sich zwar unmittelbar aus ↑ Aufwendungen ableiten, aber in der Höhe „anders" als der betreffende Aufwand erfaßt werden. *Beispiel:* Ersatz der Bilanzabschreibungen durch ↑ kalkulatorische Abschreibungen.

Anfechtung
Insbes. die Rückgängigmachung der Rechtsfolgen einer Willenserklärung, die aufgrund Irrtums, arglistiger Täuschung oder widerrechtlicher Drohung abgegeben worden ist. A. erfolgt durch formfreie Erklärung gegenüber dem A.-Gegner. Die erfolgreiche Anfechtung führt zur Nichtigkeit des Rechtsgeschäfts von Anfang an.

Anfrage
Ein parlamentarisches Recht von Mit-

gliedern des Bundestages, Auskunft von der Regierung über aktuelle Fragen zu erhalten. Große Anfragen müssen von einer Fraktion oder mindestens 5 % der Abgeordneten unterzeichnet sein. Kleine Anfragen benötigen ebenfalls 5 % der Abgeordneten und werden von der Bundesregierung schriftlich beantwortet. Mündliche Anfragen können in einer sog. Fragestunde an die Bundesregierung gerichtet werden.

Angebot

1. Menge an Gütern i.w.S., die zum Verkauf und Tausch angeboten wird. Als wichtigster Bestimmungsfaktor gilt der Preis des Gutes; sonstige Faktoren sind Produktionskosten und -möglichkeiten, Angebotselastizität, Preiserwartungen, Anzahl der Käufer, Verhalten der Wettbewerber sowie Marktstellung. A. und ↑ Nachfrage bestimmen den ↑ Marktpreis. – In der *Angebotskurve* wird graphisch dargestellt, wie bei alternativen Preisen die Angebotsmengen variieren. So unterstellt man, daß bei hohen Preisen viele Waren, bei niedrigen Preisen weniger Waren angeboten werden.
2. Im *wirtschaftsrechtlichen* Bereich bildet das A. eine rechtliche Bindung des Anbietenden, sofern dieser keine Einschränkungen macht: z.B. „freibleibend“, „solange Vorrat reicht“. Bestellt derjenige, der das A. erhalten hat, so ist ein Kaufvertrag zustande gekommen.

Angebotselastizität

↑ Elastizität 2.

Angebotsmonopol

↑ Monopol.

angebotsorientierte Wirtschaftspolitik

Im Gegensatz zum keynesianischen ↑ Deficit spending mittel- und längerfristig ausgerichtete wirtschaftspolitische Maßnahmen, die besonders die Wachstumskräfte fördern sollen. So ist spätestens mit Beginn der 80er Jahre in einer Reihe von für die Weltwirtschaft wichtigen Volkswirtschaften die Tendenz beobachtbar, die Angebotsseite der Wirtschaft in den Vordergrund der ↑ Wirtschaftspolitik zu stellen. Durch eine ordnungspolitische Rückbesinnung auf die Grundsätze der ↑Sozialen Marktwirtschaft und die Wiederherstellung der finanzpolitischen Handlungsfähigkeit soll die Leistungs- und Risikobereitschaft der einzelnen gefördert und damit wirtschaftliches Wachstum angeregt und insbesondere die strukturelle Arbeitslosigkeit abgebaut werden. Ziele im einzelnen: Durch ↑ Deregulierung sollen die Funktionsfähigkeit des Wettbewerbs verbessert, die öffentlichen Finanzen konsolidiert, der Staatsanteil verringert, die Ausgabenstruktur qualitativ verbessert, Subventionen abgebaut und eine leistungsfreundlichere Besteuerung angestrebt werden.

Angestellter

Im Unterschied zum ↑ Arbeiter ist der A. nach herkömmlicher Anschauung ein ↑ Arbeitnehmer, der überwiegend geistige Aufgaben zu erfüllen hat.

Anhang

Bestandteil des ↑ Jahresabschlusses bei Kapitalgesellschaften. Der A. enthält Erklärungen und Ergänzungen zu einzelnen Positionen der ↑ Bilanz und der ↑ Gewinn- und Verlustrechnung.

Anlagegitter

Darstellung der Entwicklung der einzelnen Posten des ↑ Anlagevermögens.

Anlagevermögen

Die Summe der Werte aller Anlagen, die in der Bilanz ausgewiesen sind. Das A. vermindert sich planmäßig um die ↑ Abschreibungen bei abnutzbaren Anlagen. Gegenstände des A. dürfen maximal zum Anschaffungs- oder Herstellungswert bewertet werden. So kommt es, daß z.B. bei Preissteigerungen im

Grundstückssektor erhebliche stille Reserven gebildet werden.

Anleihe

Auch: *Obligation, Schuldverschreibung*; langfristiges Gläubigerpapier, mittels dem Kapitalsuchende wie Bund, Länder, Gemeinden, Industrie und Banken sich durch Ausgabe von Wertpapieren vom Kapitalmarkt Finanzierungsmittel beschaffen. Mindestnennbetrag 100 DM, häufig 1.000 DM. Die Laufzeit ist in der Regel 5 bis 10 Jahre. Häufig werden A. unter Nennwert (↑ Unter-pari-Emission) ausgegeben; Über-pari-Emissionen sind unzulässig. Die Emission bedarf der staatlichen Genehmigung. Seitens der Gläubiger sind A. unkündbar; die Schuldner behalten sich in der Regel das Recht auf Kündigung vor (meist nach Ablauf einer Sperrfrist). – *Arten*: a) Grundsätzlich zu unterscheiden sind Rentenanleihen (ohne Tilgungszwang) und Tilgungsanleihen (mit Rückzahlung als Gesamtzahlung am Ende der Laufzeit oder Teilzahlungen; auch freihändiger Rückkauf möglich). b) A. der öffentlichen Hand: Bund, Länder, Kommunen und Sondervermögen des Bundes geben A. zur Haushaltsfinanzierung aus (fast immer ↑ Inhaberschuldverschreibungen). c) A. der Banken. d) A. der gewerblichen Wirtschaft: ↑ Industrieobligation; ↑ Gewinnschuldverschreibung; ↑ Wandelschuldverschreibung; ↑ Optionsanleihe; ↑ Schuldscheindarlehen. d) Auslandsanleihen: zahlreiche, innovative Formen, z.B. Zero Bonds, Floating Rate Notes, Euro-A.

Anlernverhältnis

Auch: *Berufsausbildungsverhältnis.* Der Auszubildende wird nur für eine bestimmte berufliche Tätigkeit (besondere Arbeitsverfahren) angelernt.

Anlieferungsvarianten

Ausgehend von der Automobilindustrie haben sich verschiedene logistische Formen der Anlieferung von Waren entwickelt:

1. Lager – Lager (Stock to Stock): Traditionelle A. Die Ware wird sowohl beim Lieferanten als auch beim Abnehmer gelagert.
2. Lager – Linie (Stock to Line): Die Ware wird beim Lieferanten zwar noch zwischengelagert, die Lieferung erfolgt aber direkt an die Verbrauchsstelle des Abnehmers, so daß die Kosten der Lagerung beim Abnehmer entfallen.
3. Linie – Linie (Line to Line): Engste Form der Anbindung der Lieferanten. Weder Lieferant noch Abnehmer lagern die Ware. Der Lieferant produziert und liefert im gleichen Takt wie der Abnehmer die Ware verbraucht.

Annahmeverzug

Eine Leistungsstörung in Kaufverträgen, bei der ein Käufer die ordnungsgemäß gelieferte Ware nicht annimmt. Der Lieferant wird üblicherweise auf die Annahme bestehen. Er teilt dem Kunden den Ort der Aufbewahrung mit und stellt eine angemessene Nachfrist zur Abnahme der Ware. Bei leicht verderblichen Waren ist dies nicht notwendig. Will er nach Ablauf der Nachfrist die Ware in Form eines Selbsthilfeverkaufs veräußern, muß er diese Maßnahme dem Kunden vorher androhen, üblicherweise mit der Nachfristsetzung.

Annexsteuer

Eine Steuer, die nur ein „Anhängsel“ (lat.: Annex) zu einer anderen Steuer bildet; die andere Steuer dient als Bemessungsgrundlage. Beispiele in Deutschland: ↑ Kirchensteuer (9 % der ↑ Einkommensteuer), Solidaritätszuschlag (5,5 % der Einkommensteuer).

Annuität

(Lat.: annus = Jahr); eine regelmäßige Jahresleistung, um sowohl die Tilgung als auch die Verzinsung einer Schuld zu bewirken. Üblich ist die feste A. Während der gesamten Laufzeit bleibt der Jahresbetrag gleich. Zwar verringert sich die Zinsenquote, da die

Schuldsumme kleiner wird, jedoch erhöht sich dadurch automatisch die Tilgungsrate.

Anpassung
Wirtschaftlich bedingte, kurz-, mittel- oder langfristige Umstellung eines Betriebes, einer Betriebsabteilung usw., insbes. A. an wechselnde Beschäftigungsgrade. Je nach der auslösenden Veränderung sind verschiedene Grundtypen betrieblicher Anpassungsprozesse zu unterscheiden: Zeitliche A., intensitätsmäßige A., quantitative A., selektive (qualitative) A., zeitlich-intensitätsmäßige A.

Anrechnungsverfahren
↑ Körperschaftsteuersystem(e).

Anreize
↑ Incentives.

Anschaffungskosten
Wert eingekaufter Güter (inkl. Nebenkosten ./. Preisabschläge). Die A. dienen als Abschreibungsgrundlage (↑ Abschreibung).

ANSI
(Abk. für American National Standards Institute). Institut, das Standards (z.B. bei Programmiersprachen) entwickelt, um bei EDV-Produkten untereinander für ↑ Kompatibilität zu sorgen.

Anstalt des öffentlichen Rechts
Institution, die bestimmte öffentliche Aufgaben außerhalb der unmittelbaren Staatsverwaltung wahrnimmt, z.B. Bibliotheken und Schulen. Im Gegensatz zur ↑ Körperschaft des öffentlichen Rechts ist sie nicht mitgliedschaftlich organisiert.

antizyklische Wirtschaftspolitik
Wirtschaftspolitische Maßnahmen, um unerwünschten wirtschaftlichen Entwicklungen entgegenzuwirken, bzw. Konjunkturausschläge (gem. keynesianischer Vorstellungen) abzumildern. Sie ist damit wesentlicher Bestandteil der ↑ Konjunkturpolitik. – *Gegensatz*: ↑ prozyklische Wirtschaftspolitik.

Antragsveranlagung
Ersetzt seit 1991 den Lohnsteuerjahresausgleich. Der Arbeitnehmer soll nicht schlechter gestellt werden als der zu veranlagende Einkommensteuerpflichtige. Lohnsteuerrückzahlungen sind insbesondere dann zu erwarten, wenn nicht das ganze Jahr gearbeitet wurde oder wenn hohe ↑ Werbungskosten angefallen sind. Der Arbeitnehmer kann dazu innerhalb von 2 Jahren nach Ablauf des betreffenden Kalenderjahres einen Antrag auf Veranlagung stellen. Sollte sich hierbei wider Erwarten eine Steuernachzahlung ergeben, kann der Arbeitnehmer den Antrag zurücknehmen und so eine Steuernachzahlung an das Finanzamt vermeiden.

Anwendersoftware
↑ Software, die speziell auf die Nutzung in *einem* der Anwendungsgebiete der EDV hin konzipiert ist, z.B. für die Fakturierung, für Lohn- und Gehaltsabrechnung, für die Lagerbestandsrechnung, für Inventur oder ähnliche Aufgaben. Die A. wird entweder selbst vom Anwender erstellt oder fertig von einem Computerhersteller oder Softwarehaus gekauft. Heute werden ganze Softwarepakete angeboten, in denen mehrere aufeinander abgestimmte Anwenderprogramme enthalten sind, beispielsweise Textverarbeitung, Tabellenkalkulation und Grafik.

Anzahlung
Der geleistete Teil einer Gesamtsumme, der vor der Gegenleistung erbracht wird. In der Bilanz erscheint auf der Aktivseite die vom Unternehmen geleistete A., unterteilt nach A. im Anlage- und Umlaufvermögen, auf der Passivseite die vom Kunden empfangene A. als Quasi-Verbindlichkeit des Betriebes.

AOL
Abk. für American Online. ↑Online-Dienst aus den USA. In Deutschland ist Bertelsmann an dem Online-Dienst beteiligt.

Äquivalenzziffernkalkulation
Eine Kalkulationsform der ↑ Divisionskalkulation, bei der die Gesamtkosten nach einem Schlüssel verteilt werden. Sie wird vor allem bei Sortenfertigungen angewendet (Brauereien, Ziegeleien). *Beispiel:* Kosten für Produkt A pro Einheit 1 DM, für Produkt B 1,50 DM, für Produkt C 2 DM. Die Kosten stehen also im Verhältnis 1:1,5:2 zueinander. Berücksichtigt man hierbei auch noch die verschiedenen Ausstoßmengen, so lassen sich die Gesamtkosten über die Rechnungseinheiten (Ausstoßmenge × Äquivalenzziffer) verteilen.

Arbeit
Jede körperliche und geistige Tätigkeit mit einem wirtschaftlichen Ziel. A. verrichten aus volkswirtschaftlicher Sicht alle ↑ Erwerbstätigen, arbeitsrechtlich nur diejenigen Personen, die in einem vertraglichen Arbeitsverhältnis stehen (↑ Arbeitnehmer). – Sowohl Volkswirtschaft als auch Betriebswirtschaft zählen den Faktor A. zu den ↑ Produktionsfaktoren.

Arbeiter
↑Arbeitnehmer, der nicht die Merkmale des Begriffs des ↑ Angestellten erfüllt. Eine Unterscheidung nach begrifflich eindeutigen Merkmalen ist kaum möglich; ursprüngliche Unterscheidung nach dem Gesichtspunkt, daß Angestellte geistige, A. manuelle Arbeit verrichten.

Arbeitgeberverbände

<table>
<tr><td colspan="2">Öffentlich-rechtliche Arbeitgeberverbände</td><td colspan="2">Privatrechtliche Arbeitgeberverbände</td></tr>
<tr><td>Industrie- und Handelskammern (IHK)</td><td>Handwerkskammern (HwK)</td><td>Beruflich-fachliche Zusammenschlüsse (z.B. BDI[1])</td><td>Tarifrechtliche Zusammenschlüsse (z.B. BDA[2])</td></tr>
<tr><td colspan="2">Pflichtmitglieder sind alle
Industrie- und Handelsbetriebe | Handwerksbetriebe
eines Bezirks</td><td colspan="2" rowspan="2">Über 80% der Arbeitgeber sind hier freiwillig zusammengeschlossen. Ihre organisatorische Spitze ist die „Bundesvereinigung der Deutschen Arbeitgeberverbände" (BDA). Die BDA ist zugleich tarif-, sozial- und gesellschaftspolitisches Sprachrohr der privaten deutschen Unternehmen.

Aufgaben:
o Abschluß von Tarifverträgen
Vertretung der Interessen der Arbeitgeber gegenüber Gewerkschaften und Gesetzgeber (Lobby)
o Öffentlichkeitsarbeit (oft als „Public Relations" PR bezeichnet)</td></tr>
<tr><td colspan="2">Aufgaben:
o Beratung ihrer Mitglieder
o Beratung von Behörden (z.B. Stadtverwaltung oder DB bei Verkehrsfragen)
o Überwachung der Berufsausbildung und Durchführung der Prüfungen
o Ausstellen einiger Exportpapiere (Zollfaktura, Certificate of Origin)
} Damit übernehmen sie öffentlich-rechtliche Aufgaben, die eigentlich dem Staat zustehen</td></tr>
</table>

[1] BDI = Bundesverband der Deutschen Industrie
[2] BDA = Bundesvereinigung der Deutschen Arbeitgeberverbände

Arbeitgeber

Natürliche oder juristische Personen, die abhängige ↑ Arbeitnehmer beschäftigen.
1. *Rechte*: Direktions- oder Weisungsrecht; Kündigungsrecht; Kontrolle der Arbeitsleistung des Arbeitnehmers.
2. *Pflichten*: Nach Arbeitsrecht: Zahlung des Arbeitsentgelts (Lohn, Gehalt), Fürsorgepflicht, Erteilung eines Zeugnisses. Nach Lohnsteuerrecht: Berechnung und Abführung der Lohnsteuer, Aufbewahrung bzw. Rückgabe der Lohnsteuerkarte, ordnungsmäßige Berechnung und Abführung der einbehaltenen Steuer- und Versicherungsbeträge. Nach Betriebsverfassung: Beachtung der Rechte von Betriebsrat und Gewerkschaften, Unterrichtung der Arbeitnehmer über Aufgaben bei Einstellung und Veränderung des Aufgabenbereichs, Beantwortung und ggf. Abhilfe bei Beschwerden.

Arbeitgeberverbände

Zusammenschlüsse von ↑ Arbeitgebern zur Wahrnehmung gemeinsamer Interessen, insbes. als Tarifpartei. Zu unterscheiden sind privatrechtliche A. (freiwillige Mitgliedschaft; A. im engeren Sinne) und öffentlich-rechtliche A. (Pflichtmitgliedschaft); vgl. Übersicht.

Arbeitnehmer

Abhängig Beschäftigte, die Arbeit für einen ↑ Arbeitgeber leisten. Zu den A. gehören ↑ Arbeiter, ↑ Angestellte, ↑ Auszubildende.
1. *Rechte*: Lohnzahlung; Gleichbehandlung; Fürsorge seitens des Arbeitgebers; Anspruch auf Unterrichtung über Arbeitsgefahren, Zusammensetzung des Arbeitsentgelts, betriebliche Aufstiegsmöglichkeiten, auf Gehör in eigenen Angelegenheiten, Einsicht in eigene Personalakten; Beschwerderecht zum Arbeitgeber und zum Betriebsrat.
2. *Pflichten*: Arbeitsleistung; Folgeleistung gegenüber Anordnungen des Arbeitgebers; Wahrung der Betriebsinteressen.

Arbeitnehmer-Pauschbetrag

↑ Werbungskosten.

Arbeitnehmer-Sparzulage

↑ prämienbegünstigtes Sparen.

Arbeitnehmerüberlassung

↑ Personalleasing.

Arbeitnehmervereinigung

↑ Gewerkschaft 1.

Arbeitsbeschaffungsmaßnahmen (ABM)

Förderung von Arbeiten, die im öffentlichen Interesse liegen, durch die Bundesanstalt für Arbeit, u.a. zur Beschäftigung älterer, leistungsgeminderter oder langfristiger Arbeitsloser. Es werden insbesondere Zuschüsse zu den Arbeitsentgelten für die vom Arbeitsamt zugewiesenen Arbeitnehmer gewährt.

Arbeitsdirektor

Eine vom Aufsichtsrat gewählte Person, die als gleichberechtigtes Mitglied in der Geschäftsleitung (z.B. Vorstand, Geschäftsführung) mitarbeitet, aber in diesem Gremium Arbeitnehmerinteressen vorwiegend vertritt. Dies gilt für alle Betriebe, die unter das Mitbestimmungsgesetz fallen (↑ Mitbestimmung 1). Das Amt des A. wurde erstmalig im Montan Mitbestimmungsgesetz von 1951 verankert.

Arbeitsentgelt

Entlohnung für geleistete Arbeit. Auf A. hat jeder Arbeitnehmer Anspruch, auch wenn dies nicht ausdrücklich vereinbart wurde. Diese Einkommen aus nichtselbständiger Tätigkeit lassen sich aber i.d.R. aus einem Arbeits- oder Dienstvertrag ableiten. Formen des A.: *Lohn*: A. des Arbeiters (↑ Lohn). *Gehalt*: A. des Angestellten. *Besondere betriebliche* A. an Arbeitnehmer wie Prämien, Gratifikationen, Tantiemen, Arbeitnehmerbeteiligungen, Schmutzzulagen. *Zahlungszeit, -ort* und Art und Weise der Lohnzahlung bestimmen sich nach den in Tarif- oder Arbeitsverträgen getroffenen Vereinbarungen. ↑ Entlohnung.

Arbeitsförderungsgesetz (AFG)
Gesetz, das die ↑ Bundesanstalt für Arbeit beauftragt, wirtschafts- und sozialpolitische Maßnahmen durchzuführen, so daß eine dauernd verbesserte Arbeitsstruktur erzielt, Arbeitslosigkeit vermieden bzw. abgebaut und die berufliche Eingliederung von Behinderten garantiert wird. Das AFG wird ab dem 1.1.1998 durch das SGB III – Arbeitsförderung – abgelöst, das das neugefaßte Recht der Arbeitsförderung als Drittes Buch in das Sozialgesetzbuch einfügt.

Arbeitsgericht
Das für Arbeitssachen im ersten Rechtszug zuständige Gericht der ↑ Arbeitsgerichtsbarkeit. Das Arbeitsgericht urteilt im Urteils- und Beschlußverfahren. Gegen seine Entscheidung ist Berufung oder Beschwerde beim Landesarbeitsgericht zulässig.

Arbeitsgerichtsbarkeit
Speziell für Streitigkeiten zwischen Arbeitnehmer u. Arbeitgeber sowie für Streitigkeiten aus dem ↑ Betriebsverfassungsgesetz zuständig. Eine Form der ↑ Sondergerichtsbarkeit. 1. Instanz: Arbeitsgerichte, 2. Instanz: Landesarbeitsgerichte, 3. Instanz: Bundesarbeitsgericht.

Arbeitskampf
Mittel von Arbeitnehmerverbänden (Gewerkschaften), durch ↑ Streik und von Arbeitgeberverbänden durch ↑ Aussperrung ihren Forderungen nach gescheiterten Tarifverhandlungen und einem daran anschließenden Schlichtungsverfahren Nachdruck zu verleihen.

Arbeitslose
Bezeichnung für arbeitssuchende Personen, die vorübergehend ohne Beschäftigung sind oder eine Tätigkeit von weniger als 18 Stunden wöchentlich ausüben. Sie müssen der Arbeitsvermittlung zur Verfügung stehen, mindestens 18 Std. in der Woche arbeiten wollen und arbeitsfähig sein. Zur Entwicklung der Arbeitslosigkeit in der Bundesrepublik Deutschland: vgl. Übersichten.

Arbeitslosengeld
Eine Geldleistung der Arbeitslosenversicherung an vorübergehend Beschäftigungslose. Es wird auf Antrag gewährt. Voraussetzung des Empfanges von A. ist die Meldung der Arbeitslosigkeit, die Verfügbarkeit zur Arbeitsvermittlung und die Erfüllung bestimmter Anwartschaftszeiten. – *Anspruchsdauer*: Je nach Dauer der Beitragszeit; in der Regel die Hälfte der Beschäftigungszeit; für ältere Arbeitslose bis zu 832 Tage möglich. – *Höhe*: 60 % (bzw. 67 % bei einem Kind) des bisherigen Nettoarbeitsentgelts.

Arbeitslosenhilfe
Eine Leistung der Bundesanstalt für Arbeit (aber keine Versicherungsleistung der Arbeitslosenversicherung, sondern vom Bund finanziert) an Personen, die arbeitslos gemeldet sind, der Arbeitsvermittlung zur Verfügung stehen und keinen Anspruch auf ↑ Arbeitslosengeld haben, bedürftig sind und vorher Arbeitslosengeld bezogen haben oder mind. 150 Tage beschäftigt waren. – *Höhe*: 53 % (bzw. 57 % bei mind. einem Kind) des um die gesetzlichen Abzüge reduzierten letzten Arbeitsentgelts; Privatvermögen wird z.T., Einkommen (z.B. Erträge aus Vermietung) wird vollständig angerechnet. Kindergeld, Grundrente o.ä. dagegen nicht.

Arbeitslosenquote
Zahl der vorübergehend Beschäftigungslosen im Verhältnis zur Gesamtzahl der abhängigen Erwerbspersonen (Arbeiter, Angestellte, Beamte).

Arbeitslosenversicherung
↑ Sozialversicherung.

Arbeitslosigkeit
Fehlende Beschäftigungsmöglichkeit für Personen, die arbeitsfähig sind und bei dem herrschenden Lohnniveau und den sonstigen Arbeitsbedingungen arbeitsbereit sind. – *Arten*: a) konjunkturelle A. als Folge von Konjunkturschwankungen, die auf die Beschäftigung durchschlagen; b) saisonale A. durch jahreszeitliche Nachfrageschwankungen, die sich nicht durch Produktion auf Lager beschäftigungserhaltend ausgleichen lassen (z.B. im Baugewerbe); c) strukturelle A. als Ergebnis sektoraler oder branchenspezifischer Strukturkrisen (z.B. durch Einsatz arbeitskräftesparender Technologien); d) friktionelle A. durch kurzfristige Anpassungsschwierigkeiten auf dem Arbeitsmarkt (z.B. mangelnde Markttransparenz). – (*Gesamtwirtschaftliche*) *Kosten*: Neben direkten Zahlungen von Arbeitslosengeld und Arbeitslosenhilfe sowie Beiträgen zur Kranken- und Rentenversicherung (bei Arbeitslosen ohne Lei-

Arbeitslose, offene Stellen und Arbeitslosenquoten (1950–1997)
(Stand: April; 1997/Stand: Dezember)

Jahr	Arbeitslose	Offene Stellen	Arbeitslosenquote
	1000		%
1950[1]	1868,5	118,5	11,0
1954[1]	1410,7	139,7	7,6
1958[1]	763,9	221,6	3,7
1962	154,5	573,8	0,7
1966	161,1	539,8	0,7
1970	148,8	794,8	0,7
1974	528,5	315,4	2,6
1975	1074,2	236,2	4,7
1980	888,9	308,3	3,8
1981	1271,6	207,9	5,5
1982	1833,2	104,9	7,5
1985	2304,0	110,0	9,3
1990	1883,2	313,6	7,2
1991 Alte Länder	1689,3	331,4	6,3
Neue Länder	(912,8)	(31,4)	(10,3)
1992 Alte Länder	1808,3	323,5	6,6
Neue Länder	(1170,3)	(32,7)	(14,8)
1993 Alte Länder	2270,3	243,3	8,2
Neue Länder	(1148,8)	(36,2)	(15,8)
1994 Alte Länder	2556,0	233,6	9,2
Neue Länder	(1142,1)	(51,1)	(16,0)
1995 Alte Länder	2564,9	266,5	9,3
Neue Länder	(1047,0)	(54,8)	(14,9)
1996 Alte Länder	2796,2	270,4	10,1
Neue Länder	(1168,8)	(56,8)	(16,7)
1997 Alte Länder	3064,8	246,6	9,9
Neue Länder	(1456,8)	(57,2)	(19,4)

[1] Ohne Saarland

Quelle: Bundesanstalt für Arbeit

Arbeitslose, offene Stellen und Arbeitslosenquote nach Bundesländern (Dezember 1997)

Bundesland	Arbeitslose	offene Stellen	Arbeitslosenquote
	1000		%
Baden-Württemberg	378,1	44,4	7,7
Bayern	453,6	47,6	7,7
Berlin	276,3	8,0	16,2
Brandenburg	233,7	6,5	18,9
Bremen	47,5	2,4	15,6
Hamburg	95,6	5,2	12,0
Hessen	264,9	20,7	9,4
Mecklenburg-Vorpommern	182,2	6,7	20,5
Niedersachsen	425,3	28,0	11,9
Nordrhein-Westfalen	885,3	62,9	11,1
Rheinland-Pfalz	166,7	18,6	9,4
Saarland	56,1	4,1	12,4
Sachsen	403,1	16,5	18,4
Sachsen-Anhalt	284,9	12,3	21,4
Schleswig-Holstein	135,3	8,2	10,6
Thüringen	232,0	11,6	18,9

Zahlen nicht saisonbereinigt

Quelle: Bundesanstalt für Arbeit

stungsansprüche ggf. Sozialhilfe und Wohngeld) zählen auch die Ausfälle an Steuern und Sozialversicherungsbeiträge dazu.

Arbeitsproduktivität

Maß für die gesamtwirtschaftliche (oder betriebswirtschaftliche) Effizienz des Produktionsfaktors ↑ Arbeit. A. ist das Verhältnis des Produktionsergebnisses zur Einsatzmenge an Arbeitsleistung (Zahl der Beschäftigten oder geleistete Arbeitsstunden), die benötigt wird, um dieses Produktionsergebnis zu erzielen. Zu unterscheiden sind: durchschnittliche A. (Durchschnittsproduktivität des Faktors Arbeit) und marginale A. (Grenzproduktivität des Faktors Arbeit). – Der Zuwachs der A. (*Produktivitätsfortschritt*) ist eine entscheidende Größe für Lohnkosten und Lohnpolitik.

Arbeitsrecht

Alle Rechtsvorschriften, die die Beziehungen zwischen Arbeitgeber und Arbeitnehmer (Individual-A.) und ihren Zusammenschlüssen wie Arbeitgeberverbänden, Gewerkschaften und Betriebsrat (kollektives A.) regeln sowie das Arbeitsschutzrecht. A. ist ein besonderer Teil der Rechtsordnung. Gegenüber Privatrecht und öffentlichem Recht eigenständig, enthält beides, überwiegend Privatrecht.

Arbeitsschutzgesetze

Gesetzliche Regelungen, die den Arbeitnehmer schützen sollen.

1. Allgemeine Schutzgesetze, die für alle Arbeitnehmer gelten.
2. Besondere Schutzgesetze für werdende Mütter (Mutterschutzgesetz), Jugendliche (Jugendschutzgesetz) und Schwerbehinderte (Schwerbehindertengesetz).

Arbeitsschutz ist auch Betriebs- und Gefahrenschutz; Vorschriften zur Verhütung von Betriebsunfällen sind wesentlicher Teil des Arbeitsschutzes. Ar-

beitsschutz beinhaltet auch gesetzliche Verbote von Feiertagsarbeit; Gesetze über Höchstarbeitszeit.
Der Arbeitsvertragsschutz schützt den Arbeitnehmer vor unsozialen Regelungen der vertraglichen Arbeitsbedingungen. Die arbeitsschutzrechtlichen Pflichten des Arbeitgebers und die Rechte und Pflichten der Beschäftigten sind geregelt im Arbeitsschutzgesetz (ArbSchG) vom 7.8.1996.

Arbeitsteilung

Die Auflösung einer Arbeitsleistung in Teilverrichtungen, die von verschiedenen Wirtschaftseinheiten ausgeführt werden. Die Wirtschaftseinheiten können sein: Menschen, Unternehmungen, Gebiete, Länder. Folge der A. ist Steigerung der Produktivität.
1. *Überbetriebliche A.* (*volkswirtschaftliche A.*): Ausgehend von der A. zwischen Mann und Frau kommt es zur Ausgliederung einzelner Funktionen aus dem Haushalt, die verselbständigt werden (Berufsbildung). Innerhalb der Berufe kommt es zu einer weiteren Spezialisierung (Berufsteilung bzw. Berufsspaltung).
2. *Innerbetriebliche A.*: Zerlegung eines Produktionsprozesses in mehrere, jeweils auf eine Person oder Personengruppe entfallende Teilprozesse (Arbeitszerlegung). Die Teilprozesse können in mehreren Teilbetrieben durchgeführt werden (Produktionsteilung).
3. *Internationale A.*: Aufteilung der Arbeit zwischen Volkswirtschaften, wo-bei sich die einzelnen Länder auf die Erstellung bestimmter Leistungen spezialisieren. Gründe können sein: unterschiedliche Vorkommen (z.B. Rohstoffe, Früchte), klimatische Unterschiede, Lohnkostenniveau (z.B. Herstellung in Billigländern), Produktionsunterschiede (z.B. Qualität, Zeit, Know-how).

Arbeitsunfähigkeit

Begriff aus der Krankenversicherung. A. bedeutet, daß der Erwerbstätige aufgrund einer Krankheit oder eines Unfalls seiner Arbeit nicht nachgehen kann. Die ärztliche Bescheinigung hierüber ist die Voraussetzung zur Zahlung von Krankengeld.

Arbeitsvermittlung

Durch das Arbeitsförderungsgesetz an die ↑ Bundesanstalt für Arbeit übertragene Aufgabe, freie Stellen an Arbeitssuchende nach ihren fachlichen und persönlichen Qualifikationen unentgeltlich zu vermitteln. Die Bundesanstalt für Arbeit besaß hierfür das alleinige Vermittlungsrecht (sog. Vermittlungsmonopol), was sie seit 1994 nicht mehr innehat. Für die Arbeitsvermittlung anderer ist eine Erlaubnis der Bundesanstalt für Arbeit erforderlich. Gebühren für A. dürfen nur vom Arbeitgeber verlangt werden.

Arbeitsvertrag

Gegenseitiger Vertrag, der die eine Partei (Arbeitnehmer) verpflichtet, im Rahmen der Treuepflicht gegen Entgelt für einen anderen, den Arbeitgeber, tätig zu werden. Der Arbeitgeber trägt die Fürsorgepflicht. Der Vertrag kann mündlich geschlossen werden. Die Vertragsfreiheit ist durch gesetzliche Reglementierungen wie Betriebsverfassungsgesetz und Kündigungsschutzgesetz, Schwerbehindertengesetz, Arbeitszeitordnung, Jugendschutzgesetz eingeschränkt worden. ↑ Berufsausbildungsvertrag, ↑ befristeter Arbeitsvertrag.

Arbeitszeit

Die Zeit, während der ein Arbeitnehmer seine Arbeitskraft dem Arbeitgeber zur Verfügung stellen muß. Es ist dies die Zeit vom Beginn bis zum Ende der Arbeit ohne Ruhepause. Die regelmäßige werktägliche A. darf acht Stunden nicht überschreiten. Sie kann auf bis zu zehn Stunden nur verlängert werden, wenn innerhalb von sechs Kalenderwochen oder innerhalb von 24 Wochen im Durchschnitt acht Stunden werktäglich nicht überschritten werden. Nach spätestens sechs Stunden ist die Arbeitszeit durch im voraus feststehende Ruhepausen von mindestens 30 Minuten (bei Arbeitszeit von 9 Stunden: 45 Minuten) zu unterbrechen. Die Ruhepausen können auch in Viertelstunden aufgeteilt werden. Gesetzliche Regelung nach dem Arbeitszeitgesetz vom 1.7.1994. Das Arbeitszeitgesetz gilt für alle Arbeitnehmer über 18 Jahre in Betrieben und Verwaltungen aller Art. – Für Personen unter 18 Jahren gilt das ↑Jugendarbeitsschutzgesetz.

Arbeitszeitflexibilisierung
Veränderung der üblichen Lage und Dauer der Arbeitszeit, z.B. gleitende Arbeitszeit (der Arbeitsbeginn bzw. das Arbeitsende können innerhalb festgelegter Grenzen variiert werden), gleitende Arbeitswoche (4-Tage-Woche, wobei die Arbeitstage vom Arbeitnehmer festgelegt werden) u.a.m.

Arbeitszeitverkürzung
Verkürzung der Wochen-, Jahres- (durch Urlaubsverlängerung), aber auch Lebensarbeitszeit (gleitender Ruhestand, Senkung des Rentenalters). Regelungen zur A. können zwischen den Tarifvertragsparteien (Arbeitgebervereinigungen, Gewerkschaften) vereinbart werden.

Arbitrage
Das Ausnutzen von Kursdifferenzen für dasselbe Gut an verschiedenen Börsenplätzen zur Gewinnerzielung. In erster Linie kommen Wertpapiere in Frage, aber auch Devisen, Zinsen oder Gold. Die *Arbitrageure* versuchen, jeweils zu kaufen, wo und wann ein Gut am billigsten ist, und zu verkaufen, wo und wann für das Gut der höchste Preis erzielt wird. So führt A. zur Angleichung der Preise auf verschiedenen Märkten in Raum und Zeit. Voraussetzung sind eine gute Nachrichtenverbindung zwischen den einzelnen Plätzen und Informationen bzw. Erwartungen über Preis- bzw. Kursentwicklungen. ↑ Hedging, ↑ Spekulation.

arglistige Täuschung
Vorsätzliche Handlung eines Vertragspartners, um den anderen irrezuführen, da dieser bei Kenntnis der Tatsache den Vertrag nicht akzeptiert hätte. Die a.T. ist Grund zur Anfechtung des Rechtsgeschäfts und u.U. ein Grund, Schadensersatz wegen Nichterfüllung zu verlangen, z.B. bei der Mängelrüge.

Artvollmacht
↑Handlungsvollmacht.

ASCII
Abk. für American Standard Code of Information Interchange; vornehmlich bei Personal-Computern zur internen Darstellung der Zeichen verwendeter Code.

Assembler
1. *Maschinenabhängige* ↑ *Programmiersprache* (eigentlich *Assemblersprache*): Befehle und Daten eines Programms entsprechen einer maschineninternen Darstellungsform, d.h. jeder Computertyp hat seinen eigenen A. Für den Menschen schwer verständlich.
2. *Übersetzungsprogramm*: Überführt ein in einer Assemblersprache geschriebenes Quellenprogramm in ein Maschinenprogramm.

Assessment Center
Psychologisches Testverfahren, das zunehmend als Auswahlverfahren bei der Einstellung von neuen Mitarbeitern, vor allem potentiellen Führungskräften, angewandt wird. Mehrere Bewerber werden dabei über mehrere Tage hinweg von mehreren Beurteilern in simulierten beruflichen Bewährungssituationen begutachtet.

Assoziierungsabkommen
(Lat.: associare = vereinigen); auf vertraglicher Basis beruhendes Abkommen, das Drittländern das Recht einräumt, sich an einer Handels- oder Zollunion zu beteiligen, ohne dem Bündnis als Mitglied beizutreten. Besondere Be-

deutung haben die Assoziierungsabkommen im Rahmen der ↑ EU, Europäische Union.

@

Auch: *at; Klammeraffe.* Weist in der ↑ E-Mail-Adresse auf den Ort hin, wo der User im Netz präsent ist. *Beispiel:* hans.meier@t-online.de

Aufbauorganisation

Regelung der Abteilungs- und Stellengliederung sowie des Instanzengefüges einer ↑ Organisation. – *Gegensatz:* ↑ Ablauforganisation. ↑ Abteilung, ↑ Stelle, ↑ Instanz.

Aufbewahrungspflicht

nach Handelsrecht und Abgabenordnung die Verpflichtung eines Vollkaufmanns, seine Geschäftsbücher 10 Jahre und seine Geschäftsbriefe und Buchungsbelege 6 Jahre aufzubewahren. Ausgenommen Bilanzen können die Unterlagen auch als Wiedergabe auf Bild- oder anderen Datenträgern aufbewahrt werden.

Aufgeld

↑ Agio.

Auflassung

Einigung zwischen Verkäufer und Käufer eines Grundstücks über den Übergang des Eigentums. Muß notariell beurkundet werden, wobei Anwesenheit beider Parteien vorgeschrieben ist (Vertretung jedoch möglich). Zur Eigentumsübertragung ist außer der A. die Eintragung im Grundbuch erforderlich. A. ist zu unterscheiden von dem zugrundeliegenden Grundstückskaufvertrag, der lediglich eine *Verpflichtung* zur Eigentumsübertragung enthält.

Aufschwung

↑ Konjunkturphasen.

Aufsichtsrat

Zwingend vorgeschriebenes Organ einer ↑ Aktiengesellschaft, dessen Mitglieder von der Hauptversammlung gewählt werden. – *Aufgaben und Rechte*: Bestellung der Mitglieder des Vorstandes; Überwachung der Geschäftsführung des Vorstandes; Auskunftsrecht dem Vorstand gegenüber.

Auftrag

Vertrag, durch den sich eine Partei (Beauftragter) verpflichtet, ein ihr von der anderen Partei (Auftraggeber) übertragenes Geschäft unentgeltlich sorgfältig auszuführen.

Aufwendungen

Der Geldwert aller Güter und Leistungen, die in einem Unternehmen verbraucht werden. Vor allem zählen dazu: Verbrauch von Roh-, Hilfs-, Betriebsstoffen, Personalausgaben, Abschreibungen, Steuern, Mieten, Versicherungen. Auch Schuldenzunahmen können A. sein. Die Kostenrechnung erfaßt nur betriebsbezogene A., zwecks Erstellung von Kalkulationsgrundlagen. Die Finanzbuchhaltung muß auch ↑ *betriebsfremde* A. erfassen, um einen ordnungsgemäßen Jahresabschluß machen zu können.

Aufwertung

Wertgewinn einer Währung im Vergleich zu einer anderen Währung. Eine Senkung des nominellen ↑ Wechselkurses in der Preisnotierung (z.B. DM/$) bzw. ein Anstieg in der Mengennotierung ($/DM) entspricht einer A. der Inlandswährung. Der ↑ Außenwert der Inlandswährung steigt. – *Folgen:* Ausländer benötigen mehr eigenes Geld, um eine Einheit der aufgewerteten Währung zu erhalten. Inländer hingegen müssen beim Umtausch in ausländisches Geld weniger eigene Währungseinheiten aufwenden. Die mit der A. der heimischen Währung einhergehende Verbilligung aller Auslandswährungen bedeutet somit z.B. bei ungeänderten Auslandspreisen in Auslandswährung eine Preissenkung für Auslandsgüter, gerechnet in Inlandswährung (Verbilligung der Einfuhren; entsprechend Verteuerung der Ausfuhren). – *Gegensatz*: ↑ Abwertung.

Ausbildender
Derjenige, der einen ↑ Auszubildenden zur Berufsausbildung einstellt. Bei fehlender fachlicher Eignung hat der A. einen ↑ Ausbilder mit der Ausbildung zu beauftragen.

Ausbilder
Eine Person, die persönlich und fachlich geeignet und beauftragt ist, ↑ Auszubildende zu unterweisen. In der *Ausbilder-Eignungsverordnung* ist vorgeschrieben, daß der A. vor der zuständigen Kammer über seine fachliche Eignung hinaus berufs- und arbeitspädagogische Eignung nachzuweisen hat.

Ausbildung
↑ Auszubildender, ↑ Berufsausbildungsverhältnis, ↑ Berufsausbildungsvertrag.

Ausbildungsabschlußprüfung
Prüfung, die in den anerkannten Ausbildungsberufen vor dem von der zuständigen Stelle errichteten Prüfungsausschuß durchgeführt wird. *Bestandteile*: Schriftliche, mündliche und in einigen Berufen zusätzlich praktische Prüfung. *Zulassungsvoraussetzungen*: Ablauf der Ausbildungszeit jetzt oder in den nächsten 2 Monaten; Teilnahme an vorgeschriebenen Zwischenprüfungen; Berichtsheftführung; Eintragung in das Verzeichnis der Berufsausbildungsverhältnisse. *Ausnahmen:* Nachweis ausreichender Berufspraxis oder Besuch bestimmter berufsbildender Schulen. Bei *Nichtbestehen* darf die A. zweimal wiederholt werden. Der Ausbildungsvertrag verlängert sich auf Wunsch des Auszubildenden bei nichtbestandener A. höchstens ein Jahr. Die A. ist für den Auszubildenden gebührenfrei. Dem Prüfling ist bei bestandener A. ein Zeugnis auszustellen.

Ausbildungsdauer
Zeitraum der Ausbildung; mind. 2 Jahre, höchstens 3 Jahre.

Ausbildungsförderung
Leistungen des Staates nach dem Bundesausbildungsförderungsgesetz (↑BAföG).

Ausbildungsfreibetrag
Für Aufwendungen für die Berufsausbildung eines Kindes werden bei der Einkommensteuerberechnung auf Antrag bestimmte A. vom Gesamtbetrag der Einkünfte abgezogen.

Ausbildungsordnung
Vorschriften für staatlich geregelte und einheitliche Ausbildungen in anerkannten Ausbildungsberufen. Die A. beinhaltet einen Rahmenplan. Das Unternehmen erstellt daraus einen *betrieblichen Ausbildungsplan.*

Ausbildungsverbund
Form der ↑ Berufsausbildung, bei der mehrere Ausbildungsbetriebe zwecks gemeinsamer Ausbildung zusammenwirken, z.B. wenn ein Betrieb infolge Spezialisierung die Ausbildungsinhalte nicht vollständig vermitteln kann.

Ausbildungsvergütung
Entgeltzahlung an ↑ Auszubildende. Sie muß angemessen sein und hängt ab vom Ausbildungsberuf, Alter, Ausbildungsjahr.

Ausfallbürgschaft
Form der ↑ Bürgschaft, bei der der Bürge nur dann in Anspruch genommen werden kann, wenn ihm der Gläubiger nachweist, daß eine fruchtlose Zwangsvollstreckung gegen den Hauptschuldner vorliegt.

Ausfuhr
Auch: *Export.* Lieferungen, Zahlungen, Übertragungen und Verbringung von Waren, Dienstleistungen und Kapital ins Ausland. Festgehalten werden diese Transaktionen in der ↑ Zahlungsbilanz einer Volkswirtschaft. Grundsätzlich bedarf die A. nach dem Außenwirtschaftsgesetz keiner Genehmigung. Von

dieser Regelung kann abgegangen werden, z.B. wenn lebenswichtige Güter im Inland benötigt werden. – *Gesamtwirtschaftliche Bedeutung:* ↑ Außenhandel (Übersichten). – *Gegensatz:* ↑ Einfuhr.

Ausfuhrförderung
Alle staatlichen und privaten Aktivitäten, um die Exporte zu fördern. Auf privater Basis sind hier u.a. Exportkartelle (Ausnahmegenehmigung vom grundsätzlichen Kartellverbot im ↑ Kartellgesetz) und Gemeinschaftswerbungen im Ausland zu nennen. Hauptakteur ist aber der Staat, der durch eine Reihe von Gesetzen und Bestimmungen eingreifen kann. So u.a. durch das *Außenwirtschaftsgesetz* (AWG) zur Stützung der deutschen Außenwirtschaft. Durch Gewährung von Exportsubventionen, in Form von Ausfuhrprämien, Übernahme von Bürgschaften, Steuerbefreiungen, Sonderabschreibungen auf Exportforderungen, Zinszuschüssen bei Exportkrediten u.v.m. gibt der Staat starke Anreize für Exporte, weil dadurch Arbeitsplätze gesichert werden sollen.

Ausfuhrzoll
Auf ausgeführte Waren (↑ Ausfuhr) vom Staat erhobene Abgabe (↑ Zoll), die diese Waren im Ausland verteuern. Mögliche Ziele sind Finanzierung der Staatsausgaben, Abbau von Ausfuhrüberschüssen oder Erhöhung des inländischen Güterangebots.

Ausgaben
Der Abfluß von Zahlungsmitteln, die Abnahme von Forderungen und das Eingehen von Schulden. Nicht zu verwechseln mit ↑ Aufwendungen.

Ausgleichsanspruch
Der Anspruch eines Handelsvertreters, nach Beendigung seines Vertragsverhältnisses, auf finanziellen Ausgleich für die im Rahmen seiner Tätigkeit neu geworbenen Kunden.

Außenfinanzierung
Eine Finanzierungsform (↑Finanzierung), bei der das Kapital nicht durch die eigene Leistungskraft, sondern von außen in die Firma eingebracht wird. – *Gegensatz*: ↑ Innenfinanzierung. – *Arten*:

Außenhandel – Entwicklung von Einfuhr und Ausfuhr

Jahr	Einfuhr[1]	Ausfuhr	Bruttosozialprodukt	Einfuhr[1]	Ausfuhr[1]
	Mrd. DM			% des Bruttosozialproduktes	
1960	42,7	47,9	303,0	14,1	15,8
1965	70,4	71,7	458,2	15,4	15,6
1970	109,6	125,3	675,7	16,2	18,5
1975	184,3	221,6	1028,9	17,9	21,5
1980	341,4	350,3	1485,7	23,0	23,6
1985	463,8	537,2	1844,2	25,1	29,1
1990	550,6	642,8	2448,2	22,5	26,3
1991	633,1	648,4	2653,7[2]	23,9	24,4
1992	628,0	657,4	2798,8[2]	22,4	23,5
1993	536,3	592,1	2820,0[2]	19,0	21,0
1996[3]	669,1	771,9	3506,8[2]	19,1	22,0
1997[2]	765,6	887,3	3605,0[2]	21,2	24,6

[1] Spezialhandel entsprechend der Außenhandelsstatistik
[2] Vorläufiges Ergebnis
[3] Ab 1996 Deutschland gesamt

1. ↑ *Eigenfinanzierung* durch zusätzliche Kapitaleinlagen der bisherigen Unternehmer/Gesellschafter (Einlagenfinanzierung) bzw. durch Neueinlagen neu hinzukommender Unternehmer/Gesellschafter (↑ Beteiligungsfinanzierung).
2. ↑ *Fremdfinanzierung* durch Kreditaufnahme, bei der der Kreditgeber die Stellung eines Gläubigers erhält.

Außenhandel
Grenzüberschreitender Handel: ↑ Ausfuhr (Export), ↑ Einfuhr (Import) und Durchfuhr (↑ Transithandel) von Gütern (Waren und Dienstleistungen). – Der *A. der Bundesrepublik Deutschland* wird in amtlichen Außenhandelsstatistiken nach Menge und Wert der Waren sowie nach Bezugs- und Abnehmerländern ausgewiesen. Ein- und Ausfuhr der Bundesrepublik Deutschland siehe Übersichten. ↑ Zahlungsbilanz.

Außenhandelspolitik
Gesamtheit aller staatlichen Maßnahmen zur Beeinflussung des grenzüberschreitenden Warenverkehrs (Außenhandel); Teil der ↑ Außenwirtschaftspolitik. – *Maßnahmen:* a) Zollpolitik (Preisbe- und -entlastung beim Ex- und Import); b) Kontingentpolitik (mengenmäßige Ein- und Ausfuhrbeschränkungen); c) administrative Handelsbeschränkungen, z.B. ↑ Normung; d) Schaffung staatlicher Außenhandelsmonopole; aber auch e) der Abschluß von internationalen Handelsabkommen zur Erleichterung des internationalen Handelsverkehrs (z.B. ↑ GATT, ↑ EU, ↑ WTO).

Außenwert
Kaufkraft einer über den Wechselkurs umgerechneten inländischen Währungseinheit im Ausland. Bei freien

Außenhandel – Einfuhr nach Warengruppen (in Prozent)

Gegenstand der Nachweisung	Einfuhr							
	1960	1970	1980	1990	1993	1994	1995	1996*
Ernährungswirtschaft	26,3	19,1	12,7	10,8	10,5	10,7	10,3	10,1
Gewerbliche Wirtschaft	72,2	79,6	86,0	87,8	85,0	86,3	84,4	84,5
davon:								
Rohstoffe	21,7	13,5	17,3	6,1	5,4	5,4	4,8	5,3
Halbwaren	18,9	16,1	17,6	11,3	9,0	9,2	9,3	9,3
Fertigwaren	32,2	50,0	51,2	70,5	70,6	71,7	70,3	69,9

Außenhandel – Ausfuhr nach Warengruppen (in Prozent)

Gegenstand der Nachweisung	Ausfuhr							
	1960	1970	1980	1990	1993	1994	1995	1996*
Ernährungswirtschaft	2,3	3,5	5,3	4,8	5,5	5,4	5,1	5,1
Gewerbliche Wirtschaft	97,4	95,9	94,0	94,8	91,8	92,9	92,2	91,8
davon:								
Rohstoffe	4,6	2,5	1,9	1,1	0,9	1,0	1,0	0,9
Halbwaren	10,4	7,6	8,7	5,3	5,0	5,1	5,0	4,9
Fertigwaren	82,4	85,8	83,4	88,4	85,9	86,8	86,2	86,0

* Vorläufiges Ergebnis
Ab 1994 Deutschland gesamt

Quelle: Statistisches Bundesamt

Wechselkursen besteht langfristig die Tendenz zur Angleichung von Binnen- und Außenwert einer Währung, da die Kaufkraftparität im wesentlichen gewahrt wird, wenn die Preisniveauabweichungen durch entsprechende Wechselkursverschiebungen ausgeglichen werden können. Kurzfristig und mittelfristig sind v.a. bei ↑ festen Wechselkursen Abweichungen des A. vom Binnenwert möglich und häufig.

außenwirtschaftliches Gleichgewicht
Neben ↑ Preisniveaustabilität, hohem Beschäftigungsstand (↑ Beschäftigungsgrad) und stetigem und angemessenem Wirtschaftswachstum (↑ Wachstum) eines der vier gesamtwirtschaftlichen Ziele des Stabilitäts- und Wachstumsgesetzes (↑ Magisches Viereck). A. G. bezieht sich auf den Ausgleich der Leistungsbilanz, d.h. das ursprüngliche Leistungsbilanzungleichgewicht aufgrund von Verbindlichkeiten (Forderungen) gegenüber dem Ausland muß durch Handelsbilanzüberschüsse (bzw. -defizite) bedient werden. – Zu unterscheiden ist das a. G. vom definitionsgemäß immer gegebenen Ausgleich der ↑ Zahlungsbilanz.

Außenwirtschaftspolitik
1. *Begriff/Träger*: Gesamtheit der Maßnahmen zur Regelung der Wirtschaftsbeziehungen des Inlands mit dem Ausland. Diese Regelungen können sich beziehen auf: a) den Warenverkehr; b) den Dienstleistungsverkehr; c) die internationalen unentgeltlichen Übertragungen (z.B. Leistungen an internationale Organisationen, Schenkungen); d) die finanziellen Transaktionen (Kapitalverkehr in der ↑ Zahlungsbilanz); e) die internationale Wanderung von Arbeitskräften. – Träger der A. sind in der Bundesrepublik Deutschland der Bund und die Bundesbank.
2. *Ziele der A.*: a) *Ökonomisch* die außenwirtschaftliche Absicherung der binnenwirtschaftlich orientierten ↑ Geldpolitik und ↑ Fiskalpolitik im Sinne der Ziele des ↑ Magischen Vierecks. – b) *Außerökonomisch* die Vermeidung allzu starker politischer und militärischer Abhängigkeit vom Ausland.
3. *Instrumente der A.*: a) *Währungspolitik*: (1) Wechselkurspolitik durch Festlegung des Wechselkurssystems (↑ fester Wechselkurs oder ↑ flexibler Wechselkurs) und Maßnahmen innerhalb des bestehenden Systems (z.B. Interventionen auf dem Devisenmarkt, Auf- und Abwertung, Devisenbewirtschaftung); (2) sonstige Regelungen im internationalen Kapitalverkehr (z.B. Beschränkungen bei den Real- und Finanzinvestitionen sowie der Kreditaufnahme durch Ausländer). – b) ↑ *Außenhandelspolitik* (Preis- und/ oder mengenmäßige Beeinflussung des grenzüberschreitenden Warenverkehrs). – c) *Integrationspolitik* (Schaffung binnenmarktähnlicher Verhältnisse zwischen unterschiedlichen Staaten durch Verträge und Abkommen, z.B. des ↑ Europäischen Binnenmarktes).

außergerichtlicher Vergleich
↑ Vergleich 1.

außergewöhnliche Belastung
Begriff aus dem Steuerrecht. A.B. sind Aufwendungen Steuerpflichtiger, die zwangsläufig (aus rechtlichen oder tatsächlichen Gründen) gemacht werden mußten und den Leistenden stärker beanspruchen als die übrigen Steuerzahler. *Beispiele*: Krankheitskosten, Entbindungskosten, Scheidungskosten und unter Umständen Aufwendungen für Beerdigung, Strafprozeß und zur Schuldentilgung; Aufwendungen für Unterhalt und Berufsausbildung von Personen, für die kein Kinderfreibetrag geltend gemacht werden kann und für die der Steuerpflichtige oder sein Ehepartner zum Unterhalt verpflichtet ist (maximal 12.000 DM); Aufwendungen für die Berufsausbildung eines Kindes, für das ein Kinderfreibetrag in Anspruch genommen wird (Ausbildungsfreibetrag); unter bestimmten Voraus-

setzungen eine Haushaltshilfe (maximal 1.800 DM). A.B. müssen zum Teil eine einkommensabhängige zumutbare Belastung übersteigen. Geltend gemacht werden die a.B. in der ↑ Antragsveranlagung bzw. in der ↑ Steuererklärung.

außerordentliche Aufwendungen und Erträge

Teil der ↑ neutralen Aufwendungen und Erträge, die in Zusammenhang mit dem Betriebszweck stehen und nur einmal (außergewöhnliche Aufwendungen und Erträge) oder nur unregelmäßig anfallen (periodenfremde Aufwendungen und Erträge).

außerordentliche Kündigung

↑ Kündigung, ↑ fristlose Kündigung.

Aussonderung

Eine Feststellung des Konkursverwalters im ↑ Konkursverfahren (ab 1.1.1999 Insolvenzverfahren), bei dem er Gegenstände, die nicht zum Eigentum des Schuldners gehören, von der ↑ Konkursmasse aussortiert, z.B. geliehene und gemietete Gegenstände, Waren, die unter Eigentumsvorbehalt geliefert wurden.

Aussperrung

Ein Kampfmittel der Arbeitgeber, das die Möglichkeit einer Entlassung der Arbeitnehmer während eines Streiks vorsieht (*Abwehraussperrung*). Während der A. entfällt die Pflicht zur Lohnfortzahlung, dagegen nicht die Verpflichtung, nach Beendigung des Streiks die Arbeitnehmer wieder einzustellen.

Ausverkauf

↑ Räumungsverkauf.

Auszeichnungspflicht

↑ Preisauszeichnung.

Auszubildender

Person, die sich in der Berufsausbildung befindet, gilt nach dem Berufsbildungsgesetz als Auszubildende(r). Grundlage ist der ↑ Berufsausbildungsvertrag.

1. *Rechte*: Anspruch auf Vergütung, die sich nach Tarifvertrag, Ausbildungsjahr und Alter staffelt; Recht auf eine umfassende Ausbildung, die er für seinen späteren Beruf benötigt; Anspruch auf Zeugniserteilung nach Beendigung des Berufsausbildungsverhältnisses; kostenloser Erhalt von Ausbildungsmitteln; Anspruch auf Berufsschulbesuch.

2. *Pflichten*: Anweisungen des Ausbildenden und des Ausbilders befolgen; Berufsschulpflicht; Stillschweigen über Geschäftsgeheimnisse; Betriebsordnung beachten; Material pfleglich behandeln; sorgfältige Ausführung übertragener Aufgaben.

Autarkie

Wirtschaftliche Unabhängigkeit eines Landes vom Ausland in Bezug auf Handelsverflechtungen und wirtschaftliche Beziehungen. Die Selbstversorgung an Gütern geht mit einem Verzicht an Vorteilen aus der internationalen ↑ Arbeitsteilung einher.

Automatisierung

Automation, Automatisation, Übernahme unterschiedlicher Funktionen durch die Maschine.

Avalkredit

Bürgschaftskredit einer Bank gegenüber einem „guten Kunden". Die Bürgschaftserklärung kann selbstschuldnerisch oder als Wechselbürgschaft gegeben werden. Häufig anzutreffen bei Importen, bei denen hohe Zölle zu zahlen sind. Bank garantiert für die Zollzahlung zu einem späteren Zeitpunkt, damit der Kunde die Ware erst einmal erhält. Ferner bei Steuerstundungen, bei Auslandsgeschäften, bei sonst. Bürgschaften gegenüber der öffentlichen Hand. In der Bankbilanz sind Avale unter der Bilanz aufzuführen. Form der Kreditleihe neben ↑ Akzeptkredit.

B

BA

Abk. für ↑ Bundesanstalt für Arbeit.

Backup

Maßnahme, um Daten vor physikalischem Verlust zu schützen, der durch fehlerhafte Geräte oder Zerstörung entstehen kann; geschieht meist durch die Übernahme der Festplatteninhalte auf Band (Streamer).

BAföG

Abk. für Bundesausbildungsförderungsgesetz. Nach dem BAföG können Leistungen gewährt werden an Personen, denen die für ihren Lebensunterhalt und ihre Ausbildung erforderlichen Mittel nicht zur Verfügung stehen.
BAföG regelt die individuelle Ausbildungsförderung für weiterführende Schulen, wie allgemeinbildende und fachliche Schulen, Hoch-, Ingenieur-, Kunst- und Musikhochschulen sowie pädagogische Hochschulen.
Die studentische Förderung besteht aus einem Darlehen (seit 1990 aus einem Halbdarlehen). BAföG-Darlehen sind weitgehend zinslos. Die Rückzahlung der Darlehen beginnt 5 Jahre nach Ende der Förderungshöchstdauer mit monatlichen Mindestraten von 200DM. Unter bestimmten Voraussetzungen kann die Rückzahlung vorläufig ausgesetzt werden (Arbeitslosigkeit).
Die *Höhe der Leistung* wird nach dem festgesetzten Bedarf unter Berücksichtigung des Einkommens und Vermögens des Auszubildenden, seines Ehegatten und seiner Eltern festgesetzt.

Baisse

(frz. = Fallen, Sinken); Periode sinkender Börsenkurse sowohl bei Wertpapieren als auch auf Waren- und Frachtmärkten. – *Gegensatz*: ↑ Hausse.

Bandbreite

Zulässige Schwankungsbreite der ansonsten fest vereinbarten Wechselkurse zwischen den beteiligten Ländern. Die beteiligten Notenbanken sind verpflichtet, die Wechselkurse durch Investitionen innerhalb der vereinbarten Bandbreite zu halten. ↑ Intervention.

Bank

1. *Geschäftsbankwesen*: Privates oder öffentlich-rechtliches Unternehmen, das ↑ Bankgeschäfte betreibt. Als wichtige Institution des finanziellen Sektors einer Volkswirtschaft offeriert die B. Leistungen im Zahlungsverkehr, bei der Finanzierung und bei der Geldanlage, indem sie entsprechende Fazilitäten anbietet und zugehörige Geschäfte abwickelt. Die Dienstleistungen reichen von der Kontoführung über die Kreditvergabe, die Hereinnahme von Spareinlagen über den Handel mit Effekten bis zur reinen Zahlungsabwicklung. Neben den Kundengeschäften betreibt die B. auch Eigengeschäfte. Aufgrund der volkswirtschaftlichen Bedeutung zählt die B. zu den am stärksten gesetzlich reglementierten Unternehmenstypen (neben der Versicherung). – Der oft synonym verwandte Begriff ↑ *Kreditinstitut* findet im Kreditwesengesetz Verwendung für ein Unternehmen, das Bankgeschäfte betreibt. – *Unterteilung:* a) *Universalbanken*, die alle Bankgeschäfte anbieten mit Ausnahme des Hypotheken- und Pfandbriefgeschäfts, z.B. Sparkassen, Genossenschaftsbanken,

Großbanken. b) *Spezialbanken*, die besondere Bankgeschäfte betreiben, z.B. Hypothekenbanken, Lastenausgleichsbank, Kreditanstalt für Wiederaufbau. – 2. *Notenbankwesen*: ↑ Deutsche Bundesbank, ↑ Notenbank.

Bankakzept
↑ Akzeptkredit.

Bankenaufsicht
Staatliche Aufsicht im wesentlichen durch das Bundesaufsichtsamt für das Kreditwesen (Berlin). Der B. unterstehen die Zulassung von Kreditinstituten und die Überwachung ihrer laufenden Geschäfte. Damit soll der Gefahr des Zusammenbruchs und Konkurses von Kreditinstituten bei zügellosem Wettbewerb begegnet werden; auch wird der Kreditwirtschaft eine besondere Bedeutung für die Volkswirtschaft und damit für die staatliche Wirtschaftspolitik zugemessen. Die Genehmigung und Überwachung der Kreditinstitute nach dem Kreditwesengesetz (KWG) war die Voraussetzung für die Freistellung der Kreditinstitute nach § 102 des Gesetzes gegen Wettbewerbsbeschränkungen (GWB) vom Kartellverbot (§ 1 GWB) und dem Verbot der vertikalen Preisbindung (§ 15 GWB).

Bankgeheimnis
Die Verpflichtung der Banken, keine Auskunft über die Vermögenslage eines Bankkunden zu geben; grundsätzlich auch nicht einer Behörde gegenüber; Begrenzung durch *Auskunftspflicht* im Konkurs- (ab 1.1.1999 Insolvenzverfahren) und Strafverfahren, gegenüber der Finanzbehörde (v.a. der Steuerfahndung) und im Falle des Todes des Bankkunden an das Finanzamt wegen Erbschaftsteuer.

Bankgeschäfte
Begriff des § 1 Abs. 1 S. 2 Kreditwesengesetz. B. sind: a) *Einlagengeschäft*: Annahme fremder Gelder als Einlagen oder anderer rückzahlbarer Gelder des Publikums, nicht aber Inhaber- oder Orderschuldverschreibungen, ohne Rücksicht darauf, ob Zinsen vergütet werden; b) *Kreditgeschäft*: Gewährung von Gelddarlehen und Akzeptkrediten; c) *Diskontgeschäft*: Ankauf von Wechseln und Schecks; d) *Finanzkommissionsgeschäft*: Anschaffung und die Veräußerung von ↑ Finanzinstrumenten für andere; e) *Depotgeschäft*: Verwahrung und die Verwaltung von Wertpapieren für andere; f) *Investmentgeschäft*: die in § 1 des Gesetzes über Kapitalanlagegesellschaften bezeichneten Geschäfte; g) *Form des Revolving-Kreditgeschäfts*: Eingehung der Verpflichtung, Darlehensforderungen vor Fälligkeit zu erwerben; h) *Garantiegeschäft*: Übernahme von Bürgschaften, Garantien und sonstige Gewährleistungen für andere; i) *Girogeschäft*: Durchführung des bargeldlosen Zahlungsverkehrs und des Abrechnungsverkehrs; j) *Emissionsgeschäft*: Übernahme von Finanzinstrumenten für eigenes Risiko zur Plazierung oder die Übernahme gleichwertiger Garantien; k) *Geldkartengeschäft*: Ausgabe vorausbezahlter Karten zu Zahlungszwecken, bei dem Kartenemittent und Zahlungsempfänger nicht eine Person sind; l) *Netzgeldgeschäft*: Schaffung und die Verwaltung von Zahlungseinheiten in Rechennetzen.

Bankkonto
Die kontenartig geführte Rechnung eines Bankkunden, die seinen Geschäftsverkehr mit seiner Bank erkennen läßt. Zu unterscheiden sind:
1. *nach Zweck*: a) Einlagenkonten: Sparkonten und Termingeldkonten; b) Zahlungsverkehrskonten: Giro- bzw. Kontokorrentkonten und Währungskonten; c) Kreditkonten: Darlehenskonten und Kontokorrentkonten; d) Konten der Wertpapierverwahrung: Depotkonten.
2. *nach Zahl und Verfügungsberechtigung der Kontoinhaber*: a) Einzelkonten; b) Gemeinschaftskonten: Und- und Oder-Konten.
3. *nach wirtschaftlicher Zugehörigkeit der Vermögenswerte*: a) Eigenkonten; b) Treuhandkonten (Fremdkonten).

Bankkredit
Vergabe eines Kredits durch die Bank (Geldleihe). Der B. zählt zu den Aktivgeschäften der Bank. Gesichert werden kann durch Personensicherheiten wie Bürgschaften, und durch Sachsicherheiten, wie Sicherungsübereignung, Lombard und Pfand. Daneben werden Bankkredite ohne Hingabe von Geld gewährt, indem Bürgschaften für Bankkunden übernommen werden (Kreditleihe), z.B. ↑ Avalkredite, ↑ Akzeptkredite.

Banknote
Papiergeld, das als gesetzliches Zahlungsmittel von einer dazu berechtigten Bank ausgegeben wird. In der Bundesrepublik ist nur die ↑ Deutsche Bundesbank hierzu berechtigt.

Bankplatz
Ort, an dem die Bundesbank eine Zweigstelle (Landeszentralbank) unterhält.

Bankrott
Zahlungsunfähigkeit eines Schuldners. Anlaß zur Eröffnung des ↑ Konkursverfahrens (ab 1.1.1999 Insolvenzverfahren).

Banküberweisung
Bargeldlose Übertragung von Guthaben zwischen zwei Konten. Der Auftrag zur B. wird i.d.R. vom Kunden in Form eines speziellen Überweisungsformulars erteilt.

Bardepot
Zinsloses Hinterlegen eines Teils des von einem Gebietsansässigen im Ausland aufgenommenen Kredits bei der Bundesbank in Höhe des *Bardepotsatzes*. In Deutschland zeitweilig per Außenwirtschaftsverordnung nach dem Außenwirtschaftsgesetz dekretiert, um die Geldwertstabilität gefährdende Geld- und Kapitalzuflüsse aus dem Ausland eindämmen zu können.

Bargeldlose Zahlung
Zahlung durch Gutschrifts- und Belastungsanzeigen. Schuldner und Gläubiger müssen ein Konto besitzen. *Formen*: Dauerauftrag, EC-Karte, electronic cash, Kreditkarte, Lastschrifteinzug, POS- und POZ-Zahlungen, (Bank-)Überweisung, Verrechnungsscheck, Wechsel.

Barreserve
Reserve an Bargeld, das sofort herangezogen werden kann. Für *Handels- und Produktionsunternehmen* ist die B. die Liquidität in Form von Bargeld und ↑ Sichteinlagen auf dem Konto bei einer Bank. Für *Kreditinstitute* besteht die B. aus dem Bestand an Zentralbankgeld, d.h. dem Bargeld und den Einlagen bei der Landeszentralbank.

Barscheck
↑ Scheck 2.

Bartergeschäft
Auch: *Kompensationsgeschäft*, Form des Gegengeschäfts, bei der Wirtschaftssubjekte wechselseitig Leistungen aneinander abgeben oder voneinander abnehmen, wobei ausschließlich Ware ausgetauscht wird und keinerlei Geldströme fließen.

Barzahlung
Bezahlung einer eingegangenen Schuld in bar. Zur B. rechnen: direkte Übergabe von Bargeld; Bargeldversand durch Wertbrief; Postanweisung; bar einzulösender Wechsel.

BASIC
(Abk. für Beginners All-Purpose Symbolic Instruction Code); eine recht leicht zu erlernende ↑ Programmiersprache, die ursprünglich für Schüler entwickelt wurde. BASIC brachte in den 80er Jahren den Durchbruch in der PC-Programmierung.

Batch-Verarbeitung
Auch: *Stapel-Verarbeitung.* Mögliche Betriebsart eines Computers, bei der die zu bearbeitenden Daten zunächst auf Datenträgern gespeichert werden, bevor sie zu einem späteren Zeitpunkt an die Zentraleinheit übergeben werden. Auf

diese Weise kann die schnellere Zentraleinheit unabhängig von den langsameren Peripheriegeräten arbeiten. – *Gegensatz:* ↑ Dialogverarbeitung.

Bausparen
Sparen zum Zwecke der Finanzierung von Bauvorhaben oder Kauf von Immobilien. Der Sparer schließt einen *Bausparvertrag* ab mit der Verpflichtung, einen bestimmten Anteil der Bausparsumme anzusparen (z.B. 40 %). Eine Wartezeit auf das *Bauspardarlehen* wird mitvereinbart, etwa 2 bis 4 Jahre. Ist die Zeit verstrichen und wurde die vereinbarte Summe angespart, so erhält der Bausparer sein Guthaben sowie gleichzeitig die Differenz zwischen Guthaben und Bausparsumme als Darlehen zu einem unter dem aktuellen Bankzins liegenden Zinssatz.

Beamter
Bediensteter, der zum Staat (oder einer anderen öffentlich-rechtlichen Körperschaft mit Dienstherrnfähigkeit) in einem besonderen gesetzlich geregelten öffentlich-rechtlichen Dienst- und Treueverhältnis steht.

Bedarf
Der Teil der mit ↑ Kaufkraft „ausgestatteten" ↑ Bedürfnisse, der auf dem Markt als tatsächliche ↑ Nachfrage nach Gütern erscheint. Bedürfnisse sind prinzipiell unbegrenzt, der B. ist durch die ↑ Kaufkraft beschränkt.

Bedarfsermittlung
Verfahren zur Ermittlung der in zukünftigen Perioden auftretenden Materialbedarfe nach Zeit und Menge. In bezug auf die dabei entstehenden Bedarfe wird unterschieden in Primärbedarf (Bedarf an Fertigprodukten), Sekundärbedarf (Bedarf an Baugruppen, Einzelteilen und Rohstoffen) und Tertiärbedarf (Bedarf an Betriebs- und Hilfsstoffen. In bezug auf die Logik zur Ermittlung des zukünftigen Bedarfes lassen sich verschiedene Dispositionsverfahren unterscheiden: a) Die deterministische oder bedarfsorientierte Disposition ermittelt zukünftige Materialbedarfe auf Basis konkret vorliegender oder geplanter Kunden- oder Fertigungsaufträge. Dabei wird jeweils der noch verfügbare Lagerbestand für das betroffene Produkt berücksichtigt (Bruttobedarf – Lagerbestand = Nettobedarf). Die hohen EDV-Kosten der deterministischen Disposition beschränken deren Anwendung üblicherweise auf A-Teile (↑ ABC-Analyse). b) Die stochastische oder verbrauchsorientierte Disposition ermittelt zukünftige Materialbedarfe anhand historischer Verbräuche.

bedingte Kapitalerhöhung
Eine von der Hauptversammlung der AG mit 3/4-Mehrheit verabschiedete Kapitalerhöhung, die nur so weit durchgeführt wird (Bedingung), wie der erhöhte Betrag durch Ausübung des Umtausch- und Bezugsrechts der Bezugsberechtigten endgültig gezeichnet oder übernommen wird. ↑ Kapitalerhöhung 2.

Bedürfnis
Mangelempfinden eines Menschen. B. ist unbegrenzt. Nur ein Teil der B. kann vom Menschen befriedigt und in ↑ Bedarf umgewandelt werden. Teilbare B. können stufenweise, unteilbare B. nur vollständig oder gar nicht befriedigt werden. Die Bereitstellung der nachgefragten Güter zur Bedürfnisbefriedigung ist Aufgabe der Volkswirtschaft. – *Bedürfnishierarchie* (nach Maslow):

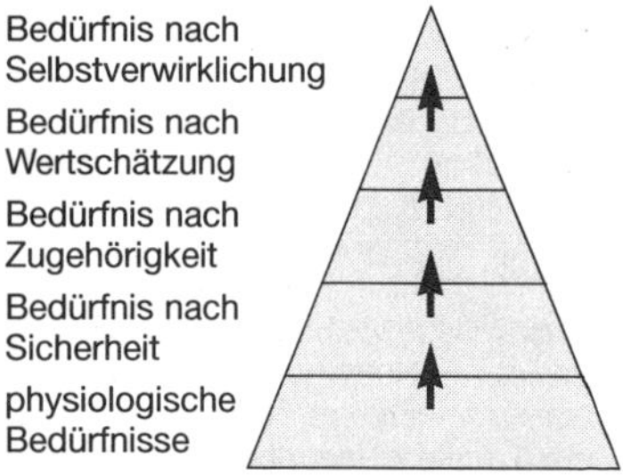

Befehl
In der Elektronischen Datenverarbeitung Anweisung in einem ↑ Algorithmus oder ↑ Programm, mit der ein Verarbeitungsschritt veranlaßt wird.

Beförderungsgeschäft
Auch: *Transport-*, *Verkehrsgeschäfte*. Geschäfte, die der Beförderung von Gütern oder Personen gegen Entgelt dienen. Beförderungsgeschäfte sind Werkverträge. Zahlreiche Beförderungsgeschäfte sind Grundhandelsgeschäfte. Eine Reihe von Gesetzen regeln diese Geschäfte im einzelnen: im HGB über Frachtführer und Spediteure sowie Frachtgeschäft zur Beförderung von Reisenden; ferner Eisenbahn-Verkehrsordnung, Güterkraftverkehrsgesetz u.a.

Beförderungsvertrag
↑ Frachtvertrag.

Befragung
Informationsgewinnungsmethode zur Erhebung von Daten. Gegenstand von B. ist z.B. die Gewinnung von Informationen über bisheriges Kaufverhalten, zukünftiges Verhalten sowie über Einstellungen und Bedürfnisse der Befragten. – *Anders*: ↑ Beobachtung, ↑ Experiment.

befristetes Arbeitsverhältnis
↑ Arbeitsverhältnis, das nach Ablauf der vereinbarten Frist endet, ohne daß es einer ↑ Kündigung bedarf. Befristete Arbeitsverhältnisse sind nur zulässig bei Vorliegen eines sachlichen Grundes (z.B. Aushilfe, Mutterschaftsvertretung, Erziehungsurlaub). – Bei unzulässiger Befristung besteht das Arbeitsverhältnis auf unbestimmte Zeit fort. Aneinandergereihte b.A., sog. Kettenarbeitsverträge, werden wie ein unbefristetes Arbeitsverhältnis behandelt. Bis zum 31.12.2000 ist es zulässig, die einmalige Befristung bis zur Dauer von 18 Monaten zu vereinbaren, wenn der Arbeitnehmer neu eingestellt wird oder der Arbeitnehmer im Anschluß an die Berufsausbildung nur vorübergehend weiterbeschäftigt werden kann, da kein Arbeitsplatz für einen unbefristeten Arbeitnehmer zur Verfügung steht.

Beglaubigung
Formvorschrift für ein Rechtsgeschäft, wonach – anders als bei der ↑ notariellen Beurkundung – lediglich die Echtheit der Unterschrift unter einem Schriftstück oder die Übereinstimmung einer Abschrift mit der Unterschrift bestätigt werden muß. Kann durch einen Notar erfolgen (↑ öffentliche Beglaubigung) oder z.B. durch eine Gemeindebehörde (dann nur amtliche B., deren Beweiskraft auf den im B.-Vermerk genannten Verwendungszweck beschränkt ist).

Begleitpapiere
Im ↑ Frachtbrief verzeichnete Papiere, die die Waren im Frachtgeschäft begleiten, um die vom Gesetz vorgeschriebenen Richtlinien einzuhalten. Sie dienen als Grundlage für Zoll-, Steuer- und sonstige Verwaltungsvorschriften.

Beherrschungsvertrag
Vertraglicher Abschluß, bei dem eine AG oder KGaA die Leitung ihrer Gesellschaft einem anderen, dem beherrschenden Unternehmen, unterstellt. Rechtsgrundlage ist das AktG, das auch über verbundene Unternehmen und die Folgen im Rahmen der Verantwortlichkeit und Leitungsmacht im B. Aussagen macht.

Beitragsbemessungsgrenze
Höchstgrenze, bis zu der das Einkommen der Arbeitnehmer der Sozialversicherungszahlung unterliegt. Die B. wird jährlich durch den Bundesminister für Arbeit und Sozialordnung bekannt gemacht. (Monatlich) B. in der Rentenversicherung und Arbeitslosenversicherung: 8.400 DM (neue Bundesländer 7.000 DM), in der Kranken- und Pflegeversicherung 75 % der B. der Rentenversicherung, also 6.300 DM (neue Bundesländer 5.250 DM) (Angaben für 1998).

Bekanntmachung

Veröffentlichung von amtlichen Nachrichten in einem vom Gericht bestimmten Blatt. Vorgeschrieben sind solche B. bei Veränderungen, die die Eintragungen im Handelsregister betreffen, und bei Konkurs- und Vergleichseröffnungen. Bei Unterlassungsklagen im Rahmen des unlauteren Wettbewerbs kann die obsiegende Partei in der im Urteil bestimmten Art veröffentlichen.

Belastung

Verschieden verwendeter Begriff:
1. In der *Buchführung*: die Buchung im Soll (linke Seite) eines Kontos („belasten"). Gegensatz: Buchung im Haben (rechte Seite) eines Kontos („erkennen").
2. Im *Grundstücksrecht*: Eintragung der Grundpfandrechte wie Hypothek, Grundschuld, Rentenschuld sowie Nießbrauchrecht im Grundbuch.
3. Im *Verkehrsrecht*: die zulässige Gesamtlast eines Fahrzeugs.
4. In der *Arbeitswissenschaft*: die berufsmäßige B. des Arbeitnehmers.

Beleg

Ein Schriftstück, das als Grundlage für eine Buchung dient. *Grundsatz:* Keine Buchung ohne Beleg. Unterteilung in Fremdbelege, wie Rechnungen, Quittungen, Bankabrechnungen, Schecks, Wechsel, postalische Zahlungsanweisungen, und in Eigenbelege bei innerbetrieblichen Vorgängen (Rohstoffentnahme). Die B. werden vorkontiert, d.h. die in der Buchhaltung anzusprechenden Konten werden auf dem Beleg vermerkt. Die Aufbewahrungspflicht beträgt 6 Jahre.

Belegschaftsaktie

Ein Teilhaberpapier (↑ Aktie), das den Arbeitnehmern vom Arbeitgeber zu einem Vorzugspreis angeboten wird. Zu diesem Zweck wie auch für bestimmte andere Verwendungen darf die AG eigene Aktien bis zu einer Höhe von 10 % des Grundkapitals erwerben. Man versucht dadurch, den Arbeitnehmer als Miteigentümer enger an das Unternehmen zu binden. Die Ausgabe ist häufig mit einem mehrjährigen Verkaufsverbot verbunden.

Benachrichtigungspflicht

Die Verpflichtung von Personen, andere Beteiligte zu benachrichtigen, wenn im Bereich des Wechsel- oder Scheckverkehrs Störungen aufgetreten sind.
1. Beim Wechsel spricht man von *Notifikation*. Wird der Wechsel am Verfalltag nicht eingelöst, so besteht die Verpflichtung des letzten Wechselinhabers, den Vormann auf dem Wechsel sowie den Aussteller binnen 4 Tagen zu informieren, daß der Wechsel zu ↑ Protest gegangen (geplatzt) ist. Indossanten untereinander müssen diese Benachrichtigung binnen 2 Tagen weitergeben.
2. Im *Scheckrecht* wird die B. von den Banken übernommen.

Benchmarking

Instrument der Wettbewerbsanalyse. B. ist der kontinuierliche Vergleich von Produkten, Dienstleistungen sowie Prozessen und Methoden mit (mehreren) Unternehmen, um die Leistungslücke zum sog. Klassenbesten (Unternehmen, die Prozesse, Methoden etc. hervorragend beherrschen) systematisch zu schließen. Grundidee ist es, festzustellen, welche Unterschiede bestehen, warum diese Unterschiede bestehen und welche Verbesserungsmöglichkeiten bestehen.

Benutzerfreundlichkeit

Eigenschaftsmerkmal der Software; die Software erfüllt die Erwartungen des Computeranwenders bzw. ist auf seine Anforderungen zugeschnitten.

Benutzeroberfläche

Aufbau des Bildschirminhalts eines Computers. Die B. gibt den Rahmen für die Dateneingabe und -änderung vor. Moderne B. verhindern die Eingabe unsinniger Befehle oder Auswahlen.

Benutzerschnittstelle
↑ Schnittstelle.

Beobachtung
Erhebungsmethode in der Marktforschung; systematische, planmäßige Verhaltensstudie. B. kennt im Gegensatz zur ↑ Befragung keine Auskunftspersonen und ist somit unabhängig von der Auskunftsbereitschaft.

Bereitstellungsplanung
↑ Produktionsprozeßplanung.

bergrechtliche Gewerkschaft
Nicht mehr bestehende Erwerbsgesellschaft. Durch Bundesberggesetz aufgehoben.

Beruf
Tätigkeit eines Menschen im Rahmen seiner Fähigkeiten, um dadurch seine wirtschaftliche Existenzgrundlage zu sichern. Ursprünglich wurde unter B. eine Tätigkeit verstanden, die den Begabungen und Neigungen des einzelnen entsprach. Durch die starke Arbeitsteilung, durch fehlende Vorbildung, durch unentdeckte Fähigkeiten, durch Umwelteinflüsse und den Zwang, Geld verdienen zu müssen, verlor aber die „Berufung" zu einer Tätigkeit immer mehr an Bedeutung.

berufliche Fortbildung
Nach dem Berufsbildungsgesetz (BBiG) soll durch entsprechende Maßnahmen dem einzelnen ermöglicht werden, seine beruflichen Kenntnisse und Fertigkeiten im bisherigen Berufsfeld zu erhalten und zu erweitern, um seine Qualifikationen der technischen Entwicklung anzupassen oder einen beruflichen Aufstieg zu ermöglichen. Die b.F. kann im Rahmen eines bestehenden Arbeitsverhältnisses im gegenseitigen Interesse von Arbeitgeber und -nehmer erfolgen. Die Kosten übernimmt dann i.d.R. der Arbeitgeber.

berufliches Gymnasium
↑ Wirtschaftsgymnasium.

berufliche Umschulung
Maßnahmen, die zu einer anderen beruflichen Tätigkeit befähigen sollen. Gesetzlich geregelt im Berufsbildungsgesetz (BBiG). Maßnahmen der b.U. können nach dem Arbeitsförderungsgesetz (AFG) gefördert werden. Die Förderung einer Umschulungsmaßnahme soll i.d.R. auch nur dann erfolgen, wenn die Maßnahme nicht länger als zwei Jahre dauert.

Berufsaufbauschule
Schule mit dem Abschluß der Fachschulreife bzw. mit dem mittleren Bildungsabschluß, die von Jugendlichen neben oder nach der Berufsausbildung besucht werden kann; Ausbildungsdauer: ein Jahr (Vollzeitunterricht) bis zu 3½ Jahren (Teilzeitunterricht). ↑ Bildungswesen.

Berufsausbildung
Ausbildung in einem staatlich anerkannten Ausbildungsberuf. Die B. umfaßt eine breit angelegte berufliche Grundbildung, die Vermittlung der für die Ausübung einer qualifizierten beruflichen Tätigkeit erforderlichen fachlichen Fertigkeiten und Kenntnisse sowie den Erwerb von Berufserfahrung. – In der Bundesrepublik Deutschland erfolgt die berufliche Erstausbildung im Zusammenspiel von Berufsschule und Betrieb (*duales System*). Die fachpraktische Ausbildung ist Aufgabe des Betriebes (bzw. einer überbetrieblichen Ausbildungsstätte), die der fachtheoretisch-allgemeinen die der Berufsschule. – Gesetzliche Grundlage bildet das *Berufsbildungsgesetz* (BBiG). – *Förderung*: Vgl. ↑ Ausbildungsförderung.

Berufsausbildungsverhältnis
Das mit Abschluß des ↑ Berufsausbildungsvertrages zwischen dem ↑ Ausbildenden und dem ↑ Auszubildenden entstehende Rechtsverhältnis. Das B. beginnt mit einer Probezeit, in der das B. jederzeit fristlos gekündigt werden kann. Danach kann es nur aus wichtigem Grund fristlos oder vom Auszu-

bildenden mit 4-Wochen-Frist bei Aufgabe der Berufsausbildung gekündigt werden. Das B. endet in der Regel mit der ↑ Ausbildungsabschlußprüfung.

Berufsausbildungsvertrag
Vertrag zwischen Auszubildendem und dem Ausbildenden (Unternehmer); bedarf der Schriftform. Inhalt: Art, sachliche und zeitliche Gliederung sowie Ziel der Berufsausbildung, Beginn und Dauer der Ausbildung; Probezeit; Vergütung; Arbeitszeit, Urlaub; Kündigung; Hinweis auf anzuwendende Tarif-, Betriebs- oder Dienstvereinbarungen. Mit Abschluß des B. beginnt das ↑ Berufsausbildungsverhältnis.

Berufsbildung
↑ Berufsausbildung, ↑ Berufsausbildungsverhältnis, ↑ berufliche Fortbildung, ↑ berufliche Umschulung.

Berufsbildungsgesetz (BBiG)
Bundesgesetz, das die Berufsausbildung, Berufsfort- und -weiterbildung und Umschulung im betrieblichen Bereich regelt.

Berufsfachschule
Schulform mit ein bis drei Jahren Vollzeitunterricht. Der Schulbesuch setzt keine Berufsausbildung oder berufliche Tätigkeit voraus. Es werden allgemeine und fachliche Lerninhalte vermittelt, also eine Mischung aus beruflicher Grundbildung und erweiterter Allgemeinbildung. Aufnahmevoraussetzung i.d.R. Hauptschulabschluß. Nach zweijähriger erfolgreicher Absolvierung der B. kommt eine Verkürzung der Berufsausbildung in Betracht (oft um 1 Jahr); ein Übergang auf die Höhere Handelsschule, ein berufliches Gymnasium oder Fach(ober)schule ist – je nach Bundesland – möglich. ↑ Bildungswesen.

Berufsförderung
Leistungen zur Förderung der beruflichen Bildung durch die Bundesanstalt für Arbeit. Institutionelle Förderung der beruflichen Ausbildung, Fortbildung und Umschulung durch Darlehen und Zuschüsse für Aufbau, Ausstattung an Einrichtungen und individuelle Förderung an Einzelpersonen zu deren beruflicher Aus- und Fortbildung, Umschulung. Ab dem 1.1.1998 Arbeitsförderung, geregelt in SGB III.

Berufsfreiheit
Das im Grundgesetz (Art. 12) verankerte Recht eines jeden Bundesbürgers, Beruf, Arbeitsplatz und Ausbildungsstätte frei zu wählen. Einschränkungen der *Berufswahl* sind nur zulässig, wenn dies zum Schutz besonders wichtiger Gemeinschaftsgüter zwingend erforderlich ist. Einschränkungen der *Berufsausübung* durch Gesetz sind hingegen schon zulässig, wenn vernünftige Gründe des Gemeinwohls dies als zweckmäßig erscheinen lassen und die Einschränkungen nicht unverhältnismäßig sind.

Berufsgenossenschaft
Träger der gesetzlichen Unfallversicherung (↑ Sozialversicherung, ↑ Unfallversicherung 1); Selbstverwaltungskörperschaften des öffentlichen Rechts (↑ Selbstverwaltung), denen die Unternehmer als Mitglieder angehören (Zwangsmitgliedschaft).

Berufsgrundbildungsjahr
Vollschulische Ausbildung im 10. Schuljahr, die eine breite berufliche Grundausbildung vermitteln soll. Das B. wird voll auf die Berufsausbildung angerechnet, wenn mindestens 24 Wochenstunden fachbezogener Unterricht erteilt werden. Der Unterricht wird nach Berufsfeldern, z.B. Wirtschaft und Verwaltung, gegliedert.

Berufsschule
Schule, die fachliche und allgemeinbildende Inhalte für Personen, die sich in der beruflichen Erstausbildung befinden, vermittelt. Der Unterricht wird in Teilzeitform oder als Blockunterricht

erteilt. Die Schulpflicht ist durch Landesgesetze geregelt: ↑ Ausbildungsdauer, ↑ Berufsschulzeiten.

Berufsschulzeiten
Freistellung von Auszubildenden von der Anwesenheit im Betrieb während des Unterrichts in der Berufsschule. Gesetzliche Grundlage § 9 Jugendarbeitsschutzgesetz und § 7 BBiG.

Berufsunfähigkeit
Ein Begriff aus der gesetzl. Rentenversicherung. Jeder Arbeitnehmer, der infolge eines körperlichen oder geistigen Leidens seinen Beruf weniger als zur Hälfte der vergleichsweise übrigen Arbeitnehmer ausüben kann, fällt unter die B. und hat Anspruch auf B.-Rente aus der Angestelltenversicherung bzw. Arbeiterrentenversicherung.

Berufsverbandsprinzip
Dem B. liegen Zusammenschlüsse von Arbeitgebern und Arbeitnehmern (↑ Gewerkschaft 1) zugrunde, die nur Mitglieder eines bestimmten Berufszweiges aufnehmen, z.B. Angestellte (Deutsche Angestellten-Gewerkschaft), Beamte (Deutscher Beamtenbund) und Handwerker. – *Gegensatz*: ↑ Industrieverbandsprinzip.

Berufung
↑ Rechtsmittel, mit dem ein Urteil in rechtlicher und tatsächlicher Hinsicht überprüft wird. Das B.-Gericht kann das erstinstanzliche Urteil aufheben und entweder selbst entscheiden oder zur erneuten Verhandlung und Entscheidung an das Gericht der ersten Instanz zurückverweisen. Im Zivilprozeß ist das Landgericht B.-Gericht für Urteile des Amtsgerichts bzw. das Oberlandesgericht für Urteile des Landgerichts (Ausnahme in Familiensachen, für die in erster Instanz das Amtsgericht zuständig ist, ist das Oberlandesgericht B.-Instanz).

Beschaffung
Eine Grundfunktion jedes Unternehmens, die dessen Versorgung mit ↑ Produktionsfaktoren sicherstellt. Üblicherweise wird diese Aufgabe einer oder mehreren Abteilungen im Unternehmen übertragen. Zu nennen ist der ↑ Einkauf sowie die Materialdisposition (↑ Bedarfsermittlung) und das ↑ Lager. Das Ziel der B. kann mit der sog. 4R-Formel ausgedrückt werden: die richtige Menge in der richtigen Qualität zum richtigen Zeitpunkt an die richtige Stelle liefern. Zu minimieren sind dabei nicht die ↑ Einstandspreise, sondern die ↑ Gesamtversorgungskosten (Total Cost of Ownership). ↑ Beschaffungssysteme.

Beschaffungskosten
Zurechenbare Ausgaben, die bei der Beschaffung von Waren oder Stoffen anfallen. Dazu zählen u.a. Rollgeld, Versicherungen, Frachtkosten, Wiegegebühren. Im Finanzbereich werden sie auch als aktivierungspflichtige Anschaffungsnebenkosten geführt. *Im weiteren Sinne:* Synonym für ↑ Anschaffungskosten.

Beschaffungsmarkt
Bezeichnung für den der Produktion vorgelagerten Markt, von dem ein Unternehmen seine Vorprodukte (Rohstoffe und andere Produktionsfaktoren) bezieht, z.B. Arbeits-, Kapital- oder Gütermarkt.

Beschaffungssystem
Umfaßt alle organisatorischen Regeln und materiellen Infrastrukturen zur zielkonformen Versorgung des Unternehmens mit ↑ Produktionsfaktoren. Dessen Umgestaltung hat in den letzten Jahren ausgehend von der Automobilindustrie große Bedeutung gewonnen. Folgende Dimensionen der Gestaltung sind erkennbar:
1. *Beschaffungsvolumen*: In den meisten Branchen wird eine Reduzierung der ↑ Produktionstiefe angestrebt. Das führt zu einem steigenden Umfang der zu beschaffenden Produkte und Leistungen.

2. *Bündelung*: Die traditionelle Anlieferung ↑ frei Haus wird zunehmend abgelöst durch eine Beschaffung ↑ ab Werk, in der die Abnehmer den Warentransport selbst organisieren. ↑ Gebietsspediteur.
3. *Lagerung*: Angestrebt werden geringere Lager-, Handlings- und Veralterungskosten durch eine zeitgerechtere Anlieferung der Ware (Just-in-time) direkt an die Verbrauchsstellen (↑ Anlieferungsvarianten).
4. *Module*: Zunehmende Lieferung von kompletten Modulen (Modular Sourcing) anstelle von einzelnen Bauteilen (Single Part Sourcing).
5. *Anzahl Lieferanten*: Reduzierung der Anzahl beauftragter Lieferanten (Single Sourcing).
6. *Global Sourcing*: Systematische und strategisch angelegte Ausdehnung der räumlichen Reichweite der Beschaffung auf internationale Quellen.

Beschäftigungsbeschränkung
Nach § 22 Jugendarbeitsschutzgesetz Verbot der Tätigkeit Jugendlicher bei gefährlicher, gesundheitsschädlicher, sittengefährdender, leistungs- und tempoabhängiger Beschäftigung. Nacht- und Untertagearbeit ist nur in Ausnahmefällen möglich. ↑ Jugendarbeitsschutzgesetz, ↑ Frauenschutz.

Beschäftigungsförderung
Auf der Rechtsgrundlage des Beschäftigungsförderungsgesetzes vom 26.4.1985 mit späteren Änderungen sollen eine Reihe von arbeits- und sozialrechtlichen Regelungen die seit längerem schwierige Beschäftigungslage verbessern, z.B. erleichterte Zulassung ↑ befristeter Arbeitsverhältnisse und arbeitsrechtliche Regelungen zur Teilzeitarbeit.

Beschäftigungsgrad
Prozentuale Auslastung einer ↑ Kapazität. *Beispiel*: Mögliche Produktion einer Maschine 100 Einh./Std. Tatsächlicher Ausstoß 80 E./Std. = Beschäftigungsgrad 80 %.

beschränkte Geschäftsfähigkeit
↑ Geschäftsfähigkeit.

beschränkte Steuerpflicht
Steuerpflicht von natürlichen und juristischen Personen, die weder ihren Wohn- oder Geschäftssitz noch ihren gewöhnlichen Aufenthalt in der Bundesrepublik Deutschland haben. Sie werden lediglich mit ihren inländischen Einkünften und Vermögen besteuert. Für beschränkt Steuerpflichtige gelten bestimmte Besteuerungsregeln, so können etwa Freibeträge und Pauschbeträge meist nicht geltend gemacht werden. In jüngster Zeit werden die Besteuerungsregeln für beschränkt Steuerpflichtige oft denen für unbeschränkt Steuerpflichtige angeglichen; Optionsmöglichkeiten für die unbeschränkte Steuerpflicht werden eingeräumt, wenn diese zu günstigeren Ergebnissen führt. – *Gegensatz*: ↑ unbeschränkte Steuerpflicht.

Beschwerdemanagement
Das B. umfaßt die Planung, Durchführung und Kontrolle aller Maßnahmen, die ein Unternehmen im Zusammenhang mit Kundenbeschwerden ergreift. Unter Beschwerden sind alle Artikulationen von Unzufriedenheit zu verstehen, die Kunden gegenüber dem Unternehmen bzw. Drittinstitutionen (wie Medien oder Verbraucherorganisationen) äußern. Ziel des B. ist es, Kundenzufriedenheit wiederherzustellen, die negativen Auswirkungen von Kundenunzufriedenheit auf das Unternehmen zu minimieren und die in Beschwerden enthaltenen Hinweise auf betriebliche Schwächen und marktliche Chancen zu identifizieren und zu nutzen.

Besitz
Die tatsächliche Herrschaft über eine Sache; die Person, die einen Gegenstand tatsächlich innehat, wird als Besitzer bezeichnet. Unmittelbarer Besitzer ist derjenige, der die Sachherrschaft

ausübt, mittelbarer Besitzer ist derjenige, der vorübergehend den Besitz an einen anderen übertragen hat. ↑ Eigentum.

Besitzsteuern
Steuern, die an Ertrag, Einkommen und Vermögen anknüpfen. Man unterteilt B. in ↑ Personensteuern (Einkommensteuer, Körperschaftsteuer, Vermögensteuer, Erbschaftsteuer) und ↑ Realsteuern (Grundsteuern, Gewerbesteuern). ↑ Steuern.

Besitzwechsel
↑ Wechsel, den der Gläubiger statt einer Barzahlung empfängt. Er kann ihn als Zahlungsmittel weitergeben, an die Bank verkaufen oder bis zum Verfalltag liegen lassen. In jedem Fall stellt er dem Kunden den in der Zwischenzeit entgangenen Zins in Rechnung. – *Gegensatz*: ↑ Schuldwechsel.

Bestandskonto
Vermögens- oder Kapitalkonto, das Anfangsbestand, Zu- und Abgänge sowie den Endbestand enthält und auf die Schlußbilanz abgeschlossen wird. – *Gegensatz*: ↑ Erfolgskonto.

Bestandsveränderung
Vermehrung oder Verminderung der Vorratsvermögensmengen, v.a. B. an Fertigerzeugnissen und unfertigen Erzeugnissen innerhalb einer Rechnungsperiode. Die B. erscheint als Bestandsminderung auf der Aufwandsseite der Gewinn- und Verlustrechnung, als Bestandserhöhung auf der Ertragsseite, da eine Leistung erbracht wurde, für die die Aufwandsseite mit verschiedenen Kosten belastet wurde.

Bestellgrenze
Begriff aus der ↑ Materialwirtschaft. Die B. ist ein pro Lagerartikel zu bestimmender Lagerbestand, bei dessen Unterschreiten eine Nachbevorratung ausgelöst werden soll. Die B. ist so zu bemessen, daß während der Wiederbeschaffungszeit der Bedarf bei normalem Verbrauch durch den Lagerbestand gedeckt werden kann ohne daß ein evtl. vorhandener ↑ Mindestbestand angetastet werden muß, was durch folgende Formel ausgedrückt werden kann: B. = Bedarf pro Tag x Wiederbeschaffungszeit in Tagen + Mindestbestand.

Bestellmenge
↑ Optimale Bestellmenge.

Bestellung
Willenserklärung eines Kunden an seinen Lieferanten, ihm zu bestimmten Konditionen Güter zu liefern. Ist ein unbeschränktes Angebot vorausgegangen und bestellt der Kunde hierauf rechtzeitig, so ist ein Kaufvertrag zustandegekommen. Einer Bestätigung durch den Lieferanten bedarf es nicht. Wurde die B. ohne vorheriges Angebot abgegeben, so handelt es sich um eine Anfrage des Kunden, die einer Bestätigung bedarf. Die B. wird meistens von der Einkaufsabteilung eines Unternehmens getätigt und überwacht.

Bestimmungskauf
Handelskauf, bei dem sich der Käufer die nähere Bestimmung der Leistung zu einem späteren Zeitpunkt vorbehält (*Spezifikationskauf*). Durch den vorzeitigen Abschluß will sich der Käufer lediglich den Preis sichern, der dann für die gesamte Lieferzeit gilt. Kommt der Käufer seiner Verpflichtung zur Spezifizierung der Ware nicht nach, befindet er sich in Schuldnerverzug. In diesem Fall setzt der Lieferant dem Käufer eine Nachfrist zur eigenen Bestimmung. Danach kann er die Bestimmung selbst übernehmen oder Schadensersatz wegen Nichterfüllung verlangen oder vom Vertrag zurücktreten.

Beteiligung
Das Erwerben von Gesellschaftsrechten durch kapitalmäßige Bindung an Personen- oder Kapitalgesellschaften. Ausschlaggebend ist die Beteiligungsab-

sicht, die man bei einer mind. 25 %igen B. an einer Aktiengesellschaft unterstellt. ↑ Kapitalbeteiligung.

Beteiligungsfinanzierung
Eine Form der ↑ Außenfinanzierung, bei der sich entweder bisher fremde Personen in eine Gesellschaft einkaufen oder vorhandene Gesellschafter ihre bisherige Beteiligung erhöhen. Klassische Form bei der AG ist die Neuausgabe von Aktien, bei der GmbH die Neuaufnahme von Gesellschaftern, bei Personengesellschaften die Erhöhung der Kommanditeinlagen oder Aufnahme zusätzlicher Vollhafter. Die bisherigen Beteiligten verlieren einen Teil ihrer Entscheidungsfreiheit und einen Teil der zu erwartenden Gewinne. Daher lohnt sich eine B. nur dann, wenn eine allgemeine Haftungsverteilung angestrebt wird oder eine Aufnahme von Fremdkapital zu teuer ist, weil die Belastung durch Zins und Tilgung höher ist als die zusätzlich zu erwartende Rentabilität.

Betrieb
Der Teil eines ↑ Unternehmens, in dem planvoll organisiert Sachgüter produziert oder Dienstleistungen bereitgestellt werden (Produktionsstätte). – *Betriebstypen*: Vgl. Übersicht.

betriebliche Altersversorgung
Freiwillige Leistung eines Arbeitgebers, um die Alters-, Invaliditäts- und Hinterbliebenenversorgung des Arbeitnehmers zu verbessern, häufig über Lebensversicherungen. Die b.A. ist unter bestimmten Voraussetzungen steuerbegünstigt.

Betriebsabrechnung
In der Kostenrechnung Verfahren oder periodisch (meistens monatlich) erfolgende Verrechnung aller im Unternehmen anfallenden Kosten auf die ↑ Hauptkostenstellen. Ausgangspunkt der B. sind die in der ↑ Kostenartenrechnung gesammelten Kostenträgergemeinkosten (↑ Gemeinkosten), die im ersten Schritt den sie verursachenden

Betrieb – Betriebstypen

nach **Wirtschaftszweigen:**	nach **Leistungserstellung:**	nach **Produktionsfaktor:**
o Handwerks-, o Industrie-, o Handels-, o Verkehrsbetriebe; o Banken, o Versicherungen	o Produktionsgüterbetriebe o Konsumgüterbetriebe o Dienstleistungsbetriebe	o Arbeitsintensive Betriebe o kapitalintensive Betriebe o materialintensive Betriebe

nach **Beschäftigtenzahl:**	nach **Zielsetzung:**	nach **Rechtsform:**
o Kleinbetriebe (bis 50): o Mittelbetriebe (bis 500) o Großbetriebe (bis 5000)	o Erwerbswirtschaftliche Betriebe o öffentliche Betriebe o gemischwirtschaftliche Betriebe	o Einzelunternehmen o Personengesellschaften o Kapitalgesellschaften

↑ Hilfskostenstellen und Hauptkostenstellen zugeordnet werden. Anschließend erfolgt eine mehrstufige Kostenverrechnung zwischen Hilfs- und Hauptkostenstellen, nach der sämtliche Kostenträgergemeinkosten ausschließlich den Hauptkostenstellen belastet sind. Zumeist mit Hilfe von Zuschlagssätzen werden sie dann auf die Kostenträger übertragen (↑ Kostenträgerrechnung).

Betriebsart
Arbeitsweise des Rechners aus technischer Sicht, die vom ↑ Betriebssystem realisiert werden kann. So können Computer mehrere Programme gleichzeitig bearbeiten (= ↑ *Mehrprogrammbetrieb*) oder auch mehreren Benutzern anscheinend gleichzeitig zur Verfügung stehen (= ↑ *Time Sharing*).

Betriebsausgaben
Steuerlicher Begriff für Aufwendungen, die durch den Betrieb verursacht wurden und im Rahmen der Einkunftsermittlung bei den Gewinneinkunftsarten (↑ Einkünfte) abzugsfähig sind. Im Rahmen der Überschußeinkunftsarten (↑ Einkünfte) spricht man von ↑ Werbungskosten.

Betriebsbuchhaltung
Buchhaltung, die sich ausschließlich mit den Vorgängen des betrieblichen Leistungsprozesses beschäftigt. Sie erfaßt die Kosten und Leistungen und führt deren Berechnungen durch (↑ Kosten- und Leistungsrechnung). Das Betriebsergebnis wird von der B. mehrmals im Jahr ermittelt, um durch diese kurzfristige Betrachtungsweise auf Veränderungen reagieren zu können. Außerdem sucht sie durch Vorgabe von Sollkosten den Kostenanfall zu beeinflussen. Darüber hinaus liefert die B. Daten für Statistik und Vorkalkulation.

Betriebsergebnis
↑ Gewinn 1.

betriebsfremde Aufwendungen
Aufwendungen, die unternehmensbezogen, nicht betriebsbezogen sind (z.B. Verluste bei Anlageverkäufen). Sie zählen zu den ↑ neutralen Aufwendungen/Erträgen.

betriebsfremde Erträge
Erträge, die nicht durch Verkäufe der betrieblichen Leistungen zustande gekommen sind, z.B. Erträge aus dem Verkauf von Wertpapieren, Zinserträge. Sie zählen zu den ↑ neutralen Aufwendungen/Erträgen.

Betriebsgeheimnis
Betriebliche Daten, die einen erheblichen Wert für die Produktion und Konstruktion, für das Finanzgebaren oder den Absatz des Unternehmens haben. B. dürfen von Arbeitnehmern nicht weitergegeben werden (Schweigepflicht).

Betriebsgewinn
↑ Gewinn 1.

betriebsgewöhnliche Nutzungsdauer
Der Zeitraum der Nutzbarkeit eines abnutzbaren Gegenstandes in einem Betrieb. Während des Zeitraums wird der Gegenstand abgeschrieben. Die Abschreibungshöhe wird also von der Nutzungszeit bestimmt. ↑ Abschreibung.

Betriebsmittel
Neben Arbeitskraft und Werkstoff der dritte betriebswirtschaftliche Produktionsfaktor, der zur Leistungserstellung notwendig ist. B. sind z.B. Maschinen, Gebäude, Werkzeuge und sonstige technische Anlagen.

betriebsnotwendiges Kapital
Der Teil des Vermögens (Aktivseite der Bilanz), der dazu bestimmt ist, eine betriebliche Leistung zu erzielen.

Betriebsrat
Lt. ↑ Betriebsverfassungsgesetz vorgesehene, auf 4 Jahre gewählte Interes-

Betriebsrat

Betriebsrat – Aufgaben

Aufgaben im allgemeinen Bereich	Aufgaben im sozialen Bereich	Aufgaben im personellen Bereich	Aufgaben im wirtschaftlichen Bereich
○ Interessenvertretung der Belegschaft ○ Überwachung der Einhaltung der Gesetze und Vereinbarungen, die dem Schutz der Arbeitnehmer dienen ○ Weiterleitung berechtigter Beschwerden an den Arbeitgeber ○ Eingliederung Schwerbehinderter und sonstiger schutzbedürftiger Arbeitnehmer ○ Vorbereitung der Wahl der Jugendvertetung ○ Abhalten von Betriebsversammlungen	○ Abschluß von Arbeitsordnungen (Tragen von Schutzkleidung, Rauchverbot, Torkontrollen, usw.) ○ Beginn und Ende der täglichen Arbeitszeit sowie der Pausen ○ Gleitende Arbeitszeit, Überstunden, Sonderschichten ○ Aufstellen von Entlohnungsgrundsätzen (Zeitlohn, Prämien, Akkord) ○ Zeit, Ort und Art der Lohn- und Gehaltszahlung ○ Aufstellung eines Urlaubsplans ○ Überwachung der Arbeitnehmer durch Stechuhren, Filmkameras, usw. ○ Verwaltung der betrieblichen Sozialeinrichtungen ○ Unfallverhütung ○ Betriebliches Vorschlagswesen ○ Vermögenswirksame Leistungen	○ Personalplanung (Auswahlrichtlinien, Formulierung von Personalfragebogen, . . .) ○ Förderung der beruflichen Aus- und Weiterbildung ○ Entfernung betriebsstörender Arbeitnehmer ○ In Unternehmen mit mehr als 20 Arbeitnehmern ist der Betriebsrat von jeder . . . – Einstellung – Entlassung – Ein- und Umgruppierung – Versetzung zu unterrichten. Verweigert er innerhalb einer Woche seine Zustimmung, so kann diese auf Antrag des Arbeitgebers durch das Urteil des Arbeitsgerichts ersetzt werden	○ Mitbestimmungsrecht bei geplanten Betriebsänderungen, wenn dadurch wesentliche Nachteile für die Arbeitnehmer zu erwarten sind, z. B.: ○ Stillegung des Betriebes oder wesentlicher Teile ○ Verlegung des Betriebes oder wesentlicher Teile ○ Zusammenschluß mit anderen Betrieben ○ Grundlegende Änderung der Betriebsorganisation ○ Einführung neuer Arbeitsmethoden und Fertigungsverfahren ○ Aufstellung eines Sozialplanes zur Milderung der Folgen einer Betriebsänderung

Betriebsrat – Rechte

MITWIRKUNG	MITBESTIMMUNG
Personalplanung	Arbeitszeit
Kündigungen	Entlohnungsgrundsätze
Arbeitsablauf	Urlaub
Arbeitsplatzgestaltung	Sozialeinrichtungen
Betriebsorganisation	Berufsbildung
Betriebsänderungen	Betriebsordnung
Arbeitsschutz	Einstellungen
	Versetzungen

senvertretung der Arbeitnehmer, wenn die Belegschaft mindestens 5 Arbeitnehmer ohne Auszubildende umfaßt. Betriebsratsmitglieder genießen einen weitergehenden Kündigungsschutz. – *Wahl*: Wahlberechtigt sind alle Arbeitnehmer und Auszubildende über 18 Jahre, ausgenommen leitende Angestellte. Wählbar sind alle Wahlberechtigten, die mindestens 6 Monate dem Unternehmen angehören. Die Wahl ist geheim, gleich, frei und unmittelbar. Es kann nach Gruppen (Arbeiter/Angestellte) oder gemeinsam gewählt werden. – *Aufgaben* und *Rechte*: Vgl. Übersicht.

Betriebsstoff

Stoff, der nicht unmittelbar in das Produkt eingeht, sondern zur Aufrechterhaltung des betrieblichen Leistungsprozesses dient, z.B. Schmierstoff, Reparaturmaterial.

Betriebssystem

Sammelbegriff für Programme (↑ Systemprogramm), die einen Computer erst funktionsfähig werden lassen. Das B. steuert und überwacht die Abwicklung der internen Funktionen und der Anwendungsprogramme. Das B. ist die Nahtstelle zwischen der ↑ Hardware eines Computers und der ↑ Anwendersoftware. Es enthält ↑ Dienstprogramme (Hilfsprogramme), die ihrerseits den Ablauf der Programme innerhalb des Computers steuern und vor allem die Datenverwaltung innerhalb des Computers und seiner verschiedenen Speicher übernehmen. Der weitaus größte Teil der in Deutschland arbeitenden PCs verwenden MS-DOS, der Rest mehrheitlich Apple und Unix. Die große Verbreitung von MS-DOS resultiert auch aus der graphischen Benutzeroberfläche MS-WINDOWS, die zusammen mit dem B. MS-DOS angeboten wird, und sich durch leichte Bedienbarkeit auszeichnet. Weiterentwicklungen stellen Windows 95 und Windows/NT dar.

Betriebstypen

↑ Betrieb.

Betriebsübersicht

Tabellarische Übersicht aller erfolgs- und bestandsverändernden Geschäftsvorfälle einer Periode, auch *Hauptabschlußübersicht* genannt. Aufgabe der B. ist das Feststellen möglicher Fehlerquellen und die Möglichkeit, Zwischenabschlüsse zu machen. *Teile der B.*:

1. *Summenbilanz*: Grundlage für die B. Sie übernimmt alle Bestands- und Erfolgskonten einzeln mit den Summen ihrer Soll- und Habenseiten, die sich aus der Buchung der Anfangsbestände und der Geschäftsfälle ergeben. Da bei der doppelten Buchführung jeder Vorgang im Soll und im Haben gebucht wird, müssen die Summen der Soll- und Habenspalten gleich sein (Überprüfung der rechnerischen Richtigkeit der Buchungen).
2. *Saldenbilanz I*: Das Ergebnis des Saldierens zwischen Soll und Haben in der Summenbilanz. Für jedes Konto wird der Überschuß der größeren über die kleinere Kontoseite ausgewiesen.
3. *Umbuchungsbilanz*: Hier werden die vorbereitenden Jahresabschlußbuchungen aufgenommen. So werden die Privatentnahmen auf das Kapitalkonto, Skonti auf Warenkonten, der Einkaufswert der verkauften Waren vom Wareneinkaufs- auf das Warenverkaufskonto, Abschreibungen auf ein Abschreibungskonto übertragen. Saldenbilanz I und Umbuchungsbilanz ergeben die
4. *Saldenbilanz II*: Stimmen diese Werte mit den durch die Inventur festgestellten Beständen überein, werden die Überschüsse der Bestandskonten in die Hauptabschlußbilanz und die Erfolgskonten in die Gewinn- und Verlustrechnung gebucht.
5. *Inventurbilanz* (Gewinn- und Verlustrechnung): Sie entsteht durch Übertragen der Bestandskonten aus der Saldenbilanz II.

6. *Erfolgsbilanz* (Schlußbilanz): Sie entsteht durch Übertragen der Erfolgskonten aus der Saldenbilanz II.

Betriebsvereinbarung
Eine schriftliche Abmachung (Vertrag) über Regelungen der betrieblichen Ordnung (z.B. Arbeitsbedingungen) zwischen Betriebsrat und Arbeitgeber. Regelungen in Tarifverträgen haben Vorrang vor B., B. hat Vorrang vor Einzelarbeitsverträgen. B. endet mit Ablauf der vereinbarten Zeit, durch Abschluß einer neuen Vereinbarung oder durch Kündigung mit einer Frist von 3 Monaten.

Betriebsverfassungsgesetz (BetrVG)
Gesetzlich geschaffene Grundlage von 1972, die die Beziehungen zwischen Arbeitgeber und Arbeitnehmern regelt, so u.a. die Einrichtung des ↑ Betriebsrats und der Betriebsversammlung. Geltungsbereich für alle Betriebe mit mind. 5 wahlberechtigten Abeitnehmern, von denen 3 wählbar sind. Das B. regelt hauptsächlich die Mitwirkungsberechtigung und Mitbestimmungsmöglichkeit des Betriebsrats im Betrieb, die Informationspflicht des Arbeitgebers an den Betriebsrat bei betrieblichen Vorgängen, wenn hierdurch Arbeitnehmerinteressen berührt werden, sowie die Strafbestimmungen bei Verletzungen der festgelegten Verpflichtungen.

Betriebsvergleich
Systematische, nach bestimmten Methoden durchgeführte Vergleiche betrieblicher Größen als Hilfsmittel zur Planung, Kontrolle und Steuerung des Betriebsgeschehens. B. können hinsichtlich unterschiedlicher örtlicher Bereiche oder einzelner Funktionsbereiche erfolgen. B. können als Selbstvergleich (einbetrieblicher Vergleich) in Form eines Zeitvergleichs oder Soll-Ist-Vergleichs, aber auch als zwischenbetrieblicher Vergleich durchgeführt werden. Zwischenbetriebliche Vergleiche können auf finanzwirtschaftlichen Daten (z.B. Bilanz-, Liquiditäts- und Finanzstrukturvergleich), Aufwands- und Ertragsgrößen (z.B. Umsatz und Deckungsbeitrag), sonstigen Daten wie z.B. Produktivität, Rentabilität und Wachstum sowie Kennziffern beruhen.

Betriebsversammlung
Durch den ↑ Betriebsrat vierteljährlich einzuberufende Versammlung der Belegschaftsmitglieder, um Rechenschaft über die Betriebsratstätigkeit abzulegen. Sie wird vom Betriebsratsvorsitzenden geleitet. Der Arbeitgeber ist zu laden. Die B. findet in der Regel während der Arbeitszeit statt bzw. ohne Lohnausfall außerhalb der Arbeitszeit. Im Betrieb vertretene Gewerkschaften und Beauftragte des Arbeitgebers können teilnehmen.

Betriebswirtschaftslehre
Teilgebiet der ↑ Wirtschaftswissenschaften, das sich mit den einzelnen ↑ Unternehmen und deren betrieblichem Ablauf befaßt. Die *allgemeine B.* setzt sich zusammen aus den verschiedenen Sachfunktionslehren wie Produktion, Investition und Finanzierung, Forschung und Entwicklung, Marketing (↑ Managementlehre). Die *spezielle B.* befaßt sich mit den einzelnen Branchen der am Wirtschaftsleben Beteiligten wie Industrie, Handwerk, Banken und Versicherungen, Handel.

Beurkundung
↑ Notarielle Beurkundung.

Bevölkerungspolitik
Staatliche Maßnahmen zur Beeinflussung der Bevölkerungszahl (Quantitätspolitik) oder der Bevölkerungsstruktur (Qualitätspolitik).

Bevölkerungsstatistik
Erfassung und Aufbereitung von Zahlen über Stand und Entwicklung der Bevölkerung. Man unterscheidet wachsende,

stationäre (gleichbleibende) und schrumpfende Bevölkerung.

Bevollmächtigter
Eine Person, die zur Übernahme von Tätigkeiten für eine andere berechtigt ist. Dazu gehören Prokuristen (↑ Prokura) und ↑ Handlungsbevollmächtigte im Rahmen ihrer gesetzlichen Zuständigkeiten.

bevorrechtigte Forderungen
Forderungen, die in einem ↑ Konkursverfahren bevorrechtigt befriedigt werden. – *Reihenfolge*: Ansprüche aus Sozialplan; Löhne, Gehälter und soziale Abgaben; Steuern und öffentliche Abgaben; Forderungen der Kirche und öffentlicher Verbände; Verbindlichkeiten gegenüber Ärzten, Apotheken sowie Kurkosten; Forderungen der Kinder und Mündel. Alle genannten Ansprüche gelten für den Zeitraum von einem Jahr vor der Konkurseröffnung. Um die durchschnittlichen Quoten der einfachen ↑ Insolvenzgläubiger zu erhöhen, sieht die ab 1.1.1999 gültige ↑ Insolvenzordnung keine bevorrechtigten Gläubiger mehr vor.

Bewertung
Zuordnung einer Geldgröße zu einem bestimmten Vermögensgegenstand bzw. zu einer Verbindlichkeit. – *Methoden der B.*: Vgl. ↑ Einzelbewertung, ↑ Gruppenbewertung, Pauschalbewertung, ↑ Festwertbewertung. – Der Gesetzgeber hat verschiedene Bewertungsrichtlinien zugelassen, so u.a. nach Handelsrecht (v.a. Aktiengesetz) und nach Steuerrecht (Einkommensteuer). – B. nach *Handels- und Steuerrecht*:
1. Das *abnutzbare Anlagevermögen* ist zu fortgeführten Anschaffungs- oder Herstellkosten anzusetzen. Die ↑ Abschreibung ist nach einem festgelegten Plan vorzunehmen. Außerplanmäßige Abschreibungen können vorgenommen werden. Sollte sich aber die „Außerplanmäßigkeit“ hinterher als nicht mehr notwendig herausstellen, so muß sie rückgängig gemacht werden.
2. Das *nicht abnutzbare Anlagevermögen* ist zu Anschaffungskosten zu bewerten. Sollte hierbei einmal eine außerplanmäßige Abschreibung vorgenommen werden, die sich hinterher als nicht notwendig herausstellt, so kann der letzte Bilanzansatz überschritten und eine Zuschreibung durchgeführt werden, jedoch maximal bis zum Anschaffungspreis.
3. *Vorräte im Umlaufvermögen* werden nach dem ↑ Niederstwertprinzip bewertet, das eine B. zum niedrigeren Tagespreis (Börsen- oder Marktpreis) verlangt.
4. *Forderungen* sind mit dem wahrscheinlichen Wert anzusetzen. Es sind Einzel- und Pauschalwertberichtigungen möglich.
5. *Besitzwechsel* sind zum Bilanzstichtag mit dem Barwert (Wechselbetrag abzüglich Diskont) anzusetzen.
6. *Rückstellungen* sind in Höhe des Betrages anzusetzen, der nach vernünftiger kaufmännischer Beurteilung notwendig ist.
7. *Verbindlichkeiten* sind mit dem Rückzahlungsbetrag anzusetzen.
8. *Privatentnahmen* und *Privateinlagen* sind mit dem Tageswert zu bewerten.

bezugnehmende Werbung
Werbung unter Bezugnahme auf einen Mitbewerber, der für die angesprochene Zielgruppe erkennbar ist. Formen der b.W. sind: ↑ persönliche Werbung, ↑ vergleichende Werbung und ↑ anlehnende Werbung. B.W. ist in Deutschland bis auf wenige Ausnahmen (vergleichende Werbung) verboten.

Bezugskalkulation
Auch: *retrograde Warenkalkulation*. Ausgehend von einem vorgegebenen Verkaufspreis wird der maximal zu zahlende ↑ Bruttoeinkaufspreis bestimmt.

Bezugskosten
Kosten, die bei Erhalt von Waren neben

dem Warenwert entstehen. Buchhalterisch gehören auch Verpackungskosten dazu. Hauptsächlich anfallende B. sind Frachtkosten, Rollgelder, Versicherungen, Wiegegebühren, Zoll.

Bezugsrecht

Das Recht eines Aktionärs, im Verhältnis seines Anteils am alten Grundkapital neue Aktien zu beziehen. Das B. gilt auch für die Ausgabe von Schuldverschreibungen. Es besteht jedoch die Möglichkeit, dieses Recht mit qualifizierter Mehrheit der Hauptversammlung auszuschließen. Im allgemeinen wird das B. in Geld ausgedrückt und an der Börse gehandelt. Möchte ein Aktionär sein Recht nicht in Anspruch nehmen, so verkauft er es an der Börse.

BfA

Abk. für ↑ Bundesversicherungsanstalt für Angestellte.

BGB

Abk. für Bürgerliches Gesetzbuch. In Kraft getreten am 1.1.1900. Es ist die wichtigste Grundlage des bürgerlichen Rechts und ist in 5 *Bücher* eingeteilt. (1) Allgemeiner Teil: Vorschriften, die im gesamten BGB gelten (z.B. über Geschäftsfähigkeit, Willenserklärungen). (2) Schuldrecht: untergliedert in das Allgemeine und das Besondere Schuldrecht (mit den einzelnen Schuldverhältnissen wie z.B. Kaufvertrag, Werkvertrag, Miete). (3) Sachenrecht (z.B. Besitz, Eigentum). (4) Familienrecht (z.B. Ehe, Vormundschaft). (5) Erbrecht.

BGB-Gesellschaft

↑ Gesellschaft des bürgerlichen Rechts.

BGH

Abk. für Bundesgerichtshof. Der BGH ist die oberste Instanz für Zivil- und Strafsachen mit Sitz in Karlsruhe. Entschieden wird in Zivil- und Strafsenaten, die mit jeweils 5 Richtern besetzt sind. Sie sind letztinstanzlich für Revisionen gegen Urteile der Oberlandesgerichte zuständig, wobei beim BGH zugelassene Rechtsanwälte die Parteien vertreten müssen. Weitere Zuständigkeiten: Bei Berufungen gegen Entscheidungen des Bundespatentamtes, Revision gegen Urteile der Schwurgerichte und der großen Strafkammern der Landgerichte, in der Berufsgerichtsbarkeit für Steuerberater und Wirtschaftsprüfer.

Bilanz

(ital.: bilancia = Waage); eine kurzgefaßte Gegenüberstellung aller Vermögenswerte und Schuldenteile einer Unternehmung am Bilanzstichtag zum Zweck der Erfolgsermittlung oder als Vermögensübersicht. Die Aufstellung mit ihren Bewertungsrichtlinien ist allgemein im HGB geregelt. Vgl. auch ↑ Bilanzgliederung, ↑ Bewertung, ↑ Inventar.

Bilanzanalyse

Das Zerlegen und Aufgliedern der Bilanz. Der darauf aufbauende Beurteilungsvorgang der Lage und Entwicklung einer Unternehmung wird z.T. als Bilanzkritik ausgegrenzt, überwiegend jedoch einbezogen. Gegenstand der B. ist nicht nur die Bilanz, sondern der gesamte Jahresabschluß, bestehend aus Bilanz, Gewinn- und Verlustrechnung und Anhang, bei Kapitalgesellschaften auch dem Lagebericht. Die Beurteilung der finanziellen und ertragsmäßigen Werte und Entwicklung in der Vergangenheit und für die Zukunft, da Liquidität und Rentabilität bei auf Gewinnerzielung ausgerichteten Unternehmen Existenzvoraussetzungen sind. Die B. umfaßt die Analyse der Finanzlage anhand von ↑ Kennzahlen und finanzwirtschaftlichen Bewegungsbilanzen sowie die Analyse der Ertragslage aufgrund der Gewinn- u. Verlustrechnung und mit Hilfe spezifischer Kennzahlen. *Wichtigste Kennzahlen* zwecks B. und nachfolgender Bilanzkritik: *Vermögensaufbau* (Anlagevermögen zu Umlaufvermögen), *Investition* (Eigenkapital + langfristiges Fremdkapital zu Anlagevermögen), *Finanzierung* (Eigenkapital zu Fremdkapital), *Liquiditätsgrad I* (Geldmittel zu kurzfristige Verbindlichkeiten), *Rentabilität des Eigenkapitals* (Reingewinn zu Eigenkapital). ↑ Cashflow.

Bilanzbuch

Buchführungsbuch, das Eröffnungs- und Schlußbilanz eines Geschäftsjahres enthält.

Bilanzgewinn

In der Bilanz der Überschuß des Vermögens über die Schulden und das Kapital, ausgewiesen auf der Passivseite; in der Gewinn- und Verlustrechnung der Mehrerlös der Habenseite über die Aufwendungen auf der Sollseite. In der Kontenform erscheint der B. auf der Sollseite der Gewinn- und Verlustrechnung. Zu berücksichtigen sind jeweils vorab die Einstellungen bzw. Entnahmen aus offenen Rücklagen. Der ausgewiesene B. setzt sich zusammen aus dem Jahresüberschuß des Geschäftsjahres zu-/abzüglich Gewinn/Verlust des Vorjahres.

Bilanzgleichung

Aus dem Prinzip der doppelten Buchhaltung ableitbare Regel, nach der Aktiva = Passiva bzw. Soll = Haben sein müssen.

Bilanzgliederung

Systematisierung der Posten einer ↑ Bilanz. Bei der Aktivseite (Vermögensseite) erfolgt eine Gliederung nach der Dauer der Bindung an das Unternehmen, beginnend mit der langfristigen Bindung (Gebäude). Zunächst werden die Konten des Anlagevermögens erfaßt, dann die des Umlaufvermögens, die nach dem Grundsatz der steigenden Liquidität zu gliedern sind. Die Passivposten (Kapital- oder Schuldenseite) sind – abgesehen vom Eigenkapital – nach der Dauer der Verfügbarkeit geordnet, beginnend mit den langfristigen Verbindlichkeiten.
Für Kapitalgesellschaften zwingend und bei zahlreichen anderen Unternehmungen gebräuchlich ist die Gliederung nach §§ 265, 266, 268 ff. HGB:
§ 266. *Gliederung der Bilanz.* (1) Die Bilanz ist in Kontoform aufzustellen. Dabei haben große und mittelgroße Kapitalgesellschaften (§ 267 Abs. 3.2) auf der Aktivseite die in Absatz 2 und auf der Passivseite die in Absatz 3 bezeichneten Posten gesondert und in der vorgeschriebenen Reihenfolge auszuweisen. Kleine Kapitalgesellschaften (§ 267 Abs.1) brauchen nur eine verkürzte Bilanz aufzustellen, in die nur die in den Absätzen 2 und 3 mit Buchstaben und römischen Zahlen bezeichneten Posten gesondert und in der vorgeschriebenen Reihenfolge aufgenommen werden.
(2) Aktivseite
A. Anlagevermögen:
I. Immaterielle Vermögensgegenstände
II. Sachanlagen
III. Finanzanlagen
B. Umlaufvermögen:
I. Vorräte
II. Forderungen und sonstige Vermögensgegenstände
C. Rechnungsabgrenzungsposten:
A. Eigenkapital
B. Rückstellungen
C. Verbindlichkeiten
D. Rechnungsabgrenzungsposten.

Bilanzierungsgrundsätze

Richtlinien, nach denen sich ehrenwerte und ordentliche Kaufleute bei der Bilanzaufstellung richten. Die Bilanz soll nach vorsichtigen Einschätzungen der Vermögenslage aufgestellt, nach Handels- und Steuerrecht klar und wahr und nach gleichen Kriterien abgefaßt und bewertet werden wie die vorhergehende Bilanz. ↑ Grundsätze ordnungsmäßiger Buchführung.

Bilanzklarheit

Grundsatz einer ordnungsgemäßen und einwandfreien Darstellung der Bilanz.

Es darf nichts unter farblosen Oberbegriffen zusammengefaßt werden oder durch Saldierungen verschwinden. ↑ Bilanzierungsgrundsätze.

Bilanzkritik
Kritische Betrachtung der aufbereiteten Zahlen einer Bilanz. Die Kritik richtet sich sowohl auf die Vermögensseite (Mittelverwendung) als auch auf die Schuldenseite (Mittelherkunft).

Bilanzstichtag
Der Tag, auf den die Rechnungslegung eines Unternehmens (1. Inventur, 2. Inventar, 3. Bilanzerstellung, 4. Gewinn- und Verlustrechnung) für das abgelaufene Geschäftsjahr abgestimmt sein muß (gewöhnlich 31. Dezember).

Bilanzsumme
Summe der Aktivseite (Vermögensseite) und der Passivseite (Kapitalherkunft) einer Bilanz. Die Bilanzsummen der linken und der rechten Seite müssen gleich sein (Bilanzgleichung).

Bilanzwahrheit
Grundsatz ordnungsgemäßer Bilanzierung. Verlangt vor allem die Richtigkeit und Vollständigkeit der Bilanzansätze, wobei die Steuerbilanz einen anderen Wahrheitsgehalt vorschreibt als die Handelsbilanz, ohne daß sich der Bilanzierende gesetzwidrig verhält. Die verschiedenen Bewertungsrichtlinien lassen das zu. ↑ Bilanzierungsgrundsätze.

Bildungsurlaub
Freistellung von der Arbeit/Ausbildung zum Besuch von Veranstaltungen zu Bildungszwecken für eine bestimmte Dauer während der Arbeitszeit und bei Zahlung angemessener finanzieller Leistungen. B. soll der Berufsbildung auf allen Stufen, der allgemeinen und politischen Bildung und der gewerkschaftlichen Bildung dienen.

Bildungswesen
Das System der schulischen und beruflichen Bildung und seine Institutionen (vgl. Übersicht). ↑ berufliche Fortbildung.

Binärcode
↑ Bit.

Binnenhandel
Der Bereich des Waren- und Dienstleistungsverkehrs, der sich innerhalb der nationalen Grenzen abspielt. Eine Untergliederung kann in ↑ Einzelhandel und ↑ Großhandel erfolgen.

Binnenmarkt
↑ EU,↑ Europäischer Binnenmarkt.

Binnenschiffahrt
Die Beförderung von Gütern auf dem Wasserwege, wie auf Flüssen, Seen und Kanälen innerhalb der nationalen Grenzen. Die Personenbeförderung nimmt einen geringen Raum ein. Heute werden im Rahmen des Güterverkehrs hauptsächlich Massengüter transportiert. ↑ Verkehrspolitik.

Bit
(Abk. von engl.: binary digit); kleinste (formale) Darstellungseinheit in einem Computer. Das B. kann immer nur die Werte ‘0‘ oder ‘1‘ annehmen (Binärcode). Auf ihnen bauen alle Computersysteme auf (↑ Byte). Die Leistungsfähigkeit von ↑ Prozessoren ist um so größer, je mehr Bit gleichzeitig verarbeitet werden.

Blankoindossament
↑ Indossament 2.

Boden
Gehört neben Arbeit und Kapital zu den volkswirtschaftlichen ↑ Produktionsfaktoren. Als Standort, als Bebauungsobjekt und in der Landwirtschaft spielt der B. eine wichtige volkswirtschaftliche Rolle. Der B. ist knapp, nicht vermehrbar und daher ein Spekulationsobjekt.

Bogen
Bestandteil eines ↑ Wertpapiers. Enthält

Bildungswesen -- Grundstruktur

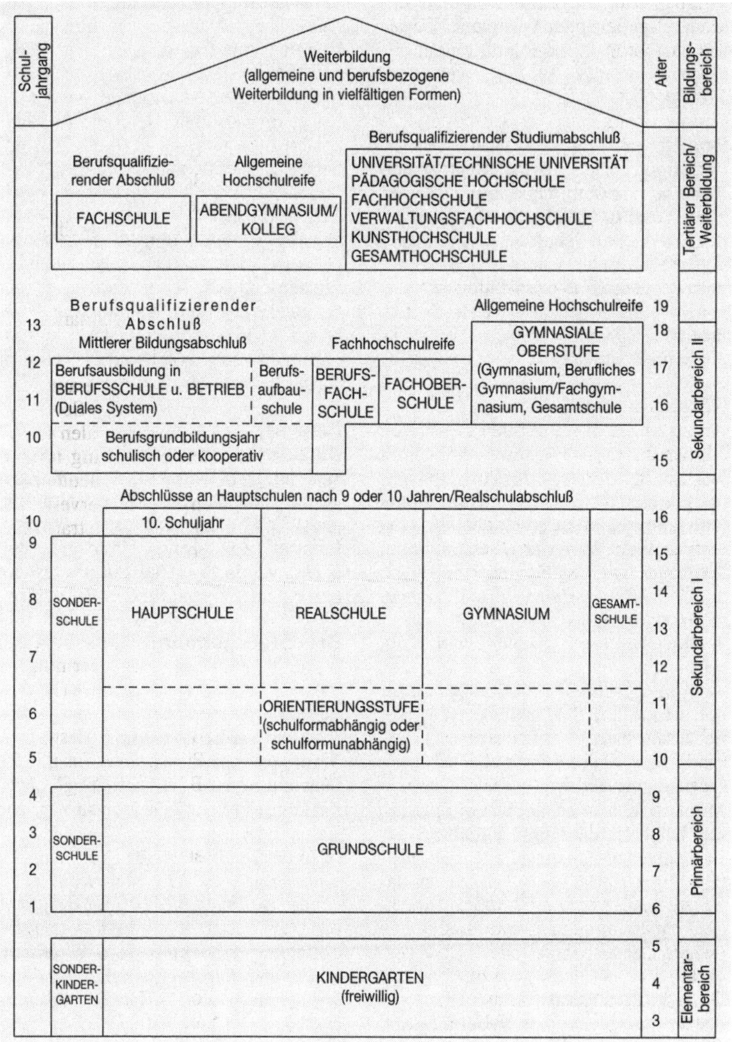

Schematische Darstellung. In einzelnen Ländern bestehen Abweichungen. Durchlässigkeit zwischen den Schulformen ist bei der Erfüllung bestimmter Voraussetzungen grundsätzlich gewährleistet. Vollzeitschulpflicht 9 Jahre (in BE und NW 10 Jahre), Teilzeitschulpflicht 3 Jahre.

Quelle: Datenreport 1992

Kupons (Dividendenscheine), die der Wertpapierinhaber einreichen muß, um die Erträge aus dem Wertpapier zu erhalten. Der B. ist i.d.R. mit einem *Erneuerungsschein* (*Talon*) versehen. ↑ Mantel.

Bonität
(lat.: bonus = gut); Aussage über den Ruf und die Zahlungsfähigkeit einer Person und damit über die Qualität eines potentiellen Schuldners (*Kreditwürdigkeit*). Auch bei Waren und Wechseln wird der Begriff B. verwendet.

Boom
↑ Konjunkturphase.

Börse
Platz, an dem regelmäßig ↑ Güter, ↑ Geld oder ↑ Wertpapiere gehandelt werden, ohne daß sie direkt in Erscheinung treten. – *Arten*: 1. *Warenbörse* (Produktbörse) für den Handel mit börsengängigen Waren (z.B. Baumwolle, Kaffee, Schweine, Weizen, Zucker).
2. *Dienstleistungsbörse* für den Handel mit Versicherungsverträgen.
3. *Devisenbörse* für den Handel mit ↑ Devisen.
4. *Wertpapierbörse* (Effektenbörse) für den Handel mit ↑ Wertpapieren (↑ Aktie, ↑ Anleihe).

Börsenbehörden
Mit Aufsichts- und Rechtsbefugnissen zur Überwachung und Regelung des Börsenwesens ausgestattete behördliche Organe. Rechtsgrundlage ist das Börsengesetz vom 17.7.1996. Börsenaufsichtsbehörde ist die zuständige oberste Landesbehörde.

Börsenumsatzsteuer
Art der ↑ Kapitalverkehrsteuern, die auf den Erwerb von Wertpapieren im Inland anfiel. Wurde in Deutschland zum 1.1.1991 abgeschafft.

Boykott
Aufforderung von Unternehmen oder v.a. Verbänden, Waren nicht zu kaufen, Verträge zu ignorieren u.a.m.

Break-even-Point
(amerik. = Gewinnschwelle, Nutzschwelle); die Absatzmenge, bei der die Erlöse die Gesamtkosten (gesamte Fixkosten und gesamte variable Kosten) erstmalig übersteigen.

Bringschuld
Schuld, die am Wohnsitz des Gläubigers zu erfüllen ist. Die B. ist üblich bei Platzgeschäften, bei denen der Verkäufer die Ware dem Kunden ins Haus bringt. Die B. beruht meist auf Vereinbarungen oder Verkehrssitte. – *Gegensatz*: ↑ Holschuld.

Browser
(Engl. = Stöberer). ↑ Software zur Ansteuerung und Betrachtung, auch *Navigation* genannt, von WWW-Dokumenten (↑ WWW; z.B. Netscape, Microsoft Internet Explorer). Überträgt den HTML-Code (↑ HTML) in das lesbare Dokumentenformat für den Bildschirm.

Bruchteilsgemeinschaft
↑ Miteigentum.

brutto
(Ital. = gesamt). *Gegensatz*: ↑ netto.
1. Im *kaufmännischen Sprachgebrauch* Gewichtsangabe einschließlich Verpackung. Preisangabe vor Abzug von Rabatt oder Skonto.
2. In der *Buchhaltung*: (1) die Angabe eines Preises einschl. Mehrwertsteuer; (2) das Buchen des Skontoabzugs, ohne die Mehrwertsteuer zu berichtigen; (3) getrennter Abschluß von Wareneinkaufs- und Warenverkaufskonto zu Gewinn- und Verlust-Konto (übliche Form).
3. In der *Lohnabrechnung* der Betrag, bei dem noch keine gesetzlichen Abzüge berücksichtigt wurden.

Bruttobedarf
↑ Bedarfsermittlung.

Bruttoeinkaufspreis
Der von Lieferanten dem Einzelhändler in Rechnung gestellte Verkaufspreis.

Bruttoeinkommen
Gesamtverdienst je Zeiteinheit (z.B. Monat) eines Erwerbstätigen oder Transferempfängers (z.B. Rentner, vgl. ↑ Transfereinkommen).

brutto für netto
Preisangabe, bei der die Verpackung mit der Ware berechnet wird. Diese Handelsklausel wird dann angewandt, wenn sich das Herausrechnen der Verpackung gwichtsmäßig nicht lohnt, da die Verpackung am Gesamtgewicht nur einen sehr geringen Anteil hat.

Bruttogewinn
Gewinn, der sich aus der Gegenüberstellung des Wareneinsatzes (zu Einstandspreisen) und der Verkaufserlöse ergibt. Andere Aufwendungen wurden noch nicht berücksichtigt. – In der *Kostenrechnung* wird der ↑ Deckungsbeitrag (Verkaufserlös ./. variable Kosten) als B. ausgewiesen.

Bruttoinlandsprodukt
Wert aller von den Wirtschaftseinheiten innerhalb eines bestimmten Zeitraums sowie der Landesgrenzen des Wirtschaftsgebietes produzierten Waren und Dienstleistungen nach Abzug der als Vorleistungen verbrauchten Güter. Dabei ist gleichgültig, ob In- oder Ausländer an der Erstellung beteiligt waren. Bereinigt um den „Saldo der Erwerbs- und Vermögenseinkommen zwischen Inländern und der übrigen Welt“ wird daraus das ↑ Bruttosozialprodukt ermittelt. ↑ Sozialprodukt.

Bruttoinvestition
↑ Investition.

Bruttosozialprodukt
Wert aller in einer Periode produzierten Güter und Dienstleistungen einer Volkswirtschaft. Das B. unterscheidet sich vom ↑ Bruttoinlandsprodukt durch den Saldo der Erwerbs- und Vermögenseinkommen zwischen In- und Ausland; d.h. Erwerbs- und Vermögenseinkommen, die inländische Wirtschaftseinheiten aus dem Ausland empfangen, wer-

Bruttosozialprodukt – Entwicklung 1960-1997 (Mrd. DM)

Jahr	Bruttosozialprodukt			
	in jeweiligen Preisen		in Preisen von 1991	
	früheres Bundesgebiet	Deutschland	früheres Bundesgebiet	Deutschland
1960	303,0		1000,0	
1965	458,2		1259,0	
1970	675,7		1545,1	
1975	1027,7		1721,1	
1980	1477,4		2025,5	
1985	1834,5		2149,3	
1990	2448,6		2543,9	
1991	2668,1	(2882,1)	2668,1	(2882,1)
1992*		3094,6		2934,4
1993*		3164,5		2889,6
1994*		3312,9		2959,3
1995*		3444,8		3012,4
1996*		3506,8		3034,8
1997*		3605,0		3098,5

* Vorläufiges Ergebnis

Quelle: Statistisches Bundesamt

den einbezogen, nicht jedoch Erwerbs- und Vermögenseinkommen, die im Inland entstehen, aber an das Ausland geleistet werden. Aus dem B. wird nach Abzug der Abschreibungen u. indirekten Steuern (plus Subventionen) das sog. Nettosozialprodukt zu Faktorkosten, kurz ↑ Volkseinkommen, ermittelt. – *Entwicklung des B.* in der Bundesrepublik Deutschland vgl. vorstehende Tabelle. ↑ Sozialprodukt.

Buchbestände

Die auf den einzelnen Bestandskonten (aktiv oder passiv) vorhandenen Werte. Sie verändern sich fortlaufend durch Geschäftsvorgänge. Mindestens einmal im Jahr werden die B. mit den tatsächlichen Beständen abgestimmt. Normalerweise geschieht das beim Jahresabschluß durch ↑ Inventur am Bilanzstichtag.

Buchführung

Die planmäßige, lückenlose und ordnungsgemäße Aufzeichnung aller Geschäftsvorfälle in zeitlicher und wertmäßiger Art in einer Unternehmung. Die kaufmännische B. ist neben ↑ Kostenrechnung, betriebswirtschaftlicher ↑ Statistik und ↑ Planung das Hauptglied des ↑ Rechnungswesens einer Unternehmung. – *Wesentliche Aufgaben*:
1. *Erfolgsermittlung* durch Gegenüberstellung von Aufwand und Ertrag in der Gewinn- und Verlustrechnung.
2. Jederzeitiger *Überblick* über die Vermögenslage und den Schuldenstand. Zusammenfassend vollzieht sich dies einmal im Jahr in der ↑ Bilanz.
3. Festschreibung aller *Veränderungen* der Vermögenswerte und Schulden.
4. Grundlage für die *Kalkulation*, um Preisangebote machen zu können, die kostendeckend sind.
5. Grundlage zur Berechnung von betrieblichen *Kennziffern*, wie z.B. Vermögensaufbau, Wirtschaftlichkeit, Rentabilität; dadurch im Betriebsvergleich Rückschlüsse auf die eigene Effektivität.
6. *Gesetzlich* vorgeschriebenes Instrumentarium, um bei beweispflichtigen innerbetrieblichen Vorgängen gültige Aussagen vor Gerichten machen zu können sowie als Grundlage zur Besteuerung des Unternehmens.

Buchführungssystem

Für die kaufmännische Buchführung gibt es zwei B. Die ↑ *doppelte Buchführung* hat sich im Laufe der Zeit soweit durchgesetzt, daß die *einfache Buchführung* heute praktisch bedeutungslos geworden ist.
1. Der Vollkaufmann muß die *doppelte Buchführung* anwenden. Der Erfolg wird sowohl in der Bilanz als auch in der Erfolgsrechnung ausgewiesen. Jeder Geschäftsvorfall wird im Soll und Haben zweier oder mehrerer Konten mit gleichen Werten verbucht. Zum Wesen der doppelten Buchführung gehört das Führen von zwei Büchern. Im Gegensatz zur einfachen Buchführung werden alle Geschäftsvorfälle nicht nur in zeitlicher Reihenfolge im Grundbuch (auch Tagebuch genannt), sondern zusätzlich in sachlicher Ordnung im Hauptbuch festgehalten.
2. Die *einfache Buchführung* kennt nur Zu- und Abgänge in chronologischer Reihenfolge. Nachteilig ist, daß der Erfolg nicht durch die Gegenüberstellung von Aufwand und Ertrag überprüft werden kann, sondern sich nur aus der Vermögensveränderung zwischen Anfang und Ende des Jahres ergibt.

Buchgeld

↑ Giralgeld.

Buchhaltung

1. Synonym für ↑ *Buchführung*.
2. *Abteilung* im Unternehmen, in der Buchführung und Bilanz bearbeitet werden.

Buchungssatz

Auch: *Buchungsformel*, *Kontenanruf*. Kurzbezeichnung, die die Verbuchungsweise von Geschäftsvorfällen wiedergibt. Jeder B. enthält mind. den Kontenanruf für 2 Konten (eine Buchung im Soll, eine Buchung im Haben), die durch „an" verbunden werden. *Beispiel:* „Kasse(konto) an Waren(konto)" oder „per Kasse(konto) an Waren(konto)" (veraltet).

Buchwert
Wertangabe eines Vermögensgegenstands oder eines Schuldenteils in den kaufmännischen Büchern oder in der Bilanz. *Berechnung*: ↑ Anschaffungs- oder ↑ Herstellungskosten, bereinigt um die Abschreibungen und Zuschreibungen.

Buchwertabschreibung
↑ Degressive Abschreibung.

Budget
1. Bei den Gebietskörperschaften (EU, Bund, Länder, Kreise, Gemeinden) auch übliche Bezeichnung für den *Haushalt* eines Zeitabschnitts, der über alle zu erwartenden öffentlichen Einnahmen und Ausgaben Auskunft gibt. Gebräuchlich auf Bundesebene ist auch der Ausdruck *Etat*.
2. In der *Betriebswirtschaft* bestimmt das B. in einer Einnahmen- und Ausgabenrechnung für einen bestimmten Zeitraum den Kapital- und Geldbedarf, unterteilt nach Absatz-, Produktions- und Investitionsplan. Durch Überprüfen der Soll- und Istzahlen können Fehlentwicklungen zwischenzeitlich korrigiert werden.

Bundesanstalt für Arbeit (BA)
↑ Körperschaft des öffentlichen Rechts mit Selbstverwaltungsrechten, d.h. mit eigenen, selbstgewählten Organen, die keiner Weisung staatlicher Stellen unterworfen sind. Sie stehen jedoch unter staatlicher Aufsicht (Bundesminister für Arbeit und Sozialordnung). Sitz Nürnberg. – *Aufgaben*: Gewährung von Arbeitslosenversicherungsleistungen (Arbeitslosengeld, Arbeitslosenhilfe), Arbeitsvermittlung, Berufsberatung, Förderung der beruflichen Bildung und Umschulung, Gewährung von Konkursausfallgeld, Kurzarbeitergeld und Leistungen zur Rehabilitation. Der Bundesanstalt für Arbeit obliegen auch die Aufgaben einer vorausschauenden aktiven Beschäftigungs- und Beförderungspolitik zur Verhinderung von Arbeitslosigkeit.

Bundesbahn
↑ Deutsche Bahn AG, ↑ Deutsche Bundesbahn.

Bundesbank
(genau: *Deutsche Bundesbank*) Zentralbank und Notenbank der Bundesrepublik Deutschland mit Sitz in Frankfurt a.M., geschaffen aufgrund Art.88 GG durch das Gesetz über die Deutsche Bundesbank (BBankG) vom 26.7.1957. Die B. regelt den Geldumlauf und die Kreditversorgung der Wirtschaft mit dem Ziel der Währungssicherung (Geldwertstabilität), sorgt für die bankmäßige Abwicklung des Zahlungsverkehrs im Inland und mit dem Ausland. Die B. gewährt Kreditinstituten Diskont- und Lombardkredite zur Refinanzierung („Bank der Banken") und fungiert als Staatsbank des Bundes. – Die B. ist *unabhängig*, d.h. sie unterliegt nicht den Weisungen der Bundesregierung; sie ist jedoch verpflichtet, diese bei wirtschaftspolitischen Maßnahmen zu unterstützen. – Die B. unterhält neun Hauptverwaltungen (↑ Landeszentralbanken) sowie Haupt- und Zweigstellen. – *Organe*: ↑ *Zentralbankrat*, das wichtigste Entscheidungsorgan. Das *Direktorium* arbeitet als ausführendes Organ. Es besteht aus Bundesbankpräsident, Vizepräsident und bis zu acht weiteren Mitgliedern. Die *Vorstände der Landeszentralbanken* sind als Organe innerhalb der Landesgrenzen tätig.

Bundesgerichtshof
↑ BGH.

Bundesrechnungshof
↑ Rechnungshof.

Bundessozialgericht
↑ Sozialgerichtsbarkeit.

Bundessteuern
Steuern, die dem Bund zustehen, vor allem sämtliche ↑ Verbrauchsteuern und ↑ Zölle. ↑ Gemeinschaftsteuern.

Bundesverfassungsgericht
Höchstes Bundesgericht mit Sitz in Karlsruhe und zugleich Verfassungsorgan (vgl. Art.93 GG). Zuständig für Verfassungsstreitigkeiten zwischen Bund und Ländern und zwischen verschiedenen Ländern; innerhalb des *Normenkontrollverfahrens* zuständig für die Überprüfung eines Gesetzes auf die Vereinbarkeit mit der Verfassung; außerdem verantwortlich in allen anderen im Grundgesetz vorgesehenen Fällen, wie Richterklagen, Verfassungswidrigkeiten von Parteien, Verfassungsbeschwerden.

Bundesversicherungsanstalt für Angestellte (BfA)
↑ Körperschaft des öffentlichen Rechts, die als Träger der gesetzlichen ↑ Rentenversicherung für Angestellte bzw. Auszubildende zum Beruf des Angestellten zuständig ist. Sitz Berlin.

Bürgerliches Gesetzbuch
↑ BGB.

Bürgschaft
Eine in Schriftform abgefaßte Erklärung, die den Bürgen verpflichten, bei Nichterfüllung einer Verbindlichkeit durch den Hauptschuldner einzuspringen. Grundsätzlich Schriftform, außer wenn der Bürge Vollkaufmann ist und der Vorgang für ihn im Rahmen seines Handelsgeschäfts abgeschlossen wurde. Grundsätzlich hat der Bürge die Bürde der Vorausklage, d.h. der Gläubiger muß zuerst beim Hauptschuldner das Geld einzutreiben versuchen. Diese Verpflichtung des Gläubigers entfällt bei der *selbstschuldnerischen Bürgschaft*. Für Vollkaufleute ist eine Bürgschaft im Zweifel immer selbstschuldnerisch, wenn sie im Rahmen ihres Handelsgewerbes abgegeben wurde. – Eine B. ist immer *akzessorisch*, d.h. abhängig von einer bestimmten Verbindlichkeit. Wird die Verbindlichkeit getilgt, so erlischt die B. automatisch. – *Sonderform:* ↑ Ausfallbürgschaft.

Bus
Elektrische Leitung (Kanal) im PC, die als Daten-, Adreß- und Steuerbus zum Austausch von Daten, Adressen und Steuerinformationen sammelschienenartig (aber auch ringförmig) zur Versorgung mehrerer Funktionseinheiten durch ein DV-System oder einzelne Hardware-Elemente führt. Vorteile sind leichte Erweiterbarkeit, Modularität, einfache Implementierung und dezentrale Kontrolle.

Business Process Reengineering
Zielt ab auf eine effizientere Gestaltung der Geschäftsprozesse und Strukturen eines Unternehmens durch Verschlankung im Sinne des ↑ Lean Management. Alle nicht wettbewerbs- oder kundennutzenorientierten Tätigkeiten sollen dabei aufgedeckt und durch Reorganisation eliminiert werden.

buying center
Auch: *Einkaufsgremium,* alle am Beschaffungsprozeß eines Gutes beteiligten Personen.

Byte
Zusammenfassung von acht ↑ Bits. Erforderlich, da die Darstellung in reiner Bitform in einem Rechner zu unübersichtlich werden würde. Die sich so ergebenden Folgen von acht Bits werden dann gemeinsam vom Computer verarbeitet. In einem Byte lassen sich 256 verschiedene Werte/Zeichen darstellen. Damit gibt es genügend Platz für alle Ziffern (0-9), Buchstaben (A-Z), auch in Groß- und Kleinschreibung, für Sonderzeichen u.a.

C

C
Gängigste Programmiersprache. Universell einsetzbar.

CAD
(Abk. für Computer Aided Design); computergestütztes Konstruieren (z.B. Bauzeichnungen).

call center
↑ Telefonmarketing.

CAM
(Abk. für Computer Aided Manufacturing); computergestützte Produktion sowie Produktionssteuerung und -überwachung.

CAP
(Abk. für Computer Aided Planning); computergestützte Arbeitsplanung.

Cash and carry
(engl. = Zahle und trage weg); ein im Groß- und Einzelhandel entwickeltes Prinzip des Verkaufs, bei dem der Kunde selbst aussucht und auch den Transport (speziell im C&C-Großhandel) übernimmt. Durch Personaleinsparungen und Großeinkauf preisgünstig.

Cash-flow
Der Betrag, der einem Unternehmen nach Abzug aller Kosten vom finanziellen Zuwachs (↑ Jahresüberschuß) verbleibt. Man spricht auch von der Ertragsgröße eines Unternehmens. Der C.-f. wird abgeleitet aus den Daten des Jahresabschlusses, insbes. der Gewinn- und Verlustrechnung. Er ist Ausdruck der Innenfinanzierungskraft eines Unternehmens.

Charge
Menge an Einsatzfaktoren, die für einen bestimmten Produktionsvorgang technisch bedingt ist, z.B. eine Hochofenfüllung.

Charisma
Aura, die eine Führungsperson für die unterstellten Mitarbeiter hat. Ein charismatischer Führer verfügt i.d.R. über ein großes Einflußpotential.

Chat
Auch: *chatten* (engl. = plaudern, unterhalten). Chatten bezeichnet Gespräche via Tastatur in C.-Foren oder virtuellen Konferenzräumen im Internet oder in den Online-Diensten.

Christlicher Gewerkschaftsbund Deutschland (CGB)
↑ Gewerkschaft 1.

CIF
↑ Incoterms.

CIM
(Abk. für Computer Integrated Manufacturing); computergestützte Integration betriebswirtschaftlich orientierter Planungs- und Steuerungsfunktionen mit technischen Funktionen in einem Fertigungsunternehmen. Angewandt v.a. in den Bereichen Produktion, Konstruktion, Materialwirtschaft und Beschaffung.

Clearing
(engl.=Abrechnung)
1. *Binnenländisches C.*: Banken verrechnen auf Grund einer Vereinbarung untereinander gegenseitige Forderun-

gen. Ausgeglichen wird dann lediglich der Verrechnungssaldo. Dadurch wird eine sehr geringe Bargeldbewegung erreicht.
2. *Zwischenstaatliche C.*: Zentralbanken führen periodische Aufrechnungen von Forderungen im Bereich des Waren- und Dienstleistungsverkehrs durch. Der Saldo kann kreditiert oder durch Devisen bzw. Gold ausgeglichen werden.

Client
(Engl. = Anwender, Klient). Lokaler Rechner, der die Ressourcen eines ↑ Servers nutzt und auf dem überwiegend C.-Software läuft. C. und Server sind über ein ↑ Netzwerk miteinander verbunden. Die Server-Software stellt den C. die Dienste des Servers zur Verfügung.

Client/Server-Architektur
Ergänzung der und teilweise Anwendung von der zentralen Mainframe-Struktur (↑ Mainframe) der Rechenzentren. Unabhängig von der Hardware-Struktur können die Anwender (Clients) vom zentralen ↑ Server die notwendigen Daten abrufen und verarbeiten (lassen). Gemeinsame Funktionen und Daten werden dabei auf dem Server gespeichert.

Cluster
Bezeichnung für die ↑ Zentraleinheit eines Mehrplatzsystems.

Coaching
Interaktionsprozeß zur Problem- und Krisenanalyse zwischen einem psychotherapeutisch geschulten Berater (Coach) und einer Führungskraft, mit dem Ziel, deren Leistungsvermögen zu erhalten oder zu erhöhen.

COBOL
(Abk. für Common Business Oriented Language); die im kaufmännischen Bereich am weitesten verbreitete problemorientierte ↑ Programmiersprache. Durch ihre Normierung können bestehende Programme mühelos auf andere Anlagen übertragen werden. Voraussetzung ist allerdings die Verwendung der Befehle aus dem ANSI-COBOL, einem international weit verbreiteten Standard.

COCOM
(Abk. für Coordinating Committee for East-West-Trade Policy); Zusammenschluß der NATO-Staaten (außer Island) und Japan zur Exportkontrolle strategisch wichtiger Waren und Technologien; Sitz Paris. Es wurden zu diesem Zweck Embargo-Listen (COCOM-Listen) der Güter aufgestellt, die einer Exportbeschränkung unterlagen. Am 31.3.1994 wurde das COCOM-Gremium aufgelöst; die COCOM-Listen traten außer Kraft. – Nachfolgeorganisation ist das *Wassenaar Arrangement of Export Controls for Conventional Arms and Dual use – Goods and Technology,* am 1.11.1996 in Kraft getreten, Sitz in Wien, 33 Mitgliedstaaten. Es dient dem umfassenden allgemeinen Informationsaustausch.

Code
Eine Zuordnungsvorschrift, um Zeichen eines Zeichenvorrates (z.B. eines umgangssprachlichen) einem anderen Zeichenvorrat (z.B. einem computergerechten) eindeutig zuzuordnen.

Codierung
Umsetzung von Programmvorgaben, die verbal, schriftlich oder in einer Ablaufgrafik festgestellt sind, in Programmbefehle der jeweiligen Programmiersprache. Die C. ist ein wichtiger Teil der ↑ Programmierung.

Comecon
(Abk. für Council for Mutual Economic Assistance); wirtschaftlicher Zusammenschluß der sog. Ostblockstaaten vom 25.1.1949, auch Rat *für gegenseitige Wirtschaftshilfe (RGW)* genannt. Wurde am 28.6.1991 durch Beschluß der Mitgliedstaaten aufgelöst.

Compiler
Programm zur Übersetzung maschinenunabhängiger Programme, wie z.B. COBOL, in die dem Computer verständliche interne Sprache (Maschinensprache). Das übersetzte Programm kann gespeichert werden und steht danach dem Anwender immer wieder zur Verfügung, ohne daß wie beim ↑ Interpreter jeder Befehl vor der Ausführung jedesmal neu übersetzt werden muß.

CompuServe
↑ Online-Dienst aus den USA mit weltweit etwa 5 Mio. Mitgliedern. CompuServe Deutschland wurde 1997 von ↑ AOL aufgekauft.

Computer
(engl.: to compute = rechnen); in der Praxis häufig verwendeter Begriff für Datenverarbeitungsanlage bzw. -system, Rechenanlage. ↑ Personal Computer.

Computer-Generationen
Entwicklungsstufen bei Computern nach überwiegend technischen Merkmalen.
1. *Erste C.-G.*: Röhrenrechner.
2. *Zweite C.-G.*: Transistorcomputer.
3. *Dritte C.-G.*: Nutzung integrierter Schaltkreistechnik; Einsatz von ↑ Betriebssystemen.
4. *Vierte C.-G.*: Nutzung einer weiterentwickelten Integrationstechnik und Einsatz von Speicherchips.
5. *Fünfte C.-G.*: Charakteristische Merkmale sind neue Hardware-Architektur, spezialisierte Prozessoren, Anwendung von Methoden und Ergebnissen der ↑ Künstlichen Intelligenz, logische Programmierung.

Computersprache
↑ Programmiersprache.

Content-Provider
(Engl. = Inhalte-Anbieter); Dienstleister, der seine Inhalte und sein Angebot im Netz des ↑ Access-Providers plaziert.

Controller
1. *Internes Rechnungswesen/Controlling*: der Funktionsträger des ↑ Controlling, i.d.R. Mitglied der obersten Unternehmensführung, Verantwortlicher für die betriebliche Informationswirtschaft.
2. *Datenverarbeitung*: Steuereinheiten, die durch hohe Intelligenz den Rechner von der Bearbeitung der Transportaufgaben entlasten können.

Controlling
Teilfunktion innerhalb der Unternehmensführung, die darauf zielt, daß 1. die Unternehmensziele explizit und meßbar formuliert vorliegen, 2. für alle Bereiche im Unternehmen anhand der angestrebten Ziele Handlungsalternativen entwickelt und ausgewählt sowie deren erwartete Ergebnisse geplant werden, 3. man im laufenden Betrieb überwacht, ob die Planungen tatsächlich eingehalten werden, 4. im Abweichungsfall Maßnahmen ergriffen werden, sei es, um in der Durchführung gegenzusteuern, sei es, um zu neuen, realistischen Planwerten zu gelangen.

convenience goods
Problemlose Güter des täglichen Bedarfs, die der Konsument möglichst rasch in der Nähe seiner Wohnung oder seines Arbeitsplatzes einkaufen möchte, z.B. Brötchen, Milch, Zigaretten, Zeitungen. – *Gegensatz*: ↑ shopping goods, ↑ speciality goods.

Corporate Design
Visuelles Erscheinungsbild eines Unternehmens im Rahmen und zur Unterstützung der von der ↑ corporate identity vorgegebenen Ziele. Das c.d. soll das Unternehmen nach innen und außen als Einheit erscheinen lassen, insbes. durch formale Gestaltungskonstanten, z.B. Firmenzeichen (Logo), Typographie, Hausfarbe etc.

Corporate Identity
Das einheitliche Selbstverständnis eines

Unternehmens sowohl nach innen als auch in der Unternehmensumwelt.

cost driver accounting
Amerikan. Bezeichnung für ↑ Prozeßkostenrechnung.

Coupon
↑ Bogen.

Courtage
Gebühr des Börsenmaklers für die Vermittlung von Börsengeschäften. Sie ist für alle Makler einheitlich festgesetzt, wobei die Höhe sich nach den verschiedenen Wertpapiergattungen (Staatspapiere, sonstige Obligationen, Dividendenpapiere), nach der Kurswerthöhe und nach der Geschäftsart richten kann. Läuft das Wertpapiergeschäft über eine Bank, so stellt die Bank dem Kunden die an den Makler entrichtete C. in Rechnung.

Cursor
Aktuelle Position auf einem ↑ Monitor, die durch Blinken angezeigt wird.

D

Dachgesellschaft
↑ Holding-Gesellschaft.

Dachmarke
Gemeinsame Marke einer ↑ Produktfamilie.

Damnum
(lat. = Schaden); im Hypothekenverkehr die Summe, die als Differenz zwischen dem Verfügungsbetrag (ausgezahlter Betrag) und dem Rückzahlungsbetrag ausgewiesen wird. Die Höhe schwankt je nach Kapitalmarktlage und Kreditinstitut. – *Steuerliche Behandlung*: Betriebswirtschaftlich kann nach Aktiengesetz das D. aktiviert und während der Laufzeit des Darlehens abgeschrieben werden. Steuerlich kann das D. grundsätzlich im Jahr der Darlehensaufnahme als Werbungskosten bei der Einkommensteuerermittlung geltend gemacht werden.

Darlehen
Gewährung eines verzinslichen oder zinslosen Kredits durch Hingabe von Geld oder anderen vertretbaren Sachen mit der Maßgabe, Sachen gleicher Art, Güte und Menge zurückzugeben, u.U. zuzüglich Zinsen. Im Sprachgebrauch wird unter D. in der Regel ein langfristig gewährter Kredit verstanden. Der Darlehensvertrag ist formlos und wird durch die hingegebene Sache realisiert. Verspricht eine Bank einem Bankkunden die Gewährung eines Darlehens, so hat der Kunde eine einklagbare Berechtigung hierzu. ↑ Kredit.

Datei
Datenmenge, die nach einem Ordnungskriterium zusammengehört und in einem externen Speicher gespeichert ist. Anglo-amerik. Bezeichnung: *file*.

Dateiübertragungsprotokoll
↑ FTP.

Daten
1.*Volkswirtschaftslehre*: Die (Rahmen-) Bedingungen, denen die einzelnen Wirtschaftssubjekte bei der Aufstellung ihrer Wirtschaftspläne unterworfen sind, d.h. Umstände und Gegebenheiten, die sie selbst in der Planungsperiode nicht verändern können. D. lassen sich danach unterscheiden, ob sie abhängig oder unabhängig von den ökonomischen Vorgängen sind. Die von ökonomischen Vorgängen abhängigen Beschränkungen variieren im Laufe des Wirtschaftsprozesses (z.B. Preise), während die von ökonomischen Vorgängen unabhängigen Beschränkungen (Rahmenbedingungen im engeren Sinne) fest vorgegeben sind und jeder Volkswirtschaft ihr spezifisches Aussehen verleihen (Bevölkerungsgröße und -struktur, natürliche ↑ Ressourcen, ↑ Wirtschaftsordnung). Zu beachten ist bei dieser Unterscheidung der Betrachtungszeitraum, da die Daten zunehmend variabel sind, je länger der zugrunde gelegte Zeithorizont ist.
2.*Datenverarbeitung*: Zeichen bzw. Zeichenfolgen, die Informationen zum Zwecke der ↑ Datenverarbeitung speichern.

Datenbank
Große, in ↑ Dateien gespeicherte und verwaltete Datenmenge. – *Aufbau* der D. nach den folgenden Kriterien: Die

Daten müssen nach den unterschiedlichsten Kriterien gefunden werden können; die Daten müssen leicht korrigiert, neu aufgenommen und wieder gelöscht werden können; die Speicherung muß sicher sein, durch Fehlbedienung darf nicht sofort alles verlorengehen; der Speicher sollte möglichst ökonomisch gefüllt werden (minimaler Speicherbedarf). Alle diese Aufgaben muß ein *Datenbanksystem* übernehmen. Es gibt eine Organisation vor, weist den Daten den Speicherplatz zu und überwacht den Betrieb. – Dem Nutzer steht eine *Datenbanksprache* zur Verfügung, mit der er mit der Datenbank umgehen kann. Alle Informationen bestehen in ihrem Kern aus einer Datenbank. – *Bekannte* D. im PC-Bereich sind Access, Paradox und dBase.

Datenfernübertragung (DFÜ)
Übertragung von Daten über ein DFÜ-Gerät (↑ Modem) und eine Datenleitung zwischen entfernt stehenden Computern.

Datenflußplan
Grafische Darstellung des physischen Datenflusses während des Verarbeitungsprozesses durch eine Datenverarbeitungsanlage. Auch als *Flußdiagramm* oder *Programmablaufplan* bezeichnet.

Datenkommunikation
Kommunikation von Computersystemen und Austausch von Daten durch Übermittlung von binär verschlüsselten Daten.

Datenkommunikationsdienste
Die deutsche Telekom bietet auf ihren Übertragungsnetzen anwendungsorientierte Dienste zur Nachrichtenübertragung und Kommunikation an. Sie unterscheiden sich hauptsächlich durch die Vermittlungstechnik und die Kompatibilität des Netzzugangs, z.B. Fernsprech-, Telex- und Datex-Netz.

Datennetz
↑ Netzwerk.

Datenschutz
Schutz des einzelnen vor Beeinträchtigungen seines Rechtes auf informationelle Selbstbestimmung, Kraft dessen jeder Bürger grundsätzlich selbst über die Preisgabe und Verwendung seiner personenbezogenen Daten bestimmen darf. Rechtsgrundlage ist das Bundesdatenschutzgesetz (BDSG) vom 20.12.1990 m. spät. Änderung. Die EG-Datenschutzrichtlinie vom 23.11.1995 muß bis Oktober 1998 national umgesetzt und ein europaweit einheitlicher D.-Standard eingeführt werden. Das BDSG wird dazu novelliert werden müssen.

Datensicherung
↑ Backup.

Datenträger
Trägermedien zur Aufbewahrung von Daten, die maschinell verarbeitet werden sollen. D. sind z.B. Magnetband, Festplatte, Diskette und CD-ROM. ↑ Externer Speicher.

Datenverarbeitung
Jegliche Art der Zuordnung, Sortierung, Aufbereitung, Verknüpfung von Daten durch manuelle oder maschinelle (elektronische oder automatische) Verfahren. Bei der einfachen manuellen Form steuert der Mensch den maschinellen Verarbeitungsprozeß (Tischrechner). Übernimmt die Maschine durch gespeicherte Programme die Durchführung, spricht man von automatisierter Datenverarbeitung. Nach dem Grad der Perfektion technischer Hilfsmittel unterscheidet man: mechanische, elektromechanische und ↑ elektronische Datenverarbeitung.

Datenverschlüsselung
Verfahren der Datensicherung mit spezieller ↑ Hardware und ↑ Software. Die Verschlüsselungsgeräte werden an beiden Enden der Übertragungsleitungen eingesetzt.

DATEV-Kontenrahmen
Bei der DATEV e.G. Nürnberg handelt es sich um eine Genossenschaft, in der der größte Teil des in der Bundesrepublik Deutschland tätigen steuerberatenden Berufsstandes organisiert ist. Die DATEV bietet ihren Mitgliedern Softwareprogramme und Serviceleistungen in allen für den Berufsstand relevanten Bereichen an. Die von ihr herausgegebenen Kontenrahmen sind auf die speziellen Bedürfnisse der ↑ elektronischen Buchführung zugeschnitten und finden bei all jenen Kaufleuten Anwendung, die ihre Buchführung auf einer elektronischen Datenverarbeitungsanlage über die DATEV verarbeiten lassen.

Datex J
Eingeführt durch die deutsche Telekom, um die Btx-Plattform (Bildschirmtext) für andere Nutzungen zu öffnen. Mit Hilfe von PC und Modem kann der Benutzer über Menüs elektronisch gespeicherte Informationen abrufen oder Dienste von Unternehmen nutzen, z.B. Datenbanken abfragen, Bestellungen aufgeben, Nachrichten lesen. Das System kann interaktiv betrieben werden, beispielsweise für die Buchung von Fahr- und Flugscheinen. Besonders erfolgreich ist das ↑ Electronic Banking, die Kontoführung mit Hilfe des PCs. – Jetzt als ↑ T-Online.

Dato-Wechsel
↑ Wechsel.

Dauerauftrag
Eine Anweisung an eine Kreditbank, Genossenschaftsbank, Sparkasse oder Postbank, wiederkehrende Zahlungen in gleichen Beträgen und an den gleichen Empfänger zu leisten (z.B. Miete, Beiträge). Die Anweisung wird auf einem besonderen Formblatt angegeben. Die Institute haften für die termingerechte Erfüllung.

DAX
↑ Deutscher Aktienindex.

Debit-Karte
Bezeichnung für die Eurocheque-Karte (EC-Karte), bei der die Kontobelastung im Electronic-cash-Verfahren sofort nach Bezahlung der Ware oder Dienstleistung erfolgt. – *Anders:* ↑ Wertkarte, ↑ Kreditkarte.

Debitoren
(lat. = Schuldner); Bezeichnung für Kunden, die Waren auf Ziel bezogen, d.h. auf Kredit gekauft haben. In der Buchhaltung werden sie unter Forderungen auf Grund von Warenlieferungen und Leistungen ausgewiesen und in der Bilanz unter dem Oberbegriff Umlaufvermögen aktiviert. – *Debitorenbuchhaltung* ist eine Abteilung im finanzbuchhalterischen Bereich, die sich ausschließlich mit Kundenlieferungen beschäftigt.

Deckungsbeitrag
1. *D. im Sinne der Grenzplankostenrechnung*: Betrag, der die ↑ fixen Kosten eines Erzeugnisses decken und darüber hinaus einen Gewinn abwerfen soll. Errechnet wird der D. als Differenz aus den Verkaufserlösen und den direkt zurechenbaren Kosten (↑ variable Kosten).
2. *D. im Sinne der Einzelkostenrechnung*: Überschuß der Einzelerlöse über die Einzelkosten eines Produktes. D. gibt an, wieviel das Produkt unter den jeweiligen Bedingungen zur Deckung der Gemeinkosten und zum Erzielen eines Gewinns beiträgt.
3. Zunehmend wird D. auch zur Bezeichnung anderer Bruttogewinne benutzt, z.B. für die Übersetzung von marginal income, marginal revenue, (variable) gross margin sowie profit contribution.

Deckungsbeitragsrechnung
Verfahren zur Erfolgsplanung und Erfolgskontrolle.
1. *Grenzplankostenrechnung*: Die Erlöse der einzelnen Produktarten werden deren variablen Kosten gegenüberge-

stellt. Der sich ergebende ↑ Deckungsbeitrag 1 wird verfeinert, indem man die erzeugnisfixen Kosten, das sind die diesem Produkt direkt zurechenbaren Fixkosten, abzieht. Das Resultat ist der Deckungsbeitrag 2. Addiert man sämtliche Deckungsbeiträge 2 und zieht von der Gesamtsumme die unternehmensfixen Kosten ab, so erhält man das Betriebsergebnis. ↑ Grenzplankostenrechnung.
2. *Einzelkostenrechnung*: Form der ↑ Teilkostenrechnung, bei der auf die einzelnen Produktarten nur die ↑ Einzelkosten verrechnet werden. Die jeweilige Differenz von Erlösen und zurechenbaren Kosten bildet den ↑ Deckungsbeitrag. Addiert man sämtliche Deckungsbeiträge und zieht von der Gesamtsumme die ↑ Gemeinkosten ab, so erhält man das Betriebsergebnis.

Deckungsgeschäft
↑ Handelskauf, der infolge eines Lieferungsverzuges durchgeführt wird. Die vom Lieferanten nicht gelieferte Ware wird damit für den Kunden überflüssig und abgelehnt, wenn sie verspätet doch noch eingehen sollte. Einen eventuellen Mehrkostenbetrag wird der Kunde i.d.R. dem Lieferanten in Rechnung stellen. Die Ablehnung der Lieferung muß dem Lieferanten vorher mitgeteilt werden (gewöhnlich bei der Nachfristsetzung). Beim Fixgeschäft kann das D. ohne Nachfristsetzung und Androhung durchgeführt werden.

Deckungsrückstellung
Ausdruck aus dem Versicherungssektor. D. dient als Geldpolster, das zur Deckung künftiger Versicherungsleistungen herangezogen wird. Zu seiner Bildung wird ein Teil der Prämien verzinslich angesammelt. Die Höhe richtet sich nach dem Geschäftsplan und den Anordnungen der Aufsichtsbehörde.

Deckungsstockfähigkeit
Erforderliche Eigenschaft von Effekten, damit Versicherungsgesellschaften diese erwerben dürfen. Die D. stellt vor allem hohe qualitative Anforderungen an den Emittenten und den Markt dieser Werte.

Deficit spending
(engl. = Schulden machend): finanzpolitische Maßnahmen des Staates, die i.S. einer keynesianischen antizyklischen ↑ Konjunkturpolitik Nachfrageausfälle in einer Rezession ausgleichen sollen. Die zusätzliche staatliche Nachfrage wird per Kreditaufnahme finanziert und nicht über eine Steuererhöhung, da die damit verbundenen Kaufkraftverluste die Konjunktur zusätzlich dämpfen würden. Probleme: zeitliche Verzögerungen (vgl. ↑ lags); Verdrängung privater Investitionsnachfrage infolge steigender Kreditzinsen und damit einhergehende Wachstumsausfälle in der Zukunft. Mit zunehmender Skepsis ab den 70er Jahren (Stagnation der Wirtschaftstätigkeit trotz D.s. bei gleichzeitiger Zunahme der Inflation, sog. Stagflation) Umorientierung zu einer ↑ angebotsorientierten Wirtschaftspolitik.

Defizit
(lat. = Fehlbetrag); Ausgabenüberschuß gegenüber den Einnahmen. Im öffentlichen Haushalt spricht man von *Haushaltsdefizit*, im kaufmännischen Rechnungswesen von einem *Kassendefizit*, wenn Fehlbeträge festgestellt werden.

Deflation
Anhaltender Verfall der Güter- und Faktorpreise, häufig verbunden mit einer Abwärtsbewegung der wirtschaftlichen Aktivität. Wie bei der ↑ Inflation tritt eine Disproportionalität zwischen Güter- und Geldkreislauf auf.
1. *Ursachen*: a) Nachfragebedingte D.: Das gesamtwirtschaftliche Angebot überragt die kaufkräftige gesamtwirtschaftliche Nachfrage, verursacht durch einen Rückgang der Auslands-, Konsum-, Investitions- oder auch Staatsnachfrage (sog. deflatorische Lücke). b)

Geldmenge wächst langsamer als das gesamtwirtschaftliche Angebot.
2. *Wirkungen*: Preis- und Lohnverfall können weitere Nachfragerückgänge auslösen. Der Realwert bestehender Verbindlichkeiten erhöht sich (im Gegensatz zur Inflation), wobei wirtschaftliche Zusammenbrüche beschleunigt werden. – *Gegensatz*: ↑ Inflation.

degressive Abschreibung
Abschreibungsmethode (↑ Abschreibung), bei der der Prozentsatz jährlich zwar konstant bleibt, die Berechnung aber jeweils vom Restbuchwert eines abnutzbaren Anlagegegenstandes vorgenommen wird (*geometrisch-degressive Abschreibung*; *Buchwertabschreibung*) oder bei der die Rest-Nutzungsdauer durch die Summe der einzelnen Jahre der geschätzten Nutzungsdauer dividiert und mit der Bemessungsgrundlage multipliziert wird (*arithmetisch-degressive Abschreibung*; *digitale Abschreibung*). Der Abschreibungsbetrag fällt dadurch von Jahr zu Jahr. – *Steuerlich* gibt es für den Prozentsatz der d.A. Höchstsätze und nur die geometrisch-d.A. ist erlaubt.

Degustation
Probe von Produkten (i.d.R. von Genußmitteln) in Geschäftslokalen und/oder bei Ereignissen.

deklaratorische Wirkung
(lat.: erklärend); Wirkung von Ereignissen, die nach deutschem Recht lediglich verlautbarenden Charakter haben, d.h. deren Rechtmäßigkeit schon vorher entstanden ist. *Beispiel*: Kaufleute nach § 1 HGB (Mußkaufmann) müssen sich zwar ins Handelsregister eintragen lassen, haben aber den Rechtsstatus eines Vollkaufmanns bereits vor der Eintragung. – *Gegensatz*: ↑ konstitutive Wirkung.

Delikt
(lat.: delictum = Vergehen, Verfehlung). Im Zivilrecht ein Verhalten, das zu einer Schadensersatzpflicht führt (unerlaubte Handlung), im Strafrecht eine mit Strafe bedrohte rechtswidrige Tat.

Deliktfähigkeit
Die Fähigkeit, sich bei einer unerlaubten Handlung schadensersatzpflichtig zu machen. Voraussetzung ist die Fähigkeit zu verantwortlichem Handeln. Im Zivilrecht ist man bis zum 7. Lebensjahr deliktunfähig. Bis zum 18. Lebensjahr ist man es insoweit, als man die Folgen des Handelns nicht klar ersehen konnte. Mit Vollendung des 18. Lebensjahres ist man voll deliktfähig.

Delkredere
1. Im *Handelsrecht* Haftungsübernahme für den Eingang einer Forderung. Üblich beim Verkaufskommissionär, der dem Auftraggeber (Kommittent) den Forderungseingang garantiert, ebenso beim Handelsvertreter, der die Haftung seinem Geschäftsherren gegenüber übernimmt. Die Haftung besteht nur bei ausdrücklicher Übernahme des D. und wird durch eine zusätzliche Provision (*Delkredereprovision*) honoriert.
2. Im *Rechnungswesen* das Berichtigen von Forderungen. Nach § 40 HGB sind am Jahresende uneinbringliche Forderungen auf den ↑ Erinnerungswert abzuschreiben, zweifelhafte Forderungen mit ihrem wahrscheinlichen Wert anzusetzen und die „guten“ Forderungen pauschal aufgrund des Vorsichtsprinzips zu berichtigen. Die Höhe der ↑ Pauschalwertberichtigung richtet sich nach den Erfahrungswerten der letzten Jahre.

Delors-Plan
↑ EWWU, Europäische Wirtschafts- und Währungsunion.

Demoskopie
↑ Meinungsforschung.

Depositen
(lat.: depositum = das Hinterlegte);

Sammelbegriff für Sicht- und Termineinlagen, aber auch Spareinlagen (↑ Einlagen).

Depot
Ort, an dem Sachen aufbewahrt werden. In der Banksprache der Platz in der Bank, an dem die Kunden Wertgegenstände, speziell Wertpapiere, aufbewahren.

Depotgeschäft
Gewerbsmäßiges Aufbewahren und Verwalten von Wertgegenständen, insbesondere von Wertpapieren. Rechtsgrundlage für ↑ Effekten ist das Depotgesetz v. 4.2.1937. Ansonsten gilt der Verwahrungsvertrag nach BGB. Das (Effekten-)D. ist ein ↑ Bankgeschäft nach dem Kreditwesengesetz (KWG).

Depotstimmrecht
Recht der Bank zur Stimmabgabe in der Hauptversammlung einer Aktiengesellschaft. Dieses Recht wird vielfach von den Bankkunden auf die Bank übertragen. Die erteilte Vollmacht bedarf der Schriftform und ist für längstens 15 Monate gültig. Das Kreditinstitut darf nur nach den Weisungen des Aktionärs stimmen. Ergeben sich während der Hauptversammlung neue Tatsachen, so ist in dem Sinne abzustimmen, wie der Aktionär bei Kenntnis der Sachlage abgestimmt hätte.

Depression
↑ Konjunkturphasen.

Deputat
↑ Naturallohn.

Deregulierung
Abbau bestehender staatlicher Eingriffe auf den Märkten in Form von Vorschriften und Marktzutrittsschranken. Der Abbau von Regulierungsvorschriften soll dem wirtschaftlichen Wettbewerb mehr Spielraum verschaffen und damit zu mehr ↑ Wirtschaftswachstum beitragen.

Derivate
↑ Derivative Finanzinstrumente.

derivative Finanzinstrumente
Auch: *Derivate, Finanzderivate, Derivative*; Finanztitel, deren Börsen- oder Marktpreis von der Entwicklung des Börsen- oder Marktpreises von Wertpapieren oder von der Veränderung der Marktzinssätze abhängt. Derivate sind keine Wertpapiere, sondern Rechte. Sie dienen der ↑ Spekulation oder der Erzielung von Arbitragegewinnen, insbesondere aber der Absicherung gegen Kursrisiken (↑ Hedging). Wesentliche Formen: ↑ Future, ↑ Option 2, ↑ Swap.

derivativer Firmenwert
↑ Firmenwert.

Deutsche Angestellten-Gewerkschaft (DAG)
↑ Gewerkschaft1.

Deutsche Bahn AG
Vollständig in öffentlicher Hand befindliche Aktiengesellschaft, die entsprechend § 1 Deutsche Bahn Gründungsgesetz vom 27.12.1993 zum 1.1.1994 gegründet wurde; Sitz Berlin. Ihr obliegt das Erbringen der Eisenbahnverkehrsleistungen und das Betreiben der Eisenbahninfrastruktur im gesamten Bundesgebiet (unternehmerischer Bereich). Die Altschulden verbleiben beim Sondervermögen „Bundeseisenbahnvermögen“ (↑ Deutsche Bundesbahn). Innerhalb von 3 bis 5 Jahren nach Eintragung ins Handelsregister, spätestens am 1.1.1999 müssen die Bereiche Personennahverkehr, -fernverkehr, Güterverkehr und Fahrweg in eigenständige AGs ausgegliedert werden. Die D.B. übernimmt dann Holdingfunktionen.

Deutsche Bundesbahn
Nicht-rechtsfähiges Sondervermögen des Bundes (Eisenbahnvermögen); wurde mit dem Sondervermögen Deutsche Reichsbahn gemäß § 1 Eisenbahnneuordnungsgesetz vom 27.12.1993

zum nicht-rechtsfähigen Sondervermögen „Bundeseisenbahnvermögen“ zusammengeführt. Der unternehmerische Bereich wurde am 1.1.1994 in eine ↑ Aktiengesellschaft (AG) umgewandelt (↑ Deutsche Bahn AG).

Deutsche Bundesbank
↑ Bundesbank.

Deutsche Bundespost
Sondervermögen des Bundes und in bundeseigener Verwaltung zu führendes Unternehmen. Nach der Neustrukturierung aufgrund des Poststrukturgesetzes und Postverfassungsgesetzes von 1989 sind die betrieblichen und unternehmerischen Aufgaben auf dem Gebiet des Post- und Fernmeldewesens vom Direktorium der DBP und den drei folgenden (privatisierten) Unternehmen übernommen worden: ↑ Deutsche Post AG, ↑ Deutsche Postbank AG und ↑ Deutsche Telekom AG.

Deutsche Post AG
Auch: *Gelbe Post*; nach dem Postneuordnungsgesetz Nachfolgerin der Deutschen Bundespost POSTDIENST in privatrechtlicher Form. Sie nimmt die Beförderung von Briefen, Postkarten, Massendrucksachen und Werbesendungen sowie Postkurierdienste wahr. Sie hat noch vorübergehend Pflichtaufgaben und Monopolbefugnisse.

Deutsche Postbank AG
Nach dem Postneuordnungsgesetz Nachfolgerin der Deutschen Bundespost POSTBANK in privatrechtlicher Form. Sie nimmt Postgirodienst und Postsparkassendienste wahr. Sie ist einem privatrechtlichen Unternehmen (↑ Kreditinstitut) weitgehend gleichgestellt, da sie keine Pflichtaufgaben und Monopolberechtigungen hat; zuvor bestehende Ausnahmeregelungen der Kreditaufsicht sind oder werden aufgehoben.

Deutscher Aktienindex (DAX)
Minütlich errechneter Index, der in einer Zahl die Wertentwicklung der 30 größten und umsatzstärksten Aktienwerte an der Frankfurter Wertpapierbörse unter Einbezug von Dividenden und Bezugsrechtserlösen abbildet. Basis ist der Wert vom 31.12.1987 = 1000. Daneben existieren: der MDAX, der 70 variabel gehandelte Werte umfaßt und zusammen mit dem DAX den DAX100 bildet, der mithin die Wertentwicklung einer Anlage in die 100 wichtigsten Werte widerspiegelt, der Composite DAX (C-DAX), der sämtliche Werte der Frankfurter Wertpapierbörse umfaßt und in 16 Branchenindizes untergliedert ist. ↑ Volatilitätsindex.

Deutscher Beamtenbund (DBB)
↑ Gewerkschaft 1.

Deutscher Gewerkschaftsbund (DGB)
Dachorganisation von 16 Einzelgewerkschaften mit insgesamt knapp 9 Mio. Mitgliedern. Die Eigenständigkeit, u.a. bei Tarifverhandlungen, bleibt den Einzelgewerkschaften erhalten. Regional gliedert sich der DGB in 13 Landesbezirke, die wiederum in Kreise unterteilt sind. ↑ Gewerkschaft 1.

Deutscher Industrie- und Handelstag (DIHT)
Spitzenorganisation aller ↑ Industrie- und Handelskammern des Bundesgebietes mit Sitz in Bonn. Hauptaufgaben sind die Förderung und Sicherheit der Zusammenarbeit der Kammern untereinander, Vertretung der Belange der gewerblichen Wirtschaft innerhalb Deutschlands sowie im Ausland (durch Zusammenarbeit mit Auslandshandelskammern).

Deutscher Rentenindex (REX)
Index, der in einer Zahl die Kursentwicklung des deutschen Rentenmarktes abbildet. Aus 30 idealtypischen Anleihen mit gestuften Laufzeiten und verschiedenen Zinssätzen wird ein gewichteter Durchschnittskurs errechnet. Es

werden Subindizes für verschiedene Zinssätze und Laufzeiten veröffentlicht sowie ein REX-Performanceindex errechnet, der die Wertentwicklung einer Anlage in den REX-Werten ausdrückt, wobei eine Wiederanlage der Zinsen angenommen wird.

Deutsche Telekom AG
Nach dem Postneuordnungsgesetz Nachfolgerin der Deutschen Bundespost TELEKOM in privatrechtlicher Form. Sie nimmt Fernmeldedienste wahr. Telekom-Aktien sind an der Börse frei handelbar. Am 1.1.1998 erfolgte die vollständige Liberalisierung des Telekommunikationsmarktes; insbesondere das zuvor bestehende Netzmonopol ist damit entfallen.

Deutsche Terminbörse (DTB)
Teil der Deutsche Börse AG, Frankfurt/M., an dem u.a. Futures und Optionen auf fiktive Bundesanleihen, Bundesobligationen sowie auf einzelne Aktien des Deutschen Aktienindex (DAX) bzw. den DAX selbst gehandelt werden.

Devisen
Guthaben (auch Forderungen) an ausländischen Plätzen in ausländischer Währung (=Auslandsguthaben). Insbesondere zählen hierzu Guthaben bei ausländischen Banken sowie in fremder Währung ausgestellte Schecks und Wechsel. Im weitesten Sinne sämtliche kurzfristigen Forderungen in fremder Währung. – Ausländische Geldscheine und Münzen werden ↑ *Sorten* genannt.

Devisenbewirtschaftung
Staatliche Maßnahmen, zur Regelung und Kontrolle des Zahlungsverkehrs mit dem Ausland. Durch die Maßnahme sollen u.a. ungewollte Devisenabflüsse, aber auch -zuflüsse, verhindert werden. Bei starker Abnahme der zentralen Devisenreserven im System ↑ fester Wechselkurse können Verpflichtungen wie Anmeldung von Devisenbeständen, Ablieferungspflicht, Zuteilung von Devisen ausgesprochen werden. – *Gegensatz*: ↑ Konvertibilität.

Devisenbilanz
Teilbilanz der ↑ Kapitalbilanz bzw. der ↑ Zahlungsbilanz. In ihr werden alle Ab- und Zuflüsse von ↑ Währungsreserven bei der Notenbank innerhalb einer Periode festgehalten.

Devisenkurs
Preis für z.B. eine Einheit Auslandswährung (z.B. Dollar), ausgedrückt in Einheiten Inlandswährung (z.B. DM). Vgl. auch ↑ Wechselkurs.

Devisentermingeschäft
↑ Termingeschäft 2.

Dezentralisation
Organisatorische Verteilung von Funktionen und Aufgaben auf verschiedene Stellen in der Weise, daß gleichartige Aufgaben nicht zusammengefaßt, sondern stellenmäßig getrennt werden.

Diagramm
Graphische Darstellung zahlenmäßiger Werte.

Dialogverarbeitung
Mögliche Betriebsart eines Computers, bei der die Peripheriegeräte in direkter Verbindung mit dem Rechner stehen. So wird ein Dialog mit dem Computer ermöglicht. Das Programm wartet nach dem Aufruf bis die Daten eingegeben werden; sie werden unmittelbar darauf verarbeitet. – *Gegensatz*: ↑ Batch-Verarbeitung.

Dienstleistungen
Wirtschaftliche Leistungen, die im Gegensatz zu produzierten Waren immaterielle Leistungen darstellen u. daher weder lager- noch transportfähig sind, z.B. Bankdienste, Versicherungsleistungen, Fremdenverkehr, Rechtsberatung. Im Außenhandel werden die D. in der Dienstleistungsbilanz erfaßt.

Dienstleistungsbilanz
Teilbilanz der ↑ Zahlungsbilanz. In ihr werden alle Dienst- und Faktorleistungen (v.a. Reiseverkehr, Transportleistungen, Versicherungen, Provisionen, Patente, Kapitalerträge) innerhalb einer Periode festgehalten.

Dienstprogramme
(engl. = *utilities*); Bestandteile des ↑ Betriebssystems. Sie sollten dem Nutzer bei seinem Umgang mit dem Computer helfen. D. werden aufgerufen, wenn sie gebraucht werden und übernehmen häufig wiederkehrende Aufgaben, die der Benutzer eines Computers erledigen muß, wie z.B. Sortieren von Daten. Datenübertragungen zwischen zwei verschiedenen Datenträgern u.a.m.

Dienstvertrag
Vertrag, bei dem die Arbeitsleistung als solche, nicht ihr Erfolg vereinbart wird. Dienstverträge mit Arbeitnehmern werden im Arbeitsvertrag geregelt. Im Sprachgebrauch wird der D. für Verträge mit Selbständigen angewendet, z.B. mit Rechtsanwälten, Ärzten, Steuerberatern. – *Gegensatz*: ↑ Werkvertrag.

Differenzierung
Erweiterung des bestehenden Produktprogramms durch neue, gleichartige Produkte (Beispiel: Brauerei erweitert ihr Sortiment von Export, Pils und Weizen um ein Starkbier). – *Anders:* ↑ Diversifikation.

Differenzierungsstrategie
Zielt auf einen Wettbewerbsvorteil gegenüber der Konkurrenz durch einen Besonderheitscharakter des angebotenen Produktes oder der angebotenen Dienstleistung ab (z.B. durch zeitliche oder räumliche Differenzen, durch besonderen Service), welcher dem Nachfrager eine Nutzenerhöhung oder eine Kostenersparnis ermöglicht. Im Fall der Nutzenerhöhung wird die Einmaligkeit durch Schaffung eines Zusatznutzen bewirkt (Beispiele: Kundendienst, Standort, Qualität, Design), im Fall der Kostenersparnis durch Senkung der Nutzungskosten (Beispiel: niedrigere Anlaufkosten aufgrund technischer Beratung). ↑ Kostenschwerpunkt-Strategie.

digital
Darstellungsart von Informationen (Ziffern, Schrift, Sprache, Bilder) durch abzählbare Größen, in Computern durch ↑ Bits.

digitales Geld
↑ elektronisches Geld.

DIN
↑ Normung.

dingliches Rechtsgeschäft
Vertragliche Vereinbarung über Sachen (Dinge), die z.B. das Eigentum an der Sache betreffen.

direct costing
System der Teilkostenrechnung, das auf einer Spaltung der Kosten in fixe Kosten und variable Kosten basiert, wobei als Kosteneinflußgröße die Beschäftigung herangezogen wird. Die variablen Kosten werden von den Erlösen der Produkte abgezogen (= Deckungsspanne), die fixen Kosten in einer Summe in das Betriebsergebnis übernommen. Das d.c. läßt unmittelbar die erfolgmäßigen Konsequenzen von Änderungen der Absatzmengen der Produkte erkennen. Anders als die ↑ Vollkostenrechnung kann das d.c. damit wertvolle Informationen für *programmpolitische Entscheidungen* liefern.

direct mailing
Werbliche Ansprache einer bestimmten Zielgruppe durch adressierte Werbung per Brief mit (individualisiertem) Anschreiben, dem häufig ein Prospekt beigefügt wird.

direct marketing
Alle marktgerichteten Aktivitäten, die sich einstufiger (direkter) Kommunika-

tion und/oder des Direktvertriebs bzw. des Versandhandels bedienen, um Zielgruppen in individueller Einzelansprache gezielt zu erreichen; umfaßt ferner solche Aktivitäten, die sich mehrstufiger Kommunikation bedienen, um einen direkten, individuellen Kontakt herzustellen.

direkte Abschreibung
Verfahren der Verbuchung von Abschreibungen, bei dem das Bestandskonto, z.B. Geschäftsausstattung, um den Abschreibungsbetrag vermindert wird und der Restbuchwert in der Bilanz erscheint. *Buchungssatz*: Abschreibung an Geschäftsausstattung. – *Gegensatz*: ↑ Indirekte Abschreibung.

direkter Vertrieb
Vertriebsform, bei der der Verbraucher direkt vom Hersteller beliefert wird, d.h. ohne Einschaltung von Handelsunternehmen (Groß- und Einzelhandel). Voraussetzung ist ein verkaufsreifer Zustand der Ware.

direkter Zugriff
Möglichkeit, auf gesuchte Daten unmittelbar zugreifen zu können, z.B. bei der Verwendung von relationalen Datenbanken. Bei Festplatten, Disketten und CD-ROM möglich. Bei Magnetbändern erfolgt dagegen ein ↑ sequentieller Zugriff.

direkte Steuern
Abgaben (↑ Steuern), die unmittelbar vom Steuerschuldner zu zahlen sind und nicht auf andere Personen oder Institutionen überwälzt werden können. *Beispiele*: Einkommensteuer, Lohnsteuer, Erbschaftsteuer. – *Gegensatz:* ↑ indirekte Steuern.

Direktinvestition
Gründung oder Erwerb von Unternehmen, Zweigniederlassungen oder Produktionsstätten sowie Erwerb von Beteiligungen an bestehenden Unternehmen durch Inländer im Ausland. In der ↑ Zahlungsbilanz werden sie im Rahmen des privaten, langfristigen Kapitalverkehrs innerhalb der ↑ Kapitalbilanz verbucht.

Direktmarketing
↑ direct marketing.

Disagio
(ital. = Abgeld); Differenz zwischen Rücknahmebetrag und Ausgabebetrag, u.a. im Anleihegeschäft (↑ Anleihe), bei dem z.B. Anleihen zu 98 % verkauft (Geldeingang) und zu 100 % (Rückzahlungsbetrag) eingelöst werden. D. bei der Ausgabe von Aktien ist verboten. Handelsrechtlich ist eine Aktivierung möglich und während der Rückzahlungszeit gleichmäßig abzuschreiben. – *Gegensatz*: ↑ Agio.

Diskont
Zinsabzug im Wechselverkehr. Der D. wird beim Ankauf von ↑ Wechseln durch die Bank bzw. vom Gläubiger erhoben. Zugrunde gelegt wird der von der Bundesbank festgesetzte *Diskontsatz* zuzüglich banküblicher Spanne.

Diskontgeschäft
↑ Bankgeschäft i.S. des Kreditwesengesetzes, das sich mit dem Ankauf von noch nicht fälligen Wechseln, unter Abzug von Diskont und Provisionen befaßt.

Diskontkredit
Kredit, den ein Kreditinstitut durch den Ankauf von ↑ Wechseln unter Abzug des ↑ Diskonts gewährt. Kurzfristige Kreditform, da sofort Geld gezahlt wird bzw. sofort Gutschrift durch den Gläubiger erfolgt. Der Kreditzeitraum erstreckt sich bei der Bank vom Einreichtag bis zum Fälligkeitstag des Wechsels, beim Gläubiger von der Fälligkeit der Schuld bis zum Fälligkeitstag des Wechsels. ↑ Akzeptkredit.

Diskontpolitik
Geldpolitisches Instrument der Bundesbank. Die D. umfaßt die Festsetzung des *Diskontsatzes* (Zinssatz, zu dem die

Bundesbank Wechsel von den Geschäftsbanken aufkauft), der Rediskontingente (Umfang an Wechseln, die die Bundesbank von den Geschäftsbanken aufzukaufen bereit ist) und die Festlegung der Rediskontfähigkeit von Wechseln (vgl. ↑ Geldpolitik).

Diskussionsforum
↑ Forum.

Display-Werbung
(engl. = Schaustellung); durch Aufstellen von Werbematerialien wie Bodenaufsteller (Schüttauslage), Plakate, Regalnasen, Zahlteller. Versuch der Schaffung eines attraktiven Blickfanges.

Disposition
↑ Bedarfsermittlung.

Distribution
↑ Distributionspolitik.

Distributionspolitik
Alle marketingpolitischen Maßnahmen, die die Hinführung der Produkte und Dienstleistungen zur Zielgruppe gewährleisten (Teil des ↑ Marketing-Mix).
1. Akquisitorische Distribution: Festlegung der Absatzwege (↑ direkter Vertrieb, ↑ indirekter Vertrieb) und Absatzorgane (betriebseigener/betriebsfremder Vertrieb).
2. Physikalische Distribution: Logistik des Vertriebs (Lagerung, Versand, Transport etc.).

Diversifikation
Betätigung eines Unternehmens in einem neuen, bislang vom Unternehmen noch nicht bearbeiteten Markt mit einem für das Unternehmen neuen Produkt. (Beispiel: Mannesmann betätigt sich in der Telekommunikationsbranche.) – *Arten*: a) Konglomarate (laterale) D.: weitgehend keine Bezüge zu den angestammten Geschäftsfeldern und damit Verzicht auf ↑ Synergien; b) vertikale D. (vertikale Integration): neue Geschäftsfelder in der vor- oder nachgelagerten Wertschöpfungsstufe (↑ Wertkette); c) horizontale D.: neue Geschäftsfelder in auf der vergleichbaren Wertschöpfungsstufe. – *Anders*: ↑ Differenzierung.

Dividende
Dem Aktionär auszuzahlender Anteil vom Reingewinn. Die Ausschüttungshöhe wird meist in Prozent vom Nennwert der Aktien angegeben. Sie wird vom Vorstand und Aufsichtsrat der Hauptversammlung vorgeschlagen. Die Hauptversammlung beschließt dann endgültig. Gegen Vorlage des *Dividendenscheins* (ausnahmsweise gegen Vorlage der Aktie) wird dem Aktionär die D. ausgezahlt.

Dividendenbesteuerung
↑ Körperschaftsteuersystem.

divisionale Organisation
↑ Spartenorganisation.

Divisionskalkulation
Kalkulationsmethode (↑ Kalkulation) zur Ermittlung der Selbstkosten pro Einheit, bei der die Gesamtkosten durch die Ausstoßmengen dividiert werden. – *Arten*:
1. *Einstufige* D.: Durch einfaches Dividieren der Gesamtkosten durch die Gesamtausstoßmenge erhält man die Selbstkosten pro Stück. Nur anzuwenden bei Einproduktunternehmen, wic z.B. der Produktion von Ziegelsteinen in einer Ziegelei. Bei mehreren Sorten Ziegelsteinen nur, wenn eine getrennte Kostenerfassung pro Sorte möglich ist.
2. *Mehrstufige* D.: Werden mehrere Produktionsstufen durchlaufen, die miteinander nicht zu vergleichen sind, aber jeweils verkaufsfähige Produkte anbieten, ist die mehrstufige D. anzuwenden. *Beispiel:* Verarbeitung von Baumwolle zu Stoff. Rohmaterial Stoff wird angeboten und verkauft. Ein Teil wird aber selbst weiterverarbeitet. Fertigprodukt Anzug wird angeboten und verkauft.

Die einzelnen Stufen haben je nach dem Grad der bisher erbrachten Leistung verschiedene Preise, wobei in dem obigen Beispiel der Anzug alle Kosten aufnimmt, die bisher angefallen sind (Selbstkosten pro Stück = Gesamtkosten: Stück), das vorher hergestellte und teilweise verkaufte Rohmaterial nur den Einstandspreis der Baumwolle und die Umwandlungskosten zur Stoffherstellung (Selbstkosten pro Stück = Einstands- und Umwandlungskosten: Menge).
3. ↑ *Äquivalenzziffernkalkulation*.

Dokumentbeschreibungssprache
↑ HTML.

Dokumente
1. *Außenhandel*: Urkunden, die beim Versand einer Ware ausgestellt werden. Der Inhaber dieser Papiere ist zum Empfang der Ware berechtigt. Insbesondere gehören zu den Dokumenten das Konossement (Frachtbrief bei Überseeverschiffungen), der Ladeschein (auf Binnengewässern), die Rechnung, Versicherungsschein, Ausfuhrschein, Konsulatspapiere.
2. *Datenverarbeitung*: Einheit aus Nutzdaten (z.B. Text und Grafik), die den Inhalt, und Steuerdaten (Formatdaten), die Form und Schriftart eines Schriftstückes (z.B. Brief oder Vertrag) festlegt. Systeme zum Erstellen, Wiedergeben, Bearbeiten und Übertragen von Dokumenten müssen in der Lage sein, erforderliche Formatcodierungen zu erzeugen sowie zu interpretieren und wieder das originale Erscheinungsbild des Dokuments auf dem Bildschirm oder dem Drucker zu rekonstruieren; wird unter einem bestimmten Namen abgelegt.

Domänenname
Auch: *Domain*. Eindeutige Bezeichner einer Firma oder Institution zur Adressierung einer E-Mail. D. bieten zwei durch einen Punkt getrennte Informationsteile: die Online-Klassifizierung bzw. den Firmennamen und den Domänenbezeichner, dieser folgt nach dem Punkt (z.B. .com, .de, .uk usw.). Beispiel: *IhreFirma.de*. Der D. wird beim InterNIC beantragt. Weiterhin ist der InterNIC für die Verbreitung des D. auf Namensserver verantwortlich. Diese Server übersetzen den Namen in die ↑ IP-Adresse. Dieses Verfahren nennt man *Domain Name System* (DNS).

Domizilwechsel
Einlösung des ↑ Wechsels an einer besonderen Zahlstelle. Das ist in der Praxis regelmäßig ein Ort, an dem die Landeszentralbanken Zweigstellen unterhalten (Bankplatz), da Landeszentralbanken nur Wechsel rediskontieren, die an einem solchen Bankplatz zahlbar gestellt sind.

Doppelbelastung
Im Unterschied zur ↑ Doppelbesteuerung wird von einer D. gesprochen, wenn ein und derselbe Gewinn (oder dasselbe Vermögen) zwar zweimal mit Steuern belegt wird, aber bei unterschiedlichen Steuerpflichtigen. *Beispiel:* D. der Gewinne einer Kapitalgesellschaft durch Körperschaftsteuer bei der Gesellschaft und Einkommensteuer beim Aktionär. – D. ist auch innerhalb eines einzigen Staates möglich.

Doppelbesteuerung
Liegt vor, wenn mehrere Staaten einen Steuerzahler aufgrund des gleichen Steuertatbestandes (z.B. Einkommenserzielung) in einer Zeitperiode zur Zahlung auffordern. Zur Vermeidung werden zwischen zwei (bilateral) oder mehreren Staaten (multilateral) *Doppelbesteuerungsabkommen* abgeschlossen.

Doppelte Buchführung
Abkürzung: *Doppik*. Gebräuchliche Form der Buchführung, bei der jeder Geschäftsvorfall immer mind. 2 Konten berührt. Es erfolgt stets eine Soll- und eine Habenbuchung. Die Ermittlung des Periodenerfolges geschieht zweimal: durch die ↑ Bilanz und durch die

↑ Gewinn- und Verlustrechnung. ↑ Buchführungssystem.

Doppik
↑ Doppelte Buchführung.

Download
(Engl. = herunterladen). Ein Anwender lädt Daten, Texte, Bilder, Videos usw. von externen Servern per Modem oder ISDN-Adapter via Telefonleitung auf den lokalen Rechner. Die Steuerung des D. erfolgt über ein ↑ Protokoll. – *Gegensatz*: ↑ Upload.

Drittwiderspruchsklage
Einspruch einer Person (des „Dritten") gegen zwangsweisen Zugriff auf sein Vermögen, das er anderen nur vorübergehend (als Besitzer) überlassen hatte.

Drohung
Widerrechtliche Beeinflussung von Personen in physischer oder psychischer Art, um eine gewünschte Handlungsweise zu erzwingen. Durch D. zustande gekommene Rechtsgeschäfte sind anfechtbar. Drohung kann auch als Nötigung oder Erpressung strafbar sein.

Drohverlustrückstellungen
Eine Art der ↑ Rückstellungen, die nach dem HGB zwingend zu bilden sind für drohende Verluste aus schwebenden Geschäften. Steuerlich ab 1997 nicht mehr zulässig; der entsprechende Aufwand darf steuerlich aber beim späteren Eintritt der Verluste geltend gemacht werden. Folge ist also nur eine vorübergehende Abweichung im Ausweis der Passiva in Handels- und Steuerbilanz. (Daher besteht handelsrechtlich ein Wahlrecht für den Ansatz von aktiven ↑ latenten Steuern.)

Druckertreiber
Programm, das die Daten der rechnerinternen Darstellung dem Zeichensatz des Druckers anpaßt.

duales System
1. ↑ *Bildungswesen*: Verbindung einer praktischen Ausbildung im Betrieb mit einer theoretischen Ausbildung in der Berufsschule. ↑ Bildungswesen.
2. *Duales System Deutschland-GmbH* (DSD-GmbH): Laut Verpackungsverordnung von 1991 sind Unternehmen gehalten, sich an einem flächendeckenden und verbrauchernahen System der Abholung und Verwertung von Verpackungen zu beteiligen. Diese Funktion nimmt zur Zeit die DSD-GmbH wahr. Sie finanziert sich aus einer auf Verpackungen erhobenen Lizenzabgabe der entsorgungspflichtigen Unternehmen, dem sog. „grünen Punkt".

Dualzahlensystem
Methode, bei der alle Zahlen aus den beiden Ziffern 0 und 1 gebildet werden. Notwendig in der elektronischen Datenverarbeitung, da es bei solchen Anlagen nur zwei Darstellungsmöglichkeiten gibt, z.B. Strom/kein Strom.

Dumping
(engl.: to dump = verschleudern, unterbieten); Verkauf von Gütern im Ausland zu niedrigeren Preisen als im Inland, um die Konkurrenz zu verdrängen. Eine solche räumliche Preisdifferenzierung ist möglich durch Subventionierung (z.B. bezuschußt die EU ihre Agrarprodukte beim Verkauf in Drittländer) oder durch vorübergehende Belastung der Erzeugnisse nur mit den variablen Kosten, da die Fixkosten durch die Verkaufserlöse im Inland gedeckt sind.

Durchfuhr
↑ Transithandel.

Durchgriffshaftung
Nur ausnahmsweise von der Rechtsprechung zugelassene Haftung der hinter einer juristischen Person stehenden Personen, für den Fall, daß eine Berufung auf die förmliche Selbständigkeit der juristischen Person gegen Treu und Glauben verstoßen würde.

Durchschnittsbewertung
Nach Steuerrecht üblich anwendbare Bewertung des Vorratsvermögens. Da die Preise im Laufe des Jahres sich dauernd ändern, wird ein Durchschnittspreis in der Bilanz angesetzt, der mit der eingekauften Menge gewichtet wird, da sich u.U. Mengenrabatte auf den Preis auswirken können.
Beispiel:

Einkauf 1000 St. zu 2000 DM
=2,00 DM p. St.

Einkauf 800 St. zu 1760 DM
=2,20 DM p. St.

Einkauf 2000 St. zu 3800 DM
=1,90 DM p. St.

6,10 : 3 = 2,03

Bewertung zur Inventur:
Lagermenge × ∅-Preis von 2,03 DM. – Alternatives Verfahren: ↑ Lifo-Methode.

dynamische Rente
Rente, die sich automatisch der Entwicklung des Lohnniveaus anpaßt, um die jährlichen Preissteigerungen aufzufangen. Zu diesem Zweck wird die Rente i.d.R. jährlich per Gesetz um einen bestimmten Prozentsatz erhöht.

E

EAG
↑ EURATOM.

EBCDIC
(Abk. für Extended Binary Coded Decimal Interchange Code); international standardisierter Code zur Speicherung und Wiedergabe von Zeiche n in der elektronischen Verarbeitung.

EC-Karte
↑ Scheckkarte.

Ecklohn
Durch Tarifvertrag festgesetzter Lohn für eine normale Facharbeitergruppe, an dem sich andere Lohngruppen nach einem tariflich festgelegten Schlüssel durch Zu- oder Abschläge ausrichten. Bei Tariflohnverhandlungen geht es häufig lediglich um die Veränderung des E.

economies of scale
Auch: *Größenkostenersparnisse*, Kostenersparnisse, die bei gegebener Produktionstechnik und damit gegebener Produktionsfunktion bei Produktionsmengenausweitung auftreten, da bei wachsender Betriebs- bzw. Unternehmensgröße die Stückkosten sinken, denn der Anteil der fixen Kosten je produzierter Einheit wird immer kleiner.

ECU
(Abk. von European Currency Unit); europäische Währungseinheit. Verrechnungseinheit, deren Wert täglich aus dem „Korb" der Währungen der Mitgliedsländer der EU, ihren Kursen und ihrer wirtschaftlichen Bedeutung im Rahmen der EU errechnet wird (sog. Korbwährung). Der Wert eines ECU entspricht der Summe aus 0,6242DM, 1,332 Franz. Francs, 0,08784 Pfund Sterling, 151,8 Ital. Lire, 0,2198 Holl. Gulden, 3,301 Belg. Francs, 0,130 Luxemb. Francs, 6,885 Span. Peseta, 0,1976 Dän. Kronen, 0,008552 Irische Pfund, 1,440 Griech. Drachmen, 1,393 Portug. Escudo. Wird zunehmend auch privat verwendet. Gemäß dem Maastricher Vertrag wird der ECU zum 1.1.1999 durch den ↑ Euro als gemeinsame Währung der Teilnehmerstaaten an der ↑ EWWU abgelöst; Umtauschverhältnis 1:1.

EDV
Abk. für ↑ Elektronische Datenverarbeitung.

Effekten
Vertretbare ↑ Wertpapiere, die vorwiegend börsenmäßig handelbar sind. Dazu zählen u.a. Aktien, Anleihen, Pfandbriefe, Kuxe. Gläubigerpapiere wie Anleihen und Pfandbriefe dienen in erster Linie der Kapitalanlage. Aktien hingegen werden darüber hinaus zu Spekulationszwecken verwendet. Dienen Aktien im Geschäftsbereich der langfristigen Kapitalanlage, so werden sie buchhalterisch als Finanzanlagen im Anlagevermögen behandelt.

Effektengeschäft
Geschäftsmäßiger Handel der Banken mit Wertpapieren (↑ Effekten). Die Effektenabteilung der Bank übernimmt den kommissionsweisen An- und Verkauf von Effekten, wickelt den Eigenhandel mit Wertpapieren ab, übernimmt die Verwaltungs- und Verwahrungsauf-

gaben im Auftrag des Kunden und ist im eigentlichen Emissionsgeschäft tätig, d.h. die Bank übernimmt die Einführung eines Wertpapieres an der Börse.

Effektivverzinsung

1. E. im *Wertpapiergeschäft*: Der tatsächliche Ertrag von Effekten in Prozenten. Gegensatz: Nominalverzinsung. Zu berücksichtigende Faktoren bei Aktien: Dividende, Kurs beim Kauf bzw. Verkauf; bei Anleihen: Abschlag (Disagio) bei der Ausgabe, Aufschlag (Agio) bei der Rückzahlung, Laufzeit, Zinsertrag, Zeitpunkt und Form der Tilgung, Zinstermine.
2. E. im *Abzahlungsgeschäft*: Der Verkäufer ist verpflichtet, im Vertrag die E. anzugeben.

Berechnung:

$$\frac{24 \times (\text{Zinssatz p.M.} \times \text{Laufzeit p.M.} + \text{Bearb.Geb.})}{\text{Laufzeit in M.} + 1}$$

Effektivzoll

Im Unterschied zum (nominalen) ↑ Zoll jener Effekt, der sich darüber hinaus ergibt, daß der Einfuhrzoll mit zunehmendem Veredelungsgrad eines Produktes erhöht wird, so daß das Verhältnis von zusätzlichem Zoll zu den zusätzlichen Produktionskosten ausländischer Unternehmen bei der Veredelung fortlaufend steigt. Dieser E. gibt den tatsächlichen Schutz der heimischen Wirtschaft vor der Konkurrenz aus dem Ausland an, da um diesen Prozentsatz der inländische Hersteller gegenüber dem konkurrierenden Ausland teurer produzieren kann als es bei Freihandel möglich wäre.

EFTA

(Abk. für European Free Trade Association); Europäische Freihandelszone, am 4.1.1960 gegründet; Sitz in Genf. Derzeitige Mitglieder: Island, Liechtenstein, Norwegen und die Schweiz. Ausgetretene und der EU beigetretene Mitglieder: Dänemark, Finnland, Großbritannien, Österreich, Portugal, Schweden. – Zielsetzung der Gründungsmitglieder, für die aus politischen oder wirtschaftlichen Gründen ein Beitritt zur ↑ EWG nicht in Frage kam, waren die Wahrung ihrer Interessen und Verbesserung ihrer Verhandlungsposition gegenüber der EWG sowie Schaffung einer Freihandelszone. Durch die seit 1973 geltenden Freihandelsverträge zwischen EFTA und EWG wurde auf dem gewerblichen Sektor und im Montanbereich ein gemeinsamer Freihandelsraum ohne Zölle und Mengenbegrenzungen geschaffen. Seit 1994 arbeiten EFTA und ↑ EU im Rahmen des ↑ EWR zusammen; die Schweiz trat dem EWR jedoch nicht bei.

EG

(Abk. für Europäische Gemeinschaften oder Europäische Gemeinschaft).
1. *EG i.S. der Europäischen Gemeinschaften* (EG i.w.S.): Bezeichnung für die drei Gemeinschaften: (1) früher Europäische Wirtschaftsgemeinschaft (↑ EWG) bzw. heute Europäische Gemeinschaft (vgl. 2.); (2) Europäische Gemeinschaft für Kohle und Stahl (↑ EGKS); (3) Europäische Atomgemeinschaft (↑ EURATOM bzw. EAG). Die Bezeichnung wurde durch den Vertrag zur Einsetzung eines Gemeinsamen Rates und einer Gemeinsamen Kommission der Europäischen Gemeinschaften vom 8.4.1965 eingeführt. Nach Gründung der Europäischen Union (↑ EU) bilden die drei Europäischen Gemeinschaften die 1. Säule der EU, ergänzt durch die Gemeinsame Außen- und Sicherheitspolitik (2. Säule) und die Zusammenarbeit in den Bereichen Justiz und Inneres (3. Säule). Eine formelle Vereinigung der Europäischen Gemeinschaften hat jedoch nicht stattgefunden. Die gemeinsamen Organe werden heute als EU-Organe bezeichnet, so der Rat der Europäischen Gemeinschaften (EG-Rat) jetzt als Rat der Europäischen Union (EU-Rat), die

Kommission der Europäischen Gemeinschaften (EG-Kommission) als Europäische Komission.
2. *EG i. S. der Europäischen Gemeinschaft* (EG i.e.S.): Rechtsnachfolgerin der Europäischen Wirtschaftsgemeinschaft (↑ EWG), gegründet durch EU-Vertrag. Die EG i.e.S. ist Teil der EG i.w.S. (vgl. 1.) und Kernstück der ↑ EU.

EGKS

(Abk. für Europäische Gemeinschaft für Kohle und Stahl). 1951 gegründet, um einen gemeinsamen Markt für Kohle, Eisen, Schrott und Stahl zu schaffen. Heute eine der drei Europäischen Gemeinschaften (↑ EG i.w.S.), die zusammen mit der Europäischen Gemeinschaft i.e.S. (früher EWG) und der Europäischen Atomgemeinschaft die sog. 1. Säule der Europäischen Union (↑ EU) bildet.

eidesstattliche Versicherung

Bestätigung, daß eine abgegebene Erklärung richtig sei. Sie wird in vielen Fällen vom Gesetz vorgeschrieben, überwiegend in der Zwangsvollstreckung wegen Geldforderungen. Bei fruchtloser Pfändung durch den Gläubiger muß der Schuldner vor dem zuständigen Amtsgericht eine Vermögensaufstellung über sein gesamtes pfändbares und unpfändbares Vermögen vorlegen und die Richtigkeit eidesstattlich versichern. Der Gläubiger muß hierzu den Antrag stellen. Das Gericht trägt den säumigen Schuldner dann in das *Schuldnerverzeichnis* ein, in das jeder für z.B. Zweck der Zwangsvollstreckung Einsicht nehmen kann.

Eigenfinanzierung

Einbringung von Eigenkapital in Form von Geld-, Sach- oder Rechtswerten der Eigentümer entweder als Einzelunternehmer oder Teilhaber (↑ Beteiligungsfinanzierung); auch durch Selbstfinanzierung in Form von nicht ausgeschütteten Gewinnen bzw. aus Abschreibungen. Im Gegensatz zur ↑ Fremdfinanzierung besteht nicht der Zwang der Tilgung und der Zinszahlung. Die E. ist dann als sinnvoll anzusehen, wenn entweder die Ertragserwartung positiv ist oder wenn derzeitig zu hohe Zinsen auf dem Kapitalmarkt verlangt werden und die Belastung die Rentabilität der Anlage erheblich schwächen würde. Die E. wird hauptsächlich bei langfristigen Anlagefinanzierungen angestrebt. Außerdem steigt die Kreditwürdigkeit. Allerdings müssen bei Beteiligungen die bisherigen Gesellschafter einen Teil ihres Gewinns und ggfs. Geschäftsführungsanspruchs aufgeben. ↑ Finanzierung.

Eigenkapital

Kapital einer Unternehmung, das den Einzelkaufleuten oder Gesellschaftern gehört. In der Bilanz des *Einzelkaufmanns* und der *Personengesellschaft* ausgewiesen als Differenz zwischen dem Vermögen der Aktivseite und den Verbindlichkeiten der Passivseite auf den Kapitalkonten der Gesellschafter. Bei Einzelkaufleuten und persönlich haftenden Gesellschaftern jährliche Veränderung durch Gewinn oder Verlust. Bei *Kapitalgesellschaften* (GmbH, AG, KGaA) erscheint in der Bilanz unverändert das Nominalkapital zuzüglich der offenen Rücklagen. Stille Rücklagen, die durch Unterbewertung von Anlagegegenständen entstehen, zählen nicht zum E. im engeren Sinne. ↑ Kapital, ↑ Fremdkapital.

Eigentum

Die rechtliche Herrschaft über eine Sache. Vgl. Übersichten.

Eigentumsübertragung

Übergang des Eigentums auf andere Person(en). Vgl. Übersicht auf der nächsten Seite.

Eigentumsvorbehalt

Besondere Vereinbarung beim Kaufvertrag über bewegliche Sachen: Der Veräußerer bleibt solange Eigentümer bis die Ware vollständig bezahlt ist. Damit das Eigentum bei Weiterveräußerung

Eigentum/Besitz

Herrschaft über eine Sache

Eigentum	**Besitz**
ist die rechtliche Herrschaft über Sachen. Im Rahmen der bestehenden Gesetze kann der Eigentümer damit nach Belieben verfahren.	ist die tatsächliche Herrschaft über Sachen. Sie ist oft Auflagen des Eigentümers unterworfen. Eigentum und Besitz können bei einer Person vereint sein (Wohnen im eigenen Haus) oder getrennt sein (Wohnen zur Miete).

Eigentum:
- Alleineigentum – Nur eine Person ist Eigentümer.
- Miteigentum
  - Bruchteilseigentum. Jedem gehört ein bestimmter ideeller (nicht realer) Anteil an der Sache.
  - Gesamthandseigentum. Alles gehört allen. (Z.B. das der Gesellschaft gehörende Grundstück.)

Besitz:
- Alleinbesitz
- Mitbesitz

Übertragung von Eigentum/Besitz

Eigentum	
bewegliche Sachen	unbewegliche Sachen
durch Einigung/ Übergabe Eintragung im	durch Auflassung und durch ins Grundbuch

Besitz	
bewegliche Sachen	unbewegliche Sachen
durch Übergabe	durch Überlassung

oder Verarbeitung nicht untergeht, kann vereinbart werden:
1. Der *erweiterte E.* Er erstreckt sich nicht nur auf die derzeitige Warenforderung, sondern der Verkäufer behält sich das Eigentum solange vor, bis alle Forderungen eingegangen sind.
2. Der *verlängerte E.* Beim Weiterverkauf fällt die entstehende Forderung automatisch dem Erstverkäufer zu. Wird die Ware verarbeitet, so erhält der Verkäufer Miteigentum.
3. Der *weitergeleitete E.* Anweisung an den Kunden, im Falle des Weiterverkaufs nur unter E. zu verkaufen.

Eigenverbrauch
Umsatzsteuerlicher Begriff, der besagt, daß Unternehmer, die im Inland für eigene (private oder unternehmensfremde) Zwecke Waren oder sonstige Leistungen (z.B. Privatnutzung eines Firmen-Pkw) entnehmen, von der Umsatzsteuer erfaßt werden. Damit soll der Unternehmer mit seinem privaten Konsum einem Endverbraucher gleichgestellt bzw. ein früherer Vorsteuerabzug rückgängig gemacht werden. Bemessungsgrundlage für die Eigenverbrauchbesteuerung ist meistens der Einkaufspreis oder die Selbstkosten.

Eigenwechsel
↑ Wechsel.

Eilüberweisung
Eine ↑ Überweisung von einem Konto zum anderen, die nicht den üblichen

längeren Weg über die Girozentralen geht, sondern gleich dem angesprochenen Konto gutgeschrieben wird. Die spätere Abrechnung läuft dann normal mit einem zweiten Beleg über die Zentrale. Anzutreffen u.a. im Gironetz der Sparkassen und der Bundesbank.

Einfuhr
Auch: *Import*. Jeglicher Bezug von Waren, Dienstleistungen und Kapital aus einem fremden in das eigene Wirtschaftsgebiet. Die E. ist Teil des ↑ Außenhandels und wird statistisch auf der Passivseite der ↑ Zahlungsbilanz festgehalten (Devisenausgaben für Einfuhren). Einfuhren können in *sichtbare* (Waren) und *unsichtbare* (Dienstleistungen) unterteilt werden. Die Einfuhr von Kapital (Kapitalimport) wird auf der Aktivseite der Zahlungsbilanz verbucht (Devisenzuflüsse aus Kapitaleinfuhren). – *Gegensatz*: ↑ Ausfuhr.

Einfuhrbeschränkung
Aufbau von Hemmnissen im Importbereich. Die E. kann sich punktuell auf bestimmte Länder oder bestimmte Produkte oder allgemein auf alle Waren und Dienstleistungen beziehen. Häufiger Zweck ist der Schutz der Binnenwirtschaft vor Billigimporten; dient somit der Erhaltung oder Erzielung einer ausgeglichenen Handelsbilanz. Beschränkungen können z.B. durch Erhebung von Einfuhrzöllen (↑ Zoll) und -kontingenten (↑ Kontingentierung) erzielt werden.

Einfuhrerklärung
Vom Importeur dem Bundesamt für Ernährung und Forstwirtschaft bzw. Bundesamt für Wirtschaft abzugebende Erklärung, daß eine Einfuhr von genehmigungsfreien Waren vorgenommen werden soll. Die Behörde will festhalten, welche Mengen von Waren im genehmigungsfreien Handel importiert werden. Das Bundesamt setzt die Einfuhrfrist fest und gibt die abgestempelte E. dem Antragsteller zurück, der sie der zuständigen Zollstelle bei der Einfuhr vorlegen muß.

Einfuhrkontingent
↑ Kontingentierung.

Einfuhrumsatzsteuer
Eine Sonderform der Umsatzsteuer, die bei Importen aus Nicht-EU-Staaten anfällt. Sie unterliegt den gleichen Vorschriften wie die inländische Umsatzsteuer, kann also als Vorsteuer geltend gemacht werden und ist auch in der Höhe gleich. Bemessungsgrundlage ist der Zollwert zuzüglich Zoll und Beförderungskosten im Inland. Für einige Einfuhren sind *Ausnahmen* von der Besteuerung vorgesehen, so z.B. bei der Einfuhr von Wasserfahrzeugen für die gewerbliche Seeschiffahrt, von Wertpapieren, gesetzlichen Zahlungsmitteln, amtlichen Wertzeichen u.a. sowie die Einfuhr im zollfreien Reiseverkehr. Für Importe aus EU-Staaten wird die E. durch die ↑ Erwerbsteuer ersetzt.

Einführungswerbung
Werbemaßnahmen, die ein neu eingeführtes Produkt so schnell wie möglich bei der Zielgruppe bekanntmachen sollen. E. wird sehr breit gestreut (in allen Medien, die von der Zielgruppe genutzt werden) und mit hoher Frequenz geschaltet (so oft wie möglich).

Einfuhrzoll
↑ Zoll.

eingetragener Verein (e.V.)
↑ Verein 1.

Einheitliche Europäische Akte (EEA)
Zwischen den damaligen EG-Mitgliedstaaten am 25.2.1986 in Luxemburg geschlossener Vertrag mit dem Ziel, gemeinsam zu konkreten Fortschritten auf dem Weg zur Europäischen Union (↑ EU) beizutragen. Stellte die erste grundlegende Reform der Römischen

Verträge (↑ EWG) dar. Kernpunkte waren die Stärkung der Gemeinschaftsorgane, Festschreibung des Ziels, den Europäischen Binnenmarkt bis zum 31.12.1992 zu vollenden sowie vertragliche Verankerung der bereits freiwillig praktizierten Europäischen Politischen Zusammenarbeit.

Einheitskurs

Auch: *Kassakurs*; einheitlicher ↑ Kurs für Börsenaufträge während eines Tages. Es wird der Kurs ermittelt, zu dem möglichst viele Aufträge ausgeführt werden können.

Einheitswert

Steuerrechtlicher Begriff, der einheitliche Besteuerungsgrundlagen für die Vermögen-, Gewerbe-, Grund-, Erbschaft- und Grunderwerbsteuer gewährleistete. Gesetzlich geregelt im Bewertungsgesetz. Wegen der stark veralteten Werte (Stand: 1935 bzw. 1964) nach einem Urteil des Bundesverfassungsgerichts 1996/1997 aufgehoben. Seitdem nur noch bei der Grundsteuer angewandt. Bei der Grunderwerbsteuer und Erbschaftsteuer durch neue ↑ Grundbesitzwerte ersetzt.

Einigung

Zustimmung der Vertragspartner, den Rechtszustand einer Sache zu verändern, z.B. Eigentumsübertragung. Bei beweglichen Sachen sind E. und Übergabe einer Sache Voraussetzung einer Vertragserfüllung. Bei Rechtsgeschäften, die Grundstücke betreffen, ist die E. (↑ *Auflassung*) notariell zu beurkunden und ins Grundbuch einzutragen.

Einigungsvertrag

Vertrag zwischen der Bundesrepublik Deutschland und der Deutschen Demokratischen Republik über die Herstellung der Einheit Deutschlands vom 31.8.1990, ratifiziert in beiden deutschen Parlamenten am 20.9.1990.

Einkauf

Abteilung im Unternehmen, die wesentliche Teilfunktionen der ↑ Beschaffung wahrnimmt. Der E. übernimmt den eigentlichen Versorgungsvorgang in Form der Angebotsprüfung, Lieferantenauswahl, Einkaufsverhandlung, Kaufentscheidung, Abwicklung und Kontrolle. Die Einkaufsabteilung kann intern anhand verschiedener Überlegungen organisiert werden: nach Einkaufsobjekten (Einkauf Rohstoffe, Einkauf Betriebsstoffe usw.), nach regionalen Einkaufsmärkten (Einkauf Europa, Einkauf Nordamerika usw.) oder nach Einkaufsverrichtungen (Einkaufsplanung, Einkaufsabwicklung usw.).

Einkaufskontor

Kooperativer Zusammenschluß mehrerer Großhändler. Die georderten Waren werden im Namen der angeschlossenen Großhändler bestellt und meistens direkt an sie gesandt.

Einkaufspolitik

Teilgebiet der ↑ Unternehmenspolitik, das sich mit der Bestimmung von Zielen des ↑ Einkaufs und der Festlegung von Instrumenten zur Zielverwirklichung befaßt. ↑ Beschaffungssysteme.

Einkommen

1. *Wirtschaftlich*: Einer Person oder Gesellschaft in einer Zeitperiode zufließendes Geld auf Grund von Arbeitsleistung (Arbeitseinkommen) und/oder Vermögensbesitz (Besitzeinkommen). Im ↑ *Volkseinkommen* (Nettosozialprodukt zu Faktorkosten) werden die Einkommen der an der Erzeugung beteiligten Produktionsfaktoren festgehalten, wobei Arbeit mit Lohn, Boden mit der Grundrente und Kapital mit Zins und Gewinn entlohnt werden.
2. *Steuerrechtlich*: Betrag, der einer Person in einem Veranlagungszeitraum aus insgesamt 7 verschiedenen Einkunftsarten zufließt (↑ Einkünfte). Hierzu zählen auch Naturalien und andere ↑ geldwerte Vorteile.

Einkommensteuer

Personensteuer für natürliche Personen auf die Gesamtheit der ↑ Einkünfte unter Berücksichtigung von Sonderausgaben und außergewöhnlichen Belastungen. Es wird zwischen ↑ unbeschränkter Steuerpflicht und ↑ beschränkter Steuerpflicht unterschieden. Besondere Erhebungsformen sind die ↑ Lohnsteuer für Einkünfte aus nichtselbständiger Arbeit und die ↑ Kapitalertragsteuer für Einkünfte aus Kapitalvermögen. Gesetzlich geregelt im Einkommensteuergesetz. Personensteuer für juristische Personen ist die ↑ Körperschaftsteuer.

Einkommensverteilung

Bezeichnung dafür, wieviel ↑ Volkseinkommen auf eine bestimmte Bezugsgröße entfällt. Man unterscheidet die *personelle E.* (= Aufteilung des Einkommens auf Einzelpersonen) und die *funktionelle E.* (= Aufteilung auf die Produktionsfaktoren Arbeit, Kapital, Boden). Die Verwirklichung der „*gerechten E.*" wird häufig als Ziel staatlicher Verteilungspolitik gefordert. Kontrovers diskutierte Maßstäbe sind Leistung (jeder wird danach bezahlt, wie sehr der Arbeitsmarkt sein Können nachfragt und wieviel er leistet), Bedürfnis (jeder wird nach sozialen Gesichtspunkten bezahlt) und Gleichheit (alle erhalten ein gleichhohes Einkommen). Wichtige Instrumente der deutschen Verteilungspolitik sind progressive ↑ Steuertarife, Steuerfreiheit für niedrige Einkommen oder z.B. Wohngeldzahlungen.

Einkünfte

Nach Einkommensteuergesetz werden 7 Einkunftsarten unterschieden, unterteilt in: Gewinneinkunftsarten und Überschußeinkunftsarten.

1. *Gewinneinkunftsarten*: Einkünfte aus Gewerbebetrieb, aus Land- und Forstwirtschaft und aus selbständiger Arbeit. Der Gewinn wird durch die Gegenüberstellung der Betriebsausgaben mit den Erträgen ermittelt, wobei vor der Besteuerung die festgelegten Freibeträge abgezogen werden.
2. *Überschußeinkunftsarten*: Einkünfte aus nichtselbständiger Arbeit, Vermietung und Verpachtung, Kapitalvermögen und die sonstigen Einkünfte (Ertragsanteil der Renten, Unterhaltsleistungen von geschiedenen Ehegatten, Spekulationsgewinne). Feststellung des Überschusses durch Gegenüberstellung von Einnahmen und ↑ Werbungskosten. Die Steuerfreigrenzen sind zu beachten. Die Gewährung von ↑ Freibeträgen ist zu berücksichtigen.

Einlagen

1. *Handelsrecht*: Alle Bar- und Sachleistungen, die ein Gesellschafter in eine Handelsgesellschaft einbringt mit der Absicht, sich zu beteiligen. Bei Kapitalgesellschaften vollzieht sich das durch den Kauf von Aktien bzw. durch den Kauf von GmbH-Gesellschaftsanteilen, bei Personengesellschaften in erster Linie durch den vertraglichen Gesellschaftsbeitrag (Voll- oder Teilhaftung).
2. *Steuerrecht*: Bar- oder Sacheinlagen, die nicht notwendiges Privatvermögen oder persönliche Arbeitskraft sind. Die Bewertung erfolgt mit dem Teilwert, unter bestimmten Bedingungen aber höchstens mit den Anschaffungs- oder Herstellungskosten.
3. *Bankbereich*: Geldbeträge, die Kunden auf ihrem Konto einzahlen und den Banken kurz-, mittel- oder langfristig zur Verfügung stellen. Unterscheidung vgl. Übersicht.

Einlagenfinanzierung

↑ Außenfinanzierung.

Einlagengeschäft

↑ Bankgeschäft i.S. des Kreditwesengesetzes, das die Annahme fremder Gelder als verzinsliche oder unverzinsliche ↑ Einlagen umfaßt. Hierunter sind Einlagen zu verstehen, die ein Forderungsrecht begründen, nicht jedoch gesellschaftsrechtliche Einlagen,

Einlagen – Arten

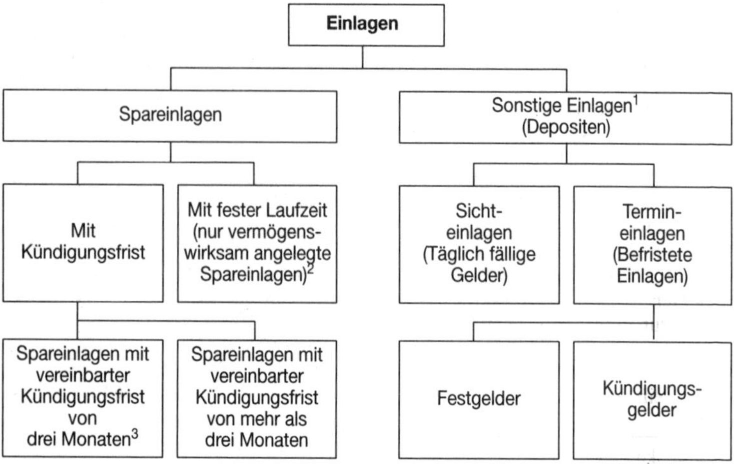

[1] Im Sparkassenrecht auch als „Andere Einlagen" bezeichnet.
[2] Mit Ablauf der im 5. VermBG geregelten Feststellungsfristen sind zwar vermögenswirksame Spareinlagen zur Rückzahlung fällig. Sie verlieren aber – soweit nicht anders vereinbart ist – nicht ihren Spareinlagencharakter.
[3] Definition der Spareinlage ab 1.7.1993 gem. § 21 Abs. 4 RechKredV.

Quelle: Platz, S., Fachwissen Passivgeschäft, Teil 1, Stuttgart 1994, S. 32

z.B. die Einlage eines stillen Gesellschafters.

Einnahmen

Gegenwert für den Verkauf von betrieblichen Leistungen. Dazu gehören Zahlungseingänge, Forderungszugänge und Schuldenabnahmen. – *Gegensatz*: ↑ Ausgaben. – Nicht zu verwechseln mit ↑ Ertrag.

Einrede

Äußerung einer Person, die einem Anspruch eines Dritten entgegensteht. – *Wichtigste Arten*:
1. E. der *Arglist*, bei der jemand einen geltend gemachten Anspruch nicht anerkennt, da er auf arglistige Weise erworben wurde.
2. E. der *Vorausklage*: Das einem Bürgen zustehende Recht, das den Gläubiger verpflichtet, zuerst durch den Versuch der Zwangsvollstreckung beim Hauptschuldner das Geld einzutreiben. Die E. der Vorausklage entfällt bei der selbstschuldnerischen Bürgschaft sowie für einen Vollkaufmann, wenn die Bürgschaft für ihn ein Handelsgeschäft war.

einseitige Rechtsgeschäfte

Rechtsgeschäfte, die nur aus einer ↑ Willenserklärung bestehen. Empfangsbedürftige e.R. bedürfen zu ihrer Rechtswirksamkeit des Zugangs beim Erklärungsgegner. Er braucht ihr aber nicht zuzustimmen (z.B. Kündigung).

Einspruch

Ein Rechtsbehelf gegen eine behördliche Verfügung oder einen gerichtlichen Bescheid.

1. E. im *Zivilprozeß*: Gegen Vollstreckungsbescheide im ↑ Mahnverfahren sowie gegen Versäumnisurteile innerhalb von 2 Wochen nach Zustellung des Urteils.
2. E. im *Steuerrecht*: z.B. gegen Steuerbescheide innerhalb von einem Monat nach Bekanntgabe.
3. E. im *Arbeitsrecht* richtet sich nach dem Kündigungsschutzgesetz.

Einstandspreis
Begriff aus der ↑ Kalkulation im Handelswesen. E. ist der Preis, der alle Kosten bis zum Lager einschließt. *Berechnung*:

	Listeneinkaufspreis
./.	Rabatt
	Zieleinkaufspreis
./.	Skonto
	Bareinkaufspreis
+	Bezugskosten (Fracht, Rollgeld, Versicherung)
	Einstandspreis.

Einwahlknoten
Bezeichnet die Telefonnummer, über die eine Verbindung zum ↑ Internet oder zum ↑ Online-Dienst per ↑ Modem hergestellt wird.

Einwilligung
Eine *vor* Abschluß eines Rechtsgeschäftes notwendige Einverständniserklärung (Zustimmung). – *Gegensatz*: ↑ Genehmigung.

Einzelbewertung
Handels- und steuerrechtlicher Begriff, nach dem jeder Vermögensgegenstand am Jahresende in der Bilanz einzeln bewertet werden muß. In Ausnahmefällen sind ↑ Gruppenbewertungen, Festwertbewertungen oder Pauschalbewertungen zugelassen. ↑ Bewertung.

Einzelhandel
Handel mit dem Endverbraucher. Der E. kauft seine Waren vom Großhandel oder direkt vom Produzenten. Funktionen: Verteilung/Lagerhaltung/Sortimentierung. Zum E. zählen neben Ladengeschäften auch Warenhäuser und Versandunternehmen.

Einzelkosten
Begriff aus der Kosten- und Leistungsrechnung. E. sind direkt zurechenbare, d.h. dem zu produzierenden Stück verursachungsgerecht zuzuordnende ↑ Kosten. Im wesentlichen gibt es 3 Gruppen: Rohstoffkosten, Fertigungslöhne, Sondereinzelkosten der Fertigung und des Vertriebs. – *Gegensatz*: ↑ Gemeinkosten.

Einzelproduktion
↑ Produktionsverfahren.

Einzelunternehmen
Von einer geschäftsfähigen Person, dem Inhaber, gegründetes Unternehmen. Der Name des Inhabers ist gleichzeitig der der Firma. Der Inhaber haftet mit seinem gesamten Vermögen.

Einzugsverfahren
↑ Abbuchungsauftrag, ↑ Lastschriftverfahren.

eiserner Bestand
↑ Mindestbestand.

Elastizität
Wirtschaftstheoretischer Begriff, der das Verhältnis der relativen Änderung einer Größe zu der relativen Änderung einer verursachenden Größe bezeichnet, z.B.

$$E. = \frac{\text{prozentuale Mengenänderung}}{\text{prozentuale Preisänderung}}$$

1. *Nachfrage-E.* (üblicherweise als positiver Wert definiert): Bei Preissteigerungen von z.B. 4 % nimmt die nachgefragte Menge z.B. um 5 % ab = 5:4 = 1,25. Würde die Menge nur um 2 % abnehmen, so ergäbe sich ein Wert von 2:4 =

0,5. Für Werte größer eins spricht man von einer elastischen Nachfrage, im Gegensatz zu Werten kleiner als eins.
2. *Angebotselastizität*: Bei Preissteigerungen steigt die angebotene Gütermenge. Ist die Angebotselastizität größer oder gleich eins, so steigt die Angebotsmenge überproportional, unter 1 unterproportional.
3. *Andere E.-Formen*: Einkommens-, Absatz-, Außenhandels-, Substitutionselastizität, E. der Beschäftigung, der Kosten, der Geldnachfrage u.a.

Electronic Banking

Betreiben von Bankgeschäften mit Unterstützung der elektronischen Datenverarbeitung im unmittelbaren Kundenkontakt. Neben Leistungen im Privatkundengeschäft, die vornehmlich durch Selbstbedienungselemente, BTX-banking und Zahlungen am point of sale (POS) repräsentiert werden sowie in jüngster Zeit durch die Geldkarte und Internet-banking ergänzt werden, zählen hierzu auch Leistungen im Firmenkundengeschäft, deren Grundlage der elektronische Datenaustausch, die Informationsvermittlung auf elektronischen Medien sowie die ablauforganisatorische Unterstützung des Finanzwesens der Firmenkunden durch Bereitstellung finanzwirtschaftlicher Software ist.

Elektronische Datenverarbeitung (EDV)

Begriff, der alles umfaßt, was mit Computern und ihrer Anwendung zu tun hat. Manchmal werden auch die Abkürzungen DV (= *Datenverarbeitung*) oder ADV (= *automatische Datenverarbeitung*) synonym benutzt. EDV bedeutet die maschinelle Verarbeitung von Daten (Massendaten) mit Hilfe von Eingabegeräten. Die Daten werden in elektronischen Rechenanlagen (Computern) entsprechend den dort gespeicherten Programmen verarbeitet. Computer, Ein- und Ausgabegeräte (= materieller Teil der Anlagen) nennt man ↑ Hardware. Die Verarbeitungsprogramme (= immaterieller Teil der Anlagen) bezeichnet man als ↑ Software.

elektronisches Geld

Auch: *digitales Geld, virtuelles Geld*; Definition der Bank für Internationalen Zahlungsausgleich (BIZ): Demnach sind unter e. G. gespeicherte bzw. vorausbezahlte Werteinheiten auf elektronischen Medien, die sich im Besitz des Konsumenten befinden, dann zu subsumieren, wenn sich der elektronisch gespeicherte Wert beim Einsatz der multifunktionalen Zahlungsmedien zum Kauf von Waren oder Dienstleistungen um den Gegenwert reduziert. Hierzu werden gezählt vorausbezahlte Karten (↑ Wertkarte) und Software-Produkte in der Anwendung von Computernetzwerken wie dem Internet (sog. Netzgeld). E. G. ist damit eindeutig von sog. access products abzugrenzen, die es den Konsumenten erlauben, auf Basis elektronischer Kommunikationsmedien konventionelle Zahlungsträger einzusetzen, wie es bei den kreditkartenbasierten Zahlungssystemen im Internet der Fall ist.

E-Mail

Auch: *elektronische Post, Electronic Mail.* Übermittlung von Nachrichten aus PC-Systemen, z.B. zeichenorientiert (Teletex), in Faksimile (Telefax) oder als elektronische Datei (mit ↑ Modem) zur Weiterverarbeitung. Sender und Empfänger benötigen eine ↑ E-Mail-Adresse.

E-Mail-Adresse

Anschrift, unter der man einem anderen Internet-Teilnehmer eine elektronische Nachricht (vgl. ↑ E-Mail) senden kann. Die E-Mail-Adresse eines Teilnehmers setzt sich zusammen aus dem Namen der Person (auch *Username*) und Angaben, die den Rechner auf dem der Teilnehmer einen ↑ Account hat, identifizieren. User- und Rechnername werden durch das Zeichen ↑ @ getrennt.

Embargo
(span. = anhalten, Sperre); das Verbot der Aus- und Einfuhr bestimmter (Kapital-)Güter in bzw. aus bestimmten Ländern. E. dient als Druckmittel und Erzwingung eines Tuns oder Unterlassung gegenüber diesem Staat.

Emission
1. Ausgabe von *Wertpapieren*: Übernimmt die Aktiengesellschaft die Ausgabe selbst, so liegt eine Eigenemission vor. Bei der Fremdemission wird eine Bank oder ein Bankenkonsortium dazwischengeschaltet. Häufig übernimmt die Bank lediglich die Wertpapiere kommissionsweise, d.h. für Rechnung der Aktiengesellschaft. Dafür erhält sie eine Vergütung. Zu unterscheiden: ↑ Über-pari-Emission und ↑ Unter-pari-Emission.
2. *Umweltpolitisch*: Ausstoß von Stoffen bei Produktion, Distribution und Konsum (v.a. Hausbrand), häufig auf ↑ Schadstoffe (Schadstoffemissionen) beschränkt. – Nach Bundesimmissionsschutzgesetz alle von Anlagen (Betriebsstätten, Maschinen, Geräte, Grundstücke) ausgehenden Emissionen wie z.B. Luftverunreinigungen, Geräusche, Erschütterungen, Licht, Wärme, Strahlen. Im Gegensatz zu den Umweltemissionen spricht man bei Umwelteinwirkungen von ↑ Immissionen.

Emissionsabgabe
Auch: *Emissionssteuer*, ↑ Ökosteuer, die jedem auferlegt wird, der einen ↑ Schadstoff in die Umwelt emittiert (↑ Emission). In der Bundesrepublik Deutschland gibt es z.Zt. Abgaben auf Abwasser. Diskutiert werden insbesondere CO_2-Abgabe und -steuern.

Emissionsgeschäft
↑ Bankgeschäft i.S. des Kreditwesengesetzes, das die Übernahme von Finanzinstrumenten (Wertpapiere, Geldmarktinstrumente, Devisen und Derivate) für eigenes Risiko zur Plazierung oder die Übernahme gleichwertiger Garantien umfaßt.

Emoticons
(Engl. = Emotionszeichen); Kunstwort aus Emotion und Icons (hier Zeichen). E. werden in E-Mails und veröffentlichten elektronischen Nachrichten verwendet. Sie sollen den Gefühlszustand eines Online-Teilnehmers beschreiben oder einer Aussage Nachdruck verleihen. Beispiele : :-) = lachen; ;-) = lachen mit Augenzwinkern; <g> = grinsen.

Energiepolitik
Alle Maßnahmen von der Regierung, auch von Versorgungsunternehmen, die Energieversorgung kurz- u. langfristig zu sichern. Die dabei zum Einsatz kommenden Primärenergieträger sind u.a. Erdöl, Stein- u. Braunkohle, Erdgas u. Kernenergie. Es werden u.a. Maßnahmen zur Energieeinsparung sowie im Rahmen der Forschungspolitik einzelne Energietechniken (z.B. Kernenergie, Kohleverflüssigung) gefordert.

Energiesteuer
Besteuerung von Energieträgern, z.B. Mineralölsteuer. – Die geplante Einführung einer EU-weiten kombinierten CO_2-/Energiesteuer konnte bisher nicht durchgesetzt werden, sie wird weiterhin diskutiert. ↑ Ökosteuer, ↑ Emissionsabgabe.

Enteignung
Eingriff in das private Eigentum durch rechtmäßigen Hoheitsakt. In der Bundesrepublik Deutschland sind Enteignungen gemäß Art. 14 Grundgesetz nur gegen eine angemessene Entschädigung zulässig.

entgangener Gewinn
Anspruch eines Kaufmanns an den Lieferanten, bei Nichtlieferung nicht nur einen eventuellen Mehrpreis durch Kauf bei einem anderen Lieferanten einzuklagen (konkrete Schadensrechnung), sondern darüber hinaus einen e.G. zu verlangen (abstrakte Schadensberechnung). Ist die Ware auch ander-

weitig nicht mehr zu besorgen, so ist die Differenz zwischen Einkaufspreis und Marktpreis der e.G.

Entlassung
↑ Kündigung.

Entlastung
Nach Aktienrecht die Aufgabe der Hauptversammlung, die Geschäfte des Vorstands und des Aufsichtsrats zu billigen. Die E. muß in den ersten 8 Monaten eines Geschäftsjahrs beschlossen werden.

Entlohnung
Vergütung für geleistete Arbeit in Form von Gehalt für Angestellte, Lohn für Arbeiter, Bezüge für Beamte. Die Höhe der E. hängt ab vom Tarifvertrag, dem Einzelarbeitsvertrag oder dem Einzelarbeitsvertrag oder dem Gesetz (Beamte). Auszahlungstag für Angestellten- und Arbeiter-E. ist i.d.R. der letzte Werktag des Monats bzw. der Woche, bei Beamten der erste Werktag d. Monats. ↑ Arbeitsentgelt.

Entsorgung
Verwertung von Abfällen, z.B. durch das Gewinnen von Stoffen oder Energie aus Abfällen (Abfallverwertung; ↑ Recycling) und das Ablagern von Abfällen; auch die entsprechenden Maßnahmen des Einsammelns, Beförderns, Behandelns und Lagerns. (↑ Abfallentsorgung).

Entstehungsrechnung
↑ Sozialprodukt, ↑ Volkswirtschaftliche Gesamtrechnungen (VGR).

Entwicklung
↑ Forschung und Entwicklung (F&E).

Entwicklungshilfe
Unterstützung in Form von Geld, Sachgütern oder Know-how an ein ↑ Entwicklungsland. Ziel ist die Beseitigung und Milderung von Armut, Krankheit, Bildungsnotstand. Im Rahmen des Nord-Süd-Dialogs (↑ Nord-Süd-Gefälle) sollen u.a. die reichen Industriestaaten auf ihr Versprechen hingewiesen werden, 0,7 % des jeweiligen Bruttosozialproduktes an E. zu leisten. Ein wichtiges Instrument der E. zur Selbsthilfe ist die Öffnung von Industrieländer-Märkten für die Ausfuhr von Produkten aus Entwicklungsländern.

Entwicklungsland
Unter wirtschaftlichen Gesichtspunkten die Bezeichnung für Länder mit niedrigem Pro-Kopf-Einkommen, unzureichender medizinischer Versorgung, hoher Analphabetenquote und geringer Arbeitsproduktivität. Oft überwiegt landwirtschaftliche Produktion; die gewerbliche Produktion ist wenig entwickelt. Das Bevölkerungswachstum ist meist hoch.

Entwicklungspolitik
Gesamtheit aller Maßnahmen zur Förderung der wirtschaftlichen Entwicklung bzw. zur Reduktion der Unterentwicklung, i.d.R. zugunsten von Ländern der sog. Dritten Welt (↑ Entwicklungsland). Als E. wird sowohl die Politik der Entwicklungsländer selbst als auch die Entwicklungshilfepolitik der entwicklungshilfeleistenden Staaten (↑ Entwicklungshilfe) bezeichnet. Hierunter werden Maßnahmen zur Beschleunigung des Wirtschaftswachstums, aber auch der Einkommens- und Vermögensverteilung verstanden.

Erbschaftsteuer
Abgabe an das Land, wenn Vermögenswerte durch Erbfall, durch Schenkung unter Lebenden (Schenkungsteuer) und durch Zweckzuwendungen übertragen werden. Die Steuerpflicht gilt für natürliche und juristische Personen. Eine Steuerbefreiung ist möglich für Zuwendungen zu gemeinnützigen, mildtätigen oder kirchlichen Zwecken. Je nach Verwandtschaftsgrad gelten unterschiedliche Steuersätze und Freibeträge.

Erfolgsbeteiligung

Teilhabe der Mitarbeiter eines Unternehmens am Erfolg. *Ziele*: Anreiz für Mitarbeiter zu kostenbewußtem Verhalten, Interesse am Unternehmen und an der Tätigkeit, weniger Personalwechsel. – *Formen*: ↑ Gewinnbeteiligung und ↑ Kapitalbeteiligung.

Erfolgsbilanz

Synonymer Begriff für die ↑ Gewinn- und Verlustrechnung. ↑ Betriebsübersicht.

Erfolgskonto

Jedes Konto, das ↑ Aufwendungen oder Erträge erfaßt. Abschluß des E. siehe Übersicht. – *Gegensatz*: ↑ Bestandskonto.

Erfolgsrechnung

Darstellung des Erfolges einer Unternehmung innerhalb eines Zeitabschnitts. – *Arten*: 1. Durch einfaches Gegenüberstellen des *Anfangs- und Endkapitals*. 2. Durch die ↑ *Gewinn- und Verlustrechnung*, die die Quellen der Aufwendungen und Erträge darlegt.

Erfüllungsgehilfe

Eine Person, deren sich der Schuldner zur Begleichung seiner Verbindlichkeit bedient, z.B. die Bank, durch die er zahlt. Der Auftraggeber haftet für den E. genauso wie für eigenes Verschulden, wenn die Tätigkeit in den Auftragsrahmen fällt.

Erfüllungsgeschäft

Rechtsgeschäft, durch das die zuvor in einem ↑ Verpflichtungsgeschäft eingegangene Verpflichtung erfüllt wird, z.B. die Übereignung der Ware. Erst durch das E. geht das Eigentum über. Das E. ist losgelöst vom Verpflichtungsgeschäft, d.h., daß bei dessen Nichtigkeit trotzdem erfüllt werden muß.

Erfüllungsort

Ort, an dem die Vertragspartner ihre Leistung erbringen. – *Arten*: vgl. Übersicht.

Erfolgskonten

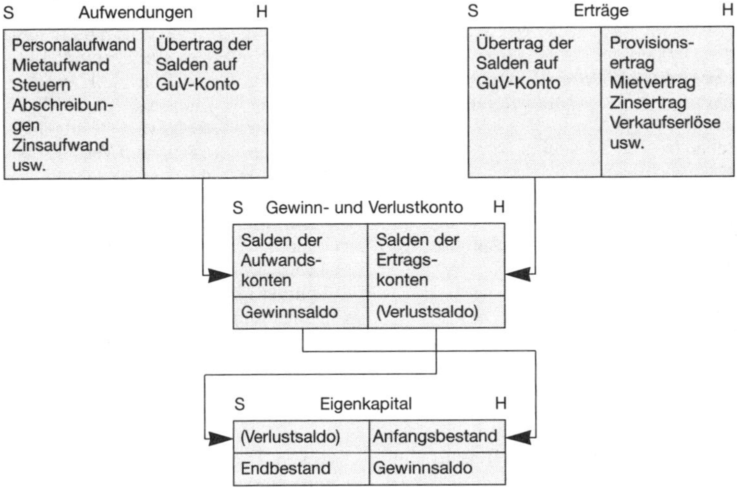

S = Soll, H = Haben

Erfüllungsort - Arten

Gesetzlicher Erfüllungsort	Vertraglicher Erfüllungsort	Erfüllungsort nach der Natur des Schuldverhältnisses
o Wohn- oder Geschäftssitz des Verkäufers für die Lieferung der Ware (BGB § 269) o Wohn- oder Geschäftssitz des Käufers für die Zahlung des Kaufpreises (BGB § 269, 270)	Für beide Leistungen der Wohn- oder Geschäftssitz des Lieferers oder des Käufers entsprechend der Vereinbarung	**Beispiele** o Reparatur einer ortsfesten Maschine o Instandsetzung eines Wohnhauses
Gilt immer dann, wenn weder ein vertraglicher noch ein aus der Natur des Schuldverhältnisses zu entnehmender Erfüllungsort vorhanden ist	Gilt nur bei besonderer vertraglicher Vereinbarung (für beide Vertragspartner).	Gilt immer dann, wenn die Leistung ihrer Natur nach nur an einem festen Ort erbracht werden kann.

Ergänzungsabgabe
Wegen außergewöhnlicher Aufgaben und Ausgaben des Staates erhobener Zuschlag zur Lohn-, Einkommen- und Körperschaftsteuer, i.d.R. für gesetzlich begrenzten Zeitraum. Bei einem reinen Konjunkturzuschlag wird die E. zurückgezahlt; bei Sonderausgaben wie im Falle des „Solidaritätszuschlags" für die deutsche Einheit wird der Zuschlag nicht zurückgezahlt. Der Solidaritätszuschlag wurde zunächst für die Jahre 1991 und 1992 eingeführt und wird ab 1.1.1995 erneut in Höhe von 7,5 % der Lohn-, Kapitalertrag-, Einkommen- und Körperschaftsteuer, diesmal zeitlich unbegrenzt, erhoben.

Ergonomie
Lehre von der Anpassung der Arbeit an den Menschen unter Berücksichtigung neuer psychologischer und physiologischer Erkenntnisse.

erhöhte Absetzungen
Steuerrechtlicher Begriff für eine besondere Form von ↑ Abschreibungen, die an die Stelle der normalen Absetzung für Abnutzung treten; werden dem Steuerpflichtigen allein aus wirtschaftspolitischen Überlegungen gewährt, d.h. sie stehen in keinem Zusammenhang mit der nutzungsbedingten Wertminderung des betreffenden Wirtschaftsgutes, Aufwendungen werden lediglich vorverlagert, d.h. der steuerpflichtige Gewinn wird in den ersten Jahren der Nutzung stärker gemindert als in den folgenden Jahren. Es tritt also lediglich Steuerstundung ein. ↑ Sonderabschreibung.

Erinnerungswerbung
Ruft Produkte und Dienstleistungen, die sich schon einige Zeit am Markt befinden, ins Gedächtnis der Zielgruppe zurück. E. wird sehr gezielt und regelmäßig in größeren Zeitabständen geschaltet.

Erinnerungswert
Angabe in der Bilanz für einen auf 1DM abgeschriebenen Gegenstand. Solange ein Gegenstand in der Inventur als gebrauchsfähig behandelt wird, muß er auch in der Bilanz erscheinen.

Erlebnis-Marketing
Marketing unter Einsatz von erlebnisvermittelnden Maßnahmen, wie z.B. Schaffen von Einkaufsatmosphäre. Dabei wird der potentielle Käufer auf emotionaler Ebene angesprochen.

Erlös
Gegenwert aus der Veräußerung von Wirtschaftsgütern. In der Gewinn- und

Verlustrechnung werden Verkaufserlöse auf der Habenseite festgehalten und ergeben mit dem Wareneinsatz im Handel bzw. mit dem Verbrauch an Roh- und Hilfsstoffen im Industriebetrieb den Warenrohgewinn. E. werden korrigiert (Erlösschmälerungen), wenn Kunden Waren zurückschicken oder Skonto abziehen. Ein Bonus führt ebenfalls zur Korrektur.

Erneuerungsschein
↑ Bogen.

Eröffnungsbilanz
Von jedem Vollkaufmann zu Beginn seines Handelsgewerbes und danach zu Beginn eines jeden Wirtschaftsjahres aufzustellende Übersicht seiner Vermögens- und Schuldenwerte. Der Grundsatz der Bilanzkontinuität besagt, daß die letztjährige Schlußbilanz mit der E. identisch sein muß.

ERP
(Abkürzung für European Recovery Program=Europäisches Wiederaufbauprogramm); nach dem Zweiten Weltkrieg vom damaligen amerikanischen Außenminister Marshall (daher auch *Marshall-Plan*) ins Leben gerufene Wirtschaftshilfe, um dem zerstörten Europa zu helfen. – Heute werden aus den Mitteln des ERP, das ein Sondervermögen des Bundes ist, Maßnahmen zur Förderung der deutschen Wirtschaft getätigt. So werden z.B. über die Vergabe zinsgünstiger Darlehen Investitionsvorhaben unterstützt, die der Modernisierung der deutschen Wirtschaft, seit 1990 auch im Rahmen des Aufbaus der neuen Bundesländer, dienen.

Ersatzinvestition
↑ Reinvestition.

Ersitzung
Eigentumserwerb durch langjährigen Besitz in dem guten Glauben, Eigentümer zu sein. Bei beweglichen Sachen nach 10 Jahren, bei Grundstücken nach 30jähriger Eintragung im Grundbuch.

Ersparnis
Volkswirtschaftlicher Begriff: Teil des verfügbaren ↑ Einkommens der Sektoren (private Haushalte, Staat, Unternehmen), der nicht für den letzten Verbrauch (↑ Konsum, ↑ Investition) verwendet wird.

Ertrag
Der von einem Unternehmen erwirtschaftete Bruttowertzuwachs; unterteilt in betrieblichen E. und neutrale Erträge (↑ neutrale Aufwendungen/Erträge). Die Buchung erfolgt auf Ertragskonten, und zwar als Zunahme im Haben. Abschluß: ↑ Erfolgskonto.

Ertragsgesetz
Werden ein oder mehrere Produktionsfaktoren vermehrt, nimmt der Ertrag zunächst überproportional (zunehmende Grenzerträge) und später unterproportional zu (abnehmende Grenzerträge).

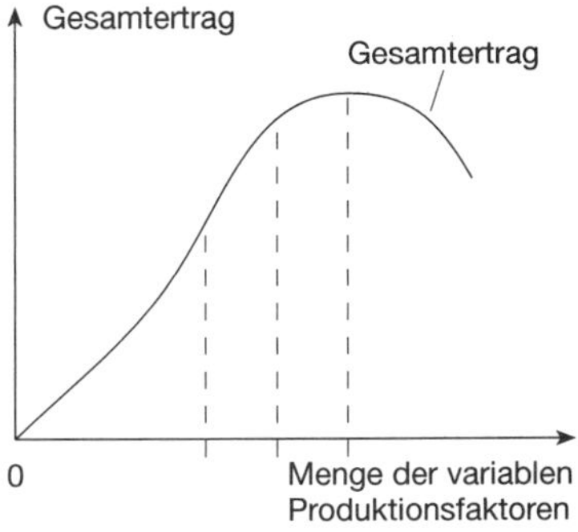

Ertragsteuern
Steuerrechtlicher Begriff für Abgaben, deren Steuergegenstand Erträge sind. V.a. zählen dazu: Einkommen- und Lohnsteuer, Körperschaftsteuer, Kapitalertragsteuer (Einkommen), Gewerbeertragsteuer (Ertrag). – *Gegensatz*: ↑ Substanzsteuern.

Ertragswert
Aus dem zukünftigen Ertrag von Vermögenswerten errechneter Gegenwarts-

wert, der sich durch Abzinsung der über die Nutzungsdauer des Objekts zu erwartenden Reinerträge ergibt. Problematisch schon deswegen, weil der angewendete Zinsfuß und die zu erwartenden Reingewinne spekulativ sind.

Erwerbsquote
In der Berufszählung z.B. der Anteil der ermittelten Erwerbspersonen (↑ Erwerbstätige und vorübergehend Arbeitslose) an der Wohnbevölkerung.

Erwerbstätige
Personen, die in einem Arbeitsverhältnis stehen (einschließlich Soldaten und mithelfende Familienangehörige) oder selbständig ein Gewerbe oder eine Landwirtschaft betreiben oder einen freien Beruf ausüben. E. in der Bundesrepublik Deutschland siehe Übersicht.

Erwerbsteuer
Sonderform der Umsatzsteuer, die bei Importen aus EU-Staaten (↑ innergemeinschaftlicher Erwerb) anfällt. Sie unterliegt den gleichen Vorschriften wie die inländische Umsatzsteuer, kann also als Vorsteuer geltend gemacht werden und ist auch in der Höhe gleich. Bemessungsgrundlage ist das Entgelt. Für einige innergemeinschaftliche Erwerbe sind Steuerbefreiungen vorgesehen, die im wesentlichen den Steuerbefreiungen bei der ↑ Einfuhrumsatzsteuer gleichen. Auf Seite des ausländischen Lieferers liegt eine steuerbefreite ↑ innergemeinschaftliche Lieferung vor.

Erwerbsunfähigkeit
Zustand, in dem die Erwerbsfähigkeit eines Rentenversicherten durch Krankheit oder Behinderung so weitgehend gemindert ist, daß er eine regelmäßige Erwerbstätigkeit nicht mehr ausüben oder nur geringfügige Einkünfte erzielen kann. Für einen Anspruch auf Erwerbsunfähigkeitsrente ist ferner die Erfüllung der allgemeinen Wartezeit von 5 Jahren erforderlich sowie eine Pflichtbeitragszeit von 3 Jahren in den letzten 5 Jahren, anderenfalls eine Gesamtversicherungszeit von 20 Jahren.

Erziehungsgeld
Sozialleistung nach dem Bundeserziehungsgeldgesetz an Mütter oder Väter, die nicht oder nur teilweise erwerbstätig sind und sich der Betreuung und Erziehung eines Kleinkindes widmen. Anspruch besteht während der ersten beiden Lebensjahre in Höhe von 600DM monatlich. Bei Übersteigen gewisser Einkommensgrenzen erfolgt eine Minderung: während der ersten 6 Monate, falls das Jahreseinkommen bei Verheirateten 100.000 DM bzw. bei anderen Berechtigten 75.000 DM übersteigt.

Erziehungsurlaub
Im Rahmen des ↑ Mutterschutzes Anspruch der Arbeitnehmer (Männer und

Entwicklung der Erwerbstätigen nach Wirtschaftsbereichen
(Jahresdurchschnitte: in Tausend)

Wirtschaftsbereiche	1960	1970	1980	1990	1997[1]
Land- und Forstwirtschaft, Tierhaltung und Fischerei	3581	2262	1403	995	933
Produzierende Gewerbe	12497	12987	11721	11309	11537
Handel und Verkehr	4759	4755	5032	5314	6372
Dienstleistungen	2364	2933	3970	5294	8064
Unternehmen insgesamt	23201	22937	22126	22912	26906

[1] Vorläufiges Ergebnis

Quelle: Statistisches Bundesamt

Frauen) auf unbezahlten Urlaub durch Arbeitgeber, soweit sie einen Anspruch auf ↑ Erziehungsgeld haben oder nur deshalb nicht haben, weil das Einkommen die Einkommensgrenze übersteigt. E. wird bis zur Vollendung des 3. Lebensjahres des Kindes gewährt. Während des E. darf der Arbeitgeber nicht kündigen. Eine Vereinbarung von Teilzeitarbeit ist möglich, wenn sie unter 19 Wochenstunden liegt und beim bisherigen Arbeitgeber ausgeübt wird.

EU

(Abk. für Europäische Union); Gemeinschaft europäischer Staaten, die unter teilweiser Aufgabe ihrer staatlichen Souveränität durch den Vertrag über die Europäische Union vom 7.2.1992 in Maastricht (Maastrichter Vertrag) Europa wirtschaftlich weitgehend und politisch bereichsweise vereinigt haben und den europäischen Integrationsprozeß fortsetzen wollen.

1. *Grundlage* (vgl. auch Übersicht): Die sog. 1. Säule bilden die drei Europäischen Gemeinschaften (EG i.w.S.), d.h. die frühere Europäische Wirtschaftsgemeinschaft (↑ EWG) bzw. (umbenannt) Europäische Gemeinschaft (EG i.e.S.), die Europäische Gemeinschaft für Kohle und Stahl (↑ EGKS) und die Europäische Atomgemeinschaft (EAG bzw. ↑ EURATOM). Als 2. Säule gilt die Gemeinsame Außen- und Sicherheitspolitik (GASP) und als 3. Säule die Zusammenarbeit in den Bereichen Justiz und Inneres.

2. *Entstehung/Entwicklung*: Als erster Gemeinschaftsvertrag trat 1952 der Gründungsvertrag der Europäischen Gemeinschaft für Kohle und Stahl in Kraft. 1957 wurden in Rom schließlich die sog. *Römischen Verträge*, der Vertrag zur Gründung der Europäischen Wirtschaftsgemeinschaft und der Vertrag zur Gründung der Europäischen Atomgemeinschaft, von den Gründungsmitgliedern unterzeichnet. – Mit den 1967 in Kraft getretenen sog. Fusionsvertrag (Vertrag zur Einsetzung eines gemeinsamen Rates und einer gemeinsamen Kommission der Europäischen Gemeinschaften) wurde der erste Schritt der *Integration* der drei Gemeinschaften getan. Die wirtschaftliche Integration wurde weiter vorangetrieben: 1968 der Gemeinsame Markt mit einem einheitlichen Außenzolltarif verwirklicht. 1972 wurde ein Europäischer Wechselkursverbund geschaffen, der 1978/79 durch das Europäische Währungssystem (↑ EWS) abgelöst wurde. – Seit den 80er Jahren wurden Reform und Fortentwicklung zu einer politischen Union diskutiert. Schließlich trat 1987 die sog. *Einheitliche Europäische Akte* (EEA) in Kraft, die eine vertragliche Grundlage der Europäischen Politischen Zusammenarbeit (EPZ) bildete und die Möglichkeit für eine europäische Zusammenarbeit in der Außenpolitik schuf. Außerdem wurde damit vor allem die Voraussetzung für die Realisierung des Europäschen Binnenmarktes geschaffen. – Am 7.2.1992 wurde in Maastricht von allen Mitgliedstaaten der Vertrag über die Europäische Union (sog. *Maastrichter Vertrag*) unterzeichnet, der Grundlage für die Vollendung einer Europäischen Wirtschafts- und Währungsunion (↑ EWWU) bis 1999 (der Binnenmarkt wurde am 1.1.1993 realisiert) sowie für die weitere politische Integration. – Oktober 1997 wurde der sog. *Vertrag von Amsterdam* von allen Mitgliedsländern unterzeichnet, der den sog. Maastrichter Vertrag revidiert. U.a. wurde damit die rechtliche Grundlage einer koordinierten Strategie gegen Arbeitslosigkeit geschaffen. Die EU-Organe erhalten im Bereich Sozial- und Beschäftigungspolitik zusätzliche Kompetenzen; die Zuständigkeit verbleibt jedoch in den einzelnen Mitgliedstaaten. Nach dem Prinzip der flexiblen Integration dürfen sich zukünftig einzelne Mitgliedstaaten enger zusammenschließen und in der Integration schneller voranschreiten (die anderen Mitgliedstaaten haben jedoch ein Vetorecht „aus nationalem Interesse“).

3. *Mitglieder*: a) *Gründungsmitglieder*: Belgien, Niederlande, Luxemburg, Deutschland, Frankreich und Italien. – *Weitere beigetretene Staaten* (in Klammern Beitrittsjahr): Dänemark (1973), Griechenland (1981), Spanien (1986), Irland (1973), Österreich (1995), Portugal (1986), Finnland (1995), Schweden (1995) sowie Großbritannien (1973). – c) *Assoziierte Staaten*: Bulgarien, Estland, Israel. Litauen, Lettland, Malta, Marokko, Palästinensiche Autonomiebehörde, Polen, Rumänien, Slowakei, Slowenien, Tschechische Republik, Türkei, Tunesien, Ungarn, Zypern. – d) *Beitrittsgesuche*: Bulgarien, Estland, Lettland, Litauen, Malta (ruht seit 1996), Polen, Rumänien, Schweiz (Gesuch ruht), Slowakei, Tschechische Republik, Türkei, Ungarn, Zypern.
4. *Organe*: a) *Europäisches Parlament*: Seit Inkrafttreten der Römischen Verträge 1958 eines der Organe der EU. Die Abgeordneten werden seit 1979 direkt gewählt, Die Zahl der Abgeordneten beträgt seit der EU-Erweiterung 1995 626 (aus Deutschland 99). Hauptaufgaben: Mitspracherecht in Haushaltsfragen und die Kontrolle der Kommission, die durch Mißtrauensantrag zum Rücktritt gezwungen werden kann. Im EU-Vertrag ist eine Erweiterung der Kontrollbefugnisse beschlossen worden.
b) *Europäischer Rat*: Er besteht aus den jeweiligen Ministerpräsidenten bzw. Staats- und Regierungschefs sowie dem Präsidenten der EU-Kommission. Der Rat trifft sich ungefähr zweimal im Jahr, um über übergreifende politische Probleme zu sprechen. Der Europäische Rat ist gegenüber dem EU-Ministerrat weisungsberechtigt und damit faktisch das höchste Organ der EU und die Spitze der Europäischen Politischen Zusammenarbeit.
c) *EU-Ministerrat*: Zusammenkunft der jeweiligen Fachminister zur Erörterung allgemeiner Fragen oder zum Erlaß rechtswirksamer Verordnungen, Richtlinien und Entscheidungen innerhalb ihres Kompetenzbereiches. Er ist die eigentliche Legislative der EU.
d) *Europäische Kommission (EU-Kommission):* Die Kommission besteht aus 20 Mitgliedern (aus Deutschland 2). Sie ist das überstaatliche Ausführungsorgan der EU. Sie erstellt den Entwurf des EU-Haushalts und führt ihn aus. Die Kommission kann auch selbst Verordnungen erlassen und verfügt über Rechtsprechungsbefugnisse.
e) *Europäischer Gerichtshof:* Er sichert die Wahrung des Rechts bei der Auslegung und Anwendung von Verträgen. Die Entscheidungen sind in der gesamten EU zu respektieren.
f) *Europäischer Rechnungshof*: Er prüft die Rechnung, Rechtmäßigkeit und Ordnungsmäßigkeit der Einnahmen und Ausgaben jeder EU-Einrichtung und überzeugt sich von der Wirtschaftlichkeit der Haushaltsführung. Er kontrolliert auch nationale und regionale Stellen, die EU-Gelder verwalten, sowie Empfänger von EU-Beihilfen.
5. *Einrichtungen*: Ausschuß der Regionen der EU, Wirtschafts- und Sozialausschuß der EG, Beratender Ausschuß der EGKS, ↑ Europäische Investitionsbank (EIB) und ↑ Europäisches Währungsinstitut (EWI).

EU-Kommission

↑ EU 4d).

EU-Ministerrat

↑ EU 4c).

EURATOM

(Abk. für Europäische Atomgemeinschaft; EAG); zum 1.1.1958 durch die sog. Römischen Verträge (Vertrag über die EAG, unterzeichnet am 25.3.1957 in Rom) zeitgleich mit der Europäischen Wirtschaftsgemeinschaft (↑ EWG) gegründet zur Kontrolle und Koordination der friedlichen Nutzung der Kernenergie und -forschung. Heute eine der drei Europäischen Gemeinschaften (↑ EG i.w.S.), die zusammen mit der Europäischen Gemeinschaft i.e.S. (früher

EWG) und der Europäischen Gemeinschaft für Kohle und Stahl die sog. 1. Säule der Europäischen Union (↑ EU) bildet.

Euro
Offizieller Name für die künftige europäische Einheitswährung, die bis zur Vollendung der ↑ EWWU im Gebiet der Teilnehmerländer eingeführt werden soll. Nach dem bisherigen Stufenplan werden am 1.1.1999 die Umrechnungskurse der qualifizierten Länder (↑ Konvergenzkriterien) untereinander und zum Euro festgelegt; ECU zu Euro im Verhältnis 1:1. Am 1.1.2002 sollen Banknoten und Münzen ausgegeben werden. Längstens bis zum 30.6.2002 behalten die nationalen Banknoten und Münzen ihre Gültigkeit.

Eurocheque
Scheck, der in großen Teilen Europas als verbindliches Zahlungsmittel anerkannt wird. Gegen Vorlage der Eurocheque-Karte (EC-Karte; ↑ Scheckkarte) können Beträge bis 400DM in der jeweiligen Landeswährung eingelöst werden. Die bezogene Bank haftet in der festgelegten Höhe für die Einlösung. Scheckkarte und Scheckvordruck sollten getrennt voneinander aufbewahrt werden.

Eurodollarmarkt
↑ Euromarkt.

Eurogeldmarkt
↑ Euromarkt.

Eurokapitalmarkt
↑ Euromarkt.

Euromarkt
Auch: *Eurodollarmarkt*; internationaler Finanzmarkt, auf dem Geschäfte in Währungen abgeschlossen werden, die nicht Landeswährung eines der beteiligten Geschäftspartner ist. Gehandelt werden frei konvertierbare Währungen wie z.B. US-Dollar, Deutsche Mark und Schweizer Franken.
1. *Eurogeldmarkt*: Markt für Bankguthaben.
2. *Eurokapitalmarkt*: Markt für Anleihen (auch als *Eurobondmarkt* bezeichnet).

Europäische Atomgemeinschaft
↑ EURATOM.

EU-Säulen

Europäische Gemeinschaft (EG)	Gemeinsame Außen- und Sicherheitspolitik (GASP)	Innen- und Justizpolitik
– Zollunion und Binnenmarkt – Agrarpolitik – Strukturpolitik – Handelspolitik – Wirtschafts- und Währungsunion – Unionsbürgerschaft – Bildung und Kultur – Transeuropäische Netze – Verbraucherschutz – Gesundheitswesen – Forschung und Umwelt – Sozialpolitik	Außenpolitik: – Kooperation, gemeinsame Standpunkte und Aktionen – Friedenserhaltung – Menschenrechte – Hilfe für Drittstaaten Sicherheitspolitik: – Gestützt auf die Westeuropäische Union (WEU): Fragen, die die Sicherheit der Europäischen Union betreffen	– Asylpolitik – Außengrenzen der EU – Kampf gegen Drogenabhängigkeit – Bekämpfung des organisierten Verbrechens – Einwanderungspolitik – Justizielle Zusammenarbeit in Zivil- und Strafsachen – Polizeiliche Zusammenarbeit
EGKS + EAG		

Europäische Freihandelsassoziation
↑ EFTA.

Europäische Gemeinschaft
↑ EG 2.

Europäische Gemeinschaften
↑ EG 1.

Europäische Gemeinschaft für Kohle und Stahl
↑ EGKS.

Europäische Investitionsbank (EIB)
Selbständige öffentlich-rechtliche Finanzierungsinstitution der ↑ EU, gegründet 1958. Ihre Hauptaufgaben sind die Förderung einer ausgewogenen Entwicklung der EU durch die Finanzierung von Investitionen, insbesondere zur Entwicklung der schwächeren Gebiete der EU. Seit 1993 vergibt die EIB auch Darlehen im Rahmen der Kooperations- und Entwicklungspolitik an Drittstaaten.

Europäische Kommission
↑ EU 4d).

Europäischer Binnenmarkt
Nach dem EG-Vertrag ein „Raum ohne Binnengrenzen, in dem der freie Verkehr von Waren, Personen, Dienstleistungen und Kapital", die sog. Vier Grundfreiheiten, gewährleistet ist.

Europäischer Gerichtshof
↑ EU 4e).

Europäischer Rat
↑ EU 4b).

Europäischer Rechnungshof
↑ EU 4f).

Europäischer Wirtschaftsraum
↑ EWR.

Europäisches Parlament
↑ EU 4a).

Europäisches Währungsinstitut (EWI)
Einrichtung der ↑ EU mit Sitz in Frankfurt a.M., gegründet 1994. Das EWI hat insbesondere die Aufgabe der Stärkung der Zusammenarbeit zwischen den nationalen Zentralbanken, Koordination der nationalen Geldpolitiken, Überwachung des ↑ EWS sowie die technische Vorbereitung der dritten Stufe der Europäischen Wirtschafts- und Währungsunion (↑ EWWU).

Europäisches Währungssystem
↑ EWS.

Europäische Union
↑ EU.

Europäische Wirtschaftliche Interessenvereinigung (EWIV)
Seit 1.7.1989 mögliche (supranationale) Gesellschaftsform mit einer der ↑ Offenen Handelsgesellschaft (OHG) ähnlichen Grundstruktur. Kleinere und mittlere Unternehmen (mit mehr als 500 Arbeitnehmern) aus EU-Mitgliedstaaten bietet die EWIV die Möglichkeit, grenzüberschreitende Kooperationen zu betreiben. Die Vereinigung selbst hat nicht den Zweck der Gewinnerzielung, sondern soll die unternehmerischen Ergebnisse der rechtlich selbständig bleibenden Mitglieder verbessern. Die EWIV ist eine ↑ juristische Person. In der Praxis hat die EWIV bisher keine größere Bedeutung erlangt.

Europäische Wirtschaftsgemeinschaft
↑ EWG.

Europäische Wirtschafts- und Währungsunion
↑ EWWU.

e.V.
Abk. für eingetragener Verein (↑ Verein 1).

EWG
(Abk. für Europäische Wirtschaftsgemeinschaft); zum 1.1.1958 durch die sog. Römischen Verträge (Vertrag über die EWG, unterzeichnet am 25.3.1957 in Rom) zeitgleich mit der Europäischen Atomgemeinschaft (↑ EURATOM) gegründet zur Schaffung eines gemeinsamen Agrar- und Industriemarktes mit dem Ziel der Verschmelzung der nationalen Volkswirtschaften bei freiem Verkehr von Waren, Personen, Dienstleistungen und Kapital. Wurde durch EG-Vertrag in Europäische Gemeinschaft (↑ EG i.e.S.) umbenannt.

EWIV
Abk. für ↑ Europäische Wirtschaftliche Interessenvereinigung.

EWR
(Abk. für Europäischer Wirtschaftsraum); Freihandelszone zwischen ↑ EU und ↑ EFTA. Das EWR-Abkommen trat am 1.1.1994 in Kraft. Mitglieder sind die EU-Staaten sowie die drei EFTA-Staaten Island, Liechtenstein und Norwegen. Die Schweiz hat sich 1992 durch Volksabstimmung gegen die Teilnahme am EWR entschieden. Grundsätzlich übernehmen die EFTA-Staaten die für den Europäischen Binnenmarkt geltenden Regeln für Waren-, Personen-, Dienstleistungs- und Kapitalverkehr sowie Grundzüge des EU-Wettbewerbsrechts; einige Ausnahmeregelungen bestehen (z.B. in der Agrarpolitik).

EWS
(Abk. für Europäisches Währungssystem)
1. Währungspolitischer Zusammenschluß der Notenbanken aller EU-Mitgliedstaaten; Nachfolgeeinrichtung des früheren Europäischen Wechselkursverbundes; seit 1979 in Kraft. Ziele des EWS sind die Stabilisierung der Wechselkurse zwischen den Währungen der damaligen EG-Länder, Festigung der internationalen Währungsbeziehungen und Schaffung einer stabilen Währungszone zur Vorbereitung des Übergangs zur einheitlichen Euro-Währung (↑ Euro) in der dritten Stufe der ↑ EWWU. – Von der Konstruktion her ist das EWS ein System fester Wechselkurse. Die teilnehmenden Zentralbanken sind verpflichtet, ihre bilateralen Kurse durch Intervention auf den Devisenmärkten in einer relativen festgelegten Bandbreite zu halten. Von den 15 Mitgliedstaaten nehmen zur Zeit nur 10 am Interventionssystem teil: Belgien, Dänemark, Deutschland, Frankreich, Irland, Luxemburg, Niederlande, Österreich, Portugal und Spanien.
2. Bezeichnung für das geplante Nachfolgesystem des EWS (i.S. von 1.), das mit Beginn der EWWU in Kraft treten soll (frühestens 1999). Es soll die nicht am Euro-Währungsgebiet teilnehmenden Länder nach bisherigen Muster durch amtliche Leitkurse und relativ kleine Schwankungsbreiten der Wechselkurse an den Euro binden.

EWWU
(Abk. für Europäische Wirtschafts- und Währungsunion). Die Wirtschaftsunion ist größtenteils durch die Realisierung des ↑ Europäischen Binnenmarktes fortgeschritten. Gemäß dem Delors-Plan soll die Realisierung der Währungsunion in drei Etappen verlaufen. Ab 1.7.1990 sollten eine engere Koordinierung der Wirtschaftspolitik und die Liberalisierung des Kapitalverkehrs vorangetrieben werden. Seit 1994 übernimmt das ↑ Europäische Währungsinstitut mit Sitz in Frankfurt die Aufgabe, den Übergang in die Währungsunion konkret vorzubereiten, indem sie die Voraussetzungen für die Einführung einer einheitlichen Währung (↑ Euro) und einheitlicher geldpolitischer Instrumente schafft. Spätestens 1999 soll die Wirtschafts- und Währungsunion in Kraft treten. Welche Länder teilnehmen werden, wird anhand der Erfüllung der sog. ↑ Konvergenzkriterien bestimmt. Sie beinhalten Vorgaben über die Höhe des zulässigen Inflations-, Zinsniveaus,

über die Staatsverschuldung und die störungsfreie Teilnahme am EWS. Aus dem ↑ EWI wird dann eine Europäische Zentralbank gegründet, die politisch unabhängig dem Ziel der Preisniveaustabilisierung verpflichtet ist. Neben der einheitlichen Geldpolitik wird dann eine einheitliche Währung existieren, wobei die nationalen Wirtschaftspolitiken autonom bleiben und keiner EU-Zentrale unterstellt werden.

Exklusivvertrieb
↑ Alleinvertrieb.

Expansion
↑ Konjunkturphasen.

Experiment
Planmäßige Erhebung empirischer Sachverhalte zur Prüfung von Hypothesen. Eine (oder mehrere) unabhängige Variable, deren Einfluß auf eine andere (oder mehrere) abhängige Variable Gegenstand der Hypothese ist, wird planmäßig variiert, wobei alle übrigen Variablen konstant gehalten werden.

Expertensystem
Element der ↑ künstlichen Intelligenz. Aus Hardware und Software bestehendes System zur Unterstützung eines Fachmannes bei der Suche nach Problemlösungen in speziellen Anwendungen.

Export
↑ Ausfuhr.

Exportquote
Prozentualer Wert der Warenexporte im Vergleich zum Bruttosozialprodukt zu Marktpreisen in einer Periode. Auch: die zum Export freigegebenen Kontingente von Warenmengen oder Warenwert.

Externer Speicher
Nicht zur ↑ Zentraleinheit eines Computers gehörender Speicher für Daten oder Programme, z.B. Magnetband, Festplatte, Diskette, CD-ROM. – *Gegensatz:* Zentralspeicher.

F

Fabrik

Historischer Begriff für eine Betriebsform der Industrie, gekennzeichnet durch eine stark mechanisierte Produktion.

Fachgeschäft

Einzelhandelsgeschäft, das sich durch ein besonders sortiertes Angebot unter einer fachlich geschulten Leitung auszeichnet. Bei ungerechtfertiger Führung der Bezeichnung F. liegt ein Verstoß gegen das UWG (Gesetz gegen den unlauteren Wettbewerb) vor.

Fachoberschule

I.d.R. zweijährige Schulform, die zur Fachhochschulreife führt. Unterricht wird in Fachtheorie, Fachpraxis und allg. Fächern erteilt. Aufnahmevoraussetzung ist der Realschul- oder ein gleichwertiger Abschluß. ↑ Bildungswesen.

Fachschule

Schulform, bei deren Aufnahme eine Berufsausbildung vorausgesetzt wird. F. führen zu vertiefter beruflicher Fachbildung (z.B. Techniker-, Meisterschulen). Dauer in Vollzeitform zwischen 6 Monaten und 3 Jahren. ↑ Bildungswesen.

Factoring

Ein Finanzierungsgeschäft, bei dem ein Finanzierungsunternehmen (der Factor) die Forderungen, die bei seinem Vertragspartner aus dem Verkauf von Waren angefallen sind, ankauft und das Ausfallrisiko übernimmt. Die Forderung erscheint also nicht mehr in der Bilanz des Factornehmers. Er bekommt sofort Geld und kann somit seinen Kunden Zahlungsziele einräumen, ohne selbst in Liquiditätsengpässe zu geraten. – *Formen*: In der *offenen Form* wird der Kunde informiert, daß die Forderung verkauft ist. – In *stiller Form* erfährt der Kunde nichts von der Forderungsabtretung, und er bezahlt mit befreiender Wirkung die Rechnung an den Lieferanten, der dann die Zahlung sofort an den Factor weiterleitet.

Fahrlässigkeit

Außerachtlassen der erforderlichen Sorgfalt. Form des Verschuldens, die im Gegensatz zum ↑ Vorsatz steht. Fahrlässig handelt sowohl, wer den rechtswidrigen Erfolg zwar voraussieht, aber hofft, er werde schon nicht eintreten (bewußte F.) als auch derjenige, der den Erfolg nicht voraussieht, ihn aber bei Anwendung der verkehrsüblichen Sorgfalt hätte voraussehen müssen (unbewußte F.). Eine Haftung lediglich bei *grober F.* tritt nur in den gesetzlich ausdrücklich bestimmten Fällen ein.

Faktoreinsatz

Menge oder Wert der zur Herstellung benötigten Produktionsfaktoren Arbeit, Kapital, Boden (Natur). Bei technisch-organisatorischem Fortschritt ändern sich die Faktoreinsatzverhältnisse („Faktorproportionen“).

FAQ

(Abk. für frequently asked questions; engl. = häufig gestellte Fragen). FAQs sind Zusammenstellungen häufig gestellter Fragen einzelner Anwender zu einem bestimmten Thema mit den entsprechenden Antworten. Beispielsweise findet man FAQs in ↑ Newsgroups und auf vielen FTP-Servern (↑ FTP).

Faustpfand
Im unmittelbaren Besitz des Gläubigers befindliche bewegliche Sache, die zur Pfandbestellung geeignet ist. *Beispiel:* Der Gerichtsvollzieher nimmt im Rahmen seiner Amtshandlung einen Diamantring an sich.

Fenstertechnik
Auch *Window-Technik*; Technik der Gestaltung der Bildschirmfläche. Die Bildschirmfläche wird in mehrere Bereiche (Fenster, Window) aufgeteilt. Diese Fenster können gleichzeitig unabhängig voneinander dargestellt werden. In einem Fenster kann man dann wie sonst auf dem ganzen Bildschirm arbeiten.

Fernstudium
Ein raum- und zeitüberbrückendes, aus der Ferne gesteuertes, überregionales Studium. Die Kommunikation der Lehrinhalte erfolgt mittels technischer (speichernder) Medien. Kontrollfunktionen (Verständniskontrolle und Leistungsbestätigung) können direkt (durch zentrale und dezentrale Tutoriale oder Seminare) wie auch indirekt (über technische Medien) vorgenommen werden.

Fernunterricht
Vermittlung von Kenntnissen oder Fertigkeiten, z.B. ↑ berufliche Fortbildung, bei der Lernender und Lehrender getrennt sind und der Lernerfolg überwacht wird. Teilnehmerschutz durch Fernunterrichtsschutzgesetz (FernUSG).

Fertigerzeugnis
Verkaufsfähiges Endprodukt des Produktionsprozesses einer Unternehmung. Der Bestand an F. wird jeweils am Anfang und am Ende eines Geschäftsjahres festgestellt (↑ Inventur, ↑ Vorrat).

Fertigung
↑ Produktion.

Fertigungskontrolle
↑ Produktionskontrolle.

Fertigungskosten
↑ Produktionskosten.

Fertigungslöhne
Auch: *Einzellöhne, Einzellohnkosten*; Teil der ↑ Produktionskosten. Diejenigen Löhne und evtl. Gehälter, die dem Produkt direkt zurechenbar sind.

Fertigungsplanung
↑ Produktionsplanung.

Fertigungsprogramm
↑ Produktionsprogramm.

Fertigungsprozeßplanung
↑ Produktionsplanung.

Fertigungssteuerung
↑ Produktionssteuerung.

Fertigungsverfahren
↑ Produktionsverfahren.

fester Wechselkurs
Vom Staat bzw. der Zentralnotenbank auf einem bestimmten Niveau (sog. Leitkurs) fixierter oder nur innerhalb bestimmter Bandbreiten flexibler Preis ausländischer Währung. Weicht der Wechselkurs von diesen erwünschten Werten ab, z.B. weil die Nachfrage nach ausländischer Währung stark gestiegen ist, so muß die Notenbank intervenieren (vgl. ↑ Intervention). – Wechselkursschwankungen sind unerwünscht, weil sie den internationalen Handel wegen unsicherer Kalkulationsgrundlagen erschweren. ↑ EWS, Europäisches Währungssystem. – *Gegensatz:* ↑ flexibler Wechselkurs.

Festgelder
↑ Termineinlagen.

Festwertbewertung
Bewertungsverfahren (↑ Bewertung) von Bilanzpositionen mit gleichbleibenden Mengen und Werten. Voraussetzung ist, daß sich die Größe, Zusammensetzung und der Wert der Bi-

lanzposition von einem zum anderen Geschäftsjahr nicht wesentlich verändern.

FIBU-Programm

Speziell für die Finanzbuchhaltung erstellte Computerprogramme, die folgende Vorteile gegenüber der herkömmlichen Buchführung ohne EDV bieten: hohe Verarbeitungsgeschwindigkeit und fast unbegrenzte Speicherkapazität der buchhalterischen Daten, Arbeitserleichterungen durch programminterne Automatikteile, jederzeit abrufbarer Stand von Personen- und Sachkonten, kurzfristige Abschlüsse mit minimalem Aufwand.

Fifo-Methode

(Abk. für *F*irst *i*n *f*irst *o*ut); Verfahren zur Bewertung gleichartiger Gegenstände im Vorratsvermögen. In Anbetracht unterschiedlicher Einkaufzeiten mit häufig verschiedenen Preisen unterstellt man bei der Fifo-M., daß die zuerst angeschafften Güter auch zuerst verbraucht werden. Der festgestellte Lagerbestand wird deshalb mit den zuletzt gezahlten Preisen bewertet. Bei sinkenden Preisen ermöglicht dies eine Legung von stillen ↑ Rücklagen im Vorratsvermögen. Steuerlich ist die Methode in Deutschland nicht anwendbar, außer wenn die Gegenstände wirklich in Fifo-Reihenfolge verbraucht werden (z.B. Lebensmittel). ↑ Lifo-Methode, ↑ Hifo-Methode.

file

↑ Datei.

Filialprokura

Auf eine oder mehrere Filialen beschränkte ↑ Prokura, die im Handelsregister als F. kenntlich gemacht werden muß. Die Filialen müssen außerdem durch einen Zusatz als Zweigniederlassung erkenntlich sein.

Finanzamt

↑ Finanzverwaltung 2.

Finanzausgleich

Regelung von der Verteilung öffentlicher Aufgaben, Ausgaben (passiver F.) und Einnahmen (aktiver F.); auch Zahlungen von einer Gebietskörperschaft an eine andere, um innerhalb eines föderativen Staates das Verfassungsziel einheitlicher Lebensbedingungen im Raum und die bestmögliche Erfüllung öffentlicher Aufgaben zu erreichen. – *Arten: Vertikaler* F. (zwischen den Ebenen, z.B. Bund, Land, Gemeinde) und *horizontaler* F. (innerhalb einer Ebene, z.B. Länder untereinander).

Finanzbuchhaltung

Geschäftsbuchhaltung, in der außerbetriebliche geldliche Beziehungen zu Kunden und Lieferanten, zu Schuldnern und Gläubigern festgehalten werden. Zusammen mit der Betriebsbuchhaltung bildet die F. das betriebliche Rechnungswesen. Am Jahresende stellt die F. das Zahlenmaterial für die Aufstellung der Bilanz und der Gewinn- und Verlustrechnung. – Die F. wird auch als *„pagatorische Buchhaltung"* bezeichnet (pagatorisch von lat.: pacare = befriedigen, später abgewandelt in pagare = zahlen); unter „bezahlen" wird in diesem Zusammenhang auch jegliche Belastung und Gutschrift verstanden.

Finanzdienstleistungen

Begriff des § 1 Abs. 1b Kreditwesengesetz. F. sind: a) Anlagevermittlung von ↑ Finanzinstrumenten; b) die in offener Stellvertretung erfolgende Abschlußvermittlung von Finanzinstrumenten; c) die Verwaltung eines Finanzportfolio; d) der Eigenhandel mit Finanzinstrumenten, sofern er als Dienstleistung für andere zu begreifen ist; e) die Drittstaateneinlagenvermittlung; f) das Finanztransfergeschäft; g) das klassische Sortengeschäft.

Finanzdienstleistungsinstitut

Nach § 1 Abs. 1b KWG ist ein F. ein Unternehmen, das kein ↑ Kreditinstitut ist und ↑ Finanzdienstleistungen für andere gewerblich oder in einem Umfang erbringt, der einen in kaufmännischer Weise eingerichteten Geschäftsbetrieb erfordert.

Finanzgerichtsbarkeit
Ist eine besondere Form der ↑ Verwaltungsgerichtsbarkeit, die sich mit öffentlich-rechtlichen Streitigkeiten im Bereich der Abgaben und in anderen in der Finanzgerichtsordnung geregelten Fällen beschäftigt sowie mit Berufsrechtsstreitigkeiten der Steuerberater. Im Länderbereich werden anhängige Verfahren vor den Finanzgerichten, in der höheren Instanz vor dem Bundesgerichtshof durchgeführt.

Finanzhoheit
Befugnis zur selbständigen Regelung der öffentlichen Finanzen. Träger der F. ist der Staat, der z.B. die Höhe der Steuern festlegt.

Finanzierung
Maßnahmen zur Beschaffung von Geldmitteln, um unternehmerische Vorhaben realisieren zu können. ↑ Innenfinanzierung, ↑ Außenfinanzierung, ↑ Eigenfinanzierung, ↑ Fremdfinanzierung, ↑ Beteiligungsfinanzierung, ↑ Selbstfinanzierung. Vgl. Übersicht.

Finanzinnovationen
↑ Derivative Finanzinstrumente.

Finanzinstrumente
Zu den F. zählt der § 1 Abs. 11 Kreditwesengesetz neben den handelbaren ↑ Wertpapieren auch Geldmarktinstrumente, Devisen oder Rechnungseinheiten sowie Derivate (↑ derivative Finanzinstrumente).

Finanzkommissionsgeschäft
↑ Bankgeschäft i.S. des Kreditwesengesetzes, das die Anschaffung und die Veräußerung von ↑ Finanzinstrumenten für andere umfaßt.

Finanzplanung
Aufstellung aller zu erwartenden Einnahmen und Ausgaben innerhalb einer Unternehmung für einen künftigen Zeitraum. In dem langfristigen Einnahmen- und Ausgabenplan wird der zukünftige ↑ Kapitalbedarf errechnet. Die Planung basiert auf nach Erfahrung ermittelten Schätzwerten, da sowohl im Bereich der zu erwartenden Erträge das Käuferverhalten nicht genau planbar ist, als auch im Ausgabenplan die Preisentwicklung, v.a. im Rohstoffsektor und Lohnbereich, nur nach derzeitigen Überlegungen geschätzt werden kann. Trotzdem ist die F. Grundlage für Investitionsentscheidungen (↑ Investitionsrechnung).

Finanzpolitik
Teil der ↑ Wirtschaftspolitik, die das Augenmerk speziell auf das öffentliche Budget richtet. Je nach Ausgestaltung der verschiedenen staatlichen Einnahmen- und Ausgabearten werden verschiedene Rahmenbedingungen für Geldwertstabilität, Wachstum und Vollbeschäftigung (↑ magisches Viereck) geschaffen. Die F. beeinflußt dabei nicht nur die Höhe, sondern auch die Struktur des ↑ Bruttosozialprodukts. – *Instrumente der F.*:
1. *Einnahmepolitik*: Erhöhung oder Senkung der Steuersätze, Einführung neuer Steuern (z.B. Zinsbesteuerung; vgl. ↑ Steuerpolitik, einhergehend mit einer Veränderung der staatlichen Abgabenquote); staatliche Kreditaufnahme (Schuldenpolitik; Problem: Staatsverschuldung, s.a. ↑ Deficit spending).
2. *Ausgabenpolitik*: Einsparungen und Umschichtungen bei Finanzierung von Konjunktur- und Beschäftigungsprogrammen; Subventionierung; Transferzahlungen. Problematische Ausweitung der Ausgaben durch steigende Staatsquote.

Finanzunternehmen
Unternehmen, das weder ↑ Kreditinstitut noch ↑ Finanzdienstleistungsinstitut ist, da es keine ↑ Bankgeschäfte oder ↑ Finanzdienstleistungen anbietet. Gem. § 1 Abs. 3 S. 1 Kreditwesenge-

Finanzierung – Arten

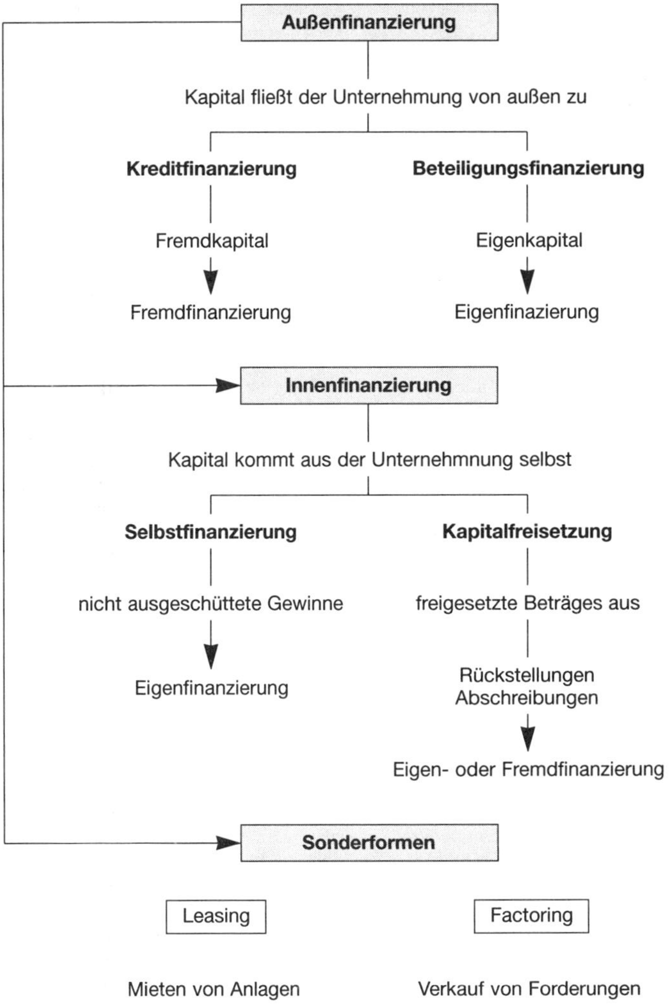

setz ist es ein Unternehmen, das eines oder mehrere der folgenden Hauptgeschäfte betreibt: a) Erwerb von ↑ Beteiligungen; b) Factoringgeschäft (↑ Factoring); c) Leasinggeschäft (↑ Leasing); d) Ausgabe und die Verwaltung von Kreditkarten oder Reiseschecks; e) reiner Eigenhandel, der nicht im Auftrag für einen Kunden erfolgt; f) Anlageberatung; g) Unternehmensberatungs- und Mergers-&-Acquisition-Geschäft; h) Geldmaklergeschäft. F. unterliegen nicht wie die Institute dem gesamten Regulierungsumfang des Kreditwesengesetzes.

Finanzverwaltung

Gesamtheit aller Behörden, die sich mit der Festsetzung, Erhebung und Ausgabe von öffentlichen Geldern beschäftigt. Nach Grundgesetz und Finanzverwaltungsgesetz Aufgabenteilung zwischen Bund und Ländern.

1. Die *Bundesfinanzbehörden* verwalten Zölle, Finanzmonopole, die bundesgesetzlich geregelten Verbrauchsteuern (einschl. Einfuhrumsatzsteuer) und die im Rahmen der EU erhobenen Abgaben. Der Bundesminister der Finanzen ist oberste Behörde. Die Bundesschuldenverwaltung, Bundesmonopolverwaltung für Branntwein, das Bundesamt für Finanzen, Zollkriminalamt, Bundesamt zur Regelung offener Vermögensfragen und die Bundesbaudirektionen sind die Oberbehörden, die Oberfinanzdirektionen die Mittelbehörden sowie die Haupt-, Zollfahndungs-, Bundesvermögens- und Bundesforstämter die unteren Behörden.

2. Die übrigen Steuern werden durch die *Landesfinanzämter* verwaltet; oberste Behörde ist das Landesfinanzministerium, Mittelbehörde die Oberfinanzdirektion, örtliche Behörden sind die Finanzämter. – Sowohl im Bundes- als auch im Landesbereich ist also die Oberfinanzdirektion die Mittelbehörde. Der Leiter der Behörde ist damit gleichzeitig Bundes- und Landesbeamter.

Finanzwechsel

Wechselzahlung (↑ Wechsel), der kein Warengeschäft zugrunde liegt, sondern die der Geldbeschaffung dient. F. sind nicht rediskontfähig, d.h., sie werden von der Bundesbank nicht angekauft.

Firma

Der Name, unter dem der Vollkaufmann seine Geschäfte betreibt, mit dem er unterschreibt, klagen und verklagt werden kann. (Entspricht nicht dem umgangssprachlichen Gebrauch des Begriffes, wonach mit F. das Unternehmen gemeint ist.) – *Arten*:

1. *Personenfirma*: Name des Inhabers. Bei Einzelkaufmann Familienname und mindestens ein ausgeschriebener Vorname. Bei OHG Name mindestens eines Gesellschafters mit einem das Gesellschaftsverhältnis andeutenden Zusatz oder Namen aller Gesellschafter (z.B. Müller OHG, Müller & Co., Müller & Schulze). Bei KG mindestens Name eines vollhaftenden Gesellschafters mit einem das Gesellschaftsverhältnis andeutenden Zusatz. Bei GmbH ist Personen-F. mit Zusatz „GmbH“ möglich.

2. *Sachfirma*: Sie ist vom Gegenstand des Unternehmens abgeleitet. Bei AG erforderlich mit dem Zusatz „Aktiengesellschaft“ und bei der Genossenschaft mit dem Zusatz „eG“. Bei GmbH möglich mit dem Zusatz „GmbH“ (z.B. Südfrüchte-Importgesellschaft mbH).

3. *Gemischte Firma*: Mischung von Personen- und Sachfirma, z.B. Vereinigte Stahlwerke Fritz Müller AG.

Firmenausschließlichkeit

Jede Firma muß sich, um Verwechslungen auszuschließen, klar von anderen am selben Ort bereits bestehenden abgrenzen, evtl. sind Zusätze angebracht, z.B. Emil Meyer, Töpferei.

Firmenbeständigkeit

Weiterbestehen der Firma, auch wenn sich an den inneren Verhältnissen etwas ändern sollte, z.B. Verkauf des Unternehmens, Heirat der Inhaberin und dadurch Namensänderung. *Grundsatz:* Firmenbeständigkeit geht vor Firmenwahrheit.

Firmenfortführung

Fortführung der Firma beim Übergang auf andere Personen.

1. F. durch die *Erben*. Eine besondere Bewilligung ist nicht notwendig. Die Erben übernehmen alle Vermögens- und Schuldenteile. Eingeschränkt werden kann die Haftung nur:

a) Wenn die Erben die Erbschaft ausschlagen.
b) Wenn sie laut öffentlicher Bekanntgabe nur mit dem Nachlaß haften wollen.
c) Durch Einstellung des Geschäftsbetriebes innerhalb von 3 Monaten nach Kenntnis der Erbschaft.
2. F. bei *Veräußerung* des Unternehmens.
3. F. bei *Verpachtung* des Unternehmens.
4. Beim *Ausscheiden eines Gesellschafters*, dessen Name im Firmenname enthalten ist, ist dessen Zustimmung zur F. notwendig. Tritt ein Vollhafter in eine bestehende OHG oder KG ein, ist eine F. möglich.

Firmenkern
Wesentlicher Teil der ↑ Firma, den diese notwendig enthalten muß (z.B. Vor- und Zuname des Einzelkaufmanns) im Gegensatz zum ↑ Firmenzusatz.

Firmenwahrheit
Grundsatz, daß jede Firma ihren Inhaber und die rechtliche Natur des Unternehmens erkennen lassen muß. Gilt zumindest bei Gründung eines Unternehmens; bei späterer Veräußerung wird vom Grundsatz der F. zugunsten des Grundsatzes von der ↑ Firmenbeständigkeit abgewichen, doch müssen auch dann täuschende oder irreführende Zusätze zum ↑ Firmenkern unterbleiben.

Firmenwert
Wert eines Unternehmens, der nicht in erster Linie nach der Bilanz, sondern nach immateriellen Gesichtspunkten festgestellt wird. F. wird auch *Geschäftswert* oder *Goodwill* genannt. Ein Käufer, der mehr als den materiellen Wert eines Unternehmens bezahlt, berücksichtigt die in Zukunft zu erwartenden Erträge, das eingespielte Management, den Kundenstamm, die Organisation. Unternehmen, die sich die Voraussetzungen im Laufe der Jahre erarbeitet haben, dürfen diesen selbstgeschaffenen Wert nicht aktivieren (*originärer F.*). Käufer des Firmenwerts (*derivativer F.*) dürfen nach Handelsrecht den Wert aktivieren und müssen ihn dann in den folgenden 4 Jahren oder planmäßig auf die voraussichtliche Nutzungsdauer verteilt abschreiben. Nach dem Steuerrecht ist der originäre F. nicht ansatzfähig, der derivative ansatzpflichtig und über 15 Jahre abzuschreiben (Unterschied zum Handelsrecht). Der derivative F. entspricht der Differenz zwischen dem für den Unternehmenserwerb gezahlten Kaufpreis und dem Substanzwert.

Firmenzusatz
Dem Firmenkern (notweniger Teil des Namens) beigefügter Zusatz. Häufig nach dem Grundsatz der ↑ Firmenausschließlichkeit notwendiger Zusatz, um unterscheidungsfähig zu sein. Gesellschaften müssen einen das Gesellschaftsverhältnis andeutenden Zusatz führen, z.B. Meyer KG, Deutsche Stahlwerke AG, Meyer & Schulz, Tacho GmbH. Unternehmen, die sich in Auflösung befinden, benutzen den Zusatz i.L. (in Liquidation).

Fiskalpolitik
Finanzpolitische Maßnahmen des Staates (↑ Finanzpolitik) zur Stabilisierung der gesamtwirtschaftlichen Nachfrage i.S. einer keynesianischen ↑ Konjunkturpolitik. Vgl. ↑ deficit spending und Übersicht.

fixe Kosten
Von der Produktionsmenge grundsätzlich unabhängiger Teil der Gesamtkosten. – *Zu unterscheiden* sind:
1. *Absolut-fixe Kosten*, auch Kosten der Betriebsbereitschaft: Dieser Teil der Kosten fällt auch bei einem Stillstand der Produktion an.
2. *Intervall-fixe Kosten*: verändern sich nicht mit jeder (geringen) Veränderung der zugrunde liegenden Bezugsgröße (z.B. Beschäftigung), sondern nur mit großen Veränderungen (z.B. zusätzliche

Fiskalpolitik

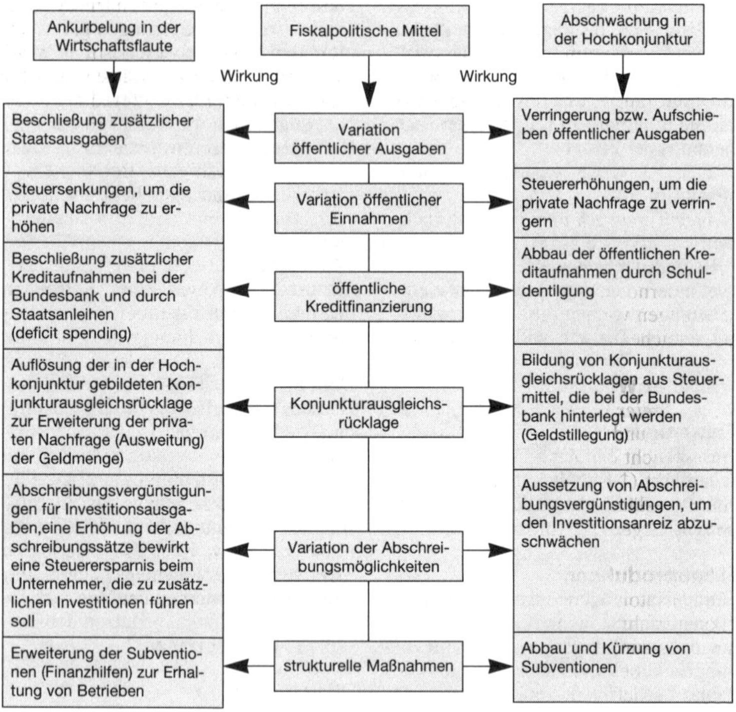

Produktionsschicht). – *Gegensatz:* ↑ variable Kosten.

fixer Wechselkurs
↑ Fester Wechselkurs.

Fixgeschäft
Ein zu einem fest bestimmten Zeitpunkt zu erfüllendes Rechtsgeschäft. Bei nicht rechtzeitiger Leistung kann der Gläubiger bei einem gegenseitigen Vertrag auch ohne Verschulden des Schuldners vom Vertrag zurücktreten, Schadensersatz wegen Nichterfüllung allerdings nur bei Verschulden verlangen.

Fixhandelskauf
Sonderform des ↑ Fixgeschäfts, das für einen oder beide Parteien ein Handelsgeschäft ist. Hier bleibt der Anspruch auf Erfüllung nur dann erhalten, wenn der Gläubiger unverzüglich auf Erfüllung besteht. Recht des Gläubigers auf Rücktritt und Schadensersatz, wenn Schuldner im Schuldnerverzug ist, wozu es keiner Mahnung bedarf.

Fixkostendegression
Verteilung der fixen Kosten bei erhöhter Ausstoßmenge auf eine größere Anzahl von Einheiten. Dadurch sinkt der Fixkostenanteil pro Stück (degressiv). *Beispiel:* fixe Kosten 10.000 DM, Produktion 1.000 Stück = 10 DM fixe Kosten pro Stück, Produktion 2.000 Stück = 5 DM fixe Kosten pro Stück.

Fixum
Ein fest zugesagter Teil des Entgelts. Üblich bei festangestellten Außendienstmitarbeitern und Handelsvertretern, um ein Existenzminimum zu gewährleisten. Als Leistungsanreiz wird darüber hinaus Umsatzprovision vereinbart.

Flexibilität
Unter F. versteht man in der Betriebswirtschaftslehre das Änderungsvermögen eines Unternehmens, d.h. unter sich verändernden Bedingungen sowie bei Störungen vorgegebene Ziele trotzdem zu erreichen bzw. neue Ziele zu setzen.

flexibler Wechselkurs
Auch: *freier Wechselkurs;* der sich aus Angebot und Nachfrage ohne Interventionspflicht der Zentralbank am Devisenmarkt (↑ Devisen) ergebende Preis einer ausländischen Währung. ↑ Floating. – *Gegensatz:* ↑ fester Wechselkurs.

Fließproduktion
Organisatorischer Begriff für Produktionsverfahren bei großen Produktionsmengen zur Verkürzung der Durchlaufzeiten. F. setzt immer die Möglichkeit eines zeitlich abgestimmten Durchlaufs des Werkstücks voraus.

Floating
(engl.: to float = fließen); das freie Einpendeln von ↑ Wechselkursen nach Angebot und Nachfrage ohne Interventionspflicht der Notenbanken. Die vormals der Währungsschlange (Vorläufer des ↑ EWS) angeschlossenen Staaten (Bundesrepublik Deutschland, Benelux-Staaten, Dänemark, Frankreich, Norwegen und Schweden) vereinbarten 1973 das *Blockfloating*, d.h., untereinander blieben die vereinbarten Umtauschverhältnisse grundsätzlich innerhalb von Bandbreiten (± 2,25 %) fixiert, gegenüber dem Dollar schwankten sie frei.

floating rate note (FRN)
Schuldverschreibung (↑ Anleihe), deren Zinssatz nicht festgelegt ist, sondern in bestimmten Zeitabständen anhand eines in den Anleihebedingungen genannten Referenzzinssatzes neu bestimmt wird. Typische Referenzzinssätze sind Fibor (Frankfurt interbank offered rate) oder Libor (London interbank offered rate), die die aktuellen Zinssätze im Interbankengeschäft erfassen. Bei FRN wird z.B. als Zinssatz festgelegt: Fibor plus 0,25 %.

Fluktuation
In der Personalwirtschaft angewandte Bezeichnung für den Personalwechsel in einer Unternehmung. F. kann teuer sein, denn während der letzten Wochen arbeitet ein Entlassener oft mit weniger Engagement, und der Neueingestellte muß meistens erst eingearbeitet werden; außerdem entstehen Kosten für die Suche nach einem neuen Mitarbeiter. Der Betrieb sollte also versuchen, die F. aus Kostengründen so gering wie möglich zu halten; F. aus Altersgründen, Krankheit und Wohnungswechsel wird allerdings immer anfallen.

Flußdiagramm
↑ Datenflußplan.

FOB
↑ Incoterms.

Fonds
↑ Investmentfonds.

Forderung
Anspruch auf eine Leistung. Im ↑ Jahresabschluß sind F. auf der Aktivseite der Bilanz auszuweisen und zu untergliedern in F. aus Lieferungen und Leistungen, F. gegenüber verbundenen Unternehmen, F. gegenüber Unternehmen, mit denen ein Beteiligungsverhältnis besteht, und in sonstige Vermögensgegenstände.

Forfaitierung
(franz.: à fortait = in Bausch und Bogen); Finanzierungsform im Exportbe-

reich. Eine Bank kauft v.a. Forderungen, auch Wechsel, von ihren Kunden auf. Bei dieser Finanzierungsform entfällt der Regreßanspruch gegenüber dem Verkäufer, also dem Bankkunden. Dafür verlangt die Bank üblicherweise, daß eine international bekannte Bank für die Zahlungsfähigkeit des Käufers garantiert. – Im Wechselgeschäft ist es üblich, daß der auf einen im *Ausland* befindlichen Kunden gezogene Wechsel von einer erstklassigen Bank mit einer Einlösungsgarantie versehen wird. Der Exporteur braucht seine Bilanz nicht mit Forderungen zu belasten, sondern er erhält sofort den Gegenwert abzüglich Forfaitierungskosten.

Formfreiheit
Die grundsätzlich bestehende Freiheit von einer besonderen Formerfordernis. In vielen Fällen stellt das Gesetz jedoch ↑ Formvorschriften auf, z.B. zur späteren Beweiserleichterung oder zur Warnung vor übereilten Vertragsabschlüssen.

Formkaufmann
Eine nach dem HGB vorgesehene Kaufmannseigenschaft für Gesellschaften, die durch ihre Gesellschaftsform im Augenblick der Eintragung ins Handels-/Genossenschaftsregister zum Vollkaufmann werden (AG, GmbH, KGaA, Genossenschaften und Versicherungsvereine a.G.).

Formvorschriften
Gesetzlich vorgeschriebene Vertragsform bei Rechtsgeschäften. Die grundsätzliche Formfreiheit im deutschen Vertragsrecht wird bei gewissen Geschäften eingeschränkt. Vgl. Übersicht.

Formzwang
Durch ↑ Formvorschriften zwingend vorgeschriebene Form bei Rechtsgeschäften. Die Nichtbeachtung führt grundsätzlich zur Nichtigkeit des Rechtsgeschäfts.

Forschung und Entwicklung (F&E)
Geplante, systematische Suche nach neuen Erkenntnissen. Als *Forschung* wird der generelle Erwerb neuer Erkenntnisse, als *Entwicklung* die konkrete Anwendung und praktische Umsetzung dieser neuen Erkenntnisse bezeichnet. Zunehmender Wettbewerb auf nationaler und internationaler Ebene sowie ein sich immer rascher vollziehender technischer Fortschritt haben dazu geführt, daß neue Produkte oder Verfahren (↑ Innovation) von Unternehmen entwickelt werden müssen, um wettbewerbsfähig zu sein.

Formvorschriften

Formen	Gestaltung	wird zwingend verlangt bei
einfache Schrifform	Die Willenserklärung wird schriftlich eigenhändig unterschrieben.	Miet- und Pachtverträge von mehr als 1 Jahr Laufzeit, Bürgschaft, Schuldanerkenntnis, Testament.
Schriftform mit öffentlicher Beglaubigung	Die eigenhändige Unterschrift unter das entsprechende Schriftstück wird vom Notar oder der zuständigen Behörde beglaubigt.	Anmeldungen und Anträge auf Eintragung in öffentliche Register (Grundbuch, Handelsregister, Vereinsregister, Güterrechtsregister).
Schriftform als öffentliche Beurkundung	Die Willenserklärung wird vom Notar in einer öffentlichen Urkunde beurkundet. Für den Inhalt ist der Notar mit verantwortlich.	Kauf und Verkauf von Grundstücken, Belastung von Grundstücken, Beschlüssen der Hauptversammlung einer Aktiengesellschaft, Eheverträgen.

FORTRAN
Verbreitete ↑ Programmiersprache für den technisch-wissenschaftlichen Bereich.

Fortschreibung
1. F. in der *Statistik*: Die laufende Ergänzung und Anpassung von Bestandsgrößen durch Zu- oder Abgänge.
2. F. in der *Lagerbuchführung*: Permanente ↑ Inventur.
3. F. im *Steuerrecht*: Die Neubewertung des Einheitswertes. Veränderte Wertvorstellungen können sich durch den gestiegenen Wert (Wertfortschreibung), durch Änderung des Gegenstandes (Artfortschreibung), durch Zurechnungsfortschreibung (z.B. Eigentumswechsel) und durch Fehler der letzten F. ergeben.

Forum
Diskussionsgruppe im Internet und in den Online-Diensten. Wird auch als *schwarzes Brett*, ↑ *Newsgroup* oder *Area* bezeichnet.

Frachtbrief
Begleitpapier einer Sendung, das über das zu transportierende Gut und den Empfänger Auskunft gibt. Der F. ist vom Versender auszufüllen, der auch für den Wahrheitsgehalt haftet. Der F. ist Grundlage des Frachtvertrags und vom Frachtführer dem Empfänger der Ware auszuhändigen.

frachtfrei
Lieferbedingung, bei der der Verkäufer die Kosten bis zum Bestimmungsort trägt.

Frachtführer
Kaufmann, der gewerbsmäßig die Beförderung von Gütern zu Lande, Flüssen oder sonstigen Binnengewässern und Luft ausführt.

Frachtvertrag
Ein zwischen Absender und Frachtführer geschlossener Werkvertrag über die Beförderung von Gütern. In ihm sind die Verpflichtungen und Berechtigungen der Vertragspartner (Auftraggeber und Frachtführer) geregelt. Der Frachtführer hat die Ware ordnungsgemäß abzuliefern, der Absender hat die Fracht zu zahlen. Über den Inhalt der Sendung ist vom Absender ein ↑ Frachtbrief auszustellen. Der Frachtführer hat bei Nichtzahlung der Fracht durch den Absender ein gesetzliches Pfandrecht an der Ware. Die Beförderungsart bleibt dem Frachtführer überlassen.

Franchise
(frz. = Abgabenfreiheit).
1. *Vertriebs-* und *Lizenzsystem*, bei dem der Gründer seinen Partnern eine Lizenz verkauft, die die Lizenznehmer verpflichtet, rechtlich selbständig fremde Artikel original zu produzieren und/oder zu vertreiben. Der Lizenzgeber stellt seine Erfahrungen und Kenntnisse in Produktion bzw. Marketing zur Verfügung, hilft beim Aufbau und unterstützt durch Werbemaßnahmen. Er hat außerdem ein Kontrollrecht, v.a. ob der Franchisenehmer nach seinen Richtlinien handelt. Der Franchisegeber hat den Vorteil, daß ihm neue Vertriebskanäle eröffnet werden.
2. Im *Versicherungsgeschäft* besagt eine Franchiseklausel, daß bestimmte (meist geringfügige) Schäden überhaupt nicht, andere voll oder mit Abzug (Selbstbeteiligung) entschädigt werden.

Frauenschutz
Besondere Arbeitsschutzbestimmungen für berufstätige Frauen (z.B. Verbot der Arbeit in Bergwerken). Seit Inkrafttreten des neuen Arbeitszeitgesetzes am 1.7.1994 Wegfall fast aller Arbeitszeitbeschränkungen (z.B. Nachtarbeit). ↑ Mutterschutz.

Freibetrag
Von der Einkommensbesteuerung freibleibender Teil des steuerpflichtigen Betrages, z.B. Grundfreibetrag, Sparerfreibetrag, ↑ Altersentlastungsbetrag,

↑ Kinderfreibetrag, Haushaltsfreibetrag, Ausbildungsfreibetrag, Heimbewohner-Freibetrag, Pflege-Pauschbetrag, F. für Geburtenbeihilfen, F. für Trinkgelder, F. für Jubiläumsgeschenke; außer beim Grundfreibetrag müssen jeweils bestimmte Voraussetzungen vorliegen. In der Lohnsteuertabelle sind der Arbeitnehmer-Pauschbetrag, der Sonderausgaben-Pauschbetrag, die Vorsorgepauschale, der Kinderfreibetrag und der Haushaltsfreibetrag bereits berücksichtigt. Entsprechende Vorschriften bei der Einkommensteuer. Auch für andere Steuerarten, z.B. Körperschaftsteuer, Gewerbeertragsteuer, Erbschaftsteuer, Vermögensteuer, sind im Steuerrecht F. vorgesehen. F. sind nicht zu verwechseln mit ↑ Freigrenzen.

freie Güter
Bezeichnung für ein Gut, das keinen Preis hat, weil es nicht knapp ist oder nicht für knapp gehalten wird. Z.B. gelten die Luft oder das Wasser in wasserreichen Gegenden als freie Güter, da sie im Überfluß vorhanden sind, was im Zuge steigender Knappheit durch Bevölkerungswachstum und Umweltbelastung aber zunehmend kritisch betrachtet wird (↑ Güter). – *Gegensatz*: ↑ Knappe Güter.

freie Marktwirtschaft
Auch: *privatwirtschaftliche Marktwirtschaft*; ↑ Wirtschaftsordnung mit Dominanz des Privateigentums an den Produktionsmitteln und dezentraler Koordination der individuellen Wirtschaftspläne durch freien Wettbewerb auf nationalen und internationalen Güter- und Faktormärkten. Realisiert u.a. in den Staaten der EU und Nordamerikas.

freier Wechselkurs
↑ flexibler Wechselkurs.

Freigrenze
Betrag, bis zu dem von einer Besteuerung abgesehen wird. Wird die F. überschritten, so ist der gesamte Ertrag oder das gesamte Vermögen der Besteuerung zu unterwerfen. *Beispiel:* F. für sonstige gelegentliche Leistungen bei der Einkommensteuer in Höhe von 500 DM. Betragen diese Einkünfte mehr, z.B. 501 DM, so wird der ganze Betrag, nicht nur die zusätzliche 1 DM, steuerpflichtig. Zu unterscheiden vom ↑ Freibetrag.

Freihandelszone
Absprache zwischen Staaten, daß beim Handelsverkehr im zwischenstaatlichen Bereich keine Zollschranken oder andere Einfuhrbeschränkungen (z.B. Kontingentierung) auferlegt werden. Drittländer gegenüber betreibt aber jedes Land eine eigene Außenhandelspolitik. In Europa existiert als F. die ↑ EFTA.

frei Haus
Versendungsvorschrift (Frankatur), die bestimmt, daß der Versender die Kosten der Warenversendung bis zum Empfänger trägt. ↑ Incoterms. – *Gegensatz*: ↑ unfrei.

Freistellung
Notwendige Erlaubnis des Arbeitgebers zum Fernbleiben vom Ausbildungsplatz bei Teilnahme am Berufsschulunterricht, an Prüfungen oder Ausbildungsmaßnahmen außerhalb der Ausbildungsstätte (§ 7 BBiG), bei Jugendlichen zusätzlich am Tag vor der schriftlichen Abschlußprüfung (§ 10 JArbSchG).

Freistellungsauftrag
Einkünfte aus Kapitalvermögen (↑ Einkünfte) bleiben bis zu einem Betrag von 6.100 DM bei Ledigen (bei Verheirateten 12.200 DM) steuerfrei. Um bei Zinseinkünften eine Zinsabschlagsteuer (↑ Kapitalertragsteuer) zu vermeiden, kann der Steuerpflichtige dem auszahlenden Kreditinstitut einen F. bis zur Höhe dieses steuerfreien Betrages erteilen, um das Kreditinstitut von seiner Verpflichtung zur Einbehaltung der Zinsabschlagsteuer zu befreien. Der

steuerfreie Betrag kann auch über mehrere F. auf verschiedene Kreditinstitute verteilt werden, er darf jedoch nicht überschritten werden.

freiwillige Gerichtsbarkeit
Zweig der ↑ ordentlichen Gerichtsbarkeit. Regelt als ordentliches Gericht (Amtsgericht) Vormundschafts- und Erbschaftsangelegenheiten und umfaßt die Registergerichte. Beschwerdekammer ist das Landgericht, letzte Instanz das Oberlandesgericht.

freiwillige Ketten
Vertraglicher Zusammenschluß von rechtlich selbständigen Groß- oder Einzelhandelsunternehmen. Hauptziel sind die Erreichung höherer Mengenrabatte durch Auftragsbündelung sowie die Verbesserung und Straffung der Verkaufsorganisation, eine verbesserte gemeinsame Werbung, die Gestaltung eigener Marken und Verpackungen sowie als Erkennungsmerkmal häufig ein vereinheitlichter Ladenaufbau.

freiwilliges soziales Jahr
↑ Soziales Jahr.

Freizeichnungsklausel
Klausel, die die rechtliche Bindung eines Angebotes von einem Zusatz abhängig macht, z.B. „solange Vorrat reicht", „freibleibend", „gültig bis...".

Fremdfinanzierung
Kapitalzuführung für ein Unternehmen durch fremde Personen oder Institutionen. – *Gegensatz*: ↑ Eigenfinanzierung. – *Formen*: Nach der Laufzeit unterscheidet man kurzfristige (bis 1 Jahr), mittelfristige (bis 4 Jahre) und langfristige G. – *Vorteile*: Der Geldgebende (z.B. die Bank) nimmt oft wenig Einfluß auf die Geschäftsführung, eine Gewinnbeteiligung entfällt, Liquiditätsengpässe können überwunden werden und bei hoher Inflationsrate sinkt die Verbindlichkeit real. – *Nachteile*: hohe Kapitalbeschaffungskosten, geringe Sicherheit, sinkende Kreditwürdigkeit. ↑ Finanzierung.

Fremdkapital
Die in der Bilanz ausgewiesenen Schulden der Unternehmung. F. steht auf der Passivseite der Bilanz. Untergliederung in langfristiges (mehr als 4 Jahre: Anleihen, Darlehen) und kurzfristiges (z.B. Lieferantenkredite, Wechselkredite) F. ↑ Kapital, ↑ Eigenkapital.

Friedenspflicht
Die Verpflichtung der Sozialpartner (Gewerkschaften u. Arbeitgeberverbände), während der Dauer des Tarifvertrages Arbeitskämpfe über die im Tarifvertrag geregelten Angelegenheiten zu unterlassen.

fristlose Kündigung
Regelfall der außerordentlichen Kündigung. Die sofortige Beendigung eines Arbeitsverhältnisses aus wichtigem Grund, „wenn dem kündigenden Teil nach Treu und Glauben die Fortsetzung des Vertrages nicht mehr zugemutet werden kann". Der Kündigungsgrund muß auf Verlangen schriftlich mitgeteilt werden. Eine evtl. Klage ist binnen 3 Wochen nach Zugang der Kündigung beim Arbeitsgericht zu erheben.

FTP
(Abk. für File Transfer Protocol; engl. = Dateiübertragungsprotokoll). Regelt die Dateiübertragung (mit Grafiken, Videos und Texten) zwischen zwei Rechnern. Dabei ist es unerheblich, mit welchem ↑ Betriebssystem die Rechner arbeiten und welche Netzwerke bei der Datenübertragung genutzt werden (vgl. ↑ Download).

Fuhrpark
Sammelbegriff für die Transportmittel eines Unternehmens. Dazu gehören in erster Linie Lkw und Pkw, darüber hinaus aber auch Kranwagen, Schlepper, Gabelstapler. In der Bilanz erscheinen

sie auf der Aktivseite und gehören dort zum abnutzbaren Anlagevermögen.

Führung
Die ↑ Managementfunktion F. umfaßt die dispositive Arbeitsanweisung und Motivation eines Mitarbeiters oder einer Arbeitsgruppe.

Führungsmodelle
↑ Management-by-Konzepte.

Führungsstil
Art und Weise des Umgangs von Vorgesetzten mit Untergebenen. Man unterscheidet vor allem zwischen einem aufgabenbezogenen und einem personenbezogenen F. sowie zwischen einem autoritären und einem partizipativen F.

Fünf Weise
↑ Sachverständigenrat.

Funktionalorganisation
Auch: *funktionale Organisation*; setzt auf der zweiten Hierarchieebene eines Unternehmens an und bezeichnet die Spezialisierung nach Sachfunktionen (Beschaffung; Forschung und Entwicklung; Produktion; Marketing; Finanzierung; Personal). ↑ Organisatorische Arbeitsteilung.

Fürsorgepflicht
Pflicht zur besonderen Berücksichtigung der Interessen einer anderen Person, insbesondere als Nebenpflicht des Arbeitgebers gegenüber seinem Arbeitnehmer aus dem Arbeitsvertrag. Beinhaltet z.B. Vorkehrungen gegen Unfälle und zur Sicherung des von den Arbeitnehmern in den Betrieb mitgebrachten Eigentums. Der F. entspricht die ↑ Treuepflicht des Arbeitnehmers.

Fusion
Zusammenschluß zweier oder mehrerer Unternehmen zu einer wirtschaftlichen und rechtlichen Einheit. Dabei können alle beteiligten Unternehmen zu einem neuen Unternehmen verschmelzen (selten), oder ein Unternehmen bleibt bestehen und nimmt das/die andere(n) auf. Mit der Eintragung ins Handelsregister erlischt die übertragende Gesellschaft, und ihr Vermögen geht als Ganzes auf die übernehmende Gesellschaft über.

Future
Auch: *financial future, Finanzterminkontrakt;* standardisierter, börsenmäßig handelbarer Terminkontrakt (↑ Termingeschäft). F. sind als Sicherungsinstrumente (↑ Hedging) gegen Preisrisiken (aufgrund steigender Volatibilität der Wechselkurse und Zinssätze) sowie zu Spekulationszwecken (↑ Spekulation) geeignet.

G

GAAP
US-GAAP, Generally Accepted Accounting Principles, sind die US-amerikanischen Bilanzierungsvorschriften; sie werden für börsennotierte Gesellschaften durch weitere Anforderungen (vor allem zusätzliche Offenlegungspflichten) der amerikanischen Wertpapier- und Börsenaufsichtsbehörde SEC (Securities and Exchange Commission) ergänzt. Bestandteile der Rechnungslegung nach den G. sind: Bilanz, Gewinn- und Verlustrechnung, Kapitalflußrechnung, Eigenkapitalverwendungsrechnung und Angabepflichten zur Bilanzierungspolitik. Inhaltlich ähneln die G. den ↑ IAS.

Garantie
Begriff mit verschiedenen Bedeutungen, meist im Sinne von ↑ Gewährleistung, auch von Bürgschaft.

Garantieverpflichtung
Gewährleistungsverpflichtung. Verpflichtung des Verkäufers einer Sache, innerhalb der gesetzlich bestimmten oder durch Vertrag vereinbarten Garantiefrist wegen mangelhafter Leistung entstandene Arbeits- oder Materialfehler auf eigene Kosten zu beheben.

Garantievertrag
Gewährvertrag, gesetzlich nicht geregelter Vertrag, durch den jemand einem anderen verspricht, für einen Erfolg einzustehen, insbes. das Risiko, das dem anderen aus irgendeiner Unternehmung erwächst, zu übernehmen. Der G. bedarf keiner besonderen *Form.* Eine Garantie kann auch *Teil* eines Kaufvertrages oder Werkvertrages sein.

GATS
↑ WTO.

GATT
(engl.: Abkürzung für *G*eneral *A*greement on *T*ariffs and *T*rade = Allgemeines Zoll- und Handelsabkommen); am 1.1.1948 in Kraft getretenes Vertragswerk, das als Zielsetzung den Abbau der Zollschranken und anderer Einfuhrbeschränkungen festlegte. Seit dem 1.1.1995 durch die ↑ Welthandelsorganisation (WTO) abgelöst.

Gattungskauf
Kauf einer lediglich der Gattung nach bestimmten Sache, z.B. Kauf von Fässern Wein, 10t Getreide. Der Gegenstand ist also nicht spezifiziert. Geliefert werden muß eine Sache mittlerer Art und Güte.

GbR
Abk. für Gesellschaft des bürgerlichen Rechts.

Gebietskörperschaft
↑ Körperschaft des öffentlichen Rechts, deren Mitglieder alle Bewohner eines bestimmten Gebietes (insbes. Gemeinden, Landkreise; i.w.S. auch der Bund) sind.

Gebietsspediteur
Logistisches Konzept zur Senkung der Beschaffungskosten, in dem der Abnehmer eine Spedition beauftragt, die Warenversendungen sämtlicher Lieferanten in einem definierten geografischen Raum zu sammeln und gebündelt anzuliefern. ↑ Beschaffungssystem.

Gebrauchsgüter
Güter, die über einen längeren Zeitraum genutzt werden können. – *Gegensatz*: ↑ Verbrauchsgüter.

Gebrauchsmuster
Dem Patent ähnelnde Erfindung, die ebenfalls neu sein muß. G. sind einfacher zu erlangen und bieten Alltagserfindungen wirksamen Schutz. Schutzdauer 3, max. 10 Jahre. Eintragung beim Patentamt in die Rolle der Gebrauchsmuster.

Gebühren
↑ Abgabe, die für eine spezielle Gegenleistung einer Behörde oder öffentlichen Anstalt erhoben wird.

Gefahrübergang
Ort, an dem die Gefahr des zufälligen Untergangs einer Sache auf den Vertragspartner übergeht. Beim Kaufvertrag G. mit Übergabe der Sache an den Käufer. Beim Werkvertrag G. bei Abnahme. Beim Versendungskauf G. mit Übergabe an den Versender.

gegenseitige Verträge
Jeder Vertragspartner ist zu einer Leistung verpflichtet. Bsp.: Kauf-, Miet-, Werkvertrag.

Gehalt
↑ Arbeitsentgelt.

Geld
Allgemein anerkanntes gesetzliches Zahlungsmittel (im Gegensatz zu Naturalien; vgl. ↑ Naturallohn). – *Merkmale* des G.: teilbar, also in kleinste Beträge zerlegbar; transportierbar, haltbar, knapp und begehrt. – *Aufgaben* des G.: Tauschmittel, da es als Zahlungsmittel für Waren und Dienstleistungen verwendet wird; Wertaufbewahrungsmittel zum späteren Tausch gegen Güter; Geld erfüllt auch Rechenfunktionen, da die Preise in G. ausgedrückt und so vergleichbar gemacht werden. – *Arten* des G.: Metallgeld (Münzen), Papiergeld (Banknoten) und Buchgeld (Giralgeld), das nicht körperlich greifbar ist, sondern auf den Konten der Geldinstitute verbucht ist. ↑ Elektronisches Geld.

Geldanlage
Form der Rücklagenbildung. *Gesichtspunkte* bei der G. sind: Ertrag, Sicherheit, Verfügbarkeit, Anlagedauer, Nebenkosten und Steuervorteil. *Faustregeln*: Hohe Sicherheit bringt geringen Ertrag (Sparbuch); hoher Ertrag bei hohem Risiko (Aktie); hohe Liquidität bei wenig Ertrag (sofort kündbare Einlage).

Geldentwertung
↑ Inflation.

Geldersatz
↑ Geldsurrogat.

Geldinstitute
Unternehmen, die Geldgeschäfte erledigen wie Banken, Sparkassen, Postbank.

Geldkarte
↑ Wertkarte, ↑ elektronisches Geld, ↑ Geldkartengeschäft.

Geldkartengeschäft
↑ Bankgeschäft i.S. des Kreditwesengesetzes, das die Ausgabe vorausbezahlter Karten zu Zahlungszwecken, bei dem Kartenemittent und Zahlungsempfänger nicht eine Person sind, umfaßt.

Geldleihe
↑ Bankkredit.

Geldlohn
Vergütung für Arbeitsleistung in Form von Geld. – *Gegensatz*: ↑ Naturallohn.

Geldmarkt
Allgemein das Zusammentreffen von Geldangebot und -nachfrage. Aber auch der zwischen Banken betriebene Austausch von Zentralbankgeld bzw. der An- und Verkauf von Geldmarktpapieren (vgl. auch Offenmarktpolitik). Die Banken können somit kurzfristige

Geldüberschüsse oder Fehlbeträge ausgleichen. Beim Handel mit Zentralbankgeld unterscheidet man zwischen *Tagesgeld* (innerhalb von 24 Std. ohne Kündigung fällig), *täglichem Geld* (kann täglich gekündigt werden), *Monats-, Dreimonats-, Halbjahres-* und *Jahresgeld.* Je länger die Festlegungsfrist ist, um so höher werden prinzipiell die Zinsen.

Geldmarktpapiere
Zwischen Banken oder mit der Notenbank handelbare Papiere, die rediskontfähig sind, d.h. die Bundesbank kauft diese Papiere jederzeit an und stellt dafür den Banken die benötigten Geldmittel zur Verfügung. Es handelt sich dabei um Wechsel von besonderer Qualität, z.B. Schatzwechsel des Bundes, Bankakzepte, sowie um unverzinsliche Schatzanweisungen des Bundes, der Bundesbahn und -post bis zu einer Laufzeit von i.d.R. 1 Jahr.

Geldpolitik
Summe aller Maßnahmen zur Regelung der Geldversorgung unter Beachtung der gesamtwirtschaftlichen Ziele (v.a. Preisniveaustabilität). In der Bundesrepublik Deutschland werden geldpolitische Entscheidungen durch die Bundesbank getroffen. – *Instrumente*, durch die die Liquidität der Geschäftsbanken beeinflußt werden soll und somit deren Kreditvergabespielraum:
1. ↑ *Mindestreservepolitik*: Veränderung der Mindestreservesätze.
2. ↑ *Refinanzierungspolitik*: Änderung des Diskontsatzes, der Refinanzierungskontingente oder der Qualitätsanforderungen an rediskontfähige Papiere (↑ Diskontpolitik), Änderung des Lombardsatzes (↑ Lombardpolitik). Durch eine Erhöhung der sog. Leitzinsen wird die Kreditaufnahme der Geschäftsbanken teurer. Erhöhen auch letztere ihre Zinssätze, werden die gesamtwirtschaftliche Nachfrage und damit auch die Preissteigerungen tendenziell sinken.
3. ↑ *Offenmarktpolitik*: Festsetzung der Bedingungen, zu denen zwischen der Bundesbank und den Banken Wertpapiere und Geldmarktpapiere gehandelt werden.
4. *Devisenmarktpolitik*: Käufe/Verkäufe von Devisen durch die Bundesbank, z.B. per Devisenpensions- oder Devisenswapgeschäfte.

Geldschöpfung
Schaffung zusätzlichen Geldes einerseits durch die Zentralbank (Zentralbankgeldschöpfung), andererseits durch die Geschäftsbanken im Zuge der Kreditvergabe (Giralgeldschöpfung).

Geldstrom
Begriff des Wirtschaftskreislaufs, der Geldbewegungen zwischen Wirtschaftssektoren beschreibt, z.B. Lohnzahlung vom Unternehmen an den privaten Haushalt.

Geldsurrogate
Auch: *Geldersatz*; Hilfszahlungsmittel, die das Bargeld und das Buchgeld ersetzen und als Quasi-Zahlungsmittel umlaufen können. Beispiel: ↑ Wechsel.

Geldüberhang
Überschuß der nachfragewirksamen Geldmenge über das Güterangebot mit der Folge der Inflation. Die nachfragewirksame Geldmenge setzt sich aus der Geldmenge und Umlaufgeschwindigkeit zusammen Ein Überhang kann sowohl durch erhöhte Ausgabe von Zentralbankgeld (Geldmenge) als auch durch ein schnelles Umschlagen des Geldes z.B. durch billige Kredite (schnelles Aufnehmen und Ausgeben) und durch Angstkäufe (lieber heute als morgen kaufen) entstehen. In diesen Fällen muß die Bundesbank im Rahmen ihrer ↑ Geldpolitik eingreifen.

Geldvolumen
Das in der gesamten Volkswirtschaft umlaufende Bargeld sowie die Sicht,

Spar- und Termineinlagen. Sie unterscheiden sich durch ihre Fristigkeit. Die so beschriebene Geldmenge kann von der Notenbank gesteuert werden und bestimmt das Geldangebot.

Geldwert
Kaufkraft des Geldes, die für eine Geldeinheit käufliche Gütermenge. Kann man z.B. für 10 DM heute weniger kaufen als zu einem früheren Zeitpunkt, ist der G. gesunken; Preisniveau ist gestiegen (↑ Inflation). Kann man dagegen für 10 DM eine größere Gütermenge erwerben als zuvor, ist der G. gestiegen; das Preisniveau ist gefallen.

geldwerte Vorteile
Einnahmen eines Steuerpflichtigen, die nicht aus Geld bestehen, sondern aus anderen Gütern, Dienstleistungen oder Rabatten. G.V. werden gewöhnlich mit ihrem Marktwert als steuerpflichtige Einnahme angesetzt; der Steuerpflichtige wird also von der Grundkonzeption genau so behandelt, als ob er erst Geld bekommen und dann die Sache gekauft oder den Vorteil bezahlt hätte. Manchmal gibt es aber auch aus Vereinfachungsgründen oder Subventionsüberlegungen heraus spezielle Bewertungsregeln oder auch ↑ Freibeträge. Beispiele für g.V.: Urlaubsreise als Prämie für besonders gute Leistungen eines Angestellten, Rabatt beim Kauf von Waren durch Angestellte bei ihrem eigenen Arbeitgeber. ↑ Naturallohn.

Gemeindesteuer
Abgabe, die ganz oder teilweise der Gemeinde zusteht. Ursprünglich war die Gewerbesteuer neben der Grundsteuer, den Zuschlägen zur Grunderwerbsteuer und einigen wenigen anderen Steuerarten, die regional verschieden erhoben werden (Gemeindegetränkesteuer), alleinige G. Nach einem später vereinbarten Umlageverfahren wurde diese Realsteuer zu je 20 % auf Bund und Länder verteilt. Dafür erhielten die Gemeinden 15 % der Lohn- und veranlagten Einkommensteuer von Bund und Ländern.

gemeiner Wert
Der Wert, der unter Berücksichtigung aller Faktoren als Marktpreis angesehen werden kann (Verkehrswert). Er wird steuerlich immer dann angesetzt, wenn ein anderer Wert nicht vorliegt (z.B. Börsenpreis, Ertragswert).

Gemeinkosten
Kostenarten, die dem Produkt nicht direkt zugerechnet werden können. G. werden in der Kosten- und Leistungsrechnung auf die einzelnen Kostenstellen verteilt (↑ Betriebsabrechnung). Der hierfür verwendete Schlüssel ist für die einzelne Gemeinkostenart verschieden, z.B. für Stromkosten die Zählerangaben der Kostenstellen, für Betriebsstoffe die Materialentnahmescheine, für Raumkosten die qm-Zahlen; für Reparaturkosten werden die geleisteten Stunden in den einzelnen Bereichen abgerechnet. Nach der Verteilung werden die *Gemeinkostenzuschläge* errechnet, die für zukünftige Kalkulationen als Normalgemeinkostenzuschläge dienen. – *Gegensatz*: ↑ Einzelkosten.

Gemeinlastprinzip
Grundsatz der ↑ Umweltpolitik, nach dem die Kosten der Umweltbelastung, Umweltqualitätsverbesserung und Beseitigung von Umweltbelastungen nicht den Personen, Gütern oder Verfahren zugerechnet werden, die sie verursachen (sog. Verursacherprinzip), sondern gesellschaftlichen Gruppen (Fondslösungen) oder den Gebietskörperschaften (öffentliche Haushalte) und damit der Allgemeinheit.

gemeinnützige Unternehmen
Unternehmen, die unmittelbar und ausschließlich *gemeinnützige Zwecke* verfolgen, also ein privatwirtschaftliches Gewinnstreben nicht im Vordergrund

steht. G.U. genießen steuerliche Vergünstigungen, v.a. Körperschaftsteuerbefreiung.

Gemeinsamer Markt
↑ Europäischer Binnenmarkt.

Gemeinschaftskontenrahmen (GKR)
Genauer: *Gemeinschaftskontenrahmen industrieller Verbände*, 1948/49 vom Bundesverband der Industrie e.V. (BDI) erarbeiteter Kontenrahmen. Soll durch den ↑ Industriekontenrahmen abgelöst werden.

Gemeinschaftsteuern
Steuern, die Bund und Ländern gemeinsam zustehen. Im wesentlichen gehören dazu: Umsatzsteuer; Körperschaftsteuer; Kapitalertragsteuer; Lohn- und veranlagte Einkommensteuer. Dafür erhalten Bund und Länder Anteile der Gewerbesteuer von den Gemeinden. ↑ Steuern.

Gemeinschaftswerbung
Werbemaßnahmen mehrerer gleichartiger, voneinander unabhängiger Unternehmen, ohne daß das einzelne namentlich gennnt wird, z.B. Innungswerbung des Fleischerhandwerks; länderspezifische Spezialitäten „aus deutschen Landen...“. G. ist kostengünstiger und oft wirkungsvoller als Einzelwerbung.

Gemeinschaft zur gesamten Hand
Auch: *Gesamthandsgemeinschaft*. Gemeinschaft von Personen, bei der alle zusammen handeln müssen und das Vermögen der gesamten Hand, also allen, gehört. Keiner kann über seinen Anteil frei verfügen. Bsp. für G.z.g.H. ist die ↑ Gesellschaft des bürgerlichen Rechts, die OHG und die KG.

Gemeinschuldner
Schuldner, über dessen Vermögen das Konkursverfahren eröffnet wurde.

gemischte Firma
Eine Mischung zwischen Personen- und Sachfirma, z.B.: Lübecker Stahlwerke Fritz Meyer AG.

genehmigtes Kapital
Von der Hauptversammlung dem Vorstand einer AG übertragene Berechtigung, bis zu einer festgelegten Höhe eine Kapitalaufstockung durchzuführen, wenn der Markt günstige Voraussetzungen zeigt. Die Genehmigung läuft längstens 5 Jahre und muß in der Satzung verankert sein. Die Höhe darf 50 % des Grundkapitals nicht übersteigen. Der Aufsichtsrat soll in der Regel der Neuausgabe zustimmen.

Genehmigung
Nachträgliche Zustimmung zu Rechtsgeschäften, die von anderen Personen vorgenommen wurden. Solange die G. nicht erteilt wurde, ist das Rechtsgeschäft schwebend unwirksam. Wird die G. erteilt, ist das Rechtsgeschäft von Anfang an gültig. – *Gegensatz*: ↑ Einwilligung.

Generalversammlung
Auf Gesetz beruhende Versammlung der Gesellschafter einer AG (Hauptversammlung), einer GmbH (Gesellschafterversammlung), einer Genossenschaft (Generalversammlung). Die G. *beschließt* über den Jahresabschluß, die Gewinn- und Verlustverteilung, über die Entlastung von Vorstand und Aufsichtsrat sowie über Änderungen der Satzung.

Generalvollmacht
Vollmacht an eine Person, die sich auf alle Geschäftsbereiche erstreckt. Üblich ist die Erteilung einer unbeschränkten ↑ Prokura (ins Handelsregister eintragungspflichtige Tatsache).

Generationenvertrag
Zusicherung der arbeitenden Generation, die aus dem Erwerbsleben ausgeschiedenen Personen durch Beiträge an die Rentenversicherung zu unterhalten.

Generics
↑ No-Name-Produkte.

Genossenschaft
Zusammenschluß zur wirtschaftlichen Förderung ihrer Mitglieder. Die G. stellt ein Statut auf und wählt ihre Organe Vorstand und Aufsichtsrat. Die ↑ Generalversammlung ist die Versammlung aller Genossen. Jede G. hat sich einem Prüfungsverband anzuschließen, der für eine qualifizierte Rechnungslegung garantiert. Die G. ist eine juristische Person. Sie erhält durch die Eintragung ins Genossenschaftsregister eigene Rechtspersönlichkeit. Im Gegensatz zur AG steht die persönliche Bindung im Vordergrund. Daher sind die Anteile auch grundsätzlich nicht wie Aktien übertragbar. Rechtsgrundlagen sind das Genossenschaftsgesetz und das HGB.

Genußscheine
In Form von Inhaber-, Namens- oder Orderpapieren ausgegebene Urkunden von Aktiengesellschaften, die verschiedene Rechte verbriefen können, z.B. einen bestimmten prozentualen Anteil am Gewinn. G. sind Mittel der ↑ Eigenfinanzierung.

Gerichte
Unabhängige Institutionen, in denen Richter, ohne an Weisungen gebunden zu sein, Urteile fällen, nach denen sich die betreffenden Parteien mit dem Recht der Berufung und Revision zu richten haben. Unterteilung in: ↑ Ordentliche Gerichtsbarkeit und ↑ Sondergerichtsbarkeit.

Gerichtsstand
Örtliche und oft auch sachliche Zuständigkeit der Gerichte. *Allgemeiner G.*: Grundsätzlich ist es der Wohnsitz bzw. Sitz des Beklagten. – *G. unter Kaufleuten*: Sofern der G. nicht vertraglich festgelegt wurde (selten), richtet er sich nach dem Erfüllungsort, also nach dem Wohnsitz des Schuldners. G. bei Klagen aus einem *Abzahlungsgeschäft*: Ausschließlich der Ort des Käufers. G. in *arbeitsrechtlichen* Angelegenheiten: Der Sitz der Firma. G. im *Mahnwesen*: Das zuständige Amtsgericht des Antragstellers. Im Widerspruch geht das streitige Verfahren auf das Amtsgericht des Antragsgegners über.

geringwertige Wirtschaftsgüter
Steuerlicher Begriff für bewegliche, abnutzbare Gegenstände des Anlagevermögens, deren Anschaffungskosten 800 DM ohne Mehrwertsteuer nicht übersteigt. Für sie besteht ein Wahlrecht der völligen Abschreibung am Jahresende. Gegenstände bis 100 DM werden gewöhnlich direkt über ein Aufwandskonto verbucht.

Gesamthandsgemeinschaft
↑ Gemeinschaft zur gesamten Hand.

Gesamtprokura
Prokuraerteilung mit der Beschränkung, daß nur mehrere Prokuristen zusammen rechtswirksam handeln dürfen. Die Beschränkung ist im Handelsregister eingetragen. ↑ Prokura.

gesamtschuldnerisch
Rechtszustand, bei dem jeder einzelne Schuldner verpflichtet ist, die gesamte Schuld zu leisten, wenn er vom Gläubiger dazu aufgefordert wird. Der Gläubiger ist aber nur einmal berechtigt, die Forderung zu verlangen. Untereinander ist man zu gleichen Teilen verpflichtet. Hat ein Schuldner die gesamte Schuld zu zahlen, so hat er einen schuldrechtlichen Anspruch gegenüber den anderen. Typisch für die Gesamtschuldnerschaft ist die OHG.

Gesamtunternehmensstrategie
Festlegung der ↑ Geschäftsfelder eines Unternehmens und Verteilung der Ressourcen auf die einzelnen Geschäftsfelder im Sinne der strategischen Zielsetzung.

Gesamtversorgungskosten
Auch: *Total Cost of Ownership;* moderner Maßstab für die Effektivität der Beschaffungsfunktion des Unternehmens (↑ Beschaffung). Während ältere Konzepte einseitig auf den ↑ Einstandspreis zur Beurteilung der Beschaffung fokussierten, erweitern die G. den Blick auf den gesamten Lebenszyklus eines zu beschaffendenden Teils: von der Entwicklung über die Beschaffung bis hin zur Nutzung und Entsorgung entstehen Kosten. So ist eine Senkung der Einstandspreise nur ein Teilerfolg, wenn auf der anderen Seite Mehrkosten z.B. bei der Weiterverarbeitung oder bei der Warenannahme entstehen.

Geschäftsbereichsorganisation
↑ Spartenorganisation.

Geschäftsbericht
In der Praxis üblicher Sammelbegriff für ↑ Anhang und ↑ Lagebericht. Der G. kann außerhalb von Anhang und Lagebericht freiwillige Angaben enthalten, die selbst keinen gesetzlichen Vorschriften unterliegen.

Geschäftsfähigkeit
Die Fähigkeit von Personen, selbständig Rechtsgeschäfte, z.B. Verträge, abzuschließen und Verbindlichkeiten einzugehen. Juristische Personen sind stets voll geschäftsfähig. Bei natürlichen Personen unterscheidet man 3 Stufen: *Geschäftsunfähig* sind Kinder unter 7 Jahren und dauernd Geisteskranke oder Geistesschwache. *Beschränkte G.* gilt für Minderjährige zwischen 7 und 18 Jahren und Entmündigte. Für Minderjährige ist die beschränkte G. aufgehoben beim Kauf von Gütern mit dem eigenen Taschengeld und bei der Erledigung von Geschäften, die sich aus einem vom gesetzlichen Vertreter erlaubten eigenen Arbeitsverhältnis ergeben.

Geschäftsfeld
Auch: *Aktivitätsfeld*; *Dömane*; stellt eine bestimmte Produkt-Markt-Kombination dar, mit der ein Unternehmen tätig sein will.

Geschäftsfeldstrategie
↑ Wettbewerbsstrategie.

Geschäftsführer
Gesetzlicher Vertreter und verantwortlicher Leiter der GmbH. Er braucht kein Gesellschafter zu sein. Er vertritt die Firma nach außen in allen Rechtsangelegenheiten. Eine Gesamtgeschäftsführung ist möglich, d.h. mehrere G. müssen dann zusammen handeln. Der G. wird von der Gesellschafterversammlung, dem eigentlichen beschließenden Organ der GmbH, bestellt. Eine Kündigung ist jederzeit möglich und nicht ausschließbar, jedoch müssen gewichtige Gründe vorliegen. G. im weiteren Sinne sind auch Personen, die eigenverantwortlich Betriebe leiten. Bei Filialen spricht man von *Filialleitern*; ihre Aufgabenstellung ist ähnlich.

Geschäftsführungsbefugnis
Das Recht, die Geschäfte einer Gesellschaft zu führen. Dieses Recht kann allen Gesellschaftern gemeinsam zustehen (Gesellschaft des bürgerlichen Rechts), es kann einem Einzelnen zustehen (Vollhafter bei OHG und KG), und es kann übertragen werden (AG-Vorstand, KGaA-persönlich haftender Gesellschafter, GmbH-Geschäftsführer, Genossenschaftsvorstand). Durch Vertrag kann bei Personengesellschaften eine besondere Regelung getroffen werden.

Geschäftsjahr
Auch: *Wirtschaftsjahr*; bestimmter Zeitraum, der i.d.R. 12 Monate umfaßt und zu dessen Schluß jeder Vollkaufmann Inventar, Bilanz, Gewinn- und Verlustrechnung und evtl. einen Geschäftsbericht aufzustellen hat.

Geschäftsunfähigkeit
mangelnde Fähigkeit, rechtlich wirksa-

me Erklärungen abzugeben. ↑ Geschäftsfähigkeit.

Geschäftswert
↑ Firmenwert.

Geschmacksmuster
Für gewerbliche Erzeugnisse erstelltes Muster über Formen oder Modelle. Voraussetzung ist, daß sie neu und eigentümlich sind. Seit 1.7.1988 beträgt die Schutzdauer zunächst 5 Jahre und nach entsprechenden Verlängerungen höchstens 20 Jahre. Solange kann der geistige Urheber das Muster gewerblich nutzen, d.h. ihm steht das ausschließliche Vervielfältigungs- und Verbreitungsrecht zu. Die Eintragung in das Musterregister erfolgt beim Deutschen Patentamt.

Gesellschaft des bürgerlichen Rechts (GbR)
Auch: *BGB-Gesellschaft.* Keine Gesellschaft im handelsrechtlichen Sinn, sondern ein Zusammenschluß von Personen zur Erreichung eines gemeinsamen Zwecks. Rechtsgrundlage ist das BGB. Gründung durch Gesellschaftsvertrag, mit dem sich die Gesellschafter gegenseitig verpflichten, die Erreichung eines bestimmten Zweckes in der im Vertrag bestimmten Weise zu fördern. Die G.d.b.R. führt keine Firma, sondern nennt die Namen aller Beteiligten. Sie ist eine ↑ Gemeinschaft zur gesamten Hand in reiner Form, d.h. die Beteiligten müssen einstimmig zusammen handeln (vertraglich anders regelbar), und keiner kann über seinen Anteil frei verfügen. Das eingebrachte Vermögen steht allen gemeinschaftlich zu. Gewinn- und Verlustteilung im Zweifel nach Köpfen, üblicherweise werden aber die Kapitaleinlagen als Grundlage genommen. Aufgelöst wird die Gesellschaft durch Zweckerreichung, durch Kündigung, durch Tod eines Gesellschafters und durch Konkurs (ab 1.1.1999 Insolvenz).

Gesellschafterversammlung
Beschließendes Organ der GmbH. Die G. wird eine Woche vorher vom Geschäftsführer durch eingeschriebenen Brief an die Gesellschafter angekündigt. Die G. stellt u.a. den Jahresabschluß fest, entscheidet über Prokuraerteilung, über die Gewinnverteilung, prüft und überwacht den Geschäftsführer, beschließt das Einziehen von Nachschüssen, führt Satzungsänderungen durch und entscheidet über die Auflösung der GmbH. Jeder Gesellschafter hat in dieser Versammlung für je 100 DM eine Stimme. Zahlt ein Gesellschafter nicht die volle Einlage, so haften die übrigen für die Einzahlung (= kollektive Deckungspflicht). Dies ist insofern wichtig, als eine Haftung des einzelnen über die Einlage hinaus vorliegen kann. Dem säumigen Gesellschafter wird im Rahmen des ↑ Kaduzierungsverfahrens der Ausschluß angedroht. In Verlustjahren können sich die Gesellschafter durch das ↑ Abandonrecht von ihrer Verpflichtung des Nachschießens befreien.

Gesellschaft mit beschränkter Haftung (GmbH)
Die verbreitetste Rechtsform der ↑ Kapitalgesellschaften. Die GmbH ist eine Gesellschaft mit eigener Rechtspersönlichkeit und juristische Person. Die Gesellschaft haftet nur mit dem Gesellschaftsvermögen, aber nicht mit dem Vermögen der Gesellschafter für Verbindlichkeiten. – *Wesentliche Merkmale*: Vgl. Übersicht. Die GmbH nimmt häufig die Stellung des persönlich haftenden Gesellschafters in einer Personengesellschaft ein (↑ GmbH & Co. KG).

Gesellschaftsformen
Rechtsformen für ↑ Handelsgesellschaften (Personenzusammenschlüsse). Dazu zählen insbesondere ↑ offene Handelsgesellschaft (OHG), ↑ Kommanditgesellschaft (KG) und ↑ Stille Gesellschaft, ↑ Aktiengesellschaft (AG) und ↑ Kommanditgesellschaft auf Akti-

Gesellschaft mit beschränkter Haftung (GmbH)

Allgemeines	Kapitalgesellchaft, u.U. mit Mitarbeit der Gesellschafter
Rechtsgrundlagen	GmbH-Gesetz (GmbHG)
Zweck	jeder gesetzlich zulässige Zweck
Rechtsfähigkeit	eigene Rechtspersönlichkeit (juristische Person)
Gründung	notariell beurkundeter Vertrag oder notariell beurkundete Erklärung des Alleingesellschafters
Gesellschafter	Einzelperson für Ein-Mann-GmbH, sonst zwei oder mehr Gesellschafter
Firma	eigene Firma: Sachfirma oder Personenfirma + Zusatz „mit beschränkter Haftung"
Eintragungen im Handelsregister	zur Entstehung erforderlich
Kapital und Einlagen	Stammkapital (mindestens DM 50000) Stammeinlage (mindestens DM 500) Sacheinlagen (Sachgründung) möglich
Gesellschaftsvermögen	eigenes Gesellschaftsvermögen
Haftung	beschränkt auf Gesellschaftsvermögen
Organe	Geschäftsführer; Gesellschafter-versammlung; eventuell Aufsichtsrat
Geschäftsführung	Geschäftsführer
Vertretung	Geschäftsführer
Informations- und Kontrollrechte der Gesellschafter	Auskunft und Einsicht in Bücher und Papiere
Mitwirkung der Gesellschafter	gesetzlich der Gesellschafterversammlung zugewiesene Aufgaben
Gewinn und Verlust	nach Verhältnis der Geschäftsanteile
Entnahmen/ Gewinnauszahlung	Gewinnausschüttung gemäß Beschluß der Gesellschafterversammlung
Anteilsübertragung	Übertragung der Geschäftsanteile in notarieller Form
Auflösung und Liquidation	gesetzliche Auflösungsgründe Liquidation durch Liquidatoren
Einmanngesellschaft	schon bei Gründung zulässig

en (KGaA), ↑ Gesellschaft mit beschränkter Haftung (GmbH), ↑ Genossenschaft und ↑ Versicherungsverein auf Gegenseitigkeit (VVaG).

Gesellschaftsvertrag
Ein Vertrag, der die Rechtsverhältnisse der Gesellschafter untereinander regelt.
1. Bei der *Gesellschaft des bürgerlichen Rechts* ist der G. nach den Vorschriften über Verträge abzufassen. Er ist grundsätzlich formfrei.
2. Bei *Personengesellschaften* (OHG und KG) ist der G. Voraussetzung für die Entstehung. Auch er ist formfrei. Ausnahmen der Formfreiheit beim Einbringen eines Grundstücks in die Gesellschaft. Der G. regelt das Innen- und Außenverhältnis der Gesellschafter, sofern von gesetzlichen Vorschriften abgegangen werden soll.
3. Der G. der *GmbH* bedarf der notariellen Form. Er ist von allen Gesellschaftern zu unterschreiben und enthält alle wesentlichen Punkte über Firma, Gegenstand, Stammkapital, Bestimmungen der Geschäftsordnung und Behandlung der Geschäftsanteile.
4. Der G. mit einem *Stillen Gesellschafter* berührt grundsätzlich nicht das Gesellschaftsrecht, da er ein Darlehensvertrag ist. Bei atypischen Verträgen, die Mitgesellschaftsrechte begründet, gilt das unter 2. Gesagte.
5. Bei *Aktiengesellschaften* und *Genossenschaften* wird der G. durch die ↑ Satzung ersetzt.

Gesetz gegen den unlauteren Wettbewerb (UWG)
↑ Unlauterer Wettbewerb.

Gesetz gegen Wettbewerbsbeschränkungen (GWB)
↑ Kartellgesetz.

gesetzliche Rücklage
↑ Gewinnrücklage.

gesetzliche Vertreter
Personen, die durch Gesetz und nicht durch Vollmacht andere vertreten, z.B. die Eltern ihre minderjährigen Kinder, der Vorstand die Aktiengesellschaft, der Geschäftsführer die GmbH.

Gesetz vom abnehmenden Grenzertrag
↑ Ertragsgesetz.

Gewährleistung
Einstehen für Mängel der Sache beim Kauf- und Werkvertrag.

Gewerbe
Jede selbständige Tätigkeit, die nicht unter Land- oder Forstwirtschaft oder freie Berufe fällt. Gewerbetreibende haben das Ziel, dauernd tätig zu sein und unter eigenem Namen und unter eigener Verantwortung zu arbeiten. Insbesondere zählen dazu die Industrie, das Handwerk, der Handel und die Dienstleistungsbetriebe wie Banken und Versicherungen.

Gewerbeanmeldung
Anzeige bei Beginn eines stehenden Gewerbes, einer Zweigniederlassung oder unselbständigen Zweigstelle und Geschäftsaufgabe, Betriebsverlegung, Änderung des Geschäftsgegenstandes, Hinzunahme nicht geschäftsüblicher Waren oder Leistungen bei der zuständigen Landesbehörde, die eine Empfangsbescheinigung ausstellt.

Gewerbeaufsicht
Staatliche Überwachung der Einhaltung von arbeitsrechtlichen und Arbeitsschutzbestimmungen durch das *Gewerbeaufsichtsamt* in Zusammenarbeit mit der Berufsgenossenschaft. Wichtigste und älteste Grundlage ist die *Gewerbeordnung*, mit einer Reihe von Ergänzungsgesetzen, z.B. Arbeitszeitgesetz, Jugendschutzgesetz.

Gewerbeertrag
Bemessungsgrundlage zur Berechnung der ↑ Gewerbesteuer. Der G. errechnet sich aus dem gewerblichen Gewinn

unter Hinzurechnung oder teilweiser Hinzurechnung einiger Posten, die bei der Gewinnermittlung vorher abgezogen wurden, aber vom Steuerrecht nicht als abzugsfähig anerkannt werden, z.B. Dauerschuldzinsen, Renten und dauernde Lasten, Verlustanteile an einer Personengesellschaft. Darüber hinaus werden aber auch eine Reihe von Kürzungen zugelassen, z.B. für Spenden, Gewinn für ausländische Betriebe.

Gewerbefreiheit
Das durch die Gewerbeordnung garantierte Recht für jedermann, ein Gewerbe im Rahmen der gesetzlichen Bestimmungen zu betreiben. Ist Teil der ↑ Berufsfreiheit und unterliegt ähnlichen Beschränkungen.

Gewerbekapital
Früher (bis 1997) die zweite Bemessungsgrundlage der ↑ Gewerbesteuer (neben dem ↑ Gewerbeertrag).

Gewerbeordnung
Gesetz i.d.F. vom 1.1.1987 mit spät. Änderung zur Regelung des gesamten Gewerberechtes.

Gewerbesteuer
Abgabe, die ein Gewerbebetrieb aufgrund seines ↑ Gewerbeertrages zu leisten hat. Die Bemessungsgrundlage, der Gewerbeertrag, wird zuerst in einen Meßbetrag umgerechnet (↑ Steuermeßzahl), darauf wird der ↑ Hebesatz der Gemeinde angewendet. Gesetzlich geregelt im Gewerbesteuergesetz.

Gewerkschaft
Arbeitsrechtliche G.: Freiwilliger Zusammenschluß von Arbeitnehmern zur Interessenwahrung, insbes. zur Verbesserung der sozialen und wirtschaftlichen Lebensbedingungen. Zu den Aufgaben vgl. Übersicht. – Zu den *wichtigsten G.* gehören die im ↑ Deutschen Gewerkschaftsbund (DGB) und im Christlichen Gewerkschaftsbund Deutschlands (CGB) zusammengeschlossenen Industriegewerkschaften (↑ Industrieverbandsprinzip), die Deutsche Angestellten-Gewerkschaft (DAG) und der Deutsche Beamtenbund (DBB).

Gewichtszoll
Mengenzoll nach dem Gewicht der Ware im Gegensatz zum Wertzoll (↑ Zoll). G. wird nur noch für wenige Waren erhoben.

Gewerkschaft – Aufgaben

Allgemeine Aufgaben	Rechtliche Aufgaben	Wirtschaftspolitische Aufgaben
o Verbesserung der wirtschaftlichen und sozialen Lage ihrer Mitglieder durch Aushandlung von ... – Lohn- und Gehaltserhöhungen – Arbeitszeitverringerung – Urlaubsverlängerung o Erhöhung des Schutzes vor... – Betriebsschließung – Arbeitsunfällen o Verbesserung der beruflichen Aus- und Weiterbildung	o Abschluß von Tarifverträgen o Vorbereitung und Durchführung von Arbeitskämpfen o Vertretung ihrer Mitglieder vor dem Arbeitsgericht	o Umverteilung des Einkommens und Vermögens in der Bundesrepublik Deutschland o Erweiterung der Mitbestimmung in den Unternehmen o Mitwirkung bei wirtschaftspolitischen Entscheidungen des Gesetzgebers, z. B. bei Steuergesetzen

Gewinn
Mehrfach verwendeter Ausdruck:
1. *Betriebsgewinn* (Betriebsergebnis, Betriebserfolg) ist die positive Differenz zwischen betrieblichen Aufwendungen (Kosten) und Betriebserträgen (Umsatzerlöse und Bestandserhöhungen). Ausgewiesen im Betriebsergebniskonto.
2. *Neutraler Gewinn* (neutrales Ergebnis, neutraler Erfolg) ist die positive Differenz zwischen betriebsfremden und außerordentlichen Aufwendungen und Erträgen. Ausgewiesen im Abgrenzungssammelkonto/Neutralen Ergebniskonto.
3. *Unternehmensgewinn* (Unternehmensergebnis, Unternehmenserfolg) ist die Addition des Betriebs- und neutralen Gewinns, ausgewiesen in der Gewinn- und Verlustrechnung.

Gewinnbeteiligung
Für Arbeitnehmer, Vorstands- und Aufsichtsratsmitglieder vorgesehene Beteiligung am Unternehmenserfolg. 1. Für die Arbeitnehmer ist sie eine Zuwendung über den normalen Verdienst hinaus und soll sowohl den Gedanken der Vermögensbildung und verbesserten Umverteilung realisieren als auch die Motivation fördern und die Bindung an das Unternehmen verstärken. Die Auszahlung kann bar oder als ↑ Investivlohn in Form der Belegschaftsaktien erfolgen. Vgl. auch ↑ Erfolgsbeteiligung; ↑ Kapitalbeteiligung. – 2. ↑ Tantieme für Vorstands- oder Aufsichtsratsmitglieder.

Gewinnmaximierung
Ökonomisches Hauptziel privater Unternehmen. Der Gewinn ist die Differenz aus Erlös und Kosten. Der Gewinn kann also maximiert werden durch Senkung der Kosten, über Produktivitätssteigerung und technischen Fortschritt oder über höhere Erlöse durch Absatzförderung. G. kann sowohl kurz- als auch langfristiges Unternehmensziel sein und muß zusammen mit weiteren Zielen wie Firmenerhaltung, Liquidität, Marktmacht, Marktausdehnung gesehen werden.

Gewinnrücklage
Bildung von zusätzlichem Eigenkapital durch die Nichtausschüttung von Gewinnen (↑ Eigenfinanzierung). G. gehören zusammen mit den Kapitalrücklagen zu den offenen Rücklagen und dürfen, sofern die Satzung nichts anderes bestimmt, bis zur Hälfte des um einen Verlustvortrag und die Zuführung zur Kapitalrücklage bereinigten Jahresgewinns angesetzt werden. ↑ Rücklagen.

Gewinnschuldverschreibung
Mit Anspruch auf Gewinnbeteiligung ausgestattete ↑ Anleihe (Schuldverschreibung), die aber im Gegensatz zu ↑ Wandelschuldverschreibungen kein Umtausch- oder Bezugsrecht auf Aktien gewährt. Ausgabe nur auf Beschluß der Hauptversammlung mit 3/4-Mehrheit und nach staatlicher Genehmigung; die Aktionäre haben auf die G. ein Bezugsrecht.

Gewinnthesaurierung
↑ Gewinnrücklage.

Gewinn- und Verlustrechnung (GuV)
Neben der ↑ Bilanz Teil des kaufmännischen Jahresabschlusses. In der G. werden alle ↑ Aufwendungen und ↑ Erträge einer Rechnungsperiode gegenübergestellt, um die Quellen eines Gewinns oder Verlustes erkennen zu können. Sie ist Pflichtbestandteil des Jahresabschlusses von Kaufleuten. – *Formen*: Die GuV kann in Kontoform (auch als T-Form bezeichnet) oder Staffelform aufgestellt werden. Für die Kapitalgesellschaften ist die übersichtlichere Staffelform vorgeschrieben. Die einmal gewählte Form sowie die Postenbezeichnung und -folge, soweit bei Einzelunternehmen und Personengesellschaften frei wählbar, sind beizubehalten.

Gewohnheitsrecht
Ungeschriebenes Recht, das durch langjährige Übung entsteht, wenn die Beteiligten davon ausgehen, daß ihr Verhalten rechtens sei.

gezogener Wechsel
↑ Wechsel.

Giralgeld
Auch: *Buchgeld*; Guthaben der Bankkundschaft, über das sie jederzeit in bar verfügen kann. Gebildet wird es durch Einzahlungen und eingeräumte Kredite. G. wird v.a. für den bargeldlosen Zahlungsverkehr (Schecks, Überweisungen) verwendet. Für evtl. Barabhebungen haben die Banken ausreichende Liquiditätsreserven zu halten.

Girokonto
↑ Bankkonto.

Gläubiger
Derjenige, der vom Schuldner eine Leistung zu fordern hat. Bei allen Kaufverträgen ist der Lieferant G. des Käufers hinsichtlich des Kaufpreises, Schuldner in bezug auf die Lieferung der Ware.

Gläubigerausschuß
Soll den Konkursverwalter unterstützen. Die Mitglieder werden in der Gläubigerversammlung bestimmt.

Gläubigerpapiere
↑ Wertpapiere, die den Inhabern im Konkursfall Gläubigerrechte einräumen, wie Obligationen und Schuldverschreibungen. G. sind gewöhnlich zeitlich begrenzt. – *Gegensatz*: ↑ Teilhaberpapiere.

Gläubigerversammlung
Im ↑ Konkursverfahren oberstes Selbstverwaltungsorgan, das durch das Konkursgericht einberufen wird. Abstimmung erfolgt mit absoluter Mehrheit der Erschienenen, wobei die Höhe der angemeldeten Forderungen maßgebend ist. Die nicht erschienenen Gläubiger haben sich an die Beschlüsse zu halten. Die G. kann den vom Gericht eingesetzten Konkursverwalter abwählen und einen anderen bestimmen. Sie wählt die Personen, die den ↑ Gläubigerausschuß bilden, und beschließt z.B. über den Zwangsvergleich und über Schließung oder Fortführung des Geschäftes.

Gleichberechtigung von Mann und Frau
Gleichberechtigung der Geschlechter, in Art. 3 II GG („Männer und Frauen sind gleichberechtigt“) kodifiziert. Diese Vorschrift verbietet, daß der Geschlechtsunterschied als beachtlicher Grund für eine Ungleichbehandlung im Recht herangezogen wird. Nach dem durch die letzte bedeutsame Verfassungsänderung in das GG aufgenommenen Art. 3 II 2 obliegt dem Staat die Förderung der tatsächlichen Durchsetzung der Gleichberechtigung von Frauen und Männern; er hat zudem auf die Beseitigung bestehender Nachteile hinzuwirken. ↑ Gleichberechtigungsgesetz.

Gleichberechtigungsgesetz
Das Zweite G. vom 24.6.1994 beinhaltet Regelungen zur Beseitigung der Benachteiligung von Frauen und zur Förderung der Frau im Beruf, zur verbesserten Vereinbarung von Familie und Beruf und zur verstärkten Mitwirkung von Frauen in öffentlichen Gremien im Einfluß des Bundes. Das G. besteht im wesentlichen aus dem (1) *Frauenförderungsgesetz* (Art. 1), das für die Bundesverwaltung und Gerichte des Bundes gilt und insbes. die Aufstellung eines Frauenförderungsplans, die Bestellung von Frauenbeauftragten, die Einräumung familiengerechter Arbeitszeit sowie die Schaffung eines ausreichenden Angebotes von Teilzeitarbeitsplätzen verlangt; (2) einer Änderung des *Bundesbeamtengesetzes* (Art. 2), die das Gebot geschlechtsneutraler Stellenausschreibung verschärft; (3) einer Änderung des *Bürgerlichen Gesetzbuches* (Art. 7), die Sanktionen wegen einer

geschlechtsbedingten Benachteiligung bei der Bewerbung um einen Arbeitsplatz (Entschädigung in Höhe von höchstens drei Monatsverdiensten), beim beruflichen Aufstieg oder der Kündigung vorsieht; (4) dem *Beschäftigtenschutzgesetz* (Art. 10), das erstmals den Schutz aller Beschäftigten in der Privatwirtschaft und im öffentlichen Dienst des Bundes, der Länder und Gemeinden vor sexueller Belästigung anstrebt; (5) dem *Bundesgremiengesetz* (Art. 11), das die betroffenen Stellen verpflichtet, auf eine gleichberechtigte Mitwirkung von Frauen in öffentlichen Gremien im Einflußbereich des Bundes hinzuwirken. – Ähnliche und teilweise inhaltlich auch weitergehende Gleichberechtigungsgesetze oder Gleichstellungsgesetze gibt es für den Bereich des öffentlichen Dienstes in fast allen Bundesländern. Vgl. auch ↑ Gleichberechtigung von Mann und Frau.

Gleichgewichtspreis

Preis, bei dem ein dauernder Ausgleich zwischen Angebot und Nachfrage zu erzielen ist. Er bildet sich im Schnittpunkt der Angebots- und Nachfragefunktion. ↑ Marktgleichgewicht.

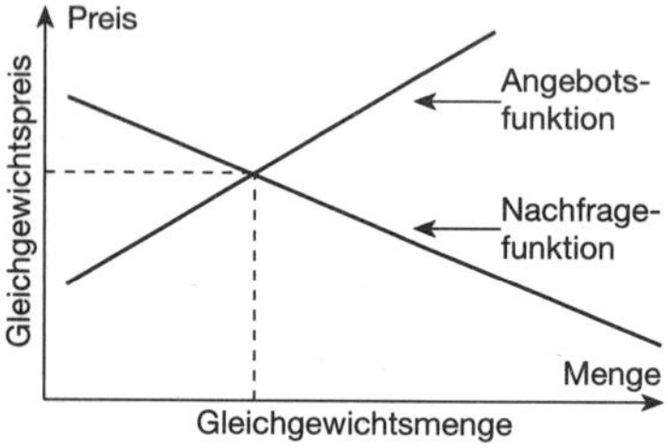

gleitende Arbeitszeit

Gleitarbeitszeit. Nicht auf bestimmte Anfangs- und Endtermine festgelegte Arbeitszeit. Arbeitsorganisatorische Regelung, bei der die Arbeitnehmer innerhalb bestimmter festgelegter Zeitspannen persönlichen Arbeitsbeginn und persönliches Arbeitsende selbst bestimmen können. Dient der Erhöhung der individuellen Gestaltungsspielräume und der Entlastung des Berufsverkehrs in Ballungsgebieten. – Die *Modelle* der g.A. reichen von der Gestaltung der täglichen, der wöchentlichen bis zur jährlichen Arbeitszeit. – Die g.A. setzt sich zusammen aus *Gleitzeit* (z.B. von 7.00-9.00 Uhr und von 15.00-19.00 Uhr) und *Kernzeit* (Zeit zwischen den Gleitzeiten; in dieser muß der Arbeitnehmer im Betrieb anwesend sein). – *Einführung* der g.A. ist – falls ein ↑ Betriebsrat vorhanden – mitbestimmungspflichtig. Zum *Nachweis* der geleisteten Arbeitszeit ist eine Zeiterfassung (z.B. Stechuhr) zu gewährleisten. ↑ Arbeitszeitflexibilisierung.

Gleitpreisklausel

Preisgleitklausel, Klausel in Kaufverträgen, mit der die Preisfestsetzung entweder auf einen späteren Zeitpunkt verschoben oder eine spätere Abänderung des vereinbarten Preises vorbehalten wird. G. wird angewandt v.a. bei größeren Objekten mit längeren Lieferfristen, um die Preisstellung ggf. der im Lieferzeitpunkt veränderten Marktlage (veränderten Lohn- und Rohstoffpreisen) anzupassen.

globale Strategie

Die einheitliche Ausrichtung der ↑ Wettbewerbsstrategie einer internationalen Unternehmung, mit der die nationalen Märkte bearbeitet werden.

Global Sourcing

↑ Beschaffungssystem.

Globalsteuerung

Wirtschaftspolitische Prozeßpolitik, die auf die Beeinflussung makroökonomischer Aggregatgrößen (Investition, Konsum, Sparen) zielt. In der Bundesrepublik Deutschland bedeutete G. nach dem Stabilitätsgesetz in erster Linie Beeinflussung der Gesamtnachfrage, aufbauend auf der keynesianischen Theorie.

Globalzession
↑ Zession 3.

GmbH
Abk. für ↑ Gesellschaft mit beschränkter Haftung.

GmbH & Co. KG
Gesellschaftsform, die handelsrechtlich zu den Personengesellschaften zählt. Die GmbH, als Kapitalgesellschaft mit eigener Rechtspersönlichkeit, wird Komplementär der KG, d.h. sie haftet nur in Höhe ihres Stammkapitals. Als Kommanditisten fungieren dann meist die Gesellschafter der GmbH. Dadurch wird insgesamt eine Haftungsbeschränkung erreicht. Wesentliche Merkmale vgl. Übersicht.

GmbH & Still
↑ Stille Gesellschaft.

Goldene Finanzregel
Finanzierungsgrundsatz, der besagt, daß langfristiges Anlagevermögen auch langfristig finanziert (Eigenkapital und langfristiges Fremdkapital), kurzfristiges Umlaufvermögen kurzfristig finanziert werden muß.

Gopher
Kunstwort aus: go for (engl. = suche nach). G. ist ein vielgenutztes menügesteuertes Werkzeug, um im Internet Texte und Informationen zu recherchieren. G. ist durch die Entwicklung des ↑ WWW weitgehend überflüssig geworden.

Gossensche Gesetze
Vom Ökonom Gossen (1810-1858) aufgestellte Gesetzmäßigkeiten.
1. *Gesetz der Bedürfnissättigung*: Der Grenznutzen eines Gutes nimmt mit zunehmender Bedürfnisbefriedigung ab. – 2. *Gesetz vom Ausgleich der Grenznutzen*: Es vergleicht mehrere Bedürfnisse nebeneinander. Jeder Mensch strebt danach, die Bedürfnisse bis zum gleichen Sättigungsgrad zu befriedigen. Das Maximum an Bedürfnisbefriedigung ist erreicht, wenn die Grenznutzen der zuletzt beschafften Teilmengen der Güter gleich sind.

Gratifikation
Eine freiwillige Zuwendung (keine Schenkung) an den Arbeitnehmer als Anerkennung für getane Arbeit und Anreiz für weitere Leistungen. Am häufigsten ist die *Weihnachtsgratifikation*, die oft in Zusammenhang mit dem 13. Monatsgehalt gezahlt wird. Sind im Arbeitsvertrag 13 Monatsgehälter vereinbart, kann diese 13. Zahlung nicht gestrichen werden.

Gratisaktie
Im Zuge der Kapitalerhöhung einer AG kostenlose Aktienausgabe an Altaktionäre im Verhältnis ihres Anteils am bisherigen Grundkapital. Man spricht auch von Kapitalverwässerung, da lediglich durch Rücklagenauflösung und nicht durch Geldzahlung das Grundkapital erhöht wird. Es findet also ein Passivtausch zwischen den Konten Rücklagen und Grundkapital statt. Da Rücklagen durch nicht ausgeschüttete Gewinne gebildet wurden, ist deren Auflösung und Einstellung in das Grundkapital eine Form der ↑ Selbstfinanzierung.

Grenzkosten
Zusätzliche Kosten, die bei der Produktion einer weiteren Einheit entstehen.

Grenznutzen
Diejenige Veränderung des Gesamtnutzens (↑ Nutzen), die eintritt, wenn bei gegebener Güterkombination der Konsum eines Gutes um eine unendlich kleine Einheit erhöht wird. ↑ Gossensche Gesetze.

Grenzplankostenrechnung
1.*Begriff:* Modernste Form der Plankostenrechnung, entstanden aus den Unzulänglichkeiten der ↑ Vollkostenrechnung (Gefahr von Fehlentscheidun-

GmbH & Co. KG

Allgemeines	KG, deren einziger persönlich haftender Gesellschafter eine GmbH ist
Rechtsgrundlagen	für KG: KG-Recht + besondere Vorschriften des HGB und GmbHG; für Komplemtär-GmbH: GmbHG
Zweck	wie KG
Rechtsfähigkeit	wie KG, jedoch ist persönlich haftender Gesellschafter juristische Person
Gründung	formfreier Vertrag; GmbH selbst durch notariellen Vertrag
Gesellschafter	GmbH und mindestens ein Kommanditist
Firma	eigene Firma wie KG + Bezeichnung, welche die Haftungsbeschränkung kennzeichnet
Eintragungen im Handelsregister	vorgeschrieben
Kapital und Einlagen	wie KG
Gesellschaftsvermögen	gemeinschaftliches Vermögen
Haftung	persönlich haftender Gesellschafter auf GmbH-Vermögen beschränkt; Kommanditist beschränkt
Organe	keine besonderen Organe; GmbH als solche hat Geschäftsführer
Geschäftsführung	GmbH, diese handelt durch ihren Geschäftsführer
Vertretung	GmbH, diese vertreten durch ihren Geschäftsführer
Informations- und Kontrollrechte der Gesellschafter	wie KG bzw. GmbH
Mitwirkung der Gesellschafter	wie KG bzw. GmbH
Gewinn und Verlust	wie KG
Entnahmen/ Gewinnauszahlung	wie KG
Anteilsübertragung	wie KG
Auflösung und Liquidation	wie KG
Einmanngesellschaft	dieselbe Person Alleingesellschafter der GmbH und einziger Kommanditist

gen). Die G. ist insbes. auf solche Aufgaben der Kostenrechnung ausgerichtet, die dem Zurverfügungstellen von Kostendaten (relevante Kosten) für den Aufbau der kurzfristigen betrieblichen Planung dienen. Im Rahmen der ↑ Dekkungsbeitragsrechnung dient die G. der Erfolgskontrolle.

Die G. bezieht sowohl in die Verrechnungssätze für innerbetriebliche Leistungen als auch in die Kalkulationssätze der primären Kostenstellen *nur die proportionalen Kosten* ein. Hierdurch wird die für die Vollkostenrechnung typische rechnerische Proportionalisierung der fixen Kosten vermieden. Die fixen Kosten werden aus der Kostenstellenrechnung unmittelbar in die Erfolgsrechnung übernommen. Da die G. allerdings in den meisten Fällen durch eine parallele Vollkostenrechnung ergänzt wird, muß die innerbetriebliche Leistungsverrechnung der Kostenplanung nachträglich um eine sekundäre Fixkostenverteilung erweitert werden, um die gesamten Fixkosten des Herstellkostenbereichs über die Bestände führen zu können.

Großhandel

Bezeichnung für einen Teil des Handels, der normalerweise vom Hersteller Waren in größeren Mengen kauft und sie an Wiederverkäufer weiterverkauft. – *Funktionen*:

1. *Mengengruppierung*: Der G. verändert die Abpackungen auf kundengerechte Größen.
2. *Raumüberbrückung*: Durch seine Lagerung größerer Mengen übernimmt der G. die Lagerhaltung für den Einzelhändler. Dieser kann dadurch Lagerkosten sparen und die Ware trotzdem jederzeit zur Verfügung haben.
3. *Zeitüberbrückung*: Durch größeren Einkauf und Lagerung kann der G. dem Wiederverkäufer das ganze Jahr hindurch Waren anbieten, die saisonal gebunden sind (z.B. Südfrüchte).
4. *Sortimentsbildung*: Der G. stellt verkaufsattraktive Warengruppen zusammen, z.B. eine Tragetasche mit 5 verschiedenen Spirituosen.
5. *Werbeunterstützung* des Einzelhandels.

Großhandelskontenrahmen

↑ Kontenrahmen für den Groß- und Außenhandel.

Grundbesitzwerte

Spezielle steuerliche Schätzwerte für den Wert von Grundstücken, geregelt in §§ 138 ff. des Bewertungsgesetzes. Sie liegen meist unterhalb der tatsächlichen Werte (Verkehrswerte), weshalb es nach wie vor vorteilhafter ist, Grundvermögen zu besitzen oder zu vererben als z.B. Bargeld. Die G. ersetzen weitgehend die früheren ↑ Einheitswerte für Grundbesitz, weil diese so niedrig waren, daß das Verfassungsgericht deren weitere Anwendung bei den meisten Steuern als einen Verstoß gegen das Grundgesetz eingestuft hatte (wegen der zu krassen Benachteiligung derjenigen, die anderes Vermögen besitzen).

Grundbuch

1. G. im *buchhalterischen* Sinn: Enthält alle Geschäftsvorfälle als Buchung lückenlos in zeitlicher Reihenfolge. Das G. – auch *Journal, Tagebuch, Memorial* genannt – bildet die Grundlage der gesamten Buchführung und bereitet die Buchungen auf den Hauptbuchkonten vor.
2. G. im *Grundstücksrecht*: In diesem beim Grundbuchamt (Amtsgericht) geführten öffentlichen Register werden die Eigentumsverhältnisse an einem Grundstück offengelegt. Jegliche Beschränkung des Eigentümers wird festgehalten.

In Abteilung 1 steht der Eigentümer mit vollem Namen oder die Firma. Abteilung 2 führt alle Belastungen und Beschränkungen, ausgenommen die Grundpfandrechte, auf. Abteilung 3 weist die Grundpfandrechte, aus, wie ↑ Hypothek, ↑ Grundschuld und ↑ Rentenschuld.

Grunddienstbarkeit

Recht eines Grundstückbesitzers, ein anderes Grundstück beschränkt unmittelbar zu nutzen. Eintragungspflicht in Abteilung 2 des Grundbuches. Der Eigentümer des belasteten Grundstücks hat die G. zu dulden.

Grunderwerbsteuer

Eine Steuer, die beim Kauf eines Grundstücks vom Erwerber zu entrichten ist. Sie beträgt 3,5 % des Kaufpreises. Keine G. fällt an, wenn Grundstücke durch Erbschaft erworben werden, ebenso beim Erwerb von Ehegatten, Verwandten in gerader Linie u.a.m.

Grundgesetz (GG)

Die am 24.5.1949 in Kraft getretene zunächst vorläufige, mit dem Inkrafttreten des Einigungsvertrages die für Gesamtdeutschland geltende Verfassung für die Bundesrepublik Deutschland. Die Einhaltung der im GG verankerten Grundrechte der Bürger sowie der Rechte des Bundes, der Parteien und der Länder werden vom Bundesverfassungsgericht garantiert. Im sog. Normenkontrollverfahren überprüft auf Anfrage das Bundesverfassungsgericht die Rechtmäßigkeit von verabschiedeten Gesetzen.

Grundhandelsgewerbe

Jeder Kaufmann, der ein in §1 HGB aufgeführtes Grundhandelsgeschäft betreibt, übt ein G. aus. Die Zugehörigkeit führt zwangsläufig zur Vollkaufmannseigenschaft.

Grundkapital

Der Nennwert aller ausgegebenen Aktien. Mindestgrundkapital in deutschen Aktiengesellschaften beträgt 100.000 DM. Die Höhe des G. ist in der Satzung festgelegt und kann nur durch eine Satzungsänderung, die einer 3/4-Mehrheit der Aktionäre bedarf, verändert werden.

Grundlohn

1. *Personalwesen*: Tariflich festgelegter Mindestlohn, bei dem eine Normalleistung zugrunde gelegt wird. Der G. wird aus dem ↑ Ecklohn abgeleitet.

2. *Sozialversicherung*: In der Krankenversicherung werden die Beiträge zur gesetzlichen Krankenversicherung sowie die baren Leistungen der Kassen (z.B. Sterbegeld) nach dem G. bemessen, ausgenommen Krankengeld, das nach dem Regellohn berechnet wird. Als G. gilt der auf den Kalendertag entfallende Teil des Arbeitsentgelts. – Beim Bezug von Mutterschaftsgeld nach Ablauf der Schutzfrist gilt als G. der auf den Kalendertag entfallende Teil des Arbeitsentgelts und der Betrag des Mutterschaftsgeldes.

Grundnutzen

Teil des ↑ Nutzens. G. besteht in der wirtschaftlich-technischen, sachlich-stofflichen oder funktionalen Eignung eines Gutes für seinen Verwender, den erwarteten Zweck zu erfüllen. G. wird ergänzt durch den ↑ Zusatznutzen.

Grundpfandrechte

Sammelbegriff für die in Abteilung 3 des Grundbuchs eingetragenen Belastungen des Grundstücks wie ↑ Grundschuld, ↑ Rentenschuld und ↑ Hypothek.

Grundrechte

Die im Grundrechtsteil des Grundgesetzes verankerten Freiheitsrechte. G., die allen Menschen unterschiedslos zukommen, heißen Menschenrechte (z.B. Gleichheit, Glaubensfreiheit, Gewissensfreiheit). G., die nur den Deutschen vorbehalten sind, heißen Bürger- oder Deutschenrechte (z.B. Versammlungsfreiheit, Berufsfreiheit).

Grundrente

1.*Bundesversorgungsgesetz:* fester Rentenbestandteil der Kriegsopferrenten, unabhängig von der Einkommenshöhe des Rentenempfängers.

2.*Sozialpolitik:* beitragsunabhängiges staatlich garantiertes Minimum einer Altersrente.

3. *Mikroökonomie:* Das auf dem Privateigentum an Grund und Boden beruhende Geldeinkommen für das Nutzungsrecht des Bodens.

Grundsätze ordnungsmäßiger Buchführung (GoB)
Grundsätze, die sich durch Gesetzgebung (AktG, HGB), durch Rechtsprechnung der Gerichte, aus herrschenden Meinungen in der Fachliteratur, aus gesicherten Erkenntnissen der Betriebswirtschaftslehre, Stellungnahmen des Instituts der Wirtschaftsprüfer in Deutschland sowie aus der betrieblichen Praxis entwickelt haben. – Im einzelnen gehören dazu: Die Buchführung muß klar und übersichtlich sein. Die Beträge sind in Inlandswährungen anzugeben. Die Eintragungen sind in einer lebenden Sprache vorzunehmen. Sämtliche Geschäftsvorgänge sind fortlaufend, vollständig und richtig aufzuzeichnen. Keine Buchung ohne Beleg. Keine Radierungen oder durchgestrichene Zahlen (bei EDV-Buchführung müssen Änderungen und Korrekturen automatisch aufgezeichnet werden). Freiräume sind durch Buchhalternasen zu entwerten. Das Kassenbuch ist täglich zu führen. Üblich ist das Führen eines Kontokorrentbuches. Am Jahresschluß sind eine Inventur und eine Bilanz aufzustellen. Bücher, Inventuren und Bilanzen sind 10 Jahre, Belege und Geschäftspapiere 6 Jahre aufzubewahren.

Grundschuld
Belastung eines Grundstücks in der Weise, daß der Begünstigte sich aus dem Grundstück befriedigen kann, wenn der Eigentümer des Grundstücks seinen Verpflichtungen, z.B. zur Kreditrückzahlung, nicht nachkommen kann.

Grundsteuer
Bundeseinheitlich geregelte Gemeindesteuer, die landwirtschaftliche, gewerbliche und Wohngrundstücke erfaßt. Zu zahlen ist die G. vierteljährlich vom jeweiligen Eigentümer. Die G. zählt zu den Realsteuern. Die Höhe der G. richtet sich nach dem Einheitswert. *Berechnungsformel*: Einheitswert × Steuermeßzahl × Hebesatz = Jahresbetrag der G.

Grundstück
Immobilie; begrenzte, durch Vermessung gebildete Teile der Erdoberfläche, die im Grundbuch als selbständige G. eingetragen sind. – *Grundstücksübertragung* unterliegt besonderen Formvorschriften: Notarieller Vertrag, ↑ Auflassung, Eintragung ins ↑ Grundbuch. – *Grundstücksbelastungen*: ↑ Grundpfandrechte, ↑ Grunddienstbarkeit, ↑ Nießbrauch u.a.

grüner Punkt
↑ duales System.

Gruppenakkord
Zahlung eines Leistungslohnes an eine im Akkord arbeitende Personengruppe. Der Vorteil ist, daß auch Schwächere durch den von allen angestrebten G. mitgezogen werden. Die spätere Verteilung bemißt sich meistens nach den einzelnen tariflichen Grundlohnansprüchen. ↑ Akkordlohn.

Gruppenbewertung
Handelsrechtlich anerkannte gemeinsame Bewertung unterschiedlicher Vermögensgegenstände, die sich aber von der Art her ähneln. Eine Mengenfestlegung ist allerdings unerläßlich. Die G. steht im Widerspruch zum grundsätzlichen Prinzip der ↑ Einzelbewertung. – *Steuerlich* sind nur die ↑ Durchschnittsbewertung oder die ↑ Lifo-Methode anerkannt.

G 7
(Abk. für Gruppe der Sieben); informeller Zusammenschluß der sieben wichtigsten Industriestaaten der Welt: Deutschland, Frankreich, Großbritannien, Italien, Japan, Kanada und USA.

Die Zusammenarbeit dieser Länder findet mit unterschiedlicher Beteiligung nationaler und internationaler Stellen auf mehreren Ebenen statt. Seit 1975 finden jährliche Konferenzen (sog. Weltwirtschaftsgipfel) der Staats- und Regierungschefs der G 7 und (seit 1977) des Präsidents der Europäischen Kommission (↑ EU) sowie (seit 1994) des Präsidentens Rußlands als gleichberechtigter Partner bei politischen Beratungen statt; erörtert werden aktuelle Fragen, v.a. der Weltwirtschaftslage.

Güter
Begriff aus der Wirtschaftstheorie, der Waren und Dienstleistungen umfaßt. G. sind Mittel, die zum Zwecke der Bedürfnisbefriedigung bereitgestellt werden. – *Arten*:
1. *Freie* und *knappe* G.: Diese Unterteilung zielt auf die Feststellung, ob ein Gut unbegrenzt zur Verfügung steht (z.B. früher angeblich Luft, Sand in der Wüste), oder ob mit ihm sparsam umgegangen werden muß und ob es daher Gegenstand wirtschaftlicher Betrachtung ist. Knappe G. haben einen Preis, da für sie im Gegensatz zu den freien G. Märkte existieren.
2. *Materielle* und *immaterielle* G.: Man trennt zwischen Sachen und nichtkörperlichen (immateriellen) Gegenständen wie Rechte, Lizenzen.
3. *Konsum-* und *Investitionsgüter*: Erstere dienen der direkten und unmittelbaren Bedürfnisbefriedigung. Investitionsgüter (Maschinen, Produktionsanlagen) dienen zur weiteren Produktion von Konsum- und Investitionsgütern.
4. *Gebrauchs-* und *Verbrauchsgüter*: Erstere sind dauerhafte G., die nach dem Kauf nicht konsumiert (einmalig gebraucht) werden, sondern dem mehrmaligen Gebrauch dienen. Verbrauchsgüter werden konsumiert.

Güterfernverkehr
Begriff aus dem Güterkraftverkehrsgesetz (GüKG). Gemäß § 3 GüKG ist G. „jede Beförderung von Gütern mit einem Kraftfahrzeug für andere über die Nahzone von 75 km hinaus oder außerhalb dieser Grenzen mit Ausnahme des Umzugsverkehrs." (↑ Güternahverkehr) Der G. bedarf der ausdrücklichen Genehmigung (Güterfernverkehrsgenehmigung). Die früher bindenden Tarife (Güterfernverkehrstarif GFT) haben nur noch Referenzcharakter.

Güternahverkehr
Begriff aus dem Güterkraftverkehrsgesetz (GüKG). Gemäß § 2 GüKG ist G. „jede Beförderung von Gütern mit einem Kraftfahrzeug für andere innerhalb der Nahzone mit Ausnahme des Umzugsverkehrs." Die Nahzone ist das Gebiet innerhalb des Umkreises von 75 km gerechnet in Luftlinie um den Standort des Fahrzeuges. Als Standort gilt der Sitz des Unternehmens oder einer Niederlassung.

Güterverkehr
Der G. ist einer der bedeutenden Wirtschaftsbereiche in allen entwickelten Volkswirtschaften. In Deutschland erzielten im Jahr 1995 die Sektoren Land- und Forstwirtschaft sowie Produktion rund 36 % der gesamten Bruttowertschöpfung. Es wurden also Waren im Wert von rund 1.235 Mrd. DM produziert, die über die Inanspruchnahme von Güterverkehrsleistungen den Verbrauchern zugeführt wurden.

gute Sitten
In der Rechtsprechung entwickelte Definition: „Was dem Anstandsgefühl aller billig und gerecht Denkenden widerspricht, verstößt gegen die g.S.". Vor allem im Bereich des unlauteren Wettbewerbs (UWG) ist das Prinzip der g.S. entwickelt, da unter Kaufleuten anständige Umgangsformen in dem Sinne herrschen sollen, daß keiner über den anderen unwahre, ehrverletzende, kreditgefährdende und irreführende Aussagen macht.

H

Haben

Bezeichnung einer Kontenseite. – *Gegensatz*: ↑ Soll.

1. In der *Buchhaltung* ist damit die rechte Seite eines Kontos gemeint. Bei Aktivkonten bedeuten Habenbuchungen Abgänge, bei Passivkonten Zugänge. Bei Buchungen auf Erfolgskonten sind Habenbuchungen grundsätzlich Erträge, es sei denn, daß Aufwandskonten korrigiert werden müssen.
2. Im *Bankbereich* sind Habensalden, die den Kunden mitgeteilt werden, Guthaben der Kunden, d.h. aus der Sicht der Bank Verbindlichkeiten gegenüber dem Kunden, ähnlich den Verbindlichkeiten im Geschäftsbereich, die ebenfalls im Haben ausgewiesen werden.

Hacker

Computerfans, die professionelle Computeranwendungen beherrschen und über Modems versuchen, in fremde Computersysteme einzusteigen und dort entweder Daten abzurufen oder Programmabläufe zu beeinflussen.

Haftpflichtversicherung

Versicherung für den Fall, daß ein Versicherungsnehmer für einen Schaden aufgrund bestehender Haftpflichtbestimmungen von einem Dritten auf Schadensersatz in Anspruch genommen wird. *Beispiel:* Kraftfahrzeug-H. für Sach- und Personenschäden aufgrund eines Verkehrsunfalls.

Haftung

Das Einstehen für den Schaden, den ein anderer durch vorsätzliches oder fahrlässiges Verhalten erlitten hat.

halbbare Zahlung

Zahlungsvorgang, bei dem einer der Beteiligten ein Konto bei einem Kreditinstitut besitzt, während der andere Bargeld erhält oder einzahlt. Formen: Zahlungsanweisung, Barscheck.

Halberzeugnisse

Unfertige Erzeugnisse; Güter, die im Produktionsprozeß zwischen Rohstoffen und Fertigprodukten stehen. Sie sind entweder innerhalb des Unternehmens zur Weiterverarbeitung vorgesehen oder sie verlassen das Unternehmen als verkaufsfähiges Gut, um in anderen Unternehmen zum Fertigprodukt veredelt zu werden.

Handel

Unternehmen der Distribution. Der ↑ *Einzelhandel* beschäftigt sich mit der Verteilung der Waren an den Endverbraucher, der ↑ *Großhandel* mit dem Verkauf an Wiederverkäufer. Im ↑ *Außenhandel* werden grundsätzlich unterschieden: Importgroßhandel, Exportgroßhandel und Transitgroßhandel.

Handelsbilanz

1. H. im *Rechnungswesen*: Eine Bilanz, die nach handelsrechtlichen Bewertungsgrundsätzen aufgestellt wurde (durch §242I HGB vorgeschrieben). Die ↑ Steuerbilanz richtet sich nach der H., sofern keine steuerrechtlichen Bewertungsregeln den handelsrechtlichen entgegenstehen.
2. H. im *Außenhandel*: Eine Gegenüberstellung der Exporte (Aktiva) und der Importe (Passiva). Ist die Handelsbilanz aktiv, so besteht ein Exportüberhang. Umgekehrt verhält es sich bei

Importüberschüssen (passive Handelsbilanz). Die H. ist Teil der Leistungs- bzw. ↑ Zahlungsbilanz.

Handelsbrauch
Auch: *Usance*; gesetzlich nicht festgelegte Weisung, wie man sich im Geschäftsleben verhalten soll, sondern durch Praxis gebildet. Kann zum Gewohnheitsrecht werden, wenn die allgemeine Überzeugung herrscht, so handeln zu müssen.

Handelsgeschäft
Rechtsgeschäft eines Kaufmanns, das im Rahmen seines Handelsgewerbes entsteht. Dazu zählen die Grundgeschäfte, die das betreffende Handelsgewerbe zum Gegenstand hat (z.B. Zuckergroßhandlung: An- und Verkauf von Zucker) und die Hilfsgeschäfte (z.B. Anschaffung von Einrichtungsgegenständen, Anstellung von Personal). – Man unterscheidet das *einseitige* H., bei dem nur eine Person Kaufmann ist, und *zweiseitige* H., bei dem beide Vertragspartner Kaufleute sind. ↑ Handelskauf.

Handelsgesellschaften
Personenvereinigungen mit dem Ziel, unter einheitlicher Firma Handelsgeschäfte zu betreiben. H. sind ins Handelsregister einzutragen. Für sie gilt das HGB. – *Arten*: ↑ Personengesellschaften und ↑ Kapitalgesellschaften. – ↑ Genossenschaften sind in Aufgabenstellung und Auftreten im Handelsverkehr den H. gleichzustellen.

Handelsgesetzbuch (HGB)
Regelt einen wesentlichen Teil der vom bürgerlichen Recht (vgl. BGB) abweichenden Sonderregeln für Kaufleute. Inhalt: *Handelsstand* (Kaufmannseigenschaften, Handelsregister, Prokura, Firma, Handlungshilfe, Handelsmakler), OHG und KG; *Handelsgeschäfte* im allgemeinen und im speziellen, Kommissionsgeschäfte, Spedition, Frachtvertrag.

Handelsgewerbe
Kaufmännische Betätigung in Form des Grundhandelsgeschäfts (§ 1 HGB) oder als Sollkaufmann mit eingerichtetem Geschäftsbetrieb und Handelsregistereintragung oder als Formkaufmann in einer bestimmten Rechtsform.

Handelskauf
↑ Handelsgeschäft, bei dem entweder ein Beteiligter Kaufmann und der andere Privatmann ist (*einseitiger H.*) oder beide Teile Kaufleute sind (*zweiseitiger H.*). Beim H. werden Waren oder Wertpapiere gehandelt. Im Interesse der schnellen und glatten Abwicklung des H. wird der Verkäufer im Vergleich zum ↑ Kaufvertrag nach BGB begünstigt. Sondervorschriften für zweiseitige Handelsgeschäfte schreibt das HGB vor, so z.B. die sofortige Rügepflicht des Kaufmanns bei offenen Mängeln, die Aufbewahrungspflicht von Waren, die beanstandet wurden oder das Recht des Lieferers, im Annahmeverzug die Ware öffentlich einzulagern.

Handelsklausel
Kurze vertragliche Abrede in Kaufverträgen, die dem zugrunde liegenden Geschäft im In- und Ausland einen bestimmten Inhalt geben soll, z.B.: Lieferung frei Haus, Zahlung netto Kasse. Bei Geschäften mit dem *Ausland* haben sich Abkürzungen internationaler Art eingebürgert, sog. ↑ Incoterms.

Handelsmakler
Eine Person, die gewerbsmäßig die Vermittlung von Handelsgeschäften, insbesondere von Waren, Wertpapieren oder Dienstleistungen übernimmt. Der H. betreibt ein Grundhandelsgeschäft nach § 1 HGB und ist daher Voll- oder Minderkaufmann, je nach Größe seiner kaufmännischen Organisation. Er ist nicht ständig für einen Auftraggeber tätig. Durch die Verpflichtung zur Führung eines Tagebuchs, in dem alle den Vertragsverhandlungen zugrunde liegenden wichtigen Punkte aufgezeichnet werden,

kann und muß der H. den beteiligten Personen jederzeit Auskunft über den Stand der Vertragsverhandlungen geben. Die vom H. vertretenen Parteien sind gleichmäßig zu behandeln. Nach Abschluß des Vertrages hat der H. den Parteien eine Schlußnote zuzusenden, in der alle wichtigen Vereinbarungen aufgezeichnet sind. Der H. hat Anspruch auf Maklerlohn bei Vertragsabschluß.

Handelspolitik

↑ Außenhandelspolitik.

Handelsrecht

Sonderrecht für Kaufleute. Das H. regelt im HGB und in einer Reihe von anderen Gesetzen (Aktiengesetz, GmbH-Gesetz, Wechselrecht, gewerbliche Schutzrechte, Gesetz gegen den unlauteren Wettbewerb) die Tätigkeit des Kaufmanns. Das H. gilt für alle Kaufleute mit Vorrang vor dem bürgerlichen Recht. Oft ergänzt das allgemeine bürgerliche Recht das H., so bei Vollmacht, Recht der OHG und KG, Kauf- und Werkvertrag.

Handelsregister

Ein öffentliches Verzeichnis beim Amtsgericht mit Angaben über Vollkaufleute, z.B. über Firma, Geschäftsinhaber, evtl. Kommanditisten, Prokuristen, Geschäftssitz, Art und Gegenstand des Geschäftsbetriebes. Über *Eintragung* ins H. und *Wirkung* der Eintragung siehe Übersicht.

Handelsspanne

Differenz zwischen Einstandspreis und Verkaufspreis, ausgedrückt als absolute Zahl (Stückspanne) oder in Prozent des Verkaufspreises (Prozentspanne). – *Beispiel*:

Einstandspreis	100 DM
+25%Geschäftskosten	25 DM
Selbstkostenpreis	125 DM
+Gewinn	25 DM
Verkaufspreis	150 DM
(Bezugsgrundlage)	

Berechnung: $x\,\% = 50$ DM
150 DM $= 100\%$

$$x = \frac{50 \times 100}{150} = 33\tfrac{1}{3}\%$$ Handelsspanne

Handelsvertreter

Mußkaufmann nach § 1 HGB, der als selbständiger Gewerbetreibender ständig damit betraut ist, für einen anderen Unternehmer Geschäfte abzuschließen (*Abschlußvertreter*) oder zu vermitteln (*Vermittlungsvertreter*). Der H. arbeitet im fremden Namen und auf fremde Rechnung. Er hat die Sorgfaltspflicht eines ordentlichen Kaufmanns, die sofortige Benachrichtigungspflicht an den Unternehmer über Vertragsabschlüsse, die Schweige- und Treuepflicht sowie die allgemeine Verpflichtung, sich um Geschäfte zu bemühen und die Interessen des Unternehmens wahrzunehmen. Die Vergütung besteht in der Zahlung der vereinbarten Provision, Auslagenersatz und einer evtl. Delkredere-Provision. Der Unternehmer hat seinerseits die erforderlichen Unterlagen dem H. bereitzustellen und ihm jegliche Unterstützung zu gewähren, z.B. Werbematerialien, Preislisten, Muster, Verkaufshilfen.

Handelswechsel

↑ Wechsel, dem ein Warengeschäft zugrunde liegt, daher auch *Warenwechsel* genannt. H. können, im Gegensatz zum ↑ Finanzwechsel, von den Geschäftsbanken bei der Bundesbank rediskontiert werden.

Händlermarke

Waren- oder Firmenzeichen (↑ Marke), mit dem Handelsbetriebe oder -organisationen ihre Waren versehen oder versehen lassen.

Handlungsbevollmächtigter

Eine Person, die, ohne Prokurist zu sein, zu Tätigkeiten für einen anderen im Rahmen eines Handelsgeschäftes ermächtigt wird. Der H. braucht nicht im Dienste der Firma zu stehen (Ehefrau,

Handelsregister – Eintragung

	Abteilung A	**Abteilung B**
Die Anmeldung muß durch den Inhaber vorgenommen werden, entweder ○ mündlich zu Protokoll bei Gericht, oder ○ schriftlich in öffentlich beglaubigter Form.	für Einzelunternehmungen und Personengesellschaften	für Kapitalgesellschaften
Alle Eintragungen werden nur **auf Antrag** vorgenommen, deswegen kann man sich nicht unbedingt auf das H. verlassen. Unterlassene Eintragungen können erzwungen werden.		
Eingetragen werden u.a.: Firma, Name des Inhabers, Art des Geschäftes, Sitz der Firma, Errichtung von Filialen, Bestellung und Widerruf von Prokuristen, Vergleichsverfahren, Löschung durch Liquidation oder Konkurs.		

Wirkung der Eintragung ins Handelsregister

Rechtbezeugende Wirkung (deklaratorisch)

Eine bereits eingetretene Rechtswirkung wird nachträglich bestätigt. Z.B.:
- ○ Bestellung und Abberufung von Prokuristen.
- ○ Änderung der Rechtsform von Personengesellschaften.
- ○ Wechsel des Inhabers.

Rechterzeugende Wirkung (konstitutiv)

Eine Tatsache wird erst durch die Eintragung wirksam. Z.B.:
- ○ Eine Kapitalgesellschaft erlangt Rechtsfähigkeit.
- ○ Soll- und Kannkaufleute erlangen Kaufmannseigenschaften.

Freund). Bei der Zeichnung setzt der H. vor seinen Namen i.V. = in Vollmacht. ↑ Handlungsvollmacht.

Handlungsgehilfe
Kaufmännischer Angestellter, der durch einen Arbeitsvertrag verpflichtet wird, Dienst in einem Handelsgewerbe zu leisten. Die sich aus dem Arbeitsvertrag ergebenden Verpflichtungen werden aus der Sicht des Arbeitnehmers Treuepflicht und aus der Sicht des Arbeitgebers Fürsorgepflicht genannt. Die ordentliche Kündigung der H. ist an die Fristen des BGB gebunden.

Handlungsreisender
Im Gegensatz zum Handelsvertreter Angestellter der Firma. Er tätigt Kundenbesuche mit der Aufgabe, im Namen der Firma Verträge abzuschließen.

Handlungsvollmacht
Die durch den Unternehmer oder Prokuristen vorgenommene Ermächtigung einer Person (↑ Handlungsbevollmächtigter), im Rahmen eines Handelsgewerbes Rechtshandlungen durchzuführen, die ein derartiges Handelsgeschäft gewöhnlich mit sich bringt; dazu gehören nicht Veräußerung und Belastung von Grundstücken, Eingehen von Wechselverbindlichkeiten, Darlehensaufnahme und Prozeßführung (nur bei ausdrücklicher Ermächtigung). H. wird nicht ins Handelsregister eingetragen. – Die H. *erlischt* durch Widerruf, Kündigung, Konkurs oder Tod des Handlungsbevollmächtigten. – *Arten*:

1. *Generalvollmacht* (Gesamtv.) umfaßt alle Bereiche des Betriebes, z.B. Geschäftsleiter.

2. *Artvollmacht* (Teilv.) berechtigt zur Vornahme von Rechtsgeschäften, die sich auf einen Teil des Betriebes konzentrieren, z.B. für den Leiter der Finanzbuchhaltung oder des Einkaufs.
3. Bei der *Spezialvollmacht* (Einzelv.) wird die Erlaubnis auf eine spezielle, bzw. auf eine einmalige Aufgabe eingegrenzt (z.B. Inkassovollmacht für den Verkaufsfahrer).

Handwerk
Gewerbe, das sich mit Be- und Verarbeitung von Stoffen sowie mit Reparaturen jeglicher Art beschäftigt. Gewöhnlich wird hierunter ein kleinerer oder mittlerer Betrieb verstanden, in dem noch individuell gearbeitet werden kann und der Inhaber selbst häufig mitarbeitet. Die selbständige Führung eines Betriebes ist nur erlaubt, wenn sich der Unternehmer in die ↑ Handwerksrolle eingetragen und eine Meisterprüfung abgelegt hat. – Die *Handwerksordnung* regelt das Recht des H. und zählt auch die verschiedenen Gewerbe auf, die als H. betrieben werden können.

Handwerkskammer
Als ↑ Körperschaft des öffentlichen Rechts Interessenvertretung des Handwerks als Berufsstand. Zwangsmitgliedschaft besteht für selbständige Handwerker, Inhaber handwerksähnlicher Betriebe sowie für Gesellen und Lehrlinge. Im Falle nichthandwerklicher Betriebsteile ist auch die Mitgliedschaft in der zuständigen ↑ Industrie- und Handelskammer vorgeschrieben (Doppelmitgliedschaft).

Handwerksrolle
Verzeichnis der selbständigen Handwerker im Bezirk der jeweilig zuständigen Handwerkskammer. Die Eintragung in die H. ist Voraussetzung zur Führung eines Handwerksbetriebes. Einzutragen sind u.a. Art und Umfang des Betriebes, Staatsangehörigkeit, Geburtsdatum, Anschrift und abgelegte Befähigungsnachweise des Inhabers bzw. Betriebsleiters.

Hardware
Alle Gerätekomponenten eines Rechners, die gegenständlich vorhanden sind, also alle mechanischen, elektrischen und elektronischen Elemente. Erst mit der ↑ Software wird der Computer arbeitsfähig.

Harmonisierung
Anpassung gesetzlicher Bestimmungen innerhalb der EU (↑ EU, Europäische Union) mit dem Ziel des Abbaus von Wettbewerbsverzerrungen zwischen den Mitgliedstaaten und der Liberalisierung des Dienstleistungs-, Güter- und Kapitalflusses, sowie der gegenseitigen Anerkennung (z.B. der Hochschuldiplome).

harte Währung
Währung, deren ↑ Außenwert stabil ist oder zunimmt. Voraussetzung ist die freie ↑ Konvertibilität dieser Währung.

Hauptabschlußübersicht
↑ Betriebsübersicht.

Hauptbuch
In der doppelten Buchführung das Buch, das alle Geschäftsvorfälle zusammenfaßt und sämtliche Konten in sachlicher Ordnung hält. Die Sachkonten des H. werden am Jahresende zur Bilanz abgeschlossen und am Jahresanfang wieder eröffnet.

Hauptkostenstellen
Fertigungsstellen, die die Hauptprodukte des Unternehmens erzeugen, z.B. Gießerei, Fräserei, Dreherei, Schleiferei in einem metallverarbeitenden Betrieb.

Hauptversammlung
Beschlußfassendes Organ der ↑ Aktiengesellschaft und der KGaA neben Vorstand und Aufsichtsrat. Die H. besteht aus der Versammlung aller Aktionäre oder ihrer Bevollmächtigten. Jede Aktie

hat eine Stimme. – Die H. muß mindestens einmal jährlich in den ersten acht Monaten des Geschäftsjahres vom Vorstand einberufen werden. – *Aufgaben und Rechte*: Beschluß über die Gewinnverteilung; Entlastung des Vorstandes und des Aufsichtsrates; Bestellung der Abschlußprüfer; Beschluß über Satzungsänderungen; Beschluß über Kapitalerhöhung und -herabsetzung; Beschluß zur Auflösung (Liquidation); Auskunftsrecht; Wahl der Mitglieder des Aufsichtsrates.

Haushalt

1. *Privater Haushalt*: Zusammen wohnende Personengruppe, meistens Familien, aber auch Einzelpersonen.
2. *Staatshaushalt, Budget, Haushaltsetat*: Einnahmen- und Ausgabenaufstellung von Bund, Ländern oder Gemeinden. Über Entwicklung und Zusammensetzung der Ausgaben der öffentlichen Haushalte (Bund, Länder, Gemeinden, Gemeindeverbände, Lastenausgleichsfonds und ERP-Sondervermögen) siehe Übersichten.

Haushaltsfreibetrag

Freibetrag bei der Veranlagung zur Einkommensteuer in Höhe von 5.616 DM, der Ledigen, Geschiedenen und Verwitweten gewährt wird, wenn sie auch einen ↑ Kinderfreibetrag erhalten.

Hausse

(franz. = Ansteigen); Bezeichnung für Perioden steigender Kurse von Wertpapieren oder Waren. – *Gegensatz*: ↑ Baisse.

Haustürgeschäft

Vertragsabschluß in einer Privatwohnung, am Arbeitsplatz, auf der Straße oder bei sog. Kaffeefahrten. Ein H. kann vom Kunden innerhalb einer Woche schriftlich widerrufen werden. Zur Wahrung der Frist genügt die rechtzeitige Absendung des Widerrufs. Frist beginnt erst dann, wenn der Kunde ausdrücklich ordnungsgemäß schriftlich

Entwicklung der Ausgaben der öffentlichen Haushalte
(Bund, Lastenausgleichsfonds, ERP-Sondervermögen, Länder, Gemeinden/Gemeindeverbände)

Jahr	Ausgaben	
	Mill. DM	DM je Einwohner
1950	28.141	590
1960	64.555	1.162
1970	196.330	3.194
1980	741.627	12.047
1981	791.199	12.830
1982	828.482	13.441
1983	849.178	13.826
1984	876.812	14.331
1985	907.128	14.867
1986	941.710	15.426
1987	978.701	16.020
1988	1.021.106	16.626
1989	1.053.249	16.991
1990	1.144.607	18.102
1991	1.411.825	17.618
1992	1.618.715	20.091
1993	1.693.850	20.863
1994	1.778.372	21.845
1995*	1.856.688	22.742
1996*	1.864.196	22.767

* Teilweise geschätzt
Ab 1992 Deutschland gesamt

Ausgaben der öffentlichen Haushalte 1994 nach Aufgabenbereichen

2,7%	Verteidigung
2,8%	Öffentliche Sicherheit und Ordnung, Rechtsschutz
8,8%	Schulen, Hochschulen, übriges Bildungswesen
0,9%	Wissenschaft, Forschung, Entwicklung außerhalb der Hochschulen
0,8%	Kulturelle Angelegenheiten
49,9%	Soziale Sicherung
4,3%	Gesundheit, Sport und Erholung
3,6%	Wohnungswesen und Raumordnung
3,9%	Wirtschaftsförderung
2,6%	Verkehr und Nachrichtenwesen
19,7%	Übrige Aufgaben

Quelle: Statistisches Bundesamt

über sein Widerrufsrecht belehrt worden ist.

Head hunting

Abwerbung bestimmter Mitarbeiter durch andere Firmen.

Hebesatz

Prozentsatz, der als Multiplikator für die Berechnung der Grund- und Gewerbesteuer von den Gemeinden festgesetzt wird. Der H. wird nicht direkt auf die Bemessungsgrundlage (z.B. ↑ Gewerbeertrag), sondern nur auf eine daraus abgeleitete Steuermeßzahl angewandt (z.B. 5 % des Gewerbeertrags). Daher erklärt sich die höhe der H. (oft bis zu 500 %.

Hedging

Risikopolitische Absicherungsmaßnahme, die an Devisen- und Finanzmärkten durchgeführt wird, um ein vorhandenes Risiko durch ein Gegengeschäft mit inverser Risikostruktur auszugleichen.

Herstellermarke

Waren- oder Firmenzeichen (↑ Marke), mit dem Produzenten eines Gutes ihre Waren versehen oder versehen lassen.

Herstellkosten

Kalkulatorischer Begriff für die bei der Produktion entstandenen Kosten. *Berechnung*: Materialeinzelkosten + Materialgemeinkosten = Materialkosten (MK); Fertigungseinzelkosten+Fertigungsgemeinkosten+evtl. Sondereinzelkosten der Fertigung = Fertigungskosten (FK). MK + FK = H. der Produktion ± Bestandsveränderung = H. des Umsatzes. Die H. des Umsatzes dienen als Berechnungsgrundlage zur Feststellung der Gemeinkostenzuschläge für Verwaltung und Vertrieb.

Herstellung

↑ Produktion.

Herstellungskosten

Bilanzieller Begriff des Handels- und Steuerrechts; Maßstab für die Bewertung von Vermögensgegenständen (handelsrechtlich) bzw. Wirtschaftsgütern (steuerrechtlich), die ganz oder teilweise im eigenen Betrieb erstellt wurden. Zu den H. gehören mindestens die Einzelkosten (Rohstoffverbrauch und Fertigungslöhne) und die Gemeinkosten für den Material- und Fertigungsbereich. Nach Aktiengesetz können in die H. auch noch anteilige Verwaltungsgemeinkosten eingerechnet werden.

Hifo-Methode

(Abk. für: *h*ighest-*in*-*f*irst-*o*ut); Bewertungsregel für Vorräte. Es wird dabei davon ausgegangen, daß bei gleichartigen die am teuersten eingekauften Waren zuerst verbraucht werden. Nach deutschem Steuerrecht nicht zulässig. Vgl. ↑ Lifo-Methode, ↑ Fifo-Methode.

Hilfsbücher

Nebenbücher, ergänzende Bücher zum ↑ Hauptbuch. Die H. spezifizieren das Hauptbuch; z.B. wird das Konto Forderungen im Hauptbuch durch das Kontokorrentbuch (↑ Kontokorrent) ergänzt.

Hilfskostenstellen

Kostenstellen, die nicht direkt an der Herstellung der betrieblichen Produkte beteiligt sind, sondern hierzu Vorleistungen erbringen, z.B. die Konstruktionsabteilung.

Hilfslöhne

Lohnkosten, die nicht direkt mit der Fertigung zusammenhängen, z.B. Lohn des Gabelstaplerfahrers, der Reinigungskolonnen, der Lagerverwaltung. H. werden als ↑ Gemeinkosten verrechnet und daher häufig auch als *Gemeinkostenlöhne* bezeichnet.

Hilfsstoffe

Bezeichnung in der Kostenrechnung für Stoffe in produzierenden Industriebetrieben, die zwar, ebenso wie die Rohstoffe, in das Produkt eingehen, aber im

Gegensatz zu diesen nur Nebenbestandteile sind (z.B. Rostschutzfarbe, Lacke, Leim). H. werden in der Betriebsabrechnung zu den ↑ Gemeinkosten gezählt.

Hochkonjunktur
↑ Konjunkturphasen.

höhere Gewalt
Ein Ereignis, das nicht vorhersehbar und von niemandem zu vertreten ist, z.B. Blitzschlag, Überschwemmung. Der Schuldner haftet in diesem Fall nicht. Ausnahmen: Befindet sich der Kunde im Annahmeverzug oder der Lieferant im Lieferungsverzug, so haftet der Betreffende auch für den zufälligen, unverschuldeten Untergang der Ware, also auch bei h.G.

Holding-Gesellschaft
Sonderform im Konzernbereich, bei der die Beherrschung der Konzernmitglieder von einer Dachgesellschaft (der Holding) aus erfolgt, die lediglich die angeschlossenen Betriebe verwaltet, ohne selbst Produktions- oder Handelsaufgaben zu übernehmen. Die H.-G. hält die Mehrheit der Aktien der angeschlossenen Gesellschaften und gibt dafür ihrerseits Aktien der H.-G. an die angeschlossenen Unternehmen als Ausgleich zurück, jedoch nie so viel, daß eine Beherrschung von seiten der untergeordneten Gesellschaften möglich wäre. Die angeschlossenen Gesellschaften bleiben rechtlich selbständig, d.h. der Firmenname bleibt nach außen hin bestehen.

Holschuld
Eine Schuld, die am Wohnsitz des Schuldners zu erfüllen ist. Bei zweiseitigen Handelsgeschäften sind Warenschulden grundsätzlich Holschulden, d.h. Kosten und Versandrisiko trägt der Käufer. – *Gegensatz*: ↑ Bringschuld, ↑ Schickschuld.

HTML
(Abk. für *Hypertext Markup Language;* engl. = Hypertext Auszeichnungssprache). Standardisierte, rechnerunabhängige Dokumentbeschreibungssprache im ↑ Word Wide Web zur Beschreibung der Inhalte von Dokumenten (Text, Grafik, Audio, Video, Animationen usw.). Hypertext ändert die Art, wie Dokumente oder Informationen aussehen, wenn sie dem Benutzer mit dem ↑ Browser präsentiert werden. Ein Hypertext-Dokument muß nicht sequentiell (↑ sequentieller Zugriff) gelesen werden. Hyperlinks (engl. = Verknüpfungen) erlauben das einfache Wechseln von einem WWW-Dokument zum nächsten.

http
(Abk. für *Hypertext transport protocol*). ↑ Protokoll, das für den Datenaustausch im WWW zwischen ↑ Server und ↑ Client benutzt wird. Mit Hilfe des Protokolls kann der ↑ Browser die HTML-Dokumente erkennen und dekodieren.

Hypothek
(griech. = Unterpfand); ein Grundpfandrecht, mit dem ein Grundstück belastet wird. Die H. wird zur Sicherung einer Forderung gegeben und erlischt bei Tilgung der Schuld. Die H. wird ins ↑ Grundbuch eingetragen. Solange die H. im Grundbuch steht, gilt sie als gewährt, da sich ein Dritter auf Eintragungen im Grundbuch verlassen kann. Ist die H. in Briefform ausgestellt, so genügt für ihn die Vorlage des Briefes (*Briefhypothek*). Wird über die H. kein Brief ausgestellt, spricht man von *Buchhypothek*, da diese nur im Grundbuch fixiert ist. Eine Sonderrolle spielt die ↑ *Sicherungshypothek*, bei der im Zweifel der Gläubiger das Bestehen der Forderung beweisen muß. Der Hypothekeninhaber kann sich bei Nichtrückzahlung des gewährten Kredits im Wege der ↑ Zwangsvollstreckung aus dem Grundstück befriedigen. *Anders:* ↑ Grundschuld.

I

IAS

International accounting standards, internationale Rechnungslegungsgrundsätze, die bisher Empfehlungscharakter haben. Sie können im Zuge einer weiteren Harmonisierung der internationalen Rechnungslegung zunehmend Bedeutung für die deutsche Rechnungslegung erlangen, insbes. für die Erstellung von Konzernabschlüssen. Grundbestandteile der Rechnungslegung nach I. sind Bilanz, Gewinn- und Verlustrechnung, Kapitalflußrechung, Erläuterungen und ergänzende Aufstellungen.

IBRD, Internationale Bank für Wiederaufbau und Entwicklung

↑ Weltbank.

ICON

Bildliche Darstellung einer Anwendung auf dem Bildschirm; statt durch Eingabe von Zeichen oder Drücken von Funktionstasten wird durch Führen des Mauszeigers und Anklicken das entsprechende Programm ausgewählt.

IHK

↑ Industrie- und Handelskammer.

IKR

↑ Industriekontenrahmen.

Illiquidität

Zustand eines Unternehmens, in dem die kurzfristigen Verbindlichkeiten nicht mehr durch flüssige (liquide) Mittel gedeckt sind. Das führt zwangsläufig dazu, daß das Anlagevermögen ‚flüssig" gemacht wird, z.B. durch Sicherungsübereignung des Maschinenparks oder durch Hypothekenkredite. Daher die Forderung, langfristiges Vermögen (Anlagevermögen) langfristig und kurzfristiges Vermögen (Umlaufvermögen) kurzfristig zu finanzieren (↑ „goldene Finanzregel").

Image

Umfassender Begriff für das in der Unternehmensumwelt wahrgenommene Erscheinungsbild eines Unternehmens; im wesentlichen geprägt durch die ↑ Unternehmenspolitik und ↑ Public Relations, aber auch durch das Produktprogramm.

IMF

(Abk. für *International Monetary Fund*: engl. = Internationaler Währungsfonds, IWF); gegründet 1944 in Bretton Woods. Der IMF sollte zur Neuordnung der internationalen Wirtschaftsbeziehungen beitragen.

1. *Hauptziele*: a) *Förderung der Zusammenarbeit* in der Währungspolitik und des zwischenstaatlichen Zahlungsverkehrs, v.a. bei Störungen der ↑ Zahlungsbilanzen. – b) *Förderung der Währungsstabilität*: Verhinderung von Abwertungswettlauf. – c) *Förderung des Wachstums* im Welthandel. – d) *Einrichtung* eines multilateralen *Zahlungssystems* zwischen den Mitgliedern und Beseitigung von Devisenbeschränkungen. – e) Unterstützung der Mitglieder bei *Liquiditätsproblemen* (Mangel an Devisen, Geld oder Sonderziehungsrechten).

2. *Kapital*: Jedem IMF-Mitglied ist eine *Quote* zugewiesen, nach der sich sein Anteil am Fonds, sein Stimmrecht, die Höhe seiner ständigen Bareinlage, sei-

ne Verpflichtung zur Kreditgewährung an andere Mitgliedsländer und die Begrenzung für seine Inanspruchnahme des Fonds (höchstens 200 % der Quote zuzüglich der tatsächlich geleisteten Bareinzahlung) bemessen.
3. *Tätigkeit*: Der Fonds gewährt nicht übliche Kredite, sondern gestattet den Mitgliedern, auf Antrag die Währung eines anderen Mitgliedes gegen Gold oder Landeswährung zu kaufen (↑ Sonderziehungsrechte). Der Kauf gegen Landeswährung darf insgesamt 200 % der Quote nicht überschreiten. Die „Verschuldung" beim Fonds wird in der Regel innerhalb von 3 bis 5 Jahren abgebaut durch Rückkauf der eigenen Währung oder Kauf der Währung des Schuldnerlandes durch ein anderes Mitgliedsland. Die meisten Ziehungen erfolgen im Rahmen von Bereitschaftskrediten (Standby-Kredite), d.h. in der Regel einjährigen Kreditlinien, die einem Land bestimmte Ziehungsrechte innerhalb eines bestimmten Zeitraums ohne Beschränkung auf 25 % der Quote garantieren und bei deren Einräumung sich ein Land zu einer stabilitätsorientierten Wirtschaftspolitik verpflichtet.

immaterielle Wirtschaftsgüter

Nicht-körperliche Gegenstände des Anlagevermögens, z.B. Lizenzen, Patente, Firmenwert. Sie können nur dann aktiviert werden, wenn sie entgeltlich erworben wurden. Selbstgeschaffene (*originäre*) i.W. dürfen nicht bilanziert werden.

Immission

Durch ↑ Emission in die Umwelt eindringender bzw. dort in bestimmten Konzentrationen vorhandener ↑ Schadstoff. I. werden vor allem durch Maßnahmen gegen die Emissionsquellen bekämpft. Immissionsschutz kann z.B. durch Mehrfachverglasung gegen Lärm, Waldbereich zwischen Emissionsquelle und Wohnbereichen oder Binsenzonen vor sensiblen Feuchtgebieten erreicht werden.

Immissionsschutz

Im Bundesimmissionsschutzgesetz geregelter Schutz von Menschen, Tieren und Pflanzen vor schädlichen Umwelteinwirkungen, z.B. durch Luftverunreinigungen, Geräusche, Erschütterungen. Betriebe, die in besonders hohem Maße die Umwelt beeinträchtigen, bedürfen einer Genehmigung. Größere genehmigungsbedürftige Betriebe müssen einen I.-Beauftragten bestellen.

Immobilien

Bezeichnung für Gegenstände, die nicht beweglicher Natur sind, z.B. ↑ Grundstücke.

Immunität

(lat.: immunis = frei); vorwiegend im politischen und diplomatischen Bereich verwendeter Ausdruck für Personen, die nicht strafverfolgungsfähig sind, z.B. diplomatischer Vertreter im Ausland. Im parlamentarischen Rahmen sind Abgeordnete nur dann strafverfolgungsfähig, wenn der Bundestag die I. aufhebt.

Imparitätsprinzip

Bilanzrechtlicher Bewertungsgrundsatz. I. bedeutet, daß noch nicht durch Verkauf realisierte Gewinne nicht berücksichtigt werden dürfen, nicht realisierte Verluste aber Berücksichtigung finden müssen. *Beispiel*: Anschaffungswert von Wertpapieren 10.000 DM. Am Bilanzstichtag haben die Wertpapiere einen Wert von 15.000 DM. Der Gewinn von 5.000 DM ist aber durch Verkauf noch nicht zu Geld geworden, also noch nicht realisiert. Bilanzbewertung: 10.000 DM. Hätten die Wertpapiere am Bilanzstichtag einen Wert von 7.000 DM, so müßten diese angesetzt werden, obwohl der Verlust von 3.000 DM noch nicht realisiert wurde (Vorsichtsprinzip).

Implementierung

Einfügen eines neu entwickelten Programms in ein bestehendes Programmsystem, das dadurch ergänzt wird.

Import
↑ Einfuhr.

Importeur
Kaufmann, der Waren aus dem Ausland ins Inland einführt.

Incentives
Anreize für Verkäufer und Händler, bestimmte Produkte bevorzugt zu verkaufen. I. werden in Geld (Prämien für bestimmte Umsatzhöhen) oder in materiellen Werten (Autos, Reisen, Uhren) vergeben.

Incoterms
(engl.: Abk. für *International Commercial Terms* = internationale Handelsbedingungen); die I. legen verbindlich internationale ↑ Lieferungsbedingungen fest, insbesondere welcher der Vertragspartner die Fracht- und Versicherungskosten zu tragen hat, wer das Risiko zu tragen hat, wo die Gefahr des Untergangs der Ware auf den Käufer übergeht. Die internationale Handelskammer in Paris ist für Kompetenzstreitigkeiten zuständig. Vgl. Übersicht.

indirekte Abschreibung
Verfahren der Verbuchung von ↑ Abschreibungen. Bei der i.A. wird der Anschaffungswert eines Gegenstandes auf dem Anlagenkonto belassen und ein Konto ↑ Wertberichtigungen eingerichtet, auf dem die Abschreibungsbeträge gesammelt werden. In der Bilanz erscheint auf der Aktivseite das Anlagegut somit mit dem Anschaffungswert und auf der Passivseite das Korrekturkonto Wertberichtigungen mit den bisher angefallenen Abschreibungsbeträgen. Buchungssatz: Abschreibungen auf Anlagen an Wertberichtigungen auf Anlagen.

indirekter Vertrieb
Vertriebsweg vom Hersteller zum Endverbraucher unter Einschaltung von selbständigen Handelsstufen (Großhandel, Einzelhandel).

Indirekte Steuern
Bezeichnung für eine Gruppe von Steuern (Verbrauchsteuern, Verkehrsteuern) auf Transaktionen von Waren (z.B. Umsatzsteuer, Mineralsteuer, Tabaksteuer, Biersteuer) und Dienstleistungen (z.B. Versicherungsteuer).

Indossament
(ital.: in dosso = auf dem Rücken); ein Übertragungsvermerk auf der Rückseite von Orderpapieren (z.B. Wechseln, Namensschecks, Namensaktien), mit dem der Indossant als derzeitiger Inhaber alle Rechte auf den rechtmäßigen Erwerber überträgt. – *Arten*:

1. *Vollindossament*: Übertragungsvermerk ohne Einschränkungen.
2. *Blankoindossament*: Der Wechsel wird lediglich mit dem Firmenstempel des Absenders und seiner Unterschrift versehen, da er nicht weiß, ob der Empfänger den Wechsel als Zahlungsmittel anerkennt.
3. *Rektaindossament*: Der Absender möchte nicht, daß der Wechsel noch weitergegeben wird. Zusatz „Nicht an Order“.
4. *Angstindossament*: Der Übersender haftet nur dem Empfänger gegenüber für die Einlösung, nicht für eventuelle Nachmänner durch den Zusatz „ohne Obligo“.
5. *Inkassoindossament*: Berechtigung eines Dritten, meistens eine Bank, den Wechsel am Verfalltag dem Bezogenen vorzulegen und einzulösen.

Industriebetrieb
Gewerbliche Betriebsform mit vor allem folgenden Kennzeichen: großer Maschinenpark, hoher Grad an Automation, meist Serien- oder Massenfertigung, Rohstoffgewinnung oder -verarbeitung, Trennung von technischen und kaufmännischen Bereichen, Beschäftigung von Fachkräften und ungelernten/angelernten Arbeitskräften, hoher Kapitaleinsatz. Eine exakte Abgrenzung zwischen I. und Handwerksbetrieben (↑ Handwerk) ist nicht möglich.

Industriebetrieb

Incoterms-Klauseln 1990

	Computer-abkürzung	Kostenübergang	Gefahrenübergang
(1) ab Werk (ex works) ab Fabrik (ex factory) ab Mühle, Pflanzung, Lagerhaus usw. (ex mill, plantation, warehouse)	EXW	ab Werk (Fabrik, Mühle, Pflanzung, Lagerhaus u.ä.); vgl. im einzelnen → ab Werk.	
(2) frei (franko) Waggon/ Lkw... benannter Abgangsort (free on rail/ free on truck)	FOR/ FOT	beladener Waggon oder Lkw (bei Komplettladung) bzw. Übergabe an die Bahn bzw. an Lkw (sofern keine Waggonladung)	
(3) frei längsseite Seeschiff ... benannter Verschiffungshafen (free alongside ship)	FAS	Längsseite Seeschiff im Verschiffungshafen	
(4) frei an Bord... benannter Verschiffungshafen (free on board)	FOB	tatsächliches Überschreiten der Reling Seeschiff im Verschiffungshafen (Erweiterung bei „fob stowed")	
(5) ab Schiff... Name des Schiffes und Bestimmungshafen (ex ship)	EXS	ab Bord Seeschiff im Bestimmungs-/Löschhafen	
(6) ab Kai (delivered ex quai)... (6.1) verzollt (duties paid)... benannter Bestimmungshafen	DEQ	ab Zurverfügungstellung am Kai des Bestimmungshafens nach der Verzollung	
(6.2) ... unverzollt (duties on buyer's account)... benannter Bestimmungshafen		ab Zurverfügungstellung am Kai des Bestimmungshafens vor der Verzollung. Vgl. im einzelnen → ab Kai.	
(7) geliefert Grenze... (benannter Lieferort an der Grenze)	DAF	benannter Lieferort an der Grenze (Land A/B)	
(8) geliefert... benannter Bestimmungsort im Einfuhrland, verzollt	DDP	benannter Bestimmungsort im Einfuhrland, verzollt (falls erforderlich: Löschen, Aus- oder Abladen der Waren)	
(9) fob Flughafen... benannter Abflughafen (fob airport)	FOA	• Siehe analog (4) fob... benannter Verschiffungshafen • Präzise Regelung in bezug auf Gefahren- und Kostenübergang erforderlich, indem z.B. eine genaue Benennung des Flugfrachtführers oder/und dessen Agenten oder des Flugkurses vorgenommen wird. Außerdem müssen die Palettisierungs- und/oder Containerisierungskosten klar zugeordnet werden. Aus diesem Grund haben die Spediteurverbände der Bundesrep. D. und der Schweiz drei Zusatzklauseln für fob airport ausgearbeitet: – „ready for carriage" (zollabgefertigte Übergabe an Luftfrachtführer) – Verkäufer trägt alle Kosten außer Palettisierungs-/ Containerisierungsspesen bei der Übergabe der Ware – Verkäufer trägt alle Gefahren der Ware bis zur Übergabe an den Luftfrachtführer	

Incoterms-Klauseln 1990 (Fortsetzung)

	Computer-abkürzung	Kostenübergang	Gefahrenübergang
(10) frei Frachtführer... benannter Ort (free carrier)	FCA	• Übergabe an benannten Frachtführer zu dem für die Lieferung vereinbarten Zeitpunkt bzw. innerhalb der für die Lieferung vereinbarten Frist am benannten Ort • Der Verkäufer trägt die Kosten für die Ausfuhrbewilligung und für sonst. behördliche Genehmigungen, die für die Ausfuhr der Ware wichtig sind, sowie alle Steuern, Gebühren und Abgaben, die aufgrund der Warenausfuhr erhoben werden	
(11) Kosten und Fracht... benannter Bestimmungshafen (cost and freight/c&f)	CFR	Bestimmungshafen (fob verschifft, zuzüglich: • Verschiffungsspesen • Seefracht und evtl. • Konsulatsgebühren)	Reling Seeschiff im Verschiffungshafen (fob-Klausel)
(12) Kosten, Versicherung, Fracht... benannter Bestimmungshafen (cost insurance, freight/ cif)	CIF	Bestimmungshafen (fob verschifft) zuzüglich: • Verschiffungsspesen • Seefracht • Versicherungen und evtl. • Konsulatsgebühren); vgl. im einzelnen. → cif.	Reling Seeschiff im Verschiffungshafen (fob-Klausel)
(13) frachtfrei... benannter Bestimmungsort			
(13.1) frachtfrei (freight or carriage paid to...)	CPT	Bestimmungsort	Übernahme erster Frachtführer
(13.2) frachtfrei versichert (freight carriage and insurance paid to...)	CIP	Erhöhung der Kosten durch Versicherung	

Industriegewerkschaft (IG)

↑ Industrieverbandsprinzip.

Industriekontenrahmen (IKR)

1971 vom Betriebswirtschaftlichen Ausschuß des BDI in Weiterentwicklung des Gemeinschaftskontenrahmens entwickelt (↑ Gemeinschaftskontenrahmen (GKR)). 1986 wurde der IKR den durch das Bilanzrichtlinien-Gesetz bedingten Änderungen angepaßt. Verbindlicher Organisationsplan, in dem alle Konten eines Industriebetriebes systematisch erfaßt sind. Vgl. Übersicht.

Industrieobligation

↑ Anleihe.

Industrieroboter

Universell einsetzbarer, mit mehreren Achsen versehener Bewegungsautomat, dessen Bewegungsabfolge, Wege und Winkel frei programmierbar sind. Ein I. kann Handhabungs- und Fertigungsaufgaben ausführen.

Industrie- und Handelskammer (IHK)

Als Körperschaft des öffentlichen Rechts eine von staatlicher Seite gewollte Interessenvertretung der gewerblichen Wirtschaft mit Zwangsmitgliedschaft. Sämtliche Kaufleute müssen sich bei der Gründung bei der IHK anmelden (Einzelunternehmen, Personengesellschaften oder juristische Personen des privaten und öffentlichen Rechts), ausgenommen Handwerker – allerdings nur mit ihrem handwerklichen bzw. handwerksähnlichen Betriebsteil –

Industrie- und Handelskammer

Industriekontenrahmen

Aktiva — BILANZKONTEN — Passiva

Klasse 0
Immaterielle Vermögensgegenstände und Sachanlagen
00 Ausstehende Einlagen (bei Kapitalges.: auf das gezeichnete Kapital, bei Kommanditges.: ausstehende Kommanditeinlagen)
01 Aufwendungen für Ingangsetzung und Erweiterung des Geschäftsbetriebes
02 Konzessionen, gewerbliche Schutzrechte und ähnliche Rechte und Werte sowie Lizenzen an solchen Rechten und Werten
03 Geschäfts- und Firmenwert
04 Geleistete Anzahlungen auf immaterielle Vermögensgegenstände
05 Grundstücke, grundstücksgleiche Rechte und Bauten einschl. Bauten auf fremden Grundstücken
06 Frei
07 Technische Anlagen und Maschinen
08 Andere Anlagen, Betriebs- und Geschäftsausstattung
09 Geleistete Anzahlungen und Anlagen im Bau

Klasse 1
Finanzanlagen
10 Frei
11 Anteile an verbundenen Unternehmen
12 Ausleihungen an verbundene Unternehmen
13 Beteiligungen
14 Ausleihungen an Unternehmen, mit denen ein Beteiligungsverhältnis besteht
15 Wertpapiere des Anlagevermögens
16 Sonstige Ausleihungen (Sonstige Finanzanlagen)

Klasse 2
Umlaufvermögen und aktive Rechnungsabgrenzung
20 Roh-, Hilfs- und Betriebsstoffe
21 Unfertige Erzeugnisse und Leistungen
22 Fertige Erzeugnisse und Waren
23 Geleistete Anzahlungen auf Vorräte
24 Forderungen aus Lieferungen und Leistungen
25 Forderungen gegen verbundene Unternehmen und gegen Unternehmen, mit denen ein Beteiligungsverhältnis besteht
26 Sonstige Vermögensgegenstände
27 Wertpapiere
28 Flüssige Mittel
29 Aktive Rechnungsabgrenzung

Klasse 3
Eigenkapital und Rückstellungen
30 Kapitalkonto/Gezeichnetes Kapital
31 Kapitalrücklage
32 Gewinnrücklagen
33 Ergebnisverwendung
34 Jahresüberschuß/Jahresfehlbetrag
35 Sonderposten mit Rücklagenanteil
36 Wertberichtigungen
37 Rückstellungen für Pensionen und ähnliche Verpflichtungen
38 Steuerrückstellungen
39 Sonstige Rückstellungen

Klasse 4
Verbindlichkeiten und passive Rechnungsabgrenzung
40 Frei
41 Anleihen
42 Verbindlichkeiten gegenüber Kreditinstituten
43 Erhaltene Anzahlungen auf Bestellungen
44 Verbindlichkeiten aus Lieferungen und Leistungen
45 Wechselverbindlichkeiten
46 Verbindlichkeiten gegenüber verbundenen Unternehmen
47 Verbindlichkeiten gegenüber Unternehmen, mit denen ein Beteiligungsverhältnis besteht
48 Sonstige Verbindlichkeiten
49 Passive Rechnungsabgrenzung

Industriekontenrahmen (IKR)

ERTRÄGE/AUFWENDUNGEN

Klasse 5
Erträge
50 Umsatzerlöse
51
52 Erhöhung oder Verminderung des Bestandes an unfertigen und fertigen Erzeugnissen
53 Andere aktivierte Eigenleistungen
54 Sonstige betriebliche Erträge
55 Erträge aus Beteiligungen
56 Erträge aus anderen Wertpapieren und Ausleihungen des Finanzanlagevermögens
57 Sonstige Zinsen und ähnliche Erträge
58 Außerordentliche Erträge
59 Erträge aus Verlustübernahme

Klasse 6
Betriebliche Aufwendungen
60 Aufwendungen für Roh-, Hilfs- und Betriebsstoffe und für bezogene Waren
61 Aufwendungen für bezogene Leistungen
62 Löhne
63 Gehälter
64 Soziale Abgaben und Aufwendungen für Altersversorgung und für Unterstützung
65 Abschreibungen
66 Sonstige Personalaufwendungen
67 Aufwendungen für die Inanspruchnahme von Rechten und Diensten
68 Aufwendungen für Kommunikation
69 Aufwendungen für Beiträge und Sonstiges sowie Wertkorrekturen und periodenfremde Aufwendungen

Klasse 7
Weitere Aufwendungen
70 Betriebliche Steuern
71–73 Frei
74 Abschreibungen auf Finanzanlagen und auf Wertpapiere des Umlaufvermögens und Verluste aus entsprechenden Abgängen
75 Zinsen und ähnliche Aufwendungen
76 Außerordentliche Aufwendungen
77 Steuern vom Einkommen und Ertrag
78 Sonstige Steuern
79 Aufwendungen aus Gewinnabführungsvertrag

ERGEBNISRECHNUNGEN

Klasse 8
Ergebnisrechnungen
80 Eröffnung/Abschluß
81 Herstellungskosten
82 Vertriebskosten
83 Allgemeine Verwaltungskosten
84 Sonstige betriebliche Aufwendungen
85 Korrekturkonten zu den Erträgen der Kontenklasse 5
86 Korrekturkonten zu den Aufwendungen der Kontenklasse 6
87 Korrekturkonten zu den Aufwendungen der Kontenklasse 7
88 Kurzfristige Erfolgsrechnung (KER)
89 Innerjährige Rechnungsabgrenzung

KOSTEN- UND LEISTUNGSRECHNUNG

Klasse 9
Kosten- und Leistungsrechnung
90 Unternehmensbezogene Abgrenzungen (betriebsfremde Erträge und Aufwendungen)
91 Kostenrechnerische Korrekturen
92 Kostenarten und Leistungsarten
93 Kostenstellen
94 Kostenträger
95 Fertige Erzeugnisse
96 Interne Lieferungen und Leistungen sowie deren Kosten
97 Umsatzkosten
98 Umsatzleistungen
99 Ergebnisausweise

(↑ Handwerkskammer) und Landwirte. – *Aufgaben*: Die IHK berät die angeschlossenen Kaufleute in wirtschaftlichen Angelegenheiten, nimmt Lehrabschlußprüfungen ab und schlichtet bei Wettbewerbsstreitigkeiten unter den Kaufleuten. – *Kammerbeiträge* werden als einheitliche Grundbeiträge und als Umlagen aufgrund der Gewerbesteuermeßbeträge erhoben. – *Organe*: Die Vollversammlung wählt den Präsidenten, ggf. weitere Präsidiumsmitglieder und den Geschäftsführer, die die IHK nach außen vertreten. – *Dachorganisation*: ↑ Deutscher Industrie- und Handelstag (DIHT).

Industrieverbandsprinzip
Das I. liegt Zusammenschlüssen von Arbeitgebern und Arbeitnehmern (↑ Gewerkschaft 1) zugrunde, die nur Mitglieder eines bestimmten Industriezweiges bzw. einer bestimmten Branche aufnehmen, insbes. die im Deutschen Gewerkschaftsbund (DGB) bzw. im Christlichen Gewerkschaftsbund Deutschlands (CGB) zusammengeschlossenen Industriegewerkschaften (IG). – *Gegensatz:* ↑ Berufsverbandsprinzip.

Inflation
Ein Prozeß allgemeiner Preissteigerungen. – *Arten und Ursachen*: Vgl. Übersicht. – *Auswirkungen*: Flucht in Sachwerte. Sparer werden durch die Geldentwertung benachteiligt; Schuldner haben Vorteile, da der Realwert der Verbindlichkeiten abnimmt. I. gefährdet die soziale Sicherheit und den Wohlstand. – *Gegensatz*: ↑ Deflation.

Infrastruktur
Summe aller dauerhaften wirtschaftlichen und öffentlichen Einrichtungen eines Wirtschaftsraums. Sie haben große Bedeutung für die Attraktivität eines Standorts bzw. gehören zu den Rahmenbedingungen für private Wirtschaftsaktivitäten. Bereiche: Verkehr, Energie, öffentliche Einrichtungen wie Krankenhäuser, Schulen.

Inhaberaktie
↑ Aktie.

Inhaberschuldverschreibung
Schuldverschreibung (↑ Anleihe), deren Aussteller verspricht, an denjenigen zu leisten, der ihm das Papier vorlegt und auf Wunsch aushändigt. Die Leistung kann er nur dann verweigern, wenn das Papier gestohlen wurde oder gefälscht ist. Die Übertragung einer I. an einen anderen ist nur durch Einigung und Übergabe möglich. Im übrigen wird der Aussteller auch dann frei, wenn er unwissentlich an einen nichtberechtigten Inhaber leistet. Abhandengekommene Papiere können im Wege eines Aufgebotsverfahrens für kraftlos erklärt werden.

Inkasso
Einziehung fälliger Forderungen, z.B. von Wechseln, Schecks, Rechnungen und Akkreditiven durch Handelsvertreter und Banken.

Inkassoindossament
↑ Indossament 5.

Inkassoprovision
Vergütung für die Tätigkeit eines Geldeinzugs. Vor allem wird die I. von Banken beim Einzug von Wechseln verlangt sowie vom Handelsvertreter beim Einzug von Geldbeträgen aus abgeschlossenen Geschäften, sofern er laut Dienstvertrag dazu ermächtigt wird.

Inlandsprodukt
↑ Bruttoinlandsprodukt.

Innenfinanzierung
Geldbeschaffung von Unternehmen durch eigene Ertragskraft. Die I. kann durch nicht ausgeschüttete Gewinne (Gewinnthesaurierung; ↑ Gewinnrücklage), durch Abschreibungen, durch Einstellung des Agio bei der Ausgabe von Aktien in die gesetzliche Rücklage und durch einen evtl. Gewinnvortrag aus dem letzten Jahr erfolgen, wozu

Inflation

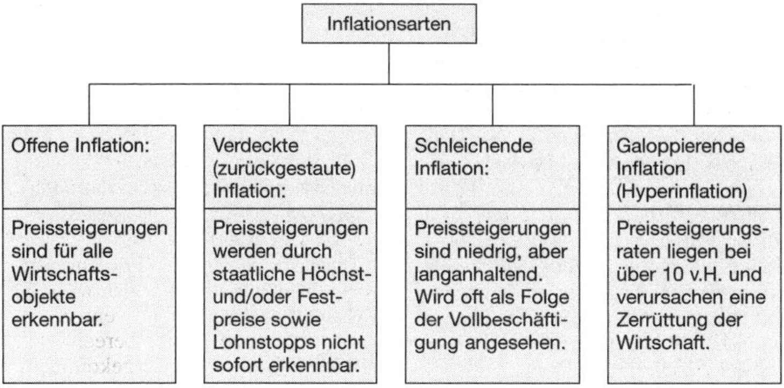

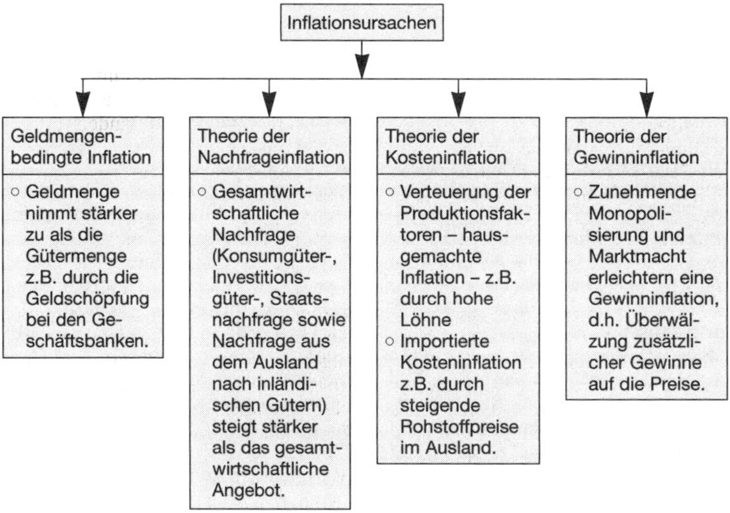

auch nicht ausgeschüttete Gewinne gehören (↑ Selbstfinanzierung). Unter I. versteht man außerdem die interne Fremdfinanzierung durch die Dotierung von Rückstellungen. ↑ Finanzierung. – *Gegensatz:* ↑ Außenfinanzierung.

innerbetriebliche Leistung

Betriebliche Leistung, die nicht an Kunden verkauft wird, sondern im eigenen Betrieb Verwendung findet. Das kann sowohl eine Leistung sein, die mit dem Produktionsprozeß nichts zu tun hat (z.B. firmenangestellte Zimmerleute bauen einen werterhöhenden neuen Dachstuhl im Magazin), oder es werden Leistungen aus der eigenen Produktion entnommen (z.B. Maschinen, die sonst dem Verkauf dienen). In beiden Fällen sind Aufwendungen für Materialverbrauch, Lohnkosten und andere Gemeinkosten angefallen. Soweit es sich um Gegenstände des Anlagevermögens handelt, werden sie auf das jeweilige Anlagekonto verbucht und im Laufe der Nutzungszeit abgeschrieben.

innere Kündigung
Stille mentale Verweigerung engagierter Leistung eines Mitarbeiters. I.K. vollzieht sich als lautloser Prozeß, ist deshalb auch für Vorgesetzte und Unternehmensführung nur schwer zu erkennen und einzudämmen.

innergemeinschaftliche Lieferung
Umsatzsteuerlicher Begriff für Lieferungen in andere EU-Staaten. Sie ist wie eine Exportlieferung in Nicht-EU-Staaten steuerbefreit. Auf seiten des Importeurs liegt ein ↑ innergemeinschaftlicher Erwerb vor.

innergemeinschaftlicher Erwerb
Umsatzsteuerlicher Begriff für Importe aus EU-Staaten. Ein i.E. löst beim Importeur ↑ Erwerbsteuer aus. Auf seiten des Lieferers liegt eine steuerbefreite ↑ innergemeinschaftliche Lieferung vor.

Innovation
(lat. = Erneuerung); Verbesserungen, insbesondere in Form von neuen Verfahren bei Produktion, Beschaffung, Absatz und Finanzierung, neuen Produkten, neuer Organisation, neuen Standorten.

Input
(engl. = Zugeführtes); wirtschaftlich der mengenmäßige Einsatz von ↑ Produktionsfaktoren zur Gütererstellung. – *Gegensatz*: ↑ Output.

Input-Output-Analyse
Volkswirtschaftliche Modellrechnung, in der mit Hilfe von Input-Output-Tabellen volkswirtschaftliche Prognosen oder Simulationen ausgeführt werden.

Insider
Person, die über Kenntnisse von kursrelevanten Tatsachen verfügt, die andere Marktteilnehmer nicht haben können. Insider können z.B. Vorstände des Unternehmens sein, dessen Aktien betroffen sind, aber auch die Mitarbeiter der Bank des Unternehmens sowie Rechtsanwälte, Journalisten oder Finanzanalysten. Im Prinzip kann jedermann I. werden, wenn er eine I.-Tatsache zufällig erfährt. Das bewußte Ausnutzen von I.-Kenntnissen ist verboten und wird strafrechtlich verfolgt.

Insolvenz
Dauernde Zahlungsunfähigkeit.

Insolvenz ...
vgl. auch↑ Konkurs ...

Insolvenzordnung
Gesetzliche Grundlage des Insolvenzrechts, tritt zum 1.1.1999 in Kraft.

Insolvenzplan
Wird durch die zum 1. 1. 1999 in Kraft tretende ↑ Insolvenzordnung neu eingeführt und tritt an die Stelle von ↑ Vergleich und ↑ Zwangsvergleich. Der I. stellt eine der wichtigsten Neuerungen der Insolvenzrechtsreform dar und soll den Beteiligten einen rechtlichen Rahmen zur einvernehmlichen Bewältigung der aufgetretenen Probleme abweichend von der Insolvenzordnung bieten. Der I. kann von dem Insolvenzverwalter oder dem Schuldner vorgelegt werden und muß die bisher getroffenen Maßnahmen darstellen und darlegen, wie die bisherige Rechtsstellung der Beteiligten geregelt werden soll.

Insolvenzverfahren
Nach der ↑ Insolvenzordnung Verfahren zur bestmöglichen und gleichmäßigen Befriedigung der Insolvenzgläubiger durch Verwertung des gesamten pfändungsfreien Vermögens des Gemeinschuldners.

Instanz
↑ Stelle mit Leitungsbefugnis. Sie sind auf unterschiedlichen Ebenen im Unternehmen angesiedelt. Unterschieden werden (auf oberster Ebene) Singularinstanz bzw. Direktorialinstanz (Leitung durch eine Person) und Pluralinstanz (Leitung durch mehrere Personen; sog. Leitungssystem). Im letzteren Falle gibt es die Formen des Direktorialsystems, das eine Person mit besonderen Entscheidungsrechten ausstattet, und des Kollegialsystems mit gleichberechtigten Mitgliedern.

Institute
Sammelbegriff des Kreditwesengesetzes für ↑ Kreditinstitute und ↑ Finanzdienstleistungsinstitute, die in vollem Umfang der ↑ Bankenaufsicht unterliegen.

Integration
Im ökonomischen Sinne der Zusammenschluß von Staaten, die bisher unabhängig waren oder zwischen denen institutionelle Hemmnisse im Außenwirtschaftsverkehr bestanden, zu dem Zweck, binnenmarktähnliche Verhältnisse herbeizuführen. Allgemein unterscheidet man nach dem Grad des Zusammenschlusses die fünf Integrationsstufen 1. ↑ Freihandelszone, 2. ↑ Zollunion, 3. ↑ Gemeinsamer Markt, 4. Wirtschafts- und Währungsunion (harmonisierte Wirtschafts- und Geld- bzw. Währungspol.) der Teilnehmerstaaten (vgl. ↑ EWWU, Europäische Wirtschafts- und Währungsunion), 5. Politische Union (Staatenbund bzw. Bundesstaat).

Integriertes Digitales Fernmeldenetz
↑ ISDN.

Interaktiv
Zwischen den Teilnehmern der interaktiven Kommunikation (z.B. PC und Anwender oder zwei PC-Anwender) findet nicht nur ein Austausch von Daten, sondern durch entsprechende Eingaben ein Dialog statt.

Interessengemeinschaft
Zusammenschluß rechtlich selbständiger Unternehmen mit vertraglich eingeschränkter wirtschaftlicher Selbständigkeit. Rechtsform ist häufig die ↑ Gesellschaft des bürgerlichen Rechts. Ziel ist die gemeinsame Ausnutzung von Produktionsstätten, Herstellungsmethoden und Patenten.

Interimsschein
↑ Zwischenschein.

Internationale Bank für Wiederaufbau und Entwicklung (IBRD)
↑ Weltbank.

Internationaler Gerichtshof
↑ UN.

Internationaler Währungsfonds (IWF)
↑ IMF.

interner Speicher
↑ Zentralspeicher.

internes Marketing
Konzept, in dem Mitarbeiter als interne Kunden und Arbeitsplätze als interne Produkte betrachtet werden. Ziel ist die systematische Optimierung unternehmens*interner* Prozesse mit Instrumenten des Marketing- und Personalmanagements, um durch eine konsequente und gleichzeitige Kunden- und Mitarbeiterorientierung das Marketing als interne Denkhaltung durchzusetzen, damit die marktgerichteten Unternehmensziele effizient erreicht werden.

Internet
Größtes nichtkommerzielles ↑ Netzwerk der Welt, dessen Infrastruktur von einer Vielzahl verschiedener Unternehmen gemeinsam bereitgestellt wird. Ursprünglich für militärische Zwecke geschaffenes, in den Folgejahren verstärkt durch Forschungseinrichtungen genutztes Datennetz. Durch ↑ Provider ist der

Zugang auch für Privatleute und Unternehmen möglich. Die Übertragung der Daten im Internet basiert auf dem ↑ TCP/IP-Protokoll. Elektronische Dienste im I.: ↑ World Wide Web, ↑ FTP, ↑ e-Mail, ↑ Newsgroups und ↑ Gopher.

Interpreter
Übersetzungsprogramm für Anweisungen von Programmen, die in maschinenunabhängigen Sprachen geschrieben sind, in Maschinensprache. Sofort nach der Übersetzung werden diese Anweisungen ausgeführt. Im Gegensatz zum ↑ Compiler wird der übersetzte Maschinencode nicht gespeichert, sondern bei jedem Programmschritt neu übersetzt.

Intervention
Eingriff einer Notenbank auf dem Devisenmarkt. Durch An- oder Verkäufe einer Währung soll der Wechselkurs einer Währung beeinflußt werden. Die I. kann freiwillig erfolgen. In Systemen ↑ fester Wechselkurse besteht hingegen Interventionspflicht, um den Wechselkurs auf seinem vereinbarten Niveau (sog. Leitkurs) bzw. innerhalb der festgelegten Band- oder Schwankungsbreiten zu halten (vgl. z.B. ↑ EWS, Europäisches Währungssystem). Erreicht z.B. der ↑ Wechselkurs (i.S. der Preisnotierung) die obere Bandbreite, so muß die ausländische aufwertungsbedrohte Währung gegen die inländische, abwertungsbedrohte Währung verkauft werden. Damit einhergehend sinkt die inländische Geldmenge.

Inventar
Ein mehrfach verwendeter Ausdruck:
1.Zusammenfassender Begriff für sämtliche Einrichtungsgegenstände eines Unternehmens.
2.In der *Buchführung* ausführliches und lückenloses Bestandsverzeichnis der Vermögensteile und Schulden als Ergebnis der Inventur. Vgl. dagegen ↑ Bilanz.
3. Im *Erbrecht* ein Verzeichnis über den Nachlaß.

Inventur
Lückenlose mengen- und wertmäßige Erfassung des Vermögens und der Schulden einer Unternehmung zu einem bestimmten Zeitpunkt durch Zählen, Wiegen und Messen. Nach HGB und Abgabenordnung ist jeder Kaufmann verpflichtet, zum Schluß eines jeden Geschäftsjahres eine I. zu erstellen. – *Arten*:
1.*Stichtags-I.*: Erfolgt meist zum 31.12. oder wenige Tage vor oder nach diesem Stichtag.
2.*Verlegte I.*: Innerhalb von 3 Monaten vor bzw. 2 Monate nach dem Stichtag kann die I. durchgeführt werden. Nachteil: Alle Belege bis bzw. vom Stichtag an gelten als I.-Belege und müssen auch so aufbewahrt werden. Grund: Bei einer Prüfung muß man auf den Stichtag (31.12.) zurückrechnen können.
3.*Permanente I.*: Auch als laufende I. bezeichnet. Voraussetzung ist die Bestandsfortschreibung durch Erfassung aller Zu- und Abgänge einzeln nach Tag, Art und Menge in Lagerkarteien sowie eine jährliche Inventurkontrolle der Bestände.

Inventurbilanz
↑ Betriebsübersicht.

Investition
Anlage von Geld in ↑ Produktionsmitteln.
1. *Arten*: a) *Anlageinvestition*: gekaufte oder selbsterstellte Anlagen in Form von Bau- und Ausrüstungsinvestitionen (statistisch: Sachanlagen). Reinvestition (Ersatzinvestition): Der Teil der Anlageinvestition, der rechnerisch dem Ersatz des durch Verschleiß oder Veralterung ausgeschiedenen Teils der dauerhaften Produktionsmittel dient. Erweiterungsinvestition: Anlageinvestitionen, die über die ↑ Abschreibungen hinausgehen. – b) *Vorratsinvestitionen*: Veränderung der Vorräte (↑ Vorrat) in den Unternehmen am Ende der Periode gegenüber dem Bestand am Anfang (können positiv, negativ oder Null sein).

2. Die I. wird volkswirtschaftlich je Periode ausgewiesen als: a) *Bruttoinvestition*: Summe aus Anlagezugängen (Bruttoanlageinvestition) und Lagerbestandsänderungen. – b) *Nettoinvestition*: Errechnet durch Subtraktion der volkswirtschaftlichen Abschreibungen von den Bruttoinvestitionen. Positive Nettoinvestitionen erhöhen den Bestand des volkswirtschaftlichen Produktionspotentials und erlauben damit, in der nächsten Periode – potentiell – mehr Güter und Einkommen zu schaffen (sog. Kapazitätseffekt; ↑ Wachstum; Wohlstandserhöhung).
3.I. in den Unternehmen bezeichnet man als private I., I. des Staates als öffentliche I. (Gesundheit, Bildung, Verkehr, Umwelt, Freizeiteinrichtung (u.a.).

Investitionsgüter
Bezeichnung für Güter, die selbst wiederum Güter (Konsum- oder Investitionsgüter) produzieren. I. werden i.a. als *Anlageinvestition* verstanden, wo sie für die Erhaltung, Verbesserung oder Erweiterung der Anlagen bestimmt sind.

Investitionslenkung
Eine von Gewerkschaftsseite immer wieder erhobene Forderung, die den Staat dazu ermächtigen soll, *Einfluß* auf die Art und den Umfang von *Investitionsentscheidungen* der Industrie nehmen zu können. – Eine I. wird bereits in der Art betrieben, daß z.B. durch erhebliche *Zuschüsse* den Investitionen ein positiver Anreiz gegeben wird, um die private Investitionstätigkeit zu fördern (z.B. ↑ Investitionszulagen, die in den neuen Bundesländern gewährt werden). Zu denken wäre auch an Maßnahmen des Kapazitätsabbaus (z.B. Bergbau).

Investitionsrechnung
Methoden, mit deren Hilfe die Vorteilhaftigkeit eines Investitionsvorhabens geprüft und rechnerisch bestimmt wird. Aufgrund des Ergebnisses der I. wird dann eine Entscheidung für oder gegen die geplante Investition getroffen. *Verfahren:* Kapitalwertmethode, Methode des internen Zinsfußes; Anwendung von Verfahren des Operations Research.

Investitionsteuer
In der wirtschaftlichen Umgangssprache verwendete Bezeichnung für ↑ Umsatzsteuer auf den Eigenverbrauch.

Investitionszulage
Zulage, die für bestimmte Investitionen gewährt wird, um diese zu fördern. – Nach dem Investitionszulagengesetz 1993 wurden Investitionen (Anschaffung oder Herstellung neuer abnutzbarer Anlagegüter), die bis zum 31.12.1996 abgeschlossen waren, in den neuen Bundesländern und Berlin begünstigt.

Investivlohn
Beteiligung der Arbeitnehmer am Erfolg des Unternehmens durch Arbeitsentgelt, das nicht ausgezahlt, sondern vom Unternehmen betrieblich oder anderweitig ertragbringend angelegt wird. Es ist eine Art Vermögenssparen bzw. vermögensbildende Maßnahme, da den Arbeitnehmern die Beträge für Konsumzwecke nicht zur Verfügung stehen.

Investmentfonds
Sondervermögen, das bei einer Kapitalanlagegesellschaft (↑ Investmentgesellschaft) gebildet wird, indem gegen Ausgabe von Anteilsscheinen (Investmentzertifikate) Geld im eigenen Namen der Kapitalanlagegesellschaft und für gemeinschaftliche Rechnung der Anleger (Anteilsscheininhaber) eingelegt wird und damit bestimmte Vermögensgegenstände nach dem Grundsatz der Risikomischung angeschafft werden. Grundsätzlich werden unterschieden: a) *geschlossener I.:* Zeichnung und Leistung der Kapitaleinlage ist nur während einer bestimmten Zeichnungsfrist möglich; b) *offener I.:* Kauf ist jederzeit oder zu bestimmten Terminen möglich.

– *Wichtige Arten* (nach Investitionsobjekt): Aktienfonds; Rentenfonds; Fonds für derivative Anlageinstrumente; Immobilienfonds; Spezialitäten- bzw. Spezialfonds.

Investmentgesellschaft

Auch: *Kapitalanlagegesellschaft*; Wirtschaftsorganisation, die dem Investmentsparen dient und bei der das Prinzip der Risikomischung im Vordergrund steht. Die I. beschafft sich durch Ausgabe von Anteilscheinen Geld, das sie nach bestimmten Methoden in Wertpapieren (*Investmentfonds*) anlegt.

Investmentzertifikat

↑ Investmentfonds.

IP-Adresse

(Abk. für *Internet-Protocol-Adresse*). 32-Bit-große IP-Adresse, die jedes Netz und jeden *Host* (bezeichnet die TCP-IP-Netzschnittstelle im Computer) im Internet eindeutig identifiziert. Ein Teil der I. bestimmt die Nummer eines Netzwerkes, der andere einen Rechner innerhalb dieses Netzwerks (vgl. auch ↑ Domänennamen).

irreführende Werbung

Nach dem Gesetz gegen den unlauteren Wettbewerb (UWG) verbotene, unrichtige Angaben über Herkunft, Art, Beschaffenheit der Ware. Darüber hinaus ist es verboten, Angaben jeglicher Art zu machen, die von der Allgemeinheit falsch verstanden werden müssen.

Irrtum

Das unbewußte Nichtübereinstimmen von Wille und Erklärung. Wer sich bei der Abgabe einer Willenserklärung geirrt hat, kann sie anfechten, muß jedoch dem anderen, der auf die Wirksamkeit der Erklärung vertraut hat, dessen Schaden ersetzen.

1. *Erklärungs-I.*: Der Erklärende weiß nicht, *was* er sagt (z.B. will er 2.100DM schreiben, schreibt aber versehentlich 1.200DM).
2. *Übermittlungs-I.*: Durch das Versehen einer Übermittlungsperson wird nicht das übermittelt, was der Erklärende wollte.
3. *Inhalts-I.*: Der Erklärende weiß zwar, was er sagt, er weiß aber nicht, was der *damit* sagt (z.B. bestellt jemand eine Strickweste in der Meinung, dies sei eine Strickjacke; er erhält aber einen Pullunder).
4. *Eigenschafts-I.*: Der Erklärende irrt über eine Eigenschaft einer Person oder Sache, die im Verkehr als wesentlich angesehen wird (z.B. Einstellung eines Arbeitnehmers, der nicht über die nötige Vorbildung verfügt).
5. *Motiv-I.*: I. betrifft nicht den vertraglichen Inhalt, sondern die Umstände, die den Vertragschließenden zum Abschluß bewogen haben; berechtigt i.d.R. nicht zur Anfechtung.

ISDN

(Abk. für Integriertes Digitales Fernmeldenetz); universelles digitales Fernmeldenetz der Telekom. Über ISDN werden Fernsprech-, Telefax-, Bildschirmtext-Dienste sowie Übertragungen von Daten angeboten.

Istkosten

Kosten, die während einer Abrechnungsperiode tatsächlich angefallen sind. In der Kostenrechnung (↑ Betriebsabrechnung) z.B. Gegenüberstellung der Normal-Gemeinkosten mit den Ist-Gemeinkosten, um Kostenstellen-über- oder -unterdeckung festzustellen. Grundsätzliche Berechnung: Istmengen-Verbrauch × Istpreis. In der *Plankostenrechnung*: ↑ Soll-Ist-Vergleich.

IWF

↑ IMF.

J

Jahresabgrenzung
↑ Rechnungsabgrenzung.

Jahresabschluß
Der J. von Kapitalgesellschaften setzt sich aus den drei Teilen ↑ Bilanz, ↑ Gewinn- und Verlustrechnung und ↑ Anhang zusammen; Einzel- und Personenhandelsgesellschaften müssen keinen J. veröffentlichen, aber begrenzt aufstellen.

Jahresabschlußprüfung
Prüfung des Jahresabschlusses. *Arten:* freiwillige Prüfungen oder Pflichtprüfungen aufgrund gesetzlicher Vorschriften.

Jahresüberschuß (-fehlbetrag)
Begriff der handelsrechtlichen ↑ Gewinn- und Verlustrechnung sowie der ↑ Bilanz von Kapitalgesellschaften. Der J. ergibt sich als positive (negative) Differenz zwischen den ↑ Erträgen und ↑ Aufwendungen des betreffenden Geschäftsjahrs. Bei der Ermittlung des J. werden Gewinn-/Verlustvortrag, Entnahmen und Einstellungen aus/in offene Rücklagen nicht berücksichtigt.

Jahresurlaub
Jedem Arbeitnehmer nach dem Bundesurlaubsgesetz zustehender Erholungsurlaub, mindestens 24 Werktage. Der volle Urlaubsanspruch entsteht frühestens nach 6 Monaten Betriebszugehörigkeit. Die Urlaubsdauer ist in Tarifverträgen, Betriebsvereinbarungen oder individuellen Arbeitsverträgen geregelt. Grundsätzlich besteht ein Anspruch auf zusammenhängenden Urlaub, sofern keine zwingenden betrieblichen Erfordernisse dem entgegenstehen. Der Urlaub ist im laufenden Jahr zu nehmen. Wenn betriebliche Belange dies erforderlich machen oder mit Zustimmung des Arbeitgebers bei dringenden persönlichen Belangen spätestens in den ersten drei Monaten des Folgejahres.

Jahreswirtschaftsbericht
Von der Bundesregierung jeweils im Januar vorzulegender Bericht, in dem zum Jahresgutachten des ↑ Sachverständigenrates Stellung genommen werden muß und in dem die wirtschaftliche und finanzielle Prognose für das laufende Jahr gestellt wird.

Job Rotation
Arbeitsplatz-Ringtausch innerhalb eines Unternehmens, um den Mitarbeitern Raum für die persönliche Entfaltung zu geben, ihre Fachkenntnisse zu vertiefen und zur Förderung des Unternehmensnachwuchses.

Joint Venture
(engl. = Gemeinschaftsunternehmen); Zusammenarbeit mit oder auch Beteiligung eines Unternehmens an einem Unternehmen des Gastlandes. Möglich sind alle Formen der Kooperation, einschl. Lizenzvergabe, Vertragsmanagement, Vertragsfertigung und Gemeinschaftsunternehmen. Gründe: Nutzung von Förderungsprogrammen, Ausweichmöglichkeiten bei Beschränkungen von ↑ Direktinvestitionen des Gastlandes; Wettbewerbsvorteile durch gleichzeitige Nutzung des technischen bzw. Marketing-Know-hows des fremden Unternehmens sowie der Markt-, Mentalitäts- und

Landeskenntnisse des heimischen Unternehmens. Erschließung von Auslandsmärkten (u.U. Umgehung von rechtlichen Handelshemmnissen).

Jugendarbeitsschutzgesetz

Gesetz vom 12.4.1976 mit spät. Änd., regelt den Arbeitsschutz für Kinder und Jugendliche. Es gilt für alle Beschäftigten unter 18 Jahren (nicht für gelegentliche Tätigkeiten dieser Personengruppe) und unterscheidet zwischen Kindern (unter 15 Jahre) und Jugendlichen (15-18 Jahre), die vollzeit- oder nicht vollzeitschulpflichtig sind.

1. Für *Kinder* ist die Arbeit grundsätzlich verboten. Kinder über 13 Jahren dürfen mit Einwilligung der Personensorgeberechtigten beschäftigt werden, wenn die Beschäftigung für Kinder geeignet ist.
2. Für *Jugendliche* (15-18 Jahre) hängt die tägliche *Arbeitszeit* vom Alter ab. Zwischen 15 und 18 Jahren darf die regelmäßige Arbeitszeit täglich 8 Stunden und wöchentlich 40 Stunden nicht überschreiten. Grundsätzlich darf dem Jugendlichen keine längere Arbeitszeit als den übrigen erwachsenen Arbeitnehmern zugemutet werden. Die Mehrarbeit ist zu vergüten (gesetzliche Mindestregelung oder eine darüber liegende Regelung). Jugendliche dürfen zwischen 20 und 6 Uhr nicht beschäftigt werden. Ausnahmen für Jugendliche über 16 Jahre in Gastwirtschaften, Hotels, Bäckereien und Schichtbetrieben. An Samstagen dürfen Jugendliche, von Ausnahmen abgesehen (Verkäufer im Einzelhandel, Verkehrsbetriebe, Hotels, Friseure), nicht beschäftigt werden. Diese Regelung gilt auch an Sonn- und Feiertagen. Mindestens 2 Samstage pro Monat sollen frei sein. Wird ein Jugendlicher samstags beschäftigt, muß er an einem anderen berufsschulfreien Tag derselben Woche frei bekommen.

junge Aktien

Bezeichnung für neu ausgegebene ↑ Aktien. Jeder Aktionär hat ein ↑ Bezugsrecht auf j.A. im Verhältnis seines Aktienbesitzes zum Grundkapital, z.B. 3:1, d.h., auf 3 alte Aktien erhält der Aktionär eine j.A. Sobald j.A. den alten Aktien gleichgestellt sind (z.B. in bezug auf die Dividende), entfällt die unterschiedliche Bezeichnung.

juristische Personen

Anerkannte Personenvereinigungen oder Vermögensmassen, die eine eigene Rechtspersönlichkeit besitzen. Die Rechte der j.P. sind von denen der Mitglieder getrennt. J.P. des Privatrechts sind eingetragene Vereine, Aktiengesellschaften, GmbH, KGaA, Genossenschaften. – *Gegensatz*: ↑ Natürliche Personen.

Just-in-time-Prinzip

↑ Kanban-System.

Juristische Personen

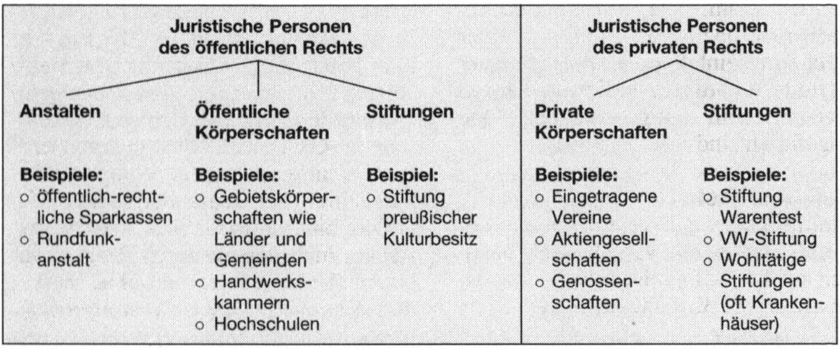

K

Kaduzierungsverfahren

Verfahren, das darauf abzielt, Gesellschafter, die ihrer Verpflichtung zur Einzahlung des Geschäftsanteils nicht nachgekommen sind, auszuschließen. Beginn bei GmbH (nach Ablauf der gesetzl. Nachfrist (mind. 1 Monat)), bei Aktiengesellschaften nach der dritten Aufforderung.

Kalkulation

Kostenaufstellung zur Berechnung der ↑ *Selbstkosten*, zur Ermittlung des Angebotspreises und zur Kontrolle der Preisfestsetzung. Die K. ist ein Teilgebiet der Kosten- und Leistungsrechnung (↑ Kostenrechnung). In der *Vorkalkulation* wird ein Angebotspreis auf der Basis eines vergangenheitsorientierten geschätzten Kostensatzes ermittelt. Beim so ermittelten Preis finden Konkurrenzangebote keine Beachtung, sondern nur das eigene Kostengefüge. Wird vom Marktpreis ausgegangen, da man Konkurrenzangebote unterbieten will, muß man einen Endpreis zugrunde legen und prüfen, ob Kosten im Preis gedeckt sind und darüber hinaus ein Gewinn erwirtschaftet werden kann. Die *Nachkalkulation* überprüft nach Fertigstellung einer Rechnungseinheit oder am Ende einer Periode, ob die kalkulierten Kosten tatsächlich in der geschätzten Höhe angefallen sind.

Kalkulationsfaktor

Multiplikator zur Vereinfachung der ↑ Kalkulation im Warenhandel, bezogen auf 1 DM. Bei einem Kalkulationszuschlag von 30 % K. = 1,30, bei 20 % K. = 1,20 usw.

Kalkulationszuschlag

Prozentuale Berechnung der Differenz zwischen Einstandspreis und Verkaufspreis, bezogen auf den Einstandspreis. Beispiel:

Einstandspreis (Bezugsgrundlage)	100,–
+ 25% Geschäftskosten	25,–
Selbstkosten	125,–
+ Gewinn	25,–
Verkaufspreis	150,–

Berechnung: x% = 50,– ; 100% = 100,– ; x = 50% Kalkulationszuschlag

kalkulatorische Abschreibungen

Kosten, die einmalig für die Anschaffung oder Herstellung eines Betriebsmittels entstehen und im Gegensatz zur bilanziellen A. auf die einzelnen Teilperioden der *tatsächlichen* Nutzungsdauer verteilt werden. Dabei wird vom Wiederbeschaffungswert des Betriebsmittels ausgegangen. ↑ Abschreibung.

kalkulatorische Kosten

Oberbegriff für ↑ Anderskosten und ↑ Zusatzkosten.

kalkulatorischer Unternehmerlohn

↑ Zusatzkosten, mit denen das Entgelt für die leitende Tätigkeit der Unternehmer, die ohne feste Entlohnung sind (z.B. bei Einzelkaufleuten und Gesellschafter-Geschäftsführern in Personengesellschaften), erfaßt werden. Vergleichswert für Bemessung: Höhe des durchschnittlichen Gehalts eines Angestellten mit gleichwertiger Tätigkeit in einem Unternehmen gleichen Standorts, gleichen Geschäftszweiges und gleicher Bedeutung.

kalkulatorische Wagnisse
Angesetzte Kosten für wahrscheinlich anfallende Vermögensminderungen, z.B. Verluste der Anlagen, der Vorräte, der Fertig- und unfertigen Erzeugnisse der Forderungen durch Kundenkonkurs. Für im Laufe des Jahres voraussichtlich eintretende Verluste der aufgeführten Art wird im voraus ein prozentualer Zuschlag in der Kalkulation festgesetzt, um diese Risiken abzudecken. Sind Fremdversicherungen abgeschlossen, dürfen keine kalk. Wagniszuschläge mehr angesetzt werden.

kalkulatorische Zinsen
Zinsen auf das ↑ betriebsnotwendige Kapital. K.Z. auf das Eigenkapital sind eine Vergütung für das eingesetzte Kapital.

Kanban-System
System zur flexiblen Produktionssteuerung nach dem Prinzip ‚Produktion auf Abruf" (Just-in-time-Prinzip). Merkmale: Vernetzung der erzeugenden und verbrauchenden Produktionsstufen; flexibler Personal- und Betriebsmitteleinsatz. Durch das K.-S. können Materialbestände reduziert werden, außerdem wird eine höhere Termintreue erreicht.

Kannibalismus-Effekt
Negative Beeinflussung von Image, Bekanntheitsgrad oder Absatz eines Gutes durch ein anderes Gut eines Unternehmens. Marktanteilsgewinne eines Produktes gehen zu Lasten anderer Produkte; insbes. dadurch begründet, daß differenziert geplante Produktangebote vom Verbraucher als identisch erlebt werden und sich entsprechend die Angebote auf dem gleichen Teilmarkt gegenseitig Konkurrenz machen („eine Marke frißt eine andere auf").

Kannkaufmann
Nach § 3 HGB eine Person, die erst durch Eintragung ins Handelsregister die Vollkaufmannseigenschaft erlangt. Dazu gehören Land- oder Forstwirte, die einen Betrieb betreiben, der nach Art und Umfang einer kaufmännischen Organisation bedarf.

Kapazität
(lat. capacitas = Raum); mögliche Leistungsfähigkeit einer Maschine oder eines Betriebes. Die K. ist abhängig vom Maschinenpark, vom Personal und von organisatorischen Voraussetzungen. Die erzielte prozentuale Auslastung der möglichen K. nennt man ↑ Beschäftigungsgrad.

Kapazitätserweiterungseffekt
↑ Lohmann-Ruchti-Effekt.

Kapital
1. K. in der *Volkswirtschaft*: Neben Boden und Arbeit der dritte ↑ Produktionsfaktor. Das K. wird auch als derivativer oder abgeleiteter Faktor bezeichnet, d.h. er ist durch die ursprünglichen (originären) Faktoren geschaffen worden. Man unterscheidet Geldkapital und Sachkapital (Realkapital), die einer Volkswirtschaft für Investitionen zur Verfügung stehen.
2. K. in der *Betriebswirtschaft*: Bezeichnet in der Bilanz die Quellen, woher das Geld gekommen ist (Passivseite). Das aufgebrachte K., das auf der Aktivseite in Form von Vermögensteilen seinen Niederschlag findet, wird auf der Passivseite in Eigenkapital und Fremdkapital unterteilt. a) Zum ↑ *Eigenkapital* (=vom Unternehmen selbst aufgebracht) einer U. mit starrem Grund- und Stammkapital (AG und GmbH) gehören auch die ↑ Rücklagen. Bei Personengesellschaften verändern sich dagegen die ↑ Kapitalkonten der Gesellschafter mit dem jährlichen Gewinn oder Verlust und mit den Entnahmen der persönlich haftenden Gesellschaf-ter (Komplementäre). b) ↑ *Fremdkapital* sind die von unternehmensfremden Personen zur Verfügung gestellten Mittel. Je nach Verfügungsdauer unterscheidet man langfristiges und kurzfristiges Fremdkapital. Auch ↑ Rückstel-

lungen sind Fremdkapital, da die Verbindlichkeit in ihrer Art, nicht jedoch der Höhe und der Fälligkeit nach, feststeht.

Kapitalanlagegesellschaft
↑ Investmentgesellschaft.

Kapitalbedarf
Die von einer Unternehmung benötigte Kapitalmenge, um ein Vorhaben zu finanzieren. – *Gründe*: a) Investition; b) Gründungsfinanzierung; c) Verlustausgleich; d) Fusionsvorhaben. Zur optimalen Errechnung des K. wird ein Plan erstellt, der sämtliche zu erwartende Zahlungsvorgänge berücksichtigt. Besonders bei der unter b) genannten Gründungsfinanzierung müssen die Kapitalbedarfsmengen für das Anlagevermögen und Umlaufvermögen in der Weise berechnet werden, daß das zu gründende Unternehmen so lange Kapital benötigt, bis die ersten Erträge durch Verkäufe zurückgeflossen sind. ↑ Kapitalbedarfsrechnung.

Kapitalbedarfsrechnung
Bei Errichtung und/oder Erweiterung eines Unternehmens aufzustellender Geld- und Sachmittelbeschaffungsplan (↑ Kapitalbedarf). – *Verfahren*: a) ↑ Finanzplanung; b) grobe Berechnung bzw. Schätzung meist in Form der Kapitalgebundenheitsrechnung, seltener in Form der Deckungsrechnung.

Kapitalbeteiligung
Finanzielle Beteiligung an Unternehmen. – Wichtigste *Arten*:
1. Kauf von Aktien einer Aktiengesellschaft.
2. Beteiligung an einer GmbH durch Übernahme eines Geschäftsanteils.
3. Bei Personengesellschaften (KG und OHG) Beteiligung nur in Höhe einer Haftungseinlage (Kommanditist) oder als Vollhafter (Komplementär).
4. An Einzelunternehmen als Stiller Gesellschafter (allerdings auch bei Personengesellschaften möglich) mit den Rechten, die einem Kommanditisten ebenfalls zustehen.
5. K. der Arbeitnehmer durch Belegschaftsaktien.
6. Genossenschaftsbeteiligungen bis zu den in der Satzung festgelegten Beteiligungshöchstgrenzen.

Kapitalbilanz
Auch: ↑ *Kapitalverkehrsbilanz*, Teil der ↑ Zahlungsbilanz. In der K. i.e.S. werden kurzfristige und langfristige Kapitalbewegungen, d.h. Transaktionen mit Forderungsrechten und Schuldtiteln, zwischen Inländern und Ausländern aufgezeichnet. Kredite werden an Ausländer gegeben und von diesen zurückgezahlt. Auch wenn Inländer im Ausland Niederlassungen errichten oder Kapitalanlagen im Ausland tätigen, fließt das Kapital ins Ausland (sog. ↑ Direktinvestition im Gegensatz zu Finanzinvestitionen). Die K. i.w.S. umfaßt auch die ↑ Devisenbilanz, die im Gegensatz zur K. i.e.S. nicht Veränderungen von Forderungen und Verbindlichkeiten bei den Privaten, sondern bei der Notenbank erfaßt.

Kapitalbildung
Ausweitung der Produktionsmöglichkeiten einer Volkswirtschaft durch zusätzliche Investitionstätigkeit. Voraussetzung der K. ist ein ausreichendes Angebot an Finanzierungsmitteln, die durch Konsumverzicht, d.h. ↑ Sparen zur Verfügung gestellt werden. K. ist Voraussetzung für das Wirtschaftswachstum.

Kapitalbindung
Überlegung bei Finanzierungsvorgängen, daß benötigte Gelder über einen Zeitraum zur Verfügung stehen, der mit der Nutzungszeit des zu kaufenden Objekts ungefähr übereinstimmt; ↑ Goldene Finanzregel.

Kapitalerhaltung
↑ nominelle Kapitalerhaltung, ↑ substantielle Kapitalerhaltung.

Kapitalerhöhung

Maßnahmen der Unternehmensfinanzierung durch Eigenkapitalerhöhung.
1. Bei *Personengesellschaften* vollzieht sich die K. üblicherweise durch Aufnahme von neuen Gesellschaftern (↑ Beteiligungsfinanzierung) und durch Nichtverbrauch von Gewinnen (↑ Selbstfinanzierung).
2. *Kapitalgesellschaften* bedürfen bei der K. der Zustimmung der Hauptversammlung (AG) bzw. der Gesellschafterversammlung (GmbH), da eine Satzungsänderung notwendig wird (3/4-Mehrheit). *Formen:* a) *Ausgabe von ↑ jungen Aktien.* Das ist der Normalfall, in dem der AG neues Geld zufließt. Die Altaktionäre haben ein ↑ Bezugsrecht auf diese Neuaktien (auch effektive K.). b) *Bedingte K.:* Ausgabe von ↑ Schuldverschreibungen mit dem Recht auf Umtausch in Aktien. c) *Genehmigtes Kapital:* Erlaubnis an den Vorstand, bei günstiger Marktsituation Aktien auszugeben, ohne die Hauptversammlung zu befragen. Eine Sonderform der K. stellt die nominelle K. dar (auch Kapitalverwässerung). Die im Laufe der Zeit in die Rücklagen gelegten, nicht ausgeschütteten Gewinne werden in Grundkapital umgewandelt. Die Aktionäre erhalten Gratisaktien, d.h. ohne Zahlung, da die Gelder ihnen als den eigentlichen Inhabern der AG gehören und sie vorher auf Dividendenausschüttung teilweise verzichtet haben (auch *K. aus Gesellschaftsmitteln*).

Kapitalertragsteuer

Steuer aus der Einkunftsart „Einkünfte aus Kapitalvermögen". Hierzu zählen z.B. Dividenden aus Aktienbesitz und anderen Beteiligungen, Zinsen aus Bankguthaben und Schuldverschreibungen und Einkünfte eines stillen Gesellschafters. Arten der K. sind die Allgemeine K. in Höhe von 25 % (insbesondere für Dividenden), die Kuponsteuer in Höhe von 30 % (betrifft Zinsen aus bestimmten Anleihen) und seit 1.1.1993 die Zinsabschlagsteuer in Höhe von 30 % auf laufende Zinseinkünfte, z.B. aus Bankguthaben. Grundsätzlich wird die K. vom Auszahler einbehalten (z.B. von der AG bei Dividenden oder von der Bank bei Bankguthaben), sozusagen an der Quelle (Quellensteuer, ↑ Abzugssteuer), und an das Finanzamt abgeführt. Die Zinsabschlagsteuer kann bis zur Höhe des Sparerfreibetrages durch Erteilung eines ↑ Freistellungsauftrages vermieden werden.

Kapitalgesellschaft

↑ Handelsgesellschaft, bei der die kapitalmäßige Beteiligung der Gesellschafter im Vordergrund steht. Das persönliche Vermögen der Gesellschafter haftet nicht für Schulden der K. Nach innen und außen wird die K. durch ihre gesetzlichen Vertreter repräsentiert. Bei der AG ist es der Vorstand, bei der GmbH der Geschäftsführer. – *Arten*: ↑ Aktiengesellschaft, ↑ Gesellschaft mit beschränkter Haftung, ↑ Kommanditgesellschaft auf Aktien. In der Haftungsart besteht bei der Kommanditgesellschaft auf Aktien insofern eine Besonderheit, als der Komplementär, der Befugnisse wie der Vorstand bei der AG besitzt, im Gegensatz zu diesem voll haftet. Die rein kapitalmäßigen Beteiligungsabsichten wie bei der AG sind bei der GmbH dadurch abgeschwächt, daß das persönliche Element etwas stärker hervortritt, z.B. durch die Erschwerung der Übertragung von GmbH-Anteilen an Dritte (notariell). – K. unterliegen einer speziellen Einkommensteuerart, der ↑ Körperschaftsteuer.

Kapitalherabsetzung

Verminderung des haftenden Grundkapitals einer Kapitalgesellschaft. – Nach Aktienrecht unterliegt die K. besonderen Regelungen, je nachdem, ob es sich um die ordentliche K., die vereinfachte K. oder die K. durch Einziehen von Aktien handelt. – *Grundsätzliche Arten*:
1. *Nominelle K.*: Herabsetzung des Kapitals, um Verluste auszugleichen. Das

kann einmal durch Herabsetzen der Nennbeträge aller Aktien oder durch Zusammenlegen von Aktien geschehen. Letztere Maßnahme ist nur erlaubt, wenn durch die Herabsetzung der Mindestnennbetrag nicht eingehalten werden kann.
2. *Effektive K.*: Ein Teil des Grundkapitals wird an die Anteilseigner zurückgezahlt oder in Rücklagen umgewandelt.

kapitalintensiv

Bezeichnung für die Kostenstruktur eines Unternehmens, die durch einen hohen Anteil an (fixen) Kapitalkosten (Abschreibung, kalkulatorische Zinsen usw.) gekennzeichnet ist. Im Zuge zunehmender Automatisierung nimmt die Kapitalintensität zu.

Kapitalismus

Nach herrschendem Sprachgebrauch die Bezeichnung für ein Wirtschaftssystem, bei dem sich das Kapital vornehmlich in Privathand befindet. Gestützt auf Wettbewerb und den Leistungswillen des einzelnen als Antriebskraft des wirtschaftlichen Handelns kann durch eine Kapitalmehrung die Grundlage für wirtschaftliches Wachstum geschaffen werden. Voraussetzungen hierfür sind neben dem Engagement des einzelnen vor allem die Erwartungen, daß sich die aus dem Ertrag zu finanzierenden Investitionen rentieren (↑ Rentabilität). Investitionen sind einzel- und gesamtwirtschaftlich zur Weiterentwicklung der Wirtschaft nötig. Es kann damit über eine Steigerung des Sozialprodukts gelingen, den Wohlstand – heute vielfach auch mit Lebensqualität gleichgesetzt – zu mehren. Bis zum Zusammenbruch des realen ↑ Sozialismus sprach man vielfach von *Spätkapitalismus* (Endphase des K.) als einem Wirtschaftssystem, das durch hohe Konzentration (Kartelle) und staatlichen Interventionismus der Wirtschaft gekennzeichnet sei. K. wird fälschlicherweise oft mit ↑ Marktwirtschaft oder ↑ Sozialer Marktwirtschaft gleichgesetzt. Inzwischen trennt selbst die katholische Kirche in der Enzyklika „Centesimus annus" von 1991 scharf zwischen K. und Marktwirtschaft. Kritiker des K. möchten eine ökonomische und gesellschaftliche Gleichbehandlung von Arbeit und Kapital erreichen.

Kapitalkonto

1. In der Bilanz von *Einzelunternehmen und Personengesellschaften* auf der Passivseite stehendes Konto, das das ↑ Eigenkapital ausweist. Bei Personengesellschaften haben die einzelnen Gesellschafter ein eigenes K., das durch jährliche Verlust- und Gewinnzuweisungen verändert wird. Weitere Veränderungen ergeben sich durch Entnahmen im Laufe des Jahres durch die Vollhafter. Kapitalkonten können durch Verluste auch negativ werden. Beim Kommanditisten bedeutet dies, daß er in Gewinnjahren so lange kein Geld bekommt, bis das Kapitalkonto den alten Stand erreicht hat. Das starre K. der Kapitalgesellschaft verändert sich nur durch einen offiziellen Erhöhungs- oder Herabsetzungsbeschluß der Hauptversammlung/Gesellschafterversammlung.
2. In der Bilanz von *Kapitalgesellschaften* unveränderliches Konto des Grundkapitals (AG) bzw. Stammkapitals (GmbH).

Kapitalkosten

Kosten für zur Verfügung gestelltes Kapital (Eigen- und Fremdkapital). Dazu zählen: (Fremdkapital-)Zinsen, Disagio, Renditeforderungen der Eigenkapitalgeber, ggf. ↑ Opportunitätskosten (entgangener Gewinn durch den Verzicht auf alternative Investitions- bzw. Geldanlagemöglichkeiten).

Kapitalmarkt

Ort des Zusammentreffens von Angebot und Nachfrage nach langfristigen Krediten und Beteiligungskapital. Unternehmen und öffentliche Hand fragen auf dem K. die von den Sparern angebotenen Gelder nach, vor allem an der

Börse durch Ausgabe von Aktien und Schuldverschreibungen.

Kapitalrücklage
Einlagen von Gesellschaftern über den Nennwert der übernommenen Anteile hinaus.

Kapitalstruktur
Aufbau und Zusammensetzung des Kapitals eines Unternehmens (Passivseite der Bilanz). Die K. ist wichtig für die Beurteilung der Finanzierung.

Kapitalverkehrsbilanz
↑ Kapitalbilanz.

Kapitalverkehrsteuern
Steuern, die anfallen, wenn Kapital an andere übertragen wird. In der Bundesrepublik Deutschland wurden die Kapitalverkehrsteuern abgeschafft (Börsenumsatzsteuer zum 1.1.1991 und Gesellschaftsteuer zum 1.1.1992).

Kartell
Vertragliche Absprache von Unternehmen über bestimmte Verhaltensweisen im Wettbewerb. Die Unternehmen bleiben rechtlich und wirtschaftlich selbständig, wobei die wirtschaftliche Handlungsweise durch den Vertrag koordiniert wird. – *Verbote/Ausnahmen*: Vgl. Übersicht.

Kartellgesetz
Andere Bezeichnung für das „Gesetz gegen Wettbewerbsbeschränkung" (GWB). Gibt dem Bundeskartellamt das Recht zum Eingreifen bei unlaute-

Kartell

Zulässigkeit	Benennung	Zielsetzung
Anmeldepflichtige Kartelle	Konditionenkartell	Einhaltung von einheitlichen Grundsätzen über Zahlung, Lieferung und Leistung.
	Rationalisierungskartell	Einheitliche Durchführung betrieblicher Rationalisierung durch Anwendung von Normen, Typen und durch Spezialisierung. Sehr weitgehende Rationalisierungskartelle sind genehmigungspflichtig. Die Entscheidung trifft das Kartellamt.
	Exportkartell	Sicherung und Förderung des Exports durch Absprachen, um auf dem Weltmarkt sich nicht gegenseitig zu behindern.
Erlaubnispflichtige Kartelle	Krisenkartell	Erhaltung von Produktionsstätten durch Mengenbeschränkung in Zeiten nachlassender Nachfrage.
	Syndikat	Gemeinsame Verkaufsstelle mit einer eigenen Rechtsform zum gemeinschaftlichen Verkauf gleichartiger Erzeugnisse.
Verbotene Kartelle	Preiskartell	Einheitliche Preise durch die Verpflichtung, Mindestpreise nicht zu unterschreiten.
	Produktionskartell (Zuteilungskartell)	Hohe Preise durch Verknappung der Güter sollen durch Zuteilung von bestimmten Quoten erzielt werden.
	Gebietskartell	Gegenseitiger Wettbewerb soll durch Zuteilung eines fest begrenzten Verkaufsgebietes verhindert werden. **Ausnahme:** Leitungsgebundene Energie-Versorgungsunternehmen (Strom, Gas) dürfen anmeldepflichtige Gebietskartelle bilden.

ren Geschäftsabsprachen. Vgl. auch Übersicht; ↑ Kartell.

Kassakurs
↑ Einheitskurs.

Kasse
1. Bezeichnung für den Bestand an *Barmitteln*. Kreditinstitute haben nach dem Kreditwesengesetz eine bestimmte Barreserve zu halten, um liquide für die täglichen Auszahlungen zu bleiben. Für sonstige wirtschaftliche Unternehmen ergibt sich der Umfang dieser zinslosen Bestände aus den Anforderungen für die Zahlungsbereitschaft.
2. In der *Buchführung* Kurzbezeichnung für das Kassenkonto, das die Barmittel der K. ausweist.

Kassenbericht
Abschluß der täglichen Kassenein- und -ausgänge in Schriftform. Der K. dient der Kassenkontrolle, der Ermittlung des Tagesumsatzes und als Sammelbeleg für Kassenbuchungen.

Kassenbuch
↑ Hilfsbuch zur Aufzeichnung aller Bareingänge und -ausgänge. Das Führen eines K. gehört zu den Grundsätzen ordnungsgemäßer Buchführung.

Kauf auf Abruf
Festkauf einer bestimmten Menge, die vom Käufer je nach Bedarf für Lieferung innerhalb einer angemessenen Frist abgerufen wird. Der Lieferant übernimmt in diesem Fall die Lagerung.

Kauf auf Probe
Dem Kunden wird für bestimmte Zeit die Ware zur Verfügung gestellt. Nach Fristablauf gilt der Kaufvertrag als zustandegekommen, wenn der Kunde nichts von sich hören läßt. Andernfalls besteht innerhalb der Frist die Möglichkeit der Rückgabe.

Kauf auf Umtausch
Vertraglich eingeräumtes Recht des Käufers, die gekaufte Sache innerhalb einer bestimmten Frist entweder gegen eine andere umzutauschen oder gegen Erstattung des Kaufpreises zurückzugeben.

Käufermarkt
Bezeichnung eines Marktes, der vom Käufer beherrscht wird (starker Angebotsdruck bzw. schwache Nachfrage). Der Zustand des K. wurde in der Bundesrepublik etwa zu Beginn der 60er Jahre erreicht, als das Nachholbedürfnis nach dem Krieg abflaute. Durch binnenländische Ausdehnung des Warenangebots und der immer stärker werdenden internationalen Konkurrenz konnten die Käufer stärker zwischen den angebotenen Produkten auswählen. Es wurde mehr auf Preis und Qualität geachtet. – *Gegensatz*: ↑ Verkäufermarkt.

Kaufkraft
1. Diejenige *Geldsumme*, die einem Wirtschaftssubjekt innerhalb eines gewissen Zeitraumes zur Verfügung steht.
2. Die K. des Geldes gibt an, wieviel Güter man für eine bestimmte Geldeinheit bekommt. Erhält man im folgenden Zeitraum, z.B. Monat, weniger für sein Geld, weil die Preise gestiegen sind, ist die K. gesunken. Umgekehrt steigt die K., wenn die Preise sinken. Die Entwicklung der K. wird über den ↑ Preisindex für die Lebenshaltung vom ↑ Statistischen Bundesamt ermittelt.

Kaufmann
Jede geschäftsfähige, natürliche oder juristische Person, die ein Handelsgewerbe betreibt. Rechtsgrundlage ist das HGB (§§ 1-6).

Kauf nach Probe
Kaufvertrag, der aufgrund einer Warenprobe oder eines -musters abgeschlossen wird, deren Eigenschaften als zugesichert gelten. *Anders:* ↑ Kauf zur Probe.

Kaufvertrag

Gegenseitiger Vertrag, durch den sich der Käufer zur Zahlung von Geld und Abnahme einer Sache, der Verkäufer zur Übergabe der Sache oder Übertragung eines Rechts verpflichtet. Ein K. ist grundsätzlich formfrei. Er kann auch vom Gesetz abweichende Regelungen bestimmen wie Gerichtsstand, Erfüllungsort, Gefahren-übergang, Lieferungs- und Zahlungsbedingungen; vgl. Übersicht. – *Besondere Arten* des K.: ↑ Kauf auf Abruf, ↑ Kauf auf Probe, ↑ Kauf auf Umtausch, ↑ Kauf nach Probe, ↑ Kauf zur Probe.

Kauf zur Probe

Eine kleine Menge wird ohne Bedingung fest gekauft.

Kausalität

Beziehung zwischen Ursache und Wirkung; Ursache-Wirkungszusammenhang zwischen mehreren Faktoren.

Kennzahlen

Auch: *betriebliche Kennziffern*; Maßstabswerte zur Kontrolle des Betriebsergebnisses und für den inner- und zwischenbetrieblichen Vergleich. Besonders aussagefähig sind K. der Leistung, Wirtschaftlichkeit, Rentabilität und Liquidität.

Kernkompetenzen

Unternehmensspezifisches Wissen und unternehmenskulturell verankerte Prozesse im Sinne übergreifender Fähigkeiten, die ein Unternehmen als Ganzes im Zeitablauf entwickelt hat. K. lassen sich geschäftsfeldübergreifend zur Schaffung von Wettbewerbsvorteilen einsetzen. Beispiel: Sonys Fähigkeit zur Miniaturisierung. ↑ Know-how.

Key-account-Management

Form der Marketing-Organisation; bevorzugte Behandlung von Abnehmern, die eine Schlüsselposition für den Erfolg einer Unternehmung einnehmen. Derartige Kunden werden als „*Key-accounts*“ bezeichnet.

Keynesianismus

Weiterentwicklung bzw. Verfälschung von Ansätzen zur Geld- und Beschäfti-

Kaufvertrag

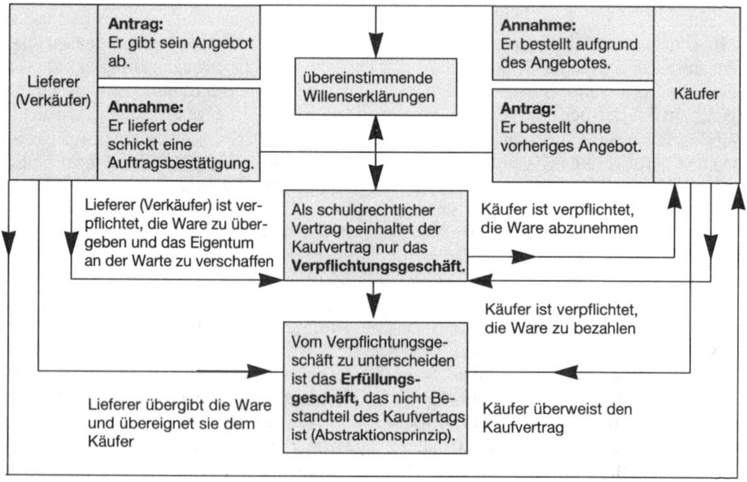

gungstheorie, die auf John Maynard Keynes zurückgeführt werden. Heute wird scharf zwischen der Ökonomie von Keynes und dem K. unterschieden. Unter dem Eindruck der Weltwirtschaftskrise erklärte Keynes Ursachen für anhaltende Arbeitslosigkeit über die Nachfrageseite und gab wirtschaftspolitische Empfehlungen zur Bekämpfung der Arbeitslosigkeit: Förderung der effektiven volkswirtschaftlichen Gesamtnachfrage durch Staatsaufträge (↑ deficit spending, ↑ Konjunkturpolitik) und expansive Geldpolitik (↑ Inflation).

KG
Abk. für ↑ Kommanditgesellschaft (KG).

KgaA
Abk. für ↑ Kommanditgesellschaft auf Aktien.

Kilobyte (KB)
Maßeinheit für die Größe von Speichern. 1 KB = 2^{10} = 1024Bytes.

Kinderfreibetrag
Freibetrag bei der Einkommensteuer in Höhe von 288 DM pro Monat und Elternteil (576 DM bei Ehegatten-Veranlagung; Werte für 1997). Wird gewährt für Kinder unter 18 Jahren und für Kinder über 18, aber unter 27 Jahren, die in der Berufsausbildung stehen, ein freiwilliges soziales oder ökologisches Jahr absolvieren oder körperlich, geistig oder seelisch behindert sind.

Kindergeld
Staatliche Zahlung an Eltern oder an Angehörige für Kinder, die im Haushalt der Familie wohnen (eheliche, für ehelich erklärte, nichteheliche und adoptierte Kinder). Der Kindergeldberechtigte kann wählen zwischen K. und dem steuerlichen ↑ Kinderfreibetrag. Grundsätzlich währt die Zahlung bis zum 18. Lebensjahr; für 18- bis 21jährige ohne Beschäftigung; bis maximal 27 Jahre, wenn die Berufs- oder Schulausbildung sich verlängern sollte. Besondere Regelungen gelten für behinderte Kinder. – *Höhe*: Für das erste und zweite Kind jeweils 220 DM, für das dritte 300 DM, für das vierte und jedes weitere Kind je 350 DM monatlich.

Kirchensteuer
Personensteuer, die von Religionsgemeinschaften allen Mitgliedern dieser Gemeinschaft auferlegt wird. Höhe 8-9 % der Einkommen- bzw. Lohnsteuer. Steuerbefreiung durch Erklärung des Austritts aus der Religionsgemeinschaft vor dem Amtsgericht. Zweck der K. ist die Finanzierung kirchlicher Aufgaben. Die K. wird wie die Lohnsteuer vom Arbeitgeber einbehalten und abgeführt. In der Einkommensteuererklärung kann gezahlte K. als Sonderausgaben abgesetzt werden.

Klage
Begehren, durch das der *Kläger* bei Gericht um Rechtsschutz nachsucht. Die K. richtet sich gegen den *Beklagten*. Sie muß in einer bestimmten Form erhoben werden. Entscheidung über die K. durch ↑ Urteil.

knappe Güter
Güter, deren verfügbare Mengen nicht zur Bedürfnisbefriedigung aller ausreichen. Die Existenz von k.G. ist ein Grund für wirtschaftliches Handeln. – *Gegensatz*: ↑ Freie Güter.

Knappschaftsversicherung
Versicherungszweig der Sozialversicherung als Kranken- und Rentenversicherung für Arbeitnehmer, die im Bergbau tätig sind. Träger ist die Bundesknappschaft.

Knebelungsvertrag
Vertrag, durch den ein Partner in unzumutbarer Weise in seinen zukünftigen Entscheidungen gebunden wird. Der K. ist sittenwidrig und daher nichtig. Die Abgrenzung zu anderen erlaubten Verträgen, die ebenfalls einen Teil der Ver-

tragspartner wirtschaftlich binden, z.B. Eigentumsvorbehalte, ist schwierig und nur im Einzelfall zu klären.

Know-how

(engl.= gewußt wie); Bezeichnung für das spezifische Wissen eines Unternehmens, z.B. bezüglich Produktionsverfahren oder Produktentwicklung. ↑ Kernkompetenzen, ↑ organisatorische Wissensbasis.

Koalitionsfreiheit

Recht für jedermann und alle Berufe, zur Wahrung und Förderung der Arbeits- und Wirtschaftsbedingungen Vereinigungen zu bilden. Die K. bildet auch die Grundlage der gewerkschaftlichen Tätigkeit. Sie gilt nicht nur für die Gründung einer Vereinigung als solche, sondern sie gibt auch dem Einzelnen das Recht, sich ihr anzuschließen (*positive K.*) oder ihr fernzubleiben (*negative K.*).

Kollektivwerbung

Kooperative Zusammenarbeit mehrerer Produzenten und Dienstleister auf dem Gebiet der Werbung. Formen der K. sind die ↑ Gemeinschaftswerbung und die ↑ Sammelwerbung.

Kommanditgesellschaft (KG)

↑ Personengesellschaft, die mit mind. zwei Personen gegründet werden muß (ein Vollhafter = *Komplementär* und ein Teilhafter = *Kommanditist*). Die KG hat kein eigenes Grund- oder Stammkapital, sondern nur die einzelnen Kapitalkonten der Gesellschafter. Im Gesellschaftsvertrag werden die Richtlinien der Geschäftspolitik festgelegt. Das im HGB begründete Recht kann durch Vertrag in vielen Fällen anders geregelt werden. – *Wesentliche Merkmale*: Vgl. Übersicht. ↑ GmbH & Co. KG.

Kommanditgesellschaft auf Aktien (KGaA)

Handelsrechtliche Unternehmensform, Mischform von ↑ Kommanditgesellschaft (KG) und ↑ Aktiengesellschaft (AG); ist ↑ juristische Person. Der Komplementär haftet unbeschränkt, hat dafür Vertretungs- und Geschäftsbefugnis. Die Kommanditaktionäre sind reine Kapitalgeber und haften nur mit ihrer Einlage.

Kommanditist

Person, die in einer ↑ Kommanditgesellschaft (KG) eine Einlage geleistet hat und mit dieser Einlage auch haftet. Tritt ein K. in eine bestehende KG ein, so haftet er in Höhe seiner Einlage für alle bestehenden Schulden. Tritt er als Gesellschafter aus, so haftet er in Höhe seiner Einlage noch 5 Jahre für die bei seinem Austritt bestehenden Schulden der Gesellschaft. Die Haftungshöhe wird ins Handelsregister eingetragen. Solange die Eintragung noch nicht erfolgt ist, haftet der K. für die in dieser Zeit abgeschlossenen Rechtsgeschäfte voll, es sei denn, der Vertragspartner kannte die Beschränkung. Gewinnanspruch lt. HGB: 4 % der Einlage, Rest in angemessenem Verhältnis; i.d.R. nach Gesellschaftsvertrag.

Kommissionär

Kaufmann, der ein Grundhandelsgewerbe nach § 1 HGB betreibt. Er wird im Auftrag und auf Rechnung des *Kommittenten* tätig und ist verpflichtet, zu den günstigsten Konditionen Waren oder Wertpapiere zu kaufen oder zu verkaufen. Hält er sich nicht an die Anweisungen des Kommittenten, z.B. Höchstpreisangaben, kann dieser vom Vertrag zurücktreten. Das getätigte Geschäft ist dem Auftraggeber unverzüglich mitzuteilen. Übernimmt der K. beim Verkauf auch das Forderungsrisiko, hat er Anspruch auf Delkredereprovision. Ansonsten besteht Anspruch auf Provision und Auslagenersatz. Solange der K. das rechtmäßige Entgelt nicht erhalten hat, besteht ein Pfandrecht an den Waren. Der K. hat das Recht des Selbsteintritts, d.h. anstatt das Geschäft mit einem Dritten abzuschließen, tritt er

Kommanditgesellschaft auf Aktien (KGaA)

Allgemeines	Kommanditgesellschaft, bei der Kommanditisten Aktionäre sind
Rechtsgrundlagen	§§ 278 ff. AktG + zum Teil Recht der AG und Recht der KG
Zweck	Betrieb eines Handelsgewerbes, aber auch andere Zwecke
Rechtsfähigkeit	eigene Rechtspersönlichkeit (juristische Person)
Gründung	notariell beurkundete Satzung
Gesellschafter	mindestens 5 Gesellschafter, darunter ein persönlich haftender
Firma	eigene Firma, in der Regel Sachfirma + Zusatz „Kommanditgesellschaft auf Aktien"
Eintragungen im Handelsregister	zur Entstehung erforderlich
Kapital und Einlagen	Kommanditaktienkapital (mindestens DM 100.000); Aktien wie AG; Vermögenseinlage
Gesellschaftsvermögen	eigenes Gesellschaftsvermögen
Haftung	persönlich haftender Gesellschafter unbeschränkt; im übrigen Gesellschaftsvermögen
Organe	Hauptversammlung; persönlich haftender Gesellschafter; Aufsichtsrat
Geschäftsführung	persönlich haftender Gesellschafter wie Vorstand
Vertretung	persönlich haftender Gesellschafter wie Vorstand
Informations- und Kontrollrechte der Gesellschafter	wie AG
Gewinn und Verlust	Komplementär: wie KG; Kommanditaktionär: wie AG
Gewinn und Verlust	persönlich haftender Gesellschafter wie KG; Kommanditaktionäre wie AG
Entnahmen/ Gewinnauszahlung	Komplementär: mit Einschränkungen wie KG; Kommanditaktionär: wie AG
Anteilsübertragung	Komplementär: nur mit Zustimmung aller Komplementäre und der Hauptversammlung; Kommanditaktionär: wie AG
Auflösung und Liquidation	gesetzliche Auflösungsgründe wie KG; Liquidation wie AG
Einmanngesellschaft	nicht möglich

selbst als Käufer oder Verkäufer auf. – *Arten*:

1. *Einkaufskommissionär*: Der K. kauft auf Rechnung des Kommittenten, aber in eigenem Namen, Waren zu günstigen Bedingungen. Da er in eigenem Namen nach außen auftritt, wird er rechtlich auch Eigentümer der Ware. Im Innenverhältnis besteht jedoch die Verpflichtung gegenüber dem Auftraggeber, die Ware herauszugeben.

2. *Verkaufskommissionär*: Durch den Verkauf von Waren und Wertpapieren in eigenem Namen wird er zuerst Gläubiger der entstandenen Forderung, die dann an den Auftraggeber übertragen wird, obwohl sie im Innenverhältnis von Anfang an als Forderung des Kommittenten gilt.

Kommittent
Vertragspartner und Auftraggeber des ↑ Kommissionärs, der auf Rechnung des K. Waren kauft oder verkauft.

Kommunalobligation
↑ Anleihe.

Kommunikation
Verständigung zwischen Menschen bzw. Mensch und Maschine. Die K. dient dem einseitigen oder wechselseitigen Austausch von Informationen mit Sprache, Text, Bildern und Daten. Voraussetzung ist eine gemeinsame Verständigungsweise von Sender und Empfänger (Sprache), bei der indirekten K. (z.B. zwischen zwei Rechnern) zudem ein Übertragungsweg (Kanal).

Kommunikationspolitik
Marketingpolitisches Instrument. K. umfaßt ↑ Werbung, ↑ Verkaufsförderung, ↑ Öffentlichkeitsarbeit (Public Relations) und ↑ persönlichen Verkauf.

Kommunikationstechnik
Gesamtheit der technischen Einrichtungen und Hilfsmittel (Kommunikationsmittel), die der Informations- bzw. Nachrichtenübermittlung dienen (z.B. Telefon, Fernschreiber).

kommunikativer Arbeitsplatz (KAP)
Arbeitsplatz innerhalb der integrierten ↑ Bürokommunikation, der Textcomputer, Rechnernetze sowie digitale Kanäle für Sprach- und Bildübermittlung enthält.

komparative Vorteile
In der Außenhandelstheorie Erklärung für Güterimporte eines Landes, obwohl die gehandelten Güter selbst im Lande zu absolut geringeren Kosten hergestellt werden können als vom Handels partner. Das Interesse an einem solchen Außenhandel besteht immer dann, wenn die absoluten Produktionskostenunterschiede zwischen einzelnen Gütern unterschiedlich groß sind, so daß ein Gut trotz absoluter Kostenvorteile nur relativ teurer als im Ausland produziert werden kann. In der *Theorie der komparativen Kosten* wird gezeigt, daß es für alle beteiligten Volkswirtschaften vorteilhaft ist, sich jeweils auf die Produktion jener Güter zu konzentrieren, bei denen k.V. bestehen, d.h. der absolute Kostenvorteil besonders groß bzw. der absolute Kostennachteil verhältnismäßig gering ist, und gegen die Güter einzutauschen, bei deren Herstellung komparative Nachteile bestehen, also die Produktionsüberlegenheit vergleichsweise gering ist. – Dieses Prinzip der k.V. zwischen Volkswirtschaften läßt sich auch auf die vorteilhafte ↑ Arbeitsteilung innerhalb einer Volkswirtschaft anwenden.

Kompatibilität
Geräte, Programme, Datenträger und Daten können ohne besondere Anpassungsmaßnahmen untereinander ausgetauscht werden oder miteinander arbeiten. Man unterscheidet zwischen der *Hardware* (Anlage und Geräte sind miteinander kompatibel) und der *Daten-K.* (Daten und Datenträger sind kompatibel).

Kompensationsgeschäft
Warenaustausch nach dem Prinzip „Ware gegen Ware".

Kompetenz
Ursprünglich die mit einer bestimmten hierarchischen Position verbundene Anordnungs- oder Weisungsbefugnis oder aber die damit verbundene Befugnis, innerhalb eines bestimmten Entscheidungsrahmens für die Organisation verbindliche Entscheidungen zu treffen. *In den vergangenen Jahren* Verschiebung der Bedeutung des Begriffs in Richtung eines Synonyms für Qualifikation. Unterschieden werden hier häufig fünf Formen der K.: Fachkompetenz, Sozialkompetenz, Methodenkompetenz, Führungskompetenz und Repräsentationskompetenz.

Komplementär
Natürliche oder ↑ juristische Person, die als Gesellschafter einer ↑ Kommanditgesellschaft (KG) oder einer ↑ Kommanditgesellschaft auf Aktien (KGaA) für die Verbindlichkeiten der Gesellschaft mit ihrem gesamten Vermögen haftet.

Komplementärgut
Erzeugnis, dessen Verwendung zwangsläufig die Verwendung eines anderen Gutes bedingt, so daß sich beide im Absatz ergänzen und gegenseitig fördern (z.B. Briefpapier – Briefumschläge; Schuhe – Schuhputzmittel). Steigt der Preis eines, und zwar des für den Ge- oder Verbrauch „primären" Gutes, so nimmt u.U. nicht nur die Nachfrage nach diesem Gut, sondern – in gleichem Maße – die Nachfrage nach allen K. ab.

Konditionen
(lat.: conditio = Bedingung); Abreden in Verträgen, die Lieferungs- und Zahlungsbedingungen (↑ Lieferungsbedingungen, ↑ Zahlungsbedingungen) betreffen. Häufig werden im Rahmen der ↑ Allgemeinen Geschäftsbedingungen die späteren Vereinbarungen vorformuliert. Wie stark die Konditionen, die dem Geschäft zugrunde liegen, den einzelnen Vertragspartner binden oder Vorteile gewähren, hängt auch von dessen Machtstellung ab.

Konfiguration
Zusammenstellung der einzelnen Komponenten eines Computersystems, wie Zentraleinheit, Eingabegeräte, Ausgabegeräte, Speicher und die dazu erforderlichen Verbindungen.

Konjunktur
(lat.: conjungere = verbinden); Oberbegriff für einen Zustand wechselnder Wirtschaftstätigkeit, meist gemessen anhand des Produktionsausstoßes der Gesamtwirtschaft (Sozialprodukt), die anhand der ↑ Konjunkturphasen, in Wellenlinien verlaufend, dargestellt wird. Mehrere Konjunkturtheorien versuchen, eine gesetzmäßige Erklärung des innerhalb von gewissen Zeiträumen vorkommenden ständigen Auf und Ab einer Volkswirtschaft zu finden.

Konjunkturphasen
Aufteilung des Konjunkturverlaufs in die Abschnitte Aufschwung (Expansion), Hochkonjunktur (Boom), Abschwung (Rezession) und Tiefstand (Depression). Alle Abschnitte zusammengenommen ergeben den *Konjunkturzyklus*; vgl. Übersicht. Graphische Darstellung der K. in Kurven mit oberen und unteren Wendepunkten.

Konjunkturpolitik
Gesamtheit aller Maßnahmen zur Steuerung der Konjunktur, um Schwankungen größeren Ausmaßes im Auslastungsgrad der Produktionsfaktoren zu verhindern, insbesondere zur Verhinderung konjunktureller Arbeitslosigkeit (Beschäftigungspolitik). Bei dieser Aufgabe soll die Bundesbank durch ihre ↑ Geldpolitik den Staat hilfreich unterstützen. Nach dem „Gesetz zur Förderung der Stabilität und des Wachstums"

Konjunkturphasen

Konjunkturphase	Preisentwicklung	Sparneigung	Zinsniveau Aktienkurs	Steueraufkommen	Produktion	Beschäftigung	Absatz	Einkommen
Aufschwung (Expansion)	Geringe Preissteigerungen, Investitionsgüterpreise steigen stärker als Konsumgüterpreise.	nimmt ab (Nachholbedarf an Konsumgütern)	Steigende Zinssätze, Aufschwung der Aktienkurse	Steigend	Produktionsausdehnung zunehmende Kapazitätsauslastung (Neu-Investitionen).	Beschäftigungszunahme: geringere Arbeitslosigkeit (mehr Überstunden und Einstellungen).	Absatzzunahme	Gewinn- und Lohnsteigerungen
Hochkonjunktur (Boom)	Starke Preissteigerungen	niedrig (Flucht in die Sachwerte)	Hohe Zinssätze, da Geldnachfrage größer als Geldangebot. Rückgang der Aktienkurse wegen erwarteter Rückschläge.	Hoch, da Umsätze und Gewinne steigen; Steuerprogression	Produktionshöchststand: voll ausgenutzte Kapazitäten.	Voll- bzw. Überbeschäftigung (viele Überstunden; Gastarbeiter). Arbeit wird durch Kapital substituiert.	Höchstabsatz (Auftragsüberhang; lange Lieferfristen)	Hohe Gewinne und Löhne (Lohnkämpfe); Effektivlöhne sind höher als Tariflöhne.
Abschwung (Rezession)	Preise leicht sinkend, Preise auf oligopolistischen und monopolistischen Märkten steigen weiter (Stagflation).	nimmt zu (unsichere Zukunftserwartung)	Sinkende Zinssätze. Weiterer Rückgang der Aktienkurse.	Sinkend, da Umsätze und Gewinne abnehmen.	Produktionsrückgang: abnehmende Kapizitätsauslastung; keine Neu-Investitionen, nur Ersatzinvestitionen.	Beschäftigungsabnahme; höhere Arbeitslosigkeit (Kurzarbeit und Entlassungen)	Absatzabnahme (vermehrte Lagerbestände)	Gewinn- und Lohn-Verminderungen (Abbau übertariflicher Löhne)
Tiefstand (Depression)	Preistiefstände; Preiseinbrüche	hoch (Furcht vor Verlust des Arbeitsplatzes; „Notgroschen")	Niedrige Zinssätze, da Geldangebot größer als die Geldnachfrage. Niedrige Aktienkurse.	Niedrig	Produktionstiefstand: unausgenutzte Kapazitäten.	Betriebsstilllegungen; Massenarbeitslosigkeit	Absatzstockung (überfüllte Lager)	Geringe Gewinne und Löhne oder Verluste.

(↑ Stabilitätsgesetz) vom 8.6.1967 sollen Bund und Länder durch geeignete fiskalpolitische Maßnahmen (↑ Fiskalpolitik) versuchen, die angestrebte Verwirklichung der Ziele des ↑ magischen Vierecks zu erreichen. – *Konzepte*:
1. *Antizyklische K.*: Der Staat greift stabilisierend ein. In einer Abschwungphase werden z.B. Mehrausgaben trotz geringerer Steuereinnahmen getätigt (↑ deficit spending) in einer Boomphase weniger Ausgaben bzw. Investitionen trotz höherer Steuereinnahmen. Problem: Wirkungsverzögerungen (↑ Lags) können bei antizyklisch beabsichtigter K. die Konjunkturausschläge sogar verstärken („prozyklische K."); ↑ prozyklische Wirtschaftspolitik; Vernachlässigung der Angebotsseite und deren Bedeutung auf die Konjunktur.
2. *Verstetigung der K.*: Ausmaß und zeitliche Wirkung staatlicher Maßnahmen werden als nicht präzise genug vorhersehbar angesehen, so daß auch nicht gesagt werden kann, ob die K. antizyklisch oder prozyklisch wirkt. Der Staat stabilisiert dann den Wirtschaftskreislauf durch Ordnungspolitik, Geldwertstabilitäts- und solide Haushaltspolitik. Bevorzugt werden Maßnahmen der ↑ angebotsorientierten Wirtschaftspolitik.

Konjunkturrat

Nach dem ↑ Stabilitätsgesetz vorgesehenes Beratungsgremium, das versucht, die haushaltspolitischen Entscheidungen der verschiedenen Gebietskörperschaften (Bund, Länder, Gemeinden) zu koordinieren, um die angestrebten Ziele des Stabilitätsgesetzes besser zu erreichen. Dem K. gehören die Bundesminister für Wirtschaft und Finanzen, je ein Vertreter der Länder und vier Gemeindevertreter an.

Konjunkturschwankungen

Veränderungen des Wirtschaftsverlaufs (vgl. ↑ Konjunkturphasen) meßbar etwa am Sozialprodukt, an der Beschäftigungszahl und an der Preisentwicklung. Zu unterscheiden sind K. von Saisonschwankungen, deren Ursache im Jahreszeitenwechsel liegt und die kurzfristiger Natur sind, sowie von strukturellen Veränderungen.

konkludente Handlung

Handlungen, die nach der allgemeinen Lebenserfahrung den Schluß zulassen, daß der Handelnde ein bestimmtes Rechtsgeschäft abschließen will, ohne daß der Wille hierzu ausdrücklich erklärt wird.

Konkurrenzklausel

Auch: *Wettbewerbsverbot*; Vereinbarung zwischen Arbeitgeber und Arbeitnehmer (aber auch mit Gesellschaftern, Handelsvertretern und Geschäftsführern einer GmbH), daß nach Beendigung des Vertragsverhältnisses der Arbeitnehmer nicht im gleichen Gewerbe arbeiten darf. Diese Vereinbarung bedarf einer speziellen Schriftform und ist längstens für 2 Jahre nach Austritt möglich.

Konkurs

Gerichtliches Vollstreckungsverfahren zur zwangsweisen Auflösung eines Unternehmens. Das Verfahren kann sowohl vom Schuldner als auch von einem Gläubiger beim zuständigen Amtsgericht beantragt werden, wenn die Zahlungsunfähigkeit nachgewiesen wird, z.B. durch eine Unpfändbarkeitserklärung. Der K. ist der härteste Zugriff in das Vermögen einer Rechtsperson, die mit sofortiger Wirkung die Verfügungsgewalt über das Vermögen verliert. Der K. ist ein besonderes Verfahren zur Zwangsvollstreckung, das die gleichmäßige Befriedigung aller Gläubiger anstrebt. (Gegensatz: Einzelvollstreckung, bei der die Personen nach ihrer Reihenfolge befriedigt werden). Das Gericht setzt einen vorläufigen ↑ Konkursverwalter ein, der von der innerhalb eines Monats einzuberufenden ↑ Gläubigerversammlung bestätigt werden muß. ↑ Konkursverfahren. – Vgl. ↑ Insolvenzordnung.

Konkursausfallgeld
Geldleistung der Bundesanstalt für Arbeit für Arbeitnehmer bei Zahlungsunfähigkeit des Arbeitgebers. Gezahlt werden die Nettoeinkommen der letzten drei Monate vor Eröffnung des Konkursverfahrens. Regelung tritt am 1.1.1999 außer Kraft.

Konkursmasse
(Ab 1.1.1999 Insolvenzmasse) Das gesamte verteilungsfähige Vermögen des Gemeinschuldners zum Zeitpunkt der Konkurseröffnung. Nachträglich dem Schuldner zugeflossenes Vermögen zählt nicht dazu. Masseschulden, Massekosten, bevorrechtigte und gewöhnliche Forderungen werden in dieser Reihenfolge aus der K. befriedigt, wobei Massekosten und -schulden voll abgegolten werden müssen (↑ Massegläubiger).

Konkursverfahren
(ab 1.1.1999 Insolvenzverfahren) Verfahren, das das Ziel verfolgt, die beteiligten Gläubiger gleichmäßig zu befriedigen. Der eingesetzte ↑ Konkursverwalter prüft, ob der ↑ Konkurs ordnungsgemäß durchgeführt werden kann oder ob er „mangels Masse" abgelehnt werden muß. Dies ist der Fall, wenn die Schulden die Kosten des Verfahrens übersteigen. Der Konkursverwalter arbeitet mit dem Gläubigerausschuß zusammen. – Zur Feststellung des zur *Verteilung* anstehenden Vermögens muß der Konkursverwalter rechtlich vorgeschriebene Schritte einhalten: 1. ↑ Aussonderung (fremdes Eigentum). 2. ↑ Absonderung (Pfandrechtbelastung). 3. Aufrechnung, d.h. Forderungen und Verbindlichkeiten mit einem Gläubiger werden aufgerechnet. 4. Begleichung von Massekosten und Masseschulden. 5. Befriedigung der bevorrechtigten Forderungen. 6. Verteilung des Restvermögens an die „normalen" Gläubiger. – Nachdem die Verteilung durchgeführt wurde, wird der ↑ Schlußtermin abgehalten und das K. aufgehoben. Nach Durchführung des K. erlischt die Firma. Die Löschung wird im Handelsregister eingetragen.

Konkursverwalter
Eine vom Gericht eingesetzte und von der ersten Gläubigerversammlung zu bestätigende rechtskundige Person. Die Hauptaufgaben des K. bestehen 1. in der Feststellung, 2. in der Verwertung (Verkauf) und 3. in der Verteilung der dem Schuldner gehörenden Vermögensteile. Der K. untersteht der Kontrolle des Gerichts und des Gläubigerausschusses. Er hat zu Beginn des Konkurses ein Inventar aufzustellen. In der Verwertung der Gegenstände ist er grundsätzlich frei. Bei bestehenden Verträgen, die noch von keiner Seite voll erfüllt wurden, hat er über die Erfüllung zu entscheiden.

Konnossement
Empfangsbestätigung des Schiffers für die an Bord gelieferte Ware. Das K. wird für Seeverfrachtungen (nicht Kanalverfrachtungen) ausgestellt. Es ist ein Wertpapier und durch ↑ Orderklausel auf andere übertragbar. Der legitimierte Besitzer kann Anweisungen jeder Art erteilen. Bei Ankunft erwirbt der berechtigte Konnossementsinhaber das Recht der Auslieferung.

konsolidierte Bilanz
Zusammenfassung mehrerer Einzelbilanzen zu einer Gesamtbilanz im Konzernbereich (Konzernbilanz). Zu diesem Zweck werden im Rahmen der Kapitalkonsolidierung die gegenseitigen Beteiligungskonten aufgerechnet und die bestehenden gegenseitigen Verbindlichkeiten und Forderungen verrechnet (Schuldenkonsolidierung), denn was für den einen Forderungen sind, sind zwangsläufig für den anderen Verbindlichkeiten und umgekehrt. Dadurch wird ein Aufblähen der Bilanzsumme vermieden.

Konsolidierung
1. *Volkswirtschaftlich*: Begrenzung und Rückführung von Defiziten in Haushal-

ten von Bund, Ländern und Gemeinden.
2. *Betriebswirtschaftlich*: Zusammenfassung von Bilanzen und Gewinn- und Verlustrechnungen in einem Konzern.
3. *Bank*: Umwandlung offener Schulden in langfristige Anleihen oder Zusammenfassung älterer Anleihen zu einer neuen Anleihe mit günstigeren Bedingungen.

Konsortium
Zusammenschluß von Banken zur Erreichung eines gemeinsamen Zwecks. Das K. ist meist von kurzfristiger Dauer. Hauptanwendungsgebiet ist die Übernahme von Wertpapieren (Emissionsgeschäft), um sie an der Börse einzuführen. Der zu diesem Zweck benötigte erhebliche Kapitalaufwand kann von einem K. risikoverteilter aufgebracht werden. Dieser lose Zusammenschluß arbeitet nach den Voraussetzungen der ↑ Gesellschaft des bürgerlichen Rechts. Die erworbenen Wertpapiere sind somit Gesamthandseigentum.

konstitutive Wirkung
Eine Wirkung, die rechtserzeugenden Charakter hat, d.h., daß von diesem Zeitpunkt an gewisse rechtliche Folgen möglich sind.

Konsum
Der Ge- und Verbrauch von Gütern und Dienstleistungen sowohl der Privathaushalte zur Bedürfnisbefriedigung als auch des Staatshaushaltes, um öffentliche Aufgaben durchzuführen (z.B. Kauf von Rüstungsgegenständen). Neben den privaten und staatlichen Investitionen sowie dem Außenbeitrag ist der K. ein Teil der gesamtwirtschaftlichen Nachfrage.

Konsument
Endverbraucher einer Ware bzw. Dienstleistung.

Konsumgüter
Verbrauchs- oder Gebrauchsgüter, die unmittelbar menschliche Bedürfnisse befriedigen, z.B. Nahrung, Kleidung, Möbel, Privatwagen.

Kontenklasse
Systematische Einteilung des ↑ Kontenrahmens. Der Kontenrahmen hat 10 Kontenklassen (0-9).

Kontenplan
Übersicht über alle in einem Unternehmen tatsächlich benötigten Konten, abgeleitet aus dem ↑ Kontenrahmen.

Kontenrahmen
Zwecks Systematisierung von den einzelnen Wirtschaftsbereichen erstelltes Ordnungsschema, nach dem die Konten der Buchführung in verschiedene Klassen (0-9) eingeteilt werden: Einzelhandelskontenrahmen, ↑ Kontenrahmen für den Groß- und Außenhandel, ↑ Industriekontenrahmen, ↑ DATEV-Kontenrahmen.

Kontenrahmen für den Groß- und Außenhandel
Kontenrahmen, der 1988 den Großhandelskontenrahmen abgelöst hat, und der als einheitliche Grundlage für Betriebe des Groß- und Außenhandels dient. Vgl. Übersicht.

Kontingentierung
Festsetzung einer Menge; im Außenhandel z.B. als Abschirmmaßnahme zur Stützung der Binnenwirtschaft, indem nur begrenzte Einfuhr- oder Ausfuhr*mengen* zugelassen werden.

Konto
1. In der *Buchführung* die zur Aufnahme und wertmäßigen Erfassung von Geschäftsvorfällen bestimmten Rechnungen. Jedes K. hat eine Soll- und eine Habenseite (↑ *Soll*, ↑ *Haben*). – *Unterscheidung*: a) *Aktivkonten* sind solche, die auf der Aktivseite der Bilanz stehen (Anlage- und Umlaufvermögen). Sie werden im Soll eröffnet und nehmen bei Zugängen auch im Soll zu, bei Abgängen im Haben ab. b) *Passivkon-*

Kontenrahmen für den Groß- und Außenhandel[1]

Aktiva	BILANZKONTEN Passiva
Klasse 0 **Anlage- und Kapitalkonten** 00 Ausstehende Einlagen 01 Immaterielle Vermögensgegenstände (z.B. Firmenwert) 02 Grundstücke und Gebäude 03 Anlagen, Maschinen, Betriebs- und Geschäftsausstattung 04 Finanzanlagen 05 Wertberichtigungen 06 Eigenkapital 07 Sonderposten mit Rücklageanteil und Rückstellungen 08 Verbindlichkeiten 09 Rechnungabgrenzungsposten	Klasse 3 **Wareneinkaufskonten/Warenbestandskonten** 30 Warengruppe I 31 Warengruppe II 33 Warengruppe III 33 Warengruppe IV 34 Warengruppe V 35 Warengruppe VI 39 Warenbestände Klasse 4 **Konten der Kostenarten** 40 Personalkosten 41 Mieten, Pachten, Leasing 42 Steuern, Beiträge, Versicherungen 43 Energie, Betriebsstoffe 44 Werbe- und Reisekosten 45 Provisionen 46 Kosten der Warenabgabe 47 Betriebskosten, Instandhaltung 48 Allgemeine Verwaltung 49 Abschreibungen
Klasse 1 **Finanzkonten** 10 Forderungen 11 Sonstige Vermögensgegenstände 12 Wertpapiere des Umlaufvermögens 13 Banken 14 Vorsteuer 15 Zahlungsmittel 16 Privatkonten 17 Verbindlichkeiten 18 Umsatzsteuer 19 Sonstige Verbindlichkeiten	Klasse 5 **Konten der Kostenstellen[3]** Klasse 6 **Konten für Umsatzkostenverfahren[4]** Klasse 7 **Freie Kontenklasse**
Klasse 2 **Abgrenzungskonten** 20 Außerordentliche und sonstige Aufwendungen 21 Zinsen und ähnliche Aufwendungen 22 Steuern vom Einkommen und Vermögensteuer 23 Forderungsverluste 24 Außerordentliche und sonstige Erträge 25 Erträge aus Beteiligungen, Wertpapieren und Ausleihungen des Finanzanlagevermögens 26 Sonstige Zinsen und ähnliche Erträge 27 Sonstige betriebliche Erträge 28 Verrechnete kalkulatorische Kosten[2] 29 Abgrenzung innerhalb des Geschäftsjahres[2]	Klasse 8 **Warenverkaufskonsten (Umsatzerlöse)** 80 Warengruppe I 81 Warengruppe II 82 Warengruppe III 83 Warengruppe IV 84 Warengruppe V 85 Warengruppe VI 87 Sonstige Erlöse aus Warenverkäufen Klasse 9 **Abschlußkonten** 91 Eröffnungsbilanzkonto 92 Warenabschlußkonto 93 Gewinn- und Verlustkonto 94 Schlußbilanzkonto

[1] Auf der Grundlage des vom Bundesverband des Groß- und Außenhandels (BGA), Bonn 1988, und unter voller Berücksichtigung des von der Aufgabenstelle für kaufmännische Abschlußprüfungen (AKA), IHK Nürnberg, herausgegebenen Großhandelskontenrahmens (1988).

[2] Kalkulatorische Kosten und innerperiodische Abgrenzungen werden in der Praxis nicht buchhalterisch, sondern stets tabellarisch in der Abgrenzungsrechnung der KLR berücksichtigt.

[3] Anmerkung: Die Kostenstellenrechnung wird in der Praxis stets tabellarisch und nicht kontenmäßig durchgeführt. Die Kontenklasse 5 bleibt deshalb in der Regel frei.

[4] Anmerkung: Diese Kontenklasse bleibt in der Regel frei, da Großhandelsunternehmen ihre Rechnung meist nach dem Gesamtkostenverfahren erstellen.

ten stehen auf der Passivseite der Bilanz (rechts), werden im Haben der Konten eröffnet und nehmen dort auch zu (Eigenkapital und Verbindlichkeiten). – Die Buchhaltung besteht aus *Bestandskonten*, die in der ↑ Bilanz erfaßt werden, also alle Aktiv- und Passivkosten, und aus den *Erfolgskonten*, das sind alle Aufwendungen und Erträge, die zwecks Ermittlung des Gewinns/Verlustes mit der ↑ Gewinn- und Verlustrechnung (Gewinn- und Verlustkonto) abgeschlossen werden. Bei Einzelunternehmen und Personengesellschaften verändert das Ergebnis dann das Eigenkapital. Eine Besonderheit stellt das *Wareneinkaufskonto* dar, das als Bestandskonto sowohl mit dem Inventurbestand zur Bilanz als auch mit dem dann zu berechnenden Saldo, dem Wareneinsatz, zum Gewinn- und Verlustkonto abgeschlossen wird. – Zwecks Vereinheitlichung und Vergleichbarkeit sind für die einzelnen Wirtschaftsbereiche spezielle ↑ *Kontenrahmen* aufgestellt worden.
2. Im Bankwesen vgl. ↑ Bankkonto.

Kontokorrent
(it. = laufende Rechnung)
1. *Allgemein*: jede Geschäftsverbindung, bei der Leistung und Gegenleistung in Rechnung gestellt und in regelmäßigen Zeitabschnitten ausgeglichen werden (§ 355 HGB).
2. *Buchhaltung*: ein häufig in Karteiform geführtes Hilfsbuch der doppelten Buchführung, daß die Einzelkonten der Kunden (Debitoren) und Lieferanten (Kreditoren) enthält. Das K. gehört in der Regel zur ordnungsmäßigen Buchführung.

Kontokorrentkonto
↑ Bankkonto.

Kontokorrentkredit
↑ Kredit, den der Kreditnehmer innerhalb einer festgelegten Laufzeit durch Verfügungen über sein Konto bis zur vereinbarten Kreditlinie in Anspruch nehmen kann. Der K. an Unternehmen ist ein Betriebskredit, der der Finanzierung der Gütererzeugung und -bereitstellung dient. Der K. an Privatpersonen wird als Dispositionskredit zur Verfügung gestellt.

Kontrahierungspolitik
Marketingpolitisches Instrument. K. umfaßt Preis- und Konditionenpolitik (Preisgestaltung, Rabattstaffelung usw.).

Kontrakt
Andere Bezeichnung für ↑ Vertrag.

Kontrakteinkommen
Bezeichnung in der Wirtschaftstheorie für Einkommen, die unabhängig vom Ergebnis vertraglich vereinbart wurden (Kontrakt). Dazu zählen Löhne, Gehälter, Zinsen. – *Gegensatz*: ↑ Residualeinkommen.

Kontrolle
Der ↑ Managementfunktion K. kommt die Aufgabe zu, allfällige Planabweichungen in einem Soll-/Ist-Vergleich zu registrieren. Sie bildet die logische Grundlage für eine erneute ↑ Planung.

Konventionalstrafe
Vom Schuldner dem Gläubiger vertraglich zugesicherte Geldsumme als Strafe für den Fall, daß er seine Vertragspflichten nicht oder nicht gehörig erfüllt. Eine unverhältnismäßig hohe K. kann durch Urteil herabgesetzt werden; Vollkaufleute müssen sie jedoch in jedem Fall gegen sich gelten lassen.

Konvergenzkriterien
Im Vertrag über die ↑ EU (Maastrichter Vertrag) festgelegte volkswirtschaftliche Daten, von deren Erfüllung die Teilnahme der Mitgliedstaaten der EU an der einheitlichen europäischen Währung (↑ Euro) abhängt: (1) ein anhaltend hoher Grad an Preisniveaustabilität, wobei die Preissteigerungsrate der drei stabilsten EU-Länder um nicht mehr als 1,5 Prozentpunkte überschrit-

ten werden darf; (2) kein übermäßiges Haushaltsdefizit (jährliche Nettoneuverschuldung max. 3 % des Bruttoinlandsproduktes und Bruttoschuldenstand max. 60 % des Bruttoinlandsproduktes); (3) stabile Wechselkurse (EWS-Teilnahme seit mind. 2 Jahren ohne Spannungen und ohne Abwertung gegenüber der Währung eines anderen EU-Mitgliedstaates); (4) Zinsabstand gegenüber den (höchstens) drei preisstabilsten Ländern im langfristigen Bereich nicht über 2 Prozentpunkte.

Konvergenztheorie
Begriff aus der Wirtschaftstheorie. Die K. beruht auf der Annahme, daß sich die Wirtschaftssysteme immer mehr annähern werden. Die ↑ Marktwirtschaft soll danach in Zukunft stärker dirigistische Züge zeigen und umgekehrt die zentrale ↑ Planwirtschaft zunehmend Marktelemente enthalten.

Konvertibilität
Die Möglichkeit, eine Währung in unbegrenzter Höhe einzutauschen. Die DM ist neben dem US-$, dem Schweizer Franken etc. konvertibel. Die freie Austauschbarkeit läßt unbegrenzt internationale Zahlungen zu. Länder mit Devisenknappheit oder Kursverfall beschränken häufig die K. ihrer Währung und somit den freien Welthandel und die internationale Arbeitsteilung. – *Gegensatz*: ↑ Devisenbewirtschaftung.

Konzentration
Zusammenballung wirtschaftlicher Macht. – *Arten*: ↑ Unternehmenszusammenschlüsse, Unternehmenskäufe, Abreden, Vermögenskonzentration.

Konzentrationstheorie
↑ Marxismus.

Konzern
Zusammenschluß von Unternehmen, bei dem die rechtliche Selbständigkeit der Mitgliedsfirmen nach außen bestehen bleibt, die wirtschaftliche Selbständigkeit aber aufgegeben wird. Nach der Art der *Beherrschung* unterscheidet man *Gleichordnungskonzern* und *Unterordnungskonzern*. – Nach *produktionstechnischem* Aspekt wird unterschieden:
1.*Horizontale K.*: Unternehmen gleicher Produktionsstufe (Chemie) schließen sich zusammen.
2.*Vertikale K.*: Zielen in erster Linie auf die Sicherung aufeinanderfolgender Produktionsstufen. Von der Rohstoffbasis bis zum Vertrieb soll alles in einer Hand sein.
3.*Mischkonzern* (anorganischer K.): Unternehmen verschiedenster Art, z.B. Bank, Versicherung, Reiseunternehmen, schließen sich zusammen. – Die Bildung von Zusammenschlüssen unterliegt im Aktiengesetz besonderen Vorschriften, so v.a. über die Rechnungslegung, insbes. der Konzernbilanz (↑ konsolidierte Bilanz), der konzernweiten Gewinn- und Verlustrechnung und des Konzerngeschäftsberichtes. – Aufgrund der im Konzern überwiegenden Bindungen unterscheidet man auch Beteiligungs- und Vertragskonzern.

Konzernbilanz
↑ Konsolidierte Bilanz.

konzertierte Aktion
Im ↑ Stabilitätsgesetz vorgesehenes Gremium zur Zusammenarbeit von Arbeitgeberverbänden, Gewerkschaften, Gebietskörperschaften und weiteren am Wirtschaftsleben beteiligten Gruppen. Seit 1977 bleiben die Gewerkschaften der k.A. fern, da durch die Verfassungsklage der Arbeitgeber zum Mitbestimmungsgesetz von 1976 von ihrer Seite eine vertrauensvolle Mitarbeit nicht mehr tragbar erscheint. – Die ‚*k.A. im Gesundheitswesen*“ – die an der gesundheitlichen Versorgung der Bevölkerung Beteiligten – erarbeiten medizinische und wirtschaftliche Orientierungsdaten sowie Rationalisierungsvorschläge; einmal jährlich werden bis

zum 31.3. Empfehlungen über die angemessenen Änderungen der Gesamtvergütungen, Arzneimittelhöchstbeträge usw. gegeben.

Konzession
Behördliche Genehmigung, ein Gewerbe auszuüben.

Kooperation
Zusammenarbeit von Unternehmen, die nicht die Beschränkung des Wettbewerbs, sondern eine Steigerung der Wettbewerbsfähigkeit zum Ziel hat, z.B. durch gemeinsame Werbung, Zusammenarbeit bei Forschung und Entwicklung. Das Gesetz gegen Wettbewerbsbeschränkungen (GWB) steht einer K. grundsätzlich nicht entgegen und erlaubt in § 5b ausdrücklich sog. Kooperationskartelle für kleine und mittlere Unternehmen, wenn dadurch der Wettbewerb auf dem Markt nicht wesentlich beeinträchtigt wird und die K. dazu dient, die Leistungsfähigkeit der Unternehmen zu fördern.

Koordination
Abstimmung von Einzelaktivitäten im Hinblick auf ein bestimmtes Ziel. Koordinationsbedarf entsteht in allen arbeitsteiligen Systemen wie z. B. Unternehmen oder Volkswirtschaften. K. kann präsituativ durch einen vereinbarten Plan oder durch ein genormtes Programm, aber auch ad hoc durch persönliche Eingriffe erfolgen.

Kopfsteuer
Steuer, deren Höhe sich einheitlich für alle Steuerpflichtigen unabhängig vom Einkommen bemißt. Wird in der Bundesrepublik Deutschland nicht erhoben.

Körperschaft des öffentlichen Rechts
Juristische Person; mitgliedschaftlich organisierte, aber vom Wechsel der Mitglieder unabhängige Vereinigungen zur Erfüllung öffentlicher Aufgaben unter staatlicher Aufsicht. – Zu unterscheiden sind: ↑ *Gebietskörperschaften* (z.B. Gemeinden und Gemeindeverbände); *Personal- oder Vereinskörperschaften* (z.B. Berufskammern); *Verbandskörperschaften* (z.B. gemeindliche Zweckverbände).

Körperschaftsteuer
Eine Form der ↑ Einkommensteuer, die Körperschaften des Privatrechts und Betriebe des öffentlichen Rechts (juristische Personen) entrichten müssen. Gesetzlich geregelt im Körperschaftsteuergesetz. Wie bei der ↑ Einkommensteuer ist zwischen ↑ unbeschränkter Steuerpflicht und ↑ beschränkter Steuerpflicht zu unterscheiden. Bemessungsgrundlage ist das zu versteuernde Einkommen, für dessen Ermittlung auf die Vorschriften des Einkommensteuerrechts zurückgegriffen wird. Seit 1.1.1994 beträgt der Steuersatz für nicht ausgeschüttete Gewinne 45 % (zuvor 50 %) und für ausgeschüttete Gewinne 30 % (zuvor 36 %) des zu versteuernden Einkommens. Die 30 %ige K. auf ausgeschüttete Gewinne wird dabei als Vorauszahlung auf die Einkommensteuer des Empfängers angerechnet. Mit diesem sog. Anrechnungsverfahren wird eine Doppelbelastung der Dividende mit K. und Einkommensteuer vermieden (↑ Körperschaftsteuersystem).

Körperschaftsteuersystem
Gewinne einer Kapitalgesellschaft werden bei der Gesellschaft der ↑ Körperschaftsteuer und später (als Dividende) beim Gesellschafter noch einmal der ↑ Einkommensteuer unterworfen, also zweimal besteuert. Gewinne einer Personengesellschaft oder eines Einzelunternehmens unterliegen dagegen nur der ↑ Einkommensteuer. Diese ↑ Doppelbelastung der Kapitalgesellschaften verfälscht den Wettbewerb; daher versucht der Gesetzgeber, sie abzubauen. Der Mechanismus, der festlegt, wie und in welchem Umfang die Doppelbelastung abgebaut wird, ist das K. Zahlreiche Ar-

ten von K. sind denkbar, unterscheidbar nach ihrem wirtschaftlichen Ergebnis (vollständige, teilweise oder gar keine Beseitigung der Doppelbelastung) oder der angewandten Technik (Zurückerstattung oder Ermäßigung der Körperschaftsteuer: Anrechnungsverfahren; Verzicht auf oder wenigstens Ermäßigung der Einkommensteuer, z.B. durch niedrigen Steuersatz für Dividenden: sog. Shareholder-Relief-Verfahren). Die K. sind in den meisten Staaten unterschiedlich. Geltendes K. ist in Deutschland das Vollanrechnungsverfahren, in Österreich das Shareholder-Relief-Verfahren. Bei grenzüberschreitenden Investitionen gibt es zudem oft überhaupt keine Entlastung von der Doppelbelastung (sog. „klassisches System"). Die Kenntnis des jeweils anwendbaren K. ist wichtig, weil man sonst die erzielbare Nettorendite einer Investition unter Umständen völlig falsch einschätzt.

Kosten
Betrieblicher Güterverbrauch materieller und immaterieller Art zur Erstellung und zum Absatz von Sach- und/oder Dienstleistungen. K. werden üblicherweise aus dem Aufwand hergeleitet. Dazu zählen jedoch nicht solche Aufwendungen, die als neutral angesehen werden, wie außerordentliche (Brand) oder betriebsfremde Aufwendungen (Spenden). K. können auch rein *kalkulatorisch* sein, d.h. ihr Wertansatz in der Kalkulation ist anders als in der Finanzbuchhaltung (↑ Anderskosten) oder sie sind nicht als Aufwand verbucht (↑ Zusatzkosten). Man unterscheidet nach der Abhängigkeit von der Beschäftigung: ↑ *fixe Kosten* (unabhängig von der Leistungserstellung) und ↑ *variable Kosten*; nach der Zurechenbarkeit auf die einzelne Leistung ↑ *Einzelkosten* und ↑ *Gemeinkosten*.

Kostenartenrechnung
Teilrechnung der ↑ Kostenrechnung, bei der die ↑ Kosten nach ihrer Art erfaßt werden. Die K. bildet die Grundlage der ↑ Kostenstellenrechnung und ↑ Kostenträgerrechnung. *Grundsätze*: Sämtliche Kostenarten müssen klar definiert werden, damit über ihren Inhalt kein Zweifel aufkommen kann (Eindeutigkeit). Es muß klar sein, welcher Kostenart ein Kostenbetrag zuzuordnen ist (Überschneidungsfreiheit). Jeder Kostenbetrag muß einer bestimmten Kostenart zuzuordnen sein (Vollständigkeit). – Aufgrund des hohen Anteils der Grundkosten an den Gesamtkosten folgt der Aufbau der K. wesentlich dem für die Finanzbuchhaltung maßgeblichen ↑ Kontenrahmen.

Kosten-Nutzen-Analyse
Verfahren zur vergleichenden Bewertung von Objekten und Handlungsalternativen. Die K.-N.-A. wird insbesondere bei Investitionsvorhaben durch die öffentliche Hand angewandt. Die zukünftigen, auf den gegenwärtigen Zeitpunkt abdiskontierten Kosten und Erträge des einzelnen Projektes werden bestimmt und mit den entsprechenden Größen alternativer Investitionsobjekte verglichen. Gewählt wird die Alternative mit der größten Differenz zwischen Erträgen und Kosten.

Kostenplatz
Abrechnungsbereiche innerhalb von ↑ Kostenstellen. K. werden vor allem dann eingerichtet, wenn innerhalb einer Kostenstelle unterschiedliche Leistungsarten erbringende Leistungsstellen (z.B. Produktionsanlagen oder Arbeitsplatzbereiche) vorhanden sind und diese gesondert kalkuliert werden sollen.

Kostenplatzrechnung
Verfeinerung der ↑ Kostenstellenrechnung, die die einer ↑ Kostenstelle zugerechneten Kosten auf die jeweiligen ↑ Kostenplätze dieser Kostenstelle verteilt und kalkuliert.

Kostenpräkurrenz
Kostenentwicklung, die durch zeitliches

Vorauseilen der Kosten bei Beschäftigungssteigerungen entsteht. – *Gegensatz*: ↑ Kostenremanenz.

Kostenrechnung
Teilbereich des Rechnungswesens, in dem Kosten erfaßt, gespeichert, den verschiedenen Bezugsgrößen (z.B. Produkten) zugeordnet und für spezielle Zwecke ausgewertet werden. Zur K. gehören die ↑ Kostenartenrechnung (welche Kosten sind entstanden?), die ↑ Kostenstellenrechnung (an welcher Stelle sind die Kosten entstanden?) und die ↑ Kostenträgerrechnung (welches Produkt hat welche Kosten zu tragen?).

Kostenremanenz
Erklärung für eine Kostenentwicklung, die bei rückläufiger Beschäftigung entsteht. Geht die Ertragslage erheblich zurück, so kann der Unternehmer die Kosten nicht in dem Maße reduzieren wie die Erweiterung der Kapazitäten, z.B. kann er keine Leute von heute auf morgen entlassen oder Mietverträge kurzfristig kündigen. Diese höheren Kosten im Verhältnis zur Kapazitätsauslastung und zur Geschäftslage nennt man *remanente* Kosten. – *Gegensatz:* ↑ Kostenpräkurrenz.

Kostenschwerpunkt-Strategie
Erzielung eines Wettbewerbsvorteils durch einen relativen Kostenvorsprung gegenüber der Konkurrenz. Voraussetzung ist eine strategische Kostenanalyse, in deren Mittelpunkt das Aufdecken von Kostenantriebskräften (strukturelle Faktoren, die ursächlich für die Kosten einer Aktivität sind) und damit von Kostensenkungspotentialen steht. Für diese Zwecke sind neuere Kostenrechnungssysteme wie z.B. ↑ cost driver accounting und ↑ Prozeßkostenrechnung geeigneter. ↑ Differenzierungsstrategie.

Kostenstellen
Teilbereiche des Unternehmens, für die separat Kosten erfaßt werden. Die Verteilung der Kosten auf die Kostenstellen ist eine Hauptaufgabe der ↑ Kostenrechnung. – *Arten*: ↑ Hauptkostenstelle, ↑ Nebenkostenstelle, ↑ Hilfskostenstelle.

Kostenstellenrechnung
Zweite Aufgabe der ↑ Kostenrechnung, nach der ↑ Kostenartenrechnung und vor der ↑ Kostenträgerrechnung. In der K. werden die Kosten für die einzelnen Kostenstellen erfaßt und zwischen diesen verrechnet.

Kostenträger
Leistungseinheit (z.B. ein Produkt) eines Unternehmens, die zum Zwecke der Kalkulation die Kosten (möglichst verursachungsgerecht) zugeordnet erhält.

Kostenträgerrechnung
Hauptaufgabe der Kostenrechnung im Anschluß an die Kostenarten- und Kostenstellenrechnung. – *Arten*:
1. Kostenträger*stückrechnung*: ↑ Kalkulation.
2. Kostenträger*zeitrechnung*: Erfassung der in der betrachteten Abrechnungsperiode (z.B. Monat, Quartal oder Jahr) entstandenen Gesamtkosten und Zuordnung dieser Gesamtkosten auf die einzelnen Produkte.

Kosten- und Leistungsrechnung
Im allgemeinen mit ↑ Kostenrechnung deckungsgleich verwendeter Begriff.

Kostenverlauf
Graphische Darstellung der Abhängigkeit zwischen Kosten und Ausbringungsmenge eines Betriebes in einem Koordinatenkreuz. Man unterscheidet grundsätzlich die ertragsgesetzliche und die lineare Kostenkurve. Vgl. Abbildung.

Krankenversicherung
1. *Gesetzliche K.:* Zweig der Sozialversicherung mit der Aufgabe, Leistungen zur Förderung der Gesundheit, zur Verhütung von Krankheiten, Früherken-

Kostenverläufe

ertragsgesetzliche Kostenkurve	**lineare Kostenkurve**
(Umkehr-Funktion der Ertrags-Funktion gemäß dem ↑ Ertragsgesetz)	

Kostenverlauf bei Betrachtung der Gesamtkosten

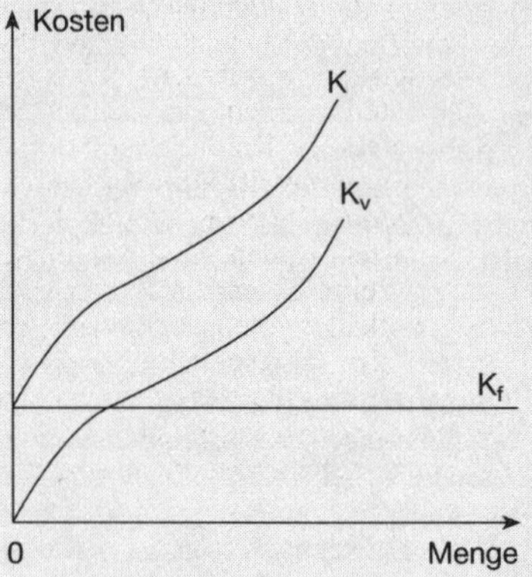

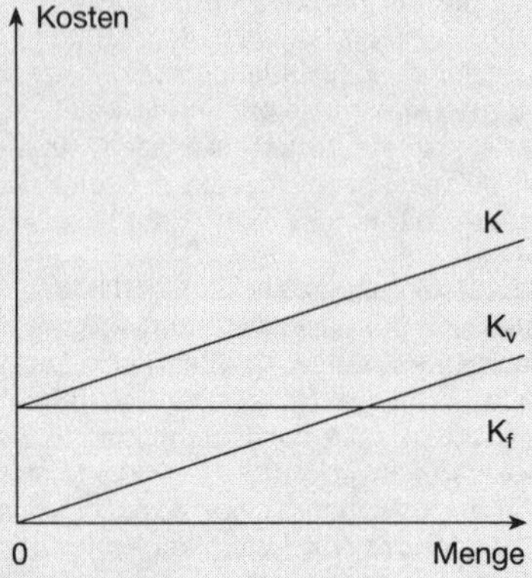

Kostenverlauf bei Betrachtung der Durchschnittskosten pro Stück

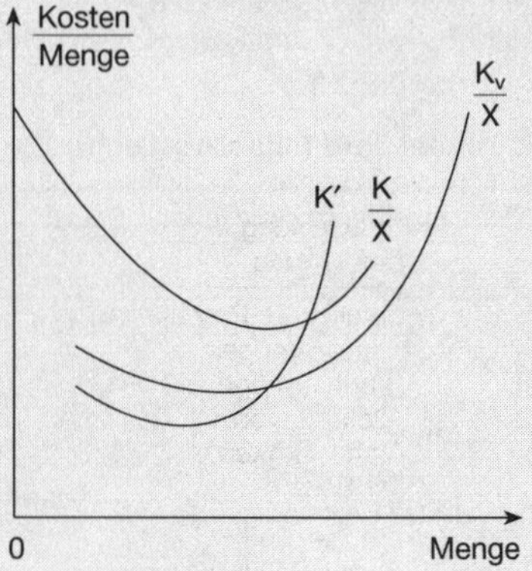

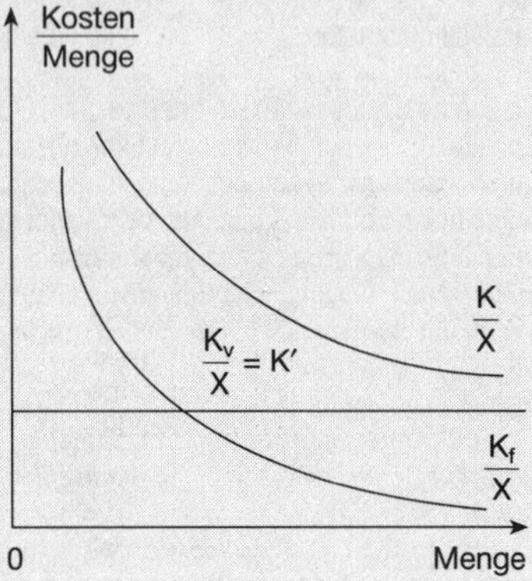

K = Gesamtkosten
X = Ausbringungsmenge
K_v = ↑ variable Kosten
K_f = ↑ fixe Kosten
K' = ↑ Grenzkosten

nungsuntersuchungen, Krankenbehandlungen zu gewähren. Außerdem wird bei Entgeltausfall Krankengeld gezahlt. Seit 1996 besteht Krankenkassenwahlrecht. – Träger, Beiträge usw.: Vgl. ↑ Sozialversicherung.
2. *Private K.:* Versichert sind Personen, die nicht gesetzlich versichert zu sein brauchen, z.B. Versicherte, deren Einkommen die Versicherungspflichtgrenze übersteigen, Selbständige, Freiberufler. Es werden z.B. angeboten: Krankheitskosten-, Krankentagegeld-, Krankenhaustagegeld-, Auslandsreiseversicherung.

Kredit

(lat.: credere = glauben); Überlassung von Geld oder Sachgütern mit der Auflage der späteren Rückgabe oder Rückzahlung. Der K. wird normalerweise mit einem Zins belegt. – *Formen* des K.: Vgl. Übersicht.

Kreditinstitut

Begriff des Kreditwesengesetzes für ein Unternehmen, das ↑ Bankgeschäfte betreibt. ↑ Bank.

Kreditkarte

Zahlungskarte, mit deren Hilfe der Inhaber bei bestimmten Vertragsunternehmen der Kreditkartengesellschaft weltweit unbar zahlen kann. Ferner ist häufig die Bargeldabhebung bei bestimmten Banken oder an Geldausgabeautomaten möglich. Die Zahlung erfolgt insofern auf Kredit, als die Beträge meist gesammelt, i.d.R. monatlich eingezogen und dem Konto des Inhabers belastet werden. Darüber hinaus ist häufig eine Ratentilgung möglich. Die Kreditkartengesellschaft erzielt Erträge aus den Jahresgebühren der Karteninhaber und den Provisionen der Vertragsunternehmen. K. stammen aus den USA, haben aber in den letzten

Kredit

Einteilungs-kriterium	Merkmale	
nach der Laufzeit	kurzfristig ⟶	bis 6 Monate
	mittelfristig ⟶	bis 4 Jahre
	langfristig ⟶	über 4 Jahre
nach der Verfügbarkeit	Kontokorrentkredit:	Verfügung nach Bedarf bis zu einer bestimmten Grenze
	Darlehen:	einmalige Auszahlung, mit regelmäßiger Tilgung
nach der Verwendung	Produktivkredit	zur Finanzierung der Produktion
	– Investitionskredit	für das Anlagevermögen
	– Betriebsmittelkredit	für das Umlaufvermögen
	– Saisonkredit	zur Überbrückung von Liquiditätsschwierigkeiten vor oder während der Saison
	Konsumtivkredit	Finanzierung des Endverbrauchs (Teilzahlung, Anschaffung von langlebigen Gebrauchsgütern)
nach der Sicherheit	Sicherung durch	
	– Personen	
	– Sachen und Personen	

Jahren auch in Deutschland erheblich an Bedeutung gewonnen. ↑ Debitkarte, ↑ Wertkarte.

Kreditleihe
↑ Bankkredit.

Kreditmarkt
Markt, auf dem Geldkapital angeboten wird, und zwar langfristig auf dem ↑ Kapitalmarkt und kurzfristig auf dem ↑ Geldmarkt.

Kreditoren
Bezeichnung für die Gläubiger eines Unternehmens, v.a. die Lieferanten.

Kreditsicherungen
Hingabe von Vermögenswerten oder Rechten daran als Sicherung des Gläubigers vor Verlusten aus Kreditvergabe. – *Möglichkeiten* der K.: a) Belastung von Grundstücken durch Eintragung von ↑ Hypotheken oder ↑ Grundschulden in das Grundbuch; b) ↑ Sicherungsübereignung von beweglichen Sachen (insbes. des Warenlagers); c) Verpfändung bzw. Beleihung von sonstigen Vermögenswerten (z.B. von Wertpapieren); d) Bürgschaftsübernahme durch Dritte (↑ Bürgschaft); e) Eigentumsvorbehalt bei Lieferung von Waren.

Kreditwürdigkeit
↑ Bonität.

Kundendienst (Service)
Freiwillige oder vertraglich zugesicherte Leistung eines Unternehmens an seine Kunden zur Erzielung von Wettbewerbsvorteilen und somit zur Gewinnung von Dauerkunden. Der K. nimmt bei der Absatzsicherung eine dominierende Stelle ein. Bei Angebotsvergleichen werden Lieferanten mit einem guten K. bevorzugt, auch wenn sie preislich etwas höher liegen: denn eine evtl. prompte Reparatur oder Ersatzteillieferung ist oft wertvoller als ein kurzfristiger Preisvorteil.

Kündigung
Eine einseitige empfangsbedürftige Willenserklärung, die zur Auflösung eines Arbeits- oder sonstigen Vertragsverhältnisses nach Ablauf einer bestimmten Frist nach Zugang der K. führt. – *Arten*:
1. K. an einen *Arbeitnehmer*: Mindestfrist beträgt vier Wochen zum 1. oder 15. eines Kalendermonats; während einer Probezeit zwei Wochen. Der Betriebsrat ist auf jeden Fall zu hören. Kann er nicht vermitteln, so ist bei evtl. Arbeitsgerichtsklage seine Stellungnahme beizufügen. Gegen eine K. kann der Arbeitnehmer innerhalb einer Woche beim Betriebsrat Einspruch erheben und innerhalb von 3 Wochen beim Arbeitsgericht seine Klage einreichen.
Außer durch diese *ordentliche* K. kann ein Arbeitsverhältnis auch durch *außerordentliche* (häufig *fristlose*) K. enden, an die jedoch sehr hohe Anforderungen gestellt werden, z.B. Tätlichkeiten gegen Arbeitgeber, Arbeitsverweigerung, Führerscheinverlust bei Kraftfahrern.
2. K. an einen *Auszubildenden* ist nach der Probezeit nur in Ausnahmefällen (wichtiger Grund) möglich. Der Auszubildende hat das Recht, mit einer Frist von 4 Wochen schriftlich zu kündigen, wenn er einen anderen Beruf erlernen möchte.
3. K. an einen *Handelsvertreter* mit Frist von 1 Monat im ersten, 2 Monae im zweiten, 3 Monate im 3. bis 5. und 6 Monate ab dem 5. Jahr der Vertragsdauer bei einem auf unbestimmte Zeit geschlossenen Vertragsverhältnis.

Kündigungsfristen
Im Arbeitsrecht vom Arbeitgeber einzuhaltende Frist, um ein Arbeitsverhältnis aufzulösen. Vgl. ↑ Kündigung.

Kündigungsgelder
↑ Termineinlagen.

Kündigungsschutz
Möglichkeit des Gekündigten, eine

Kündigung abzuwehren. Das *Kündigungsschutzgesetz* schreibt vor, daß lediglich eine sozial gerechtfertigte Kündigung rechtens ist und auch nur dann, wenn sie im Verhalten der Person begründet oder dringend betrieblich erforderlich ist. Daneben existieren besondere Schutzvorschriften für ältere Arbeitnehmer, Mitglieder des ↑ Betriebsrates und der ↑ Jugend- und Auszubildendenvertretung, den Wahlvorstand sowie bei ↑ Massenentlassungen. Ergänzend dazu, aber mit eigener Gesetzesgrundlage, besteht der Schutz für die werdende Mutter (↑ Mutterschutz) und für ↑ Schwerbehinderte.

künstliche Intelligenz

Teilgebiet der Informatik. Ziel ist es, „intelligente“ Computersysteme zu entwickeln. Diese Computersysteme lösen Aufgaben und Probleme, die wenn sie vom Menschen gelöst werden, Intelligenz erfordern. *Wichtige Elemente:* Logische Operationen auch ohne volle Stringenz, Spracherkennung, Zeichen- und Umwelterkennung und Identifikation. Parallelverarbeitung zur Beschleunigung der Operationen. ↑ Expertensysteme.

Kupon

↑ Bogen.

Kuponsteuer

↑ Kapitalertragsteuer.

Kuppelprodukte

Unterschiedliche Produkte, die bei technisch bedingter Mehrproduktfertigung anfallen, z.B. entstehen bei der Produktion von Benzin schweres und leichtes Heizöl, bei der Gaserzeugung Koks und Teer, im Hochofenprozeß Roheisen, Gichtgas und Schlacke. Die *Zurechnung der Kosten* ist schwierig. Am einfachsten ist es, die Erlöse aus den Nebenprodukten von den Gesamtkosten abzuziehen, um dann die Restkosten auf die Hauptprodukte zu verteilen. Voraussetzung ist die Verkaufsfähigkeit der K. und zwecks Kalkulation annähernd zurechenbare Kosten, die evtl. noch durch eine Bearbeitung erhöht werden, da das eigentliche Abfallprodukt selten in einem verkaufsfähigen Zustand anfällt.

Kurs

Marktpreis für ↑ Wertpapiere, ↑ Devisen und vertretbare Waren. Er ist das Ergebnis von Angebot und Nachfrage. Für Wertpapiere wird meistens eine Stücknotierung vorgenommen (DM-Preis pro Aktie), für Devisen wird als Kurs ein Stückpreis errechnet, der oft auf 100 Einheiten bezogen ist, z.B. 100 Peseten = 1,60 DM bzw. als Peseten-Kurs: 1,60 DM = 100 Peseten (↑ Wechselkurs).

Kurswert

Wert einer ↑ Aktie, der sich am Börsenkurs orientiert, wenn dieser in Prozent angegeben ist. *Beispiel:* Nennwert einer Aktie 100 DM, Börsenkurs 150 % = K. 150 DM.

Kurzarbeit

Herabsetzung der betrieblichen Arbeitszeit für einen bestimmten Zeitraum bei entsprechender Kürzung des ↑ Arbeitsentgeltes. Die K. soll Massenentlassungen verhindern, wenn Unternehmen durch Auftragsmangel nicht in der Lage sind, Vollbeschäftigung zu garantieren. Der Betriebsrat muß zustimmen. Falls im Tarifvertrag eine Kurzarbeitsklausel verankert ist, hat der Arbeitgeber die K. in einem angemessenen Zeitraum anzukündigen und zu erklären. ↑ Kurzarbeitergeld.

Kurzarbeitergeld

Leistung der Arbeitslosenversicherung an Arbeitnehmer, die noch in beitragspflichtiger Beschäftigung stehen. Voraussetzung ist, daß die betriebsübliche Arbeitzeit innerhalb von 4 Wochen seit dem ersten Ausfall für mindestens ein Drittel der im Betrieb tatsächlich beschäftigten Arbeitnehmer mehr als 10 % gekürzt ist (↑ Kurzarbeit).

L

Ladenhüter
Volkstümlicher Ausdruck für Waren, die sich schwer verkaufen lassen.

Ladenschlußgesetz
Gesetz, das die Öffnungszeiten von Ladengeschäften und Verkaufsständen regelt. Danach darf werktags vor 6.00 und nach 20.00 Uhr, an Sonnabenden nach 16.00 Uhr (Ausnahmen: die ersten vier Samstage vor Weihnachten bis 18.00 Uhr und der 24.12. bis 14.00 Uhr) und an Sonn- und Feiertagen nicht geöffnet werden. Eine Reihe von Sonderregelungen begleiten das L., so u.a. für Bäckereien, Apotheken, Tankstellen, Bahnhofs- und Flughafenstände, Kur- und Erholungszentren.

Laffer-Kurve
Nach dem amerikanischen Wirtschaftswissenschaftler Arthur B. Laffer benannter funktionaler Zusammenhang zwischen der Höhe des Steuersatzes (Ursachenvariable) und dem staatlichen Steueraufkommen (Wirkung) in Form einer glockenförmigen Kurve. Danach ist das Steueraufkommen sowohl beim Steuersatz von 0 Prozent wie auch von 100 Prozent gleich Null und erreicht zwischen diesen beiden Werten – je nach Steuerzahler und Steuerart unterschiedlich – ein Maximum. Steigende Steuersätze können also entgegen ihrer Intention zu geringeren Steuereinnahmen führen. ↑ Steuerpolitik.

Lag
(engl. = Verzögerung); wirtschaftspolitischer Begriff für den Zeitraum zwischen Auftreten einer wirtschaftlichen (konjunkturellen) Störung und seiner Korrektur (d.h. dem Greifen einer wirtschaftlichen Maßnahme); ↑ Konjunkturpolitik.

Lagebericht
Darstellung der Lage eines Unternehmens (Geschäftsverlauf, zukünftige Entwicklung etc.); von Kapitalgesellschaften zusätzlich zum Jahresabschluß aufzustellen.

Lager
Ein Ort im Unternehmen, an dem gelagert wird bzw. ein Bestand an beweglichen Sachmitteln (Produktionsfaktoren, Halbfertig- oder Fertigerzeugnisse), der für eine bestimmte Zeit nicht in das Leistungsgeschehen einbezogen ist. Aus logistischer Sicht dient das L. der Zeitüberbrückung und nimmt regelmäßig drei Funktionen wahr: die zeitliche und mengenmäßige Ausgleichsfunktion, die Sicherungsfunktion sowie die Assortierungsfunktion (Sortimentsbildung). In einzelnen Fällen dienen L. auch Veredelungsfunktionen (Käse) oder spekulativen Zwecken (Kupfer). In Unternehmen findet sich daher entlang der Wertschöpfungskette (↑ Wertekette) eine Vielzahl von L. mit einer Vielzahl spezifischer Aufgaben (vgl. auch Übersicht).

Lagerbestand
Mengen-, wert- oder zeitmäßig repräsentierter Bestand an Lagerobjekten in einem definierten Lager. Zugleich Begriff aus der Buchführung und Bilanz für einen Teil des ↑ Umlaufvermögens, das Warenlager. – *Durchschnittlicher L.:* vgl. ↑ Lagerkennziffern 1.

Lagerbuchführung

Nebenbuchführung, die die ↑ Finanzbuchhaltung ergänzt und Abrechnungsunterlagen für die Betriebsbuchhaltung schafft. – *Aufgaben*:

1. Art- und mengenmäßiger Nachweis der eingehenden, vorhandenen und ausgehenden Materialien eines Lagers zum Zwecke einer genauen Überwachung des Lagerbestands und zur Kontrolle der Lagerwirtschaft. ↑ Permanente Inventur.
2. Mengen- und wertmäßiger Nachweis des Materialverbrauchs für Zwecke der ↑ Bilanz, ↑ Gewinn- und Verlustrechnung (GuV), ↑ Betriebsabrechnung und ↑ Kalkulation. – Sollbestände werden zu verschiedenen Zeitpunkten im Jahr mit den tatsächlichen Beständen (Istbestände) verglichen und abgestimmt.

Lagerdauer

↑ Lagerkennziffern 2.

Lagerhalter

Mußkaufmann nach § 1 HGB, der gewerbsmäßig die Lagerung und Aufbewahrung von Waren übernimmt. Der L. hat die Sorgfaltspflicht eines ordentlichen Kaufmanns. Verlust oder Beschädigungen an Waren, die von ihm zu vertreten sind, hat er zu verantworten. Da der L. in vielen Fällen auch ↑ Spediteur ist, gelten neben dem HGB und den allgemeinen Geschäftsbedingungen auch die ADSp (Allgemeine Deutsche Spediteursbedingungen).

Lager – Arten

Lagerarten im Industriebetrieb	Lagerarten im Großhandelsbetrieb	Lagerarten im Einzelhandelsbetrieb
Zentrales Hauptlager bzw. **dezentrale Zwischenlager** nach der Lage innerhalb des Betriebsablaufs bzw. für jede größere Betriebsabteilung	**Fertigproduktlager** zur Bereithaltung von Waren für den Einzelhandel	**Verkaufslager** = Laden als Verkaufsraum ein wesentliches Werbungsmittel verkaufsbereite Lagerung der Ware nach den Gesichtspunkten der Warenwerbung
Roh- Hilfs- und **Betriebsstofflager** nach dem Verwendungszweck der Güter	**Auslieferungslager** in der Nähe der Hauptabsatzgebiete werden bezirksweise Auslieferungslager eingerichtet	**Ersatz-** oder **Reservelager** dienen der schnellen Auffüllung des Verkaufslagers; meist in Nebenräumen untergebracht
Einkaufs- und **Verkaufslager, Lager für unfertige Erzeugnisse** nach der betrieblichen Einordnung und dem Verwendungszweck **Zwischenlager** zum Ausgleich unterschiedlicher Produktionsmengen in den einzelnen Fertigungsstufen	**Fremdlager** Einlagerung der Ware bei selbständigen Lagerhaltern/Spediteuren	

Lagerkennziffern

Kennziffern zur vergleichenden Beurteilung der Effektivität und Effizienz eines ↑ Lagers.

1. *Durchschnittlicher Lagerbestand* (Ø-Lagerbestand): Die L. berechnet, wieviel Bestände im Durchschnitt im Lager gebunden sind. Formel:
Anfangsbestand + Endbestand / 2
2. *Lagerumschlagshäufigkeit*: Die L. sagt aus, wieviel im Lager gebundenes Kapital ein Unternehmen benötigt, um einen bestimmten Umsatz zu erzielen bzw. wie oft das eingesetzte Kapital über Umsatzerlöse zurückgeflossen ist. Formel:
a) Aufwendungen für Rohstoffe / Ø-Lagerbestand (Industrie) oder
b) Wareneinsatz / Ø-Lagerbestand (Handel)
c) Umsatz / Ø-Lagerbestand
3. *Lagerdauer*: Die L. zeigt, wie lange ein einzelnes Gut im Lager lag. Die Lagerdauer wird auch als Berechnungsgrundlage für den Lagerzins verwendet. Formel: 360 / Lagerumschlagshäufigkeit
4. Lagerreichweite: Die L. zeigt in Zeiteinheiten (z.B. Tagen) an, wie lange der Bedarf für einen bestimmten Artikel durch Lagerentnahmen ohne erneute Nachbevorratung befriedigt werden kann. Formel: Lagerbestand in Stück / Periodenbedarf in Stück
5. *Lieferbereitschaft*: Der L. ist eine Kennzahl, die zeigt, wie gut ein Unternehmen in der Lage ist, die Nachfrage zu befriedigen. Der L. kann definiert werden als Anteil an der Gesamtnachfrage, der innerhalb eines Zeitraumes befriedigt werden konnte. Das kann mengenmäßig (z. B. in Aufträgen), wertmäßig (in DM Umsatz) oder zeitmäßig (in Tagen) erfolgen. Die Höhe des angestrebten L. determiniert die Höhe des zu bevorratenden Sicherheitsbestandes. Formel:
a) ab Lager erfüllte Bestellungen / eingegangene Bestellungen
b) Teilperioden ohne verlorene Bestellungen / Gesamtperiode

Lagerkosten

Kosten, die bei Vorratshaltungen anfallen. L. bilden den größten Teil der ↑ Materialgemeinkosten. – *Arten*:
1. Kosten der *Einrichtung* (Abschreibungen) und der Funktionsfähigkeit (Strom, Miete, Heizung usw.).
2. Kosten der *Betriebsbereitschaft*, v.a. des Personals für Lagerarbeiten und Verwaltung.
3. Kosten des *Kapitaleinsatzes* (Zinsen für gebundenes Kapital).

Lagerumschlagshäufigkeit

↑ Lagerkennziffern 2.

Lagerschein

Bestätigung des ↑ Lagerhalters, daß er die Ware zwecks Lagerung übernommen hat und sich verpflichtet, sie gegen Aushändigung des Lagerscheins wieder zurückzugeben. Der L. ist handelsrechtlich ein Wertpapier und kann auf den Namen des Einlagerers (Rekta-L.) oder aber nur auf den Inhaber lauten. Soll der L. mit einer ↑ Orderklausel versehen werden (*Orderlagerschein*) und somit durch Indossament übertragbar sein, so bedarf es dazu einer staatlichen Konzession (Landesverkehrsministerium).

Lagerzins

Kalkulatorischer Zins, der ein Entgelt für das durchschnittlich gebundene Kapital im Lager darstellt.

laisser faire

(franz. = treiben lassen); ausgehend von der Idee einer sich selbst steuernden Wirtschaft bedeutet l.f. den Verzicht auf eine Beeinflussung des Wirtschaftsablaufs v.a. von seiten des Staates. L.f. wird fälschlicherweise oft mit ↑ Marktwirtschaft gleichgesetzt, obwohl der Staat in der Marktwirtschaft durch Ordnungspolitik, Sozialpolitik und z.B. Geldpolitik und Finanzpolitik aktiv die Rahmenbedingungen für privates Wirtschaften als Voraussetzung für funktionsfähige Märkte und sozialen Ausgleich (↑ Soziale Marktwirtschaft) gestaltet.

Ländersteuer
Steuer, die dem Land zusteht.
1. *Reine* Ländersteuern sind u.a. Kfz-Steuer, Biersteuer, Grunderwerbsteuer, Erbschaft- und Schenkungsteuer.
2. *Gemeinschaftsteuern* mit Länderanteil (Aufkommen steht Bund und Länder gemeinsam zu) sind Umsatzsteuer (49,5 %; Stand 1997), Körperschaft- und Kapitalertragsteuer (jeweils 50 %), Lohn- und veranlagte Einkommensteuer (42,5 %). Vom Länderanteil fließt den Gemeinden ein bestimmter Prozentsatz zu.

Landesversicherungsanstalt (LVA)
↑ Körperschaft des öffentlichen Rechts, die als Träger der gesetzlichen ↑ Rentenversicherung für die in ihrem Einzugsbereich lebenden Versicherten (Arbeiter, Handwerker usw.) zuständig ist. Neben der Rentenversicherung sind die L. auch für Bereiche der Krankenversicherung zuständig, so u.a. für Kuren, vorbeugende Maßnahmen zur Früherkennung, Rehabilitationen, Einrichtungen des vertrauensärztlichen Dienstes.

Landeszentralbanken (LZB)
Nach dem Bundesbankgesetz Hauptverwaltungen der ↑ Bundesbank; werden unterhalten in Baden-Württemberg, Bayern, Hessen, Nordrhein-Westfalen, Berlin, Brandenburg, Bremen/Niedersachsen/Sachsen-Anhalt, Rheinland-Pfalz/Saarland und Sachsen/Thüringen. Die Präsidenten der L. gehören dem ↑ Zentralbankrat an. Die im Zentralbankrat beschlossenen geld- und kreditpolitischen Richtlinien werden von den einzelnen Vorständen in ihrem Bankbereich durchgeführt und überwacht.

Landflucht
Abwanderung großer Teile der ländlichen Bevölkerung in Städte. Gegenwärtig eines der Probleme von Entwicklungsländern.

Landgericht
Gericht der ordentlichen Gerichtsbarkeit (↑ ordentliche Gerichtsbarkeit). Es kann Berufungsgericht der Amtsgerichte sein oder aber Erstinstanz für vom Gesetz festgelegte Verfahren, z.B. bei Streitwerten über 10000DM, bei Amtspflichtverletzungen, wegen unwahrer Angaben bei Wertpapierausgaben, bei Patentsachen. Vor L. besteht Anwaltszwang, Berufungsgericht ist gewöhnlich das ↑ Oberlandesgericht.

Land- und Forstwirtschaft
Bezeichnung für Betriebe der Urproduktion, die sich v.a. mit Ackerbau, Viehzucht und Waldwirtschaft beschäftigen. Einkünfte aus L.u.F. zählen zu den Gewinneinkunftsarten, d.h. es muß Einkommensteuer für Erträge gezahlt werden, die die Betriebsausgaben übersteigen.

Lastschriftverfahren
Form des bargeldlosen Zahlungsverkehrs, bei dem der Zahlungsempfänger seiner Bank den Auftrag erteilt, ein anderes Konto zu belasten und den Betrag seinem Konto gutzuschreiben. Der zugrundeliegende Beleg ist die Lastschrift. Das L. ist nur möglich, wenn der Zahlungspflichtige dem Zahlungsempfänger vorab seine jederzeit widerrufliche Erlaubnis erteilt hat. Es wird dort angewandt, wo regelmäßige Zahlungen anfallen, die vom Termin oder der Höhe her aber Schwankungen unterliegen (z.B. Telefon- oder Stromrechnungen). Das L. setzt sich zunehmend aber auch dort durch, wo bisher von den Zahlungspflichtigen Daueraufträge an die Bank erteilt wurden. Der Zahlungspflichtige kann Lastschriften ohne weitere Begründung bis zu sechs Wochen lang zurückbuchen lassen.

Laufkarte
Produktionsunterlage, die im Rahmen

der ↑ Produktionssteuerung erstellt wird. Auf der L. sind die vorzunehmenden Arbeitsvorgänge vorgezeichnet. Nach Abschluß eines Arbeitsganges wird der entsprechende Realisierungsgrad des Auftrages auf der L. vermerkt.

Laufkunden
Käufer, die in unterschiedlichen (wechselnden) Geschäften kaufen, und zwar entweder „im Vorübergehen" oder entsprechend dem Angebot.

Layout
Räumliche Anordnung.

Layoutplanung
Planung der räumlichen Anordnung von Arbeitsplätzen, Maschinen und/ oder Fertigungsanlagen in Fabrikhallen, von Lägern auf dem Betriebsgelände, von Verkaufsständen in Warenhäusern, von Büros oder Arbeitsplätzen in Verwaltungsgebäuden. Ziel ist eine Kostenverminderung durch verbesserte betriebsinterne Abläufe. Möglich sind sinkende Fixkosten pro Stück aufgrund geringer Leerzeiten oder sinkende variable Stückkosten aufgrund verkürzter innerbetrieblicher Transportzeiten. Hilfsmittel: CRAFT.

Lean Management
Schlanke Unternehmensführung, flache Hierarchien; Bezeichnung für ein Managementkonzept zur verbesserten Kundenorientierung und zur Kostensenkung mittels Dezentralisierung im Bereich der Unternehmensführung.

Leasing
(von to lease, engl. = mieten, vermieten); das mietweise Überlassen von Investitions- und Gebrauchsgütern (Sonderform: ↑ Mietkauf).
1. *Formen* nach der Leasingdauer: a) Beim *Operate Leasing* wird ein im Verhältnis zur üblichen Nutzungsdauer des Leasingobjekts kurzfristiger Mietvertrag geschlossen, der dem Leasingnehmer eine ständige Modernisierung seiner Ausstattung ermöglicht. b) Beim *Finance Leasing* wird das Leasingobjekt über längere Zeiträume – i.d.R. ohne Kündigungsmöglichkeiten – vermietet. Finanzierungsleasing stellt somit eine Alternative zum Kauf auf Kredit dar. Es kann insbesondere hinsichtlich steuerlicher Effekte vorteilhaft sein, u.a. weil die Leasingraten bei üblichen Leasingverträgen in voller Höhe als Betriebsausgaben absetzbar sind, da das Leasingobjekt beim Leasinggeber bilanziert wird. Sonstige Formen vgl. Übersicht.
2. Im Leasingvertrag sind zu regeln: a) Grundmietzeit und evtl. Kündigungsrechte; b) Vereinbarungen etwaiger Verlängerungs- oder Kaufoptionen; c) Höhe der Leasingrate; d) Vereinbarung der Risikoübernahme bei Vernichtung/Entwertung durch Leasingnehmer oder -geber; e) Vereinbarungen bezüglich Wartung/Pflege des Leasinggegenstandes.
3. Heute wird auch von ↑ *Personalleasing* (= Arbeitnehmerüberlassung) gesprochen.

Lebenshaltungskosten
Statistisch errechneter Wert, der die durchschnittlichen Aufwendungen für einen Ein- oder Mehrpersonenhaushalt angibt. Herangezogen wird ein ↑ Warenkorb, der sich aus einer Vielzahl von Produktgruppen und Dienstleistungen zusammensetzt. – Die Kritik an der *Aussagefähigkeit* dieser Zahlen beginnt bereits bei der Auswahl der Güter, da soziale Unterschiede und regionale Preisdifferenzen nicht mit einbezogen werden.

Lebenshaltungskostenindex
↑ Preisindex für die Lebenshaltung.

Lebensqualität
Begriff, der darauf hindeuten soll, daß Qualität des Lebens nicht nur von materiellen Gütern (Waren) abhängt, sondern auch von immateriellen Gütern (Umwelterhaltung, soziale Kontakte

Leasing – Wichtige Erscheinungsformen

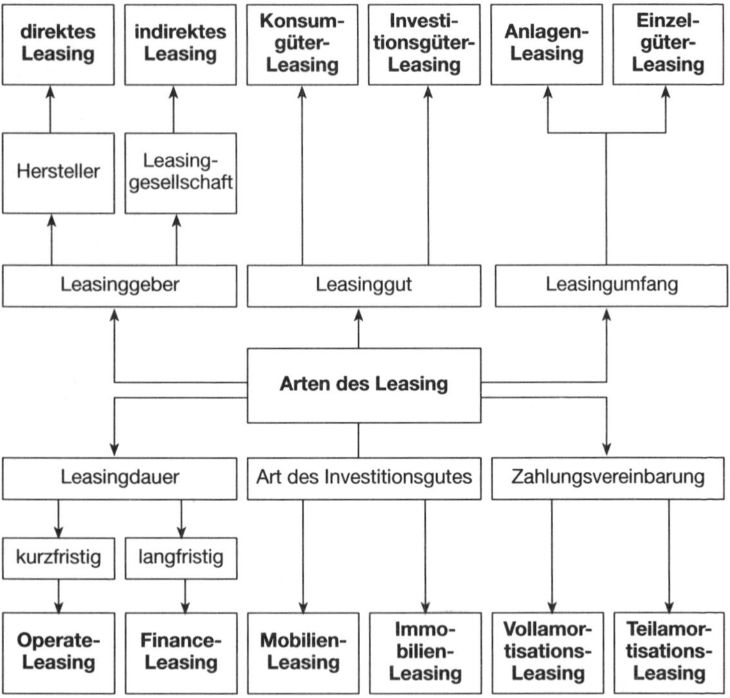

Quelle: J.R. Tiedtke (Hrsg.), Allgemeine BWL für Schule, Ausbildung und Beruf, Wiesbaden 1998 S. 211

usw.). Objektive Lebensbedingungen unterliegen somit einer subjektiven Bewertung.

Lebensversicherung
Der bedeutendste Zweig der Individualversicherung. Die L. hat sowohl den Zweck, andere Personen im Falle des eigenen Todes abzusichern (reine Risikoversicherung), als auch einen Spareffekt, wenn nach Vertragsablauf die eingezahlte Summe zuzüglich Zinsanteil ausgezahlt wird (Kapitalversicherung).

Lebenszyklusphase
↑ Marktphase.

Leckage
Der Teilverlust beim Transport von flüssigen Gütern, der häufig nicht zu vermeiden ist, z.B. durch Umfüllen in andere Behälter. *Außergewöhnliche* L. ist in Form einer Sachversicherung zu versichern, die typische Transportgefahren wie Faß- und Tankleckage umfaßt.

Leergut
Bezeichnung für gebrauchtes Verpackungsmaterial, das dem Kunden häufig zuerst voll in Rechnung gestellt (Verbuchung beim Kunden unter Bezugskosten) und nach der Rücksendung teilweise wieder gutgeschrieben wird. –

Neuerdings Rücknahmeverpflichtung als Umweltschutzmaßnahme.

Leerkosten
Kosten für nicht ausgenutzte Kapazität. *Beispiel:* Maschinen, die nicht ausgelastet sind, verursachen trotzdem Fixkosten, wie z.B. Abschreibungen. Bei geringer Produktionsmenge wirken diese Fixkosten auf die produzierten Mengen pro Stück kostenerhöhend. – *Gegensatz*: ↑ Nutzkosten.

Lehre
Jetzt: ↑ Berufsausbildungsverhältnis.

Lehrwerkstatt
Zusammenfassender Begriff für schulische, betriebliche und überbetriebliche Ausbildungsstätten wie Laboratorien, Simulationseinrichtungen und Übungswerkstätten bzw. -büros.

Leibrente
Rente, die den Lebensunterhalt des Berechtigten i.d.R. lebenslang sichern soll. Der Vertrag ist schriftlich abzufassen.

Leihe
Im Gegensatz zur Miete unentgeltliches Überlassen von Gegenständen. Der Entleiher ist zur Rückgabe der Sache verpflichtet. Er hat den Gegenstand sorgfältig zu behandeln und darf ihn nicht weiterverleihen.

Leistung
1. Betriebswirtschaftlich die *Herstellung* eines Produkts oder die Ausführung eines Dienstes für Außenstehende (Absatzleistung) oder das eigene Unternehmen (innerbetriebliche L.). Erfaßt wird die L. in der Kosten- und Leistungsrechnung eines Betriebes. Jegliche andere Aktivität, die nicht direkt mit der Betriebsaufgabe zu tun hat, ist als neutral zu werten und kann nicht Gegenstand einer L. sein.
2. Aussage über die ↑ *Produktivität* von Mensch oder Maschine. Die erbrachte L. schlägt sich innerhalb des Maschinenparks im Beschäftigungsgrad oder in der Ausstoßmenge nieder. Beim Menschen richtet sich die Arbeitsleistung häufig nach den eigenen Fähigkeiten, nach den räumlichen Möglichkeiten oder nach vorgegebenen Möglichkeiten, auf die er keinen Einfluß hat.
3. *Zivilrechtlich* eine Handlung oder Unterlassung, zu der ein Schuldner verpflichtet ist. Die Nichteinhaltung führt zu ↑ Leistungsstörungen.

Leistungsbilanz
Bezeichnung für die ↑ Handelsbilanz, ↑ Übertragungsbilanz und ↑ Dienstleistungsbilanz. Teil der ↑ Zahlungsbilanz.

Leistungslohn
Arbeitsentgelt, das nicht zeitbezogen ist, sondern die erzielte Leistung vergütet. – *Arten*: ↑ Akkordlohn, ↑ Prämienlohn. – *Gegensatz*: ↑ Zeitlohn.

Leistungsort
Ort, an dem der Schuldner eine Leistung zu erbringen hat. Bei gegenseitigen Verträgen liegen zwei Leistungsorte vor. Der Lieferant leistet an seinem Ort, indem er die Ware zur Verfügung stellt, der Kunde leistet an seinem Ort durch Überweisung des Geldes. L. ist gleichbedeutend mit ↑ Erfüllungsort.

Leistungsstörungen
Störungen, die bei Kaufverträgen auftreten können. – *Arten*: Verzug (↑ Lieferungsverzug, ↑ Annahmeverzug, ↑ Zahlungsverzug), ↑ Unmöglichkeit, ↑ positive Vertragsverletzung. Vgl. auch ↑ Mängelrüge, ↑ offenbarer Mangel.

Leistungstiefe
↑ Produktionstiefe.

leitender Angestellter
Mit der Wahrnehmung von Unternehmerfunktionen betraute Person, häufig als *Manager* bezeichnet. Arbeitsrechtlich bleibt der l.A. Arbeitnehmer, für den jedoch Sondervorschriften gelten,

die z.B. Arbeitszeit und Kündigungsschutz betreffen. Nach dem Mitbestimmungsrecht haben l.A. das aktive und passive Wahlrecht im Rahmen der Wahl der Arbeitnehmervertreter des Aufsichtsrats. Die Belange der l.A. werden durch einen Sprecherausschuß vertreten, die individuelle Interessenvertretung bleibt dem l.A. unbenommen.

Leitwährung
Bezeichnung für eine Währung, die in anderen Ländern einen großen Einfluß auf die dortigen währungspolitischen Entscheidungen in weitem Sinne ausüben. So können alle anderen Länder bestrebt sein, den Wechselkurs zu dieser Währung konstant zu halten, weshalb sie evtl. auch ihre geld- und zinspolitischen Entscheidungen an denen des Leitwährungslandes ausrichten. Leitwährungen dienen auch als Reservewährung. Dies bedeutet, daß Zentralbanken Forderungen gegenüber dem Ausland vorzugsweise in einer solchen Währung halten. Voraussetzung ist, daß es sich um eine harte Währung handelt, die als internationales Zahlungsmittel anerkannt wird. – In Systemen ↑ fixer Wechselkurse kann eine Währung offiziell als Leitwährung ernannt werden (z.B. US-$ im sog. Bretton-Woods-System). Im EWS (↑ EWS, Europäisches Währungssystem) hat sich wohl die DM faktisch zur Leitwährung entwickelt (sog. Ankerwährung).

Leitzins
Der von der Notenbank (Deutsche Bundesbank) festgelegte Zins, i.d.R. Diskont- und Lombardsatz.

letter of intent
Bestätigung einer vorläufigen Bestellung, die unter gewissen Voraussetzungen noch endgültig erteilt werden soll.

Liberalisierung
Befreiung des Außenhandels von jeglicher Art von Beschränkungen.

Liberalismus
Im 18. Jahrhundert entstandene Forderung, das Wirtschafts- und Gesellschaftsleben ohne störende Eingriffe des Staates frei zu gestalten (↑ laisser faire). Der Staat hatte die Aufgabe, die politischen, rechtlichen und wirtschaftlichen Rahmenbedingungen so zu gestalten (Ordnungspolitik, Wettbewerbspolitik, Geldpolitik usw.), daß durch die Eigeninitiative des einzelnen und durch das Recht auf freie Entfaltung jeder Person der Wohlstand steigen müsse. Wichtige Grundlagen des L. sind Wettbewerb auf offenen Märkten und Privateigentum.

Lieferantenkredit
Kreditgewährung von Lieferanten durch Warenlieferungen auf Ziel. Der Einkauf wird auf dem Passivkonto „Verbindlichkeiten aus Warenlieferungen und Leistungen“ im Haben erfaßt und, soweit am Jahresende noch nicht bezahlt, zur Bilanz abgeschlossen. Der L. ist mit einer Laufzeit von 1-3 Monaten ein kurzfristiger Kredit.

Lieferbereitschaft(sgrad)
↑ Lagerkennziffern 5.

Lieferschein
1. *Begleitpapier* bei Warenlieferungen. Der L. wird meist in dreifacher Ausfertigung ausgestellt. Bei Ablieferung der Ware wird der L. mit dem Auftrag und den gelieferten Waren verglichen, um Falschlieferungen mit Fehlmengen festzustellen.
2. Eine *Anweisung* an den ↑ Lagerhalter, an die im L. genannte Person bestimmte Waren auszuliefern.

Lieferungsbedingungen
Vereinbarungen von Vertragspartnern bei Kauf- oder Werkverträgen, wie und wann zu liefern ist und wo erfüllt wird. *Beispiel*: „Lieferung erfolgt am 12.2.1999, frei Haus. – Erfüllungsort ist für beide Teile der Geschäftssitz des Lieferers“. Die L. werden normalerwei-

se mit den ↑ Zahlungsbedingungen zusammen genannt. Daher spricht man vielfach von *Lieferungs- und Zahlungsbedingungen*. Solche Vereinbarungen können vertraglich frei geregelt werden, sich aber auch auf Gesetz oder ↑ Allgemeine Geschäftsbedingungen beziehen. Zu internationalen Handels- bzw. Lieferungsbedingungen vgl. ↑ Incoterms.

Lieferungsverzug
Nicht rechtzeitige Lieferung des Lieferers. Vgl. Übersicht.

Lieferzeit
Aus der Sicht der Kunden der Zeitraum von der Bestellung bis zum Eingang der Ware. Wichtig bei der Berechnung des ↑ Meldebestands. Die L., die der Lieferant in seinem Angebot aufgeführt hat, wird vom Eingang der Bestellung beim Lieferanten an gerechnet. Der Kunde muß also bei seiner Bestellungsaufgabe zusätzlich zur angegebenen Lieferfrist den Zeitaufwand zur Auftragsübermittlung einkalkulieren. Die L. ist für den Kunden wichtig, da eine kurze L. bei ihm geringere Bestände und eine kurzfristigere Disposition ermöglicht. Die L. setzt sich beispielhaft aus folgenden Komponenten zusammen: Auftragsabwicklung (Administration und Produktion), Zusammenstellen und Verpacken, Verladen und Transport. Die erreichte L. wird daher durch Verwaltung, Produktion und Logistik beeinflußt.

life style
Von den individuellen Lebenszielen abhängige Lebensgewohnheiten von Personen oder Personengruppen (z.B. Mitgliedschaft in Vereinen, Art der Freizeitgestaltung, Wohn-, Reise-, Lesegewohnheiten u.a.). Zugrunde liegt der Gedanke, daß Menschen gem. etablierten Verhaltensgewohnheiten und Einstellungsmustern leben, die ihre Handlungen und Interessengebiete bestimmen.

Lifo-Methode
(Abk. für *l*ast *i*n *f*irst *o*ut); ein Bewertungsverfahren für gleichartige Gegenstände des Vorratsvermögens, bei dem man unterstellt, daß die zuletzt angeschafften Güter zuerst verbraucht werden. Diese Methode ermöglicht eine Bildung von ↑ stillen Rücklagen bei steigenden Preisen. Seit Einführung des Steuerreformgesetzes 1990 ist eine Anwendung in der Steuerbilanz zulässig. ↑ Fifo-Methode, ↑ Hifo-Methode.

Limit
Mengen- oder wertmäßige Begrenzung, z.B. Auftragslimit, Werbelimit, Limitpreis.

lineare Abschreibung
Abschreibungsart, bei der jedes Jahr ein gleichmäßiger Prozentsatz (z.B. 20 %) vom Anschaffungswert berechnet wird. *Beispiel*: Anschaffungswert einer Maschine 10.000 DM. Nutzungszeit 5 Jahre = 20 % Abschreibung pro Jahr. Buchungssatz bei direkter Abschreibung: Abschreibungen an Maschinenkonto 2.000 DM. Am Ende des 5. Jahres ist die Maschine voll abgeschrieben.

Liquidation
1. *Handelsrecht*: ↑ Abwicklung der Geschäfte einer aufgelösten Handelsgesellschaft.
2. *Termingeschäft*: Bezahlung und Lieferung der Wertpapiere bei Termingeschäften an der Börse (Skontration).

Liquidität
(lat.: liquidus=flüssig).
1. Im *volkswirtschaftlichen* Bereich ist die L. die Versorgung der Wirtschaft mit Zahlungsmitteln. Die Bundesbank regelt die Liquiditätsversorgung im Rahmen ihrer wichtigsten Aufgabe, der Sicherung der Geldwertstabilität, durch potentialorientierte Geldmengenpolitik.
2. *Betriebswirtschaftlich* bedeutet L. die Zahlungsbereitschaft und Zahlungsfähigkeit eines Unternehmens seinen fälligen Verbindlichkeiten termingerecht und betragsgenau nachzukommen.

Man unterscheidet innerhalb einer Bilanz drei *Liquiditätsgrade. Beispiel*:

A	Bilanz P
Anlagevermögen	Eigenkapital
Umlaufvermögen	langfristiges
1. Vorräte	Fremdkapital
2. Forderungen 0,4 Mio.	kurzfristiges
3. Geldmittel 0,1 Mio.	Fremdkapital 0,5 Mio.

Liquiditätsgrad I =
Geldmittel ./. kurzfr. Fremdk.
0,1 Mio. ./. 0,5 Mio. = 20%
Die kurzfr. Schulden können also zu 20% aus Barmitteln gedeckt werden.
Liquiditätsgrad II =
Geldmittel + Forderungen ./. kurzfr. Fremdk. 0,5 Mio. ./. 0,5 Mio. = 100%
Würden die gesamten Forderungen eingehen, könnten die Schulden ebenfalls zu 100% bezahlt werden.
Liquiditätsgrad III =
Geldmittel + Forderungen + Vorräte ./. kurzfr. Fremdk.
1,5 Mio. ./. 0,5 Mio. = 300%.

Liquiditätspolitik
Maßnahmen, die darauf gerichtet sind, zu jeder Zeit die Zahlungsverpflichtungen einzuhalten. Das gilt sowohl im Anlagen- als auch im Umlaufvermögenssektor; ↑ goldene Finanzregel.

Liquiditätsreserve
Die Vorschrift, nach der die Geschäftsbanken soviel Barmittel zur Verfügung haben müssen, daß sie den täglichen Zahlungsanforderungen genügen können; verpflichtet sie zur Reservehaltung. Wieviel kurzfristig benötigt wird, ist Erfahrungssache der einzelnen Banken. Das Kreditwesengesetz hat bindende Grundsätze über Liquiditätshaltung der Geschäftsbanken aufgestellt.

Listenpreis
Preis laut Liste, die dem Kunden ausgehändigt wird. Rabatt wird in der Rechnung vom Lieferanten in Abzug gebracht. Eine evtl. Skontoreduzierung hängt von der Einhaltung des vereinbarten Zahlungsziels ab, z.B. Zahlung innerhalb von 14 Tagen, 2 % Skonto.

Lizenz
(lat. = Erlaubnis); vertragliches Recht zur Anwendung und Ausnutzung eines geistigen oder wirtschaftlichen Urheberrechts, i.d.R. durch Zahlung einer Lizenzgebühr. L. sind üblich im Patent- und Urheberrecht.

Lockvogelangebot
Vortäuschen eines preisgünstigen Gesamtangebotes, obwohl nur einzelne Waren günstig abgegeben werden, oder Vortäuschen einer ausreichenden Warenmenge zum umworbenen Preis. Gemäß Wettbewerbsrecht unzulässig.

Logik
Lehre von der Fähigkeit, folgerichtig (logisch) zu denken.

Logistik
In der Betriebswirtschaft die Gesamtheit aller Transport-, Lager- und Umschlagsvorgänge in und zwischen Unternehmen einschließlich der zugehörigen Steuerungs- und Regelungsabläufe. Weiterhin die Bezeichnung der wirtschaftswissenschaftlichen Teildisziplin, die sich mit der Beschreibung, Erklärung und Gestaltung dieser Prozesse beschäftigt. Dort können drei Bedeutungen der Begriffs L. unterschieden werden.
1. L. als Feld der systematischen Auseinandersetzung mit ↑ Transferbedarfen im Realgüterbereich, die in arbeitsteiligen Güterwirtschaftsprozessen zu erbringen sind, sowie der Optimierung von Transferleistungen, mit denen Transferbedarfe zu befriedigen sind.
2. L. als Feld der systematischen Auseinandersetzung mit der ↑ Koordination wirtschaftlicher Aktivitäten mit dem Ziel der Maximierung der Güterverfügbarkeit. Der Horizont erweitert sich damit von den Transferaktivitäten auf die

Lieferungsverzug

Begriff

L. ist eine rechtswidrige und schuldhafte Verzögerung der Leistung. Die Leistung muß nachholbar sein, sonst liegt Unmöglichkeit vor.

Voraussetzungen

Fälligkeit

Die Lieferung muß gemäß Kaufvertrag fällig sein.

Verschulden

Der Lieferer unterläßt die vertragliche Lieferung
- vorsätzlich
- fahrlässig

Höhere Gewalt oder Streik führen nicht zum Lieferverzug!

Mahnung

Lieferer muß nach Fälligkeit gemahnt werden, wenn Termin nicht als Kalenderdatum festgelegt ist. Mahnung ist nicht erforderlich:
- bei Fixgeschäften
- wenn Lieferer erklärt, er könne oder wolle nicht liefern (Selbstverzug).

Rechte des Käufers beim Lieferungsverzug

→ Käufer muß nach Fälligkeit der Lieferung zunächst die Lieferung beim Lieferer anmahnen. Erst dann kann er *nach erfolgloser Mahnung*

→ *Lieferung und Schadenersatz* wegen verspäteter Lieferung verlangen, wenn er selbst durch die ausgebliebene Belieferung Schaden erlitten hat.

→ Käufer hat nach erfolgloser Mahnung eine Frist gesetzt und die Ablehnung der Lieferung angedroht. Nach Ablauf der Nachfrist kann er

→ *Lieferung ablehnen* und vom Vertrag zurücktreten.

→ *Lieferung ablehnen* und Schadensersatz wegen Nichterfüllung verlangen.

→ **Deckungskauf** vornehmen, wenn er die Ware dringend benötigt. – Er kauft bei einem anderen Lieferer. Sollte er dort einen höheren als den ursprünglichen Preis bezahlen müssen, so muß der erste Lieferer den Preisunterschied bezahlen.

→ Einer *Nachfristsetzung bedarf es nicht bei Fixgeschäften, Selbstverzug* und *Zweckkauf* (wenn die Lieferung keinen Sinn mehr hat, z.B. Lieferung von Würstchen nach Ende des Jahrmarktes).

Schadensersatz kann *nur* verlangt werden
- in Höhe des tatsächlich nachweisbaren Schadens.
- in Höhe des nachweisbaren entgangenen Gewinnes.
- *aber nicht* für eventuelle Folgeschäden.

Gesamtmenge aller Wertschöpfungsaktivitäten und auf die Schnittstellen zwischen diesen.
3. L. als eine spezifische Sichtweise, die wirtschaftliche Phänomene und Zusammenhänge als Flüsse von Objekten durch Prozeßnetze (als Fließsysteme) interpretiert, um diese nach den Gesichtspunkten der Kostensenkung und Wertsteigerung zu optimieren.

Logo
Graphisches Symbol, das für ein ganzes Unternehmen steht (Firmenzeichen).

Lohmann-Ruchti-Effekt
Bezeichnung für die Tatsache, daß in den Verkaufspreisen der Güter die kalkulierte Abschreibung *früher* vergütet wird, als es dem tatsächlichen Verschleiß der Anlagen entspricht. Das Unternehmen kann also die in diesem Sinne vorweggenommenen Abschreibungsbeträge investieren (*Kapazitätserweiterungseffekt*). Diese Reinvestition von Abschreibungserlösen in Investitionsgütern ist eine Form der ↑ Innenfinanzierung.

Lohn
Allgemeine Bezeichnung für das ↑ Arbeitsentgelt an die Arbeitnehmer, i.e.S. an Arbeiter. Zum Lohn *gehören* nicht nur der ↑ Grundlohn, die Überstundenzuschläge und sonstigen Geldleistungen (z.B. ↑ Gratifikationen), sondern auch evtl. Sachzuwendungen wie freies Essen, freie Kleidung (außer Arbeitskleidung), freies Wohnen (vgl. ↑ Geldlohn, ↑ Naturallohn). – Vom errechneten *Bruttolohn* werden die gesetzlichen Abzüge einbehalten (Lohn-, Kirchensteuer, Sozialversicherungsbeiträge). Der *Nettolohn* wird ausgezahlt. – *Formen*: Vgl. Übersicht.

Lohnausgleich
Von den Gewerkschaften angestrebte tarifliche Vereinbarung, die Wochenarbeitszeit ohne Lohn-/Gehaltskürzungen zu verringern.

Lohnbuchführung
Teilbereich der Buchführung, in dem die Lohn- u. Gehaltskonten der einzelnen Arbeitnehmer geführt werden. Die Berechnung der einzubehaltenden Abzüge gehört ebenso zum Aufgabenbereich, wie das Zusammenstellen der Lohnliste und der Information an die Finanzbuchhaltung und Betriebsbuchhaltung über die Netto- und Bruttolohnzahlungen. Die Betriebsbuchhaltung benötigt darüber hinaus noch den Lohnanfall in den einzelnen Bereichen für die Kostenstellenrechnung.

Lohnfortzahlung
Entgeltfortzahlung an gesetzlichen Feiertagen und im Krankheitsfall. Der Arbeitgeber ist verpflichtet, dem Arbeitnehmer im Krankheitsfall (außer bei Arbeitsunfällen und Betriebskrankheit) 80 % des Lohns für 6 Wochen weiterzuzahlen. Um einen Lohnausfall zu vermeiden, kann der Arbeitnehmer für je fünf Krankheitstage die Anrechnung eines Urlaubstages verlangen. Der Arbeitnehmer ist verpflichtet, dem Arbeitgeber die Arbeitsunfähigkeit und deren voraussichtliche Dauer unverzüglich mitzuteilen. Dauert die Arbeitsunfähigkeit länger als drei Kalendertage, hat der Arbeitnehmer eine ärztliche Bescheinigung mit Angaben über die voraussichtliche Dauer spätestens am darauffolgenden Arbeitstag vorzulegen. Hält sich der Arbeitnehmer bei Beginn der Arbeitsunfähigkeit im Ausland auf, ist er verpflichtet, dem Arbeitgeber zusätzlich die Adresse am Aufenthaltsort in der schnellstmöglichen Art der Übermittlung mitzuteilen. Die durch die Mitteilung entstehenden Kosten hat der Arbeitgeber zu tragen.

Lohn-Preis-Spirale
Behauptung, daß eine Erhöhung der Löhne infolge der steigenden Lohnstückkosten die Preise nach oben treiben muß. Gegenthese ist die *Preis-Lohn-Spirale*, nach der Lohnerhöhungen auf vorhergehende Preiserhöhun-

Lohn – Formen

	Entlohnungsarten			
	Zeitlohn	Leistungslohn (Akkordlohn)	Prämienlohn	Soziallohn
Berechnungsgrundlage	Die im Betrieb verbrachte Zeit unabhängig von der dabei erbrachten Leistung	Die vom Arbeitnehmer in einer bestimmten Zeit erbrachte Leistung	Vorbildlicher oder überdurchschnittlicher Einsatz des Arbeitnehmers für das Unternehmen	Die persönlichen und sozialen Verhältnisse des Arbeitnehmers
Beispiele	Wochenlohn für Aushilfskräfte Monatslohn für Angestellte	Stückgeld – Akkord Stückzeit – Akkord	Erzielter Umsatz z.B. bei Reisenden Verbesserungsvorschläge	Verheiratetenzulage Kinderzuschlag Alterszulage
Besonders geeignet für	Arbeiten, deren Arbeitstempo vom Arbeitnehmer nicht beeinflußt werden kann, z.B. Fließbandarbeit deren Ergebnis nicht oder schwer meßbar ist, z.B. Büroarbeit, Forschung die besondere Sorgfalt erfordern (Präzisionsarbeit)	Arbeiten, deren Arbeitstempo vom Arbeitnehmer beeinflußt werden kann deren Ergebnis meßbar ist die sich über einen längeren Zeitraum ständig wiederholen	Prämien- und Soziallohn hat nur eine geringe Bedeutung. Er wird nur zusätzlich zum Zeit- oder Leistungslohn gewährt	
Vorteile	Einfache Lohnberechnung Schonung des Arbeitnehmers und der Maschinen Geringer Ausschuß Arbeitnehmer hat gleichbleibendes Einkommen	Arbeitnehmer kann seinen Verdienst beeinflussen Fleißige Arbeitnehmer verdienen mehr (größere Gerechtigkeit) Bessere Auslastung der Betriebsanlagen	Anreiz zu sorgfältiger und zuverlässiger Mitarbeit Zeit- und Materialeinsparung Geringe Fehlzeiten am Arbeitsplatz	Unterstützung langjähriger kinderreicher oder älterer Mitarbeiter Bindung der Arbeitnehmer an das Unternehmen, dadurch verringert sich der häufige Arbeitsplatzwechsel („Fluktuation“)
Nachteile	Anreiz zur Leistungssteigerung fehlt Geringe Auslastung der Betriebsanlagen	Aufwendige Lohnberechnung Gefahr der Überbelastung von Arbeitnehmer und Maschinen Erhöhter Ausschuß	Kann zu Störungen des Betriebsklimas führen, wenn sich Arbeitnehmer dadurch ungerecht behandelt fühlen	

gen zurückzuführen seien. Bei beiden Thesen wird oft die entscheidende Rolle der ↑ Geldpolitik vernachlässigt.

Lohnsteuer
Steuer, die bei Einkünften aus unselbständiger Arbeit erhoben wird. Die L. ist eine Form der Einkommensteuer. Sie wird vom Arbeitgeber einbehalten und an das Finanzamt bis zum 10. des Folgemonats überwiesen (↑ Abzugssteuer). Als Berechnungsgrundlage dient das Bruttoeinkommen, gekürzt um evtl. auf der ↑ Lohnsteuerkarte eingetragene Freibeträge.

Lohnsteuer-Jahresausgleich
↑ Antragsveranlagung.

Lohnsteuerkarte
Grundlage für die Berechnung der ↑ Lohnsteuer. Die Gemeinde, bei der man am 20.9. des Vorjahres den Hauptwohnsitz hatte, stellt die L. aus. Sie ist

vom Arbeitnehmer auf die Richtigkeit der Eintragungen wie Familienstand, Geburtsdatum, Steuerklasse, Religionszugehörigkeit, Zahl der Kinder und Eintragung von Freibeträgen hin zu überprüfen. Die L. ist dem Arbeitgeber umgehend auszuhändigen, weil andernfalls die höchste SteuerklasseVI zur Anwendung kommen muß. Änderungen der Steuerklasse können nur einmal im Jahr vorgenommen werden (Ausnahme, wenn ein Ehepartner stirbt). Auf Antrag des Arbeitnehmers kann das Finanzamt auf der L. einen *Freibetrag* für ↑ Werbungskosten, ↑ Sonderausgaben und ↑ außergewöhnliche Belastungen eintragen. ↑ Steuerfreibetrag.

Lohnstopp

Staatliche Maßnahme der gelenkten Wirtschaft, die eine Lohnerhöhung verbindet. Der L. geht meist mit einem ↑ Preisstopp einher, um eine hohe Inflationsrate zu bremsen. Der Nachteil ist, daß die jeweilige Inflationsrate festgeschrieben wird und sich schwarze Märkte bilden, auf denen die erhöhten Preise gezahlt werden. Auch ist die Gefahr der „zurückgestauten" ↑ Inflation sehr groß, die nach Aufhebung des Lohn- und Preisstopps auf einmal mit einem viel größeren Preisanstieg folgt.

Lohnsummensteuer

In einigen Gemeinden bis 1979 erhobene Form der Gewerbesteuer.

Lombardpolitik

Geldpolitisches Instrument der Bundesbank, die kurzfristige Kredite gegen die Verpfändung von Wertpapieren vergibt. Die L. umfaßt die Festlegung des Lombardsatzes (Zinssatz auf Lombardkredite) und der qualitativen Anforderungen an die Wertpapiere. Der Lombardsatz liegt i.d.R. über dem Diskontsatz (vgl. ↑ Geldpolitik).

Lombardsatz

Von der Zentralbank festgelegter Zinssatz für die Gewährung eines Lombardkredits im Rahmen der ↑ Lombardpolitik.

Los

Menge eines Produktes, die ohne Unterbrechung hintereinander produziert wird.

Loseblattbuchführung

Eine Form der Durchschreibebuchführung, bei der mit losen Konten und Journalbögen gearbeitet wird. Üblich ist das Mehrspaltenverfahren (Dreispaltenverfahren), bei dem die Lieferanten (Gläubiger) Kunden (Schuldner) und die Sachkonten getrennt im Journal erfaßt werden. – Für die ↑ elektronische Buchführung ist die L. Voraussetzung.

Luftfracht

Transport von Gütern mit Luftfahrzeugen. Die L. hatte in den letzten Jahren gemessen am Gesamttransportvolumen einen ständig steigenden Anteil. Der zu entrichtende Tarif wird in fast allen Fällen von der IATA (International Air Transportation Association) festgesetzt. Tarifarten: Allgemeiner Tarif, Klassentarif, Waren-Spezialtarif.

Luftfrachtbrief

Dokument über den Transport mit einem Luftfahrzeug, das aber lediglich ein Begleit- und Beweispapier, kein Wertpapier ist. Der L. kann nicht an Order gestellt werden, d.h. er ist nicht durch Indossament übertragbar. Daher ist der Ausdruck „Luft-Konnossement" falsch.

Luxussteuer

Steuer auf Güter der gehobenen Lebenshaltung (in Großbritannien z.B. auf das Halten von Reitpferden). Wird in der Bundesrepublik Deutschland nicht erhoben.

M

Maastrichter Vertrag
↑ EU.

magisches Viereck
Volkswirtschaftlicher Ausdruck für den Versuch, die 4 Hauptziele der Wirtschaftspolitik: *Vollbeschäftigung, Wirtschaftswachstum, Geldwertstabilität, außenwirtschaftliches Gleichgewicht* gleichzeitig zu erfüllen. „Magisch" bezeichnet dabei das Problem, wegen der Zielkonflikte kaum alle 4 Ziele gleichzeitig erreichen zu können.

Mahnung
Aufforderung an einen Schuldner, die fällige Leistung zu erfüllen. Die M. kann z.B. Voraussetzung für die Geltendmachung eines ↑ Lieferungsverzugs oder ↑ Zahlungsverzugs sein. M. kann auch durch ↑ konkludente Handlung (z.B. Klageerhebung) erfolgen.

Mahnverfahren
Vereinfachtes gerichtliches Verfahren, mit dem der Gläubiger versucht, eine geforderte Leistung zu erhalten. – *Ablauf*: Vgl. Übersicht.

Mailbox
Datenbank, an die man Daten senden kann, aus der man aber auch Daten abrufen kann.

Mailing
Maßnahme des ↑ direct marketing per Brief. Dabei können sämtliche Bestandteile des M. (Kuvert, Brief, Prospekt, Antwortkarte) als Werbefläche genutzt werden.

Mainframe
Meist EDV-Anlage in Rechenzentren mit großer Speicherkapazität (für Programme und Daten) und hoher Verarbeitungsgeschwindigkeit sowie umfangreicher ↑ Peripherie. An die M. sind die übrigen Computer, z.B. PCs als intelligente Terminals, angeschlossen.

Makler
1. *Zivilmakler* nach BGB ist, wer gewerbsmäßig die Vermittlung von Verträgen vornimmt. Hierzu zählen die Grundstücksmakler, Hypothekenmakler, Ehevermittler, Wohnungs- und Häusermakler.
2. *Handelsmakler*, für die in erster Linie das HGB zutrifft, vermitteln Verträge im Waren-, Wertpapier- und Versicherungswesen. Sie betreiben ein Grundhandelsgewerbe und sind daher stets Kaufmann.

Maklerlohn
Vergütung in Form einer Provision, die der Makler für seine erfolgreiche Tätigkeit verlangen kann. Der Zivilmakler kann den M. nur von seinem Auftraggeber verlangen. Beim Handelsmakler sind beide Vertragspartner je zur Hälfte zur Zahlung verpflichtet, wenn nichts anderes üblich oder vereinbart ist.

Maklervertrag
Vertrag, bei dem ein Makler beauftragt wird, eine gewisse Leistung im Sinne des Auftraggebers zu erbringen. Gelingt ihm das nicht, hat er keinen Anspruch auf Provision.

Makroökonomie
Volkswirtschaftliche Betrachtung, die sich auf die Entwicklung der Globalgrößen („Makrogrößen") im gesamt-

Mahnverfahren

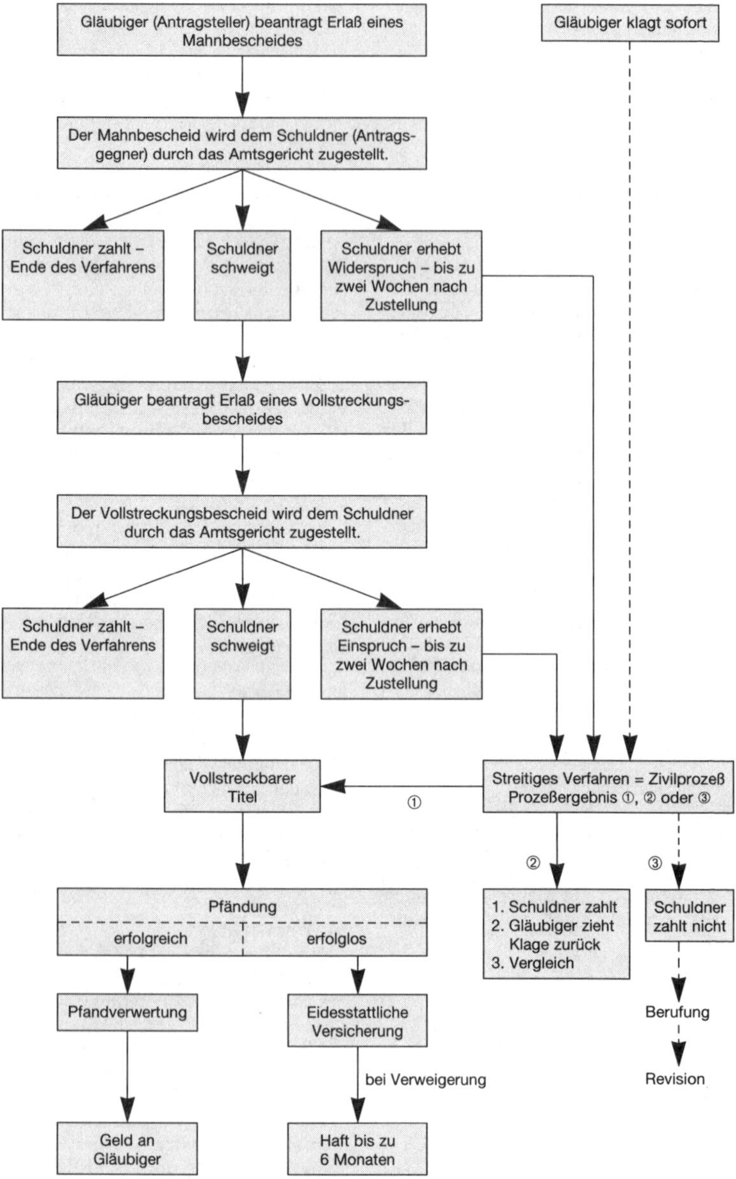

wirtschaftlichen Kreislauf konzentriert, also auf den Zusammenhang zwischen Wachstum des Volkseinkommens, Beschäftigung, Investition, Konsum, Sparen und Preisniveau. Einzelne Wirtschaftsteilnehmer werden dabei zusammengefaßt bzw. aggregiert zu Sektoren (Haushalts-, Unternehmens-, Staatssektor, Ausland; ↑ Aggregation). – *Gegensatz*: ↑ Mikroökonomie.

Management
Auch: *Unternehmensführung*.
1. Gruppe der Personen, die in einem Unternehmen mit Anweisungsbefugnissen betraut ist (Manager; M. im institutionellen Sinne).
2. Komplex von Steuerungsaufgaben, die bei der Leistungserstellung und -sicherung in arbeitsteiligen Systemen erbracht werden müssen (M. im funktionalen Sinne). Diese Steuerungsaufgaben können unterschiedlicher (etwa planender oder organisierender) Art sein.
↑ Managementfunktionen.

Management-by-Konzepte
Versuche, griffige Formulierungen ohne zuviel Theorieballast für Führungskonzepte zu finden. Die Vereinfachung und Griffigkeit der Begriffe ist häufig sowohl im Unternehmen als auch nach außen verkaufsfördernd, hat aber inzwischen zu einer Inflation von Konzepten geführt, die nicht immer sinnvoll umsetzbar sind. Dazu zählen u.a.:
1. *Management by Objectives (MbO):* Zielvereinbarung sowie Festlegung von Befugnissen, Mitteln, Kontrollpunkten und Zeitplan auf der Basis definierter Ziele.
2. *Management by Delegation (MbD):* Übertragung weitgehender Entscheidungsfreiheiten und Verantwortung an den Mitarbeiter.
3. *Management by Exception (MbE):* Entscheidungen erfolgen durch den Mitarbeiter; ein Eingriff durch den Vorgesetzten erfolgt nur bei (erheblichen) Soll-Ist-Abweichungen.
4. *Management by Conflicts (MbC):* Konflikte werden als Indiz für sich entwickelnde bzw. vorhandene Koordinationsmängel aufgefaßt und nutzbar gemacht.
5. *Management by Results (MbR):* wie MbO, wobei die Ziele aufgrund von Ergebnisanalysen vereinbart werden.

Management-buyout
Übernahme der Aktien- bzw. Anteilsmehrheit eines Unternehmens durch das in dem Unternehmen beschäftigte ↑ Management.

Managementfunktionen
Zu den M. werden heute allgemein ↑ Planung, ↑ Organisation, ↑ Personaleinsatz, ↑ Führung und ↑ Kontrolle gezählt. Sie stellen Querschnittsfunktionen zu den originären betrieblichen Sachfunktionen (z.B. Einkauf, Produktion, Verkauf) dar. ↑ Management, ↑ Managementprozeß.

Managementlehre
Die M. befaßt sich mit den generellen Managementaufgaben (↑ Management, ↑ Managementprozeß). Sie fügt sich als eine Querschnittsfunktionslehre in die ↑ Betriebswirtschaftslehre ein.

Managementprozeß
Zeitliche und logische Anordnung der ↑ Managementfunktionen in einer aufeinander aufbauenden Abfolge. Phasenablauf des sog. klassischen M.: Planung – Organisation – Personaleinsatz – Führung – Kontrolle.

Manager
↑ Management 1.

Mängel
Fehler in der Beschaffenheit einer Sache, im Kaufvertragsrecht an einem gelieferten Gegenstand. M. können in der Art (falsche Ware), der Beschaffenheit (verdorben), der Güte (falsche Handelsklasse) und in der Menge auftreten. An offene oder versteckte M. knüpft die Rechtsprechung gewisse Rügefristen

(↑ Mängelrüge), die eingehalten werden müssen, um den Anspruch auf Gegenforderungen nicht zu verlieren.

Mängelrüge
Das Anzeigen einer mangelhaften Lieferung an den Verkäufer. Bei Kaufverträgen unter Kaufleuten ist der Mangel sofort, bei versteckten Mängeln ohne schuldhaftes Verzögern mitzuteilen. Privatpersonen haben u.U. auch bei offenen Mängeln 6 Monate Zeit zu rügen. Der Käufer hat das *Recht* auf: 1. ↑ Wandlung (Rücktritt vom Vertrag), 2. Ersatzlieferung (nur bei Gattungswaren, umgangssprachl. auch als ↑ Umtausch bezeichnet), 3. ↑ Minderung (Preisminderung), 4. ↑ Schadensersatz wegen Nichterfüllung, aber nur dann, wenn der Ware eine zugesicherte Eigenschaft fehlt oder der Mangel arglistig verschwiegen wurde. Manche Verträge, z.B. Werkverträge, schließen diese gesetzlichen Möglichkeiten aus und gestatten lediglich eine Nachbesserungspflicht.

Manko
Fehlbetrag.
1. Der Ausdruck wird vornehmlich bei Fehlbeträgen in der *Kasse* benutzt.
2. In der *Transportversicherung* ist M. die Bezeichnung für natürlichen Schwund durch z.B. Umfüllverluste bei Flüssigkeiten.

Mantel
Bestandteil eines ↑ Wertpapiers. Der M. verkörpert die eigentlichen Rechte: bei der Aktie das Miteigentum an der AG, bei Schuldverschreibungen die Forderung. Der M. kann nur zusammen mit dem Kuponbogen veräußert werden, da beide zusammen erst das Wertpapier darstellen (↑ Bogen).

Manteltarifvertrag
Von den Tarifpartnern abgeschlossene Rahmenbedingungen, die im wesentlichen die Arbeitsbedingungen, wie Arbeitszeit, Überstundenzuschläge, Urlaubsregelungen, betreffen. Der M. ist im allgemeinen für einen längeren Zeitraum als der Lohntarifvertrag abgeschlossen.

Mantelzession
↑ Zession 2.

Marge
(frz. = Rand, Spielraum); eine Spanne die z.B. als Differenz zwischen An- und Verkaufskurs im Gold- oder Devisengeschäft, als Zinsspanne zwischen Soll- und Habenzinsen, als Kursverschiebung an den verschiedenen Börsenplätzen der Welt (↑ Arbitrage) auftreten kann.

Marke
Name, Bezeichnung, Zeichen, Design, Symbol oder Kombination dieser Elemente zur Identifikation eines Produkts oder einer Dienstleistung eines Anbieters und zur Differenzierung von Konkurrenten.

Markenartikel
Bezeichnung für eine Ware, die durch ihre vom Hersteller garantierte gleichbleibende Güte und Aufmachung gekennzeichnet ist. Das Warenzeichen des Produktes ist durch die intensive Werbung allgemein bekannt, und die Produkte sind überall erhältlich.

Marketing
Moderne, weiterentwickelte Form der ↑ Absatzpolitik. Im Gegensatz zur Absatzpolitik bildet das M. allerdings nicht das Endglied der Unternehmensfunktionen, sondern ist deren Ausgangspunkt. Verbraucherwünsche und Bedürfnisse werden durch die Marktforschung analysiert und dienen als Orientierungspunkt aller marketingpolitischen Entscheidungen (↑ Produktgestaltung, Kontrahierungspolitik, ↑ Distributionspolitik, Kommunikationspolitik). – Vgl. Übersicht.

Marketing-Mix
Optimale Zusammensetzung der Mar-

keting-Instrumente eines Unternehmens (↑ Produkt- und Programmpolitik, ↑ Kommunikationspolitik, ↑ Distributionspolitik, ↑ Kontrahierungspolitik), um die Marketing-Ziele zu erreichen.

Markt

Der Ort, an dem Nachfrage und Angebot zusammentreffen. Am Markt findet durch den ↑ Marktpreis der Ausgleich von Angebot und Nachfrage statt. Je nach Einteilungskriterium werden verschiedene ↑ Marktformen unterschieden. Vgl. Übersichten.

Marktanalyse

Zeitpunktbezogene Untersuchung des Marktes (z.B. durch Stichtagsbefragung der Zielgruppe), um durch die Momentaufnahme eine Grundlage für anstehende marketingpolitische Entscheidungen zu erhalten.

Marktanteil

Prozentualer oder mengenmäßiger An-

Marketing

Instrumente		Erklärung	
Marktforschung	**Marktanalyse**	Einmalige Untersuchung zur Feststellung des augenblicklichen Zustandes	**Ziel:** Gewinnung möglichst genauer Unterlagen über den Absatzmarkt. Dadurch sollen unternehmerische Entscheidungen erleichtert werden und das Absatzrisiko verringert werden.
	Marktbeobachtung	Fortlaufende Beobachtung über einen längeren Zeitraum zur Feststellung von Veränderungen im Marktgeschehen.	**Vorgehen:** Auswertung eigener Zahlenunterlagen (z.B. Absatzstatistik), offizieller Angaben (z.B. Monatsberichte der Bundesbank) oder Studium der Fachpresse; Gespräche mit Kunden und Lieferanten; Beobachtungen der Konkurrenzmaßnahmen; Umfragen durch Markt- und Meinungsforschungsinstitute (z.B. DIVO, INFRA-TEST, EMNID).
Werbung		Ziel: Aufmerksamkeit erregen und Kaufwünsche wecken. Dabei sind Vorschriften des ↑ „Gesetzes gegen unlauteren Wettbewerb" zu berücksichtigen.	
Public Relations (Öffentlichkeitsarbeit)		Bemühungen des Unternehmens um ein gutes Image in der Öffentlichkeit.	
Produktgestaltung		Festlegung der Erscheinungsform des Produktes in Ausstattung, Qualität, Form, Marke.	
Programmgestaltung		Zusammensetzung der zum Verkauf angebotenen Güter und Dienstleistungen (breit – schmal; tief – flach).	
Preisgestaltung		Bei der Festlegung seiner Verkaufspreise muß der Unternehmer die Preise seiner Konkurrenten berücksichtigen.	
Konditionengestaltung		Festlegung der Rabatte, Skonti usw.	
Kundendienst		Kostenlose Kundenparkplätze; Teilzahlungsmöglichkeit; Zustellung der Ware ins Haus; Installation und Reparatur technischer Geräte; Großzügigkeit beim Umtausch („Kulanz").	
Sales Promotion		Verkaufsförderung, z.B. durch Schulung des Einzelhandels-Verkaufspersonals durch den Hersteller; Vorführen der Produkte in einem Kaufhaus durch „Propagandisten".	

teil von Produkten eines Unternehmens am betreffenden Gesamtangebot.

Marktaustrittsbarrieren

Kräfte, die ein Unternehmen bewegen, Anbieter in einem Markt zu bleiben, selbst dann, wenn die Preise unter die Rentabilitätsschwelle (↑ Rentabilität) sinken. *Gegensatz*: ↑ Markteintrittsbarrieren.

Marktbeherrschung

Nach Kartellgesetz Stellung eines Unternehmens im Markt, durch die das Unternehmen keinem wesentlichen Wettbewerb ausgesetzt ist. M. wird durch eine Analyse von Merkmalen der Marktstruktur konkretisiert (z.B. Marktanteile, Finanzkraft, Marktphasen, Marktschranken). Das Bundeskartellamt überwacht solche Unternehmen, die eine überragende Marktstellung genießen, damit sie ihre Macht nicht mißbräuchlich ausnutzen. Die Kartellbehörde kann Fusionen, die eine M. nach sich ziehen, untersagen.

Marktbeobachtung

Zeitraumbezogene, dauerhafte Beobachtung des Marktes, um Informationen über Verhaltens- und Bedürfnisstrukturen zu erhalten. Ziel ist es, Trends und Entwicklungen frühzeitig zu erkennen, um rechtzeitig die entsprechenden marketingpolitischen Entscheidungen treffen zu können.

Markteintrittsbarrieren

Zutrittschranken, die ein Unternehmen daran hindern, in ein potentiell attraktives ↑ Geschäftsfeld zu investieren. *Gegensatz*: ↑ Marktaustrittsbarrieren.

Marktarten

	Merkmale	Beispiele
Sachgütermarkt	Handel mit Produktions- und Konsumgütern.	Nahrungs- und Genußmittelmarkt Werkzeug- und Maschinenmarkt.
Dienstleistungsmarkt	Bereitstellung von Diensten und Leistungen.	Steuerberater, Versicherungen, Transportunternehmen.
Finanzmarkt	Vermittlung von Geld und Kapital.	Banken und sonstige Kreditinstitute.
Arbeitsmarkt	Arbeitsleistungen werden gegen Arbeitslohn gehandelt.	Arbeitsmarkt für kaufmännische oder technische Berufe, Arbeitsämter, Stellenmarkt in der Zeitung.
Immobilienmarkt	Handel mit Grundstücken und Gebäuden.	Makler, Immobilienmarkt in der Zeitung.
Organisierter Markt	Angebot und Nachfrage treffen sich zu bestimmten Zeiten und an einem bestimmten Ort.	Börsen, Messen, Wochenmarkt.
Nichtorganisierter Markt	Angebot und Nachfrage treffen sich ohne Bindung an Zeit und Ort.	Einzelhandel, Großhandel.
Offener Markt	Jeder hat Zugang zum Markt; es bestehen keine Beschränkungen in bezug auf den Marktteilnehmer und die gehandelte Ware.	Einzelhandel, Großhandel, Import- und Exportgeschäfte, Gaststättengewerbe.
Geschlossener Markt	Neue Marktteilnehmer haben keinen Zugang.	Nachrichtenübermittlung durch die Post, Lieferung von Strom und Wasser.
Vollkommener Markt: homogener Markt	Die gehandelten Güter weisen keinen Unterschied in Art, Güte und Beschaffenheit auf.	Rohstoffe, Edelmetalle, Effekten.
unvollkommener Markt: heterogener Markt	Die gehandelten Güter sind unter sich gleich; sie unterscheiden sich in Preis und Qualität.	Verschiedene Biersorten, Automobile etc.

Marktformen

Einteilung des Marktes nach dem Konkurrenzverhalten und der Anzahl der Marktteilnehmer. Vgl. Übersicht.

Marktforschung

Zeitpunktbezogene (↑ Marktanalyse) und zeitraumbezogene (↑ Marktbeobachtung) Untersuchung des Marktes mit Hilfe von wissenschaftlichen Verfahren. Hierbei wird unterschieden zwischen Demoskopie, d.h. Untersuchung der Handlungssubjekte (Zielgruppe etc.) und Ökoskopie, d.h. Untersuchung von objektiven Marktdaten (Umsätze, Preise, Nachfragestrukturen etc.). Man unterscheidet zwei Erhebungsmethoden:
1. *Primärforschung* (field research), bei der das interessierende Datenmaterial eigens für den zu deckenden Informationsbedarf entweder durch Befragung oder durch Beobachtung erhoben wird.
2. *Sekundärforschung* (desk research), die Informationen aus bereits vorhandenem Datenmaterial gewinnt und für den aktuellen Untersuchungszweck noch einmal auswertet.

Marktgleichgewicht

Gleichgewicht in einer marktwirtschaftlich organisierten Wirtschaft (↑ Marktwirtschaft). D.h. daß der ↑ Marktpreis auf einem Gleichgewichtsniveau ist und daher den Markt räumt; Angebot und Nachfrage sind also gleich hoch. Existiert ein Angebotsüberschuß werden die Preise fallen, wodurch das Angebot wegen geringerer Gewinne sinkt und die Nachfrage steigt. Existiert ein Nachfrageüberschuß, werden die Preise steigen, wodurch das Angebot steigt und die Nachfrage sinkt, da die Zahlungsbereitschaft der Nachfrager sinkt. Bei freiem ↑ Wettbewerb werden in einer ↑ Marktwirtschaft bei freien Preisen Marktungleichgewichte also beseitigt.

Marktnische

Teil des Gesamtmarktes, der durch die bisher vorhandenen Produkte nicht befriedigt wird. Kann für die Einführung neuer Produkte genutzt werden.

Marktphase

Auch *Lebenszyklusphase* eines Produktes genannt. Entwicklungsstadium eines Marktes. Ein Produkt durchläuft von seiner Entstehung bis zu seinem Endzustand verschiedene Phasen.
1. *Einführungsphase*, die mit erheblichen Kosten durchgeführt wird, sowohl durch die Schaffung neuer Produktions-

Marktformen

Anzahl der Marktteilnehmer	Marktform	Merkmal	Beispiel
viele	**Polypol**	Viele wirtschaftlich gleichstarke Marktteilnehmer beherrschen den Markt. Das Polypol entspricht der freien Konkurrenzwirtschaft.	Einzelhandelsgeschäfte
wenige	**Oligopol**	Wenige große und meistens gleichstarke Marktteilnehmer beherrschen den Markt und stehen miteinander in Konkurrenzkampf. Der Oligopolist hat einen großen Markt-Anteil.	Mineralölgesellschaften; Automobilhersteller
einer	**Monopol**	Auf der Angebots- bzw. Nachfrageseite gibt es nur einen Marktteilnehmer. Der Angebotsmonopolist besitzt alle Marktanteile; für ihn gibt es keine unmittelbare Konkurrenz.	Staatsmonopol (z.B. Post); Rohstoffmonopol

anlagen als auch durch die Kosten für Tests, Marktforschung und Werbung.
2. *Wachstumsphase*, in der das Produkt den Markt durchdringen und sich gegen die Konkurrenz behaupten muß.
3. *Phase der Reife* bis zur obersten Spitze der Absatzentwicklung.
4. *Sättigungsphase*, sinkende Stückgewinne, i.d.R. sinkende Preise und steigende Werbekosten. Das Umsatzmaximum wird erreicht.
5. *Schrumpfungsphase*, fallender Absatz des Produktes.

Marktpreis

Erzielbarer Preis, der durch die augenblickliche Angebots- und Nachfragesituation auf dem Markt entsteht. Der freie M. ist ein ↑ Gleichgewichtspreis; er bildet sich im Schnittpunkt von Angebots- und Nachfragefunktion (vgl. Übersicht). Zum M. kann die größtmögliche Warenmenge abgesetzt werden; der freie M. räumt den Markt. Zum freien M. gibt es weder eine überschüssige Nachfrage (Nachfrageüberhang) noch ein überschüssiges Angebot (Angebotsüberhang). Der Konkurrenzdruck bewirkt eine Auslese sowohl zwischen leistungsfähigen und weniger leistungsfähigen Anbietern als auch zwischen kaufkräftigen und weniger kaufkräftigen Nachfragern. – *Funktionen* des M. sind: Bewertungsmaßstab für relative Knappheit; Lenkungsfunktion, da der M. signalisiert, was wann und wo produziert werden soll; Koordinierungsfunktion, da er Angebot und Nachfrage ins Gleichgewicht bringt; Erziehungsfunktion, weil der steigende M. zu sparsamerem Verbrauch (z.B. Erdöl) führt.

Marktsegment

Auch: *Absatzsegment*, Teilmarkt mit ei-

Marktpreis

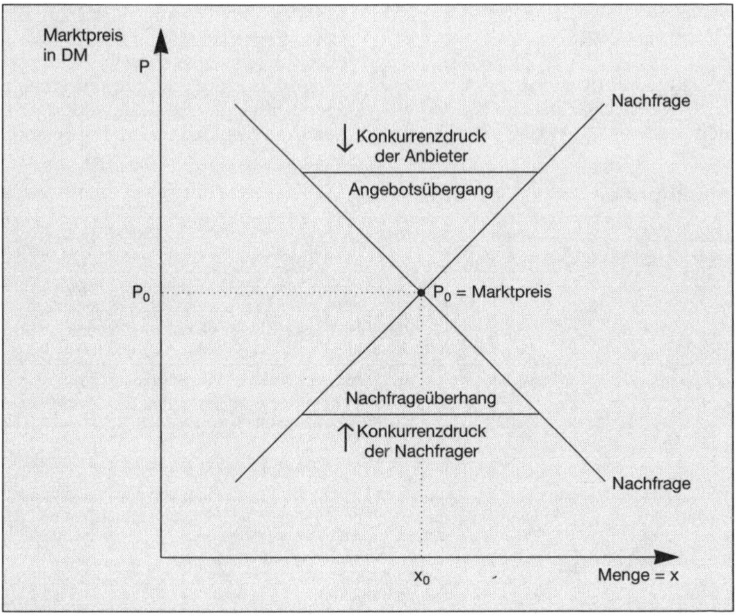

ner nach ihrer Reaktion auf marketingpolitische Instrumente homogeneren Abnehmergruppe als der des Gesamtmarktes.

Marktwirtschaft

Verkehrswirtschaft: Wirtschaftssystem des ↑ Wettbewerbs auf offenen Märkten (↑ Wettbewerb). Freie Entscheidungen und das Eigennutzstreben sollen zu höchstmöglichem Gemeinwohl und optimaler Güterversorgung führen; vgl. Übersicht. – Im Rahmen des klassischen ↑ Liberalismus (↑ laisser faire) führte die reine M. zur Verarmung weiter Bevölkerungskreise (soziale Frage) und zur Monopolisierung, die den Wettbewerb außer Kraft setzte. Die M. wurde über den ↑ Ordoliberalismus fortentwickelt zur ↑ Sozialen Marktwirtschaft. – *Gegensatz*: ↑ Zentralverwaltungswirtschaft.

Marxismus

Von Karl Marx (1818-1883) begründete Lehre. Der M. geht von einer Klassengesellschaft und der unterschied-lichen Interessenlage der Personen(-gruppen) aus. Produktion-mittelbesitzer (Kapitalisten) und Arbeiter und Bauern haben insbes. im ökonomischen Produktionsprozeß gegensätzliche Bewußt-

Marktwirtschaft

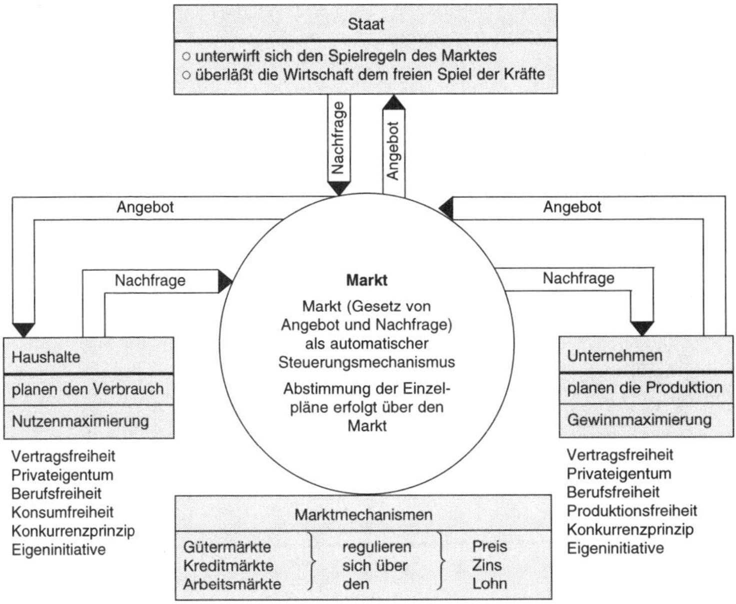

Hauptmerkmale der reinen Marktwirtschaft	Problematik der reinen Marktwirtschaft
Völlige Entscheidungsfreiheit der Unternehmen und der Haushalte	Durch die Vertragsfreiheit entstehen starke Monopolisierungstendenzen, die die Wettbewerbsfreiheit einschränken
Recht auf Eigentum an Produktionsmitteln und uneingeschränkte Verfügungsmacht des Unternehmers über seine Produktionsmittel	Durch die wirtschaftliche Vormachtstellung des Unternehmers kann der Arbeitnehmer einseitig benachteiligt werden

seinslagen und Zielvorstellungen, die bei fortschreitender Industrialisierung zum Klassenkampf und zur Revolution führen. – Marx hat u.a. die Lehre vom *Mehrwert* und die *Konzentrationstheorie* aufgestellt. Danach erzielt der Unternehmer (Kapitalist) mehr Erlös, als er im Tausch für die Arbeitskraft hingibt. Die Differenz zwischen Lohn und Ertrag ist der Mehrwert. Laut Marx ist dies auch notwendig, um neue Maschinen kaufen zu können. Durch den erhöhten Maschinenpark aber werden immer mehr Arbeitskräfte freigesetzt, die als sog. *industrielle Reservearmee* bezeichnet werden. Da hierdurch viele Personen Arbeit suchen, aber nur wenige gebraucht werden, kann der Lohn vom Kapitalist gedrückt werden. Es entsteht eine allgemeine *Verelendung*.

Maschinensteuer
Politische Forderung nach Einführung eines zusätzlichen Anteils zur Sozialversicherung. Aufgrund von Rationalisierung befürchtet man, daß weniger Arbeitnehmer den gleichen wirtschaftlichen Ertrag erwirtschaften und entsprechend die Beitragseinnahmen sinken könnten. Sehr umstritten.

Maschinenstundensatz
Berechnung der Gesamtkosten für eine Stunde pro Laufzeit pro Maschine; wichtig für die Vorkalkulation. Zu diesem Zweck werden sämtliche Kosten wie Schmierkosten, anteilige Raumkosten, Werkzeugbedarf, Abschreibungen, Zinsen, Wartungskosten, Energiekosten pro Monat festgelegt und dann durch die Laufzeit geteilt.

Masse
Häufig gebrauchte Kurzbezeichnung für ↑ Konkursmasse.

Massegläubiger
Gläubiger im ↑ Konkursverfahren (ab 1.1.1999 Insolvenzverfahren), die voll befriedigt werden müssen für Ansprüche, die durch oder während des Verfahrens entstehen: Massekosten und Masseschulden. Wird vom Konkursverwalter festgestellt, daß Befriedigung der M. nicht möglich ist, so ist der Konkurs mangels Masse abzulehnen. ↑ Konkursmasse.

Massenentlassung
Begriff des Kündigungsschutzgesetzes für eine von der Anzahl der Mitarbeiter abhängigen Mindestzahl von Entlassungen innerhalb von 30 Kalendertagen. Schutzvorschriften: Anzeigepflicht beim Arbeitsamt, Sperrfrist.

Massenproduktion
Fertigungsverfahren, bei dem eine große Stückzahl produziert wird. Die M. ist gekennzeichnet durch ein hohes Maß an Rationalisierung. Etwa entstehende hohe Kosten können nur durch große Mengen wettgemacht werden, damit die fixen Kosten pro Stück gering gehalten werden. Die M. verlangt in der Regel keine spezialisierten Arbeitskräfte.

Maßgeblichkeit
M. der Handelsbilanz für die Steuerbilanz. Der Grundsatz, daß diejenigen Kaufleute, die ihren steuerlichen Gewinn durch eine Bilanz ermitteln müssen, in dieser Steuerbilanz dieselben Werte ansetzen müssen wie in ihrer Handelsbilanz. Man will verhindern, daß ein Kaufmann sich steuerlich arm rechnet, handelsrechtlich aber ein blendendes Ergebnis ausweist. In einigen Punkten ist das Prinzip der M. freilich durchbrochen, weil der Gesetzgeber den Steuerpflichtigen nicht alle die Wahlrechte geben will, die sie handelsrechtlich haben. So werden etwa handelsrechtliche Aktivierungswahlrechte steuerlich zur Aktivierungspflicht, Passivierungswahlrechte zum Passivierungsverbot. Ferner dürfen ↑ Drohverlustrückstellungen in der Steuerbilanz nicht angesetzt werden, und z.B. die Abschreibungssätze und -methoden sind in der Steuerbilanz stärker reglementiert als in der Handelsbilanz.

Materialdisposition
↑ Bedarfsermittlung.

Materialeinzelkosten
Bestandteil der Materialkosten. Ausdruck in der ↑ Zuschlagskalkulation für Kosten verbrauchter Rohstoffe. Sie werden auch direkte Kosten genannt, da sie dem Produkt direkt zuzurechnen sind. Insbesondere dann, wenn sich ein Erzeugnis aus vielen Baugruppen, Bauteilen oder sonstigen Werkstoffen zusammensetzt, greift man zur Bestimmung des Materialverbrauchs auf ↑ Stücklisten zurück. Der Materialverbrauch wird mit den relevanten Preisen bewertet und man erhält die M.

Materialentnahmeschein
Beleg, der zwecks Erfassung des Materialverbrauchs ausgestellt wird. Er ist sowohl für die Lagerverwaltung als Nachweis des Abgangs als auch für die Kostenerfassung wichtig. *Mindestinhalt:* Art und Menge der Ware, empfangende Kostenstelle, Kostennummern (für welches Produkt?), Unterschrift des Berechtigten (z.B. Meister, Abteilungsleiter).

Materialgemeinkosten
Kosten, die einem Produkt oder Auftrag nicht direkt zuzurechnen sind. Dazu zählen die im Materialbereich (Lager/Einkauf) anfallenden Kosten wie Gehälter, Stromkosten, Heizung, Abschreibungen, Lagerzinsen. Diese werden den Materialeinzelkosten zugeschlagen und man erhält die Materialkosten.

Materialkosten
Summe von ↑ Materialeinzelkosten und ↑ Materialgemeinkosten.

Materialverbrauch
Verbrauch an Roh-, Hilfs- und Betriebsstoffen. *Berechnung*: M. = Anfangsbestand + Zugänge ./. Abgänge. Die Abgänge werden meist auf ↑ Materialentnahmescheinen festgehalten. Buchhalterisch wird der Vorgang nach dem ↑ Industriekontenrahmen Klasse 6 Aufwendungen für Rohstoffe an Klasse 2 Rohstoffe gebucht.

Materialwirtschaft
Zweig der betrieblichen Organisation, der sich allgemein mit der ↑ Beschaffung und Bereitstellung der benötigten Materialien beschäftigt. Dazu gehört ebenfalls das Lagerwesen. Aufgabe und Ziel der M. ist, die erforderlichen ↑ Rohstoffe, ↑ Hilfsstoffe und ↑ Betriebsstoffe in der geforderten Qualität und Quantität zum richtigen Zeitpunkt am richtigen Ort zu günstigen Kosten bereitzustellen (materialwirtschaftliches Optimum). – Neben die technische Aufgabe der Versorgung tritt die wirtschaftliche Aufgabe der Kostenoptimierung. Es darf weder zuviel (evtl. Verderb, Kapitalbindungskosten) noch zu wenig eingekauft werden (Produktionsstockung, Lieferschwierigkeiten, teurer Einkauf). Dazu bedarf es eines engen Kontaktes mit der Produktion, dem Absatz und der Finanzplanung. Somit ist die Aufgabe der M. nicht nur in der Beherrschung der damit verbundenen physischen Vorgänge als Dienstleistung für andere Unternehmensbereiche anzusehen. Sie hat vielmehr großen Einfluß auf die Effizienz der Leistungserstellung aller anderen Abteilungen. – Instrumente der M. sind unter anderem die ↑ ABC-Analyse, ↑ Lagerkennziffern, ↑ Normung und ↑ Typung sowie die ↑ Wertanalyse.

Matrixorganisation
Setzt auf der zweiten Hierarchieebene eines Unternehmens an und bezeichnet die gleichzeitige Verwendung von zwei Autoritätslinien mit unterschiedlicher Ausrichtung. In den meisten Fällen wird eine ↑ Funktionalorganisation durch eine Objektorganisation orthogonal erweitert (↑ organisatorische Arbeitsteilung, auch dazugehörige Abbildung).

Maximumprinzip

Auch: *Maximalprinzip*; ↑ ökonomisches Prinzip, bei dem mit gegebenem Mitteleinsatz ein maximaler Ertrag (Nutzen) erzielt werden soll. – *Gegensatz*: ↑ Minimumprinzip.

Mediaanalyse

Auch: *Werbeträgeranalyse*. Empirische Datenerhebung im Rahmen der Mediaforschung zur Untersuchung der Nutzerschaft (Leser, Seher, Hörer) von Werbeträgern (Media) als Entscheidungsgrundlage für die Werbeaktivitäten eines Anbieters.

Me-too-Produkte

Imitate am Markt bereits vorhandener Produkte.

Mehrprogrammbetrieb

Auch: *Multitasking*; Möglichkeit zur wesentlichen Verstärkung der Verwendbarkeit und somit Leistungsfähigkeit eines Rechners durch gleichzeitige Bearbeitung mehrerer Programme. ↑ Betriebsart.

Mehrstimmrechtsaktie

↑ Aktie (Vorzugsaktie), die dem Inhaber in der Hauptversammlung mehr als eine Stimme einräumt. Ursprünglich nach dem Krieg gegen Überfremdung durch ausländische Kapitalgeber gedacht. Heute nur noch mit Zustimmung des zuständigen Wirtschaftsministers zulässig.

Mehrwegverpackung

Verpackung zur mehrmaligen Verwendung. Umweltschonende Wirkung (weniger Abfall).

Mehrwertdienste

Spezielle Telekommunikations-Dienste, die es erlauben, übertragene Informationen zu speichern oder zu verarbeiten. Sprachboxen, aber auch Mobil- und Satellitenkommunikation gehören dazu.

Mehrwertsteuer

↑ Umsatzsteuer.

Meinungsforschung

Teilgebiet der ↑ Marktforschung. Volksbefragung (*Demoskopie*), die oft einen relativ kleinen Querschnitt der Bevölkerung nach bestimmten Ansichten befragt. Die Auswahl der Personen muß repräsentativ sein, damit das Ergebnis auch für die gesamte Bevölkerung Gültigkeit besitzt. Die M. hat ihre Hauptgebiete in der Befragung über politische Themen, über geschäftliche Werbemaßnahmen, über den Bekanntheitsgrad industrieller Produkte u.ä.

Meistbegünstigung

Prinzip, wonach die einem Staat gewährten Handelsvorteile auch für alle anderen Staaten gelten sollen. Dadurch soll verhindert werden, daß bilateral ausgehandelte Handelsverträge die internationale Arbeitsteilung und den Welthandel durch protektionistische Maßnahmen behindern. – Die bedeutendste multilaterale Verpflichtung, die M. anzuwenden, besteht durch die Mitgliedschaft im ↑ GATT bzw. in der ↑ WTO.

Meldebestand

↑ Bestellgrenze.

Mengenrabatt

Preisreduzierung vom Listenpreis, der vom Verkäufer bei Abnahme einer gewissen Menge gewährt wird. Mengenrabatte sind meist gestaffelt, woraus bei größeren Bestellmengen größere Preisreduzierungen resultieren.

Menü

Auf einem PC-Bildschirm die Liste der augenblicklich zulässigen Eingaben. Dem Benutzer wird eine Art Speisekarte (*Menü*) vorgelegt. Die Auswahl erfolgt durch „Markieren" der Menüposition, durch Funktionstate oder durch Eingabe des Anfangsbuchstabens des Kommandos oder durch Mausklick.

Merchandising

Eine vom Hersteller geleistete Verkaufsunterstützung gegenüber dem Handel. Auf dem Konsumgütersektor kann der Hersteller durch bessere Plazierung der Waren, durch Überwachung der Umschlaggeschwindigkeit der einzelnen Warengruppen, durch Zurverfügungstellung von Werbematerial und anderen Verkaufshilfen dem Handel entscheidende Verkaufsimpulse geben.

Messe
Veranstaltung mit Marktcharakter, die ein umfassendes Angebot eines oder mehrerer Wirtschaftszweige bietet. Gewöhnlich wiederholt sie sich in regelmäßigen Abständen. Die dargebotenen Neuheiten sind nicht verkäuflich, sondern dienen lediglich als Muster, nach dem bestellt werden kann.

Miete
Das entgeltliche Überlassen zum Gebrauch einer Sache. Rechtsgrundlage ist der grundsätzlich formfreie *Mietvertrag*. Mietverträge über Grundstücke und über Wohnraum über mehr als ein Jahr bedürfen der Schriftform. Der Mieter ist lediglich zur Benutzung berechtigt, nicht aber um selbst einen Ertrag (Fruchtgenuß) daraus zu erzielen. Weitervermietung oder Untervermietung sind nur mit Genehmigung des Vermieters erlaubt. Der Vermieter hat die Mietsache in einem gebrauchsfähigen Zustand zu erhalten, z.B. notwendige Reparaturen vorzunehmen. Der Mieter hat den Mietzins (M.) zu zahlen und die gemietete Sache pfleglich zu behandeln. Beim Auszug muß der Mieter die Wohnung in einem bewohnbaren Zustand verlassen. Veränderungen, die der Mieter in der Wohnung vorgenommen hat, sind auf Verlangen des Vermieters zu beseitigen, es sei denn, die Veränderung war nach allgemeiner Auffassung werterhöhend. *Steuerlich* bedeutet die M. für den Vermieter ↑ Einkünfte aus Vermietung und Verpachtung. Für Unternehmen sind Mietzahlungen abzugsfähige ↑ Betriebsausgaben.

Mietkauf
Erweiterte Form des ↑ Leasings. Der gemietete Gegenstand wird nach Ablauf der Mietzeit käuflich erworben, wobei die bisherigen Mietzahlungen mit angerechnet werden. Oder der Mietvertrag wird verlängert und der Gegenstand geht nach Ablauf der Mietzeit automatisch ins Eigentum des Mieters über.

Mikrocomputer
↑ Personal Computer.

Mikroökonomie
Wirtschaftswissenschaftliche Bezeichnung für Untersuchungen, die von den Wirtschaftsplänen der einzelnen Haushalte und Unternehmen ausgehen. – *Gegensatz*: ↑ Makroökonomie.

Minderkaufmann
Nach § 4 HGB ein Kaufmann, der ein Grundhandelsgewerbe betriebt, das so klein ist, daß es einen kaufmännischen Geschäftsbetrieb nicht erfordert (z.B. ein Kiosk). Ein M. hat keine nach kaufmännischen Grundsätzen aufgebaute Organisation, jedoch i.d.R. die Pflicht der ↑ Mindestbuchführung. Eine Eintragung ins Handelsregister ist ebenso nicht möglich wie das Führen einer Firma oder das Bestellen einer Prokura.

Minderung
Möglichkeit des Käufers, bei Mängeln an einer Sache den Kaufpreis herabzusetzen, notfalls durch Klage beim zuständigen Gericht. Das Recht kann nur bei rechtzeitig erfolgter ↑ Mängelrüge geltend gemacht werden.

Mindestbestand
Auch: *Sicherheitsbestand, eiserner Bestand;* definierter Bestand pro Lagerartikel, der über die Zeit nicht unterschritten werden darf. Der M. kann mengenmäßig (500 Schrauben Größe XY) oder zeitmäßig (Bedarf von 5 Arbeitstagen) definiert werden. M. können für Rohmaterialien sowie für Fertigwa-

ren definiert werden. Die Vorhaltung eines M. verursacht zusätzliche Kosten, erhöht jedoch die Versorgungssicherheit sowohl für die Produktion (z. B. Schutz vor Produktionsstillstand bei Lieferverzug) als auch für den Absatz. Der M. kann auch zum Ausgleich von kurzfristig erhöhter Nachfrage eingesetzt werden.

Mindestbetriebsgröße
Ausbringungsmenge, die mindestens produziert werden muß, um mit konkurrenzfähigen Stückkosten zu arbeiten.

Mindestbuchführung
Verpflichtung von Kleingewerbetreibenden, einen Mindestnachweis ihrer geschäftlichen Tätigkeit zu erbringen. Der Gesetzgeber schreibt dazu vor: 1. ein Wareneingangsbuch, in dem alle Wareneingänge nach Art, Datum, Betrag und Name des Lieferanten erfaßt werden. Außerdem muß ein Beleghinweis, z.B. Rechnungsnummer, geführt werden; 2. ein Geschäftstagebuch, in dem täglich alle Einnahmen und Ausgaben lückenlos festzuhalten (bar und unbar) sind, getrennt nach betrieblichen und privaten Vorgängen; 4. besondere Bücher zum Nachweis der Forderungen und Verbindlichkeiten; 5. (sofern Arbeitnehmer beschäftigt werden) ein Lohnbuch, in dem die einbehaltenen und gezahlten Beträge festgehalten werden. Zum Schluß eines Jahres ist durch Gegenüberstellung von Vermögen und Schulden der Gewinn zu ermitteln.

Mindestgebot
Im Zwangsversteigerungsverfahren ein vom Gericht festgesetzter Preis, der beim Bieten nicht unterschritten werden darf. Das M. beträgt gewöhnlich 70 % des ↑ Verkehrswertes. Liegt das Höchstgebot bei der Versteigerung darunter, z.B. 60 %, so kann ein Gläubiger, der dann nicht voll befriedigt werden kann, Antrag auf Versagung des Zuschlags stellen, d.h. den Verkauf verhindern. Das M. soll verhindern, daß Grundstücke in Notfällen verschleudert werden.

Mindestkapital
Gesetzlich festgelegte Mindestsumme des Eigenkapitals, mit der AG und GmbH ausgestattet sein müssen. Bei Aktiengesellschaften 100.000 DM Grundkapital, bei GmbH 50.000 DM Stammkapital; Personengesellschaften wie OHG und KG besitzen kein M.

Mindestreserven
Zinslos bei der Bundesbank zu hinterlegender Anteil an den gesamten Sicht-, Spar- und Termineinlagen einer Geschäftsbank (Zwangseinlagen). Die prozentuale Höhe richtet sich nach der Art der Einlagen. Ursprünglich war die M. zur Sicherung der Liquidität der Banken gedacht. Die Bundesbank benutzt dieses Instrumentarium aber immer mehr zur Geldmengensteuerung, da sie die Prozentsätze je nach Bedarf verändern kann (↑ Mindestreservepolitik).

Mindestreservepolitik
Geldpolitisches Instrument der Bundesbank; durch Steuerung der Prozentsätze der Mindestreserven wird den Geschäftsbanken Geld entzogen oder zugeleitet. Erhöht sie z.B. den Prozentsatz der Mindestreserven, so sind die Banken verpflichtet, mehr Geld von ihren Einlagen zinslos bei der Bundesbank zu hinterlegen. Somit haben sie weniger Geld für Kredite zur Verfügung. ↑ Geldpolitik.

Minimumprinzip
Auch: *Minimalprinzip, Sparprinzip*; ↑ ökonomisches Prinzip, bei dem ein gegebenes Ziel (Ertrag, Nutzen) mit möglichst geringem Mitteleinsatz erreicht werden soll. – *Gegensatz*: ↑ Maximumprinzip.

Mischkalkulation
Auch: *Ausgleichskalkulation,* Kalkula-

tionsprinzip zur flexiblen Ausnutzung aller Marktchancen. Einzelne Artikel oder Warengruppen werden mit unterschiedlichen Spannen (Deckungsspannen, Deckungsraten oder Gewinnzuschläge) belastet: *Ausgleichsnehmer* werden mit niedrigeren, *Ausgleichsträger* mit höheren Spannen als die Durchschnittsspanne des Sortiments kalkuliert. Durch die niedrigen Preise sollen preisbewußte Konsumenten gezielt angesprochen, Preisaktionen der Konkurrenz begegnet oder Läger geräumt bzw. reduziert werden, um den Gesamterfolg des Sortiments zu maximieren.

Mischkonzern

Konzernbildung durch wirtschaftlichen Zusammenschluß von Betrieben aus verschiedenen Branchen. Das Risiko wird gestreut, da Umsatzrückgänge einzelner Branchen durch andere aufgefangen werden können.

Mitbestimmung

Die aktive Teilnahme von Arbeitnehmern an Entscheidungsprozessen auf Ebene des Betriebs und des Unternehmens. Die betriebliche M. ist im ↑ Betriebsverfassungsgesetz von 1972 geregelt. Für die M. auf Unternehmensebe-

Mitbestimmung auf Unternehmensebene

<table>
<tr><td>Gesetzliche Grundlage</td><td colspan="8">o Montan-Mitbestimmungsgesetz vom 21.05.1951 (Montan-MitbestG)
o Mitbestimmungsgesetz vom 04.05.1976 (MitbestG)</td></tr>
<tr><td>Betroffene Unternehmen
§ 1 MitbestG</td><td colspan="8">o AG, GmbH, KGaA, Unternehmen der eisen- und stahlerzeugenden Industrie mit mehr als 1000 AN
o alle übrigen AG, KGaA und GmbH mit mehr als 2000 AN</td></tr>
<tr><td rowspan="3">Zusammensetzung des AR
§ 7</td><td colspan="8">o Die AR-Mitglieder werden gewählt in:</td></tr>
<tr><td colspan="2">Unternehmen bis zu 2000 Mitarbeitern</td><td>Unternehmen mit mehr als 2000 Mitarbeitern</td><td>AE[1]</td><td>MA[2]</td><td>GE[3]</td><td>zus.</td><td>Unternehmen der Montanindustrie</td></tr>
<tr><td>zu 2/3 von den AE[1]</td><td>zu 1/3 von den MA[2]</td><td>2 000 – 10000 MA
10 001 – 20000 MA
mehr als 20000 MA</td><td>6
8
10</td><td>4
6
7</td><td>2
2
3</td><td>12
16
20</td><td>AE 4 +1 = 5
MA 4 +1 = 5
NM[4] 1
insges. 11</td></tr>
<tr><td>Neutrales Mitglied
§ 4 (1) und
§ 8 (1)[5]</td><td colspan="8">o In der Montanindustrie müssen die 10 AR-Mitglieder ein weiteres AR-Mitglied wählen („Neutrales Mitglied“)</td></tr>
<tr><td>Wahl der Arbeitnehmervertreter
§ 9–12</td><td colspan="6">o Direktwahl in Unternehmen bis zu 8000 Mitarbeitern
o Indirekte Wahl durch Wahlmänner in Unternehmen mit mehr als 8000 Mitarbeitern
o Getrennte Wahl, d.h., Arbeiter und Angestellte wählen jeder für sich
o Gemeinsame Wahl der Arbeiter und Angestellten</td><td colspan="2">Die Mitarbeiter können sich auch für das jeweils andere Verfahren entscheiden</td></tr>
<tr><td>Wählbar, § 7 (3)</td><td colspan="8">o Alle Mitarbeiter über 18, wenn sie mehr als 1 Jahr dem Unternehmen angehören</td></tr>
<tr><td>Vorsitz im AR
§ 27</td><td colspan="8">o AR wählt sich seinen Vorsitzenden und dessen Stellvertreter mit 2/3-Mehrheit
o Kommt keine 2/3-Mehrheit zustande, wählen die Anteilseigner den Vorsitzenden, die Arbeitnehmervertreter den Stellvertreter</td></tr>
<tr><td>Abstimmung im AR, § 29</td><td colspan="8">o Bei Stimmengleichheit erfolgt eine erneute Abstimmung; dabei hat der AR-Vorsitzende zwei Stimmen, der Stellvertreter nicht</td></tr>
<tr><td>Arbeitsdirektor
§ 13[5]</td><td colspan="8">o In der Montanindustrie gehört dem Vorstand als gleichberechtigtes Mitglied ein „Arbeitsdirektor“ an. Er ist besonders für die Belange der Mitarbeiter zuständig</td></tr>
</table>

1 AE = Anteilseigner
2 MA = Mitarbeiter
3 GE = Gewerkschaften
4 NM = Neutrales Mitglied
5 Montan-MitbestG

ne gelten die folgenden gesetzlichen Grundlagen:
1. Das *Montanmitbestimmungsgesetz von 1951* regelt die Zusammensetzung des Aufsichtsrates und die Stellung des Arbeitsdirektors bei Unternehmen der Montanindustrie mit mehr als 1000 Arbeitnehmern. Aufsichtsrat muß paritätisch zusammengesetzt sein, d.h. gleiche Anzahl von Arbeitnehmern und Anteilseignern, 4 Arbeitnehmer, 4 Anteilseigner und 3 Neutrale. Der Arbeitsdirektor sitzt als Arbeitnehmervertreter im Vorstand. Durch Ergänzungsgesetze sind im Montanbereich erhebliche Erweiterungen durchgeführt worden.
2. Das *Mitbestimmungsgesetz von 1976* lehnt sich hinsichtlich paritätischer Mitbestimmung stark an das Montanmitbestimmungsgesetz an; vgl. Übersicht.

Miteigentum
Eigentumsanteil an einer Sache, die mehreren gehört (*Bruchteilsgemeinschaft*). Jeder Miteigentümer kann über seinen Anteil wie ein Alleineigentümer verfügen, über die ganze Sache jedoch nur gemeinsam mit den anderen Miteigentümern. – *Gegensatz*: ↑ Gemeinschaft zur gesamten Hand.

mittelbarer Besitzer
Nach BGB eine Person, die rechtmäßig eine Sache besitzen darf, diese aber vorübergehend einem anderen übertragen hat, z.B. für eine Reparatur. *Beispiel:* Kauf einer Standuhr unter Eigentumsvorbehalt, d.h. der Verkäufer bleibt so lange Eigentümer der Standuhr, bis sie voll bezahlt worden ist. Der Käufer (Besitzer) übergibt die Uhr zwecks Reparatur einem Uhrmacher. Der Uhrmacher ist nun unmittelbarer Besitzer, der Käufer m.B., der Verkäufer Eigentümer.

mittelfristige Finanzplanung
Fünfjährige Vorausschau der Ausgaben und Einnahmen als Ergänzung zum jährlichen Haushaltsplan. Für Bund, Länder und kommunale Gebietskörperschaften gesetzlich vorgeschrieben. Ziel ist eine Konjunktur- und Wachstumssteuerung durch Vorziehen oder Verschieben von Etatpositionen, um damit ein stetiges und angemessenes Wachstum bei Vollbeschäftigung anzustreben.

Mittelwert
Statistisch-mathematischer Ausdruck zur Charakterisierung statistischer Reihen (Funktionen, Verteilungen). *Varianten:* arithmetisches und geometrisches Mittel, häufigster Wert, Zentralwert bzw. Median.

mittlerer Verfalltag
Berechnung eines Zahlungsdatums für mehrere Beträge mit verschiedenen Fälligkeitsdaten, bei dem weder der Schuldner noch der Gläubiger Zinsvor- oder Zinsnachteile haben. Ausgangsdatum ist immer das jüngste Verfalldatum. Beispiel:

Schuldbeträge	fällig am	Tage	Zinszahlen
3000 DM	3.5.	–	–
2000 DM	23.5.	20	400 (20×30)
1400 DM	3.6.	30	420 (14×30)
6400 DM			820

Summe der Zinszahlen (820:64 (= 1 % der Schuldsumme) = 13 Tage. Erstes Datum 3.5. + 13 Tage = 16.5. m.V. und damit Zahltag der 6.400 DM.

Mitwirkung
Beratung und Mitsprache des Betriebsrates bei Entscheidungen des Arbeitgebers, deren Rechtsgültigkeit nicht von der Zustimmung des Betriebsrats (↑ Mitbestimmung), aber z.T. von der vorherigen Unterrichtung abhängt.

Mobilfunk
Telekommunikation und Datenkommunikation von und zu Personen und Fahrzeugen über Basisstationen mit Sendern und Empfängern.

Mobilität
Vor allem im Arbeitsbereich ein Begriff für die Beweglichkeit des Arbeitneh-

mers, seinen Wohnsitz zu wechseln. Berufliche M. gibt dem Arbeitnehmer die Möglichkeit, dort zu arbeiten, wo er gebraucht wird.

Modem
Abk. von Modulator und Demodulator; Peripheriegeräte mit der Aufgabe, Daten den technischen Bedingungen anzupassen, die erfüllt sein müssen, damit sie über ein öffentliches Netz (z.B. Telefonnetz) von einer Datenstation zu einer anderen übertragen werden können.

Modul
Programmteil (Baustein) eines umfangreichen, zu programmierenden Problems.

Modular Sourcing
↑ Beschaffungssystem.

Mondpreise
Zu hoch angesetzte „unverbindliche Preisempfehlung" des Herstellers auf der Produktverpackung bzw. zu hoch ausgezeichnete Preise am ↑ point of sale des Händlers, um dem Verbraucher bei Preisnachlässen einen Vorteil vorzutäuschen. M. sind nach dem deutschen Wettbewerbsrecht wettbewerbswidrig.

Monetarismus
Lehre, die v.a. aus der Kritik am ↑ Keynesianismus (Verunsicherung der Wirtschaftssubjekte und daraus folgend Destabilisierung der Wirtschaftstätigkeit) entstand. Grundannahme des M. ist das Vertrauen, daß durch stabilitätsorientierte Geldpolitik unter bestimmten Rahmenbedingungen der Wirtschaftskreislauf stabilisiert werden könne, d.h. daß in einem marktwirtschaftlichen System aufgrund flexibler Preise, offener Märkte, funktionsfähiger Eigentumsordnung und Kontinuität in der Wirtschaftspolitik, speziell der stabilitätsorientierten Geldpolitik, die Ziele des ↑ magischen Vierecks erreicht werden könnten.

Monopol
Marktsituation, bei der nur ein Anbieter (*Angebotsmonopol*) oder Nachfrager (*Nachfragemonopol*) existiert. ↑ Marktformen.

Montanmitbestimmung
↑ Mitbestimmung.

Motivation
Antriebe des menschlichen Verhaltens (Beweggründe) zur Bedürfnisbefriedigung. ↑ Bedürfnis. – Unter personalwirtschaftlichen Aspekten die Bereitschaft der Mitarbeiter im Unternehmen, gute Leistungen zu erbringen bzw. die Anforderungen und Aufgaben am Arbeitsplatz bestmöglich zu erfüllen.

Multi-Level-Marketing (MLM)
↑ Strukturvertrieb.

Multimedia
Allgemeiner Oberbegriff für das Zusammenwirken von Text, Bild, Grafik, Ton, Animation und Video innerhalb einer Computeranwendung. Man spricht auch dann von M., wenn nicht alle, sondern nur einige Teile davon zusammenwirken.

Multis
Umgangssprachliche Bezeichnung für *multinationale Konzerne* (z.B. Erdölgesellschaften).

Multitasking
↑ Mehrprogrammbetrieb.

mündelsichere Papiere
Wertpapiere, meist festverzinslich, die als so sicher angesehen werden, daß sie zur Anlage von *Mündelgeldern* (Geldvermögen eines *Mündels*, d.h. einer unter Vormundschaft oder Pflegschaft stehenden Person) geeignet sind. Welche Papiere mündelsicher sind, entscheiden Bundesregierung und Bundesrat.

Münzen
Hartgeld, das als Zahlungsmittel dient

und für das die Bundesregierung das alleinige Prägerecht besitzt.

Mußkaufmann
Kaufmann nach § 1 HGB, der ein Grundhandelsgewerbe betreibt. Der M. muß sich ins Handelsregister eintragen lassen. Die Eintragung hat jedoch lediglich verlautbarenden (deklaratorischen oder rechtsbezeugenden) Charakter, d.h. Rechtsgeschäfte mit einem M. haben auch dann volle Wirkung, wenn dieser nicht eingetragen ist. Das Registergericht kann durch Ordnungsstrafen den M. zwingen, sich eintragen zu lassen.

Muster
Ein Gegenstand, der die Beschaffenheit einer Ware oder die Wirkung bei ihrer Verwendung kennzeichnen soll. Wird das Muster als Grundlage eines Auftrages genommen, so gilt jede kleine Abweichung als ↑ Nichterfüllung.

Musterrolle
Beim Deutschen Patentamt geführtes Verzeichnis über geschützte ↑ Gebrauchsmuster.

Mutterschaftsgeld
Im Rahmen des ↑ Mutterschutzes Zahlung der Krankenkasse an Frauen, die in einem Beschäftigungsverhältnis stehen, für 6 Wochen vor und 8 Wochen (12 Wochen nach Früh- und Mehrlingsgeburten) nach der Entbindung. – *Voraussetzung:* Zwischen dem 10. und 4. Monat vor der Entbindung muß mindestens 12 Wochen ein Beschäftigungsverhältnis bestanden haben. Die Höhe des M. richtet sich nach dem vorherigen Verdienst, dem Arbeitslosengeld oder dem Krankengeld. Grundsätzlich bekommt eine Versicherte in regelmäßiger Beschäftigung das gleiche Geld wie vorher. Der Höchstsatz beträgt zwar 25 DM je Kalendertag; jedoch hat der Arbeitgeber einen Zuschuß bis zur Höhe des Nettoverdienstes zu zahlen. M. nach der Geburt wird auf das ↑ Erziehungsgeld angerechnet (aber nur 20 DM pro Kalendertag). Mütter, die keinen Anspruch auf laufendes M. haben und bei einer gesetzlichen Krankenkasse selbst- oder familienversichert sind, erhalten M. in Höhe des Krankengeldes bzw. einen einmaligen Betrag von 150 DM. ↑ Erziehungsgeld.

Mutterschutz
Gesetzlicher Anspruch berufstätiger Mütter auf Schutz und Fürsorge der Gemeinschaft. Geregelt werden die *Gestaltung des Arbeitsplatzes,* Situationen, in denen ein *Beschäftigungsverbot* eintritt, die *wirtschaftliche Sicherung* der Mütter (Weiterzahlung des Arbeitsentgelts bei Beschäftigungsverboten, Sonderunterstützung, ↑ Mutterschaftsgeld, Zuschüsse zum Mutterschaftsgeld), die Gewährung von ↑ *Erziehungsurlaub, Kündigungsverbote* sowie die Gewährung von *Freizeit* durch den Arbeitgeber.

N

Nachbesserungspflicht
Pflicht des Unternehmens bei Werkverträgen, das mit Mängeln behaftete Werk nachzubessern. Das Recht auf Wandlung oder Minderung besteht zunächst nicht. Kann der Mangel nicht behoben werden oder lehnt der Unternehmer die Nachbesserung ab, kann der Kunde die rechtlichen Möglichkeiten, auch Rücktritt vom Vertrag, in Anspruch nehmen. Kann der Lieferant seinen gesetzlichen Verpflichtungen nicht nachkommen, so hat der Kunde alle gesetzlichen Rechte, seinen Anspruch geltend zu machen (↑ Mängelrüge).

Nachfrage
Das Streben nach Gütern zur Deckung der Bedürfnisse. N. setzt ↑ Kaufkraft voraus. ↑ Angebot und Nachfrage bestimmen den ↑ Marktpreis. Je nach ↑ Elastizität der Nachfrage ergeben sich unterschiedliche *Nachfragekurven*. Die gesamtwirtschaftliche Nachfrage setzt sich aus der Konsumgüter-, Investitions-, Staatsnachfrage und dem Außenbeitrag (Exporte abzüglich Importe) zusammen. Vgl. Übersichten.

Nachfrist
Einem Schuldner eingeräumte Zeitspanne, innerhalb der er seine Verpflichtungen erfüllen kann.

Nachkalkulation
Überprüfung der Differenz zwischen den geplanten Kosten (Sollkosten) und den tatsächlich angefallenen Kosten (Istkosten). *Zweck* ist die Kostenkontrolle sowie die Errechnung der Istgewinnspanne durch Vergleich von effektiven Kosten und erzielten Erlösen. – *Gegensatz*: ↑ Vorkalkulation.

Nachschußpflicht
Verpflichtung von Gesellschaftern, in Verlustjahren über ihre Einlage hinaus Geldbeträge an die Gesellschaft zu leisten. Kann bei einer GmbH im Gesellschaftsvertrag in beschränkter oder auch unbeschränkter Höhe vereinbart werden. Bei der Genossenschaft kann eine N. ausgeschlossen werden. Die N. kann durch das ↑ Abandonrecht abgewendet werden.

Nachsichtwechsel
↑ Wechsel.

Nachtragshaushalt
Haushaltsplan, der die Positionen, die einen bereits verkündeten Haushalt ändern sollen, umfaßt. Der N. wird nach einem im Vergleich zum „normalen“ Haushalt beschleunigten Verfahren verabschiedet.

Namensaktie
↑ Aktie.

Namenspapier
↑ Rektapapier.

Nationalökonomie
↑ Volkswirtschaftslehre.

Naturallohn
Bezahlung einer Arbeitsleistung in Form von Sachgütern (Naturalien). Als Deputate z.B. im Bergbau oder Brauereien. – Bei der Ermittlung des lohnsteuerpflichtigen Arbeitslohns wird der N. pauschaliert dem Geldlohn zugeschlagen.

Nachfrage

Bestimmungsfaktoren der Nachfrage	Grundsätze und Merkmale
Kaufwilligkeit	Die Kaufwilligkeit ist abhängig von der Art der angebotenen Güter, den Bedürfnissen und deren Rangfolge sowie von der persönlichen Werteinschätzung (subjektiven Nutzenerwartung) des Gutes.
Kauffähigkeit	Die Einkommensverhältnisse (Kaufkraft) des Käufers beeinflussen die Kaufentscheidung stark.
Anzahl der Verkäufer	Treten dem Käufer viele Anbieter gegenüber, so wird er sein Kaufverhalten anders gestalten als bei nur einem Anbieter.
Preis des Gutes	Je niedriger der Marktpreis, desto größer die Kaufbereitschaft der Nachfrager.
Nachfrageelastizität	Die Nachfrageelastizität gibt an, wie die Nachfrage eines Gutes auf Preisänderungen reagiert. Ist die Nachfrage elastisch, so nimmt bei steigendem Preis die nachgefragte Gütermenge überproportional ab. Ist die Nachfrage unelastisch, so nimmt bei steigendem Preis die nachgefragte Gütermenge unterproportional ab.
Konsumentenwerbung	Sie gestaltet bestehende Bedürfnisse um und schafft neue Bedürfnisse, die mittels Kaufkraft zu Nachfrage werden.
Einkommensniveau	Bei steigendem Einkommen steigt die Nachfrage nach Gütern, bei sinkendem Einkommen sinkt die Nachfrage nach Gütern.

Nachfragekurven

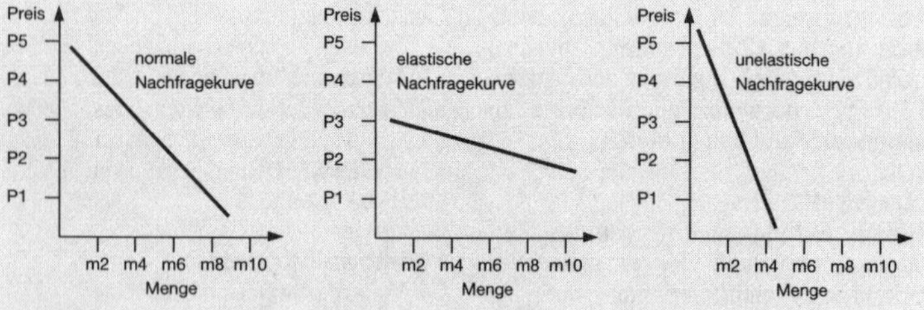

Die Nachfrage verhält sich umgekehrt zur Preisentwicklung.

- Sinkt der Preis eines Gutes, dann steigt die Nachfrage nach diesem Gut.
- Steigt der Preis eines Gutes, dann sinkt die Nachfrage nach diesem Gut.

Preisänderungen bewirken eine überproportionale Änderung der nachgefragten Menge.

Preisänderungen bewirken eine unterproportionale Änderung der nachgefragten Menge.

Naturalrabatt
Art des Mengenrabatts in Form einer nicht verrechneten Warenlieferung bei Abnahme einer bestimmten Menge innerhalb eines vereinbarten Zeitraums.

natürliche Personen
Im Rechtssinne alle Menschen zwischen Geburt und Tod, im Gegensatz zu den ↑ juristischen Personen.

natürliche Ressourcen
↑ Ressourcen.

Nebenbücher
Das ↑ Hauptbuch ergänzende ↑ Hilfsbücher, um die Buchführung aussagefähiger zu machen, z.B. das Wareneingangs- und Warenausgangsbuch, das ↑ Wechselbuch, das Kontokorrentbuch mit den einzelnen Forderungen und Verbindlichkeiten.

Nebenkostenstellen
Betriebliche Teilbereiche, in denen Produkte be- oder verarbeitet werden, die nicht zum eigentlichen Fertigungsprogramm gehören, z.B. Abfälle.

Nebenprodukt
Erzeugnis, das durch Verarbeitung von Abfällen bei der Herstellung des Hauptprodukts entsteht; ↑ Kuppelprodukt.

Nennkapital
↑ Nominalkapital.

Nennwert
Der einer ↑ Aktie oder ↑ Anleihe aufgedruckte Geldbetrag, z.B. 100 DM. In der Regel weicht der N. vom Marktwert (Börsenkurs, Bilanzkurs) ab. Vor allem bei Aktien ist diese Abweichung normal, da der Börsenkurs sich durch Angebot und Nachfrage ergibt, der N. aber lediglich einen festen Anteil am Grundkapital darstellt.

nennwertlose Aktie
Auch: *Quotenaktie*; ↑ Aktie, die nicht auf einen bestimmten Betrag, sondern auf einen Bruchteil am Kapital einer Aktiengesellschaft lautet. Eine n. A. ist nach deutschem Recht bisher nicht zulässig.

Netiquette
Kunstwort aus Netz und Etiquette. Selbstgeschaffene, allgemeine Verhaltensregeln für die Nutzung der Dienste (insbes. der Diskussionsforen) im ↑ Internet und der ↑ Online-Dienste.

netto
(ital. = rein). – *Gegensatz*: ↑ brutto.
1. In der *Buchhaltung*: a) „Wareneinkauf 5.000 DM n." bedeutet, daß noch keine Mehrwertsteuer in Ansatz gebracht wurde. b) Buchung einer Barzahlung einer Schuld „abzüglich Skonto" in der Nettoform bedeutet, daß die anteilige Mehrwertsteuer durch den Skontoabzug sofort zu korrigieren ist. c) Verbuchen der Nettolöhne bedeutet Einbehalten der gesetzlichen Abzüge.
2. Im *kaufmännischen Sprachgebrauch*: a) „Nettogewicht", d.h. ohne Verpackung. b) „Nettopreis" ist ein Preis, von dem keine Abzüge mehr gemacht werden dürfen (z.B. Rabatte, Skonto).

Nettobedarf
↑ Bedarfsermittlung.

Nettoeinkommen
Das zum Verbrauch und/oder Sparen zur Verfügung stehende Einkommen eines Wirtschaftssubjektes. Das N. entspricht dem um die ↑ direkten Steuern verminderten ↑ Bruttoeinkommen.

Nettogewicht
↑ Reingewicht.

Nettoinvestition
↑ Investition.

Nettoprinzip
Nettorechnung. 1. *Rechnungswesen:* Aufrechnung von Aufwendungen mit Erträgen, z.B. Zinsaufwand mit -ertrag. Die handelsrechtliche Gewinn- und

Verlustrechnung ist eine Bruttorechnung. Grundsätzlich ist das N. verboten (Saldierungsverbot). Kleine und mittelgroße Kapitalgesellschaften dürfen jedoch eine Nettorechnung erstellen. Weitere Ausnahme: Verrechnung der Vorsteuer mit Umsatzsteuer.
2. *Steuerrecht:* N. ist im Steuerrecht das Verfassungsprinzip, daß bei der Einkommensteuer die Erträge nur nach Abzug der Ausgaben besteuert werden dürfen. Man unterscheidet objektives N. (Pflicht zum Abzug der Betriebsausgaben und Werbungskosten) und subjektives N. (Pflicht zur Berücksichtigung zwingender privater Aufwendungen, daher z.B. ↑ Kinderfreibetrag).

Nettorechnung
↑ Nettoprinzip.

Nettosozialprodukt
Begriff der ↑ Volkswirtschaftlichen Gesamtrechnungen für die Nettodarstellung des ↑ Sozialprodukts; im Gegensatz zur Bruttodarstellung sind die Abschreibungen nicht enthalten. N. wird zu Marktpreisen und zu Faktorkosten bewertet, d.h. einschließlich oder ohne indirekte Steuern (abzüglich Subventionen).

Netzgeld
↑ elektronisches Geld, ↑ Netzgeldgeschäft.

Netzgeldgeschäft
↑ Bankgeschäft i.S. des Kreditwesengesetzes, das die Schaffung und die Verwaltung von Zahlungseinheiten in Rechennetzen umfaßt.

Netzwerk
Auch: *Network*; untereinander verbundene Computer und Telekommunikationsgeräte, wobei jedes Gerät mit einem anderen Daten und Befehle austauschen kann. Je umfassender der Datenverbund sein soll, um so wichtiger werden derartige N. Spezielle Software sorgt für ordnungsgemäße Abwicklung und Protokollierung. Zu unterscheiden sind LAN (lokale Netze), WAN (Weitverkehrsnetze) und GAN (weltumspannende Netze).

neutrale Aufwendungen/Erträge
Unternehmensbezogene, aber nicht betriebsbezogene Erfolgsgrößen, die keinen Eingang in die ↑ Betriebsbuchhaltung und somit auch nicht in die ↑ Kalkulation finden. Zu dieser Gruppe zählen: *außerordentliche und betriebsfremde* Erfolge, z.B. Verluste oder Erträge aus Anlageverkäufen, Brand, Kassenmanko, Zins- und Diskontaufwendungen und -erträge. Haus- und Grundstücksaufwendungen und -erträge wie Grundsteuer, Gebäudeabschreibungen, Gebäudereinigung, Hypothekenzinsen (nicht unter Zinsen). Buchhalterisch werden diese Erfolgskonten nach GKR (Gemeinschaftskontenrahmen der Industrie) und Kostenrahmen für Groß- und Außenhandel gesondert in der Klasse 2 erfaßt, am Jahresende zum Abrechnungssammelkonto (ASK) bzw. zum neutralen Ergebnis abgeschlossen und danach saldiert dem Gewinn- und Verlustkonto zugeordnet. Der IKR (↑ Industriekontenrahmen) kennt diese gesonderte Erfassung zwischen betrieblichen und neutralen Erfolgen nicht mehr. Bei Bedarf müßte man sie aus dem Gesamtkomplex herausziehen.

neutraler Erfolg
↑ Gewinn.

Newsgroups
(Engl. = Nachrichtengruppen). Internet-N. sind Online-Diskussionen über unzählige verschiedene Themen in Form von veröffentlichten Nachrichten in Diskussionsforen (↑ Diskussionsforum) oder an „schwarzen Brettern“.

nicht an Order
Durch diese Klausel werden die geborenen Orderpapiere wie Schecks und Wechsel zu ↑ Rektapapieren und sind somit nicht übertragbar.

Nichterfüllung
↑ Leistungsstörung, die auftritt, wenn ein Vertragsteil eine Zusicherung nicht einhält, z.B. der Lieferant die Ware nicht liefert oder der Kunde vereinbartes Entgelt nicht zahlt.

Nichtigkeit
Wirkungslosigkeit von Verträgen. N. tritt ein, wenn: 1. der Vertrag gegen ein bestehendes Gesetz verstößt, 2. ein Formmangel vorliegt, 3. gegen gute Sitte verstoßen wird.

nichtrealisierter Gewinn
Entsteht, wenn Vermögensgegenstände am Bilanzstichtag einen höheren Marktwert als ihren Anschaffungs- oder Buchwert haben, der erhöhte Wert jedoch durch einen Verkauf noch nicht realisiert ist. Nach dem ↑ Imparitätsprinzip darf maximal der Anschaffungs- oder Herstellungswert bilanziert werden, so daß n.G. keine Berücksichtigung in der Bilanz finden dürfen.

nichtrealisierter Verlust
Verlust, der zwar zum Bilanzstichtag durch Verkauf noch nicht eingetreten ist, aber durch die Marktlage zu erwarten ist, z.B. niedriger Börsenkurs bei Wertpapieren. Nach dem ↑ Niederstwertprinzip (↑ Imparitätsprinzip) müssen im Gegensatz zu den ↑ nichtrealisierten Gewinnen die n.V. berücksichtigt werden, d.h. in die Bilanz ist der niedrigere Börsenkurs zum Bilanzstichtag einzusetzen.

Niederstwertprinzip
Bestimmung nach Aktiengesetz und Genossenschaftsgesetz sowie Regel des sorgfältigen Kaufmanns, mit welchem Wert die Vermögensgegenstände in der Bilanz anzusetzen sind. Nach dem N. muß am Bilanzstichtag das Vermögen beim ↑ Anlagevermögen und ↑ Umlaufvermögen mit dem Wert angesetzt werden, der dem Vermögen zu diesem Zeitpunkt als unterste Grenze zugerechnet wird. – *Unterscheidung*: 1. *Strenges N.* gilt uneingeschränkt für das Umlaufvermögen, d.h. eine Bewertung zum niedrigen Tageswert ist zwingend vorgeschrieben. – 2. *Gemildertes N.* gilt für das Anlagevermögen. Stellt man in diesem Bereich nur eine vorübergehende Wertminderung fest, so kann man mit dem alten Wert weiterarbeiten (./. Abschreibungen).

Nießbrauch
Das Recht, eine Sache nutzen zu dürfen. Es ist unvererbbar und unveräußerbar. N. kann man an beweglichen Sachen, an Grundstücken und an Rechten haben.

Nische
↑ Marktnische.

Nominaleinkommen
Einkommen eines einzelnen, einer Gruppe oder auch einer Volkswirtschaft, das die reale Kaufkraft nicht berücksichtigt. Steigt durch Lohnerhöhung das N. z.B. um 5 %, das Preisniveau jedoch um 4 %, bleibt ein Realeinkommenszuwachs von 1 %. ↑ Realeinkommen.

Nominalkapital
Auch: *Nennkapital*; das in der Bilanz einer AG oder GmbH ausgewiesene starre Grund- oder Stammkapital. Teilt man das N. durch die Anzahl der Aktien, erhält man den Nominalwert pro Aktie.

nominelle Kapitalerhaltung
Bewertungsgrundsatz; die bilanzielle Bewertung der Vermögensteile zu Anschaffungs- oder Herstellungskosten. Geldwertschwankungen bleiben unberücksichtigt. Die n.K. strebt die Erhaltung des Ursprungskapitals an. – *Gegensatz*: ↑ substantielle Kapitalerhaltung.

No-Name-Produkte
Weiße Produkte; vom Handel vertriebene Produkte, die keinen Markennamen,

sondern nur den Aufdruck der Warengattung (z.B. Zucker, Mehl, Waschpulver) aufweisen.

Nonprofit-Organisation
Auch: *Non-for-profit-Organisation, Sozio-Institution.* Als nicht-erwerbswirtschaftlich (Nonprofit, Not-for-Profit) werden alle jene Organisationen und Institutionen bezeichnet, welche ganz oder teilweise auf sog. Nicht-Märkten agieren. Sie verkaufen nicht individuell nutzbare Güter/Dienstleistungen gegen mindestens kostendeckende Preise, um auf Konkurrenzmärkten Gewinne und Rentabilität aus dem investierten Kapital zu erzielen (wie die Profit-Unternehmung). Hierunter fallen die öffentlichen Verwaltungen und die privaten N.-O (Vereine, Verbände, Stiftungen, Wohlfahrtsorganisationen, Clubs, Kirchen, Parteien etc). Grenz- oder Übergangsformen sind Genossenschaften („von einem Verein getragene Unternehmungen") und Kammern als berufsständische Interessenvertretungen auf gesetzlicher Grundlage.

Nord-Süd-Gefälle
Wirtschaftlicher und sozialer Unterschied zwischen den Industriestaaten (größtenteils auf der nördlichen Halbkugel) und den ↑ Entwicklungsländern (größtenteils auf der südlichen Halbkugel). Die Entwicklungsländer verlangen eine Umverteilung des Welteinkommens, eine größere Unterstützung in Form von Entwicklungshilfe und ein stärkeres Mitspracherecht bei internationalen Entscheidungen. Man versucht, diesen Konflikt durch den sog. *Nord-Süd-Dialog*, Marktöffnung für Entwicklungsländer sowie durch ↑ Entwicklungshilfe schrittweise abzubauen.

Normalkosten
Kostenansatz in der Kalkulation, der auf vergangenheitsorientierten Kosten beruht. Die Kalkulation muß mit N. arbeiten, wenn der exakte Kostenanfall, v.a. im Gemeinkostenbereich, vorher nicht festgestellt werden kann. Zu diesem Zweck werden durchschnittliche Kosten der Vergangenheit als „normal" angesetzt.

Normenkontrollverfahren
Verfahren vor dem Bundesverfassungsgericht und den Verfassungsgerichten der Länder, um die Rechtmäßigkeit eines Gesetzes zu überprüfen.

Normung
Vereinheitlichung von Einzelteilen nach Arten, Größen, Abmessungen, Typen, Begriffen. Der Deutsche Normenausschuß erarbeitet Normenvorschläge (*DIN-Normen*), die in den Normenblättern erklärt sind und bundeseinheitlich vorgeschrieben werden können. Wer nach Normen verkauft (*DIN-Zeichen*), hat sich danach zu richten, sonst liegt ein Verstoß gegen das UWG (Gesetz gegen den unlauteren Wettbewerb) vor. Die N. führt zur Rationalisierung beim Hersteller und zur vereinfachten Bestellweise beim Käufer.

notarielle Beurkundung
Formvorschrift bei Rechtsgeschäften, bei denen das gesamte Schriftstück vom Notar abgefaßt werden muß. Erbringt dadurch den vollen Beweis des beurkundeten Vorgangs. Vorgeschrieben z.B. bei Veräußerungen und Belastungen von Grundstücken, bei Schenkungsversprechen, bei Gründung einer AG oder GmbH.

Notenbank
Zur Ausgabe von Banknoten berechtigte, für die Geldüberwachung zuständige Bank. In den meisten Ländern werden die Aufgaben nur von einer Bank wahrgenommen (*Zentralnotenbank*), z.B. in der Bundesrepublik Deutschland (↑ Bundesbank). Daneben ist auch ein System einer gesetzlichen Beschränkung des Notenausgaberechts auf *mehrere Banken* möglich; existiert z.B. in Großbritannien (eine Bank fungiert als Zentralnotenbank) oder in den

USA (Lenkung erfolgt durch eine Zentralbehörde).

Notifikation
↑ Benachrichtigungspflicht.

Notverkauf
Verkauf einer leicht verderblichen Ware durch den Lieferanten, wenn der Kunde sich im ↑ Annahmeverzug befindet. Ausnahmsweise ist bei zweiseitigem Handelskauf ein N. auch durch den Kunden möglich, wenn die bezogenen verderblichen Waren Mängel aufweisen, diese beanstandet wurden, der Lieferant aber nicht reagiert hat. ↑ Selbsthilfeverkauf.

notwendiges Betriebsvermögen
Vermögensgegenstände, die objektiv nur dem Betriebszweck zu dienen bestimmt sind.

Nulltarif
Unentgeltliche Benutzung von z.B. öffentlichen Verkehrsmitteln. Ballungszentren sollen dadurch vor mit Pkw überfüllten Straßen verschont bleiben.

Nullwachstum
Bezeichnung für ein unverändert bleibendes, also um 0 % wachsendes Sozialprodukt. *Begründung* der Befürworter (z.B. Club of Rome): Eine weitere Steigerung der Produktion von Gütern führe zu einer lebensbedrohenden Umweltverschmutzung und sei bei der Knappheit an Rohstoffen nicht mehr möglich. Zudem könne die Nahrungsmittelproduktion nicht mit dem Wachstum der Bevölkerung Schritt halten. *Einwände* der Gegner: Nullwachstum löse keine Umweltprobleme, die Versorgung der Bevölkerung werde schlechter, die Weltwirtschaft würde schweren Belastungen ausgesetzt und die Situation der Entwicklungsländer wäre noch ungünstiger als heute.

numerische Daten
Daten, die nur mit Ziffern und zusätzlichen Sonderzeichen dargestellt werden. – Vgl. ↑ Alphanumerische Daten.

Numerus clausus
(lat. = begrenzte Zahl); begrenzte Zulassung zu Studienfächern an Universitäten, Pädagogischen, Technischen Universitäten, Kunst-, Gesamt- und Fachhochschulen.

Nutzen
Maß an Bedürfnisbefriedigung, das den Haushalten beim Güterverbrauch entsteht. Theoretisch ist es Ziel eines Haushalts, bei gegebenem Einkommen und Güterangebot das größtmögliche Maß an Bedürfnisbefriedigung – das *Nutzenmaximum* – zu erreichen. Da der Nutzen an einem Konsumgut subjektiv verschieden sein kann und von Ort und Zeit abhängt, ist ein interpersoneller Nutzenvergleich ebensowenig möglich wie eine zahlenmäßig exakte Messung.

Nutzkosten
Teil der ↑ fixen Kosten, der auf genutzte ↑ Kapazität entfällt. – *Gegensatz*: ↑ Leerkosten.

Nutzschwelle
↑ Break-even-point.

Nutzungsrecht
Das von einem anderen eingeräumte Recht, eine Sache zu nutzen. Es kann im Bereich des Urheberrechts (Nutzung von Schrift- und Bildwerken), des Patentrechts (Lizenz) oder des normalen ↑ Nießbrauchs liegen.

O

Oberlandesgericht (OLG)

Die Mittelinstanz der ↑ ordentlichen Gerichtsbarkeit. Das OLG entscheidet in Zivilsachen mit je 3 Richtern über Berufungen und Beschwerden gegen Urteile des ↑ Landgerichts bzw. in Familiensachen gegen Urteile des ↑ Amtsgerichts.

objektive Unmöglichkeit

Eine Leistung, die nicht nur vom Schuldner, sondern ganz allgemein nicht erbracht werden kann, z.B. wegen Zerstörung der geschuldeten Sache. Ein auf eine o.U. gerichteter Vertrag ist nichtig. Tritt die Unmöglichkeit erst nach Vertragsschluß ein, so haftet der Schuldner für Vorsatz oder Fahrlässigkeit.

Obligation

↑ Anleihe.

Obligo

(ital. = Verpflichtung); ein mehrfach verwendeter Ausdruck:

1.*Schuldbegriff* allgemeiner Art oder zum Ausschluß einer Verbindlichkeit, z.B. als Haftungsausschluß in Angeboten: „ohne O.".

2.*Banken* führen sog. *Obligobücher*, in denen weitergegebene Wechsel (Eventualverbindlichkeiten) und reine Schuldwechsel (der Kaufmann ist selbst Akzeptant) ihrer Kunden mit den Fälligkeitsdaten aufgeführt sind, um gewährte Diskontkredite zu überwachen.

3.*Wechselvermerk* beim ↑ Indossament „ohne Obligo". Dadurch haftet der Indossant nur noch für den Nachmann, nicht mehr für weitere Personen. Ein solcher Wechsel ist als Zahlungsmittel wertlos und kann nur noch an die Bank verkauft oder bis zum Verfalltag behalten werden.

OECD

(Abk. für Organization for Economic Cooperation and Development, deutsch: *Organisation für wirtschaftliche Zusammenarbeit und Entwicklung*). Die OECD ist die Nachfolgeorganisation der 1948 gegründeten OEEC (Organization for European Economic Cooperation), die ursprünglich für das zerstörte Europa nach dem Kriege zuständig sein sollte und u.a. die Verwendung und Verteilung der Mittel aus dem Marshallplan durchzuführen hatte. Ziel der OECD ist die Planung, Koordinierung und Vertiefung der wirtschaftlichen Zusammenarbeit und Entwicklung, außerdem die Hilfe für Entwicklungsländer. – Derzeitige *Mitglieder*: Australien, Belgien, Bundesrepublik Deutschland, Dänemark, Finnland, Frankreich, Griechenland, Großbritannien, Irland, Island, Italien, Japan, Kanada, Rep. Korea, Luxemburg, Mexiko, Neuseeland, Niederlande, Norwegen, Österreich, Polen, Portugal, Schweden, Schweiz, Spanien, Tschechische Rep., Türkei, Ungarn, USA. – *Sitz* der OECD ist Paris. – Ihr oberstes *Organ* ist der regelmäßig tagende Rat der Ständigen Delegationen der Mitglieder (Sonderbotschafter in Paris); einmal jährlich tagt er auf Ministerebene. Weitere Organe sind ein vierzehn Mitglieder umfassender Exekutivausschuß, die Fachausschüsse sowie der Generalsekretär im Verwaltungsbereich.

offenbarer Mangel
Leistungsstörung bei Kaufverträgen in der Form, daß die gekauften Waren klar erkennbare Fehler aufweisen. Ein Kaufmann ist bei diesem Tatbestand zur sofortigen Rüge verpflichtet. Eine Privatperson kann innerhalb von 6 Monaten ihre Rechte geltend machen.

Offene Handelsgesellschaft (OHG)
↑ Personengesellschaft, deren Gesellschaftszweck der Betrieb eines Handelsgewerbes unter gemeinschaftlicher Firma ist. Alle Gesellschafter haften unbeschränkt mit ihrem Privat- und Geschäftsvermögen. – *Wesentliche Merkmale*: Vgl. Übersicht.

Offene-Posten-Buchhaltung
Eine Buchhaltungsform, bei der nicht in zeitlicher Reihenfolge gebucht wird, vielmehr die Konten der Lieferanten und Kunden jeweils nur die Beträge zeigen, die noch zu begleichen („offen") sind. Zu diesem Zweck werden Rechnungen unter ‚unbezahlt" abgelegt. Wenn Zahlungen geleistet werden, wird eine Rechnung herausgeholt, mit dem Vermerk „bezahlt am ... durch ..." versehen und unter „bezahlt" wieder abgelegt. Der Saldo des Kontos ergibt sich durch Summierung der offenen Posten. Die O.-P.-B. ist in Industrie- und Handelsbetrieben insbesondere bei elektronischer Buchführung weit verbreitet und steuerlich anerkannt.

offene Rechnung
Vereinbarung, wonach die laufend angefallenen Rechnungsbeträge eines Vertragsteils zu bestimmten Zeiten in einer Summe zu begleichen sind, z.B. am 1. eines jeden Monats.

offene Rücklagen
Sammelbegriff für die in der Bilanz ausgewiesenen Eigenkapital-Reserven einer Kapitalgesellschaft. Dazu zählen die Kapital- und Gewinnrücklagen. ↑ Rücklagen.

Offenmarktpolitik
Geldpolitisches Instrument (↑ Geldpolitik) der Bundesbank, indem sie durch An- oder Verkauf von Wertpapieren die Geldmenge vermehrt oder vermindert. Soll z.B. mehr Geld in den Umlauf gebracht werden, so tritt sie als Käufer auf und gibt den Banken dadurch die Möglichkeit, mehr Kredite vergeben zu können.

öffentliche Aufgaben
Von Bund, Länder und Gemeinden zu erfüllende Aufgaben, z.B. Verteidigung, öffentliche Ordnung, Gesundheitswesen.

öffentliche Beglaubigung
↑ Beglaubigung, die durch einen Notar erfolgen muß.

öffentliche Beurkundung
↑ Notarielle Beurkundung.

öffentliche Güter
Güter, deren Nutzung nicht von der Zahlung eines Entgelts abhängig gemacht werden kann und/oder nicht durch die Benutzung durch andere Konsumenten „untergeht", so daß es mehrfach konsumiert werden kann. ↑ Güter.

öffentliche Hand
Bezeichnung für die Körperschaften des öffentlichen Rechts, v.a. im Zusammenhang mit ihrer Tätigkeit als Unternehmen.

öffentliche Haushalte
Gegenüberstellung von Einnahmen und Ausgaben der Gebietskörperschaften. ↑ Haushalt.

öffentlicher Glaube
Annahme, daß Eintragungen im Grundbuch oder Handelsregister richtig sind. Es wird bis zum Beweis des Gegenteils (z.B. im Prozeß) vermutet, daß ein im Grundbuch oder Handelsregister eingetragenes Recht besteht und ein dort gelöschtes Recht nicht besteht.

Offene Handelsgesellschaft (OHG)

Allgemeines	Grundform der Personengesellschaft zum Betrieb eines Handelsgewerbes
Rechtsgrundlagen	§§ 105 ff. HGB ergänzend GbR-Recht
Zweck	Betrieb eines vollkaufmännischen Handelsgewerbes unter gemeinsamer Firma
Rechtsfähigkeit	rechtsfähig, jedoch nur gewisse Annäherungen an juristische Person
Gründung	formfreier Vertrag
Gesellschafter	mindestens 2 Gesellschafter
Firma	eigene Firma: Name wenigstens eines Gesellschafters + Zusatz, der auf Gesellschaft hindeutet
Eintragungen im Handelsregister	vorgeschrieben, jedoch nur bei „Sollkaufeuten" (§ 2 HGB) l zur Entstehung erforderlich
Kapital und Einlagen	kein festes Kapital; Einlagen (Beiträge) in Geld,Sachwerten oder Dienstleistungen
Gesellschaftsvermögen	gemeinschaftliches Vermögen außerdem zur Nutzung eingebrachte Gegenstände
Haftung	Gesellschaft und daneben alle Gesellschafter als Gesamtschuldner unbeschränkt
Organe	keine besonderen Organe neben den Gesellschaftern
Geschäftsführung	jeder Gesellschafter
Vertretung	jeder Gesellschafter
Informations- und Kontrollrechte der Gesellschafter	Information; Einsicht in Bücher und Papiere; Anfertigung von Bilanz und Jahresabschluß
Mitwirkung der Gesellschafter	Widerspruchsrecht alle Gesellschafter, bei außergewöhnlichen Geschäften, und wenn Grundlagen des Gesellschaftsverhältnisses betroffen
Gewinn und Verlust	4% des Kapitalanteils, Rest nach Köpfen; Verlust nach Köpfen
Entnahmen/ Gewinnauszahlung	4% des Kapitalanteils (auch wenn kein Gewinn gemacht wurde); übersteigender Gewinn nur, wenn nicht zum Schaden der Gesellschaft
Anteilsübertragung	nur mit Zustimmung aller Gesellschafter
Auflösung und Liquidation	gesetzliche Auflösungsgründe; Auseinandersetzung durch Liquidatoren
Einmanngesellschaft	nicht möglich

öffentliches Recht

Alle Rechtsnormen, die sich auf die Rechtsverhältnisse des einzelnen zu den ihm übergeordneten Trägern öffentlicher Gewalt (Staat, Gemeinde) beziehen sowie Rechtsvorschriften über die Beziehungen der Hoheitsträger untereinander. Zum ö.R. gehören insbes.: Staatsrecht, Verwaltungsrecht, Strafrecht, Prozeßrecht, Völkerrecht, Kirchenrecht.

Öffentlichkeitsarbeit

↑ Public Relations.

Offerte

Vertragsangebot, Angebot, das den Anbieter rechtlich bindet, sofern nicht ausdrücklich das Gegenteil vereinbart ist. Preislisten, Kataloge und Ausstellungsstücke sind keine O., sondern Aufforderungen zur Abgabe einer O. ↑ Vertrag.

Offline

Bezeichnet den Modus, in dem keine Verbindung mit einem externen Rechner besteht. *Gegensatz*: ↑ Online.

OHG
Abk. für ↑ Offene Handelsgesellschaft.

ohne Gewähr
↑ Obligo.

ökonomisches Prinzip
Wirtschaftlichkeitsprinzip, nach dem mit gegebenen Mitteln ein höchstmöglicher Ertrag (↑ Maximumprinzip) oder ein angestrebter Ertrag mit den geringstmöglichen Mitteln (↑ Minimumprinzip) erzielt werden soll.

Ökosteuer
Auch: *Umweltabgabe*; Instrument der ↑ Umweltpolitik, das im Gegensatz zu ↑ Umweltauflagen dem Fiskus Einnahmen verschafft und gemäß dem ↑ Verursacherprinzip Anreize zu einem umweltfreundlicheren Verhalten im Sinne einer Reduktion bzw. Vermeidung von Umweltbelastungen setzen soll. So kann z.B. durch die Besteuerung des Energieverbrauchs (sog. Energiesteuer, z.B. Mineralölsteuer) ein sparsamerer Umgang mit Energie bewirkt werden; über die Besteuerung des Schadstoffausstoßes (vgl. ↑ Emissionsabgabe) kann die Luftverschmutzung verringert werden; von Bedeutung sind auch Maßnahmen im Rahmen anderer politischer Bereiche wie z.B. der ↑ Verkehrspolitik. – Bemessungsgrundlage können Produktionsmengen, -verfahren, Inputs, Produkte, Emissionen (↑ Emissionsabgabe) sein. Durch die Wahl der Bemessungsgrundlage wird die Reaktion der Verursacher bestimmt, die auch in Form von Umrüstungen erfolgen kann.

Oligopol
Marktsituation, in der nur wenige, relativ große Anbieter oder Nachfrager existieren. Hauptmerkmal: Reaktionsverbundenheit der Oligopolisten. ↑ Marktformen.

Online
Bezeichnet den Modus, in dem eine Verbindung mit einem externen Rechner besteht. *Gegensatz*: ↑ Offline

Online-Dienste
z.B. ↑ CompuServe, ↑ AOL, ↑ T-Online. Dienstleister, die Ihren Mitgliedern einen Zugang zum eigenen Datennetz mit speziellen Inhalten sowie zum Internet zur Verfügung stellen. *Vgl. auch*: ↑ Provider.

Operating
Betrieb eines Computersystems im Rechenzentrum, v.a. Anlagenbedienung und Ablaufsteuerung. Tätigkeit des sog. *Operators*.

Operations Research
Ursprünglich ein Begriff aus dem militärischen Bereich, um angestrebte Ziele optimal erreichen zu können. Unternehmungen haben die Verfahrenstechniken übernommen, um unter Zuhilfenahme verschiedenster mathematischer Modelle eine Entscheidung unter mehreren Gesichtspunkten und Risiken vorher durchzuspielen, z.B. wie sich kurzfristige Veränderungen im Absatzbereich mit den daraus resultierenden Wirkungen auf andere Bereiche auswirken können.

Opportunitätskosten
Entgehende Deckungsbeiträge einer nicht gewählten Handlungsalternative. O. dienen lediglich als Vergleichsgröße. Vgl. auch ↑ Komparative Vorteile.

optimale Bestellmenge
Die Bestellmenge, bei der die Preisvorteile durch größere Einkaufsmengen die Kostennachteile durch erhöhte Lagerkosten am weitesten übertreffen. Zu berücksichtigen sind vom Einkäufer dabei einmal die möglichen Mengenrabatte, die zu zahlenden Frachtkosten, Verpackungskosten und zum anderen die Lagerzinsen für gebundenes Kapital, die Lagerkosten und bei zu hohen Beständen das Veralterungsrisiko. Die B. kann mit Hilfe einer Formel unter be-

stimmten Annahmen exakt berechnet werden.

Option
(lat.: optio = Wahl).
1. Im *allgemeinen Geschäftsverkehr* das Recht, nach Ablauf einer bestimmten Frist etwas tun oder unterlassen zu dürfen, z.B. Vertragsverlängerung oder Umtausch.
2. Im Bereich *derivativer Finanzinstrumente:* Recht, aber nicht die Verpflichtung eines Optionsinhabers, einen bestimmten Basiswert (z.B. Aktien, Schuldverschreibungen oder Devisen) innerhalb eines bestimmten Zeitraums (sog. amerikanische O.) oder zu einem bestimmten Zeitpunkt (sog. europäische O.) an den Stillhalter der O. zu liefern (sog. Verkaufs- oder Put-O.) oder vom Stillhalter zu fordern (sog. Kauf- oder Call-O.). Für die Einräumung dieses Rechts zahlt der Optionsinhaber (Käufer der O.) an den Stillhalter (Verkäufer der O.) eine Optionsprämie, die unabhängig von der Ausübung der O. durch den Optionsinhaber dem Stillhalter verbleibt. O. dienen der Absicherung von Kursrisiken bei Aktien, Zinstiteln oder Devisen, der Spekulation oder der Erzielung von Arbitragegewinnen. Sie werden an Terminbörsen in standardisierter Form gehandelt oder zwischen den Marktparteien frei ausgehandelt (sog. OTC-O.).

Optionsanleihe
↑ Anleihe, bei der der Gläubiger nach Ablauf einer vereinbarten Frist das Recht hat, eine bestimmte Anzahl von Aktien zu einem vorher festgelegten Kurs kaufen zu können. – *Anders*: ↑ Wandelschuldverschreibung.

Optionsgeschäft
↑ Termingeschäft3.

Optionsschein
Auch: *Warrant;* Recht, innerhalb einer bestimmten Frist eine bestimmte Anzahl von Aktien zu einem festgelegten Kurs zu beziehen. Der O. wird zusammen mit einer ↑ Anleihe als ↑ Optionsanleihe ausgegeben, jedoch getrennt von der Anleihe einzeln an der Börse gehandelt.

optischer Speicher
Speicher für Computer, in dem Informationen optisch gespeichert sind, z.B. Bildplatte. Dort werden auf einer Scheibe Bildpunkte eingebrannt, die mit einem Laserstrahl wieder gelesen werden können.

Ordentliche Gerichtsbarkeit
Bezeichnung für die in allgemeinen Zivil- und Strafsachen zuständigen Gerichte (↑ Amtsgericht, ↑ Landgericht, ↑ Oberlandesgericht, ↑ Bundesgerichtshof) im Gegensatz zur besonderen Gerichtsbarkeit wie Verwaltungsgerichtsbarkeit, Sozialgerichtsbarkeit oder Arbeitsgerichtsbarkeit.

ordentliche Kündigung
Eine einseitige, empfangsbedürftige Willenserklärung, durch die z.B. ein Arbeitsverhältnis nach Ablauf einer Frist beendet wird. ↑ Kündigung, ↑ außerordentliche Kündigung.

Orderklausel
Zusatz „an die Order der Fa. ...“, durch den ↑ Wertpapiere zu ↑ Orderpapieren und somit durch Indossament auf andere übertragen werden. – *Negative O.*: ↑ Orderpapiere.

Orderpapiere
↑ Wertpapiere, die durch ↑ Indossament übertragen werden können und bei denen die Erwerber volle Legitimation aus dem Papier erlangen. – *Arten*:
1. *gekorene O.*: Wertpapiere, die nur durch die ↑ Orderklausel zu O. werden. *Beispiele:* Transportversicherungsschein; Lagerschein; Ladeschein; Konnossement; Versicherungsschein; kaufmännische Anweisung.
2. *geborene O.*: Wertpapiere, die die Orderklausel nicht benötigen, um als O.

zu gelten. Bei ihnen spielt die *negative Orderklausel* eine Rolle, die die angeborene Übertragbarkeit verhindert. *Beispiele:* Wechsel, Scheck, Namensaktie, Zwischenscheine.

Ordnungsmäßigkeit der Buchführung
↑ Grundsätze ordnungsmäßiger Buchführung (GoB).

Ordnungspolitik
Wirtschaftspolitische Regeln und Maßnahmen, die die längerfristigen Rahmenbedingungen für den Wirtschaftsprozeß innerhalb einer ↑ Wirtschaftsordnung setzen. Die Ausgestaltung der verschiedenen wirtschaftlichen Teilordnungen wie Eigentums-, Planungs-, Unternehmens- oder Geldordnung bestimmt die Weite der Entscheidungs- und Handlungsspielräume der einzelnen Wirtschaftssubjekte (private Haushalte, Unternehmen, staatliche Instanzen). Auch werden zugleich die Ziele und Instrumente der staatlichen Ablaufpolitik (↑ Prozeßpolitik) vorgeformt. Die ordnungspolitischen Maßnahmen müssen dem Grundtypus der Wirtschaftsordnung (zentrale oder dezentrale Planung und Koordination des Wirtschaftsprozesses) entsprechen (vgl. z.B. Marktkonformität). Die aktuelle Ausgestaltung der O. wird daneben durch das jeweils vorherrschende wirtschaftsordnungspolitische Leitbild (z.B. ↑ Ordoliberalismus, ↑ Soziale Marktwirtschaft, gesamtwirtschaftliche Planung, Planifikation) beeinflußt, in das auch (gesellschafts-)politische und kulturelle Wertvorstellungen einfließen.

Ordnungswidrigkeit
Rechtsverstöße, die keinen kriminellen Gehalt haben und somit nicht mit Strafe bedroht sind, die aber als Unrecht mit Geldbuße geahndet werden können.

Ordoliberalismus
Von Eucken, Böhm u.a. begründete Lehre, nach der der Staat v.a. die Aufgabe hat, die Voraussetzungen für einen freien Wettbewerb zu schaffen (↑ Ordnungspolitik) und diesen funktionsfähig zu halten. O. ist eine der Grundlagen der in der Bundesrepublik Deutschland verwirklichten Sozialen Marktwirtschaft. ↑ Marktwirtschaft.

Organe
Gewählte oder ernannte Personen oder Personengruppen, die im Auftrag meist verschiedener Personen handeln. So ist der Vorstand ein O., um die Beschlüsse der Aktionäre durchzuführen, der Geschäftsführer einer GmbH, um die Richtlinien der Gesellschafterversammlung in die Praxis umzusetzen.

Organigramm
Graphische Darstellung des Strukturgefüges einer Organisation. ↑ Organisatorische Arbeitsteilung.

Organisation
1. O. als ein soziales System: O. weisen eine spezifische Zweckorientierung, eine geregelte ↑ Arbeitsteilung und beständige Grenzen auf. (Institutioneller Organisationsbegriff: Die Unternehmung *ist* eine O.)
2. Tätigkeit der Gestaltung von Organisationsstrukturen. (Instrumenteller bzw. funktionaler Organisationsbegriff: Die Unternehmung *hat* eine O.) ↑ Managementfunktionen.

Organisation für wirtschaftliche Zusammenarbeit und Entwicklung
↑ OECD.

Organisationskultur
↑ Unternehmenskultur.

organisatorische Arbeitsteilung
Art der Stellen- und Abteilungsbildung in einer ↑ Organisation. Man unterscheidet grundlegend zwischen Organisation nach Verrichtungen bzw. Funktionen (↑ Funktionalorganisation) und Organisation nach Objekten (↑ Sparten-

organisation, auch divisionale Organisation oder Geschäftsbereichsorganisation). *Sonderform*: ↑ Matrixorganisation.

organisatorische Wissensbasis
Bezeichnet das gesamte für den Leistungserstellungs- und Leistungssicherungsprozeß in einer ↑ Organisation relevante implizite und explizite Wissen.

organisatorisches Lernen
Durch die ↑ Organisation selbst initiierte Veränderung der ↑ organisatorischen Wissensbasis.

Organschaft
Begriff des Steuerrechts für ein rechtliches oder tatsächliches Verhältnis, das durch Eingliederung eines Unternehmens in ein größeres, übergeordnetes Unternehmen entsteht. Dabei bleibt die eingegliederte Unternehmung zwar rechtlich selbständig, verliert jedoch ihre wirtschaftliche Unabhängigkeit.

Output
(engl. = Ausstoß); wirtschaftlich das mengenmäßige Ergebnis der Produktion in den Unternehmen, das entweder verkauft oder gelagert wird oder aber als sog. selbsterstellte Anlagen im Unternehmen zur weiteren Güterproduktion verbleibt. – *Gegensatz*: ↑ Input.

Outsourcing
Verlagerung der Wertschöpfungsaktivitäten eines Unternehmens (↑ Wertkette) auf Zulieferer. Damit verringert sich die Leistungstiefe des Unternehmens.

P

Pacht

Vertragliche Überlassung des Gebrauchs einer Sache oder eines Rechts gegen Entgelt. Der zu entrichtende *Pachtzins* schließt für den Pächter auch Fruchtgenuß mit ein, d.h. Erträge aus dem gepachteten Gegenstand gehören dem Pächter, wenn sie als Ertrag nach ordentlicher Wirtschaft anzusehen sind. Einzelne Gegenstände der Pacht (z.B. das Inventar) müssen vom Pächter erhalten werden. Der Pächter wird nur Besitzer, nicht Eigentümer der Sache. Auf die Pacht finden die meisten Gesetze der ↑ Miete Anwendung.

pagatorisch

(ital.: pagare = zahlen); bedeutet: auf Zahlungsvorgängen beruhend. Im kaufmännischen Sprachgebrauch wird p. in Verbindung mit „pagatorischer Buchhaltung" (↑ Finanzbuchhaltung) verwendet.

Panel

(engl. = abgeteiltes Feld); eine im ↑ Quotenverfahren oder durch Stichproben ausgesuchte Personengruppe, die über eine längere Zeit hinweg immer wieder über die gleiche Sache befragt wird. Die Panelerhebung zielt in erster Linie darauf ab, über einen längeren Zeitraum die Verhaltensweisen von Personen zu testen, z.B. im Konsumverhalten oder in der politischen Meinungsbildung. Bei dieser wiederholten Befragung kann sich das normale Verhalten der Befragten verändern. Sie reagieren nicht mehr typisch, sondern evtl. so, wie sie aufgrund ihrer Teilnahme an der Befragung meinen, antworten zu müssen. Man spricht dann von einem *Paneleffekt*. Die Personen müssen dann ausgetauscht werden, damit sich das Ergebnis nicht verzerrt.

Papiergeld

Bezeichnung für die von der Bundesbank ausgegebenen Noten. Sie gelten als gesetzliches Zahlungsmittel. – *Anders:* ↑ elektronisches Geld.

Partie

Menge homogener Waren, die gemeinsam beschafft oder verkauft werden.

Partnerschaftsgesellschaft

Gesellschaftsform, die Freiberuflern wie Ärzten, Rechtsanwälten, Steuerberatern, Ingenieuren, etc. die Möglichkeit bietet, sich zusammenzuschließen. Damit soll der zunehmenden Notwendigkeit zur Spezialisierung, dem durch den Binnenmarkt verstärkten Konkurrenzdruck und dem vermehrten Kapitalbedarf der Freiberufler Rechnung getragen werden. Die neue Gesellschaftsform ist an die ↑ Offene Handelsgesellschaft (OHG) angelehnt.

PASCAL

Eine nach dem berühmten Mathematiker und Philosophen Blaise Pascal (17. Jahrhundert) benannte ↑ Programmiersprache, die in den 70er Jahren entwickelt wurde.

Passiva

Bezeichnung der rechten Seite der Bilanz. Unterteilt wird in Eigenkapital (Grund- und Stammkapital, Rücklagen) und in Fremdkapital (Rückstellungen, langfristige Verbindlichkeiten, kurzfristige Verbindlichkeiten). Die Wertberichtigungen auf der Passivseite sind lediglich Korrekturposten zur Aktivseite. – *Gegensatz*: ↑ Aktiva.

Passivgeschäft
Geldbeschaffungsgeschäft der Kreditinstitute, das seinen Niederschlag auf der Passivseite der Bankbilanzen findet. – *Arten*: 1. Annahme kurzfristiger Einlagen (Depositengeschäft), 2. Annahme von Spareinlagen mit verschiedenen Laufzeiten, 3. Ausgabe von Schuldverschreibungen (Pfandbriefe und Kommunalobligationen), 4. Ausgabe der Banknoten (nur bei der Bundesbank). – *Gegensatz*: ↑ Aktivgeschäft.

Passivierung
Buchungen, die zu einer Erhöhung der Posten auf der Passivseite einer Bilanz (Passiva) führen.

Paßwort
Geheimes Kennwort eines Benutzers, das die unerlaubte Verwendung von Programmen oder Dateien verhindern soll.

Patent
Ein vom Patentamt verliehenes Recht, das Erfindern gewerblich verwertbarer Sachen das alleinige Recht der Nutzung garantiert (Vergabe von Lizenzen möglich). Die Schutzdauer beträgt 20 Jahre. Voraussetzung der Erteilung ist, daß der Gegenstand nicht zum Stand der Technik gehört und daß eine gewisse gewerbliche Verwertung möglich ist. Bei Nahrungs-, Genuß- und Arzneimitteln werden nur die Verfahren, nicht die Erzeugnisse patentiert. Die Eintragung in die Patentrolle (erfolgt beim Deutschen Patentamt in München) gestattet dem Patentinhaber, innerhalb der Laufzeit das patentierte Verfahren allein zu nutzen. Wer das Verfahren unberechtigt gewerblich nutzt, ist schadensersatzpflichtig.

Pauschalwertberichtigungen
↑ Wertberichtigung für eine Bilanzposition insgesamt (nicht der einzelnen Gegenstände); gemäß BiRiLiG zumindest für Kapitalgesellschaften nicht mehr zulässig.

Pauschbetrag
↑ Freibetrag.

PC
↑ Personal Computer.

Penetration
Auch: *Marktdurchdringung*. Durchdringung eines Marktes oder einer Verbrauchergruppe mit Informationen oder Produkten.

Pension
Ruhegehalt der im öffentlichen Dienst stehenden Beamten nach der Pensionierung.

Pensionsrückstellung
↑ Rückstellung für die Verpflichtung der Unternehmung zu laufenden und zukünftigen Ruhegeldzahlungen an Betriebsangehörige oder Hinterbliebene. Die Bildung ist nur dann möglich, wenn die Pensionszahlung dem Arbeitnehmer vertraglich oder tariflich zugesichert wurde. P. sind langfristige Verbindlichkeiten gegenüber Betriebsangehörigen. Die Höhe wird auf der Basis versicherungsmathematischer Berechnungen festgestellt. Für Pensionszusagen, die rechtsverbindlich nach dem 31.12.1986 gegeben wurden, besteht sowohl in der Handelsbilanz als auch in der Steuerbilanz Passivierungspflicht; für Altzusagen besteht Passivierungswahlrecht. Die P. hat nur steueraufschiebende Wirkung. Mit Eintritt des Versorgungsfalles ist die Rückstellung schrittweise aufzulösen (Rückstellung an Ertragskonto), während die laufende Pensionszahlung den Gewinn mindert.

periodenfremde Aufwendungen/ Erträge
Posten, die wirtschaftlich nicht zu dem gerade abgerechneten Zeitabschnitt

gehören. Als Konten werden *außerordentliche Aufwendungen* oder *außerordentliche Erträge* berührt. *Beispiel*: 1. Prozeßkosten fallen um 1.000 DM höher aus als man bei der Rückstellungsbildung gedacht hat. Betrag 11.000 DM, Rückstellung 10.000 DM. Buchung: Rückstellung 10.000 DM + außerordentliche Aufwendungen 1.000 DM an Bank 11.000 DM.
2. Steuererstattung von 3.000 DM aus dem vergangenen Jahr. Buchung: Bank an außerordentliche Erträge 3.000 DM. An Stelle von periodenfremd spricht man auch von *aperiodisch*.

Peripherie
Alle Geräte, die an einen oder mehrere Computer angeschlossen sind, also nicht zur ↑ Zentraleinheit gehören. Es sind Tastaturen, Maus, Bildschirme, Drucker, Speicher u.a. Heute können auch die peripheren Geräte selbst wieder eigenständige Computer sein.

permanente Inventur
Laufende körperliche Bestandsaufnahme der Waren während des Geschäftsjahres. Die p.I. bewirkt eine Abstimmung der Konten der ↑ Lagerbuchführung (notwendige Voraussetzung) mit den Istbeständen im Lager. Die p.I. macht die Stichtagsinventur überflüssig und gestattet es dem Unternehmer, die ↑ Inventur in Zeiten langsam gehender Geschäfte durchzuführen.

Personal Computer (PC)
Computer, der in seiner Leistung auf die Anforderungen eines Einzelbenutzers ausgerichtet ist.

Personaleinsatz
Die ↑ Managementfunktion P. umfaßt die Tätigkeiten der Stellenbesetzung, Personalbeurteilung, Personalentwicklung und die leistungsgerechte Entlohnung der Mitarbeiter.

Personalentwicklung
Systematisch und oft langfristig angelegte Maßnahmen, die auf die Entwicklung und Verbesserung der Leistungsfähigkeit und -bereitschaft der Mitarbeiter abzielen. Innovationen, technologische Veränderungen, Marktveränderungen etc. erfordern teilweise völlig neue Qualifikationen von Mitarbeitern und Management. Neben der Vermittlung von Kenntnissen, Fähigkeiten u.ä. steht häufig die Förderung der Bereitschaft der Mitarbeiter, auf neue fachliche, soziale o.a. Herausforderungen im Unternehmen oder am Arbeitsplatz flexibel zu reagieren, im Vordergrund.

Personalkosten
Sammelbegriff für die Kosten, die für alle Arbeitnehmer anfallen. Dazu gehören sowohl die Löhne und Gehälter als auch die *Personalnebenkosten* (Arbeitgeberanteil in der Sozialversicherung, Urlaubsgeld, Zuschüsse jeglicher Art), die heute bis zu 70 % des eigentlichen Lohns ausmachen. Buchhalterisch festgehalten werden diese Vorgänge und die damit zusammenhängenden Arbeiten in der ↑ Lohnbuchführung.

Personalkredit
↑ Bankkredit, der lediglich im Vertrauen auf die wirtschaftliche Leistungsfähigkeit der Person (des Schuldners) gewährt wird.

Personalleasing
Überlassung von Arbeitnehmern (Leiharbeitnehmer) von dem eigentlichen Arbeitgeber (Verleiher) an ein anderes Unternehmen (Entleiher), v.a. um kurzfristige Personalengpässe zu schließen.

Personalpolitik
Auch: *Personalwirtschaft*; sämtliche Maßnahmen des Unternehmens, die es ermöglichen, daß geeignete Mitarbeiter am richtigen Arbeitsplatz in ausreichender Zahl vorhanden sind und im Sinne des Unternehmensziels zusammenarbeiten. Teilbereiche der P. sind

Personalplanung, -beschaffung, -verwaltung, -führung und Aus- und Weiterbildung.

Personalrat
An Stelle des ↑ Betriebsrats die gewählte Arbeitnehmervertretung in Betrieben und Verwaltungen des Bundes, der Länder, der Gemeinden und sonstigen Körperschaften und Anstalten des öffentlichen Rechts.

Personalstatistik
Erfassung und Zählung der beschäftigten Arbeitnehmer: a) nach Art der Tätigkeit; b) nach Alters- und Lohngruppen; c) nach Verteilung der Beschäftigten auf betriebliche Funktionsbereiche; d) nach Arbeitsausfällen.

Personalwirtschaft
↑ Personalpolitik.

Personenfirma
↑ Firma.

Personengesellschaft
Gesellschaftsform nach HGB, bei der die personelle Bindung vor die kapitalmäßige gestellt wird. Daher ist der Anteil an einer P. auch unvererblich und unveräußerbar. Zu den Personengesellschaften zählen die ↑ Offene Handelsgesellschaft, die ↑ Kommanditgesellschaft (KG) und die ↑ GmbH & Co. KG. Keine P. im handelsrechtlichen Sinn sind die ↑ Gesellschaft des bürgerlichen Rechts (Personenvereinigung) und die ↑ Stille Gesellschaft.

Personensteuer
Steuer, die für bestimmte Personen gilt und an die Leistungsfähigkeit dieser Person anknüpft, z.B. Körperschaftsteuer, Lohn- und Einkommensteuer, Vermögensteuer, Erbschaftsteuer, Kapitalertragsteuer. P. zählt neben den Realsteuern zu den Besitzsteuern. Sie gelten auch als indirekte Steuern, da sie vom Steuerschuldner unmittelbar entrichtet werden.

Personenversicherung
Jegliche Versicherung, die persönliche Risiken abdeckt. Dazu zählen v.a. Lebensversicherungen, Unfallversicherungen, Krankenversicherungen.

persönlicher Verkauf
Verkauf mit direktem Kontakt zwischen Verkäufer und Käufer. *Formen:* Außendienstverkauf (Verkaufsbesuche beim Käufer); Messe-Verkauf; Party-Verkauf (Verkauf auf organisierten Einladungen); Wiederverkäufer-Verkauf; Telefonverkauf.

persönlich haftender Gesellschafter
Gesellschafter, der nicht nur mit seiner Kapitaleinlage, sondern auch mit seinem Privatvermögen für die Schulden der Gesellschaft haftet. Die ↑ Offene Handelsgesellschaft besteht nur aus p.h.G., die ↑ Kommanditgesellschaft (KG) hat mindestens einen p.h.G. (Komplementär).

Pfand
Gegenstand, der einem Gläubiger als Sicherheit für eine Forderung gegeben wird.

Pfandbrief
Schuldverschreibung (↑ Anleihe) von Hypothekenbanken, die mit diesem Geld selbst Darlehen vergeben, das die Darlehensnehmer meist durch eine ↑ Hypothek oder ↑ Grundschuld absichern müssen. Somit gilt die Hypothek als Sicherheit, daß der Inhaber der Schuldverschreibung nach Ablauf der vereinbarten Zeit wieder zu seinem Geld kommt.

Pfandleihe
Gewährung von Darlehen gegen Verpfändung von beweglichen Gegenständen. Gegen Vorlage des *Pfandscheines* kann der Gegenstand später wieder eingelöst werden. Da es sich bei diesen Geschäften meist um privatwirtschaftlich arbeitende Unternehmen handelt,

die mit eigenem Kapital arbeiten, findet das Kreditwesengesetz keine Anwendung. Der Betrieb einer Pfandleihe bedarf der Genehmigung.

Pfandrecht
Dingliche Sicherung einer Geld- oder Sachforderung. P. besteht nur an Rechten (z.B. Lizenzen, Patenten usw.) und an beweglichen Gegenständen, also kein P. an Grundstücken. – *Arten*:
1. *Gesetzliches P.*, z.B. das P. des Vermieters, des Kommissionärs, des Lagerhalters usw., bei Nichtbezahlung des vereinbarten Entgelts durch den Vertragspartner.
2. *Vertragliches P.*, das eine Pfandbestellung per Vertrag regelt (*Pfandleihe*). Kommt der Vertragspartner seinen Verpflichtungen nicht nach, so wird das Pfand verwertet. Im Konkursfall hat der Gläubiger das Recht der ↑ Absonderung.

Pfändung
Bei der Zwangsvollstreckung wegen einer Geldforderung die staatliche Beschlagnahme eines Gegenstandes zum Verwertungszweck. – *Arten*:
1. *Faustpfand*: Der Gerichtsvollzieher nimmt den gepfändeten Gegenstand an sich (z.B. einen Ring).
2. *Pfandsiegel*: Der Gegenstand wird mit einem nicht sofort sichtbaren Siegel versehen, der im Volksmund auch „Kuckuck" genannt wird.
3. *Austauschpfändung*: Ein teurer Gegenstand wird gegen einen artgleichen billigeren Gegenstand ausgetauscht, z.B. ein Nerzmantel gegen einen Lodenmantel.
Nicht pfändbar sind Gegenstände, die der Ausübung des Berufs und die der Lebensführung dienen. Bei der P. von Forderungen wird ein *Pfändungs- und Überweisungsbeschluß* ausgestellt. Er berechtigt, daß Guthaben oder auch Löhne und Gehälter gepfändet und an den Gläubiger überwiesen werden können. Zu beachten ist aber dabei die Erhaltung des Existenzminimums. Kann nichts gepfändet werden, stellt der Gerichtsvollzieher eine Urkunde über *Unpfändbarkeit* aus. Das Gericht kann dann den Schuldner laden und ein Vermögensverzeichnis mit eidesstattlicher Versicherung verlangen.

Pflegeversicherung
Versicherung gegen das Risiko der Pflegebedürftigkeit. Seit dem 1.1.1995 gibt es im Rahmen der ↑ Sozialversicherung eine eigenständige soziale P., für die seit diesem Zeitpunkt Beiträge zu zahlen sind, wohingegen Leistungen zur häuslichen Pflege erst ab 1.4.1995 und zur stationären Pflege erst ab 1.7.1996 geleistet wurden. Entsprechend dem Grundsatz: „Die P. folgt der Krankenversicherung," ist jedes Pflichtmitglied der gesetzlichen Krankenversicherung in der sozialen P. versichert (ebenso: freiwillige Versicherte in der gesetzl. Versicherung). Der Beitragssatz beträgt 1,7 % der beitragspflichtigen Einnahmen (bis zur Beitragsbemessungsgrenze der Krankenversicherung). Aufgebracht werden die Beiträge je zur Hälfte von Arbeitnehmern und Arbeitgebern. Liegt der Beschäftigungsort jedoch in einem Bundesland, das keinen stets auf einen Werktag fallenden Feiertag abgeschafft hat, so zahlt der Arbeitnehmer den gesamten Betrag. – Pflegebedürftig sind Personen, die wegen einer körperlichen, geistigen oder seelischen Krankheit oder Behinderung für die gewöhnlichen und regelmäßig wiederkehrenden Verrichtungen im Ablauf des täglichen Lebens auf Dauer, voraussichtlich für mindestens sechs Monate, in erheblichem oder höherem Maße der Hilfe bedürfen. Dabei wird zwischen drei Stufen der Pflegebedürftigkeit unterschieden: den erheblich Pflegebedürftigen, den Schwerpflegebedürftigen und den Schwerstpflegebedürftigen. Je nach Schweregrad werden bei der häuslichen Pflege als Sachleistung Pflegeeinsätze durch ambulante Pflegedienste oder Sozialstationen bis zu 750 DM, 1.800 DM oder 2.800 DM

erbracht. Wird die Pflege von einer selbstbeschafften Pflegekraft geleistet, z.B. von einem Familienangehörigen, steht ein Pflegegeld je nach Pflegestufe von monatlich 400 DM, 800 DM oder 1.300 DM zu. Für vollstationäre Pflege werden pflegebedingte Aufwendungen bis zu 2.800 DM, für teilstationäre Pflege bis zu 750, 1.500 oder 2.100 DM übernommen.

Plankostenrechnung

1. Zukunftsorientierte *Form der Kostenrechnung*, die nicht auf Vergangenheitswerten basiert, sondern auf der Grundlage von geplanten Zukunftszahlen im Kostenarten-, Kostenstellen- und Kostenträgerbereich vorgenommen wird. Die P. soll eine Betriebsüberwachung und eine Kostenkontrolle gewährleisten. Für jede Kostenstelle werden die anfallenden Kostenarten geplant. Die unerläßliche Prüfung nach Ablauf der Planungsperioden stellt dann die Kostenverschiebungen fest.
2. Eine besondere Art der P. ist die *flexible P.*, die im Gegensatz zur starren P. zuerst alle Kosten in fixe und variable Kosten aufteilt, um sie dann den einzelnen Kostenstellen zuzuordnen.

Planung

Grundsätzliche Bestimmung der Zielrichtung eines Unternehmens und die Entfaltung zukünftiger Handlungsoptionen sowie die Auswahl unter diesen. Man unterscheidet lang-, mittel- und kurzfristige P. Inhaltlich wird zwischen der P. von Zielen, Rahmenrichtlinien, Programmen und Verfahrensweisen zur Programmrealisierung für das Gesamtunternehmen oder einzelne ihrer Teilbereiche unterschieden. ↑ Managementfunktion.

Planwirtschaft

↑ Zentralverwaltungswirtschaft.

Platzgeschäft

Kaufvorgang, bei dem der Verkäufer den Transport der Ware zur Wohnung des Käufers übernimmt. Im Gegensatz zum ↑ Versendungskauf erfüllt der Verkäufer den Vertrag erst in der Wohnung des Käufers, wenn die Ware übergeben wird. Der Gefahrenübergang vollzieht sich erst dort.

Plazierung

1. Im *Wertpapiergeschäft* die Unterbringung von Wertpapieren beim Publikum (↑ Emission).
2. In der *Werbewirtschaft* „Standort“ eines Werbemittels.

Point of sale (POS)

Auch: *point of purchase* (*POP*); Ort des Verkaufs im Handel, d.h. Ort des Aufeinandertreffens von Anbieter (Hersteller) und Nachfrager (Verbraucher).

Police

Auch: *Versicherungsschein*; dem Versicherungsnehmer ausgehändigte Beweisurkunde, daß er einen Versicherungsvertrag rechtsgültig abgeschlossen hat.

Polypol

(griech.: poly = viel); Marktsituation, bei der viele relativ kleine Anbieter und Nachfrager vorhanden sind (*atomistische Konkurrenz*) bzw. die Marktteilnehmer in ihrem Verhalten nicht davon ausgehen, daß sie den Marktpreis als einzelne beeinflussen können (Preis = Datum). ↑ Marktformen.

Pool

↑ Kartell höherer Ordnung, bei dem zusätzlich zu Vereinbarungen über Konditionen, Preise und Angebots- oder Produktionsmengen eine schlüsselmäßige Verteilung der zentral erfaßten Gewinne erfolgt.

Portabilität

Eigenschaft von Programmen, ohne oder mit nur geringen Eingriffen des Anwenders auf Computern unterschiedlicher Hersteller laufen zu können.

Portable

↑ Laptop.

Portfolio

Auch: *Portefeuille,* Bezeichnung für den Bestand von Wechseln *(Wechsel-P.)* oder Wertpapieren *(Effekten-P.)* eines Anlegers, eines Unternehmens oder einer Bank. – Manchmal auch Bezeichnung für das Produktprogramm eines Unternehmens.

Portfolio-Analyse

Planungsinstrument, daß sich zur Beurteilung von ↑ Geschäftsfeldern anwenden läßt. Generelles Merkmal ist eine Matrixdarstellung, auf deren Achsen eine unternehmensinterne (z.B. relativer

Portfolio-Analyse

Portfolio-Matrix der Boston Consulting Group

MARKTWACHSTUM	RELATIVER MARKTANTEIL: niedrig	RELATIVER MARKTANTEIL: hoch
hoch	FRAGEZEICHEN • selektiv vorgehen	STARS • fördern • investieren
niedrig	ARME HUNDE • desinvestieren • liquidieren	MELKKÜHE • Position halten • ernten

(Achsen: MARKTWACHSTUM von 0; RELATIVER MARKTANTEIL von 0 bis 100)

Portfolio-Matrix von McKinsey

MARKTATTRAKTIVITÄT	RELATIVE WETTBEWERBSPOSITION: niedrig	RELATIVE WETTBEWERBSPOSITION: mittel	RELATIVE WETTBEWERBSPOSITION: hoch
hoch	SELEKTIVES VORGEHEN – Spezialisierung – Nischen suchen – Acquisition erwägen	SELEKTIVES WACHSTUM – Potential für Marktführung durch Segmentierung abschätzen – Schwächen identifizieren – Stärken aufbauen	INVESTITIONEN UND WACHSTUM – wachsen – Marktführerschaft anstreben – Investitionen maximieren
mittel	ERNTEN – Spezialisierung – Nischen suchen – Rückzug erwägen	SELEKTIVES VORGEHEN – Wachstumsbereiche identifizieren – Spezialisierung – selektiv investieren	SELEKTIVES WACHSTUM – Wachstumsbereiche identifizieren – stark investieren – ansonsten Position halten
niedrig	ERNTEN – Rückzug planen – desinvestieren	ERNTEN – Geschäftszweig „auszuzeln" – Investitionen minimieren – auf Desinvestitionen vorbereiten	SELEKTIVES VORGEHEN – Gesamtposition halten – Cash flow anstreben – Investitionen nur zur Instandhaltung

Quelle: Gabler Wirtschafts-Lexikon, 14. Aufl., Wiesbaden 1997, S. 3019

Marktanteil) und eine unternehmensexterne Größe (z.B. Marktwachstum) abgetragen werden. Bekannte Beispiele sind: BCG-Portfolio (Vierfelder-Matrix der Boston Consulting Group); Branchenattraktivitäts-Wettbewerbsstärken-Portfolio (Neunfelder-Matrix von General Electric und McKinsey); vgl. Übersicht.

positive Vertragsverletzung (pVV)
Auch *positive Forderungsverletzung* genannt; jede schuldhafte Leistungsstörung, die weder durch Unmöglichkeit noch durch Verzug verursacht ist (insbes. Schlechterfüllung der Hauptpflicht oder Nichterfüllung von Nebenpflichten, z.B. Beschädigung des Hausflurs durch den mit dem Möbeltransport beauftragten Spediteur). – *Rechtsfolgen:* Schadensersatz oder in schweren Fällen Vertragsrücktritt.

Postanweisung
Barzahlungsform, bei der der Empfänger einen Betrag bis 1.000 DM durch den Postboten bar erhält, nachdem der Einzahler am Postschalter bar gezahlt hat.

Postbank
↑ Deutsche Postbank AG.

Postdienst
↑ Deutsche Post AG.

Posttest
Verfahren der Werbeforschung, die nach (post) der Schaltung von Werbung angewandt werden. Hierbei wird in der Regel der Wiedererkennungswert (Recognition) bzw. der Erinnerungswert (Recall) an die Werbung untersucht.

Post- und Fernmeldewesen
↑ Deutsche Bundespost.

potentialorientierte Geldpolitik
Geldpolitische Konzeption mit dem Ziel, die Geld- und Kreditversorgung mittelfristig mit der Wachstumsrate des Produktionspotentials ansteigen zu lassen. Sie ist Bestandteil einer monetaristischen Versteigerungspolitik. Vgl. ↑ Monetarismus.

PPS-System
Kurzbezeichnung für (computergestütztes) Produktionsplanungs- und -steuerungssystem. Es handelt sich um Hard- und Softwarelösungen zur Planung und Steuerung der Fertigung. Der Einsatz von PPS-Systemen ist in größeren Betrieben sehr hoch, in Klein- und Mittelbetrieben jedoch noch relativ gering.

PR
↑ Public Relations.

Präferenz
(lat. = Bevorzugung); Begriff für Verhaltensweisen von Nachfragern, die an sich gleiche Güter unterscheiden. *Beispiel:* Käufer bevorzugt Obst vom nahegelegenen HändlerA gegenüber der Händlerware von B. – *Arten*: sachliche P. (Werbewirkung auf Käufermeinung); persönliche P. (Vorliebe für ein Geschäft); räumliche P. (Beispiel oben) und zeitliche P. (Modeschwankungen). – *Im Außenhandel*: Bevorzugte Behandlung vor allem von ↑ Entwicklungsländern (System der allgemeinen Präferenzen, Spezialpräferenzen) und Integrationspartnern (z.B. Präferenzzölle).

pragmatisch
Am praktischen Nutzen orientiert; sachlich.

Prämie
Ein mehrfach verwendeter Begriff.
1. ↑ *Prämienlohn.*
2. *Zahlung des Versicherungsnehmers* für eine Versicherung.
3. Im *Marketing* Maßnahme der Verkaufsförderung, z.B. durch mitgeliefertes Präsent.
4. P. an *landwirtschaftliche Betriebe* als Mittel der ↑ Strukturpolitik zur Unterstützung gewünschter Entwicklungen,

z.B. durch Schlachtprämien oder für die Nichtvermarktung von Milch.

Prämienlohn

Form des ↑ Leistungslohns; zusätzlicher Lohn über den ↑ Grundlohn hinaus für eine besondere Leistung. Er ist nicht wie der ↑ Akkordlohn auf eine Normalleistung bezogen. Üblich sind Prämien für geringen Ausschuß, für mengenmäßige Mehrleistung und für Verbesserungsvorschläge im betrieblichen Ablauf. ↑ Lohn.

Prämiensparen

Sparform, die von Kreditinstituten als Ersatz des früheren prämienbegünstigten Sparens unter unterschiedlichen Bezeichnungen angeboten wird, wobei an die Stelle der früheren staatlichen Prämiengewährung eine bankseitig einmalig gezahlte Sondervergütung (Prämie, Bonus, Zuschlag) getreten ist.

Prämisse

Voraussetzung, Annahme.

Preis

Der in Geld ausgedrückte Tauschwert einer Ware, im weitesten Sinn auch der Wert der Produktionsfaktoren (Lohn, Zins, Pacht). Voraussetzung für das Zustandekommen eines P. ist: Die Ware muß der Bedürfnisbefriedigung dienen, knapp sein und auf einem Markt angeboten und nachgefragt werden.

Preisauszeichnung

Verpflichtung, die angebotenen Waren mit Preisen auszuzeichnen, damit der Käufer eine Vergleichsmöglichkeit hat. Diese Verpflichtung trifft 1. den *Einzelhandel*, der Auslagen in Schaufenstern, in Verkaufsräumen, auf Verkaufsständen deutlich mit P. versehen muß, 2. den *Versandhandel*, der in den Katalogen die Abbildungen mit Preisen versehen muß, 3. das *Gaststätten-* und *Hotelgewerbe*, das die Speisen- und Getränkekarten, inkl. Bedienung ausweisen und die Zimmerpreise inkl. sonstiger Zuschläge sichtbar im Zimmer anbringen muß, 4. *Friseure, Schuhmacher* u.a. *Kleingewerbetreibende*, die den Preis ihrer angebotenen Leistungen sichtbar aushängen müssen, 5. *Kioske, Stehbierhallen, Erfrischungsstände* usw.

Preisbindung

Festsetzung des Endverbraucherpreises durch den Hersteller (*P. der zweiten Hand*). Die P. existiert nur noch im Buch- und Zeitschriftenhandel.

Preisdifferenzierung

Angebot von Gütern gleicher Qualität zu verschiedenen Preisen. – *Arten*: 1. *Räumliche P.*: Auf regional abgegrenzten Märkten gelten unterschiedliche Preise, z.B. Inland/Ausland. 2. *Zeitliche P.*: Unterschiedliche Preise z.B. in Vor-, Haupt- und Nachsaison, soweit die Preisunterschiede nicht auf jahreszeitbedingten Qualitätsunterschieden beruhen; bei Tag- und Nachtstrom. 3. *Mengenmäßige P.*: Unterschiedliche Preise entstehen durch Staffelung von Mengenrabatten; P., soweit die Mengenrabatte nicht Kostenunterschiede wegen unterschiedlicher Losgrößen und Transaktionskosten pro Einheit wiedergeben. 4. *Personelle P.*: durch unterschiedliche Behandlung der Bezugspersonen, z.B. Industrie – Handel; eigenes Personal – fremdes Personal.

Preiselastizität der Nachfrage

Nachfrage-Preiselastizität; bekannteste Ausprägung der ↑ Elastizität.

Preisempfehlung

Keine Preisbindung, sondern eine unverbindliche Empfehlung des Herstellers an den Wiederverkäufer, zu diesem Preis zu verkaufen. Die Gefahr einer Mondpreis-Bildung (↑ Mondpreise) ist dabei zu beachten. Durch überhöhte P. kann der Händler in Gebieten mit starker Kaufkraft einen erhöhten Preis nehmen, obwohl die Ware in anderen Gebieten trotz gleicher Einstandspreise wesentlich billiger angeboten wird.

Preis freibleibend
Handelsklausel in Lieferungsverträgen; bedeutet i.a., daß der Vertrag bindend, die Preisbestimmung jedoch nach dem Marktpreis am Lieferungstermin zulässig sein soll. Im Einzelfall andere Auslegung möglich.

Preisführerschaft
Meist beim ↑ Oligopol anzutreffendes Merkmal, bei dem der stärkste Marktteilnehmer die Preispolitik bestimmt.

Preisgleitklausel
↑ Gleitpreisklausel

Preisindex für die Lebenshaltung
(lat.: index = Anzeiger), in einem Wert ausgedrückte Preisentwicklung, bezogen auf das Basisjahr, das mit 100 angesetzt ist. Untersucht werden die P.f.d.L. vier verschiedener Haushalte, wobei der bekannteste der 4-Personen-Haushalt mit mittlerem Einkommen ist. Das Statistische Bundesamt ermittelt die Werte auf der Basis eines ↑ Warenkorbs, der repräsentativ für die Kaufgewohnheiten der Bürger ist. Die Preissteigerungen dieser Waren werden Jahr für Jahr mit dem Basisjahr verglichen. Bezogen auf das Basisjahr 1991 (= 100) betrug der P.f.d.L. (Gesamtindex im Jahresdurchschnitt) 1950 29,8; 1960 35,9; 1970 46,2; 1980 74,8; 1990 96,4; 1995 112,9; 1996 114,4; 1997 119,1.

Preis-Lohn-Spirale
↑ Lohn-Preis-Spirale.

Preisnachlässe
Abzüge vom Listenpreis in Form von Rabatt, ↑ Bonus, ↑ Skonto; vgl. Übersicht.

Preisniveaustabilität
Wirtschaftspolitisches Ziel, den Durchschnitt (= das Niveau) aller Preise im Zeitablauf gleich zu halten. Im Einzelfall kann es Preiserhöhungen oder Preissenkungen geben, jedoch sollte das Niveau aller Preise möglichst um nicht mehr als 2-3 % jährlich steigen (= relative Preisniveau-Stabilität).

Preispolitik
Maßnahmen zur Beeinflussung von Preisen.
1. *Staatliche P.*: Durch Überwachung der Güterpreise und Preisfestsetzung, z.B. in Form von Mindestpreisen (bei Agrarprodukten; Überschußproblem) oder Höchstpreisen (z.B. bei Mieten; Unterversorgung mit Wohnraum); vgl. auch ↑ Preisstopp, ↑ Preisregulierung. Preispolitische Maßnahmen z.T. auch in der Marktwirtschaft.
2. *Privatwirtschaftliche P.*: Wichtiges Mittel der Absatzpolitik; umfaßt: Preisfindung für neue Produkte, Kalkulation einzelner Aufträge (↑ Preisuntergrenze), Preisänderung bzw. ↑ Preisdifferenzierung für eingeführte Produkte, ↑ Preisnachlässe u.a.

Preisregulierung
Preisregelung; staatliche Maßnahmen der Preisbeeinflussung aus einkommens- oder sozialpolitischen Gründen durch Mindest-, Höchst-, Fest- und Interventionspreise, spezielle Verbrauchsteuern und Subventionen zur Beeinflussung von Preisen. Man unterscheidet marktkonforme P. (Interventionspreise) und nicht marktkonforme P. (Höchst-, Mindest- oder Festpreise). – *Wirkungen*: Bei Mindestpreisen, die über dem ↑ Gleichgewichtspreis liegen, kommt es zu Überschußproduktion (z.B. Butterberg); bei Höchstpreisen, die unter dem Gleichgewichtspreis liegen, kommt es zu Unterversorgung; es entstehen ↑ Schwarzmärkte; es muß rationiert werden. ↑ Preispolitik.

Preisschwelleneffekt
Erscheinung, daß die Erhöhung eines Preises nicht zu einem sofortigen größeren Rückgang der nachgefragten Menge führt bzw. die Senkung eines Preise nicht sofort zu einer größeren Er-

Preisnachlässe

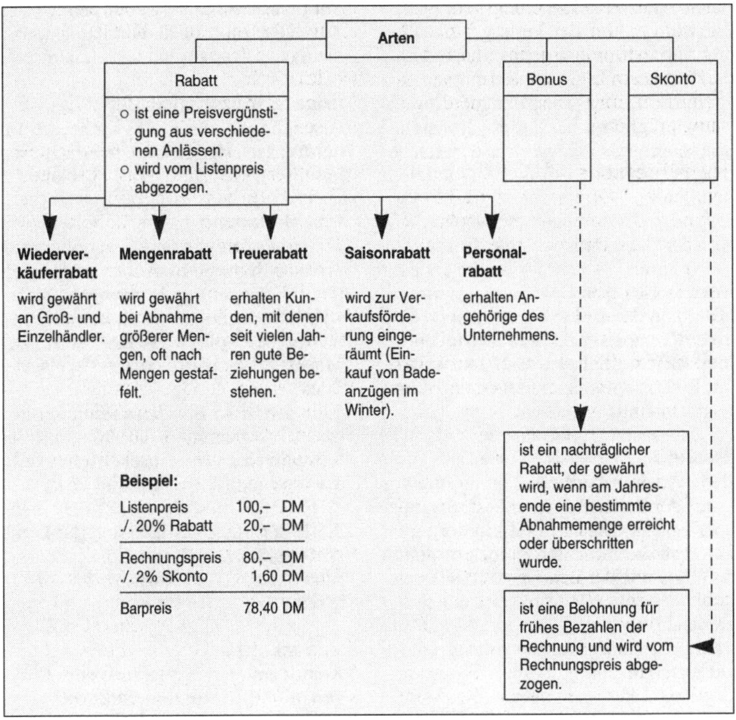

höhung der Nachfrage. Der P. beruht auf der subjektiven Wahrnehmung von Preisen und ist abhängig u.a. von Produktart, Markttransparenz, Stärke der Präferenzen des Käufers.

Preisstopp

Staatliche Maßnahme, die oft mit einem ↑ Lohnstopp einhergeht. Der P. soll als Mittel dienen, eine steigende Tendenz der Preise abzublocken. Zu diesem Zweck können Höchstpreise (Verbraucherschutz) festgesetzt werden, die nicht überschritten werden dürfen. – *Wirkung*: Der P. ist als Mittel der Inflationsbekämpfung umstritten. Handelte es sich vor der Maßnahme um eine Nachfrageinflation, so besteht diese Nachfrage auch noch nach dem P. Es bilden sich „schwarze“ oder „graue“ Märkte, auf denen die Waren zu einem höheren Preis gehandelt werden, was der P. verhindern wollte. Handelte es sich vor der Maßnahme um eine Kosteninflation, so werden die Waren so lange zurückgehalten, bis der P. wieder aufgehoben wird, um dann eine Preissteigerung vorzunehmen, die die gesamten vermiedenen Preissteigerungen wieder zunichte macht (zurückgestaute ↑ Inflation).

Preisuntergrenze

Preisstellung, bei deren Unterschreitung die angefallenen Kosten nicht mehr gedeckt werden.

Arten:
1. *Kurzfristige* oder auch *absolute P.* liegt vor, wenn der Preis gerade noch die variablen Kosten pro Stück deckt. Verlust entsteht in Höhe der fixen Kosten. In Zeiten kurzfristiger Absatzschwierigkeiten kann diese Konstellation durchgehalten werden, da auch bei Nichtproduktion Fixkosten anfallen würden.
2. *Langfristige P.* liegt vor, wenn alle fixen und variablen Kosten (Gesamtkosten) durch die Verkaufserlöse gedeckt sind, jedoch kein Gewinn realisiert werden kann. Re-Investitionen können aber trotzdem noch durchgeführt werden, da die Abschreibungen als Kostenfaktor im Fixkostenblock angesetzt und somit gedeckt sind.

Pretest
Jede Art von Werbeforschung, die vor (pre) der Schaltung einer Werbekampagne erfolgt. Darunter fällt in der Regel die Untersuchung der Werbekonzeption und der wichtigsten Gestaltungsmerkmale der neuen Werbekampagne durch neutrale Testpersonen. Ziel ist es, eine relativ genaue Werbeerfolgsprognose zu erstellen.

Primärbedarf
↑ Bedarfsermittlung

primärer Sektor
Volkswirtschaftlicher Begriff für Land- und Forstwirtschaft, Fischerei und Bergbau. Vgl. ↑ Sektorender Volkswirtschaft.

Primärforschung
↑ Marktforschung.

private Arbeitsvermittlung
Gewerbsmäßige, gewinnorientierte Vermittlung von Arbeitskräften an Arbeitgeber; ↑ Arbeitsvermittlung.

private Einlagen
Vom Geschäftsinhaber eingebrachte Werte, die ↑ Eigenkapital vermehren.

private Entnahmen
Vom Geschäftsinhaber für persönliche Zwecke entnommene Vermögenswerte, die das ↑ Eigenkapital vermindern.

private Haushalte
Bezeichnung der Volkswirtschaft für den Wirtschaftssektor, der Einzel- und Familienhaushalte umfaßt. ↑ Haushalt.

Privatisierung
Meist Reprivatisierung ursprünglich privater Betriebe bzw. Aktivitäten, seltener Verlagerung bestimmter bisher staatlicher Aktivitäten in den privaten Sektor der Volkswirtschaft, wenn der Markt effizienter „arbeitet" als der Staat.
1. In den *alten Bundesländern* wurden in den vergangenen Jahren einige Beteiligungen an Industriebetrieben (z.B. Volkswagen AG) vom Bund verkauft.
2. In den *neuen Bundesländern* hatte die P. der Staatsbetriebe und der Landwirtschaftlichen Produktionsgenossenschaft (LPGs) als Aufgabe der ↑ Treuhandanstalt große Bedeutung.

Privatkonto
Konto, auf dem Entnahmen oder Einlagen der Einzelunternehmer oder der persönlich haftenden Gesellschafter verbucht werden.

Privatrecht
Zivilrecht; regelt die rechtlichen Beziehungen zwischen den Bürgern und in Ausnahmefällen auch zu Behörden, wenn diese wie Privatpersonen auftreten, z.B. bei der Miete eines Gebäudes. Das Wirtschaftsrecht (HGB) ist überwiegend P., es regelt Beziehungen zwischen Kaufleuten oder zwischen Kaufleuten und Nichtkaufleuten, zwischen Gesellschaftern u.a. – *Gegensatz*: ↑ Öffentliches Recht.

Privatwirtschaft
Im Gegensatz zur öffentlichen Wirtschaft vom Eigeninteresse, von individuellen Plänen und der Zielsetzung der

Gewinnerwirtschaftung geprägte Wirtschaft.

privatwirtschaftliche Marktwirtschaft
↑ Freie Marktwirtschaft.

product placement
Werbemittel, bei dem durch gezielte Plazierung von Markenprodukten in Form einer realen Requisite in der Handlung eines Spielfilms eine hohe Werbewirkung erwartet wird.

Produktfamilie
↑ Produktgruppe.

Produktgestaltung
Auch: *Produktdesign*; die Festlegung der Erscheinungsform eines Gutes in Ausstattung, Qualität, Form und Markierung. ↑ Marketing.

Produktgruppe
Auch: *Produktlinie*, *Produktfamilie*, im Absatz miteinander verbundene Produkte; Vertrieb meist unter Anwendung einer gemeinsamen Marke (Dachmarke), sog. Markenfamilie.

Produkthaftung
Durch das P.-Gesetz vom 15.12.1989 geregelte verschuldensunabhängige Haftung des Produzenten für Schäden an Körper, Gesundheit und Sachen (nicht dem Produkt selbst) des Verbrauchers, die durch die fehlerhaften Produkte des Herstellers hervorgerufen wurden (insbes. Konstruktions-, Fabrikations- und Instruktionsfehler). Bei Personenschäden nur Schadensersatz für materielle Schäden (kein Schmerzensgeld) des unmittelbar Geschädigten, bei Tötung aber auch für Unterhaltsberechtigte; Höhe begrenzt auf 160 Millionen DM. Bei Sachschäden Ersatz erst bei Schäden über 1.125 DM. Eine weitergehende Haftung aufgrund anderer Vorschriften wird durch das P.-Gesetz nicht ausgeschlossen.

Produktion
Auch: *Fertigung, Erzeugung*; Herstellung von Sachgütern bzw. Diensten. Vgl. Übersicht.

Produktionsbereiche
Innerhalb der ↑ Wirtschaftsbereiche die Unternehmen der Leistungserstellung: Land- und Forstwirtschaft, Energie, Wasserversorgung, Bergbau, verarbeitendes Gewerbe, Baugewerbe einschließlich produzierendes Handwerk.

Produktionsbreite
Fähigkeit der Unternehmung, aufgrund ihrer Ausstattung mit Produktionsmitteln nebeneinander oder nacheinander verschiedene Produkte ohne große Umstellung des Produktionsapparats herstellen zu können.

Produktionsfaktoren
Einsatzgrößen, die für die Leistungserstellung notwendig sind.
1. Zu den P. im *betriebswirtschaftlichen* Bereich zählen die menschliche Arbeit (inkl. Unternehmensleitung), die Betriebsmittel und die Werkstoffe. Als abgeleitete (derivative) Faktoren werden Planung und Organisation angesehen.
2. P. in der *Volkswirtschaft* sind Boden, Arbeit und Kapital, wobei das Kapital aus Boden und Arbeit abgeleitet (derivativ) ist. Als ursprünglich (originär) werden dagegen die Faktoren Boden und Arbeit bezeichnet.

Produktionsfunktion
Allgemeine Beschreibung für den funktionalen Zusammenhang zwischen verschiedenen Einsatzmengenkombinationen der ↑ Produktionsfaktoren (↑ Input) und der Ausbringungsmenge (↑ Output) bei einem gegebenen Stand der Technik.

Produktionsgüter
Rohstoffe und Halberzeugnisse, die in die Investitions- und Konsumgüterproduktion eingehen.

Produktion

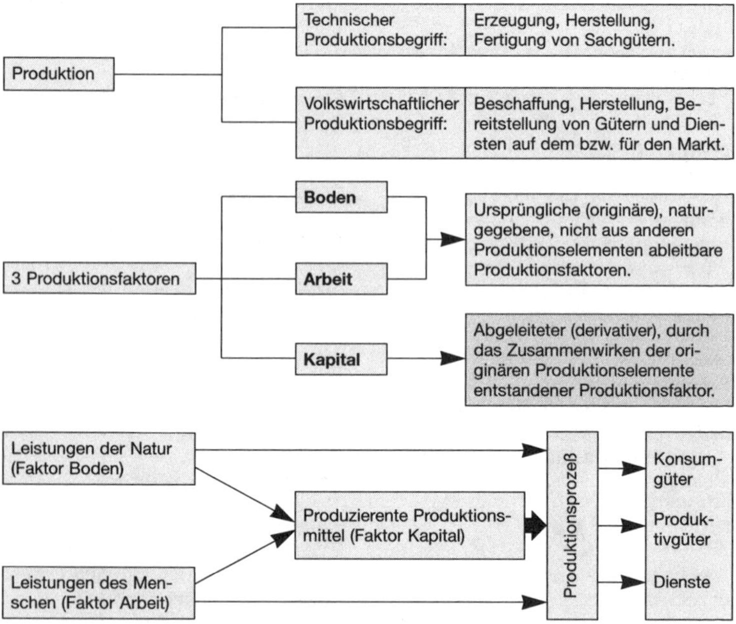

Produktionskontrolle

Fertigungskontrolle; Überprüfung des hergestellten Gutes in technischer und wirtschaftlicher Hinsicht (Nachkalkulation). Die technische P. ist eine Gütekontrolle. Geprüft wird die Gebrauchsfähigkeit, die physikalisch-chemisch-technisch-biologische Eigenschaft (z.B. Keimfreiheit von Lebensmitteln) und die Vorschriftsmäßigkeit (z.B. VDI-Vorschrift). Die P. erfolgt während und nach Abschluß der Herstellung.

Produktionskosten

Fertigungskosten; die im Bereich der Produktion entstandenen Kosten zur Herstellung eines Produkts. Zu den P. zählen die Produktionseinzelkosten (Löhne) und die Produktionsgemeinkosten (Abschreibungen, Hilfslöhne, Stromkosten, Gehälter im Fertigungsbereich). Zusammen mit den Materialkosten bilden die P. die ↑ Herstellkosten.

Produktionsmittel

Ausdruck für den Produktionsfaktor Kapital (bzw. Kapitalgüter), häufig auch *produzierte P.* genannt. I.w.S. auch gleichbedeutend mit ↑ Produktionsfaktoren verwendet.

Produktionsplanung

Fertigungsplanung; Planung im Produktionsbereich eines Industriebetriebs. Umfaßt: Produktionsprogrammplanung (↑ Produktionsprogramm), ↑ Produktionsprozeßplanung, ↑ Produktionssteuerung und ↑ Produktionskontrolle.

Produktionsprogramm

Fertigungsprogramm; der Plan über Menge und Art der in einem Zeitraum zu erzeugenden Güter. Festlegung im

Rahmen der *Produktionsprogrammplanung*. ↑ Produktionsbereiche, ↑ Produktionsbreite, ↑ Produktionstiefe.

Produktionsprozeßplanung
Fertigungsprozeßplanung, Produktionsvollzugsplanung, Ablaufplanung; Festlegung der zeitlichen und örtlichen Reihenfolge von Be- und Verarbeitungsvorgängen (einschl. Transport- und Lagervorgänge) im Produktionsbereich. Die P. umfaßt u.a. Termin- und Kapazitätsplanung sowie Bereitstellungsplanung (hinsichtlich Material und Personal).

Produktionssteuerung
Fertigungssteuerung; während der Produktion auszuführende Tätigkeit, die sich auf Überwachung, Terminplanung, Erstellen von Maschinen- und Stellenbesetzungsplänen und die Einhaltung der optimalen Auslastung der Kapazität erstreckt.

Produktionstiefe
Auch: *Leistungstiefe;* Grad der Vollständigkeit, mit der ein Betrieb die für die Herstellung seiner Endprodukte erforderlichen Bearbeitungsvorgänge selbst durchführt. *Beispiel*: Die P. einer Automobilfabrik ist gering, wenn sie lediglich gelieferte Teile zum fertigen Auto montiert (Montagebetrieb); sie ist groß, wenn vom Stahlwerk (Bleche, Stabstahl) an über die Teilefertigung bis zur Endmontage des Autos alle Arbeitsgänge in eigenen Betrieben erledigt werden.

Produktionsverfahren
Fertigungsverfahren; die verschiedenen Formen der Herstellung von Gütern. Siehe Übersicht.

Produktionsvollzugsplanung
↑ Produktionsprozeßplanung.

Produktionswirtschaft
Bereich der Betriebswirtschaft, der sich vornehmlich mit der Frage der Fertigungsorganisation beschäftigt (↑ Fertigungsverfahren) und für die Aufstellung der ↑ Produktionsplanung, des ↑ Produktionsprogramms und der ↑ Fertigungskontrolle zuständig ist.

Produktivität
Meßzahl für die Ergiebigkeit wirtschaftlicher Tätigkeit. Gebräuchliche Meßziffer ist die ↑ *Arbeitsproduktivität*. 1. Volkswirtschaftlich das Verhältnis von Inlandsprodukt zur eingesetzen Menge des Faktors Arbeit, 2. betriebswirtschaftlich das Verhältnis des Produktionsergebnisses zur eingesetzten Arbeitskraft (Arbeitsstunden).

Produktivitätsfortschritt
↑ Arbeitsproduktivität.

Produktivvermögen
Auch: *Produktivkapital*; ↑ Vermögen 3.

Produkt- und Programmpolitik
Teil des ↑ Marketing-Mix. Bestimmung der Produkte, die hergestellt werden sollen, und ihrer Varianten, d.h. auch

Produktionsverfahren

	Arten
Nach dem Grad des menschlichen Arbeitseinsatzes:	1. manuelle Produktion, 2. maschinelle Produktion, 3. teilautomatisierte Produktion, 4. vollautomatisierte Produktion
Nach der Ausstoßmenge:	1. Einzelproduktion, 2. Sortenproduktion, 3. Serienproduktion, 4. Massenproduktion
Nach der Organisation:	1. Werkstattproduktion. 2. Zentrenproduktion, 3. Fließproduktion

die Entscheidungen, welche Produkte neu zu entwickeln und einzuführen sind und welche aus dem Programm entfallen.

Profit
Traditionell Bezeichnung für Unternehmergewinn. Nach marxistischer Theorie ist der P. der Mehrwert, den der Unternehmer als Differenz zwischen dem gezahlten Lohn und dem erhaltenen Ertrag erzielt.

Profit Center
Teilbereich eines Unternehmens mit Ergebnisverantwortung und weitgehender Autonomie, der praktisch wie ein Unternehmen im Unternehmen geführt werden soll.

Programm
Die Summe aller Anweisungen an einen Computer, die ein vorgegebenes Problem lösen. ↑ Anwendersoftware, ↑ Systemprogramm.

Programmablaufplan
↑ Datenflußplan.

Programmbreite
1. Zahl der Produktgruppen bzw. -linien innerhalb eines Produktprogramms eines Produktions- oder Dienstleistungsunternehmens.
2. Sortimentsbreite im Handelssortiment. ↑ Sortiment.

Programmiersprache
Eigene Kommunikationssprache (Formelsprache) zwischen Mensch und Computer, in der dem Rechner Anweisungen erteilt werden, wie er die einzelnen Befehle aus seinem Befehlsvorrat entnehmen und in welcher Reihenfolge er sie abarbeiten soll. – Man unterscheidet: Maschinensprachen, die der Computer direkt versteht; maschinenorientierte Sprachen, die zwar die Struktur der Rechnerbefehle haben, aber symbolisch formuliert sind (↑ ASSEMBLER); problemorientierte Sprachen (mathematisch: ALGOL, FORTRAN, kaufmännisch: COBOL, prozedurorientierte Sprachen: [Dialogsprachen: BASIC, PASCAL, C, sowie Datenbanksprachen], Steuersprachen), sonstige Sprachen.

Programmierung
Das Zusammenstellen eines Computerprogramms mit Elementen einer oder mehrerer ↑ Programmiersprachen. Die P. umfaßt Programmentwurf, ↑ Codierung und Test. – In der *strukturierten P.* werden komplexe Aufgabenstellungen hierarchisch gegliedert und entsprechend dieser Gliederung das Programm codiert, wobei das Programm übersichtlich und leicht nachvollziehbar bleiben muß. Damit lassen sich die Programme leichter ändern, der Test wird erleichtert und die Dokumentation braucht nicht so ausführlich zu sein.

Programmtiefe
1. Zahl der verschiedenen Varianten (Modelle, Typen) einer Produktgruppe im Produktprogramm eines Produktions- oder Dienstleistungsunternehmens.
2. Sortimentstiefe im Handelssortiment. ↑ Sortiment.

Progression
↑ Steuertarif.

Prokura
Eine besonders umfangreiche Art der Handlungsvollmacht. Der *Prokurist* ist zu allen gerichtlichen und außergerichtlichen Geschäften ermächtigt, die ein Handelsgewerbe mit sich bringt. Das bedeutet, daß die Befugnisse des Prokuristen grundsätzlich unbegrenzt sind, außer: Der Prokurist darf keine Grundstücke veräußern oder belasten, keine Bilanz unterschreiben, einem anderen keine P. erteilen, nicht Konkurs anmelden oder in anderer Weise den Betrieb stillegen. Der Prokurist hat so zu unterschreiben, daß er der Firma seinen Namen und einen die P. andeutenden Zusatz, z.B. ppa, beifügt. – Die P. ist aus-

drücklich zu erklären und zum Handelsregister anzumelden. Interne Beschränkungen gelten nicht nach außen. Wird z.B. dem Prokuristen versagt, Wechsel zu unterschreiben, gilt das Dritten gegenüber nicht; eine eventuelle Wechselzeichnung hätte volle Wirkung. – Die P. *erlischt* durch Widerruf, durch Tod des Prokuristen, durch Konkurs des Unternehmens oder durch Beendigung des Dienstverhältnisses. Der Tod des Firmeninhabers löscht die P. nicht. Die Aufhebung ist eine eintragungspflichtige Tatsache im Handelsregister. Wird der Widerruf nicht eingetragen, so ist grundsätzlich der gute Glaube eines Dritten geschützt, d.h. Geschäfte, die der ehemalige Prokurist noch abschließt, haben volle Wirkung.

Prolongation

(lat. = Verlängerung).
1. Beim *Bankkredit* die Verlängerung der Kreditfrist. Stellt der Kreditnehmer diesen Antrag, bedarf es der schriftlichen Zustimmung der Bank.
2. Im *Wechselgeschäft* wird, wenn der Bezogene am Verfalltag den Wechsel nicht einlösen kann, ein neuer Wechsel vom Aussteller oder letzten Inhaber ausgestellt und vom Schuldner akzeptiert. Der alte Wechsel wird zurückgegeben. Die Wechselsumme wird in der Regel um den Diskont und um andere anfallende Ausgaben erhöht.

proportionale Kosten

Teil der ↑ variablen Kosten, der sich im gleichen Verhältnis wie die Beschäftigung (Ausbringung) verändert. P.K. sind z.B. Fertigungslöhne (insbes. Stücklöhne), Einzelmaterial, Hilfsstoffe, mengenabhängige Lager- und Vertriebskosten (Verpackungsmaterial). Kostenarten, die aus *rein* proportionalen Kosten bestehen, sind relativ selten. Die meisten Kostenarten bestehen aus „Mischkosten" (fixen, proportionalen, progressiven und degressiven Kosten). Betriebe, in denen die p.K. überwiegen, haben geringe Anlage- und Bereitschaftskosten (fixe Kosten), z.B. handwerkliche und Reparaturbetriebe.

Proportionalkostenrechnung

↑ Grenzplankostenrechnung.

Protektionismus

(lat.: protegere = beschützen); Schutz der binnenländischen Wirtschaft durch eine Politik der ↑ Einfuhrbeschränkungen. Starke internationale Konkurrenz (Billigländer) soll so gegenüber inländischer Produktion benachteiligt werden bzw. die inländische Produktion vor „Überfremdung" geschützt werden (bei P. gegen Kapitalimporte in Form ausländischer ↑ Direktinvestitionen). – *Möglichkeiten*:
1. Importzölle, die die Einfuhren verteuern und die Waren somit im Inland teurer machen (z.B. ↑ Abschöpfung; ↑ Zoll).
2. Einfuhrverbote für bestimmte Waren.
3. Beschränkung der Einfuhr auf bestimmte Mengen (Kontingentierung).
4. Starke Subventionierung der eigenen Wirtschaft, damit billiger und somit konkurrenzfähiger angeboten werden kann (Werftindustrie).
5. Exportzölle, Genehmigungspflichten bei bestimmten Rohstoffen und High-Tech-Gütern.
6. Kapitalverkehrskontrollen (vgl. ↑ Devisenbewirtschaftung).

Protest

1. Im *Wechselrecht* eine amtliche Beurkundung, daß der am Verfalltag dem Bezogenen vorgelegte Wechsel von diesem nicht eingelöst wurde. Über diesen Vorgang wird eine Protesturkunde vom Anwalt oder Postbeamten (bis 1.000 DM durch die Post möglich) ausgestellt. Der P. ist wichtig, da er den Wechselrückgriff auf die eventuellen Vormänner ermöglicht. Von der Protesterhebung sind der Vormann und der Aussteller binnen 4 Tagen zu unterrichten (Benachrichtigungspflicht).
2. P. im *Scheckverkehr* und damit das Rückgriffsrecht ist nicht so formal. Der

übliche Vermerk der Bank, der Scheck sei rechtzeitig vorgelegt, aber nicht bezahlt worden, gibt dem Scheckinhaber das Regreßrecht; vgl. ↑ Regreß.

Protokoll
Eine dem Zeitablauf entsprechende Aufzeichnung von Vorgängen und Regeln, nach denen Daten von einem Rechner zum anderen übertragen werden. Sie beschreibt das Adressenschema, den Datenaustausch, Fehlerkorrekturmaßnahmen u.v.m. – *Vgl. auch*: ↑ Datenfernübertragung.

Provider
(Engl. = Dienstleister). P. sind Organisationen, die ↑ Einwahlknoten ins Internet unterhalten und kommerziellen sowie privaten Anwendern den Zugang mittels ↑ Account zum Internet ermöglichen. – *Vgl. auch*: ↑ Access-Provider, ↑ Content-Provider, ↑ Online-Dienste

Provision
Eine Zahlung für geleistete Dienste, oft in Prozenten einer Wertgröße (z.B. Umsatz) berechnet. – *Arten:* 1. P. des *Kaufmanns*: Jeder Kaufmann hat Anspruch auf P., wenn er im Rahmen seines Handelsgewerbes Dienste für andere leistet. Die P. braucht nicht ausdrücklich vereinbart zu werden. – 2. P. des *Handelsvertreters*: Als selbständiger Kaufmann hat der Handelsvertreter für alle auf Rechnung und Namen des Unternehmens abgeschlossenen Geschäfte Anspruch auf Provision. Das gilt auch für geschlossene Geschäfte, die durch seine Tätigkeit vorbereitet wurden. Neben der *Abschlußprovision* können noch *Inkassoprovision* (Vergütung für den Einzug von Geldern) und *Delkredereprovision* (Risikoübernahme der Forderungen) vereinbart werden. – 3. P. im *Bankwesen*: a) *Kreditbereitstellungsprovision*. Für einem dem Bankkunden bereitgestellten Betrag wird P. berechnet, wenn er nicht in Anspruch genommen wurde. Argument: Das Geld hätte in der Zwischenzeit anderweitig verliehen werden können. – b) *Überziehungsprovision* für Überschreiten des Kreditlimits. – 4. *Umsatzprovision* für die mit der Kontoführung verbundenen Grundleistungen. – 5. *Akzeptprovision* für Ausstellung eines Akzepts. – 6. Verschiedene andere Arten wie *Diskont-, Ausführungsprovision* im Effektengeschäft.

Prozedur
Computer-Unterprogramm, das ein Teilproblem löst und das Ergebnis zur Weiterverarbeitung zur Verfügung stellt.

Prozeßkostenrechnung
System der ↑ Vollkostenrechnung, bei dem versucht wird, einem Produkt die Kosten der Tätigkeiten (Prozesse) zuzurechnen, die zur Erstellung des Produktes notwendig sind.

Prozeßpolitik
Alle wirtschaftspolitischen Instrumente, die bei gegebenen Rahmenbedingungen einer jeweiligen Wirtschaftsordnung (↑ Ordnungspolitik) den Wirtschaftsprozeß beeinflussen (↑ Wirtschaftspolitik). In der Marktwirtschaft sind dies insbes. geld- und fiskalpolitische Instrumente, durch die die Einnahmen-/Ausgabenrelationen der privaten Unternehmen und Haushalte variiert werden, um durch die damit ausgelösten Verhaltensänderungen der Wirtschaftssubjekte in bezug auf Produktion, Investition, Konsum oder Ersparnisbildung die wirtschaftspolitischen Ziele (gesamtwirtschaftliche Ziele wie Preisniveaustabilität, hoher Beschäftigungsstand, angemessenes Wachstum und Zahlungsbilanzausgleich; Regional- und Branchenstrukturziele usw.) zu erreichen. Hauptträger der P. sind Regierung, Verwaltung und Notenbank.

prozyklische Wirtschaftspolitik
Konjunkturpolitische Maßnahmen, die zu einer Verstärkung konjunktureller Ausschläge führen, z.B. zu einer Ver-

schärfung von Rezessionen oder zu einer Überhitzung in Aufschwungphasen. Problem: antizyklisch beabsichtigte ↑ Konjunkturpolitik kann wegen Zeitverzögerungen diese unerwünschten Folgen haben.

Public Relations (PR)

(engl. = öffentliche Beziehungen); diejenige Öffentlichkeitsarbeit, die ein Unternehmen leistet, um vorrangig den Bekanntheitsgrad der Firma, nicht eines Produkts, zu erhöhen; allgemein das Bemühen um öffentliches Vertrauen. Natürlich soll dadurch auch der Verkauf von Produkten begünstigt werden.

Publizität

Unterrichtung der Öffentlichkeit über das Betriebsgeschehen aus der Sicht des Unternehmens. – Die Pflicht zur P. besteht für Kapitalgesellschaften und Genossenschaften in der Veröffentlichung des Jahresabschlusses (Bilanz, Gewinn- und Verlustrechnung und Lagebericht), je nach Größe der Gesellschaft, und Einreichung beim Handels- bzw. Genossenschaftsregister.

Pull-Strategie

Absatzstrategie von Herstellern mit mehrstufigem Absatzweg. Mittels Kommunikationspolitik, insbes. gegenüber dem Letztverbraucher, sowie Marken- und Markierungspolitik soll bei den zwischengeschalteten Absatzstufen ein Nachfragesog nach den Erzeugnissen des Herstellers erzeugt werden.

Push-Strategie

Forcierung des „Angebotsdrucks“ auf die Absatzmittler, d.h. verstärkter Einsatz der Preispolitik und Konditionenpolitik, des persönlichen Verkaufs und des Lieferservice mit dem Ziel, den Absatz zu erhöhen.

Q

qualifizierte Mehrheit
Ein vorgeschriebenes Mehrheitsverhältnis bei Abstimmungen. Eine q. M. liegt vor, wenn zur Annahme eines Antrags 2/3 oder 3/4 der abgegebenen Stimmen diesem Antrag zustimmen müssen, z. B. eine 3/4-Mehrheit der Hauptversammlung muß einer Satzungsänderung einer AG zustimmen.

Qualitätsbezeichnung
Eine in vielen Branchen übliche Kennzeichnung der Güte, Beschaffenheit und Herkunft der angebotenen Waren, z. B. „Qualitätswein", „echt Leder".

Qualitätsklausel
Klausel über die Beschaffenheit der Ware, z. B. ↑ „tel quel" (so wie die Ware ausfällt, hat der Käufer sie zu nehmen) oder „Lieferung 1. Güte".

Qualitätsmanagement
Planung, Steuerung und Überwachung der Qualität eines Prozesses bzw. Prozeßergebnisses; umfaßt Qualitätsplanung, -lenkung, -verbesserung und -sicherung.

Qualitätszirkel
Arbeitsgruppe in einem Unternehmen, die die in ihrem Arbeitsbereich auftretenden Probleme löst bzw. zu lösen versucht.

Quantitätstheorie
Eine Geldtheorie, derzufolge ein unmittelbarer Zusammenhang zwischen Geldmenge und Preisstabilität besteht. Wird die Geldmenge (M) erhöht, so steigt bei konstanter ↑ Umlaufgeschwindigkeit des Geldes V und konstantem Transaktionsvolumen T des Preisniveau P (Fishersche Verkehrsgleichung: $M \cdot V = T \cdot P$).

Quellensteuer
↑ Abzugssteuer.

Quittung
Im Geschäftsverkehr die Bestätigung für eine geleistete Zahlung und gleichzeitig ein Buchungsbeleg. Die Q. wird meist auf einem Vordruck mit eigenhändiger Unterschrift des Empfängers ausgestellt. Das Recht, eine solche Empfangsbestätigung zu bekommen, hat der Leistende immer.

Quote
Anteil bzw. Verhältnisteil, der jeweils festgesetzt wird oder sich rechnerisch ergibt, im *Außenhandel* z. B. in Form von Einfuhr- bzw. Ausfuhrquoten (↑ Kontingentierung).

Quotenaktie
↑ nennwertlose Aktie.

Quotenverfahren
Erhebungsverfahren im Rahmen der Marktforschung. Hierbei werden die befragten Personen entsprechend der demographischen Daten der Zielgruppe bewußt ausgewählt. Ziel des Q. ist ein Höchstmaß an Repräsentativität der erzielten Ergebnisse.

R

Rabatt

Preisnachlaß für Waren und Leistungen, der angewendet wird, wenn ein formell einheitlicher Angebotspreis trotzdem gegenüber verschiedenen Abnehmern, unter verschiedenen Umständen oder zu verschiedenen Zeiten differenziert werden soll. ↑ Preisnachlässe.

Random Access

Direkter Zugriff auf ein Speichermedium. Der Speicherinhalt ist durch Ordnungskriterien beschrieben, auf die vom Programm her zugegriffen werden kann. Es existiert ein Inhaltsverzeichnis, in dem die Adresse steht, unter der die Information gefunden werden kann. Der Speicher muß hardwaremäßig diesen direkten Zugriff erlauben, wie es beispielsweise bei Plattenspeichern (↑ Festplatte, ↑ Diskette) möglich ist.

Ratenkauf

↑ Abzahlungsgeschäft.

Rationalisierung

Maßnahmen zur Verbesserung der ↑ Produktivität eines Unternehmens durch Automatisierung und effizientere Gestaltung der Arbeitsprozesse.

Räumungsverkauf

Verbilligter Zwangsverkauf aus besonderem Anlaß, z.B. „wegen Wasserschäden" oder „R. wegen Geschäftsaufgabe", und zwar bis zu 12 Werktagen bei einer Zwangslage. Bei Geschäftsaufgabe setzt ein R. voraus, daß der Veranstalter mindestens drei Jahre vor Beginn keinen R. gleicher Art durchgeführt hat; der Geschäftsbetrieb darf nicht weitergeführt werden. Der Grund muß in der öffentlichen Bekanntmachung angegeben werden.

Realeinkommen

Preisbereinigtes ↑ Nominaleinkommen (=tatsächliche Kaufkraft). – *Berechnung*: Nominaleinkommen: Preisindex.

Realkredit

I.e.S. Kredit gegen Stellung dinglicher Sicherheiten (Grundschuld oder Hypothek), i.w.S. jeder gesicherte Kredit.

Realsteuern

Steuer auf eine Sache (Objekt), ohne die Leistungsfähigkeit der Person zu berücksichtigen. R. sind v.a. ↑ Grundsteuer und ↑ Gewerbesteuer. – *Gegensatz*: ↑ Personensteuern.

Rechenzentrum

Räume oder Gebäude, in denen die Computer oder wesentliche Teile der Datenverarbeitungsanlage aufgestellt sind. – *Arten*: *unternehmenseigene R.*; *Gemeinschafts-R.* (von mehreren Unternehmen gemeinsam errichtete und genutzte R.), *Service-R.* (selbständiges Unternehmen oder Abteilung/Tochtergesellschaft von Computerherstellern, die Computerkapazitäten für Dritte zur Verfügung stellen).

Rechner

Übersetzung der englischen Bezeichnung Computer. Beide Begriffe werden synonym verwendet.

Rechnungsabgrenzung

Auch: *Jahresabgrenzung*; zeitliche Zuordnung der Aufwendungen und Erträge zur Ermittlung des Periodenerfolgs

in der ↑ Gewinn- und Verlustrechnung, damit alle Aufwendungen und Erträge, die wirtschaftlich in ein Geschäftsjahr fallen, auch in diesem erfaßt werden, unabhängig davon, ob der Zahlungsvorgang außerhalb oder innerhalb dieses Geschäftsjahres ausgeführt wurde. – *Arten*:
1. Bereits geleistete Zahlungen, die als Aufwand oder Ertrag in das nächste Geschäftsjahr gehören (*transitorische Posten*). *Beispiel*: Am 1.10. des vergangenen Jahres wurden für 6 Monate im voraus 6.000 DM Miete durch die Bank gezahlt. Verbucht wurde der Vorgang a) aus der Sicht des Zahlers: Mietaufwand an Bank 6.000 DM, b) aus der Sicht des Empfängers: Bank an Mieterträge. Am 31.12. müssen diese Aufwendungen und Erträge korrigiert werden, da nur Buchungen bis zum Stichtag aufgenommen werden dürfen. Die dafür notwendigen Hilfskonten sind „Aktive Jahresabgrenzung (AJA)“ für den Zahler und „Passive Jahresabgrenzung (PJA)“ für den Empfänger. Abgegrenzt werden immer die Beträge, die ins neue Jahr hineinfallen. Buchungen: (1) Zahler: AJA an Mietaufwand 3.000 DM, (2) Empfänger: Mietertrag an PJA 3.000 DM.
2. Noch nicht geleistete Zahlungen, die aber als Aufwand oder Ertrag in das abgelaufene Geschäftsjahr gehören (*antizipative Posten*). *Beispiel*: Die Dezembermiete ist per 31.12. noch nicht gezahlt worden. a) Buchung beim Gläubiger: Sonstige Forderungen an Mieterträge. Es werden also Aufwendungen und Erträge gebucht, obwohl noch kein Geld geflossen ist. b) Buchung beim Schuldner: Miete an sonstige Verbindlichkeiten.
3. Im weiteren Sinn gehören ↑ Rückstellungen ebenfalls zur R. *Beispiel*: Für einen schwebenden Prozeß werden 10.000 DM zurückgestellt. Buchung: Gerichtskosten an Rückstellungen 10.000 DM. Per 31.12. wird die Gewinn- und Verlustrechnung mit 10.000 DM belastet, obwohl noch kein Geld geflossen ist.

Rechnungshof

Rechnungsprüfungsbehörden für Haushalte der öffentlichen Verwaltung. Es wird die Ordnungsmäßigkeit und Wirtschaftlichkeit des Haushalts geprüft. Für den Bundeshaushalt ist der *Bundesrechnungshof*, für die Landeshaushalte sind die *Landesrechnungshöfe*, für die Gemeindehaushalte die *Rechnungsprüfungsämter* verantwortlich.

Rechnungslegung

Aufstellung und Bekanntmachung des Jahresabschlusses (Bilanz, Gewinn- und Verlustrechnung, Anhang) sowie gegebenenfalls des Lageberichts.

Rechnungswesen

System innerhalb eines Unternehmens, in dem alle internen und externen zahlen- und mengenmäßigen Vorgänge erfaßt und zum Zwecke der Planung, Steuerung und Kontrolle des betrieblichen Geschehens ausgewertet werden. Das Rechnungswesen gliedert sich in vier Teilbereiche: ↑ Buchführung, ↑ Kostenrechnung, ↑ Statistik, ↑ Planung.

Recht

Gesamtheit der Rechtsvorschriften, durch die das Verhältnis einer Gruppe von Menschen zueinander oder zu den übergeordneten Hoheitsträgern oder zwischen diesen geregelt ist. Diese Regeln können Gesetz sein oder Gewohnheitsrecht.

rechtsfähiger Verein

Eine Vereinigung von mindestens 7 Personen zur Erreichung eines gemeinsamen Zwecks gemäß Vertrag, der der Schriftform unterliegt. Wie alle juristischen Personen hat er ein Sondervermögen, das von den Mitgliedern aufgebracht und vom Vorstand verwaltet wird. Der Verein ist durch den Vorstand zum Vereinsregister anzumelden. Die Vereinssatzung ist Grundlage der Vereinstätigkeit. Durch die Eintragung ins Vereinsregister erhält der r.V. die Rechtsfähigkeit.

rechtsfähige Vereinigungen
Gebilde, die eine eigenständige Rechtsfähigkeit besitzen. Sie erlangen kraft ihrer Rechtsform nach Eintragung ins Vereins- oder Handelsregister (Formkaufleute) die Rechtsfähigkeit. R.V. werden gesetzlich durch den Vorstand (z.B. bei der AG, beim rechtsfähigen Verein) oder durch den Geschäftsführer (GmbH) vertreten. Sie sind selbst Steuerschuldner. Anhängige Klagen laufen im Namen der r.V. Nur bei grober Pflichtverletzung können die gesetzlichen Vertreter direkt belangt werden (Durchgriffshaftung).

Rechtsfähigkeit
Die Fähigkeit, Träger von Rechten und Pflichten zu sein, d.h. eigenständige Verbindlichkeiten eingehen und Rechte geltend machen können. Vgl. Übersicht.

Rechtsform
↑ Unternehmensform.

Rechtsgeschäfte
Vereinbarungen in schriftlicher oder mündlicher Form, die Ausdruck einer oder mehrerer Willenserklärungen sind. Vgl. Übersicht.

Rechtsmittel
Möglichkeit der Überprüfung einer gerichtlichen Entscheidung durch ein höheres Gericht. R. sind ↑ Berufung und ↑ Revision (gegen Urteile) und Beschwerde (gegen Beschlüsse und Verfügungen).

Recycling
(engl. = Wieder-in-den-Kreislauf-Bringen). – *Umweltpolitik*: Rückführung von Rückständen (Abfälle, Abwasser) in die Produktion. – *Arten*: 1. Wiederverwendung (z.B. Mehrwegflaschen); 2. Weiterverwendung (z.B. Granulat aus Altreifen für Bodenbeläge); 3. Weiterverwertung (z.B. Altpapier für sog. Umweltschutzpapier). ↑ Entsorgung.

Rediskont
1. *Diskont* (Zins), der beim Wechselverkauf von den Geschäftsbanken an die Bundesbank gezahlt werden muß. Üblicherweise spricht man auch vom Diskontsatz.
2. Im Sinne von *Rediskontierung*: Weiterverkauf von diskontierten Wechseln durch eine Bank an die Bundesbank.

Rediskontfähigkeit
Bezeichnung für einen Wechsel, der von der Bundesbank aufgekauft wird. – *Voraussetzungen*:
1. Es muß sich um einen Warenwechsel handeln (Grundlage ist ein Warengeschäft, kein Finanzgeschäft).
2. Aus den Wechseln müssen mindestens 3 als zahlungsfähig bekannte Verpflichtete haften.
3. Der Wechsel muß eine Restlaufzeit

Rechtsfähigkeit

	Beginn der Rechtsfähigkeit	Ende der Rechtsfähigkeit
Natürliche Personen:	Vollendete Geburt	Festgestellter Tod
Juristische Personen:		
o Nichtwirtschaftliche Vereine	Eintragung ins Vereinsregister	Löschung aus dem Register
o Aktiengesellschaften; GmbH	Eintragung ins Handelsregister	Löschung aus dem Register
o Genossenschaften	Eintragung ins Genossenschaftsregister	Löschung aus dem Register
o Wirtschaftliche Vereine	Erteilung einer Konzession	Entzug der Konzession
o Stiftungen	Staatliche Genehmigung	Entzug der Genehmigung
o Körperschaften des öffentlichen Rechts	Kraft eines Staatsakts	Kraft eines Staatsakts

von mindestens 10 höchstens aber 90 Tagen haben.
4. Der Wechsel muß an einem Bankplatz zahlbar gestellt sein, d.h. dort, wo die Landeszentralbank eine Zweigniederlassung hat.
5. Gezogene Wechsel müssen mit einer Annahmeerklärung versehen sein.

Rediskontkontingent
Im Rahmen der ↑ Diskontpolitik das von der Bundesbank festgesetzte Aufkaufvolumen von Wechseln. Die Geschäftsbanken können dann nur innerhalb dieses Rahmens sich bei der Bundesbank durch Verkauf von Wechseln liquide Mittel besorgen.

Reederei
1. Gesellschaft des *Seerechts*. Mehrere Personen schließen sich zusammen, um auf gemeinschaftliche Rechnung den Betrieb eines Seeschiffes aufzunehmen. Das Vermögen besteht in Form der Bruchteilsgemeinschaft.
2. In der *Binnenschiffahrt* ein Unternehmen, das gewerbsmäßig Transporte mit eigenem oder fremdem Schiffsraum durchführt und das Geschäft durch eine kaufmännische Organisation vom Lande aus leitet.

Reengineering
↑ Business Process Reengineering.

Refaktie
Preis- und Gewichtsabzug für schadhafte Warenlieferungen.

Refinanzierung
Kreditgewährung, bei der der Kreditgeber, z.B. eine Geschäftsbank, sich selbst das Geld erst noch besorgen muß. Die bekannteste Form ist die R. der Geschäftsbanken bei der Bundesbank im Rahmen der ↑ Diskontpolitik oder ↑ Lombardpolitik.

Refinanzierungspolitik
↑ Geldpolitik.

Regionalpolitik
↑ Strukturpolitik.

Registergericht
Abteilung des Amtsgerichts, die für die Führung von öffentlichen Registern zuständig ist, z.B. Handelsregister, Güterrechtsregister, Grundbuch, Vereinsregister. Das R. prüft die Eintragungen. Bei Tatbeständen, die eintragungspflichtig sind, aber vom Betroffenen nicht angemeldet werden, z.B. die Eintragungspflicht des ↑ Sollkaufmanns, kann das R. so lange Ordnungsstrafen verhängen, bis der Pflicht nachgekommen wird.

Regreß
1. Anspruch auf ↑ Schadensersatz.
2. Rückgriffsrecht einer Person, um auf

Rechtsgeschäfte

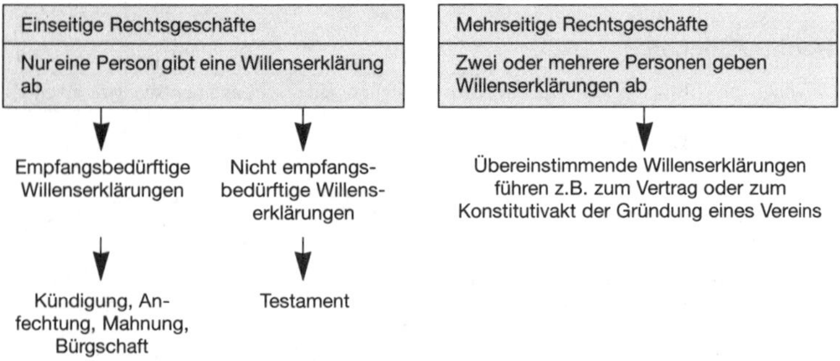

diesem Wege einen Ersatz für eingetretene Schäden zu erhalten.

Reichsversicherungsordnung (RVO)

Zusammenfassende gesetzliche Grundlage von 1911 für die Sozialversicherungszweige Krankenversicherung und Invaliditäts- und Altenversicherung. Sie ist vielfach geändert worden. Bis auf wenige Vorschriften im 2. Buch (insbes. über Leistungen bei Schwangerschaft und Mutterschaft) und im 5. Buch sind die Vorschriften der RVO in das ↑ Sozialgesetzbuch eingegliedert worden. Bis zur vollständigen Eingliederung gilt die RVO als besonderer Teil des Sozialgesetzbuches.

Reihenproduktion

Straßenproduktion; Produktionsverfahren mit einem hohen Maß an Arbeitszerlegung (Arbeitsteilung), bei dem die Arbeitsplätze und -mittel hintereinander angeordnet sind. Von der ↑ Fließproduktion unterscheidet sich die R. durch die fehlende Taktzeit und durch die Möglichkeit, innerhalb der Fertigung auch relativ kurzfristig Veränderungen durchführen zu können.

Reingewicht

Gewichtsangabe im Handel. Bruttogewicht ./. ↑ Tara = R. Gewichtsangaben beziehen sich normalerweise auf das R., auch *Nettogewicht* genannt.

Reingewinn

Summe der ↑ Erträge abzüglich der niedrigeren Summe der Aufwendungen.

Reinvermögen

↑ Vermögen 2.

Reinvestition

Auch: *Ersatzinvestition*; erneute Bindung frei gewordener Investitionsmittel mit dem Ziel der Erneuerung abgeschriebener Anlagen, um die Substanz des Unternehmens zu erhalten.

Reisender

I.d.R. Angestellter im Außendienst. Er ist im Auftrag seines Arbeitgebers tätig und wird häufig mit Spezialvollmachten ausgestattet, z.B. Abschlußvollmacht, Inkassovollmacht. Neben dem ↑ Fixum bekommt der R. meist Umsatzprovision (↑ Provision).

Reisescheck

Zahlungsmittel im internationalen Reiseverkehr. R. werden in den wichtigsten Währungen ausgegeben. Emittenten sind spezielle Gesellschaften, deren R. bei Banken erhältlich sind. Die Banken erhalten von der Gesellschaft eine Provision. Die R.-Gesellschaft erzielt ihren Ertrag aus dem Zinsgewinn zwischen Kauf und Einlösung der R. R. gelten als besonders sicheres Zahlungsmittel, weil der Kunde beim Kauf die Schecks unterschreibt und diese Unterschrift bei der Einlösung wiederholen muß. Außerdem trägt die Gesellschaft das Verlustrisiko, und sie ersetzt die R. im Verlustfall kurzfristig.

Reklamation

Beanstandung gelieferter Ware. ↑ Mängelrüge.

Rektapapier

Auf einen bestimmten Namen lautendes ↑ Wertpapier, bei dem nur die angesprochene Person das Recht aus dem Papier geltend machen kann (*Namenspapier*). R. werden durch ↑ Indossament übertragen. Bei *Rektascheck* und *Rektawechseln* werden die normalerweise üblichen Übertragungsmöglichkeiten an Dritte dadurch verhindert, daß der Zusatz „nicht an Order" vermerkt ist.

relative Preise

Im Gegensatz zu den Geldpreisen (↑ Preis) der in Einheiten eines Gutes ausgedrückte Tauschwert eines anderen Gutes.

Relaunch

(engl. = wieder in Gang bringen); ein

wenig erfolgreiches oder veraltetes Produkt wird den Kundenwünschen angepaßt und anschließend wiederum auf den Markt gebracht.

Remboursgeschäft
Abwicklung eines Export- oder Importgeschäfts unter Mitwirkung der Bank. – *Arten*:
1. *Dokumentenakkreditiv*: Der Importeur eröffnet bei seiner Bank ein Akkreditiv, d.h. die Bank wird angewiesen, gegen Vorlage der Dokumente an den Exporteur zu zahlen.
2. *Wechselrembours*: Die Bank des Importeurs akzeptiert einen Wechsel des Exporteurs gegen Übergabe der Dokumente. Das geschieht meist unter Mitwirkung der Bank des Exporteurs. Der Exporteur übergibt seiner Bank eine Prima- und Sekundaausfertigung der Tratte. Die Sekundaausfertigung wird von der Bank des Exporteurs diskontiert und der Barwert dem Exporteur gutgeschrieben, der dadurch sofort Geld erhält. Die Primaausfertigung wird zusammen mit den Dokumenten an die Bank des Importeurs gesandt, die am Fälligkeitstag den Wechsel einlöst.

Rendite
Der jährliche Gesamtertrag eines angelegten Kapitals, meist in Prozent des Kapitals ausgedrückt.

Rentabilität
In Prozenten ausgedrücktes Verhältnis zwischen Gewinn und eingesetztem Kapital. – *Arten*:
1. *Unternehmerrentabilität* oder auch *Eigenkapitalrentabilität* = ↑ Reingewinn × 100 : Eigenkapital.
2. *Unternehmungsrentabilität* oder auch *Gesamtkapitalrentabilität* = Reingewinn + Fremdkapitalzinsen × 100 : Unternehmungskapital (Eigen- u. Fremdkapital).
3. *Umsatzrentabilität* = Reingewinn × 100 : Umsatz.
4. *Betriebsrentabilität*: Die unter 2. genannte Unternehmungsrentabilität erstreckt sich in ihrer Wirkung auf das gesamte Unternehmen, d.h. auch auf außerordentliche und betriebsfremde Erfolge (= neutrale Erfolge). Die Betriebsrentabilität filtert nun aus dem Gesamtvermögen das betriebsnotwendige Kapital und aus dem Gesamterfolg das Betriebsergebnis (ohne neutrale Erfolge) heraus und stellt sie gegenüber: Betriebsgewinn × 100 : betriebsnotwendiges Kapital.

Rente
1. Sammelbegriff für *Einkommen an Kapitalvermögen* (v.a. Zinsen) und *an Grund und Boden* (Bodenrente).
2. R. als regelmäßig wiederkehrende *Zahlung* an *Versicherte*: a) aus Ruhegeldansprüchen (↑ Altersrente); b) auf Grund von gesetzlichen Versorgungsansprüchen wie Hinterbliebenenrente, Kriegsbeschädigtenrente; c) aus sonstigen Versicherungsansprüchen, wie z.B. die Unfallrente.
3. ↑ *Rentenwerte*.

Rentenpapiere
↑ Rentenwerte.

Rentenschuld
Sonderform der ↑ Grundschuld, bei der im Gegensatz zu dieser kein Kapital, sondern eine Rente aus dem Grundstück zu zahlen ist. Die R. ist wie die Grundschuld von einer persönlichen Forderung unabhängig.

Rentenversicherung
1. *Gesetzliche R.*: Pflichtversicherung mit der Aufgabe der Gewährung einer laufenden Geldleistung (Rente) im Falle von Berufs-, Erwerbsunfähigkeit, Alter und Tod (Witwen-R.); vgl. im einzelnen ↑ Sozialversicherung. – Die Bereiche Angestelltenversicherung und Arbeiterrentenversicherung sind seit dem 1.1.1992 keine eigenständigen Versicherungszweige, sondern Teil der R. nach SGBIV. Die Unterscheidung ist nur noch bei der Zuständigkeit der Rentenversicherungsträger (↑ Bundesversicherungsanstalt für Angestellte, ↑ Lan-

desversicherungsanstalten) von Bedeutung.
2. *Private R.*: Im Falle einer Lebens- oder Unfallversicherung kann die Versicherungssumme als lebenslange oder befristete laufende Geldleistung gezahlt werden.

Rentenwerte
Auch: *Rentenpapiere, Renten*; festverzinsliche Wertpapiere, z.B. Staats- und Kommunalanleihen (↑ Anleihe), Pfandbriefe und Industrieobligationen.

Reorganisation
Änderung der bestehenden Organisationsstruktur eines Unternehmens (↑ Organisation).

Reprivatisierung
Rückführung von in Staatseigentum übergeganenen Unternehmungen in Privateigentum. ↑ Privatisierung.

Residualeinkommen
(lat.: residuum = das, was übrig bleibt); auch: *Überschußeinkommen*; Einkommen, die als Überschuß der Erlöse über die Kosten anfallen, z.B. Einkommen der selbständigen Landwirte und Gewerbetreibenden. – *Gegensatz*: ↑ Kontrakteinkommen.

Ressourcen
1. Mittel, die in die Produktion von Gütern und Dienstleistungen eingehen.
2. Die natürliche Umwelt (Luft, Wasser, Natur) und die der Umwelt entnehmbaren Rohstoffe (*natürliche R.*).

retrograde Warenkalkulation
↑ Bezugskalkulation.

Revision
Verschieden verwendeter Ausdruck:
1. Im *Rechnungswesen* als Prüfung der Rechnungslegung auf ihre Ordnungsmäßigkeit durch externe Prüfer oder durch interne Prüfungen, um Verbesserungen jedweder Art zu erzielen.
2. ↑ Rechtsmittel, mit dem ein Urteil in rechtlicher (nicht in tatsächlicher) Hinsicht überprüft wird. In Zivilsachen zulässig gegen die Berufungsurteile der Oberlandesgerichte, wenn wegen grundsätzlicher Bedeutung von diesen Gerichten zugelassen oder wenn bei vermögensrechtlichen Streitigkeiten die R.-Summe von 60.000 DM überschritten wird. R.-Gericht ist der Bundesgerichtshof. Die R. muß innerhalb eines Monats ab Zustellung des Urteils eingelegt und innerhalb eines weiteren Monats begründet werden.

REX
↑ Deutscher Rentenindex.

Rezession
↑ Konjunkturphasen.

Reziprozität
(lat.-nlat. = Wechselseitigkeit); Prinzip, nach dem alle Staaten, denen von anderen Ländern Vergünstigungen im Außenhandel eingeräumt werden, gleichwertige Gegenleistungen erbringen sollen (Wechselseitigkeit der Bedingungen im Außenhandel). Problematisch ist im Einzelfall, welche Leistungen als gleichwertig anzusehen sind. – Die bedeutendste multilaterale Verpflichtung, die R. anzuwenden, besteht durch die Mitgliedschaft im ↑ GATT bzw. in der ↑ WTO.

Rimesse
↑ Wechsel.

Rohgewinn
↑ Warenrohgewinn.

Rohstoffe
1. *Volkswirtschaftlich* alle unbearbeiteten Grundstoffe, die durch Primärproduktion gewonnen werden (z.B. Bergbau, Fischerei).
2. *Betriebswirtschaftlich* sind R. Hauptbestandteil und Grundelement des Fertigproduktes. R. gehen als Einzelkosten in die Kostenrechnung ein.

Römische Verträge
↑ EURATOM, ↑ EWG, ↑ EU.

Rückkaufswert
Garantiewert, den eine Lebens- oder Unfallversicherung bei vorzeitiger Kündigung hat. Der R. ist für den Schluß der laufenden Versicherungsperiode als Zeitwert der Versicherung zu berechnen. Bei vermögenswirksamen Lebensversicherungen beträgt der R. mind. 50 % der gezahlten Beiträge.

Rücklagen
In der Bilanz offen ausgewiesene Reserven, die neben dem Grundkapital zum Eigenkapital zählen. Bei Aktiengesellschaften müssen in die *gesetzliche* Rücklage (Gewinnrücklage) so lange 5 % des Jahresüberschusses eingestellt werden, bis 10 % des Grundkapitals erreicht sind. Darüber hinaus können freiwillige Rücklagen durch nicht ausgeschüttete Gewinne gebildet werden, deren Höhe sich entweder nach der Satzung oder nach dem Gesetz bestimmt. – Von *stillen* R. oder *stillen Reserven* spricht man, wenn durch Unterbewertung der Aktiva oder Überbewertung der Passiva die wahren Vermögenswerte verschleiert werden.

Rückstellung
Finanzielle Verpflichtung der Unternehmung, die dem Grunde nach besteht, aber in ihrer Höhe und im Zeitpunkt der Fälligkeit noch nicht bekannt ist. – *Beispiel*: Buchungssatz per 31.12. für einen schwebenden Prozeß, bei dem man mit 5.000 DM Prozeßkosten rechnet: Prozeßkosten an Rückstellungen 5.000 DM. R. müssen gebildet werden: für drohende Verluste aus schwebenden Geschäften (steuerlich seit 1997 nicht mehr anerkannt), für ungewisse Verbindlichkeiten (z.B. Prozeßkosten, für unterlassene Instandhaltung und Abraumbeseitigung; für Gewährleistungen).

Rücktritt
Das gesetzlich oder vertraglich verankerte Recht, durch eine einseitige empfangsbedürftige Willenserklärung einen gültigen Vertrag rückwirkend aufzuheben, wenn das Recht zum R. vertraglich oder gesetzlich vorgesehen ist, so bei objektiver Unmöglichkeit und Schuldnerverzug. Die Parteien haben die empfangenen Leistungen zurückzugewähren bzw. für eine Benutzung oder Abnutzung eine Vergütung zu zahlen.

Rügepflicht
Verpflichtung, einen festgestellten Mangel dem Verkäufer unverzüglich anzuzeigen, damit die Ansprüche erhalten bleiben. ↑ Mängelrüge.

Ruhepause
Arbeitsunterbrechung von mindestens 15 Minuten Dauer. Nach §§ 17-21 der Arbeitszeitordnung beträgt die R. bei Angestellten bei über 6 Stunden Arbeitszeit mindestens 30 Minuten, bei Jugendlichen nach § 11 Jugendarbeitsschutzgesetz mindestens 60 Minuten. Unternehmen mit mehr als 10 Arbeitnehmern, die außerhalb von Büro- oder vergleichbaren Arbeitsräumen beschäftigt sind, müssen besondere Aufenthaltsräume zur Verfügung stellen.

ruinöser Wettbewerb
Marktgeschehen, bei dem die im Wettbewerb stehenden Unternehmen sich durch Preiskämpfe in der Art schädigen, daß häufig der Herstell- oder Anschaffungspreis nicht mehr gedeckt ist, was langfristig negative beschäftigungs- und ertragspolitische Auswirkungen hat. Finanzstarke Großunternehmen versuchen, kleinere Anbieter zur Aufgabe zu zwingen, um anschließend ohne Konkurrenz autonome Preispolitik machen zu können.

Rüstzeit
Zeit, um den Arbeitsplatz für die folgende Arbeitsausführung vorzubereiten und ggf. zusätzliche Zeit, um Arbeitssysteme nach Erledigung des Auftrags wieder in den ursprünglichen Zustand zurückzuversetzen.

S

Sachen
Im Sinne des BGB Gegenstände (körperliche Güter). *Einteilung*: bewegliche Sachen, z.B. Automobile, Maschinen; unbewegliche Sachen, z.B. Grundstücke; vertretbare Sachen, z.B. Zigaretten, Mauersteine; nicht vertretbare Sachen, z.B. Gemälde großer Meister, einmalige Kunstgegenstände. Tiere sind keine Sachen, auf sie sind jedoch die für Sachen geltenden Vorschriften anzuwenden.

Sachenrecht
Gegen jedermann wirkendes Recht an einem Gegenstand, das die Beziehung zwischen Menschen und Dingen regelt, z.B. Eigentum, Besitz, Nießbrauch, Pfandrecht. Geregelt im 3. Buch des BGB. – *Gegensatz*: ↑ Schuldrecht.

Sachfirma
Firma, aus der der Geschäftszweig des Unternehmens hervorgeht, z.B. „Stahlwerke Bochum". Vorgeschrieben für Aktiengesellschaften, Genossenschaften, Kommanditgesellschaften auf Aktien und wahlweise für Gesellschaften mit beschränkter Haftung. – *Gegensatz*: Personenfirma.

Sachkonten
Die Gesamtheit aller Konten, die entweder zur Bilanz oder zur Gewinn- und Verlustrechnung abgeschlossen werden.

Sachleistungen
In der gesetzlichen Sozialversicherung zugesagte Unterstützung, z.B. Krankenhauspflege, die neben Barleistungen (z.B. Krankengeld) gewährt wird.

Sachmängelhaftung
Sonderregel, bei der der Verkäufer einer Sache dem Käufer dafür haftet, daß die Sache keine Mängel aufweist oder daß ihr keine zugesicherte Eigenschaft fehlt. – *Rechtsfolgen:* Wandlung, Minderung, Ablehnung und Bestehen auf Ersatz (Gattungskauf); in schweren Fällen Schadensersatz.

Sachverständigenrat
Ein seit 1953 bestehendes 5köpfiges Gremium, das jedes Jahr eine Begutachtung der gesamtwirtschaftlichen Lage durchführt. Das Gremium wird auch der „Rat der 5 Weisen" genannt. Sie werden auf Vorschlag der Bundesregierung vom Bundespräsidenten auf 5 Jahre berufen. – *Aufgaben*: Diese unabhängigen Wirtschaftswissenschaftler sollen in ihrem Jahresgutachten die abgelaufene Periode analysieren, die Gegenwart wirtschaftlich einschätzen und Zukunftsprognosen aufstellen unter den Gesichtspunkten der nationalen und internationalen Konjunktur- und Wirtschaftslage. Der Rat gibt auch in Sondergutachten Anregungen, wie die im ↑ magischen Viereck angestrebten Ziele realisiert werden können. – Die Bundesregierung muß im Januar im *Jahreswirtschaftsbericht* zu diesem Bericht Stellung nehmen.

saisonale Schwankung
Kurzfristige Veränderung der wirtschaftlichen Lage, deren Ursache im Wechsel der Jahreszeiten liegt, z.B. im Bausektor.

Saldenbilanz
↑ Betriebsübersicht.

Saldo
(ital. = Rechnungsabschluß); in der Buchführung der Unterschiedsbetrag zwischen ↑ Soll und ↑ Haben auf einem ↑ Konto.

Sales Promotion
↑ Verkaufsförderung.

Sammelwerbung
Form der ↑ Kollektivwerbung. Mehrere Firmen schließen sich zu einer Werbekooperation zusammen. Unter Angabe der Firmennamen werben branchengleiche (*Gruppenwerbung*) und branchenfremde (*Verbundwerbung*) Unternehmen gemeinsam, um u.a. Kosten zu sparen.

Sanierung
Maßnahme zur Abwendung von ↑ Zahlungsschwierigkeiten. Eine erfolgreiche S. setzt genaue Untersuchungen der Ursachen der Zahlungsschwierigkeiten voraus. Ziel ist die Erhaltung des Unternehmens und seiner Arbeitsplätze. Vgl. Übersicht.

Satzung
Eine durch öffentliche Beurkundung fixierte Verfassung einer Kapitalgesellschaft, einer Genossenschaft (Statut) oder einer Körperschaft des öffentlichen Rechts. Die S. erfaßt die Gesamtheit aller Rechtsvorschriften, die für die einzelne Körperschaft dann zwingend sind.
1. Bei *Kapitalgesellschaften* umfaßt die S. die Benennung der Firma, Sitz der Gesellschaft, Art der Aktien (z.B. Stamm- oder Vorzugsaktien) oder der Geschäftsanteile (GmbH), die Höhe des Grund- oder Stammkapitals, Ausgabe und Nennbetrag der Aktien, evtl. Gewährung eines Gründerlohnes und eine Reihe anderer Bestimmungen, die für einen reibungslosen Geschäftsverlauf sorgen sollen. Dazu zählen auch die Befugnisse der gewählten Organe. Die S. kann nur mit einer Dreiviertelmehrheit der Hauptversammlung geändert werden.
2. Satzungen von *Körperschaften des öffentlichen Rechts* (z.B. Landesversicherungsanstalten) werden entweder von den zuständigen Aufsichtsbehörden oder von den Organen selbst aufgestellt.

Scanner
Eingabegerät für den Computer. Bilder, Texte und Informationen (z.B. Strich-

Sanierung – Maßnahmen

Organisatorische Maßnahmen:

- Anpassung an die veränderte allgemeine wirtschaftliche Lage
- Umstellung des Fertigungs- und Verkaufsprogramms auf die Bedürfnisse der Kunden
- Überprüfung und Straffung der Kostenkontrolle
- Überprüfung und Straffung des betrieblichen Ablaufes
- Überprüfung der Mitarbeiter, besonders der leitenden Angestellten
- Stillegung unrentabler Betriebszweige

Finanzielle Maßnahmen:

- Eintreibung noch ausstehender Forderungen
- Kapitalerhöhung bei Kapitalgesellschaften
- Aufnahme neuer Gesellschafter bei Personengesellschaften
- Umwandlung von Fremdkapital in Eigenkapital durch Beteiligung der Schuldner am Unternehmen
- Erreichung von Zahlungsaufschub
- Umschuldung durch Umwandlung kurzfristiger Verbindlichkeiten in längerfristige Darlehen oder langfristige Hypotheken

codes auf Waren) werden abgetastet und als digitale Information zur Weiterverarbeitung aufbereitet. Als Hand- oder Flachbett-S. für verschiedene Anforderungen und mit unterschiedlichen Lesegeschwindigkeiten und Anschaffungspreisen.

Schachtelprivileg
Steuerliche Regelung, um eine Doppelbesteuerung im Rahmen der ↑ Körperschaftsteuer zu vermeiden. Besteht darin, die Dividenden einer Tochtergesellschaft bei der Obergesellschaft steuerfrei zu belassen. Das Wort Privileg ist irreführend, da das Sch. nur sichert, daß ↑ Körperschaftsteuer (systemkonform) auf alle Gewinne nur einmal erhoben wird. Ein Sch. ist nur dort erforderlich, wo die Körperschaftsteuer der Obergesellschaft nicht durch Körperschaftsteueranrechnung wieder erstattet wird (↑ Körperschaftsteuersystem); daher in Deutschland nur für Gewinne aus ausländischen Tochtergesellschaften angewandt (Voraussetzung: 10 % Mindestbeteiligung).

Schadensersatz
Anspruch eines Geschädigten gegen den Schädiger oder eine andere Person. Der Schaden muß durch die schädigende Handlung verursacht sein. – *Arten*: Bei *Leistungsstörungen* in Kaufverträgen: a) Lieferungsverzug: (1) Sch. wegen Nichterfüllung, wenn diese Maßnahme vorher angedroht wurde; (2) Sch. wegen verspäteter Lieferung, kann immer verlangt werden. – b) Annahmeverzug: (1) Sch. nach Durchführung des Selbsthilfeverkaufs unter vorheriger Androhung. (2) Sch. nach Durchführung des ↑ Notverkaufs ohne Androhung. – c) ↑ Mängelrüge: Sch., wenn der Mangel arglistig verschwiegen wurde oder eine zugesicherte Eigenschaft fehlte.

Schadensversicherung
Sammelbezeichnung für alle Versicherungsarten, die den durch einen Schaden entstandenen Bedarf befriedigen sollen. Zu unterscheiden sind Sachversicherungen wie z.B. Feuer-, Leitungswasser-, Einbruchdiebstahl- und Raubversicherung sowie Vermögensversicherungen wie z.B. Haftpflichtversicherung.

Schadstoff
In der natürlichen Umwelt vorkommende Stoffe, die unter bestimmten Voraussetzungen auf Menschen, andere Lebewesen, Ökosysteme oder Sachen schädlich wirken können; gemäß *Chemikaliengesetz* „gefährliche Stoffe" bzw. „gefährliche Zubereitungen". – Anzahl der Sch.: ca. 12.000; Schadstoffcharakter wird bei vielen anderen synthetischen Stoffen ebenfalls vermutet. – *Schadenergie* (Abwärme, radioaktive Strahlung, Lärm) kann analog definiert werden.

Schattenwirtschaft
Alle ökonomischen Aktivitäten, die nicht in offiziellen Wirtschaftsstatistiken ausgewiesen werden, v.a. Schwarzarbeit, Schwarzhandel, Nachbarschaftshilfe, Eigenversorgung.

Schatzanweisung
Kurz- oder mittelfristige Schuldverschreibung der Gebietskörperschaften, um ihren Finanzbedarf zu decken. – *Arten*:
1. *Unverzinsliche* Sch. (Laufzeit zwischen 6 und 24 Monaten) werden nicht direkt verzinst, sondern der Käufer braucht beim Kauf weniger zu zahlen. *Beispiel*: Nennwert 30.000 DM, Laufzeit 1 Jahr. Bei 10 % Verkaufszins (30.00 DM) zahlt der Käufer 27.000 DM. Rückzahlung 30.000 DM.
2. *Verzinsliche* Sch. werden am Fälligkeitstag inklusive Zinsen zurückgezahlt.

Schatzwechsel
Wechsel der öffentlichen Hand, um kurzfristige Liquiditätsengpässe zu überbrücken (Laufzeit 3 bis 6 Monate). Die Bundesbank kauft diese Wechsel unter Abzug des Diskonts auf.

Scheck
Anweisung an ein Kreditinstitut, einen bestimmten Betrag aus einem Guthaben zu zahlen. Die Anweisung wird auf einem Scheckformular gegeben. Der Sch. ist ein *Inhaberpapier*, die Bank zahlt an jeden, der den Sch. vorlegt, also Inhaber des Sch. ist. Der Sch. ist ein *Zahlungsmittel*, es besteht jedoch kein Annahmezwang. Der Sch. ist immer bei Sicht fällig. Die Vorlagefrist im Inland beträgt 8 Tage, innerhalb Europas 20 Tage, in Übersee 70 Tage. Abhanden gekommene Sch. können gesperrt werden. – *Arten*:
1. *Verrechnungsscheck*: Mit dem Quervermerk „nur zur Verrechnung" wird der Sch. nicht bar ausgezahlt, sondern der Person, die auf dem Sch. namentlich genannt ist, auf einem Konto gutgeschrieben.
2. *Barscheck*: Der Sch. wird dem Vorleger bar ausgezahlt.
3. *Rektascheck*: Der auf dem Sch. Genannte kann den Sch. nicht weitergeben, da der Zusatz „nicht an Order" das verhindert. Nur der Empfänger kann mit dem Sch. etwas anfangen.
4. *Inhaberscheck*: Jeder, der den Sch. besitzt (innehat), kann ihn einlösen. Üblich bei vielen Barschecks.
5. *Namensscheck*: Nur die auf dem Sch. genannte Person kann ihn einlösen oder an Dritte übertragen. Üblich bei den Verrechnungsschecks.

Scheckfähigkeit
Befähigung, rechtswirksam Scheckverbindlichkeiten eingehen zu können. Sch. besitzen alle geschäftsfähigen natürlichen und juristischen Personen.

Scheckgesetz
Gesetz vom 14.8.1933, das einheitliche Scheckvorschriften festlegt.

Scheckkarte
Auch: *EC-Karte, Eurocheque-Karte;* eine von der bezogenen Bank an den Kunden ausgegebene Karte mit der Zusicherung an Dritte, Schecks bis zu einer Höhe von 400 DM einzulösen. Der Scheckempfänger hat nur zu prüfen, ob Scheckkarte und Scheck übereinstimmen:
1. Unterschrift und Kontonummer,
2. Scheckkartennummer auf der Rückseite des Schecks,
3. Gültigkeitsdatum.

In vielen Ländern können mit der Sch. auch Bargeldabhebungen an Geldausgabeautomaten oder bargeldlose Bezahlung in Einzelhandelsgeschäften usw. getätigt werden (i.d.R. mit Eingabe einer Geheimnummer). ↑ Debitkarte.

Scheckreiterei
Sittenwidrige Ausstellung und Austausch ungedeckter Schecks durch mehrere Beteiligte, die bei der jeweiligen Hausbank zum Einzug gegeben werden. „Deckung" durch neue, ungedeckte Schecks.

Scheckverlust
Der unehrliche Finder kann einen Barscheck sofort einlösen. Schutzmöglichkeit: Scheck bei der Bank umgehend sperren lassen und den Scheck beim Amtsgericht als kraftlos erklären.

Scheck-Wechsel-Verfahren
Ein Verfahren, bei dem der Lieferant den vom Kunden akzeptierten Wechsel nicht zurückerhält, sondern der Kunde den Wechsel selbst bei der Bank diskontiert. Die Bank gibt dem Kunden nach Abzug des Diskonts Bargeld (Scheck), das dieser dem Lieferanten unter Abzug des Skontos überweist.

Scheingeschäft
Rechtsgeschäft, das einem anderen gegenüber mit dessen Einverständnis nur zum Schein vorgenommen wird. Sch. ist nichtig. Ein Rechtsgeschäft, das mit dem Sch. verdeckt werden sollte, ist gültig.

Scheinkaufmann
Nach § 5 HGB ein Kaufmann, der eigentlich nach Art und Umfang ↑ Min-

derkaufmann wäre, sich aber widerrechtlich ins Handelsregister hat eintragen lassen, um den Anschein zu erwecken, ein Vollkaufmann zu sein. Der Sch. wird im Geschäftsverkehr wie ein ↑ Vollkaufmann behandelt. *Beispiel*: Verträge mit hohen Vertragsstrafen könnte ein Minderkaufmann wegen Unverhältnismäßigkeit herabsetzen lassen. Als Sch. besitzt er diese Möglichkeit nicht mehr.

Schengener Abkommen

Übereinkommen über die Abschaffung der Grenzkontrollen an den Binnengrenzen im Rahmen des ↑ Europäischen Binnenmarktes und Verlagerung an die Außengrenzen zu Drittstaaten. 1985 und 1990 in Schengen (Luxemburg) geschlossen; seit 26.3.1995 in Kraft. Unterzeichnet wurde das Sch. A. von den 13 EU-Mitgliedstaaten (Nicht-Unterzeichner sind Großbritannien, Irland und Dänemark) sowie Norwegen und Island. Angewendet wird das Sch. A. jedoch bisher nur in sieben Staaten: Belgien, Deutschland, Frankreich, Luxemburg, Niederlande, Portugal und Spanien. Österreich und Italien sollen 1998, Griechenland zu einem späteren Zeitpunkt integriert werden. Ab 1999 soll das Sch. A. in die EU-Zuständigkeit (↑ EU) überführt werden.

Schenkung

Vertrag, durch den sich der Schenker verpflichtet, dem Beschenkten unentgeltlich einen Teil seines Vermögens zukommen zu lassen. Bei der sog. *Handschenkung* fallen die Verpflichtung zur Sch. und deren Erfüllung zusammen. Liegt jedoch lediglich ein Sch.-Versprechen vor, muß dieses notariell beurkundet werden, damit der Beschenkte sich darauf berufen kann. Sch. kann bei nachträglicher Bedürftigkeit des Schenkers zurückverlangt bzw. das Sch.-Versprechen widerrufen werden. Widerruf auch bei grobem Undank des Beschenkten möglich. Sch. unterliegt der *Schenkungsteuer* (↑ Erbschaftsteuer).

Schenkungsteuer

↑ Erbschaftsteuer.

Scherzgeschäft

↑ Objektive Unmöglichkeit.

Schickschuld

Schuld, deren Erfüllungsort der Wohnsitz des Schuldners ist; der Schuldner ist aber verpflichtet, die Leistung an einen anderen Ort (Ablieferungsort, Bestimmungsort) zu senden. *Anders*: ↑ Bringschuld, ↑ Holschuld.

Schiedsgericht

Privates Gericht, das anstelle des eigentlich zuständigen staatlichen Gerichts über eine bürgerlich-rechtliche Streitigkeit entscheidet. Voraussetzung ist ein vorheriger Schiedsvertrag. Das Sch.-Verfahren endet mit einem Schiedsspruch oder mit einem Schiedsvergleich; beide können von einem ordentlichen Gericht für vollstreckbar erklärt werden.

Schiffsfrachtbrief

↑ Konnossement.

Schiffsverkehr

Zu unterscheiden sind die ↑ Binnenschiffahrt und die Seeschiffahrt, die die nationalen Ländergrenzen überschreitet. ↑ Verkehrspolitik.

Schlichtung

Verfahren zur Vermeidung von Arbeitskämpfen und zur Beilegung von arbeitsrechtlichen Gesamtstreitigkeiten. Bei Vorliegen eines Sch.-Abkommens zwischen Arbeitgeber und Gewerkschaft ist ein Streik nur dann rechtmäßig, wenn zuvor das Schlichtungsverfahren gescheitert ist.

Schlußbilanz

↑ Bilanz am Ende einer Rechnungsperiode, die aus dem Abschluß aller Sach- und Kontokorrentkonten meist unter gleichzeitiger Inventur aufgestellt wird.

Schlußnote
Vom ↑ Handelsmakler zu erstellende und zu unterschreibende Urkunde, die nach Abschluß eines Geschäfts den beteiligten Parteien zugestellt werden muß.

Schlußrechnung
Eine vom ↑ Konkursverwalter aufgestellte Abrechnung, nachdem er die Gegenstände verwertet hat. Die Sch. ist eine Rechenschaftslegung gegenüber der Gläubigerversammlung. Mindestens 3 Tage vor Beginn des ↑ Schlußtermins ist die Sch. beim Konkursgericht zu hinterlegen.

Schlußtermin
Letzte Gläubigerversammlung vor dem Aufheben des ↑ Konkurses (ab 1.1.1999 ↑ Insolvenzverfahren). Im Sch. wird das noch verfügbare Restvermögen verteilt (Schlußverteilung). Masseschulden und Massekosten müssen vorher voll erfüllt worden sein. Im Sch. können noch Einwände gegen die Schlußverteilung erhoben werden. U.a. ist auch über die Vergütung des Konkursverwalters und des Gläubigerausschusses zu entscheiden.

Schlußverkauf
Genauer: *Abschnittsschlußverkauf*. Zweimal jährlich stattfindender Verkauf zu herabgesetzten Preisen. Beginn: Sommerschlußverkauf am letzten Montag im Juli, Winterschlußverkauf am letzten Montag im Januar. Die Dauer ist auf 12 Werktage festgesetzt. Durch die gesetzliche Regelung entfällt die behördliche Genehmigung im Einzelfall. – *Anders*: ↑ Räumungsverkauf.

Schneeballsystem
Verkaufsform, bei der dem Kunden ein Großteil der Rechnungssumme erlassen wird unter der Voraussetzung, daß er dem Verkäufer neue Kunden beschafft, die dann wiederum diesem System unterworfen sind. Die Möglichkeit der Kundengewinnung wächst somit lawinenartig an. Das Sch. verstößt gegen die guten Sitten und gegen das Gesetz gegen den ↑ unlauteren Wettbewerb.

Schnittstelle
1. Übergangsstelle zum Datenaustausch zwischen Mensch und Computer (*Benutzerschnittstelle*; engl.: *user interface*), z.B. durch Tastatur, Maus und Bildschirm.
2. Übergangsstelle zum Datenaustausch zwischen verschiedenen Hardware- oder Software-Komponenten bzw. ihren Anschlußgeräten (engl.: *inter-face*). Einheitlich definierte Schnittstellen sind Voraussetzung für das Zusammenarbeiten von Geräten und Programmen verschiedener Hersteller.

Schriftform
Gesetzlich angeordnete Formvorschrift von bestimmten Rechtsgeschäften.

Schrottwert
Verkaufswert einer abgenutzten Anlage. Grundsätzlich wird der Anschaffungswert einer Anlage über den Nutzungszeitraum abgeschrieben. Wenn der Sch. aber noch einen erheblichen Betrag ausmacht, wird nur die Differenz zwischen Anschaffungswert und geschätztem Sch. abgeschrieben.

Schuldanerkenntnis
Schriftlicher Vertrag zwischen Gläubiger und Schuldner, durch den der Schuldner entweder eine neue Verbindlichkeit akzeptiert, losgelöst vom vorherigen Schuldgrund (*abstraktes Sch.*) oder eine bestehende Schuld bestätigt (*deklaratorische Sch.*). Die Erklärung des Schuldners bedarf i.d.R. der Schriftform.

Schulden
↑ Rückstellungen, ↑ Verbindlichkeiten.

Schuldner
Derjenige, der einem anderen, dem Gläubiger, eine Leistung zu erbringen

hat. Gesetzesgrundlage: BGB, Zweites Buch.

Schuldnerverzeichnis
Bei dem Amtsgericht des Wohnsitzes oder Sitzes des Schuldners geführtes öffentliches Verzeichnis, in das alle ↑ eidesstattlichen Versicherungen eingetragen werden. Auskunftserteilung an jedermann, z.B. zum Zweck der Zwangsvollstreckung.

Schuldnerverzug
Begriff des BGB. Wer eine ordnungsgemäß ausgeführte Leistung vertragswidrig nicht annimmt, befindet sich in Sch. Eine vorherige *Mahnung* ist notwendig, sofern die Leistung nicht an einen festen Termin gebunden war (Fixgeschäft). Die Leistung muß für den anderen nachholbar sein, sonst liegt eine Unmöglichkeit vor, die den Schuldner befreit. Der Schuldner hat grundsätzlich den Schaden zu tragen. Ist eine Leistungserfüllung für den Gläubiger uninteressant geworden, kann er die Leistung ablehnen und Schadensersatz wegen Nichterfüllung verlangen (z.B. ↑ Lieferungsverzug). Innerhalb des Sch. haftet der Schuldner auch für den zufälligen Untergang (höhere Gewalt) der nicht angenommenen Leistung.

Schuldrecht
Das im zweiten Buch des ↑ BGB abgehandelte *Recht der Schuldverhältnisse*. Enthält allgemeine Vorschriften, die für alle Schuldverhältnisse gelten (z.B. über Begründung eines Schuldverhältnisses, Erfüllung, Aufrechnung, Unmöglichkeit etc.) und besondere Bestimmungen über einzelne Schuldverhältnisse (z.B. Kauf, Miete, Darlehen).

Schuldschein
Eine Urkunde, in der der Schuldner eine Leistung verspricht, z.B. die Zahlung einer bestimmten Summe. Zahlt er dann zum versprochenen Zeitpunkt, kann er die Herausgabe des Sch. verlangen. Ist der Gläubiger dazu außerstande, kann der Schuldner auf dessen Kosten eine öffentlich beglaubigte Erklärung der Zahlung verlangen. Die Schuld kann vom Gläubiger auch ohne Sch. verlangt werden, da der Sch. lediglich ein Beweismittel ist und kein Wertpapier, bei dem nur bei Vorlage Rechte geltend gemacht werden können. Schuldscheindarlehen finden sich häufig im Kreditgeschäft von Versicherungsgesellschaften mit Großkunden.

Schuldübernahme
(im Sinne einer kumulativen Sch., Schuldmitübernahme, eines Schuldbeitritts); Vertrag, durch den eine Person in die bestehende Schuld eines anderen eintritt. Der alte und der neue Schuldner haften gemeinsam als Gesamtschuldner. Die Sch. ähnelt der selbstschuldnerischen Bürgschaft. Im Gegensatz zu dieser bedarf sie aber keiner Form.

Schuldverhältnis
Eine Rechtsbeziehung zwischen zwei oder mehreren Personen, bei der entweder nur eine Person von einer anderen oder beide bzw. mehrere voneinander ein bestimmtes Tun oder Unterlassen fordern können (z.B. Bürgschaft, Kaufvertrag, Gesellschaft). Neben diesen durch Rechtsgeschäft zustande kommenden Sch. existieren auch solche, die durch Gesetz entstehen (z.B. unerlaubte Handlung, ungerechtfertigte Bereicherung).

Schuldverschreibung
↑ Anleihe.

Schuldwechsel
↑ Wechsel, der den Bezogenen (Akzeptanten) zum Hauptschuldner macht. Buchhalterische Behandlung für den Schuldner nach der Akzeptierung: „Verbindlichkeiten an Sch.“. Rechtlich wird die Verbindlichkeit erst bei Einlösung am Verfalltag getilgt. – *Gegensatz*: ↑ Besitzwechsel.

Schuldzinsen
Entgelt für Fremdkapital.

Schutzmarke
↑ Warenzeichen.

Schutzzoll
Staatliche Maßnahme, durch Zollerhebung auf Einfuhren die binnenländische Wirtschaft zu schützen. Der Sch. ist eine protektionistische Maßnahme, die durch eine Reihe von Abkommen, v.a. das ↑ GATT, abgebaut werden sollte. Bekanntester Sch. ist der Erziehungszoll für junge Industrien vor allem in ↑ Entwicklungsländern.

Schwarzarbeit
Die ohne gesetzlich vorgeschriebene Anmeldung bei der zuständigen Behörde ausgeübte selbständige oder unselbständige Tätigkeit. Sie ist nach dem Gesetz zur Bekämpfung der Sch. bei erheblichem Umfang eine Ordnungswidrigkeit sowohl dessen, der sie ausführt, als auch seines Auftraggebers (ausgenommen sind Tätigkeiten aus Gefälligkeit oder im Rahmen der Nachbarschaftshilfe oder der Selbsthilfe des Bauherrn beim Wohnungsbau); entsprechende Verträge sind nichtig, wobei die Berufung hierauf jedoch im Einzelfall gegen Treu und Glauben verstoßen kann.

Schwarzmarkt
Markt, der sich unter Umgehung gesetzlicher Vorschriften bildet. Wegen staatlicher Preisreglementierungen (↑ Preisstopp) halten die Anbieter die Waren zurück. Es entsteht ein Nachfrageüberhang, der auf dem Sch. durch überhöhte Preise abgebaut wird.

schwebende Unwirksamkeit
Rechtszustand eines Rechtsgeschäfts, dessen Gültigkeit von der ↑ Genehmigung eines anderen oder einer Behörde abhängt. Bei der Erteilung der Genehmigung wird das Rechtsgeschäft rückwirkend gültig, bei Verweigerung rückwirkend ungültig.

Schweigepflicht
Verpflichtung einer Person, über bestimmte Sachverhalte zu schweigen. – Die Treuepflicht verbietet es einem *Arbeitnehmer*, ihm bekannte und anvertraute Betriebs- und Geschäftsgeheimnisse an Unbefugte weiterzugeben. Sch. besteht auch für die Bediensteten des öffentlichen Dienstes für die dienstlichen Vorgänge (z.B. Steuer- und Postgeheimnis) sowie für Steuerprüfer, Rechtsanwälte und andere Personen.

Schwellenland
Relativ fortgeschrittenes ↑ Entwicklungsland, das beachtliche Industrialisierungsfortschritte erzielt hat, z.B. Süd-Korea, Taiwan, Singapur, Hongkong.

Schwerbehinderte
Personen, die körperlich, geistig oder seelisch behindert und infolge ihrer Behinderung in ihrer Erwerbstätigkeit nicht nur vorübergehend um mind. 50 % gemindert sind. Ihnen gleichgestellt sind Personen mit einer Erwerbsminderung um mindestens 30 %, wenn sie ohne Zuhilfenahme des *Schwerbehindertengesetzes* aufgrund ihrer Behinderung keine Anstellung finden. Private und öffentliche Arbeitgeber, die über mindestens 16 Arbeitsplätze verfügen, müssen davon 6 % mit Schwerbehinderten besetzen. Anderenfalls müssen sie für jeden durch Sch. nicht besetzten Arbeitsplatz 200 DM monatlich als Ausgleichsabgabe abführen. Der Sch. hat nach dem Schwerbehindertengesetz eine Kündigungsfrist von mindestens 4 Wochen. Jede Kündigung, auch die außerordentliche, bedarf der Zustimmung der Hauptfürsorgestelle. Der Sch. hat Anspruch auf einen zusätzlichen Jahresurlaub von i.d.R. 5 Arbeitstagen.

Schwerindustrie
Sammelbegriff für einen Wirtschaftszweig, der im wesentlichen die eisen-

verarbeitende, die eisenerzeugende Industrie und den Bergbau umfaßt.

Schwund
Mengenmäßiger Verlust einer Ware durch Diebstahl und Schäden aller Art. Im Transportbereich durch ↑ Leckage. Im Lagerbereich wegen meist unvorhergesehener Ereignisse, die in der Kostenrechnung durch die Einrechnung ↑ kalkulatorischer Wagnisse ihren Niederschlag finden.

scimming pricing
↑ Abschöpfungspreispolitik.

Secondhandshop
(engl.: second hand=zweite Hand); Einzelhandelsgeschäft, das gebrauchte Waren (z.B. Kleidung, Möbel) aufkauft und weiterverkauft.

Seefrachtgeschäft
Transport von Gütern nach Übersee gegen Entgelt. Der Absender heißt *Befrachter*, der Reeder *Verfrachter*, der Frachtführer, der das Gut dem Verfrachter übergibt, *Ablader*. Befrachter und Ablader sind i.d.R. identisch. Dem S. liegt entweder ein Chartervertrag oder ein Stückgutvertrag zugrunde. Das verlangte Beförderungsentgelt wird *Seefracht* genannt.

Segmentierung
Aufteilung des Gesamtmarktes nach bestimmten Kriterien in Käufergruppen bzw. -segmente, die hinsichtlich ihres Kaufverhaltens oder kaufverhaltensrelevanter Merkmale in sich möglichst ähnlich und untereinander möglichst unähnlich (heterogen) sein sollen. Hauptzweck der S. ist, Unterschiede zwischen den Käufern aufzudecken, um daraus Schlußfolgerungen für segmentspezifische Marketingprogramme zu ziehen.

Sektoren der Volkswirtschaft
Zusammenfassung von Wirtschaftssubjekten anhand gleicher Merkmale. So wird in den *VGR* (↑ Volkswirtschaftliche Gesamtrechnungen (VGR)) unterschieden zwischen Unternehmen, Staat, private Haushalte und dem Ausland. – In der *Volkswirtschaftstheorie* zeitliche und systematische Gliederung der Entwicklung: ↑ primärer Sektor, ↑ sekundärer Sektor, ↑ tertiärer Sektor.

Sekundärbedarf
↑ Bedarfsermittlung.

sekundärer Sektor
Volkswirtschaftlicher Begriff für das produzierende und verarbeitende Gewerbe. Vgl. ↑ Sektoren der Volkswirtschaft.

Sekundärforschung
↑ Marktforschung.

Selbstfinanzierung
Beschaffung von Geldmitteln durch die eigene Ertragskraft des Unternehmens. ↑ Finanzierung, ↑ Eigenfinanzierung. – *Arten*:
1. Nichtausgeschüttete Gewinne (Zuführung zum Eigenkapital, Bildung von Rücklagen; sog. *Gewinnthesaurierung*).
2. Durch Bildung von ↑ Rücklagen (*offene S.*) bzw. auch von stillen Rücklagen (*stille S.*).

Selbsthilfeverkauf
Verkauf einer Ware durch eine öffentliche Versteigerung. Dem sich in ↑ Annahmeverzug befindlichen Käufer muß der S. vorher angedroht worden sein. Nimmt der Käufer die Nachfristensetzung zur Abnahme der Ware nicht wahr, so ist ihm Ort und Zeitpunkt des Selbsthilfeverkaufs anzuzeigen. Androhung und Nachfristsetzung sind beim ↑ Notverkauf nicht notwendig.

Selbstkontrahieren
Das Abschließen eines Rechtsgeschäfts, das jemand als Vertreter eines anderen mit sich selbst durchführt. Diese Geschäfte sind grundsätzlich unzulässig, soweit sie nicht lediglich

in der Erfüllung einer Verbindlichkeit bestehen.

Selbstkosten

Die Summe aller im betrieblichen Leistungsprozeß entstandenen Kosten, oft bezogen auf je ein Stück.

1. *Errechnung der S. im Fertigungsbereich* (Zuschlagskalkulation):

	Materialeinzelkosten
+	Materialgemeinkosten
=	Materialkosten (1)
+	Fertigungslöhne
+	Fertigungsgemeinkosten
+	Sondereinzelkosten der Fertigung
=	Fertigungskosten (2)
=	(1+2) Herstellkosten
+	Verwaltungs- und Vertriebsgemeinkosten
+	Sondereinzelkosten des Vertriebs
=	Selbstkosten.

2. *Errechnung im Handelsbereich*:

	Listeneinkaufspreis
./.	Rabatt
=	Zieleinkaufspreis
./.	Skonto
=	Bareinkaufspreis
+	Bezugskosten (einschl. Zölle und Abgaben)
=	Bezugspreis (Einstandspreis)
+	Handlungskosten (Verwaltungs-, Lager- und Vertriebskosten)
=	Selbstkosten

selbstschuldnerische Bürgschaft

↑ Bürgschaft.

Selbstverwaltung

Im rechtlichen Sinne Wahrnehmung öffentlicher Verwaltungsaufgaben durch ↑ Körperschaften des öffentlichen Rechts (v.a. Gemeinden und Gemeindeverbände), denen Aufgaben überlassen oder übertragen wurden, eigenverantwortlich und selbständig unter der Aufsicht des Staates. Auch Anstalten des öffentlichen Rechts bzw. Stiftungen des öffentlichen Rechts (↑ Stiftung) können S.-Aufgaben erteilt werden. – Die S. bei den *Sozialversicherungsträgern* gibt dem Bürger das Recht, an der Erfüllung von Staatsaufgaben mitzuwirken. In der Krankenversicherung, der Rentenversicherung und der Unfallversicherung durch die Vertreterversammlung (höchstens 60 Personen) und den Vorstand (höchstens 12 Personen), die jeweils zur Hälfte aus Vertretern der Arbeitgeber und Arbeitnehmer bestehen. Im Verwaltungsrat, in dem Vorstand und in den Verwaltungsausschüssen bei der Bundesanstalt für Arbeit sind neben Arbeitgeber- und Arbeitnehmervertretern auch Delegierte des Staates vorhanden. – Weitere S. wird bei *Industrie- und Handelskammern*, in *Kirchenverbänden*, an *Schulen* und *Universitäten* geübt. Die S. wird auf der Grundlage einer eigenen oder staatlich gegebenen Satzung durchgeführt.

sequentieller Zugriff

Zugriff auf Daten nur in der Reihenfolge, in der sie auf einen Datenträger geschrieben wurden (wie z.B. beim ↑ Magnetband). – *Gegensatz*: ↑ Direkter Zugriff.

Serienproduktion

Industrielles ↑ Produktionsverfahren, bei dem neben- oder nacheinander geringfügig voneinander abweichende Produkte produziert werden. In dieser Mehrproduktfertigung wird von jeder Serie nur eine begrenzte Stückzahl hergestellt. Kundenwünsche können berücksichtigt werden.

Server

Zentrale Dienstanbieter für Dienstnutzer (Clients) im Netzwerk (↑ Client-Server-Architektur) mit meist großen Speicherkapazitäten und hoher Verarbeitungsgeschwindigkeit.

Service

↑ Kundendienst.

Shareholder-Value-Ansatz
Managementansatz, der besagt, daß sich das Management eines Unternehmens ausschließlich an den finanzwirtschaftlichen Zielen der Eigentümer (Aktionäre) zu orientieren hat.

shopping goods
Erklärungsbedürftige Güter des periodischen oder aperiodischen Bedarfs, für deren Erwerb der Konsument i.d.R. bereit ist, Beschaffungsanstrengungen auf sich zu nehmen, z.B. weite Einkaufswege, umfassende Preisvergleiche. Beispiele: Möbel, Filmkameras, modische Kleidung, bestimmte Champagner- oder Kosmetikmarken. – *Anders*: ↑ convenience goods, ↑ specialty goods.

Sicherheit am Arbeitsplatz
Vorsorge des Unternehmens zum Schutz des Arbeitnehmers. Gesetzliche Grundlage bilden Gewerbeordnung, Arbeitsstättenverordnung und Arbeitssicherheitsgesetz. Maßnahmen sind z.B. Lärmschutzeinrichtungen, Erste-Hilfe-Stationen, Schutzhelme.

Sicherheitsbestand
↑ Mindestbestand.

Sicherheitsleistung
Leistung einer *Vertragspartei*, um einem Rechtsnachteil zu entgehen, z.B. im Zivilprozeß die Hinterlegung von Geld, um eine Zwangsvollstreckung aus einem vorläufig vollstreckbaren Urteil abzuwenden. Die Höhe wird vom Richter festgesetzt. ↑ Kreditsicherung

Sicherungshypothek
↑ Hypothek, bei deren Geltendmachung das Bestehen der zugrundeliegenden Forderung bewiesen werden muß. Das steht im Widerspruch zum Öffentlichen Glauben einer im Grundbuch eingetragenen Hypothek. Die S. ist daher als solche im Grundbuch zu kennzeichnen.

Sicherungsübereignung
Eine Form der ↑ Kreditsicherung. Der Schuldner bleibt Besitzer der Sache, der Gläubiger erlangt das Eigentum. Üblich ist die S. von Maschinen und Warenlagern. Die S. ermöglicht dem Schuldner, weiterzuarbeiten.

Sichteinlagen
↑ Einlagen bei der Bank, die täglich abgehoben werden können. Daher werden sie auch *täglich fällige Gelder* genannt. S. dienen in erster Linie dem bargeldlosen Zahlungsverkehr und werden in der Regel niedrig verzinst. Für Barabhebungen hat die Bank eine Liquiditätsreserve zu halten (↑ Giralgeld). S. bei Notenbanken sind unverzinslich. – *Gegensatz*: ↑ Spareinlagen, ↑ Termineinlagen.

Sichtwechsel
↑ Wechsel.

Single Sourcing
↑ Beschaffungssystem.

Sittenwidrigkeit
Rechtsgeschäfte, die nach Inhalt, Motiv oder Zweck dem Anstandsgefühl aller billig und gerecht Denkenden widersprechen. Darunter fallen Wucher, vergleichende Werbung, Knebelungsverträge, Zahlung von Schmiergeldern. Rechtsgeschäfte, die gegen die guten Sitten verstoßen, sind nichtig. Wer einem anderen durch S. einen Schaden zugefügt hat, ist schadensersatzpflichtig.

Skonto
(ital.: sconto = Abzug); Preisnachlaß durch den Lieferanten, wenn der Kunde innerhalb einer bestimmten Frist zahlt.

Slogan
(engl. = Schlagwort); kurze und prägnante Aussage in der Werbung, die sich der Konsument gut merken kann.

Software
Programme, die auf Computern genutzt werden können. – *Arten*: *Systemsoftware* (↑ Systemprogramm): Program-

me, die das Computersystem überhaupt nutzbar machen (↑ Betriebssystem) und meist vom Computerhersteller geliefert werden; ↑ *Standardsoftware*: Programme für bestimmte Aufgaben, die fertig vorliegen und unverändert verwendet werden können, z.B. Textverarbeitung; ↑ *Anwendersoftware*: Programme, die für eine bestimmte Anwendung erstellt worden sind und nur für diese Anwendung verwendet werden. – *Gegensatz*: ↑ Hardware.

Software-Engineering

Alle Maßnahmen, mit denen die Entwicklung und Herstellung von ↑ Software geplant und kontrolliert geschieht. Dazu gehören standardisierte Entwurfsmethoden, Dokumentationsvorgaben, Arbeitsteiligkeitsformen und Standardisierung betrieblicher Programmierungsvorgaben.

Softwarehaus

Unternehmen, das Software (Individual- oder Standardsoftware) entwickelt.

Software-Tool

(engl.: tool = Werkzeug); Hilfsprogramme, mit denen die Programmierung und der Test sowie die Dokumentation erleichtert werden. Sie sind „Werkzeug" und „Hilfsmittel" für die Programmierer, erleichtern seine Arbeit und verbessern die Arbeitsergebnisse. Heute stehen S.-T. in großer Zahl und Vielfalt zur Verfügung und werden immer mehr genutzt.

Solawechsel

↑ Wechsel.

Solidaritätszuschlag

↑ Ergänzungsabgabe.

Soll

Bezeichnung einer Kontenseite. – *Gegensatz*: ↑ Haben.
1. In der *Buchhaltung* die linke Seite eines Kontos. Bei Aktivkonten bedeuten Sollbuchungen Zugänge, bei Passivkonten Abgänge. Bei Buchungen auf Erfolgskonten sind Sollbuchungen grundsätzlich Anwendungen, es sei denn, daß Ertragskonten korrigiert werden müssen.
2. Im *Bankbereich* sind Sollsalden, die dem Kunden mitgeteilt werden, Schulden der Kunden, d.h. aus der Sicht der Bank Forderungen an Kunden.

Soll-Ist-Vergleich

1. *Allgemein*: Die Gegenüberstellung der geplanten Mengen oder Werte einerseits und die erreichten Größen andererseits.
2. In der ↑ *Plankostenrechnung*: Vergleich und Kontrolle der vorgegebenen Sollkosten mit den tatsächlich angefallenen Kosten (Istkosten). Als Differenz ergibt sich die ↑ Verbrauchsabweichung. Innerhalb der einzelnen Kostenstellen werden die Verbrauchsabweichungen analysiert.

Sollkaufmann

Nach § 2 HGB ein Kaufmann, der zwar kein Grundhandelsgewerbe nach § 1 HGB betreibt, dessen Geschäft aber aufgrund seiner Art und Größe eine kaufmännische Organisation benötigt. Der S. muß sich ins Handelsregister eintragen lassen. Die Eintragung hat rechtserzeugenden (konstitutiven) Charakter, d.h., erst mit der Eintragung wird der S. Vollkaufmann.

Sonderabfälle

Abfälle, die besonders gesundheits-, luft-, wassergefährdend, explosiv oder brennbar sind. S. unterliegen besonderen Anforderungen bei der ↑ Entsorgung.

Sonderabschreibung

Besondere Form von ↑ Abschreibungen, die im Unterschied zu den ↑ erhöhten Absetzungen zusätzlich zur normalen Abschreibung vorgenommen werden können. Die S. wird dem Steuerpflichtigen allein aus wirtschaftspolitischen Überlegungen gewährt, sie steht in keinem Zusammenhang mit der nutzungsbedingten Wertminderung des betreffenden Wirtschaftsgutes. Es tritt lediglich Steuerstundung ein, d.h. der steuerpflichtige Gewinn wird in den ersten Jahren der Nutzung stärker gemindert als in den folgenden Jahren.

Sonderausgaben
Begriff aus dem Einkommensteuerrecht. S. sind Aufwendungen des Steuerpflichtigen, die, soweit sie keine Betriebsausgaben oder Werbungskosten sind, allgemein als Kosten der Lebensführung anzusehen sind, trotzdem aber z.T. vom steuerpflichtigen Einkommen abgesetzt werden können. Begründet werden S. in der Theorie mit dem subjektiven ↑ Nettoprinzip. – *Beispiele:* Kirchensteuer (unbeschränkt abzugsfähig), Sozialversicherungsbeiträge, Beiträge für Lebensversicherung und Bausparvertrag (beschränkt abzugsfähig).

Sondereinzelkosten
Kosten, die speziell für einen Auftrag anfallen und daher nicht in die ↑ Kostenstellenrechnung einbezogen werden. Sie werden den ↑ Kostenträgern direkt angelastet. – *Arten*: 1. S. der Fertigung: Anfertigen von Spezialwerkzeugen, von Schablonen, Patent- und Lizenzkosten. – 2. S. des Vertriebs: Provisionen, spezielle Transportmittel und -verpackung, Zölle.

Sondergerichtsbarkeit
Nach Grundgesetz Sondergerichte für bestimmte Aufgabenbereiche neben der ↑ ordentlichen Gerichtsbarkeit. – *Arten*: ↑ Arbeitsgerichtsbarkeit, ↑ Verwaltungsgerichtsbarkeit, ↑ Sozialgerichtsbarkeit und ↑ Finanzgerichtsbarkeit.

Sondervermögen
1. Das S. der *Kapitalgesellschaft* ist das Haftungskapital, das ihr als rechtlich selbständiger Person gehört. – *Gegensatz*: Vermögen der natürlichen Personen.
2. Das S. des *Bundes* ist zwar rechtlich unselbständig (es gehört zum Bundesvermögen), hat aber einen eigenen Haushalt (verwaltungsmäßig getrennt). – *Beispiele:* ERP-Sondervermögen, Lastenausgleichsfonds, Fonds Deutsche Einheit.

Sonderziehungsrechte (SZR)
Im Rahmen des ↑ IMF, International Monetary Fund den angeschlossenen Mitgliedern gewährter Buchkredit im Verhältnis zu ihren eingezahlten Quoten. Der Kredit wird den Notenbanken der jeweiligen Länder gewährt, damit sich diese dann gegen Hingabe der erhaltenen SZR bei den Notenbanken anderer Länder die gewünschte fremde Währung besorgen können.

sonstige Forderungen/Verbindlichkeiten
↑ Forderungen und ↑ Verbindlichkeiten, die nicht aus Warenlieferungen und Leistungen, sondern aus anderen Betriebsvorgängen stammen. – *Beispiele*: 1. Sonstige *Forderungen*: Vorschüsse, Vorsteuerüberhang, geleistete Anzahlungen. – 2. Sonstige *Verbindlichkeiten*: Anzahlungen von Kunden, Zahllast, noch abzuführende Abgaben an das Finanzamt und an die Krankenkasse, Dividenden und Tantiemen.

Sorten
Ausländische Banknoten und Münzen.

Sortenproduktion
↑ Produktionsverfahren, das artverwandte Produkte herstellt, deren Ausgangsmaterial gleich ist. Die Unterschiede entstehen lediglich durch die Bearbeitungsvorgänge. Auf derselben Anlage können somit nacheinander verwandte Produkte produziert werden, z.B. in einer Brauerei Starkbier, Exportbier, Pils.

Sortiment
Setzt sich aus Waren, Dienstleistungen und Rechten oder einer Kombination

dieser Elemente zusammen, die ein Handelsbetrieb seinen potentiellen Kunden physisch oder auf andere Weise anbietet. Die *Sortimentspolitik*, d.h. die Bestimmung der richtigen *Sortimentsbreite* (Zahl der Artikel) und *Sortimentstiefe* (verschiedene Ausführung und Größe eines Artikels) ist eine wichtige Aufgabe des Handels. Beachtet werden müssen dabei die Gegebenheiten auf den Absatz- und Beschaffungsmärkten und innerbetriebliche Begrenzungsfaktoren wie Verkaufsflächen und Lagerkapazität sowie Ladenausstattung. Warenhäuser haben große Sortimentsbreite, Fachgeschäfte große Sortimentstiefe.

Sozialbericht

Teil des ↑ Geschäftsberichts, der von einer Gesellschaft freiwillig oder aufgrund vom Statut (Satzung) oder auf Beschluß der Gesellschafterversammlung abgefaßt wird und sich mit der Entwicklung und dem Ausbau sozialer Einrichtungen und den sozialen Zuwendungen an Arbeitnehmer beschäftigt.

Sozialbilanz

Aufstellung der gesellschaftlich positiven bzw. negativen Folgen von Unternehmensaktivitäten. Wird als Ergänzung zur ‚herkömmlichen" Bilanz gefordert, jedoch bisher nicht gesetzlich erforderlich.

soziale Aufwendungen

Sozialkosten; *Gesetzliche* s.A.: Arbeitgeberanteil zur Sozialversicherung und Unfallversicherung. Die s.A. erhöhen den Personalaufwand der Arbeitgeber und zählen zu den Personalnebenkosten. *Freiwillige* Aufwendungen wie Zuschüsse zu Pensionskassen, Kantinen, Kuraufenthalten, Krankheitszuschüsse, Gratifikationen usw. sind zwar auch s.A., sie zählen buchhalterisch jedoch zu den sonstigen Personalkosten und werden in der Kostenrechnung jeweils abgegrenzt.

Soziale Marktwirtschaft

↑ Wirtschaftsordnung auf der Grundlage des Systems der (freien) ↑ Marktwirtschaft bzw. des ↑ Ordoliberalismus, die wirtschaftliche Leistungsfähigkeit und soziale Gerechtigkeit bei einem hohen Maß an individueller Freiheit gewährleisten will. Die Einführung der S.M. in der Bundesrepublik Deutschland auf der Grundlage wissenschaftlicher Arbeiten der liberalen Wirtschaftstheoretiker Böhm, Eucken, von Hayek, Müller-Armack, Röke und Rüstow ist wesentlich das politische Verdienst von Ludwig Erhard.

soziales Jahr

Auch: *freiwilliges soziales Jahr*; ganztätige pflegerische, erzieherische oder hauswirtschaftliche Hilfstätigkeit in sozialen Einrichtungen (Krankenhäuser, Altenheime usw.) für ein Jahr. Helfer bzw. Helferin muß zwischen 17 und 27 Jahre alt sein.

Sozialgerichtsbarkeit

Rechtsstreitigkeiten, die sich aus den Bereichen der Sozialversicherung ableiten lassen (Rentenversicherung, Arbeitslosenversicherung, Krankenkasse, Unfallversicherung, Kindergeld), werden von Sozialgerichten entschieden. – *Aufbau*: 1. Untere Instanz: Sozialgerichte. 2. Mittelinstanz: Landessozialgerichte. 3. Oberste Instanz: Bundessozialgericht.

Sozialgesetzbuch

Gesetzbuch, in dem alle Sozialgesetze zusammengefaßt werden sollen. In Kraft getreten sind bisher die TeileI.: Allgemeiner Teil; IV.: Gemeinsame Vorschriften für die Sozialversicherung; V.: Krankenversicherung; VI.: Rentenversicherung; VIII.: Kinder- und Jugendhilfe; X.: Verwaltungsverfahren, Schutz der Sozialdaten, Zusammenarbeit der Leistungsträger und ihre Beziehungen zu Dritten; XI.: ab 1.1.1995 die Soziale Pflegeversicherung; VII.: Unfallversicherungsrecht, das per Unfallversicherungs-Einordnungsgesetz vom 20.8.1996 in das SGB eingeordnet und am 1.1.1997 in Kraft getreten ist; VIII.: Das Arbeitsförderungsgesetz wurde per 1.1.1998 in das SGB eingefügt.

Sozialismus
Sammelbezeichnung für die Entwürfe bzw. Lehren, die eine Gesellschaftsordnung anstreben, in der Gleichheit, Solidarität und Gerechtigkeit zwischen allen Menschen gewährleistet ist. Sozialistische Lehren bildeten sich seit dem 19. Jh. in unterschiedlicher Prägung aus. Sie reichen vom internationalen Kommunismus und Bolschewismus bis zum National-Sozialismus, vom staatsfeindlichen Anarchosyndikalismus bis zum Staats-Sozialismus. Alle Richtungen fordern jedoch fast einheitlich eine Umgestaltung der Eigentumsordnung durch vollständige oder teilweise Überführung der Produktionsmittel und der Produktionsgrundlagen (Bergwerke, Großgrundbesitz, Fabriken) in Gemein- oder Staatseigentum, zumindest staatliche Kontrolle der Produktionsmittel. Außerdem wurde angestrebt – falls die herrschende Gesellschaftsordnung grundsätzlich erhalten bleiben sollte – eine Veränderung der Wirtschafts- und Arbeitsordnung durch Schutzmaßnahmen gegen Arbeitslosigkeit und Ausbeutung der Arbeitskraft, Beseitigung der Kinderarbeit, Beschränkung der Frauenarbeit, Familien- und Wohnungsfürsorge, Beteiligung der Arbeiter am Besitz der Produktionsmittel (Miteigentum), Beteiligung am Arbeitsertrag, Mitbestimmungsrecht, ferner durch zentrale Wirtschaftsleitung, Kontrolle von Konzernen und Kartellen. – Im engeren Sinne wird S. für ehemalige Gesellschaftsordnungen (z.B. Osteuropas) die sich nach dem Verständnis der dort herrschenden Parteien auf der Entwicklungsstufe zwischen Kapitalismus und Kommunismus befinden. – S. und Kommunismus werden oft synonym verwandt.

Sozialkosten
↑ Soziale Aufwendungen.

Soziallohn
↑ Lohn.

Sozialpartner
↑ Tarifpartner.

Sozialplan
Vereinbarungen zwischen Betriebsleitung und Betriebsrat mit Maßnahmen zum wirtschaftlichen Ausgleich der Nachteile, die Arbeitnehmern bei ganzer oder teilweiser Stillegung von Betrieben mit mehr als 20 Arbeitnehmern oder Betriebsteilen (sog. Betriebsänderung) durch Kündigung entstehen.

Sozialpolitik
Gesamtheit aller Maßnahmen des Staates und der Unternehmen zur Ordnung des gesellschaftlichen Zusammenlebens.
1. *Staatliche S.*: a) *Nationale S.* umfaßt Regelungen zur Veränderung der Rahmenbedingungen, die soziale Härten entstehen lassen; im engeren Sinne zur Verbesserung der Situation bestimmter schutzbedürftiger Gruppen zwecks Abwendung von Notlagen, die sich ergeben können aus vorübergehender Beeinträchtigung der Existenzlage, durch unkontrollierbare Ereignisse oder durch dauernde Beeinträchtigung bzw. Vernichtung der Arbeits- und Erwerbsfähigkeit. – *Träger* sind der Staat (z.B. Gemeinden) sowie öffentlich-rechtliche Körperschaften (z.B. Kirchen) und private Zusammenschlüsse (z.B. Gewerkschaften, Arbeitgeberverbände, Genossenschaften, sozialpolitische Vereine). – *Handlungsbereiche* der S.: Vgl. Übersicht. – b) *Internationale S.* beruht auf Verträgen der Nationalstaaten oder überstaatlicher Organisationen, wie z.B. in der ↑ EU, Europäische Union, oder im Wirtschafts- und Sozialrat der ↑ UN, United Nations.
2. *Betriebliche S.* ist Element allgemeiner Unternehmenspolitik mit dem Ziel, den Betriebsangehörigen spezielle Vorteile materieller oder ideeller Art zukommen zu lassen, z.B. betriebliche Al-

tersversorgung; i.d.R. festgeschrieben in ↑ Betriebsvereinbarungen.

Sozialprodukt

Wert, der von einer Volkswirtschaft innerhalb eines Zeitraums (meist ein Jahr) erstellten Güter und Dienstleistungen, Gesamtergebnis volkswirtschaftlicher Tätigkeit und Maß für die wirtschaftliche Leistungsfähigkeit einer Volkswirtschaft. – *Kritik:* Als Indikator für den Wohlstand einer Nation nur beschränkt tauglich (Nichterfassung mancher Tatbestände wie z.B. Umweltschäden etc.). Im Gegensatz zu dem ↑ Bruttoinlandsprodukt werden das ↑ Bruttosozialprodukt und das ↑ Volkseinkommen nach dem Inländerkonzept ermittelt. Danach werden alle wirtschaftlichen Tätigkeiten der Inländer erfaßt, egal ob sie inner- oder außerhalb der Landesgrenzen erfolgten. – *Entstehung, Verteilung* und *Verwendung* des S.: Vgl. Übersicht.

Sozialprodukt – Die drei Berechnungsarten in den Volkswirtschaftlichen Gesamtrechungen

I. Entstehungsrechnung

  Produktionswert
– Vorleistungen
= Bruttowertschöpfung (unbereinigt)
– Unterstellte Entgelte für Bankdienstleistungen
= Bruttowertschöpfung (bereinigt)
+ Nichtabzugsfähige Umsatzsteuer
+ Einfuhrabgaben
= Bruttoinlandsprodukt
± Saldo der Erwerbs- und Vermögenseinkommen zwischen Inländern und der übrigen Welt

II. Verwendungsrechnung

  Privater Verbrauch
+ Staatsverbrauch
+ Ausrüstungsinvestitionen
+ Bauinvestitionen
± Vorratsänderung
+ Ausfuhr
– Einfuhr

= Bruttosozialprodukt zu Marktpreisen
– Abschreibungen
= Nettosozialprodukt zu Marktpreisen
– Indirekte Steuern
+ Subventionen
= Nettosozialprodukt zu Faktorkosten
= Volkseinkommen

III. Verteilungsrechnung

Volkseinkommen

  Bruttoeinkommen aus Unternehmertätigkeit und Vermögen
– Öffentliche Abgaben auf Einkommen aus Unternehmertätigkeit und Vermögen (direkte Steuern u.ä.)
+ Sonstige Zu- und Absetzungen
= Nettoeinkommen aus Unternehmertätigkeit und Vermögen

  Bruttoeinkommen aus unselbständiger Arbeit
– Tatsächliche Sozialbeiträge der Arbeitgeber
– Unterstellte Sozialbeiträge
= Bruttolohn- und -gehaltssumme
– Lohnsteuer
– Tatsächliche Sozialbeiträge der Arbeitnehmer
= Nettolohn- und Gehaltssumme

Quelle: Olsson/Piekenbrock, Gabler Lexikon Umwelt- und Wirtschaftspolitik, 2. Aufl., Wiesbaden 1996, S. 315

Sozialprodukt – Entstehung und Verwendung 1996 (Gesamtdeutschland; in Mrd. DM)

Gegenstand der Nachweisung	in jeweiligen Preisen	in Preisen von 1991
Entstehung des Bruttosozialprodukts		
Land- und Forstwirschaft, Fischerei	37,5	45,5
Produzierendes Gewerbe	1.143,3	1.042,9
Handel und Verkehr	491,7	450,2
Dienstleistungsunternehmen	1.254,8	1.031,5
Staat, private Haushalte u.ä.	486,5	404,7
Bruttowertschöpfung (unbereinigt)	3.413,8	2.974,8
– Unterstellte Entgelte für Bankdienstleistungen	140,0	148,0
= Bruttowertschöpfung (bereinigt)	3.273,8	2.826,7
+ Nichtabziehbare Umsatzsteuer + Einfuhrabgaben	267,7	227,8
= Bruttoinlandsprodukt	3.541,5	3.054,5
+ Einkommen aus der übrigen Welt (Saldo)	-28,0	-24,5
= Bruttosozialprodukt	3.513,5	3.030,0
Verwendung des Bruttoinlandsprodukts		
Privater Verbrauch	2.045,4	1.753,5
Staatsverbrauch	702,7	612,6
Bruttoinvestitionen	750,4	687,5
Anlageinvestitionen	730,3	661,3
Ausrüstungen	267,9	260,0
Bauten	462,4	401,3
Vorratsänderungen	20,1	26,3
Letzte inländische Verwendung von Gütern	3.498,5	3.053,7
Außenbeitrag	43,0	0,8
Ausfuhr von Waren und Dienstl.	857,1	824,4
Einfuhr von Waren und Dienstl.	814,1	823,6
Bruttoinlandsprodukt	3.541,5	3.054,5
Einkommen		
Bruttolohn- und Gehaltssumme (Inländer)	1.524,3	–

Quelle: Statistisches Bundesamt

Sozialversicherung
Gesetzliche Pflichtversicherung, die die Arbeitnehmer vor Schäden aller Art und Einkommenseinbußen schützen soll, z.B. bei Krankheit, Alter, Unfall, Arbeitslosigkeit. – *Träger, Beiträge, Leistungen* usw.: Vgl. Übersicht.

Spareinlagen
Die bei einer Sparkasse, der Postbank oder einem anderen Kreditinstitut eingelegten Spargelder auf Sparkonto, über die i.d.R. ein Sparbuch ausgestellt wird. Je länger die Kündigungsfrist (3 Monate, 6 Monate), desto höher die Zinsen. Auszahlung nur gegen Vorlage des Sparbuches; ↑ Einlagen. – *Gegensatz:* ↑ Sichteinlagen, ↑ Termineinlagen.

Sparen
↑ Ersparnis.

Sparförderung
↑ Prämienbegünstigtes Sparen.

Sparkassen
Geldinstitute mit öffentlich-rechtlichem Charakter. Die betreffenden Gebietskörperschaften haften für evtl.

Sozialversicherung – Versicherungsarten und Merkmale

Versicherungsarten	Rentenversicherung	Krankenversicherung	Arbeitslosenversicherung	Unfallversicherung	Pflegeversicherung
Träger	– Bundesversicherungsanstalt für Angestellte (BfA) in Berlin – 23 Landesversicherungsanstalten (LVA) für Arbeiter – Bundesbahnversicherungsanstalt – Bundesknappschaft für die im Bergbau beschäftigten Arbeitnehmer – Seekasse	– Allgemeine Ortskrankenkasse (AOK) – Innungskrankenkasse (IKK) – Betriebskrankenkassen (BKK) – Ersatzkassen z.B.: DAK, BEK, KKH – landwirtschaftl. Krankenkasse	– Bundesanstalt für Arbeit in Nürnberg; ihre Zweigstellen sind die Arbeitsämter	– Gewerbliche und landwirtschaftliche Berufsgenossenschaften – Bund – Eisenbahn-Unfallkasse – Unfallkasse Post und Telekom – Unfallkasse der Länder und Gemeinden – Feuerwehr-Unfallkasse	– Pflegekassen, bei den gesetzlichen Krankenkassen errichtet (aber rechtlich selbständig)
Versicherungspflichtige Personen	– Arbeiter – Angestellte – Auszubildende – Wehr- und Ersatzdienstleistende – Selbständige unter best. Voraussetzungen – Behinderte	– Arbeiter und Angestellte, die höchstens 75 % der BBG [1)] verdienen – Auszubildende – Arbeitslose – Rentner (unter best. Voraussetzungen) – Behinderte – Studenten	– Arbeiter – Angestellte – Auszubildende	– Alle Arbeitnehmer – Auszubildende – Arbeitslose – Kinder in Kindergärten – Schüler und Studenten – Personen, die andere aus Lebensgefahr retten – Ehrenamtlich Tätige – Pflegepersonen	– Alle in der gesetzlichen Krankenkasse Versicherten (Pflicht- und freiwillig Versicherte) – Anspruchsberechtigte nach dem Bundesversorgungsgesetz (BVG)
Beitragshöhe	– 20,3 % vom Bruttoverdienst (knappschftl. Rentenvers. 26,9 %), jedoch höchstens von der BBG [1)] – Freiwillige Höherversicherung ist möglich	– je nach Krankenkasse unterschiedlich	– 6,5 % des Bruttoverdienstes, jedoch höchstens von der BBG[1)]	Abhängig von – Gefahrenklasse, in der jeder An[3)] eingestuft wird – Lohnsumme, die Ag[2)] zahlt	– 1,7 % des Bruttoverdienstes, jeweils bis zur BBG[1)]
Beitragsaufbringung	– Je zur Hälfte vom Ag [2)] und An[3)]; ist das Bruttoeinkommen des An[3)] nicht höher als 620,– DM in Deutschland (West), 520,– DM in Deutschland (Ost), dann zahlt der Ag[2)] alles allein. In der knappschaftl. Rentenversicherung beträgt die Geringverdienergrenze 750,– DM (West) und 640,– DM (Ost), bei Behinderten 808,– DM (West) und 728,– DM (Ost)! – Zuschuß der Rentenversicherungsträger in Höhe der Hälfte der Krankenversicherungsbeiträge – Zuschüsse des Bundes an die Renten- und Arbeitslosenversicherung			– Ag[2)] zahlt für seine An[3)] – Bund, Länder und Gemeinden für Kleingartenkinder, Schüler, Studenten und Lebensretter	– wie Krankenversicherung (Ausnahme: Land Sachsen – An tragen Beiträge allein) – Bei Anspruchsberechtigten nach BVG der Leistungserbringer

Sozialversicherung – Versicherungsarten und Merkmale (Fortsetzung)

Versicherungsarten	Rentenversicherung	Krankenversicherung	Arbeitslosenversicherung	Unfallversicherung	Pflegeversicherung
Leistungen	– Altersrente ab – 60 J. Die Altersgrenzen werden stufenweise auf 65 Jahre angehoben und flexibilisiert. (Frauen, Arbeitslose und Altersteilzeitarbeit) – 60 J. (Schwerbehinderte, Berufs- und Erwerbsunfähige nach mindestens 35 Versicherungsjahren) – 63 J. Die Altersgrenzen werden stufenweise auf 65 Jahre angehoben und flexibilisiert; nach mindestens 35 Versicherungsjahren – 65 Jahre (Regel) – Berufs- und Erwerbsunfähigkeitsrente – Hinterbliebenenrente – Medizinische, berufsfördernde und ergänzende Leistungen zur Rehabilitation – Zuschüsse zu den Kranken- und Pflegeversicherungsbeiträgen der Rentner – Rentenabfindung bei Wiederheirat von Witwen	– Maßnahmen zur Verhütung von Krankheiten, Empfängnisverhütung, Sterilisation und bei Schwangerschaft – Maßnahmen zur Früherkennung von Krankheiten (Männer und Frauen ab vollendetem 35. Lebensjahr; bei Kindern bis 6 Jahre) – Krankenbehandlung (zeitlich unbegrenzt; dazu gehören Arzt- und Arzneikosten, Heilmittel, Brillen und dergleichen – Krankengeld (70 % des Bruttoverdienstes, höchstens jedoch 90 % des Nettoverdienstes) für höchstens 78 Wochen; weitere 10 Arbeitstage pro Jahr zur Pflege eines kranken Kindes unter 12 Jahren – Krankenhausbehandlung (zeitlich unbegrenzt) – Mutterschaftshilfe (Kosten bei einer Geburt) – häusliche Krankenpflege und Haushaltshilfe – Medizinische und ergänzende Leistungen zur Rehabilitation sowie Belastungserprobung zur Arbeitstherapie	An[3] erhalten folgende Leistungen: – Berufsberatung – Arbeitsvermittlung Leistungen der Arbeitsförderung: – Trainingsmaßnahmen zur Verbesserung der Eingliederungsaussichten – Mobilitätshilfen und Arbeitnehmerhilfe zur Aufnahme einer Beschäftigung – Überbrückungsgeld zur Aufnahme einer selbstängigen Tätigkeit – Berufsausbildungsbeihilfe während einer beruflichen Ausbildung – Übernahme von Weiterbildungskosten und Unterhaltsgeld während der Teilnahme an beruflicher Weiterbildung – Leistungen zur beruflichen Eingliederung Behinderter – Arbeitslosengeld (verheiratet oder alleinstehend mit einem Kind 67 %, sonst 60 % des pauschalierten Nettoentgelts; Dauer von 6 bis maximal 32 Monate, abhängig vom Lebensalter und Versicherungszeit) – Arbeitslosenhilfe (verheiratet oder alleinstehend mit einem Kind 57 %, sonst 53 % des Leistungsentgelts; erhält wer kein Arbeitslosengeld mehr erhält oder wer die Anwartschaft für das Arbeitslosengeld nicht erfüllt hat und bedürftig ist) – Kurzarbeitergeld bei Arbeitsausfall – Insolvenzgeld bei Zahlungsunfähigkeit des AG[2] – Wintergeld und Winterausfallgeld in der Bauwirtschaft	– Unfallverhütung durch Unfallverhütungsvorschriften und Aufklärung – Heilbehandlung nach Arbeitsunfällen oder bei Berufskrankheiten – Berufsfördernde Leistungen zur Rehabilitation – Leistungen zur sozialen Rehabilitation bei Pflegebedürftigkeit – Rente – Hinterbliebenenrente – Beihilfen – Abfindung (anstelle einer Rente) – Sterbegeld	– bei häuslicher Pflege: Pflegeleistung durch Pflegekraft je nach Pflegestufe (Stufe I bis 750,– DM; Stufe II bis 1.800,– DM; Stufe III bis 2.800,– DM) oder Pflegegeld für selbstbeschaffene Pflegehilfe je nach Pflegestufe (Stufe I 400,– DM; Stufe II 800,– DM; Stufe III 1.300,– DM) – Kombination von Sachleistung und Pflegegeld möglich – bei stationärer Pflege: bis zu 2.800,– DM monatlich (Härtefälle bis 3.300,– DM) – bei teilstationärer Pflege: je nach Stufe bis zu 750,– , 1.500,– oder 2.100,– DM – bei Kurzzeitpflege (4 Wochen pro Jahr) bis zu 2.800,– DM – Außerdem: – Häusliche Pflege bei Verhinderung der Pflegeperson – Pflegehilfsmittel und technische Hilfen – Leistungen zur sozialen Sicherung der Pflegepersonen – Pflegekurse für Angehörige und ehrenamtliche Pflegepersonen

Sozialversicherung – Versicherungsarten und Merkmale (Fortsetzung)

Versicherungsarten	Rentenversicherung	Krankenversicherung	Arbeitslosenversicherung	Unfallversicherung	Pflegeversicherung
Voraussetzung für die Leistungen	Anspruch auf Altersrente: - Vollendung des 65. Lebensjahres und Erfüllung der allgemeinen Wartezeit[5] von 5 Jahren (Regelaltersrente) - Vollendung des 63. Lebensjahres und Erfüllung einer Wartezeit von 35 Jahren - Vollendung des 60. Lebensjahres, berufs- und erwerbsunfähig oder Erfüllung einer Wartezeit von 35 Jahren - Vollendung des 60. Lebensjahres, vor Beginn der Rente 1 Jahr arbeitslos oder 1 Jahr Altersteilzeitarbeit, 8 Jahre Pflichtbeiträge und Erfüllung einer Wartezeit von 15 Jahren - Frauen: Vollendung des 60. Lebensjahres, 10 Jahre Pflichtbeiträge nach dem 40. Lebensjahr und Erfüllung einer Wartezeit von 15 Jahren - Langjährig unter Tage beschäftigte Bergleute: Vollendung des 60. Lebensjahres und Erfüllung einer Wartezeit von 25 Jahren	- Krankheit eines Versicherten oder eines Familienmitgliedes - Geburt (Mutterschaftshilfe) - Tod des Versicherten oder eines Familienmitgliedes (Sterbegeld), wenn Versicherung bereits am 1.1.1989 bestand	Ag[2] erhalten folgende Leistungen: - Arbeitsmarktberatung, Ausbildungs- und Arbeitsvermittlung - Zuschüsse zu den Arbeitsentgelten bei Eingliederungsmaßnahmen - Erstattung von Arbeitsentgelten für Zeiten ohne Arbeitsleistung bei Eingliederungsmaßnahmen - Zuschüsse zur Ausbildungsvergütung bei Durchführung von Maßnahmen während der betrieblichen Ausbildungszeit **Voraussetzung für die Leistungen** Anspruch auf Arbeitslosengeld: - mindestens 360 Kalendertage Tätigkeit in den letzten 3 Jahren vor der Arbeitslosigkeit - ohne eigenes Verschulden arbeitslos, aber arbeitsfähig und arbeitswillig. Bei verschuldeter Arbeitslosigkeit 12 Wochen Sperrzeit - persönlicher Antrag beim Arbeitsamt	- Arbeitsunfall - Berufskrankheit	- Pflegebedürftigkeit - Vorversicherungszeit von fünf Jahren (erstmals ab 1.1.2000, bis dahin stufenweise Erhöhung um jeweils ein Jahr – ab 1.1.1995 keine Vorversicherungszeit; ab 1.1.1996: 1 Jahr, ab 1.1.1997: zwei Jahre etc.)

1) Beitragsbemessungsgrenze; wird jährlich neu festgelegt. 1998 monatlich in der Renten- und Arbeitslosenversicherung in Deutschland (West) 8.400 DM (in der knappschaftl. Rentenversicherung 10.300 DM) und in Deutschland (Ost) 7.000 DM (in der knappschaftl. Rentenversicherung 8.600 DM), in der Kranken- und Pflegeversicherung in Deutschland (West) 6.300 DM und in Deutschland (Ost) 5.250 DM.
2) Arbeitgeber
3) Arbeitnehmer
4) Berufsgenossenschaft
5) Wartezeit = Zeiten der Beitrags- und Ersatzzeiten

auftretende Verbindlichkeiten. Daneben gibt es sog. „freie Sparkassen“, die als Stiftungen oder eingetragene Vereine bestehen und im Verband der freien S. zusammengeschlossen sind. S. unterliegen, wie andere Banken auch, der Aufsicht des Bundesaufsichtsamtes für das Kreditwesen in Berlin.

Spartenorganisation

Auch: *divisionale Organisation, Geschäftsbereichsorganisation;* setzt an der zweiten Hierarchieebene an und bezeichnet die Orientierung an Objekten. Kriterium können sein: Produkte (auch Dienstleistungen), Kunden oder Regionen/Märkte. Häufig werden die Sparten (Divisionen bzw. Geschäftsbereiche) mit weitgehender Autonomie im Sinne eines ↑ *Profit Centers* ausgestattet. ↑ Organisatorische Arbeitsteilung.

specialty goods

Höherwertige, teure Waren, die nur selten gekauft werden. – *Anders*: ↑ convenience goods, ↑ shopping goods.

Spediteur

Derjenige, der auf eigenen Namen für fremde Rechnung Versendungen durch einen Frachtführer oder Verfrachter (Seeschiffe) durchführen läßt. Häufig ist der S. selbst Frachtführer, wenn er auch Beförderungen und/oder Lagerungen übernimmt. Der S. betreibt ein Grundhandelsgewerbe nach § 1 HGB und ist somit Mußkaufmann. Der Versender schließt mit dem S. einen Frachtvertrag nach HGB und ADSp (Allgemeine Deutsche Spediteursbedingungen), die dem S. gewisse Vorschriften auferlegen. Der S. hat Anspruch auf Provision und Auslagenersatz. Solange er im Besitz der Ware ist, hat er daran ein gesetzliches Pfandrecht.

Speicher

Funktionseinheit eines Computers, die Informationen aufnimmt, sie bereithält (speichert) und auf Verlangen wieder abgibt. Man unterscheidet interne Speicher (↑ Arbeitsspeicher) und ↑ externe Speicher; letztere werden zur Computer-Peripherie gezählt. ↑ Zentralspeicher.

Spekulation

(lat. = Voraussicht); in erster Linie eine Geschäftstätigkeit in der Hoffnung, daß der Marktwert des Geschäftsobjekts (z.B. Devisen) sich ändern wird. Spekuliert man an der Börse auf eine *Hausse*, bedeutet das, daß man mit einem Ansteigen des Kurses rechnet und dann einen Gewinn erzielt (Wertpapiere, Gold, Silber usw.). Spekuliert man auf eine *Baisse*, so ist das in einem ↑ Termingeschäft möglich. – *Beispiel*: Ein Bankkunde möchte Dollars in 2 Monaten zu einem bestimmten Kurs aufkaufen. Die Bank kennt den dann bestehenden Kurs aber nicht. Sie bietet den Dollar zu einem Wechselkurs von durchweg 1,70 DM an, in Erwartung, daß der Dollar in 2 Monaten nicht höher stehen wird. Fällt der Kurs z.B. auf 1,65 DM, so ist der Kunde verpflichtet, 1,70 DM zu zahlen. Die Bank hat dann durch diesen Kursverfall verdient. Umgekehrt setzt sie zu, wenn der Kurs auf 1,75 DM stehen sollte. – Spekulationsgewinne unterliegen der Einkommensteuer, wenn der Gewinn über 1.000 DM liegt und wenn zwischen An- und Verkauf von Wertpapieren weniger als 6 Monate, von Grundstücken weniger als 2 Jahre liegen. Dies gilt auch, wenn eine Spekulationsabsicht fehlt. Spekulationsverluste können nur mit Spekulationsgewinnen, nicht jedoch mit anderen Einkünften verrechnet werden.

Sperrfrist

Im Vergleichsverfahren die letzten 30 Tage vor Stellung des Vergleichsantrags. Gläubiger, die in der S. Befriedigung erlangt haben, müssen im Vergleichsverfahren das Erlangte herausgeben und werden zu normalen Vergleichsgläubigern.

Sperrminorität
Besitz einer Aktienminderheit, die gewisse Entscheidungen der Mehrheit der Hauptversammlung „sperren“ kann. Von S. spricht man, wenn jemand an einer Aktiengesellschaft mit 25 % + 1 Aktie beteiligt ist. Damit kann er jede Entscheidung blockieren, zu der eine 3/4-Mehrheit erforderlich ist, z.B. Satzungsänderungen, Fusionen, Grundkapitalveränderungen.

Spezifikationskauf
Eine besondere Form von (insbes. Außenhandels-)Abschlüssen, bei der über die zu liefernde Ware nur Rahmenvereinbarungen über Art, Menge und Grundpreis getroffen werden und der Käufer bei Abruf die Einzelheiten der gewünschten Ware bestimmt. – Vgl. auch ↑ Bestimmungskauf.

Spieltheorie
Theorie der strategischen Spiele. Allgemeine mathematische Theorie des rationalen Verhaltens in einer Entscheidungssituation, deren Ausgang von den Aktionen mehrerer autonomer Entscheidungsträger bestimmt wird. – 1994 erhielt u.a. Prof. Dr. Reinhard Selten als erster Deutscher den Nobelpreis für Wirtschaftswissenschaften für seine grundlegenden Forschungen im Bereich der S.

Splittingverfahren
Form der Ehegattenbesteuerung. Sind beide Ehegatten unbeschränkt steuerpflichtig und werden zusammen veranlagt, kommt das S. zur Anwendung, bei dem zunächst das Gesamteinkommen halbiert, davon die Steuer ermittelt wird und diese dann zu verdoppeln ist. Aufgrund der Steuerprogression (↑ Steuertarif) kann es hierbei zu einer Steuerersparnis in Höhe von maximal 22.842 DM kommen. Das S. stellt jedoch keine Steuervergünstigung dar, sondern folgt aus dem Gedanken, daß die Ehe eine so enge Lebens- und Wirtschaftsgemeinschaft bildet, daß ihr Einkommen nur insgesamt richtig gewürdigt werden kann. Das S. sichert, daß es keine Rolle spielt, wie die Ehegatten Erwerbs- und Hausarbeit untereinander aufteilen.

sponsoring
Finanzielle Unterstützung für Personen, Ereignisse und Medien gegen Nennung des Namens oder Produkts des Sponsors zu Werbezwecken.

staatliche Preisregulierung
↑ Preisregulierung.

Staatshaushalt
↑ Haushalt.

Staatsverwaltung
1. *Unmittelbare St.*: Die Verwaltungsaufgaben nimmt der Staat durch eigene Organe (Behörden) ohne Rechtspersönlichkeit wahr.
2. *Mittelbare St.*: Die Verwaltungsaufgaben werden von juristischen Personen des öffentlichen Rechts wahrgenommen, v.a. ↑ Gebietskörperschaften und ↑ Anstalten des öffentlichen Rechts.

Stabilitätsgesetz
Gesetz zur Förderung der Stabilität und des Wachstums der Wirtschaft vom 8.6.1967. Das St. verpflichtet Bund und Länder, ihre wirtschaftlichen Aktivitäten so auszurichten, daß die Ziele des „magischen Vierecks“ (↑ magisches Viereck) Beachtung finden. Der ↑ Jahreswirtschaftsbericht der Bundesregierung gibt hierzu die Orientierungsdaten. ↑ Konjunkturpolitik, ↑ Konjunkturrat. Vgl. Übersicht.

Stabstelle
Auch: *Stab;* Zur Entscheidungsvorbereitung ausgegliederte ↑ Stelle einer Organisation für Spezialisten mit Beraterfunktion und ohne Entscheidungskompetenz.

Stagflation
Begriff, der sich aus den Wörtern Stagnation und Inflation zusammensetzt.

Stabilitätsgesetz

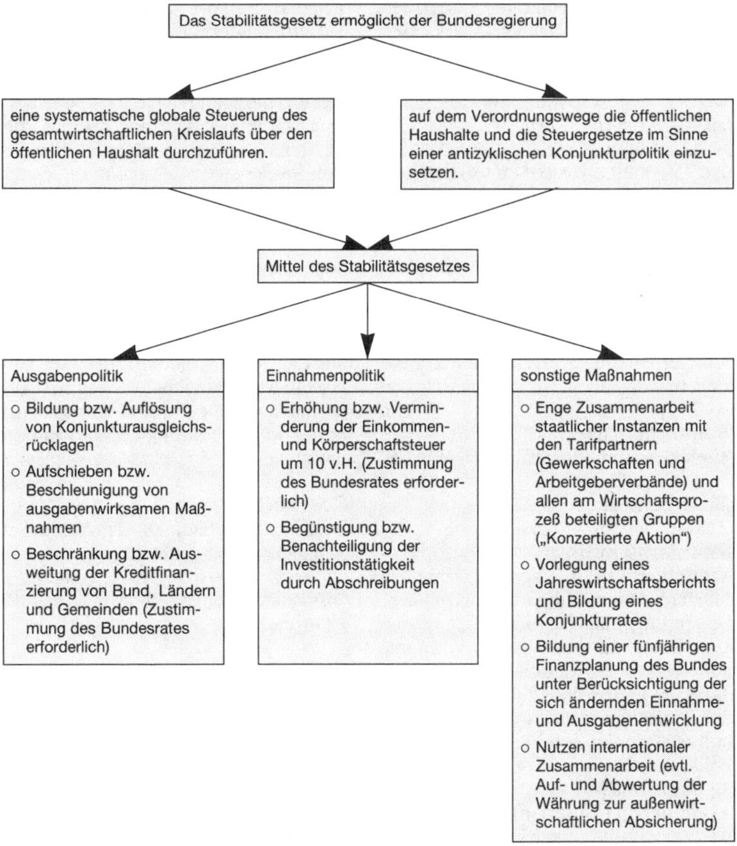

Bedeutung: Trotz stagnierender Wirtschaft steigen die Preise.

Stagnation

Phase stagnierenden Wachstums, d.h. die Wachstumsraten betragen Null.

Stakeholder

Als St. werden verschiedene Interessengruppen eines Unternehmens bezeichnet, wie z.B. Kapitaleigner, Gewerkschaften und Umweltverbände.

Stammaktie

↑ Aktie.

Stammeinlage

Einlage des Gesellschafters einer GmbH. Die Mindesteinlage beträgt 500 DM, wovon mindestens 250 DM eingezahlt sein müssen. Die St. muß durch volle Hundert teilbar sein. Der Gesamtbetrag der Stammeinlagen muß mit dem ↑ Stammkapital übereinstimmen. Jeder Gesellschafter darf bei der

Gründung nur eine St. übernehmen, die aber verschieden hoch sein kann. In der Gesellschafterversammlung hat der Gesellschafter für je 100 DM eine Stimme.

Stammkapital
Haftungskapital der GmbH. Das St. darf 50.000 DM nicht unterschreiten und muß bei der Gründung mindestens zu 50 % eingezahlt sein. Das St. erscheint in der Bilanz auf der Passivseite und zählt neben dem Fremdkapital zur Mittelherkunft (Finanzierung). Das St. ist in ↑ Stammeinlagen aufgeteilt, deren Höhe für die einzelnen Gesellschafter oberste Haftungsgrenze darstellen.

Stammkunden
Käufer, die ihren Bedarf regelmäßig bei demselben Einzelhändler bzw. Lieferanten decken.

Standardisierung
Vereinheitlichung nach bestimmten Mustern. Hautsächlich relevant in den beiden folgenden Bereichen:
1. In der *Produktion* durch Normung und Typung, die für den Hersteller vereinfachte Produktion und Lagerhaltung, für den Käufer vereinfachte Bestellung und bessere Ersatzteilbeschaffung zur Folge hat.
2. Im *Marketing* eine an den durchschnittlichen Anforderungen und Erwartungen bestimmter Kundengruppen ausgerichtete Marketingpolitik. Keine individuellen, sondern durchschnittliche Problemlösungen gleicher Art, unabhängig von der spezifischen Problemstellung des einzelnen Nachfragers.

Standardsoftware
Standardprogramme; fertig angebotene ↑ Software, die von vielen Anwendern genutzt werden kann. Anbieter von St. sind Computerhersteller, Softwarehäuser und Anwender, die spezielle St. verallgemeinert haben und vertreiben wollen. Nachträgliche Änderung nur sehr kostenintensiv möglich. – *Man unterscheidet*: funktionsorientierte St., wie Textprogramme, Grafikprogramme, abteilungsorientierte Programme, wie Lohn- und Gehaltsprogramme, Buchhaltungsprogramme; branchenorientierte Programme, wie Programme für Banken, für Versicherungen, für das Handwerk usw.

Standort
1. *Äußerer St.*: Ort der gewerblichen oder land- und forstwirtschaftlichen Niederlassung bzw. Ansiedlung. Vgl. ↑ Standortfaktoren.
2. *Innerbetrieblicher St.*: Die räumliche Lage der einzelnen Teile eines Unternehmens, Betriebes bzw. einer Abteilung zueinander und ihre möglichst optimale Zuordnung (↑ Layoutplanung).

Standortfaktoren
Bestimmungsgründe für die Wahl eines ↑ Standortes. Vgl. Abbildung.

Stapelverarbeitung
↑ Offline.

Statistik
Verfahren, mit deren Hilfe häufige Erscheinungen zahlenmäßig erfaßt werden. Als St. werden auch Zusammenstellungen von Zahlenübersichten bezeichnet. *Arbeitsweise* der St.: Festlegung des Untersuchungsziels (z.B. Wählerstruktur in Hamburg) – Erhebung (Ermittlung der Werte, z.B. durch Befragung) – Aufbereitung (Zahlen in eine übersichtliche Form bringen) – Auswertung (Ergebnisse interpretieren). – *Erhebungsformen* sind die Totalerhebung, bei der alle Einheiten erfaßt werden, und die Teilerhebung, in Form einer Stichprobe, bei der zufällig und/oder nach einem bestimmten Schema ein Teil der Grundgesamtheit erfaßt wird. Stichproben sollen repräsentativ sein, d.h. der betrachtete Teilbereich soll ein getreues Bild des Gesamtbereichs sein. *Aufbereitungsformen* sind

Standortfaktoren

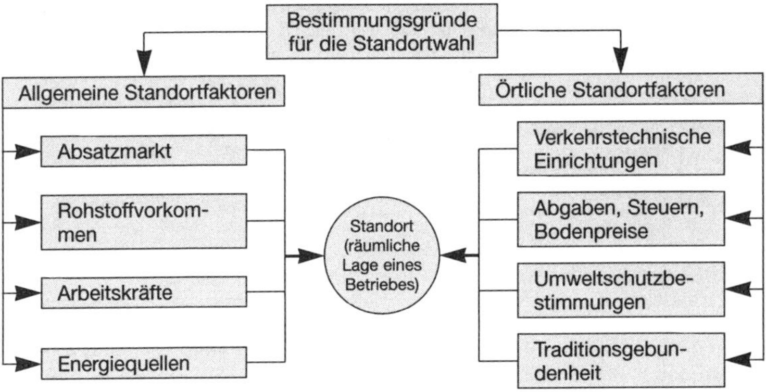

Zeitreihen, Häufigkeitsverteilungen, insbes. Mittelwerte, Streuungsmaße.
1. Die *amtliche Statistik* wird vom ↑ Statistischen Bundesamt, den Statistischen Landesämtern und den Kommunalstatistischen Ämtern durchgeführt.
2. Die *Betriebsstatistik* bereitet die Ist-Zahlen auf und ermittelt die Abweichungen von Richtzahlen im Bereich der Kosten und Erlöse, des Gewinns im zeitlichen Vergleich und stellt, soweit möglich, Vergleichszahlen mit anderen Betrieben der Branche auf. Sie spielt aber auch in anderen Bereichen eine Rolle, so als St. der Arbeitskräfte, Leistungsstatistik, Lagerstatistik, St. der Preise und statistische Qualitätskontrolle.

Statistisches Bundesamt
Eine selbständige Oberbehörde im Geschäftsbereich des Bundesministeriums des Innern, Sitz Wiesbaden. Hauptaufgaben sind die Aufstellung und Veröffentlichung von vergleichbaren inländischen Statistiken (z.B. Bankenstatistik, Verkehrsstatistik), ↑ Volkswirtschaftliche Gesamtrechnungen (VGR), ↑ Sozialprodukt), Abgabe von Gutachten im statistischen Bereich, Veröffentlichung von Statistiken des Auslands und intern. Organisationen sowie die Vorbereitung von Bundesgesetzen und Rechtsverordnungen, die sich mit der Statistik befassen.

Status
Gegenüberstellung des Vermögens und der Schulden. Der St. dient dazu, den Unternehmer selbst sowie eventuell seine Gläubiger (Bank) über die aktuelle Vermögenslage zu informieren.

Statut
Anderer Ausdruck für ↑ Satzung, der v.a. bei Genossenschaften verwendet wird.

Stelle
Kleinste Leistungseinheit einer Organisation, deren Aufgabeninhalte von einer einzelnen Person erfüllt werden können.

Steuerberater
Freiberuflich Tätiger, der nach dem *Steuerberatungsgesetz* geschäftsmäßig Hilfe in Steuersachen leistet. Voraussetzung für die Zulassung zur Prüfung ist entweder ein abgeschlossenes wirtschaftswissenschaftliches oder rechtswissenschaftliches Studium mit anschließender 3jähriger Praxis im Steuerwesen oder Abschlußprüfung im steuerberatenden oder kaufmännischen

Ausbildungsberuf und anschließender 10jähriger Praxis auf dem Gebiet des Steuerwesens. Neben diesen fachlichen Voraussetzungen wird persönliche Unbescholtenheit vorausgesetzt. Nach bestandener Prüfung wird dem St. vom Landesfinanzministerium die Berechtigung zur Berufsausübung erteilt.

Steuerbilanz
Aus der ↑ Handelsbilanz abgeleitete Bilanz, die nach steuerrechtlichen Vorschriften aufgestellt wird. Zum Teil sind Handelsbilanz und St. identisch. Die St. soll den tatsächlich erwirtschafteten Gewinn ermitteln. Sie dient somit als Grundlage für die Ermittlung der Bemessungsgrundlage der Einkommen- bzw. Körperschaftsteuer und der Gewerbesteuer. – Die *Bewertung* der Wirtschaftsgüter erfolgt in der St. grundsätzlich durch ↑ Einzelbewertung. Handelsrechtliche Bewertungsvereinfachungen, wie ↑ Durchschnittsbewertung, ↑ Festwertbewertung, Gruppenbewertung, werden steuerlich anerkannt, soweit sie den ↑ Grundsätzen ordnungsmäßiger Buchführung (GoB) entsprechen. Als Bewertungsverfahren ist nur die Lifo-Methode anerkannt.

Steuererklärung
Meist auf einem Vordruck abzugebende Erklärung eines Steuerpflichtigen über erzielte Einkünfte. Wann, in welchen Zeiträumen und mit welchen Unterlagen die St. einzureichen ist, wird in der Abgabenordnung (AO) festgelegt. Die St. ist wahrheitsgemäß nach bestem Wissen und Gewissen abzugeben.

Steuerertragsgesetz
↑ Swiftsches Steuereinmaleins.

Steuerflucht
Verlegung von Wohn- oder Unternehmenssitz ins Ausland, z.B. in ↑ Steueroasen, mit dem Ziel der Steuerersparnis. Maßnahmen gegen St. im Außensteuergesetz.

Steuerfreibetrag
Auf Antrag des Lohnsteuerpflichtigen in die ↑ Lohnsteuerkarte eingetragener Betrag, aufgrund dessen sich die vom Arbeitgeber einzubehaltene Lohnsteuer ermäßigt, z.B. Haushaltsfreibetrag, Kinderfreibetrag, Freibetrag für voraussichtliche Werbungskosten, Sonderausgaben und außergewöhnliche Belastungen, soweit sie 1.200 DM übersteigen.

Steuerhinterziehung
Straftatbestand, wenn abzuführende Steuern nicht, nicht rechtzeitig oder nicht in voller Höhe abgeführt werden. Die hinterzogenen Steuern sind zu verzinsen. St. wird, je nach Schwere des Tatbestandes, mit Freiheitsstrafen bis zu 10 Jahren oder mit einer Geldstrafe geahndet. Werden die Tatbestände der St. leichtfertig (ohne Vorsatz) begangen, so liegt eine sog. Steuerverkürzung vor. Diese kann mit einer Geldbuße bis zu 100.000 DM bestraft werden, wenn der Täter unrichtige oder unvollständige Angaben nicht bei der Finanzbehörde berichtigt bevor die Einleitung des Bußgeldverfahrens bekanntgegeben wurde.

Steuerklasse
In die ↑ Lohnsteuerkarte einzutragendes Merkmal, das sich nach Familienstand und Kinderzahl richtet.

I = Ledige, Verwitwete, Geschiedene, dauernd getrennt lebende Arbeitnehmer ohne Kinder.
II = Ledige, Verwitwete, Geschiedene, dauernd getrennt Lebende mit mindestens einem Kind.
III = Verheiratete Alleinverdiener und verheiratete Doppelverdiener, wenn beide Arbeitnehmer unterschiedlich viel verdienen. Der Arbeitnehmer mit dem höheren Einkommen ist dabei in diese Klasse einzutragen, der andere Ehepartner in die Klasse V.
IV = Verheiratete Doppelverdiener,

wenn beide gleich viel oder annähernd gleich viel verdienen.

V = Verheiratete Doppelverdiener, wenn beide Arbeitnehmer unterschiedlich viel verdienen. Der Arbeitnehmer mit dem niedrigeren Einkommen ist dabei in diese Klasse einzutragen, der andere Ehepartner in die Klasse III.

VI = Wenn der Arbeitnehmer keine Lohnsteuerkarte vorgelegt hat oder wenn es sich um ein zweites oder weiteres Arbeitsverhältnis handelt. In dieser Klasse höchste Besteuerung, da keine Berücksichtigung von Freibeträgen und Pauschalen.

Für verheiratete Arbeitnehmer besteht ein Wahlrecht: Beide können sich entweder in die Steuerklasse IV eintragen lassen oder einer in die Klasse III und der andere in die Klasse V. Welche Kombination günstiger ist, läßt sich nur im Einzelfall entscheiden.

Steuermeßzahl

Bei der Realsteuer (v.a. Gewerbesteuer) der Prozentsatz, mit der der Gewerbeertrag (bei natürlichen Personen und Personengesellschaften je nach Höhe des Gewerbeetrags gestaffelt von 1 % bis 5 %, bei anderen Gewerbebetrieben 5 %) zu versteuern ist (↑ Gewerbesteuer). – Der *Steuermeßbetrag* ergibt sich dann als DM-Betrag. – *Beispiel*: Gewerbeertrag einer GmbH 100.000 DM, 5 % Steuermeßzahl = 5.000 DM Steuermeßbetrag. Aus dem Steuermeßbetrag ergibt sich durch Anwendung des Hebesatzes der Steuerbetrag.

Steuern

Einmalige oder regelmäßige Geldleistungen, die der Steuerpflichtige ohne Anspruch auf eine Gegenleistung einem öffentlichen Finanzwesen zu entrichten hat. Zur Deckung der notwendigen Ausgaben benötigen Bund, Länder und Gemeinden ↑ Abgaben (vor allem Steuern), die sie aufgrund ihrer Finanzhoheit von den Steuerpflichtigen erheben. Bundestag, Landtage und Stadt- und Gemeinderäte berechtigen die Finanzämter, Geld von den Bürgern (Steuerschulden) einzuholen und erstellen gleichzeitig Haushaltspläne, die die Verwendungszwecke der staatlichen Einnahmen vorschreiben. – Steuern werden verwendet für folgende *Aufgaben*: *Soziale Sicherheit* (z.B. Sozialversicherungszuschüsse, Arbeitsbeschaffung, Gesundheit, Fürsorge, Jugendpflege, Kriegsopferversorgung, Kindergeld, Wohngeld), *Bau- und Wohnungswesen* (Straßenbau, Wohnungsbau, Öffentliche Gebäude), *Wirtschaftsförderung* (Subventionen gefährdeter Wirtschaftszweige, Zuschüsse an die Landwirtschaft, Infrastrukturmaßnahmen, Förderung wirtschaftlich schwacher Gebiete) und *andere Bereiche* (Verteidigung, Bildung, Öffentliche Sicherheit und Ordnung, Wiedergutmachung, Gesetzgebung und Verwaltung).– St. und Steuereinnahmen 1994-1997: Vgl. Übersicht.

Steuernummer

Eine vom Finanzamt an den Steuerschuldner ausgegebene Nummer, die dann Grundlage jeglichen Schriftverkehrs ist.

Steueroase

Bezeichnung für Länder mit niedriger Steuerlast, z.B. Bermuda-Inseln.

Steuerpflicht

Bei ↑ Personensteuern ist die persönliche St. zu prüfen, d.h. welche (natürliche oder juristische) Person als ↑ Steuerschuldner der Einkommens- und Vermögensbesteuerung in der Bundesrepublik Deutschland unterliegt. Man unterscheidet zwischen ↑ beschränkter Steuerpflicht und ↑ unbeschränkter Steuerpflicht.

Steuerpolitik

Einsatz steuerlicher Maßnahmen im Dienste der Finanz- und Wirtschaftspo-

Steuereinnahmen 1994-1997 (in Mrd. DM)

	1994	1995	1996	1997[1)]
Gemeinschaftsteuern	578.754	579.177	603.694	o.A.
Lohnsteuer	266.522	282.700	294.579	263.146[2)]
Veranlagte Einkommensteuer	25.510	13.997	12.315	–
Nicht veranlagte Steuern vom Ertrag	17.746	16.914	16.058	o.A.
Zinsabschlag	13.708	12.807	12.110	11.630
Körperschaftsteuer	19.569	18.136	31.423	33.400
Umsatzsteuer	195.265	198.496	200.381	242.815
Einfuhrumsatzsteuer	40.433	36.126	36.827	o.A.
Bundessteuern	105.486	134.066	137.865	o.A.
dar.: Versicherungsteuer	11.400	14.104	14.348	14.500
Tabaksteuer	20.264	20.595	20.698	20.400
Kaffeesteuer	2.270	2.186	2.236	2.300
Branntweinsteuer	4.889	4.837	5.085	4.500
Schaumweinsteuer	1.121	1.083	1.064	1.050
Zwischenerzeugnis	29	42	52	o.A.
Mineralölsteuer	63.847	64.888	68.251	66.100
Solidaritätszuschlag	1.580	26.267	26.091	26.838
Landessteuern	36.551	36.602	38.540	o.A.
dar.: Vermögensteuer	6.627	7.855	9.035	1.700
Erbschaftsteuer	3.479	3.548	4.053	5.965
Grunderwerbsteuer	7.031	6.067	6.390	10.908
Kraftfahrzeugsteuer	14.169	13.805	13.743	14.700
Rennwett- und Lotteriesteuer	2.856	2.785	2.844	2.890
Biersteuer	1.795	1.779	1.719	1.700
Gemeindesteuern	58.196	57.322	62.014	o.A.
dar.: Gewerbesteuer	44.086	42.152	45.859	48.900

1) Steuerschätzung Mai 1997
2) Lohn- und Einkommensteuer

litik: – *Ziele:* Einnahmenerzielung zur Erfüllung der Staatsfunktionen, insbes. für Ausgaben im Sozialbereich; Beeinflussung der ↑ Konjunkturpolitik. Der Staat muß die Zusammenhänge des ↑ Swiftschen Steuereinmaleins beachten.

Steuerprogression

↑ Steuertarif.

Steuerschuldner

Steuerpflichtiger, der die Steuern zu zahlen hat. In welchem Maße der St. die Steuer tatsächlich trägt, hängt von der Möglichkeit der ↑ Steuerüberwälzung ab.

Steuertarif

Steuersätze für ein bestimmtes Steuerobjekt, regeln das „Wieviel" der Steuerzahlung. – Tariftypen: 1. *Steuerproportionalität* bedeutet, daß für jedes Einkommen ein konstanter durchschnittlicher Steuersatz erhoben wird, z.B. bei der Körperschaftsteuer. – 2. *Steuerprogression* bedeutet, daß der Steuersatz mit der Höhe des Einkommens steigt. In der Bundesrepublik liegt die Belastung des Einkommenszuwachses („Grenzsteuersatz") mit Einkommensteuer für niedrige Einkommen zur Zeit bei 19 % und steigt mit zunehmendem

Einkommen auf bis zu 53 % an (bei einem Einkommen über 120.042 DM bei Ledigen und 240.084 DM bei Verheirateten). Für Einkünfte aus Gewerbebetrieb beträgt der max. Steuersatz jedoch 47 %, der bei Ledigen bei 100.224 DM, bei Verheirateten bei 200.448 DM erreicht wird. Die Rechtfertigung ergibt sich aus der Annahme, daß ein steigendes Einkommen Ausdruck zunehmender persönlicher Leistungsfähigkeit sei und damit die Möglichkeit zusätzlicher Opfer relativ größer sei als bei geringer Verdienenden. – 3. *Steuerregression* bedeutet, daß z.B. der Steuersatz bei steigendem Einkommen sinkt.

Steuerträger
Der durch die Steuer tatsächlich Belastete. Beispiel Mineralölsteuer: ↑ Steuerschuldner ist die Benzingesellschaft, St. ist der Autofahrer.

Steuerüberwälzung
Form der Steuerabwehr, bei der die Steuerlast vom Steuerpflichtigen an den ↑ Steuerträger weitergegeben wird. Beispiele Mineralölsteuer und Umsatzsteuer. Inwieweit die Steuer tatsächlich über den Verkaufspreis auf den Abnehmer überwälzt werden kann, hängt von den Marktgegebenheiten ab, insbesondere davon, inwieweit der Käufer auf ähnliche Produkte, die nicht mit überwälzter Steuer belastet sind, ausweichen kann.

Stichprobe
Aus einer Gesamtheit ausgewählte Teilmenge. Ziel der St. ist der Versuch, das Ergebnis der Teilmengenuntersuchung auf die Gesamtheit zu übertragen. ↑ Statistik.

Stiftung
Zurverfügungstellung von Vermögen bzw. Vermögenswerten für bestimmte, i.d.R. gemeinnützige oder wohltätige Zwecke oder Bezeichnung für die Vermögenswerte selbst.
1. *Private St.* (St. des Privatrechts): Sonderregelung für die rechtsfähige St. in §§ 80-88 BGB: Errichtung durch Rechtsgeschäft, das unter Lebenden der Schriftform bedarf, oder durch letztwillige Verfügung. Rechtsfähigkeit erlangt die St. durch behördliche Genehmigung. Die Verfassung der St. wird durch das Stiftungsgeschäft festgelegt. Als Organ der ↑ juristischen Person ist ein Vorstand zu bilden, dem die Vertretung der St. obliegt. – Einzelheiten regelt das Landesrecht.
2. *Öffentliche St.* (St. des öffentlichen Rechts): Diese sind meist zugleich Anstalten des öffentlichen Rechts und haben oft Selbstverwaltung, vielfach als sog. unselbständige St. aber keine Rechtsfähigkeit.

Stille Gesellschaft
Sonderform der Gesellschaft. Keine Handelsgesellschaft. Der „stille" Gesellschafter bringt nur Kapital in das Unternehmen – ein Einzelunternehmen oder eine Personengesellschaft – ein und erhält dafür einen vereinbarten Gewinnanteil. Er hat keinen Einfluß auf das Unternehmen. – *Arten/wesentliche Merkmale*: Vgl. Übersicht.

Stille Rücklage
Auch: *Stille Reserve*, ↑ Rücklagen.

Stimmrecht
1. Das Recht eines *Aktionärs*, in der Hauptversammlung einer AG mit abzustimmen. Jede Stammaktie gewährt dieses Recht. Vorzugsaktien werden manchmal ohne St. ausgegeben. Aktien, die ein mehrfaches St. haben (*Mehrstimmrechtsaktien*), können nur mit Zustimmung des Wirtschaftsministeriums ausgegeben werden. Das St. kann durch Vollmacht an andere übertragen werden. Üblich ist das Übertragen des Rechts auf eine Bank durch Kleinaktionäre. Durch eine Vielzahl solcher Vollmachten erhält die Bank eine erhebliche Stimmacht in der Hauptversammlung.
2. Jeder *Gesellschafter* in der Gesellschafterversammlung einer GmbH hat je 100 DM eine Stimme.

Stille Gesellschaft

<table>
<tr><th></th><th>atypische</th><th>typische</th><th>GmbH & Still</th></tr>
<tr><td>Allgemeines</td><td colspan="3">Innengesellschaft</td></tr>
<tr><td>Rechtsgrundlagen</td><td colspan="3">§§ 230 ff. HGB;
ergänzend GbR-Recht</td></tr>
<tr><td>Zweck</td><td colspan="3">Erzielung von Gewinn durch Betrieb
eines Handelsgewerbes oder anderen GmbH-Unternehmens</td></tr>
<tr><td>Rechtsfähigkeit</td><td colspan="3">nicht rechtsfähig</td></tr>
<tr><td>Gründung</td><td colspan="3">formfreier Vertrag</td></tr>
<tr><td>Gesellschafter</td><td colspan="2">Geschäftsinhaber und Stiller Gesellschafter</td><td>GmbH-Gesellschafter sind gleichzeitig Stille Gesellschafter der GmbH</td></tr>
<tr><td>Firma</td><td colspan="3">keine eigene Firma</td></tr>
<tr><td>Eintragungen im Handelsregister</td><td colspan="3">nicht möglich</td></tr>
<tr><td>Kapital und Einlagen</td><td colspan="2">kein festes Kapital;
Vermögenseinlage des Stillen Gesellschafters</td><td>stille Einlagen der GmbH-Gesellschafter (Inhaber-GmbH als solche festes Kapital)</td></tr>
<tr><td>Gesellschaftsvermögen</td><td>nur Vermögen des Geschäftsinhabers;
Stiller Gesellschafter im Innenverhältnis am Vermögen beteiligt</td><td>nur Vermögen des Geschäftsinhabers</td><td>nur Vermögen der GmbH</td></tr>
<tr><td>Haftung</td><td colspan="2">nur Geschäftsinhaber, nicht Stiller Gesellschafter</td><td>Inhaber-GmbH auf deren Vermögen beschränkt</td></tr>
<tr><td>Organe</td><td colspan="2">keine besonderen Organe</td><td>(Geschäftsinhaberin wie GmbH)</td></tr>
<tr><td>Geschäftsführung</td><td colspan="2">Geschäftsinhaber</td><td>Inhaber-GmbH durch Geschäftsführer</td></tr>
<tr><td>Vertretung</td><td colspan="3">keine Vertretung,
Geschäftsinhaber handelt im eigenen Namen</td></tr>
<tr><td>Informations- und Kontrollrechte der Gesellschafter</td><td colspan="2">Stiller Gesellschafter wie Kommanditist</td><td>Stiller Gesellschafter als GmbH-Gesellschafter kann Auskunft und Einsicht in Bücher und Papiere verlangen</td></tr>
<tr><td>Mitwirkung der Gesellschafter</td><td colspan="3">wenn Grundlagen des Gesellschaftsverhältnisses betroffen</td></tr>
<tr><td>Gewinn und Verlust</td><td colspan="3">angemessener Anteil für Stillen Gesellschafter</td></tr>
<tr><td>Entnahmen/Gewinnauszahlung</td><td colspan="3">Gewinnanteil jährlich an Stillen Gesellschafter, sofern Einlage nicht durch Verlust gemindert
(Gewinnansprüche Stiller Gesellschafter mindern Gewinn der GmbH)</td></tr>
<tr><td>Anteilsübertragung</td><td colspan="3">nur mit Zustimmung des Geschäftsinhabers</td></tr>
<tr><td>Auflösung und Liquidation</td><td colspan="3">gesetzliche Auflösungsgründe; keine echte Liquidation</td></tr>
<tr><td>Einmanngesellschaft</td><td colspan="2">nicht möglich</td><td>Alleingesellschafter der GmbH kann gleichzeitig Stiller Gesellschafter sein</td></tr>
</table>

Storno
(ital. = Streichung).
1. Das *Zurückziehen* von erteilten Aufträgen.
2. Das *Korrigieren* einer unrichtigen Buchung in der Buchhaltung.

Straßenproduktion
↑ Reihenproduktion.

Strategie
Zukunftsorientierte Festlegung der ↑ Geschäftsfelder („Domänen") eines Unternehmens, basierend auf langfristigen Erwartungen über eigene Kompetenzen (↑ Kernkompetenzen) und Umweltzustände. St. streben eine gesamthafte Ausrichtung der Unternehmensaktivitäten auf die strategischen Ziele an und spiegeln zentrale Einstellungen, Wünsche und Wertvorstellungen der bestimmenden Entscheidungsträger wider. St. haben somit langfristig eine hohe Bedeutung für die Vermögens- und Ertragslage eines Unternehmens. ↑ Gesamtunternehmensstrategie, ↑ Wettbewerbsstrategie.

Streckengeschäft
Handelsgeschäft, bei dem der Großhändler lediglich als Vermittler auftritt. Der Lieferant sendet die Ware direkt an den Einzelhändler, nachdem er den Kundenauftrag vom Großhändler erhalten hat.

Streik
Zulässiges verfassungsrechtliches Arbeitskampfmittel der Arbeitnehmer, um gewerkschaftliche Forderungen durchzusetzen. Innerhalb der Laufzeit eines Tarifvertrages darf nicht gestreikt werden (*Friedenspflicht*). Beim St. wird die Arbeit für eine gewisse Zeit niedergelegt. Bei *Warnstreiks* wird die Bereitschaft der Arbeitnehmer gezeigt, im Falle einer Nichteinigung zwischen den Tarifparteien die Arbeit niederzulegen. – Dem Beginn und Ende eines St. geht eine *Urabstimmung* (= Befragung der Gewerkschaftsmitglieder, ob sie einem St. zustimmen; Zustimmungsquote 75 % muß erreicht werden) voraus, in der die organisierten Arbeitnehmer ihre Zustimmung oder Ablehnung dokumentieren können. Während des St. werden den organisierten Arbeitnehmern *Unterstützungen* von den Gewerkschaften gezahlt. – *Gegenmittel* der Arbeitgeber gegen den St. ist die ↑ Aussperrung; ↑ Tarifkonflikt.

Strukturpolitik
Politische Maßnahmen, mit denen die branchenorientierte und/oder regionale Zusammensetzung der Wirtschaft beeinflußt werden sollen. Aufgrund des mit dem wirtschaftlichen Wachstumsprozeß verbundenen Strukturwandels ist eine ↑ ‚Anpassung" der Wirtschaft erforderlich (Personalumsetzungen, Betriebsstillegungen usw.), deren soziale Folgen (z.B. hohe regionale Arbeitslosigkeit) „gemildert" werden sollen.

Strukturvertrieb
Auch: *Multi-Level-Marketing* (MLM); Vertriebsform, bei der jeder Verkäufer neben neuen Kunden gleichzeitig um weitere Verkäufer wirbt, an deren Verkaufssumme er wiederum prozentual beteiligt ist (↑ *Schneeballsystem*).

Strukturwandel
↑ Strukturpolitik.

Stücklisten
Tabellarisch geordnete Aufzeichnungen über die zur Herstellung eines Produktes benötigten Teile und deren Menge, z.B. Material-, Einkaufs-, Lagerstückliste.

Stückzinsen
Die bei festverzinslichen Wertpapieren seit dem Fälligkeitstag des letzten eingelösten Kupons aufgelaufenen Zinsen. St. werden beim Verkauf von festverzinslichen Wertpapieren dem Kurswert hinzugerechnet und unterliegen der ↑ Kapitalertragsteuer.

Stufenausbildung
Berufliche Ausbildung, die sachlich und zeitlich in Grundbildung und Fachbildung gegliedert ist und in aufeinander aufbauenden Stufen absolviert werden kann. Besonders im Einzelhandel, in Bau- und Textilberufen von Bedeutung.

Stundung
Vom Gläubiger dem Schuldner gegenüber gewährter Zahlungsaufschub. Während der St. tritt Hemmung der ↑ Verjährung ein. Eine S. kann auch von öffentlichen Stellen, wie Finanzämtern und Gerichten, einem Steuerschuldner oder einem zu einer Geldstrafe Verurteilten zugestanden werden, wenn die Einziehung zu erheblichen sozialen Härten führen würde.

substantielle Kapitalerhaltung
Bewertungsgrundsatz; Erhaltung des Realvermögens unter Berücksichtigung von Preisänderungen (Inflation). – *Gegensatz*: ↑ nominelle Kapitalerhaltung.

Substanzsteuern
Ertragsunabhängige ↑ Steuern, die aufgrund vorhandener Vermögenswerte gezahlt werden müssen. V.a. handelt es sich dabei um Grundsteuer, Erbschaftsteuer, Gewerbekapitalsteuer und Vermögensteuer. S. müssen unabhängig davon bezahlt werden, ob ein Ertrag erwirtschaftet wird. Der Betroffene muß sich evtl. durch Veräußerung oder Belastung des Vermögenswertes das nötige Kapital besorgen. S. wirken besonders in Verlustjahren für Unternehmen belastend; daher sind ↑ Vermögensteuer und Gewerbekapitalsteuer (↑ Gewerbesteuer) in Deutschland in letzter Zeit abgeschafft worden. – *Gegensatz*: ↑ Ertragsteuern.

Substitution
(lat. = Ersetzung).
1. Im *Konsumbereich* ist S. der alternative Ersatz für ein Produkt, z.B. Kohle statt Öl, Tee statt Kaffee, Feuerzeuge statt Streichhölzer.
2. Im *arbeitstechnischen* Bereich bedeutet S. den Ersatz eines Produktionsfaktors durch einen anderen, z.B. menschliche Arbeitskraft durch Maschinen.

Subvention
(lat. = Hilfeleistung); Unterstützungszahlungen des Staates an Unternehmen (im Gegensatz zu der Finanzhilfe an Haushalte; ↑ Transfers). S. werden eingeteilt in Finanzhilfen (S. im engeren Sinne) und Steuervergünstigungen. Die im Subventionsbericht der Bundesregierung ausgewiesenen S. erfassen nicht alle S. Wichtigste Arten sind *Erhaltungssubvention* (z.B. Landwirtschaft), *Erziehungssubvention* und *Anpassungssubvention* (Stabilisierung neuer Wirtschaftszweige). Da S. häufig kritisiert und als zu hoch erachtet werden, gab es in der Vergangenheit Maßnahmen zu ihrer Reduzierung (z.B Subventionsabbaugesetz von 1981).

Summenbilanz
↑ Betriebsübersicht.

Supply Chain Management
↑ Wertkettenmanagement.

Surrogat
(lat. = Ersatzmittel); Ersatzgegenstand für eine Sache, die zerstört, beschädigt oder entzogen wurde. ↑ Geldsurrogat.

Swap
Austausch von Forderungen bzw. Verbindlichkeiten und/oder den zugehörigen Zinszahlungen zwischen zwei Unternehmen bzw. Banken. S. dienen der Erzielung von komparativen Kostenvorteilen oder der Absicherung gegen Kursrisiken; sie haben typischerweise den Austausch verschiedener Zinsberechnungsbasen (festverzinslich gegen variabel verzinslich) bzw. verschiedener Währungen zum Gegenstand. S. werden individuell ausgehandelt und haben große Volumina.

Swiftsches Steuereinmaleins

Eine von J. Swift formulierte Erkenntnis, daß bei einer Verdoppelung des Steuersatzes sich die Einnahmen keineswegs verdoppeln. Heute als *Steuerertragsgesetz* bezeichnet, das besagt, daß bei einer prozentualen Erhöhung des Steuersatzes der Steuerertrag mit einem geringen Prozentsatz wächst oder sogar zurückgeht. ↑ Laffer-Kurve.

Syndikat

↑ Kartell, bei dem durch Bildung gemeinsamer Beschaffungs- oder Vertriebseinrichtungen der Wettbewerb beschränkt wird. Im allgemeinen nach GWB (Gesetz gegen Wettbewerbsbeschränkung) unzulässig.

Synergieeffekt

Durch das Zusammenwirken vormals getrennter Elemente ermöglichter höherer Zielerreichungsgrad („2 + 2 = 5“).

System

1. *Datenverarbeitung*: Gesamtheit von Hardware und Software, die sich einer speziellen Aufgabe im Umfeld der Datenverarbeitung zuordnen läßt.
2. *Volkswirtschaftslehre*: Bezeichnung für eine konkrete ↑ Wirtschaftsordnung (z.B. Wirtschaftssystem der Sowjetunion). In der betriebs- und volkswirtschaftlichen Wirkungsanalyse wird eine S., auf das eine Störung wie z.B. die Ölpreiskrise wirkt, gegenüber seiner Umwelt abgegrenzt. Erlaubt präzise Abgrenzung interner und externer bzw. endogener und exogener Störungen und Wirkungen („Effekte“).

Systemprogramm

Bestandteil des ↑ Betriebssystems eines Computers. S. setzen die Eingaben des Bedieners und die Anweisung des Programms so um, daß der Computer seine Aufgaben abarbeitet. Programm, das eine Aufgabe aus dem Bereich der computerinternen Abwicklung von ↑ Anwendersoftware und der Datenverwaltung zu lösen hat.

T

Tabaksteuer
Eine indirekte Steuer (Verbrauchsteuer) auf den Konsum von Tabakwaren. Bemessungsgrundlage ist der Verkaufspreis. Die T. wird auf den Verbraucher überwälzt. Darüber hinaus wird bei der Einfuhr von Tabak in die EU ein Tabakzoll erhoben.

Tagebuch
1. Innerhalb der *Buchführung* ein anderer Ausdruck für ↑ Grundbuch.
2. *Handelsrecht*: Ein von einem ↑ Handelsmakler zu führendes Buch, in das er täglich seine Geschäftstätigkeit eintragen muß. Auf Verlangen muß der Handelsmakler den Parteien Einblick in das T. geben, damit diese den derzeitigen Stand des vermittelten Geschäftes ablesen können.

Tagwechsel
↑ Wechsel.

Talon
↑ Bogen.

Tante-Emma-Laden
Volkstümlicher Ausdruck für ein kleines, in der Regel nur vom Inhaber betriebenes Einzelhandelsgeschäft. Während bis Mitte der 70er Jahre viele dieser kleinen Läden schließen mußten, ist seit einigen Jahren wieder ein Aufwärtstrend zu verzeichnen. Die großen SB-Läden und Supermärkte gewähren dem Käufer zwar oft ein breiteres Angebot und u.U. etwas günstigere Preise, jedoch fehlt jegliche Serviceleistung und persönliche Beratung.

Tantieme
Eine an Vorstand und Aufsichtsrat einer Unternehmung gezahlte Gewinnbeteiligung, deren Höhe sich aus der Satzung ergibt. – *Berechnung*:
1. T. an den *Vorstand* = ein gewisser Prozentsatz vom Jahresüberschuß ./. Verlustvortrag ./. Einstellungen in die ↑ offenen Rücklagen.
2. T. an den *Aufsichtsrat* = ein gewisser Prozentsatz vom Bilanzgewinn ./. 4 % des eingezahlten Grundkapitals.
Die T. soll angemessen sein, d.h. den Leistungen von Vorstand und Aufsichtsrat entsprechen.

Tara
Differenz zwischen Brutto- und Nettogewicht, also das Gewicht der Verpackung. Preisangaben beziehen sich grundsätzlich auf das Nettogewicht. – *Ausnahme:* ↑ Brutto für netto.

target costing
↑ Zielkostenrechnung.

Tarif
(arab. = Preissätze); Angabe des Preises, meist in einer Tabelle, der für eine gewisse Leistung zu zahlen ist. *Beispiele*: Eisenbahn-T., Luftfracht-T., Lohn-T. (Ecklöhne), Steuer-T. für die verschiedensten Steuersätze, z.B. Einkommen- und Lohnsteuer, Gewerbesteuer, Erbschaftsteuer.

Tarifautonomie
Grundsatz, daß Arbeitgeberverbände (sowie auch einzelne Arbeitgeber) und Gewerkschaften das alleinige Recht haben, ohne staatliche Einmischung ↑ Tarifverträge abzuschließen, abgeleitet aus Artikel 9 Grundgesetz.

Tarifkonflikt
Streit zwischen den Tarifpartnern über Lohn, Arbeitszeit o.ä. – *Ablauf:* Vgl. Übersicht.

Tarifpartner
Bezeichnung für die tarifverhandelnden Parteien Arbeitgeber und Gewerkschaften. Sie werden auch *Tarifvertragsparteien* oder *Sozialpartner* genannt.

Tarifvertrag
Ein der Schriftform bedürfender Vertrag zwischen Arbeitgeber(-verbänden) und Gewerkschaft(en), zur Regelung ihrer jeweiligen Rechte und Pflichten sowie zur Festlegung arbeitsrechtlicher Normen.

1. *Inhalte* des T. können sein: Lohn und Gehalt, Arbeitszeit, Urlaub, Kündigungsfristen, Überstunden.
2. *Arten*: Manteltarifverträge enthalten Angaben über allgemeine Arbeitsbedingungen (z.B. Urlaub) und gelten oft für einen längeren Zeitraum. Lohn- und Gehaltstarifverträge regeln die Entgeltfestsetzung (Ecklohn) unter Berücksichtigung von Vorbildung, Alter, Schwierigkeitsgrad und Betriebszugehörigkeit.
3. Während der *Laufzeit* des T. besteht die ↑ *Friedenspflicht* und die *Einwirkungspflicht*, letztere verpflichtet die Parteien, auf ihre Verbandsmitglieder im Sinne des T. einzuwirken. Friedens- und Einwirkungspflicht zählen zum schuldrechtlichen Teil eines T. und berechtigen bei ihrer Verletzung zum Schadensersatzanspruch. Der T. endet durch Kündigung oder bei befristetem Abschluß durch Zeitablauf.
4. Ein abgeschlossener T. kann mit einer *Allgemeinverbindlichkeitserklärung* (↑ Allgemeinverbindlichkeitserklärung von Tarifverträgen) durch den Bundesminister für Arbeit und Sozialordnung versehen werden, d.h., daß auch nichtangeschlossene Arbeitgeber und Arbeitnehmer sich dem Verhandlungsergebnis unterwerfen müssen.

Taschengeldparagraph
Nach § 110 BGB für einen Minderjährigen die Möglichkeit, im Rahmen seiner ihm zur freien Verfügung stehenden Mittel rechtswirksam Geschäfte abschließen zu können.

Tausch
Hingabe eines Gutes (Ware, Leistung, Geld) gegen den Empfang eines anderen Gutes. Der Wert getauschter Güter richtet sich nach den subjektiven Vorstellungen der Tauschenden und nach dem Knappheitsgrad. *Formen*: Naturaltausch (Ware gegen Ware) und Güter/Geldtausch. ↑ Komparative Vorteile, ↑ Arbeitsteilung.

Täuschung
↑ Arglistige Täuschung.

TCP/IP
(Abk. für Transmission Transport Protocol / Internet Protocol). Bezeichnung für eine Sammlung von Protokollen (↑ Protokoll), die unabhängig von einer bestimmten ↑ Hardware oder einem bestimmten ↑ Betriebssystem Daten übertragen. Die Benennung von TCP/IP gründet auf den zwei am meisten benutzten Protokollen. Das TCP bestimmt, wie eine Information vor der Datenübertragung in Datenpakete aufgeteilt wird. Das IP übernimmt die Zustellung der Datenpakete anhand der ↑ IP-Adresse.

Teilhaberpapiere
↑ Wertpapiere, die den Berechtigten als Mitinhaber einer Aktiengesellschaft ausweist, z.B. Aktien. – *Gegensatz*: ↑ Gläubigerpapiere.

Teilindossament
Ein ↑ Indossament, das sich lediglich auf einen Teil der Wechsel- oder Schecksumme bezieht.

Teilkostenrechnung
Verfahren, bei dem nur ein Teil der Kosten (die variablen Kosten oder die Ein-

Tarifkonflikt

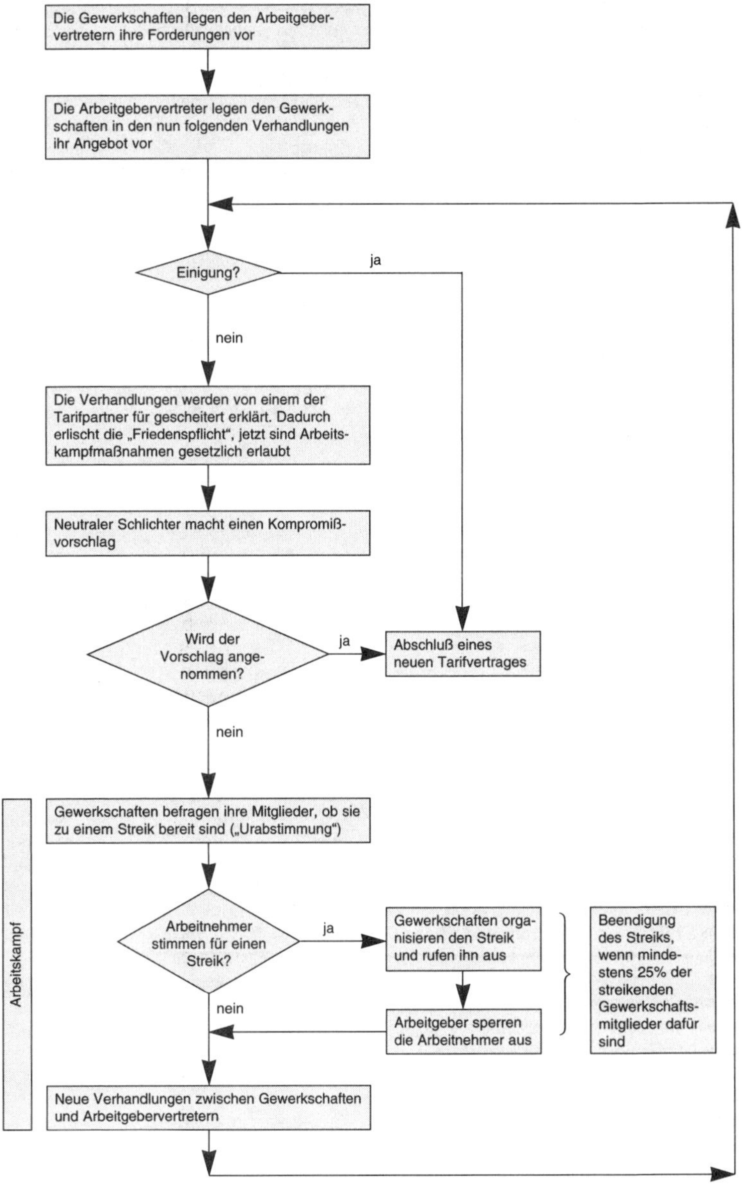

zelkosten) auf die Kostenträger verrechnet werden. – Der Fixkostenblock bleibt gewöhnlich unverteilt, es sei denn, der Teil der Fixkosten läßt sich dem Kostenträger direkt zurechnen (erzeugnisfixe Kosten). ↑ Deckungsbeitragsrechnung. – *Gegensatz*: ↑ Vollkostenrechnung.

Teilwert
Nach Steuerrecht der Betrag, den der Erwerber des Betriebs im Rahmen des Gesamtkaufpreises für das einzelne Wirtschaftsgut ansetzen würde. Man geht von einer Betriebsfortführung aus, sonst könnte der Betroffene den Wert evtl. nur zum Schrottpreis ansetzen. Oberste Grenze des T. ist der Wiederbeschaffungswert, unterste Grenze der Schrottwert. Der T. ist für den einzelnen Gegenstand meist höher als der ↑ gemeine Wert, da der Gegenstand im Gesamtgefüge des Betriebes besser zu verwerten ist als der vom Betrieb losgelöste Gegenstand, der auf dem Markt zum gemeinen Wert verkauft wird.

Teilzahlung
Abschlagszahlung, Zahlung des Teilbetrags einer Schuld.

Teilzahlungsgeschäft
↑ Abzahlungsgeschäft.

Telefax
Bilder werden in elektrische Signale verwandelt und an einer anderen Stelle wieder zu einem Bild zusammengesetzt. Auch Texte werden dabei in Form von Bildern umgewandelt und übertragen.

Telefonmarketing
Systematische, z.T. regelmäßige Kontaktaufnahme bzw. Kontaktpflege zwischen Unternehmen und Kunden mittels Telefon in Telefonzentralen (call center), die auch als Dienstleister selbständig sein können. T. wird eingesetzt als Ergänzung des Außendienstes. Von Bedeutung im Rahmen des ↑ direct marketing.

Telekom
↑ Deutsche Telekom AG.

tel quel
(franz.: so wie...); häufig im überseeischen Handel vorkommende Klausel, die den Käufer verpflichtet, die Ware so zu nehmen, wie sie ist. Das schließt auch die qualitativ schlechteste Sorte ein, sofern sie noch handelbar ist. Beschädigte oder verdorbene Waren zählen nicht dazu.

Termineinlagen
↑ Einlagen bei einer Bank, die nur zu bestimmten Terminen kündbar sind. – *Arten*:
1. *Festgelder* werden für eine bestimmte Zeit festgelegt und können vor deren Ablauf nicht gekündigt werden.
2. *Kündigungsgelder* sind jederzeit unter Einhaltung einer bestimmten Kündigungsfrist rückzahlbar (z.B. 2 Monate).

– *Gegensatz*: ↑ Sichteinlagen, ↑ Spareinlagen.

Termingeschäft
Vertragliche Vereinbarung zwischen zwei Vertragsparteien, eine bestimmte Menge an Aktien, Anleihen, Indizes, Devisen, Edelmetalle oder Waren zu einem bestimmten Preis und zu einem in voraus festgelegten Termin zu kaufen oder zu verkaufen. T. werden entweder an Terminbörsen auf der Basis standardisierter Kontrakte (Börsentermingeschäfte, ↑ Future) oder mit individuell ausgearbeiteten Vertragsinhalten außerbörslich abgewickelt. – T. in Wertpapieren und Devisen dient vielfach der Spekulation, erfüllt jedoch auch die Funktion des Ausgleichs übersteigerter Kursbewegungen. Bei hoher Fungibilität und Standardisierung der Kontrakte sowie gesicherter Geschäftabwicklung bieten diese T. auch die Möglichkeit der Absicherung vor Kursverlusten (↑ Hedging). Warentermingeschäfte dienen ne-

ben Spekualtionszwecken Produzenten und Abnehmern dazu, vorhandene Bestände oder spätere Käufe gegen Preisrisiken aufgrund unterschiedlicher Ernteerträge oder schwankender Förder- bzw. Angebotsmengen abzusichern.

Terms of Trade
Reales Austauschverhältnis; in gleichen Währungseinheiten ausgedrücktes Preisverhältnis zwischen Exporten und Importen. T.o.T. geben an, wieviel Güter ein Land exportieren muß, um eine bestimmte Menge von Gütern einführen zu können. Diese Relation verbessert sich, wenn die Importpreise zurückgehen und die Exportpreise konstant bleiben, bzw. die Importpreise steigen. Bei einer Verschlechterung verhält es sich umgekehrt, d.h. es müssen mehr Güter exportiert werden, um die Importe bezahlen zu können. Damit gehen Verteilungskonflikte einher, da das inländische Güterangebot sinkt und das ausländische steigt.

tertiärer Sektor
Volkswirtschaftlicher Begriff für das Dienstleistungs- und Handelsgewerbe. Vgl. ↑ Sektorender Volkswirtschaft.

Testament
Eine einseitige Willenserklärung des Erblassers, sein Vermögen auf die Erben zu übertragen. – *Arten*:
1. Beim *eigenhändigen* oder *privaten T.* muß das T. eigenhändig geschrieben und unterschrieben (Vor- und Familienname) und unter Angabe von Ort und Zeit abgefaßt sein.
2. Beim *notariellen T.* erklärt der Erblasser seinen Willen mündlich oder durch Übergabe einer Schrift zur Niederschrift beim Notar.

Thesaurierung
↑ Gewinnthesaurierung.

Tilgung
Rückzahlung langfristiger Schulden in Form von Teilbeträgen. Höhe und Fälligkeit der Raten sind bei einer Finanzplanung durch Aufstellen eines Tilgungsplanes zu berücksichtigen.

Tilgungsanleihe
↑ Anleihe, die nach einem Tilgungsplan in festen Raten zurückzuzahlen ist. Die Rückzahlung kann auch durch Auslassung oder fristgerechte Kündigung der Anleihen erfolgen. Die Aufnahme von Fremdkapital in Form einer T. lohnt sich immer dann, wenn die jährlichen Tilgungsraten (Tilgungszins) niedriger sind als die Abschreibungen bzw. die Erträge, die aus dem gekauften Anlagengegenstand gezogen werden.

Time Lag
↑ Lag.

Time Sharing
↑ Betriebsart des Computers, bei der mehrere Benutzer anscheinend gleichzeitig mit dem Computer arbeiten können. De facto werden die Arbeiten der Benutzer zeitlich verzahnt abgearbeitet, indem man allen Anwendern nacheinander eine i.d.R. gleichgroße Zeitspanne zur Verfügung stellt. Durch die hohe Verarbeitungsgeschwindigkeit bemerkt dies der einzelne Anwender kaum.

T-Online
↑ Online-Dienst der Deutschen Telekom mit rund 1,5 Mio. Abonnenten. – Vgl. ↑ Datex J.

Tool
↑ Software-Tool.

Total Quality Management
Optimierung der Qualität von Produkten und Dienstleistungen eines Unternehmens in allen Funktionsbereichen und auf allen Ebenen durch Mitwirkung aller Mitarbeiter.

Trainee
Person in einem gehobenen betrieblichen Ausbildungsprogramm zur Einübung von praxisrelevanten Fähigkeiten

von Personen, die später Führungsaufgaben übernehmen sollen.

Tranche
(franz. = Abschnitt, Scheibe); zunächst aufgelegter Teilbetrag bei der Emission (Ausgabe) von Wertpapieren. Als T. wird auch eine Emission in verschiedenen Ländern bezeichnet, da das einzelne Land nur eine „Scheibe“ vom Gesamtausgabevolumen erhält.

Transaktionskosten
Die mit den Vereinbarungen über einen Leistungsaustausch entstehenden Kosten (Anbahnungs-, Vereinbarungs-, Kontroll-, Anpassungskosten u.a.).

Transfer
(engl. = Übertragung); volkswirtschaftliche Bezeichnung für i.w.S. staatliche Unterstützungszahlungen; i.e.S. nur solche Leistungen an private Haushalte, im Gegensatz zu denjenigen an Unternehmen (↑ Subventionen). Auch zwischenstaatliche Zahlungen, z.B. Reparation, Subsidien oder Entwicklungshilfe können hierzu gezählt werden.

Transferbedarfe
In einer Wirtschaft werden Güter bereitgestellt (produziert) und verwendet (konsumiert). Die Brücke zwischen diesen elementaren Prozesse der Güterbereitstellung und Güterverwendung bildet die Güterverteilung von den Produzenten an die Konsumenten. Die dazu erforderlichen Prozesse werden als Transferprozesse oder -Leistungen bezeichnet. Sie verändern Güter raumzeitlich und in Bezug auf die Sortierung (Transport, Umschlag, Lager), aber nicht qualitativ. Das Volumen der T. hängt davon ab, in welchen Umfang Raum überwunden, Zeit überbrückt und Sortierung verändert werden muß, um das produzierte Gut in ein konsumierbares Gut zu transferieren. ↑ Logistik.

Transfereinkommen
Summe der einem Wirtschaftssubjekt ohne gleichzeitige ökonomische Gegenleistung zufließenden Einkommen. T. beziehen neben den privaten Haushalten (z.B. Renten und Pensionen, Kindergeld, Sozialhilfe) auch der Staat (v.a. direkte Steuern und Sozialbeiträge) und die Unternehmen (u.a. Schadensversicherungsbeträge und -leistungen, Sozialbeiträge).

Transithandel
(lat.: transitus = Durchgang); ein Handel, bei dem die Ware unbearbeitet und unverändert das Land des Transithändlers passiert. Gewöhnlich sind drei Länder beteiligt. – *Beispiel*: Ein Transithändler aus der Bundesrepublik kauft aus Holland Käse und verkauft diesen nach Österreich. Er ist somit häufig Importeur und Exporteur zugleich.

Transportversicherung
Versicherung für Transportmittel und transportierte Waren. Über die T. wird ein *Transportversicherungsschein* ausgestellt, der als gekorenes kaufmännisches ↑ Orderpapier gilt, d.h., er kann mit der Orderklausel durch Indossament an Dritte übertragen werden.

Tratte
↑ Wechsel.

Trend
Langfristige Grundrichtung eines statistisch erfaßten Entwicklungsverlaufs; oft fälschlich gebraucht für Tendenz.

Treuepflicht
Pflicht des Arbeitnehmers, aufgrund seines Arbeitsverhältnisses die berechtigten Interessen seines Arbeitgebers zu verfolgen, insbesondere keine Geschäftsgeheimnisse an Dritte zu verraten, keine Schmiergelder anzunehmen oder sonstige, für den Arbeitgeber nachteilige Aktivitäten zu entfalten. Der T. des Arbeitnehmers steht die ↑ Fürsorgepflicht des Arbeitgebers gegenüber.

Treuhandanstalt

Übliche Kurzbezeichnung für die „Anstalt zur treuhänderischen Verwaltung des Volkseigentums“, Sitz Berlin. Gründung im Frühjahr 1990. Mit Beitritt der ehemaligen DDR zum Grundgesetz durch den Einigungsvertrag wurde die T. eine bundesunmittelbare Anstalt des öffentlichen Rechts unter Aufsicht des Bundesfinanzministeriums. Aufgabe war die Privatisierung des volkseigenen Vermögens in der DDR. Seit 1.1.1995 wurden die noch verbleibenden Fälle von der Bundesanstalt für vereinigungsbedingte Sonderaufgaben, der Liegenschaftsgesellschaft der Treuhand mbH und der Beteiligungs-Management-Gesellschaft mbH weiterverfolgt.

Treu und Glauben

Im gesamten Privatrecht geltender Grundsatz redlichen Verhaltens mit Rücksicht auf die schutzwürdigen Belange anderer. Der Schuldner hat seine Leistung so zu bewirken, wie T.u.G. mit Rücksicht auf die ↑ Verkehrssitte es erfordern.

TRIPS

↑ WTO.

Trust

Zusammenschluß von Unternehmen unter Aufgabe der wirtschaftlichen und rechtlichen Selbständigkeit. Ein Unternehmen übernimmt die Führung. Heute wird überwiegend der Begriff ‚merger“ verwendet, die zusammengeschlossenen Unternehmen werden als „group“ bezeichnet.

Typung

Vereinheitlichung der Produktgestaltung hinsichtlich Art, Größe und Ausführungsform, die im Gegensatz zur ↑ Normung unternehmungsindividuell vorgenommen wird.

U

Überbewertung

Wertansatz von Posten in der Bilanz, der gegen gesetzliche Vorschriften verstößt und somit die Nichtigkeit der Bilanz nach sich zieht. – *Gegensatz*: ↑ Unterbewertung. – *Arten*:
1. Zu hoher Ansatz von *Aktivposten*, der die Vermögenslage Dritter gegenüber zu optimistisch darstellt, z.B. Bewertung über dem Anschaffungspreis.
2. Zu niedriger Ansatz von *Passivposten*, der die Schulden nicht in voller Höhe ausweist und ebenfalls die Vermögenslage nicht richtig darstellt, z.B. Anleihen werden nicht mit dem Rückzahlungsbetrag passiviert.
3. Wenn ein ↑ *fester Wechselkurs* eine Währung stärker erscheinen läßt, als es z.B. ihrer Kaufkraftparität oder dem Gleichgewichtskurs auf offenen Wettbewerbsmärkten entspricht.

Überbringerklausel

Vermerk „oder Überbringer", durch den der Scheck zum Inhaberpapier wird, d.h., die Bank kann an jeden zahlen, der den Scheck vorlegt.

Übereignung

Übertragung des Eigentums an einer Sache. Erfolgt bei beweglichen Sachen durch ↑ Einigung und ↑ Übergabe, bei Grundstücken durch ↑ Auflassung und Eintragung im Grundbuch. – Die Übergabe bei beweglichen Sachen kann durch die Vereinbarung eines Rechtsverhältnisses ersetzt werden, wodurch der Erwerber den mittelbaren Besitz (↑ mittelbarer Besitzer) erlangt; bei Sachen im Besitz eines Dritten kann die Übergabe durch Abtretung des Herausgabeanspruchs ersetzt werden. ↑ Sicherungsübereignung, ↑ gutgläubiger Erwerb.

Übergabe

Die tatsächliche Übertragung einer Sache auf einen neuen Besitzer. Man spricht auch von einem unmittelbaren Besitz, den der Erwerber der Sache hat. ↑ Übereignung.

Übermittlungsirrtum

↑ Bei der Übermittlung einer Erklärung aufgetretene Sinnentstellung, da z.B. ein Bote benutzt wurde. Maßgeblich ist die dem Empfänger zugegangene Fassung. Wegen ↑ Irrtum kann angefochten werden.

Über-pari-Emission

Ausgabe von Wertpapieren (↑ Emission) über dem Nennwert. Sie ist abhängig vom Ruf des Unternehmens am Börsenmarkt (Vermögen, Ertragserwartung). Die Ü.-p.-E. verpflichtet die Aktiengesellschaft, die über dem Nennwert erhaltenen Beträge (↑ Agio) in die gesetzliche Rücklage einzustellen. – *Gegensatz*: ↑ Unter-pari-Emission.

Überschuldung

Zustand, der vorliegt, wenn das Vermögen geringer ist als die Verbindlichkeiten. Ist dies auf absehbare Zeit nicht zu verändern, muß Konkurs- oder Vergleichsantrag gestellt werden (durch Inhaber, Gesellschafter oder gesetzlichen Vertreter). Eine vorübergehende Zahlungsunfähigkeit ist noch kein Tatbestand der Ü., ebenso bedeutet ein Überwiegen der Passiva über die Aktiva noch keine Zahlungsunfähigkeit, da eventuell noch Kredite in Anspruch genommen werden könnten. Bei Aktiengesellschaften ist jedoch der Vorstand verpflichtet, eine außerordentliche Hauptversammlung einzuberufen, wenn durch Verluste die Hälfte des Grundkapitals verloren ist.

Überschußeinkommen
↑ Residualeinkommen.

Übersetzungsprogramm
Systemprogramm, das ein Quellprogramm in ein Maschinenprogramm übersetzt. – *Formen*: ↑ Compiler, ↑ Interpreter, ↑ Assembler 2.

Übertragungsbilanz
Erfassung unentgeltlicher Leistungen, Transfers und Schenkungen zwischen In- und Ausland; Teile der Leistungs- bzw. ↑ Zahlungsbilanz.

Überweisung
↑ Banküberweisung.

Umbuchung
Buchung schon einmal verbuchter Beträge auf andere Konten. U. entstehen durch die vorbereitenden Abschlußbuchungen, durch die einzelne Konten erst abschlußreif gemacht werden. – In der ↑ Betriebsübersicht werden U. in der *Umbuchungsbilanz* erfaßt.

Umlaufgeschwindigkeit des Geldes
Ein volkswirtschaftlicher Ausdruck, der die Häufigkeit des Umschlags einer Geldeinheit widerspiegelt und Einfluß auf die Höhe der nachfragewirksamen Geldmenge hat. *Beispiel*: Zentralbankgeld im Umlauf × U. = nachfragewirksame Geldmenge. ↑ Quantitätstheorie.

Umlaufvermögen
Sammelbegriff für einen Teil der Vermögensseite (Aktiva) der ↑ Bilanz. Das U. ist nicht dazu bestimmt, dem Unternehmen länger zur Verfügung zu stehen, sondern soll sich nach Möglichkeit schnell umschlagen (umlaufen). Nach dem Bilanzgliederungsgrundsatz soll das U. nach steigender ↑ Liquidität gegliedert sein. – *Grobgliederung*: 1. Waren (Vorräte), 2. Forderungen, 3. Geldmittel. Zusammen mit dem Anlagevermögen bildet das U. die Aktivseite der Bilanz.

Umsatz
Die Summe der verkauften Leistungseinheiten einer Unternehmeung, multipliziert mit deren erzieltem Preis. – *Anders*: ↑ Absatz.

Umsatzsteuer
Als Verkehrsteuer die ergiebigste Steuer, die am Verkehrsvorgang „Umsatz“ anknüpft. Die U. ist eine indirekte Steuer, die Traglast liegt beim Endverbraucher. Die deutsche U. (vgl. Übersicht) ist eine Mehrwertsteuer, bei der nur der mit jeder Handelsstufe entstehende Mehrwert steuerlich berechnet wird. Technisch wird dies dadurch erreicht, daß der Unternehmer bei einem Verkauf von Waren oder Dienstleistungen dem Abnehmer zusätzlich zum Nettobetrag U. in Rechnung stellt, die er dem Finanzamt schuldet. Von dieser Steuerschuld kann er aber die ↑ Vorsteuer, die er an seinen Lieferanten gezahlt hat, abziehen. Ist die Umsatzsteuerschuld größer als die Vorsteuer, so ist der Differenzbetrag als sog. Zahllast an das Finanzamt abzuführen. Ist dagegen die Vorsteuer höher als die Umsatz-steuerschuld, so hat der Unternehmer einen Erstattungsanspruch an den Fiskus. Der Regelsteuersatz beträgt seit dem 1.4.1998 16 %, zuvor 15 %. Der ermäßigte Steuersatz, etwa für Bücher, beträgt unverändert 7 %.

Umtausch
1. Im Rahmen der *Kulanz* vom Verkäufer dem Käufer eingeräumtes Recht, Waren gegen andere Waren auszuwechseln oder eine Gutschrift des Rechnungsbetrages zu erhalten. Das Umtauschrecht ist meist unter Angabe einer

Umsatzsteuer

Zweck	Besteuerung von Lieferungen und Leistungen eines Unternehmens im Inland gegen Entgelt; Eigenverbrauch der Unternehmer; Einfuhr und innergemeinschaftlicher Erwerb von Gütern
Steuerpflichtiger	alle Unternehmen (natürliche und juristische Personen): wegen der Abwälzbarkeit ist jedoch der Endverbraucher Steuerträger
Bemessungsgrundlage	bei Lieferungen und sonstigen Leistungen: Umsatz nach dem Entgelt (Nettopreis) bei Eigenverbrauch: Wert der entnommenen Gegenstände/ Waren bei Einfuhr: Zollwert der Güter/ Waren
Berechnung	der Normalsteuersatz beträgt 15% vom Nettoverkaufspreis der gelieferten Ware oder Dienstleistung; ein ermäßigter Steuersatz von 7,0% für Nahrungsmittel, landwirtschaftliche Erzeugnisse, Umsätze aus freiberuflicher Tätigkeit
Steuerbefreiung	folgende Umsätze sind von der Umsatzsteuer befreit: Ausfuhrumsätze und innergemeinschaftliche Leistungen, Umsätze der Kreditgewährung, der Vermietung und Verpachtung von Grundstücken, Umsätze der Bundespost im Post- und Fernmeldewesen, Umsätze mit sozialpolitischem Charakter (Sozialversicherungen)
Verfahren der Steuererhebung	bis zum 10. jedes Monats ist eine Umsatzsteuer-Voranmeldung aufzustellen und dem Finanzamt die errechnete Vorauszahlung zu leisten nach Ablauf eines Kalenderjahres ist eine Umsatzsteuer-Erklärung abzugeben

Frist in den allgemeinen Geschäftsbedingungen festgehalten.
2. Das Recht eines Käufers auf Ersatzlieferung bei einer ↑ Mängelrüge. Es muß sich bei dem Geschäft aber um Gattungswaren handeln, um eine Ersatzlieferung verlangen zu können.

Umwandlung
Veränderung der Rechtsform eines Unternehmens. – *Arten*:
1. *Formwechselnde U.*: Das Unternehmen wechselt die Rechtsform, nach innen bleibt alles unverändert.
2. *Übertragende U.*: Das Unternehmen überträgt seine gesamten Vermögenswerte auf ein anderes Unternehmen und löst sich somit auf. Wird dabei das Vermögen in ein bestehendes Unternehmen übertragen, spricht man von *verschmelzender U.*, wird eine neue Gesellschaft gegründet, von einer *errichteten U.*

Umweltabgabe
↑ Ökosteuer.

Umweltauflage
Erzwingbare hoheitliche Anordnung oder Verfügung der zuständigen Behörde im Interesse des Umweltschutzes. U. sind in der Bundesrepublik Deutschland das bisher dominierende Instrument der ↑ Umweltpolitik, z.B. in Form von Höchstwerten für den Schadstoffausstoß.

Umweltbewußtsein
Einsicht in die Gefährdung der natürlichen Lebensgrundlage des Menschen durch diesen selbst, verbunden mit der

Bereitschaft zur Abhilfe, Voraussetzung wirksamer ↑ Umweltpolitik. – Im einzelnen: Kenntnis von Konfliktmöglichkeiten zwischen eigenem Handeln und ↑ Umweltschutz; Einsicht in die Gefährdung durch Informationen an Produzenten und Verbraucher und die damit u.U. verbundene Bereitschaft zur Abhilfe, eventuell über den Marktmechanismus (Entwicklung, Gebrauch, Kauf umweltfreundlicher Erzeugnisse und Verfahren); Ausgleich von Bequemlichkeits- und Zeitverlusten sowie ökonomischen Nachteilen gegenüber umweltschädlichem Tun (z.B. Ausbau des öffentlichen Nahverkehrs, Steuerbegünstigung schadstoffarmer Kraftfahrzeuge und Treibstoffe).

Umweltpolitik

Maßnahmen zur Sicherung und Erhaltung der elementaren Lebensgrundlagen, d.h. Verbesserung der Umweltqualität, Verringerung der Umweltbelastungen und/oder Schonung der natürlichen Umwelt und der natürlichen Ressourcen. – *Instrumente*: ↑ Umweltauflagen (Beschränkung von Schadstoffemissionen); ↑ Umweltabgaben (Erhebung von Kosten auf Schadstoffemissionen bzw. Abfall/Abwasser); Förderung von ↑ Umweltbewußtsein. Staatliche U. bevorzugt das ↑ Verursacherprinzip vor dem ↑ Gemeinlastprinzip.

Umweltschutz

Schutz der natürlichen Umwelt vor ↑ Emissionen und ↑ Immissionen menschlicher, insbes. wirtschaftlicher Aktivitäten.

UN

(Abk. für United Nations [Organizations], Vereinte Nationen). Die UN ist die Nachfolgeorganisation des nach dem 1. Weltkrieg gegründeten Völkerbundes (1919-1933). 1945 in San Francisco durch 51 teilnehmende Staaten mit einfacher Mehrheit gegründet, beruht ihre Idee auf der Erhaltung eines dauernden Friedens und auf der Zusammenarbeit der Völker auf kultureller, wirtschaftlicher und humanitärer Ebene. Heute sind 185 Staaten Mitglieder (alle Staaten der Welt mit Ausnahme von Kiribati, Nauru, Palan, Sahara (DARS), Schweiz, Republik China (Taiwan), Tonga, Tuvalu und Vatikanstadt). – Wichtigste *Organe*:

1. *Generalversammlung*: Sie tritt jährlich einmal oder zu Sondersitzungen zusammen. Jedes Mitgliedsland hat eine Stimme. Die Beschlüsse werden mit einfacher Mehrheit oder in wichtigen Angelegenheiten mit Zweidrittel-Mehrheit gefaßt.
2. *Sicherheitsrat*: Er ist ständig tätig und besteht aus 5 ständigen und 10 nichtständigen Mitgliedern, die alle 2 Jahre neu gewählt werden. Die 5 ständigen Vertreter, USA, Rußland (seit 1991 für die aufgelöste UdSSR), Großbritannien, Frankreich und Volksrepublik China, haben ein absolutes Vetorecht, d.h. stimmt einer der fünf mit „Nein", kann der Entschluß nicht ausgeführt werden.
3. *Wirtschafts- und Sozialrat*: 54 von der Generalversammlung gewählte Mitglieder, jährliche Wahl von 18 Mitgliedern (für 3 Jahre), befaßt sich mit der Durchführung oder Anregung von Untersuchungen zu wirtschaftlichen, sozialen, kulturellen und humanitären Fragen.
4. Der *internationale Gerichtshof* in Den Haag ist das rechtsprechende Organ der UN. Die angeschlossenenen Staaten haben sich verpflichtet, sich den Urteilen zu beugen.
5. Das *Sekretariat* der UN ist das Verwaltungsorgan. An der Spitze steht der Generalsekretär. Er wird vom Sicherheitsrat empfohlen und von der Generalversammlung ernannt.

unbeschränkte Steuerpflicht

↑ Steuerpflicht, die das gesamte Einkommen und Vermögen im Ausland und Inland erfaßt. Das trifft für einen Personenkreis zu, der entweder seinen gewöhnlichen Wohn- oder Geschäftssitz im Geltungsbereich des Inlands hat oder, unabhängig davon, im Inland als Inhaber eines Unternehmens tätig ist. Zu berücksichtigen ist allerdings die Vermeidung einer ↑ Doppelbesteuerung. – *Gegensatz*: ↑ Beschränkte Steuerpflicht.

uneinbringliche Forderungen
Forderungen, die nach allgemeiner Auffassung als verloren angesehen werden, z.B. nach einem Konkurs oder Vergleich. Nach § 40 HGB sind u.F. abzuschreiben und die Umsatzsteuer ist zu korrigieren.

Unfallversicherung
1. *Gesetzliche U.*: Pflichtversicherung mit den Aufgaben der Unfallverhütung sowie Gewährung sozialer Leistungen an die Versicherten bei Arbeitsunfällen; vgl. im einzelnen ↑ Sozialversicherung. 2. *Privatrechtliche U.*: ↑ Personenversicherungen, durch die in Form einer Kapital- oder Rentenversicherung der – auch zeitweilige – Verlust der Erwerbsfähigkeit durch Unfall versichert werden kann.

unfrei
Versendungsvorschrift (Frankatur), die bestimmt, daß der Empfänger die Kosten der Warenversendung trägt. ↑ Incoterms. – Gegensatz: ↑ frei Haus.

ungewisse Verbindlichkeiten
Schulden, von denen feststeht, daß sie anfallen werden, deren Höhe oder Fälligkeit jedoch noch ungewiß ist, z.B. die Gerichtskosten für einen schwebenden Prozeß. Buchhalterisch müssen für solche Fälle ↑ Rückstellungen gebildet werden. Buchung: Aufwandskonto an Rückstellungen.

unique selling proposition
↑ USP.

Universalrechner
↑ Mainframe.

unlauterer Wettbewerb
Einsatz von Wettbewerbsmitteln, die andere Mitbewerber in nicht rechtmäßiger Weise behindern oder vom Wettbewerb ausschließen. U.a. führt das UWG (*Gesetz gegen den unlauteren Wettbewerb*) folgende *Verstöße* auf: 1. Irreführende Werbung durch falsche Angaben über Beschaffenheit, Ursprung, Herstellungsart einer Ware. 2. Vergleichende Werbung. 3. Lockvogelwerbung. 4. Fälschliches Ankündigen von Konkursware. 5. Fälschliches Ankündigen von Räumungs- und Schlußverkäufen. Verstöße gegen das UWG können mit Geld oder Gefängnis bestraft werden.

unmittelbarer Besitzer
Derjenige, der die tatsächliche Gewalt über eine Sache selbst oder durch einen Besitzdiener ausübt. Vgl. auch ↑ Besitz. – *Gegensatz:* ↑ mittelbarer Besitzer.

Unmöglichkeit
Leistungsstörung in einem Vertrag. Der Schuldner ist hierbei nicht (mehr) in der Lage, die versprochene Leistung auszuführen. – *Arten*:
1. *Anfängliche U.*: Die Leistung konnte von Anfang an nicht erbracht werden. a) Konnte sie von keinem erbracht werden, spricht man von *objektiver U.* mit der Folge, daß der Vertrag nichtig ist (evtl. Schadensersatzpflicht des Schädigers). – b) Konnte die Leistung lediglich vom Schuldner nicht erbracht werden, spricht man von *subjektiver U.* oder auch von Unvermögen. Folge: Haftung des Verkäufers für den entstandenen Schaden.
2. *Nachträgliche U.*: Die Leistung wird durch Vertragsschluß unmöglich. a) Handelt es sich bei dem zugrundeliegenden Geschäft um eine Speziesware, so wird der Schuldner von der Leistungspflicht befreit, wenn die Ware ohne sein Verschulden untergeht. – b) Bei Gattungswaren ist der Schuldner immer verpflichtet, Ersatz zu liefern; auch wenn die Waren durch höhere Ge-

walt untergehen. – c) Hat der Gläubiger (Kunde) die U. zu vertreten, z.B. durch Vernichtung nach Ablieferung der Ware, so behält der Schuldner (Lieferer) den Anspruch auf die Gegenleistung (Geld).

Unpfändbarkeit
Der einer Zwangsvollstreckung nicht unterliegende Teil von Sachen und Rechten:
1. U. von *Sachen*: a) Gegenstände, die der Haushaltsführung und dem Erwerbszweck (z.B. Arbeitsgeräte) dienen. b) Nahrungs- und Feuerungsvorräte für die nächsten 4 Wochen bzw. die dafür notwendigen Geldbeträge.
2. U. von *Rechten* (Forderungen): a) Eine Lohnpfändung ist nur ab einer gewissen Höhe zulässig. b) Einkünfte aus Vermietung und Verpachtung sind nur dann pfändbar, wenn sie den Betrag der notwendigen Belastungen (Tilgung, Hypothekenzinsen) und den notwendigen Erhaltungsaufwand (z.B. Reparaturen) übersteigen.

Unterbewertung
Wertansatz in der Bilanz mit dem Zweck der Bildung stiller Reserven. – *Arten*: 1. Zu niedriger Ansatz der Vermögensgegenstände auf der Aktivseite der Bilanz. – 2. Zu hohe Einstellungen auf der Passivseite der Bilanz. Wird durch U. die Vermögens- und Ertragslage einer Aktiengesellschaft vorsätzlich unrichtig wiedergegeben oder verschleiert, so ist der Jahresabschluß nichtig. Besteht der Verdacht einer unzulässigen U., so kann bereits eine Aktionärsminderheit, deren Anteile zusammen 5 % des Grundkapitals oder eine Nennwertsumme von 1 Mill. DM beim zuständigen Gericht eine Sonderprüfung verlangen. – *Gegensatz*: ↑ Überbewertung.

Unterbilanz
Bezeichnung für die Differenz in einer Bilanz, bei der die Passiva die Aktiva übersteigen. Da auf der Passivseite auch das Eigenkapital ausgewiesen ist, braucht eine U. noch kein Grund zur Zahlungsunfähigkeit zu sein. Stellt man das Gesamtvermögen den Gesamtverbindlichkeiten gegenüber, kann man bei der U. feststellen, wieviel vom Grundkapital verloren ist. Beträgt der Verlust bei Aktiengesellschaften die Hälfte des Grundkapitals, so muß der Vorstand unverzüglich eine außerordentliche Hauptversammlung einberufen.

Unterbrechung
Stillstand eines Zivilprozesses bei bestimmten Ereignissen, wie z.B. Tod einer Partei, Eröffnung des Konkursverfahrens, Eintritt der Nacherbfolge etc. Die U. hat zur Folge, daß der Prozeß nach Beendigung der U. von neuem zu laufen beginnt. ↑ Verjährung.

Unternehmen
Rechtliche Wirtschaftseinheit, in der die Gewinnung von Rohstoffen oder die Herstellung oder Weiterverarbeitung von Gütern erfolgt oder Dienstleistungen erbracht werden (↑ Unternehmensfunktionen). Im Gegensatz dazu ist der ↑ *Betrieb* eine Produktionsstätte, d.h. die technisch-organisatorische Wirtschaftseinheit. Ein U. kann also mehrere Betriebe umfassen. U. und der Begriff *Unternehmung* werden i.d.R. synonym verwendet.

Unternehmensanalyse
Ermittlung der Stärken und Schwächen einer Unternehmung in bezug auf einzelne Potentiale im Vergleich mit den Ressourcen der Konkurrenz.

Unternehmensarten
Nach dem Merkmal der Eigentumsverhältnisse unterscheidbare Unternehmensformen in *private* Unternehmen, *öffentliche* Unternehmen (in Hand von Bund, Ländern und/oder Kommunen) und *gemischt-wirtschaftliche* Unternehmen (werden von staatlicher Seite unter Beteiligung Privater betrieben).

Unternehmensform
Rechtsform der Unternehmen. Man unterscheidet:
1. *Einzelunternehmen.*
2. *Gesellschaftsunternehmen*: a) Personengesellschaften in Form der Handelsgesellschaft (OHG, KG) und der BGB-Gesellschaft; b) Kapitalgesellschaften als Handelsgesellschaft (GmbH, AG, KGaA) sowie Reedereien.
3. *Genossenschaftliche Unternehmen*: a) Eingetragene Genossenschaften mit (un-)beschränkter Haftung; b) Versicherungsvereine auf Gegenseitigkeit.

Unternehmensführung
↑ Management.

Unternehmensfunktionen
Die U. kann man unterteilen in die Sachfunktionen (Beschaffung, Produktion, Absatz), die Querschnittsfunktion ↑ Management (Planung, Organisation, Personaleinsatz, Führung, Kontrolle) und die unterstützenden Funktionen, wie z.B. Rechnungswesen, Investition und Finanzierung. Vgl. Übersicht.

Unternehmensgewinn
↑ Gewinn

Unternehmenskultur
Das kollektiv von den Organisationsmitgliedern geteilte, zumeist nur implizit zu erschließende Normen- und Wertesystem eines Unternehmens.

Unternehmenspolitik
Entscheidungen, die von der Unternehmensleitung getroffen werden und insbesondere die Erreichung der strategischen Unternehmensziele dienen.

Unternehmensstrategie
↑ Strategie.

Unternehmensziele
Durch systematische und planvolle Betätigung des Unternehmens angestrebter Zustand. Hauptziele erwerbswirtschaftlich geführter Unternehmen sind vor allem Gewinnmaximierung, Markterweiterung, Produktivitätssteigerung, Machterweiterung, Liquidität. Oft werden Ober/Unter- und Haupt/Teilziele formuliert. Realisierung der U. durch Zielsetzung, Festlegung, Planung, Durchführung der Maßnahmen, Kontrolle.

Unternehmenszusammenschlüsse
Vertraglich geregelte freiwillige Verei-

Unternehmensfunktionen

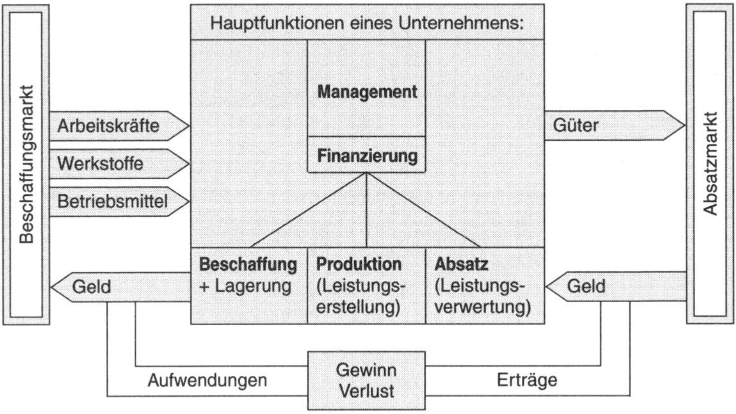

Unternehmenszusammenschlüsse, Gründe

Gründe für Zusamenschlüsse

Allgemeinde Gründe

- Dem Druck des Wettbewerbs, besonders des internationalen Wettbewerbs, können einzelne Unternehmen oft nicht standhalten.
- Die Wahrung der Interessen im Verbund besser möglich.

Betriebswirtschaftliche Gründe

- Steigerung des Gewinns.
- Verminderung der Kosten.
- Verminderung des Risikos.
- Steigerung der Rentabilität.
- Erhöhung des Umsatzes.

Marktwirtschaftliche Gründe

- Bessere Marktversorgung mit Gütern.
- Streben nach größerer Bekanntheit in der Öffentlichkeit.
- Streben nach mehr Macht.
- Verdrängung des Wettbewerbs.

nigung von Unternehmen. *Gründe*: Vgl. Übersicht. – *Arten*: ↑ Kartell, ↑ Interessengemeinschaft, ↑ Pool, ↑ Konzern, ↑ Trust.

Unternehmer
Eigenverantwortlicher Leiter eines sich in seinem Eigentum befindlichen Unternehmens. Als Eigentümer der Produktionsmittel hat er die Verfügungsgewalt über den Gewinn, trägt dafür aber auch das Kapitalrisiko (Einheit von Risiko, Kontrolle und Gewinn). Im Gegensatz dazu ist der ↑ Manager ein abhängig beschäftigter leitender Angestellter.

Unternehmerlohn
↑ Kalkulatorischer Unternehmerlohn.

Unternehmerwagnis
↑ Kalkulatorische Wagnisse.

Unternehmung
↑ Unternehmen.

Unter-pari-Emission
Ausgabe von Wertpapieren (↑ Emission) unter dem Nennwert. Bei Schuldverschreibungen üblich, bei Aktien verboten. – *Gegensatz*: ↑ Über-pari-Emission.

Unterprogramm
Programm eines Computers, das einen Teil einer größeren Gesamtaufgabe löst.

Unterversicherung
Tatbestand des Versicherungswesens, daß die Versicherungssumme niedriger ist als der Wert des versicherten Gegenstandes. Im Schadensfall haftet der Versicherer nur entsprechend dem Verhältnis von Versicherungssumme zum Versicherungswert.

unverbindliche Preisempfehlung
↑ Preisempfehlung.

unverzüglich
Zivilrechtliche Bedeutung: „Ohne schuldhaftes Zögern". Es bleibt also noch eine gewisse Überlegungsfrist.

unvollkommener Markt
Marktform, die sich durch folgende *Kriterien* charakterisieren läßt: 1. Gleichartige Güter werden zu verschiedenen Preisen gehandelt. 2. Die einzelnen Marktteilnehmer besitzen Präferenzen (Bevorzugungen), z.B. man kauft nicht unbedingt dort, wo es am billigsten ist. 3. Es existieren Teilmärkte, so daß Markttransparenz (Übersicht) fehlt. 4. Der Anpassungsprozeß kann sich nur mit Verzögerung vollziehen, d.h. z.B. der Anbieter kann nicht schnell genug auf Veränderungen der Nachfrage reagieren. ↑ Markt. – *Gegensatz*: ↑ Vollkommener Markt.

Update
Überarbeitete, eventuell erweiterte Version eines Softwareprodukts.

Upload
(Engl. = hochladen). Dateitransfer vom lokalen System zu einem externen Rechner oder Server mit Hilfe eines Filetransferprotokolls (↑ FTP). – *Gegensatz*: ↑ Download.

Urabstimmung
Geheime Abstimmung der gewerkschaftlich organisierten Arbeitnehmer über einen ↑ Streik.

Urheber
Schöpfer eines Werkes der Literatur, Wissenschaft und Kunst, der hierfür den Schutz des Urheberrechtes genießt.

Urheberrecht
1. Summe der *Rechtsnormen*, die den ↑ Urheber in seinen geistigen und persönlichen Beziehungen zum Werk und in der Nutzung des Werkes schützen; insbes. Urheberrechtsgesetz vom 9.9.1965 mit späteren Änderungen.
2. Gesamtheit der *dem Urheber an seinem Werk zustehenden Rechte* (Urheberpersönlichkeitsrecht, ↑ Verwertungsrecht). Das U. ist vererblich, es erlischt grundsätzlich 70 Jahre nach dem Tode des Urhebers. Das U. an Lichtbildwerken erlischt 25 Jahre nach dem Erscheinen des Werkes.

Urkunde
Ein Schriftstück, das Gedankenäußerungen festhält. Die Wirksamkeit ist nicht an den rechtlich korrekten Inhalt oder an eine Unterschrift gebunden. Eine U. verbrieft aber das Recht einer Person in einer irgendwie gearteten Weise, z.B. aus Wechseln, Schecks, Aktien, Schenkung, Darlehensversprechen. Streitigkeiten aus einer U. werden in einem *Urkundenprozeß* geklärt.

URL
(Abk. für Uniform Resource Locator; engl. = Einheitlicher Ressourcen-Finder). Adressformat des ↑ WWW. Oft wird der Adresse das Übergabeprotokoll (z.B. ↑ http oder ↑ FTP) gefolgt von einem Doppelpunkt und zwei Schrägstrichen vorangestellt (z.B. http://www.firma.de). Jeder Internet-Dienst, der via WWW erreicht werden kann, hat seine eigene URL-Spezifikation.

Urlaub
Erholungsurlaub. Bezahlte Freizeit, die der Wiederherstellung und Erhaltung der Arbeitskraft des Arbeitnehmers dienen soll. ↑ Jahresurlaub, ↑ Bildungsurlaub.

Urproduktion
Volkswirtschaftlicher Ausdruck für die Nutzung des Bodens durch Abbau oder Anbau. Dazu zählen u.a. der Bergbau, die Fischerei, die Land- und Forstwirtschaft, die Erdölförderung und der Abbau anderer Rohstoffe (z.B. Erz, Gold, Silber).

Urteil
Gerichtliche Entscheidung über eine Klage. Je nach Art der Klage und Instanz sind verschiedene Rechtsmittel zugelassen, um das U. anzufechten (↑ Berufung, ↑ Revision). Das U. wird den Parteien schriftlich zugeleitet und enthält eine umfangreiche Begründung.

Usance
↑ Handelsbrauch.

User interface
↑ Schnittstelle1.

USP
(Engl. = *unique selling proposition,* einzigartiges Verkaufsverspechen. Herausstellen eines einzigartigen Vorteils der Marktleistung, um den Konsumenten stärker als Konkurrenzprodukte zu beeindrucken und zum Kauf anzuregen.

V

Valuta

(ital. = Wert); der Begriff wird verschieden verwendet:

1. Ausdruck für *ausländisches Zahlungsmittel.*
2. Begriff für *ausländische Wertpapiere* (Valutapapiere).
3. Valuta*kredit* ist ein gewährter Kredit in Auslandswährung.
4. *Wertstellung*, Zeitpunkt, von dem an Zinsen auf einem Konto berechnet werden.

variable Kosten

Der Teil der Kosten, der sich mit dem Beschäftigungsgrad verändert. – *Gegensatz*: ↑ fixe Kosten. – *Unterscheidung*:

1. *Proportionale* (lineare) Kosten verändern sich gleichlaufend mit dem Beschäftigungsgrad (z.B. Kosten für Rohstoffe).
2. *Unterproportionale* (degressive) Kosten steigen zwar auch, aber nicht so stark wie der Beschäftigungsgrad.
3. *Überproportional* (progressiv) steigen die Kosten, wenn sie, z.B. durch Überstundenzuschläge, stärker zunehmen als der Beschäftigungsgrad.

Veranlagung

Formgerechte Steuerfestsetzung durch das Finanzamt. Zu diesem Zweck müssen Formblätter (z.B. Einkommensteuererklärung) ausgefüllt und zur Nachprüfbarkeit der Angaben dem Finanzamt alle erforderlichen Nachweise vorgelegt werden. Buchführende Betriebe haben ihre Bilanz einzureichen. Bei der V. der ↑ Umsatzsteuer und der Vermögensteuer gelten besondere Vorschriften und Veranlagungszeiträume.

verarbeitende Industrie

Industriezweige, die Rohstoffe be- und verarbeiten, verbessern, umwandeln oder veredeln.

Verarbeitung

Das durch V. oder Umbildung eines oder mehrerer Stoffe erfolgende Herstellen einer neuen beweglichen Sache (z.B. Leder zu Schuhen). Der Hersteller erwirbt durch die V. Eigentum an der neuen Sache, sofern nicht der Wert der V. erheblich geringer als der Wert des Stoffes ist. Entschädigung für Rechtsverlust durch neuen Eigentümer nach Maßgabe der Vorschriften über ↑ ungerechtfertigte Bereicherung.

Verband

Zusammenschluß von Personen oder Vereinigungen auf freiwilliger Basis zur Durchsetzung gemeinsamer Interessen, vor allem wirtschaftlicher, politischer, sozialer oder kultureller Art. Der organisatorische Aufbau eines V. ist unterschiedlich. Gewöhnlich haben V. ein Präsidium, einen Vorstand und einen Geschäftsführer.

Verbindlichkeiten

Alle am Bilanzstichtag bestehenden Schulden eines Unternehmens, die nach Grund, Höhe und Fälligkeit feststehen.

Verbindung

Das Verbinden einer beweglichen Sache mit einem Grundstück oder mit einer anderen beweglichen Sache dergestalt, daß sie wesentlicher Bestandteil des Grundstücks bzw. einer einheitlichen beweglichen Sache wird (z.B. Einbau von Fenstern in ein Gebäude).

Rechtsfolge: Grundstückseigentümer erwirbt Eigentum an der Sache; bei mehreren beweglichen Sachen Miteigentum oder bei einer Hauptsache Alleineigentum. Ausgleich für den Rechtsverlust nach Maßgabe der Vorschriften über ↑ ungerechtfertigte Bereicherung.

Verbrauch
1. *Verzehr* (Konsum) von Gütern und Dienstleistungen zur Bedürfnisbefriedigung. ↑ Konsum.
2. *Verwendung* von Roh-, Hilfs- und Betriebsstoffen für die Produktion von Gütern.

Verbraucherpolitik
Politische Maßnahmen, die eine bessere Durchsetzung von Verbraucherinteressen ermöglichen sollen, da davon ausgegangen wird, daß die Konsumenten gegenüber den Anbietern eine schwächere Position haben.

Verbraucherschutz
Der in einer Vielzahl von Vorschriften des privaten wie des öffentlichen Rechts geregelte Schutz des Bürgers als Konsument (z.B. Recht der Allgemeinen Geschäftsbedingungen, Arzneimittelrecht, Lebensmittelrecht, Produkthaftungsrecht, Regelungen zum Haustürgeschäft).

Verbrauchsabweichung
In der Plankostenrechnung Differenz zwischen geplanten Soll- und verbrauchten Ist-Kosten. ↑ Soll-Ist-Vergleich.

Verbrauchsgüter
Güter, die bei ihrer Verwendung aufgebraucht werden und dann nicht mehr zur Verfügung stehen.

Verbrauchsteuern
Indirekte Steuern, die auf den Verbrauch von Gütern erhoben werden und im Preis enthalten sind, z.B. Mineralölsteuern, Tabaksteuer, Kaffeesteuer, Biersteuer. Steuerträger ist der Endverbraucher.

verbundene Unternehmen
In einer gewissen Rechtsbeziehung zueinander stehende Unternehmen, ohne ihre rechtliche Selbständigkeit aufzugeben. – *Arten* nach §§ 16-19 AktG: 1. In Mehrheitsbesitz stehende und Unternehmen mit Mehrheitsbeteiligung. 2. Abhängige und herrschende Unternehmen. 3. Konzernunternehmen. 4. Wechselseitig beteiligte Unternehmen. Für v.U. enthält das Aktiengesetz (AktG) Sondervorschriften.

Verbundwerbung
↑ Sammelwerbung.

verdeckte Gewinnausschüttung
Zuwendungen an Gesellschafter, die materielle Vorteile in irgendeiner Form darstellen, z.B. günstige Kredite, Ausgabe von Gratisaktien, überhöhte Zinszahlungen für ein Gesellschafterdarlehen, außergewöhnliche Verbilligungen von Sachwerten. Die Zuwendungen sind gewinnerhöhend für die Gesellschaft und einkommensteuerpflichtig für den Empfänger.

Verein
Freiwilliger Zusammenschluß von Personen, die unter gemeinschaftlichem Namen einen bestimmten Zweck verfolgen. Der V. ist unabhängig vom Wechsel seiner Mitglieder.
1. *Rechtsfähiger V.*: Zusammenschluß von mind. 7 Personen zur Erreichung eines gemeinsamen Zwecks gemäß schriftlicher Vereinssatzung. Der V. wird beim Vereinsregister durch den Vorstand angemeldet. Zu unterscheiden: a) Nichtwirtschaftlicher V. (*Ideal-V.*, z.B. Ruderverein). Die Rechtsfähigkeit erlangt der V. durch die Eintragung ins ↑ Vereinsregister; der Name des V. erhält den Zusatz „eingetragener Verein (e.V.)". – b) Der *wirtschaftliche V.* richtet seinen Geschäftsbetrieb auf Gewinnerzielung. Seine Rechtsfähigkeit

erlangt er durch staatliche Verleihung.
2. *Nichtrechtsfähiger V.*: Es werden die Regelungen über die ↑ Gesellschaft des bürgerlichen Rechts angewandt.

Vereinsregister

Ein beim Amtsgericht geführtes Register, in das nichtwirtschaftliche Vereine (Ideal-Vereine) mit einer Mindestgründerzahl von 7 Personen eingetragen werden und eine schriftliche Satzung mit einem vorgeschriebenen Mindestinhalt vorweisen kann. Mit der Eintragung erlangt der Verein die Rechtsfähigkeit, der Vereinsnamen erhält dann den Zusatz ‚eingetragener Verein (e.V.)".

Vereinte Nationen

↑ UN.

Verelendung

↑ Marxismus.

Verfassung

Sammelbegriff für die Gesamtheit der staatlichen Grundregeln über den rechtlichen Aufbau eines Staates. Die V. der Bundesrepublik ist im ↑ Grundgesetz geregelt. Ein Grundsatz ist die Gewaltenteilung. Verfassungsändernde Gesetze bedürfen der 2/3-Mehrheit des Bundestages und des Bundesrates. Hüterin der V. in der Bundesrepublik ist das ↑ *Bundesverfassungsgericht*.

Vergleich

Vertrag zwischen Schuldner und Gläubiger, durch den der Streit beider im Wege gegenseitigen Nachgebens beigelegt wird. – *Arten*:
1. *Außergerichtlicher V.*: V. ohne Einschaltung eines Gerichts.
2. *Vergleichsverfahren* (gerichtlicher V.): entweder in Form des Prozeß-V. oder als Vergleichsverfahren zur Abwendung eines Konkurses (vgl. Übersicht).

vergleichende Werbung

Bezieht sich in herabsetzender Weise auf Waren oder Dienstleistungen von Mitbewerbern, mit dem Ziel, den eigenen Absatz zu fördern. V.W. ist jedoch nicht wie die ↑ persönliche Werbung oder die ↑ anlehnende Werbung grundsätzlich verboten. Hat der Werbende einen hinreichenden Anlaß (Abwehrvergleich oder sonstige berechtigte Interessen), ist v.W. erlaubt.

Verjährung

Ablauf einer vom Gesetz vorgeschriebenen Zeit. Der Schuldner muß dann nicht mehr leisten. Die Gläubigerforderung ist verjährt. Besondere Verjährungsfristen gelten für Mängelrügen, im Scheckrecht, im Wechselrecht, im Strafrecht und im Prozeßrecht. Vgl. Übersichten.

Verkauf

↑ Vertrieb.

Verkäufermarkt

Bezeichnung für den Markt, der vom Verkäufer beherrscht wird, d.h. der Absatz bietet ihm keine Schwierigkeit. Ein V. war z.B. nach dem Kriege vorhanden. – *Gegensatz*: ↑ Käufermarkt.

Verkaufsförderung

Inbegriff aller Maßnahmen eines Unternehmens, um das Produkt so günstig wie möglich auf dem Markt zu plazieren und ihm absatzsteigernde Unterstützung zu geben; auch *Sales Promotion* genannt. *Beispiele*: Produktvorführung, Schulung von Verkaufs- und Außendienstpersonal.

Verkehrshypothek

Bezeichnung für die im Normalfall auftretende ↑ Hypothek. – *Gegensatz*: ↑ Sicherungshypothek.

Verkehrspolitik

Gesamtheit aller Maßnahmen zur Raumüberwindung von Personen, Gütern, in weitem Sinne auch von Nachrichten. Kennzeichen der deutschen V. sind staatliche Regulierungen in Form

Vergleichsverfahren

Zweck:	Ein drohendes Konkursverfahren soll abgewendet werden.
Voraussetzung:	Zahlungsunfähigkeit (Insolvenz) muß bereits bestehen.
Antrag:	Den Vergleichsantrag kann **nur der Schuldner** beim zuständigen Amtsgericht stellen.
Inhalt des Antrags:	o **Persönliche Daten** über den Schuldner. o Ein bestimmter **Vergleichsvorschlag**, der allen Gläubigern mindestens 35% der Forderungen sicherstellt.
Anlagen zum Antrag:	1. Eine Übersicht über den Vermögensstand des Schuldners. 2. a) Ein Verzeichnis aller Gläubiger mit Angabe der einzelnen Forderungen. b) Ein Verzeichnis aller Schuldner mit Angabe der einzelnen Schulden. 3. Eine Erklärung des Schuldners über a) eventuelle innerhalb des letzten Jahres vorgenommenen Vermögensauseinandersetzungen zwischen Ehegatten und nahen Verwandten. b) eventuelle Verfügungen innerhalb der letzten zwei Jahre über Vermögensgegenstände zugunsten des Ehegatten oder naher Verwandter. c) eventuelle außergerichtliche oder gerichtliche Vergleiche innerhalb der letzten 5 Jahre.
Maßnahmen des Amtsgerichts:	o Der Vergleichsantrag wird geprüft. o Ein vorläufiger **Vergleichsverwalter** wird eingesetzt. o Ein **Gutachten** der IHK wird eingeholt.
Ablehnung des Antrags:	Nach Prüfung wird der Antrag eventuell abgelehnt, wenn der Schuldner nicht vergleichswürdig ist, weil o die gesetzliche Vergleichsquote nicht erreicht wird. o innerhalb der letzten 5 Jahre schon einmal ein Vergleichs- oder Konkursverfahren durchgeführt wurde. o der Schuldner geflohen ist oder sich verborgen hält. o die Buchführung mangelhaft und dadurch ein Überblick über die Vermögenslage nicht möglich ist. o die Insolvenz durch Leichtsinn herbeigeführt wurde.
Gang des Verfahrens:	Ist der Schuldner vergleichswürdig, wird das Vergleichsverfahren durchgeführt. Das Amtsgericht verfügt o die Einsetzung eines endgültigen Vergleichsverwalters. Dieser überwacht die Geschäftsführung und die private Lebenshaltung des Schuldners. Der Schuldner behält die Verfügung über sein Vermögen. o die Eintragung des Verfahrens in das HR. o einen Vergleichstermin zur gerichtlichen Verhandlung mit den Gläubigern.
Vergleichstermin:	Beim Vergleichstermin wird unter den **Gläubigern** über den **Vergleichsvorschlag abgestimmt.** Der Vergleichsvorschlag ist angenommen, o wenn bei einer Quote **unter** 50% die Mehrheit der Gläubiger, die mindestens 80% der Forderungen besitzen, zustimmen. o wenn bei einer Quote **über** 50% die Mehrheit der Gläubiger, die mindestens 75% der Forderungen besitzen, zustimmen. Das **Gericht bestätigt** den Vergleich und verfügt die Eintragung in das HR. **Anschlußkonkurs** beschließt das Gericht, wenn die erforderliche Zustimmung versagt wird.
Vollstreckungsverbot:	**Zwangsvollstreckungen** gegen den Schuldner sind für die Dauer des Verfahrens nicht statthaft. Die Verjährung ist für die gleiche Zeit gehemmt.
Zwangsvergleich:	Der Zwangsvergleich wird als gerichtliches Verfahren durchgeführt, wenn o die bevorrechtigten Gläubiger voll befriedigt sind. o die Vergleichsquote noch mindestens 20% beträgt. o die Gläubiger der nicht bevorrechtigten Forderungen zustimmen.

Verjährung

Wichtige Verjährungsfristen im bürgerlichen Recht

30 Jahre	4 Jahre	2 Jahre
Beginn: Mit dem Datum der Entstehung oder der Fälligkeit der Schuld.	**Beginn:** Mit dem Jahresende, das auf die Entstehung oder Fälligkeit der Schuld folgt.	**Beginn:** Mit dem Jahresende, das auf die Entstehung oder Fälligkeit der Schuld folgt.

30 Jahre – Es verjähren
- Ansprüche von Privatleuten untereinander
- Ansprüche aus rechtskräftigen Urteilen und Vergleichen
- Konkursforderungen
- Darlehensforderungen

4 Jahre – Es verjähren Ansprüche
- von Kaufleuten untereinander
- auf Zinsen jeder Art
- auf wiederkehrende regelmäßige Zahlungen (Unterhaltsbeiträge, Renten, Miete, Pacht)

2 Jahre – Es verjähren Ansprüche von
- Kaufleuten an Privatleute
- Lohn- und Gehaltsempfängern an den Arbeitgeber
- Transportunternehmen
- Gast- und Pensionswirten
- freiberuflich Tätigen (Anwälte, Ärzte, Architekten usw.)

Unterbrechung und Hemmung der Verjährung im bürgerlichen Recht

Die Verjährung wird unterbrochen durch
- Zustellung eines Mahnbescheids
- Erhebung einer Klage
- Teilzahlung des Schuldners
- Zinszahlung des Schuldners
- Gesuch um Stundung
- besonderes Schuldanerkenntnis
- Anmeldung der Forderung zum Konkurs

Vom Tage der Unterbrechung an beginnt die Verjährungsfrist von neuem voll zu laufen. Die Zeit vor der Unterbrechung wird nicht mitgezählt.

Die Verjährung wird gehemmt, solange
- die Rechtspflege stillsteht (z.B. durch Naturkatastrophen oder Krieg)
- der Gläubiger die Forderung stundet
- der Schuldner die Zahlung aus berechtigten Gründen verweigern kann
- über das Vermögen des Schuldners infolge Vergleich oder Konkurs eine Geschäftsaufsicht besteht

Vom Tage der Hemmung an ruht die Verjährungsfrist für die Zeit der Hemmung.

von Kontingentierungen, Konzessionierungen oder der Überwachung von Tarifen. – Die Vorteile zunehmender Mobilität für private Haushalte und Unternehmen gehen allerdings mit Nachteilen einher (Lärm, Verkehrsunfälle, ökologische Nachteile wie Flächenbeanspruchung und Luftverschmutzung). ↑ Luftverkehr, ↑ Güterverkehr, ↑ Schiffsverkehr, ↑ Binnenschiffahrt.

Verkehrssitte
In den beteiligten gesellschaftlichen Kreisen herrschende Anschauung. Keine Rechtsnorm; sie findet jedoch Berücksichtigung bei der Auslegung von Verträgen und bei der Bestimmung des Inhalts eines Schuldverhältnisses nach Treu und Glauben. Besondere Bedeutung hat die V. unter Kaufleuten, der sog. ↑ Handelsbrauch.

Verkehrsteuern
Steuern auf Vorgänge, denen ein Güter- oder Leistungsaustausch zugrunde liegt. Die V. ist also nicht personenbezogen wie die Besitzsteuer. Im wesentlichen zählen dazu die Umsatzsteuer. Grunder-

werbsteuer, Versicherungsteuer. Besteuert wird die einzelne Transaktion unabhängig davon, ob für den Ausführenden dieser Vorgang mit einem Gewinn oder einem Verlust verbunden ist.

Verkehrswert

Wertansatz, der den jederzeit erzielbaren Verkaufswert von Vermögensgegenständen ausdrückt.

Verlust

Begriff des kaufmännischen Rechnungswesens. Der V. wird normalerweise zweifach festgestellt: einmal in der ↑ Gewinn- und Verlustrechnung, wenn die Aufwendungen die Erträge übersteigen, und zum anderen in der ↑ Bilanz, wenn die Passivseite die Aktivseite übersteigt. Bei Personengesellschaften und Einzelunternehmen wird der V. aus der Gewinn- und Verlustrechnung direkt an das Kapitalkonto gebucht und reduziert somit das Eigenkapital. Bei Kapitalgesellschaften wird er auf der Aktivseite der Bilanz ausgewiesen.

Verlustvortrag

Im *Handelsrecht* bei Aktiengesellschaften, im *Steuerrecht* allgemein bei allen Unternehmen und Steuerpflichtigen ein aus dem Vorjahr übernommener Verlust. Der Verlust reduziert im Folgejahr den evtl. Jahresüberschuß und wird vor der Einstellung einer Rücklage oder einer evtl. Dividendenzahlung berücksichtigt. *Beispiel*:

  Jahresüberschuß bzw. Jahresfehlbetrag
± Gewinnvortrag oder Verlustvortrag
± Rücklageneinstellung oder -auflösung

= Bilanzgewinn bzw. Bilanzverlust

Vermischung

Das untrennbare Vermischen oder Vermengen beweglicher Sachen (z.B. Flüssigkeiten). Rechtsfolge und Entschädigung bei Rechtsverlust wie bei ↑ Verbindung.

Vermögen

1. Die einer *Privatperson* gehörenden, in Geld bewertbaren Sachwerte oder reinen Geldwerte.
2. Das V. einer *Unternehmung* ist die Ausstattung mit Bar- und Sachmitteln und steht auf der Aktivseite der Bilanz. Die Aktivseite gliedert sich in ↑ Anlagevermögen und ↑ Umlaufvermögen. Zieht man von der Vermögensseite die Verbindlichkeiten der Passivseite ab, erhält man das *Reinvermögen.*
3. *Volkswirtschaftlich* spricht man von Produktivvermögen (Produktivkapital) als demjenigen V., das der gewerblichen Wirtschaft für Produktionszwecke zur Verfügung steht (Maschinen, Rohstoffe, Werkzeuge).

Vermögensaufbau

Zusammensetzung (Struktur) von ↑ Anlagevermögen und ↑ Umlaufvermögen in der Bilanz. Eine einheitliche Kennziffer gibt es nicht. Eine objektive Beurteilung kann nur durch Betriebsvergleiche erfolgen. Der V. ist abhängig davon, ob es sich um anlageintensive oder umlaufintensive Betriebe handelt.

Vermögensaufstellung

↑ Bilanz, ↑ Bewertung.

Vermögensteuer

Direkte Steuer, zahlbar von natürlichen und juristischen Personen. Bemessungsgrundlage ist das sog. Gesamtvermögen einschließlich ausländischem Vermögen, für Personen, die beschränkt steuerpflichtig sind, nur das Inlandvermögen. Die V. darf gegenwärtig aufgrund eines Urteils des Bundesverfassungsgerichts nicht mehr erhoben werden.

vermögenswirksame Leistungen

Zahlungen (Bestandteil des Lohns oder Gehalts), die der Arbeitgeber nicht direkt an den Arbeitnehmer auszahlt, sondern für ihn gemäß dem 5. Vermögensbildungs-Gesetz anlegt. (↑ prämienbegünstigtes Sparen).

Verpackung
Äußere Umhüllung von Waren sowohl zur Produktgestaltung und Warenpräsentation als auch zum Schutz während des Transports. Man unterscheidet *Verkaufsverpackung* (z.B. Waschmitteltrommel), *Versandverpackung* und *Lieferverpackung* (z.B. Flachpaletten). Vgl. ↑ Mehrwegverpackung.

Verpfändung
↑ Pfandrecht.

Verpflichtungsgeschäft
Teil eines ↑ Vertrages, der die eigentliche Schuld aus dem Vertrag begründet, z.B. eine Sache ordentlich zu liefern und das Eigentum zu übertragen. Im sog. ↑ Erfüllungsgeschäft wird die eingegangene Verpflichtung erfüllt.

Verrechnungspreis
1. *Bewertung* von Roh-, Hilfs- und Betriebsstoffen in der Bilanz zu einem *Festpreis*.
2. In der *Plankostenrechnung* der Ansatz der Kosten in den einzelnen Kostenstellen zu V. Dadurch wird erreicht, daß Preisschwankungen in der Kalkulation ausgeschaltet werden und die Möglichkeit der Feststellung einer Verbrauchsabweichung gegeben ist.

Verrechnungsscheck
↑ Scheck 1.

Versandhandel
Handelsart, bei der eine Sache mittels Katalog oder Anzeigen angeboten wird und bei der die Auslieferung einer schriftlichen Bestellung durch Post oder Bahn direkt an den Besteller erfolgt.

Verschmelzung
↑ Fusion.

Verschulden
Die subjektive Vorwerfbarkeit eines rechtswidrigen Handelns einer schuldfähigen Person, und zwar in Form von ↑ Vorsatz oder ↑ Fahrlässigkeit.

Versender
Derjenige, der einen Versendungsauftrag an einen Spediteur gibt.

Versendungskauf
Kauf, bei dem der Verkäufer die Ware an einen anderen Ort als den Erfüllungsort versendet. Der Erfüllungsort ist in der Regel der Ort des Verkäufers. Die Gefahr eines zufälligen Untergangs geht mit der Übergabe der Ware an den Frachtführer auf den Käufer über. Die Frachtkosten trägt in der Regel ebenfalls der Käufer. Die Klausel „frei Haus" bezieht sich nur auf die Bezahlung der Fracht durch den Lieferanten, nicht auch auf den Gefahrenübergang.

Versicherung
1. *Funktionen*: a) Eine *private* Absicherung gegen Risiken jeglicher Art, z.B. Lebensversicherung, Unfallversicherung, Berufsunfähigkeitsversicherung, Betriebsunterbrechungsversicherung, Feuerversicherung. – b) Eine *zwangsweise* erhobene V. im Bereich der Sozialversicherung, um soziale Härten zu vermeiden (Krankheit, Arbeitslosigkeit, Alter).

Versicherungsarten (Beispiele)

Sozialversicherungen	Individualversicherungen (Privatversicherungen)	
	Personenversicherung	Schadensversicherungen
Rentenversicherung	Lebensversicherung	Einbruchdiebstahl- und Raubversicherung
Krankenversicherung	Krankenversicherung	Feuerversicherung
Pflegeversicherung	Pflegeversicherung	Transportversicherung
Arbeitslosenversicherung	Unfallversicherung	Haftpflichtversicherung
Unfallversicherung		

– 2. *Träger*: a) Im privaten Bereich ein *Unternehmen*, das ein Grundhandelsgewerbe nach § 1 HGB betreibt (außer Versicherungsverein auf Gegenseitigkeit). – b) Im Bereich der Sozialversicherung handelt es sich um öffentlich-rechtliche *Anstalten* mit Selbstverwaltungscharakter. – 3. *Arten:* Vgl. Übersicht.

Versicherungsverein auf Gegenseitigkeit (VVaG)
Private Versicherungsgesellschaft zum Zweck der Befriedigung von Versicherungsbedürfnissen unter den Mitgliedern, die zugleich Versicherungsnehmer und Versicherer sind (bei großen VVaG nur z.T.). Basiert auf dem Genossenschaftsgedanken (↑ Genossenschaft).

Versicherungspflicht
Im Sozialversicherungsbereich die Pflicht eines jeden Arbeitnehmers, Beiträge zu leisten. Die V. entsteht mit Beginn der Tätigkeit und endet gewöhnlich mit deren Aufgabe.

Versicherungsschein
↑ Police.

versteckte Mängel
Mängel, die vom Käufer nicht sofort erkannt werden können. V.M. sind unverzüglich nach Bekanntwerden dem Verkäufer mitzuteilen. Arglistig vom Verkäufer verschwiegene Mängel unterliegen grundsätzlich nicht der Verjährung. Wann v.M. üblicherweise verjähren, hängt vom gehandelten Gegenstand ab.

Versteigerung
Eine Veranstaltung, bei der Gegenstände durch einen Zuschlag an den Meistbietenden verkauft werden. Gewerbsmäßige private Versteigerungen bedürfen der behördlichen Genehmigung. Eine *behördlich angeordnete V.*, z.B. Zwangsversteigerung, muß vorher öffentlich bekannt gemacht werden. Das Gericht setzt hierbei vorher ein Mindestgebot fest, das nicht unterschritten werden darf. Gold- und Silberwerte dürfen nicht unter dem Börsenpreis verkauft werden.

Verteilungspolitik
Wirtschaftspolitische Maßnahmen, die die Verteilung von Einkommen und Vermögen beeinflussen. Grundsätzlich sind Bedarf und Leistung als Kriterien für die Beurteilung einer Verteilung als gerecht denkbar (↑ Einkommensverteilung).

Verteilungsrechnung
↑ Sozialprodukt, ↑ Volkswirtschaftliche Gesamtrechnung (VGR).

Vertrag
Eine schriftliche oder mündliche Übereinkunft zweier oder mehrerer Parteien, etwas zu tun oder zu unterlassen. Der V. kommt durch Antrag (Angebot, ↑ Offerte) und Annahme zustande. Neben dem Mietvertrag, dem Pachtvertrag, dem Geschäftsvertrag und dem Arbeitsvertrag spielt der ↑ Kaufvertrag die wichtigste Rolle. – Das *Zustandekommen* von Verträgen kann durch Schweigen (z.B. Kauf auf Probe, Schenkungen), durch schlüssige Handlung (wortlose Annahme einer angebotenen Ware) oder durch ausdrückliche Handlung in öffentlicher, in öffentlich beglaubigter oder in notariell beurkundeter Form erreicht werden. – *Wirkungslosigkeit* von V.: ↑ Nichtigkeit. – Der V. *gliedert* sich in ↑ Verpflichtungsgeschäft und ↑ Erfüllungsgeschäft.

Vertragsfreiheit
Möglichkeit für jeden Bürger, Rechtsgeschäfte abzuschließen oder es zu unterlassen. – *Grenzen:* Gesetze, Verordnungen, Allgemeine Geschäftsbedingungen. Konstituierendes Prinzip der ↑ Marktwirtschaft.

Vertragsstrafe
↑ Konventionalstrafe.

Vertreter
↑ Handelsvertreter.

Vertreterversammlung
1. Organ der *Genossenschaft* bei mehr als 3000 Mitgliedern, als Ersatz für die Generalversammlung. – 2. *Sozialversicherung*: Selbstverwaltungsorgan der Sozialversicherungsträger.

Vertretung
Das rechtlich verbindliche Handeln für einen anderen. Die V. innerhalb einer OHG durch einen Gesellschafter umfaßt alle Geschäfte und Rechtshandlungen einschließlich Prokuraerteilung und Grundstücksveräußerung, ausgenommen das Gesellschaftsverhältnis berührende Geschäfte. Für die OHG gilt der Grundsatz der *Alleinvertretung*. Der Gesellschaftsvertrag kann *Gesamtvertretung* anordnen.

Vertrieb
Der Absatz von Gütern und Dienstleistungen einer Unternehmung auf der Grundlage ihrer im Rahmen der Absatzpolitik festgelegten ↑ Vertriebswege und alle damit zusammenhängenden Maßnahmen. Die *Vertriebsabteilung* umfaßt die Innenorganisation (Vertriebsleitung, Marktuntersuchung, Werbung, Kundendienst) und die Außenorganisation (Verkauf).

Vertriebsgemeinkosten
Auf die Kostenträger nicht direkt zurechenbare Kosten, die im Bereich des Vertriebs anfallen, z.B. Gehälter der im Vertrieb arbeitenden Angestellten, Porti, Raumkosten, allgemeines Verpackungsmaterial. V. werden auf speziellen Vertriebskostenstellen gesammelt und in der ↑ Vollkostenrechnung den Produkten prozentual zu den ↑ Herstellkosten zugerechnet.

Vertriebswege
Absatzwege vom Hersteller bis zum Endverbraucher. – *Formen*:
1. ↑ *Direkter Vertrieb*: Ware gelangt vom Hersteller direkt zum Verbraucher, z.B. durch Verkauf an der Haustür (Staubsauger). – 2. ↑ *Indirekter Vertrieb*: Waren gehen an unabhängige Handelsstufen (Großhandel/Einzelhandel), die sie dem Verbraucher anbieten. – 3. ↑ *Versandhandel*: Sonderform des direkten Vertriebs durch Versand nach Bestellung aus einem Katalog. – 4. ↑ *Syndikat.*

Verursacherprinzip
Grundsatz der ↑ Umweltpolitik, nach dem die gesamten volkswirtschaftlichen Kosten einer ökonomischen Aktivität von denjenigen zu tragen sind, die sie verursacht haben. Ein Beispiel für solche verursachten „Kosten" wäre die Luftverschmutzung, bzw. allg. Emissionen (vgl. ↑ Emissionsabgabe). Die Zahlung muß nicht an den Geschädigten (Entschädigung) erfolgen.

Verwahrung
Das entgeltliche oder unentgeltliche Aufbewahren von beweglichen Sachen. Der Verwahrer hat das Hinterlegte dem Berechtigten jederzeit auf Verlangen herauszugeben. Besondere Vorschriften gelten für die V. von Wertpapieren (↑ Depotgeschäft).

Verwaltungsgemeinkosten
Kosten der Verwaltung, die auf den entsprechenden Kostenstellen (z.B. Unternehmensleistung, Rechnungswesen, Post- und Telefonzentrale) gesammelt werden. Dazu gehören u.a. Kosten des Verwaltungspersonals, Beleuchtung, Miete, Pacht, Heizung, Büroeinrichtung und -bedarf sowie Postgebühren. In der Kalkulation werden sie mit einem Prozentzuschlag berücksichtigt, da sie nicht direkt zugerechnet werden können.

Verwaltungsgerichtsbarkeit
Gerichtsbarkeit, die sich mit Streitigkeiten von Bürgern mit der öffentlichen Verwaltung beschäftigt (außer Verfassungsfragen). Die V. bietet einen Schutz vor Behördenwillkür. – *Aufbau*: Verwaltungsgericht, Oberverwaltungsgericht und als Revisionsinstanz das Bundesverwaltungsgericht.

Verwaltungsrat
Organ einer Körperschaft oder Anstalt des öffentlichen Rechts, das ähnliche Kontrollfunktion über die Geschäftsführung hat wie der Aufsichtsrat bei der Aktiengesellschaft.

Verwendungsrechnung
↑ Sozialprodukt, ↑ Volkswirtschaftliche Gesamtrechnungen (VGR).

Verwertungsrecht
1. Im *Urheberrecht* das alleinige Recht des Urhebers, das Werk zu verwerten. U.a. zählt dazu das Vervielfältigen und Verbreiten. Das Recht kann übertragen werden, gewöhnlich an Verlage.
2. Das Recht einer Person, eine Sache zu verwerten, wenn der *Schuldner* seinen Verpflichtungen nicht nachkommt, z.B. im ↑ Pfandrecht (Hypotheken, Grundschuld, Rentenschuld).

Verzicht
Einseitige Willenserklärung, mit der der Betreffende ein ihm zuständiges Recht aufgibt.

Verzug
Die nicht rechtzeitige Leistung eines Vertragspartners. Dazu zählen der ↑ Annahmeverzug und der ↑ Lieferungsverzug.

Verzugszinsen
Von einem im Verzug befindlichen Schuldner zu zahlende Zinsen. Gesetzliche V. nach dem BGB unter Privatpersonen betragen 4 %, unter Kaufleuten nach HGB 5 %. Verträge können höhere V. vorsehen. Steuerlich unterliegen die V. der Umsatzsteuer.

virtuelles Geld
↑ elektronisches Geld.

VGR
↑ Volkswirtschaftliche Gesamtrechnungen.

Videokonferenz
Echtzeit-Video-Übertragung in gewöhnlich zwei Richtungen meist über Hochgeschwindigkeitsverbindungen und Satelliten.

vinkulierte Namensaktie
↑ Aktie.

Virus
Verstecktes, meist sich selbst reproduzierendes Computerprogramm, das illegal in Rechner eingeschleust wird und dort großen Schaden an Programmen und Daten anrichten kann.

Volatilität
Ausmaß der kurzfristigen Fluktuation einer Zeitreihe oder Trend. Der Begriff wird vor allem bei Schwankungen von Aktienkursen verwendet.

Volatilitätsindex
Börsenindex, der die durchschnittliche Volatilität an einem Optionsmarkt abbildet. Der V. drückt die Erwartungen der Marktteilnehmer über Veränderungen des Kassamarktes aus. Die implizite Volatilität wird aus den Optionspreisen errechnet, bei deren Zustandekommen sie neben dem Kassakurs, dem Ausübungspreis, der Restlaufzeit und dem Zinssatz eine der Determinanten ist. Einen V. gibt es z.B. an der ↑ Deutschen Terminbörse (DTB).

Volkseinkommen
Summe aller von Inländern im Laufe einer Periode aus dem In- und Ausland bezogenen Erwerbs- und Vermögenseinkommen (Löhne, Gehälter, Zinsen, Mieten, Gewinne usw.). ↑ Sozialprodukt.

Volkswirtschaft
Die Gesamtheit aller wirtschaftlichen Beziehungen eines Staates, hauptsächlich die Käufe und Verkäufe zwischen Unternehmen, privaten Haushalten, Staat und Ausland. Merkmale einer (marktwirtschaftlichen) V. sind Arbeitsteilung, Austausch über Märkte, funktionierendes Geldwesen, Außenhandel, klimatische Verhältnisse, Rohstoffvor-

kommen und eine staatliche Rechtsordnung.

Volkswirtschaftliche Gesamtrechnungen (VGR)
Zahlenwerk, das unter Verwendung von statistischem Material aus nahezu allen Lebensbereichen ein Gesamtbild des wirtschaftlichen Geschehens in einer Volkswirtschaft liefert. Theoretische Grundlage ist der Gedanke des Wirtschaftskreislaufs. Die Wirtschaftseinheiten werden dazu in die vier Sektoren: Unternehmen, private Haushalte, Staat und Ausland eingeteilt. Die Transaktionen zwischen diesen Sektoren und z.T. auch innerhalb der Sektoren werden als Ströme dargestellt. VGR sind als Kontensystem gemäß der doppel-ten Buchführung angelegt und umfassen daneben Tabellen, die die gesamtwirtschaftliche Leistung unter den Gesichtspunkten ihrer Entstehung, Verwendung und Verteilung darstellen. Zentrale Größen sind dabei in der *Entstehungsrechnung* die Bruttowertschöpfung aller Wirtschaftsbereiche, aus der das ↑ Bruttoinlandsprodukt ermittelt wird; in der *Verwendungsrechnung* das ↑ Bruttosozialprodukt und in der *Verteilungsrechnung* das ↑ Volkseinkommen (vgl. ↑ Sozialprodukt und die dazugehörende Übersicht). VGR sind ein wichtiges Instrument für Wirtschaftsbeobachtung, für gesamtwirtschaftliche Analysen und Prognosen.

Volkswirtschaftslehre
Teilgebiet der ↑ Wirtschaftswissenschaften, das sich mit gesamtwirtschaftlichen Zusammenhängen befaßt, auch *Nationalökonomie* genannt. Die V. gehört zu den angewandten Sozialwissenschaften und ist eine sogenannte Erfahrungswissenschaft. Sie umfaßt hauptsächlich die Teilgebiete Wirtschaftstheorie, Wirtschaftspolitik, Sozialpolitik, Konjunktur- und Wachstumspolitik, Finanzwissenschaft, Geldlehre, Theorie und Politik der Außenwirtschaft.

Vollbeschäftigung
Ziel innerhalb des ↑ magischen Vierecks, einen hohen Beschäftigungsstand zu haben. – V. kann sich neben dem ↑ Produktionsfaktor Arbeit auch auf die Vollauslastung des Produktionsfaktors Kapital beziehen.

voll geschäftsfähig
↑ Geschäftsfähigkeit.

Vollhafter
↑ Komplementär.

Vollkaufmann
Eine Person, die alle Rechte und Pflichten eines Kaufmanns hat. Für V. gelten alle Vorschriften des HGB. Der V. muß einen kaufmännisch eingerichteten Betrieb haben und im Handelsregister eingetragen sein. Der Soll- und der Kannkaufmann sind stets V. Der Mußkaufmann kann V. oder ↑ Minderkaufmann sein.

vollkommener Markt
Kritisch diskutiertes Konzept aus der Preistheorie, das am ehesten auf den Devisen- oder Wertpapiermärkten realisierbar ist. – *Gegensatz*: ↑ unvollkommener Markt. – *Bedingungen* für einen v.M.:
1. Homogenität (Gleichartigkeit der Güter).
2. Sämtliche Marktteilnehmer haben eine völlige Marktübersicht.
3. Es bestehen keine persönlichen Bevorzugungen (Präferenzen).
4. Auf jede Veränderung des Marktes reagieren die Marktteilnehmer sofort.
5. Sämtliche Anbieter streben nach Gewinnmaximum, sämtliche Konsumenten nach Nutzenmaximum.
↑ Markt.

Vollkostenrechnung
Verfahren der ↑ Kostenrechnung, bei dem sämtliche bei der Leistungserstellung entstandenen Kosten auf die ↑ Kostenträger verrechnet werden. – *Gegensatz*: ↑ Teilkostenrechnung.

Vollmacht
↑ Prokura, ↑ Handlungsvollmacht.

vollstreckbare Urkunde
Von einem Gericht oder Notar ausgestellte Urkunde, aus der der Gläubiger unmittelbar die ↑ Zwangsvollstreckung betreiben kann.

Vollstreckung
↑ Zwangsvollstreckung.

Vorkalkulation
Eine *vor* der Leistungserstellung liegende Erfassung der auf das Produkt bezogenen Kosten. Die V. ist nach Ausführung des Auftrages mit der ↑ Nachkalkulation zu vergleichen.

Vorkaufsrecht
Recht des Vorkäufers, in einen zwischen dem Eigentümer und einem Dritten geschlossenen Kaufvertrag anstelle des Dritten einzutreten. Bei Grundstücken wird das V. ins Grundbuch eingetragen und wirkt auch gegen Dritte, die das Grundstück kaufen wollen.

Vorleistungen
1. *Kaufmännischer Sprachgebrauch:* Im voraus erfolgte Lieferung oder Bezahlung, die den Handelspartner zur Einhaltung der vertraglichen Vereinbarungen verpflichten soll.
2. *Volkswirtschaftslehre:* Alle nicht dauerhaften Produktionsmittel, d.h. Vor- und Zwischenprodukte in Form von Waren und Dienstleistungen, die durch Einsatz in einem höherstufigen Produktionsprozeß untergehen.

Vormerkung
Eintragung ins Grundbuch, die ein Recht am Grundstück sichern soll, z.B. soll durch die *Auflassungsvormerkung* dokumentiert werden, daß bereits eine Übereinkunft über die Veräußerung des Grundstücks vorliegt. Auch die Bestellung einer Hypothek gehört zur V.

Vorrat
Auch: *Vorratsvermögen*; in der Bilanz ein Posten des Umlaufvermögens. Bezeichnung für die auf Lager befindlichen, für den Produktionsprozeß oder für den Absatz bestimmten Erzeugnisse, Leistungen, Waren und Stoffe. – Für *Handelsbetriebe* bilden das Vorratsvermögen die eingekauften, verkaufsfähigen Waren. *Fertigungsbetriebe* gliedern ihre Vorräte in Rohstoffe, Hilfsstoffe, Betriebsstoffe, Fertigerzeugnisse und unfertige Erzeugnisse. Evtl. zählen auch Handelswaren dazu.

Vorratsvermögen
↑ Lagerbestand.

Vorsatz
Das Wissen und Wollen eines rechtswidrigen Erfolges. Form des Verschuldens, die im Gegensatz zur ↑ Fahrlässigkeit steht. Auch *bedingter V.*, bei dem der Erfolg nur für möglich gehalten, aber doch billigend in Kauf genommen wird, reicht aus.

Vorsorgepauschale
Festgesetzte Mindestbewertung für Vorsorgeaufwendungen (z.B. Beiträge zur Krankenversicherung) von Arbeitnehmern, wenn keine höheren Aufwendungen nachgewiesen werden. In Lohnsteuertabelle berücksichtigt.

Vorstand
Organ eines ↑ Vereins, einer ↑ Aktiengesellschaft oder einer ↑ Genossenschaft, das die Aufgabe der Geschäftsführung innehat. Der V. ist gesetzlicher Vertreter der von ihr vertretenen juristischen Person. Bei der AG wird der V. für 5 Jahre vom Aufsichtsrat gewählt. Er hat diesem regelmäßig Bericht über den Geschäftsgang zu geben. Bei der Genossenschaft muß der V. aus mindestens 2 Personen, bei landwirtschaftlichen Genossenschaften aus 3-5 Personen bestehen. Die Mitglieder des Aufsichtsrats wählen einen Vorstandsvorsitzenden. – Nach Mitbestimmungsgesetz

und Montanmitbestimmungsgesetz gehört zum V. ein ↑ Arbeitsdirektor, der die Arbeitnehmerinteressen vertreten soll und nicht gegen die Mehrheit der Stimmen der Arbeitnehmer in den Aufsichtsrat gewählt werden kann. Die Vergütung der Vorstandsmitglieder wird in Form von Bezügen und Tantiemen geregelt.

Vorsteuer
Umsatzsteuerbeträge, die auf Rechnungen besonders ausgewiesen sind und beim Weiterverkauf von Waren und Leistungen mit der eigenen geschuldeten Umsatzsteuer verrechnet werden. Die V. bildet eine Forderung gegenüber dem Finanzamt. Ist am Bilanzstichtag die Vorsteuer höher als die aus Verkäufen von Waren und Dienstleistungen geschuldete Umsatzsteuer, so hat der Unternehmer in Höhe des Differenzbetrages einen Erstattungsanspruch an das Finanzamt, den er als Forderung zu aktivieren hat. ↑ Umsatzsteuer.

Vorzugsaktie
↑ Aktie.

W

Wachstum

Prozentuale Veränderung des ↑ Sozialproduktes in der Zeit (vgl. Übersicht). Ein angemessenes reales Wachstum zu schaffen, ist eine Zielsetzung innerhalb des ↑ magischen Vierecks und der Aufgabe der ↑ Wachstumspolitik. Voraussetzung sind ausreichende ↑ Wachstumsfaktoren. – *Formen*: Man unterscheidet *quantitatives* (mengenmäßiges) Wachstum, d.h. mehr Produktion und Sozialprodukt, und *qualitatives* Wachstum durch technischen Fortschritt und im weitesten Sinne auch Bildungs-, Umwelt- und sozialpolitisch motivierte Investitionen. Die in der letzten Zeit immer häufiger gestellte Forderung nach einer Reduzierung (↑ Nullwachstum) bzw. nach „qualitativem Wachstum" hat folgende Hintergründe: Einerseits befürchtet man, daß das ökologische Gleichgewicht durch eine rapide Verschmutzung der Umwelt gefährdet wird, zum anderen ist man der Meinung, daß die Lebensqualität durch die starke Arbeits- und Umweltbelastung bedroht wird, obwohl der Lebensstandard vielleicht steigen kann.

Wachstumsfaktoren

Bestimmungsgründe für das Wachsen einer Volkswirtschaft. Vgl. Übersicht.

Wachstumspolitik

Staatliche und private Maßnahmen zur

Wachstum – Veränderungen des Bruttoinlandsproduktes[1]) 1985–1995

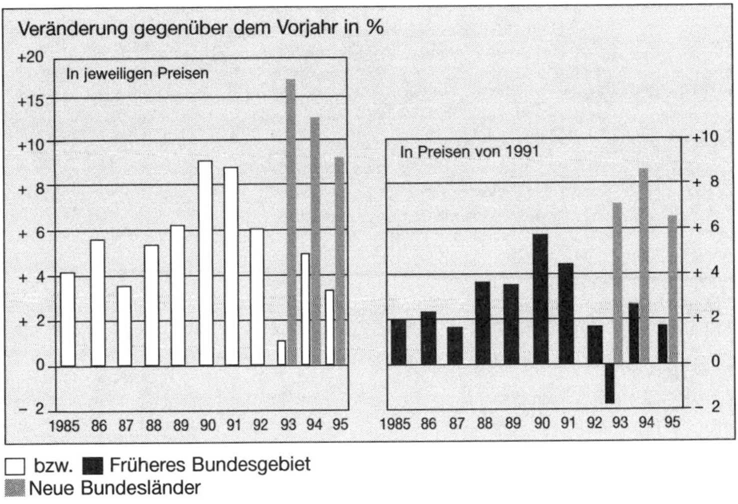

Wachstumsfaktoren

Boden	Arbeit	Kapital
o Vorhandensein von Bodenschätzen o Günstige landwirtschaftliche Produktionsbedingungen o Erschließung neuer Rohstoff- und Energiequellen	o Bevölkerungswachstum o Ausbildungsstand und technisches „Know How" der Bevölkerung o Arbeitsmoral o Anteil der Erwerbstätigen an der Gesamtbevölkerung o Gesellschaftliche und betriebliche Arbeitsteilung	o Kapitalbildung durch Sparen und Investieren (Neu-Investitionen) o Kapazitätserhöhung durch Anwendung von mehr und qualitativ besseren, neuen Maschinen (Technischer Fortschritt) o Anteil des Volkseinkommens, das für Investitionen statt für Konsumzwecke verwendet wird

Wachstumspolitik

Staatliche Wachstumsmaßnahmen	
Bevölkerungspolitik	o Bevölkerungspolitische Maßnahmen zur Erhöhung der Geburtenquote o Maßnahmen zur Erhöhung des Anteils der Erwerbstätigen zur Gesamtbevölkerung o Einsatz ausländischer Arbeitskräfte
Infrastrukturpolitik	o Verkehrsmäßige Erschließung o Versorgung mit Energie, Wasser und Kanalisation o Förderung von Bildungsmaßnahmen o Förderung des technischen Fortschritts o Förderung von Forschungsvorhaben
Strukturpolitik	o Maßnahmen zur Förderung von Privat-Investitionen o Förderung und Erleichterung des Strukturwandels
Investitionsneigung	o Förderung der Investitionsbereitschaft o Gewährung von Investitionsprämien o Förderung der Sparbereitschaft der Bevölkerung o Gewinnanreize für Investitionen

Steigerung des Wirtschaftswachstums. Staatliche W.: Vgl. Übersicht.

Wagnisse

↑ kalkulatorische Wagnisse.

Währung

1. Gesetzliches *Zahlungsmittel* eines Landes.

2. Die Währungsordnung wird auch *Geldordnung* oder *Verfassung* des Geldwesens genannt. ↑ Geld.

3. Für den *Außenwert* einer W. ist deren ↑ Kaufkraft maßgebend. Der Wechselkurs spiegelt auch das Vertrauen des Auslandes in eine W. und somit in die volkswirtschaftliche Stabilität dieses Landes wider.

Währungsfonds
↑ IMF, International Monetary Fund.

Währungspolitik
↑ Geldpolitik einschließlich außenwirtschaftspolitischer Aspekte, insbesondere bzgl. des Wechselkurssystems und der Sicherung internationaler Liquidität.

Währungsreserven
Von der Notenbank eines Landes gehaltene internationale Liquidität in Form von Gold, Devisen (hauptsächlich US-$, auch DM, Yen etc.), ↑ Ziehungsrechten etc. ↑ Devisenbilanz.

Währungsunion
1. *Generell*: Wirtschaftliche Integration mehrerer Staaten mit einheitlicher Währung und Währungspolitik.
2. *„Deutsch-deutsche W.“*: Währungsumstellung der DM Ost der ehemaligen DDR auf DM West in den neuen Ländern. Vertrag vom 2.5.1991, in Kraft getreten am 2.7.1991. Umtauschkurse: Löhne, Gehälter, Stipendien, Mieten, Pachten, Renten und wiederkehrende Versorgungszahlungen: 1:1; Sparguthaben: 1:1 (Höchstgrenzen: Kinder bis 14 Jahre 2.000 DM, Personen bis 59 Jahre 4.000 DM, Personen über 59 Jahren 5.000 DM); sonstige Forderungen und Verbindlichkeiten 1:2; nach dem 31.12.1989 entstandene Guthaben von Gläubigern mit Wohnsitz außerhalb der DDR 1:3.
3. *Wirtschafts- und Währungsunion* der ↑ EU, Europäische Union: ↑ EWS, Europäisches Währungssystem, ↑ EWWU, Europäische Wirtschafts- und Währungsunion.

Wandelschuldverschreibung
↑ Anleihe (Schuldverschreibung), die das Recht gewährt, nach Ablauf einer bestimmten Zeit (vertraglich vereinbart) die Schuldverschreibung in Aktien (Teilhaberpapier) umzuwandeln. Die Ausgabe einer W. bedarf der Zustimmung einer 3/4-Mehrheit der Hauptversammlung. Den Aktionären steht ein Bezugsrecht auf die W. zu, es sei denn, das Recht ist von einer 3/4-Mehrheit ausgeschlossen worden. Der Umtausch wird dann vorteilhaft, wenn der garantierte Zins der Schuldverschreibung niedriger ist als der Dividendenzins.

Wandlung
Rückgängigmachen eines Kauf- oder Werkvertrages. – *Anwendung*:
1. Im Bereich der *Mängelrüge* hat der Käufer grundsätzlich das Recht zu wandeln. Ist W. ausgeschlossen und lediglich Nachbesserung vereinbart, so kann trotzdem gewandelt werden, wenn die Nachbesserung nicht den gewünschten Erfolg erzielt.
2. Im *Lieferungsverzug*, wenn nach abgelaufener Nachfristsetzung und vorheriger Androhung der W. nicht geliefert wurde.
3. *Rücktritt* aus allen übrigen Vertragsarten, die das vertragliche Recht der W. zulassen oder die dem Zurücktretenden das gesetzliche Recht einräumen, z.B. bei Täuschung oder Nichtigkeit von Verträgen.

Warenausgang
Entnahme oder Veräußerung von Waren. Der private Verbrauch wird ebenfalls als Warenverkauf gebucht. Buchung bei Verkauf: Forderungen (Bank) an Warenverkauf + Umsatzsteuer bzw. bei Entnahme: Privat an Warenverkauf + Umsatzsteuer. Verkäufe an Wiederverkäufer sind in einem *Warenausgangsbuch* festzuhalten, das 10 Jahre aufzubewahren ist.

Wareneingang
Einkauf von Waren. Bei der Ankunft muß die Warenannahme das Vorhandensein offener Mängel prüfen (Art, Menge, Güte, Beschaffenheit). Anschließend wird der Wareneingang verbucht: Wareneinkauf+Vorsteuer an Verbindlichkeiten (oder Kasse/Bank). Außerhalb der Buchhaltung wird häufig

noch ein Nebenbuch, das *Wareneingangsbuch*, geführt, das in Kontenform Art, Preis und Menge der eingekauften Waren getrennt ausweist. Kaufleute, die der Buchführungspflicht unterliegen, sind zur Führung eines Wareneingangsbuches nicht verpflichtet.

Wareneinsatz
Die zur Umsatzerzielung notwendige Warenmenge, bewertet zu Einstandspreisen. Der Wareneinsatz errechnet sich aus dem Wareneinkaufskonto wie folgt: Anfangsbestand + Warenzugänge ./. Warenendbestand = Wareneinsatzmenge × Einstandspreis(e) = W.

Warenkonto
Im Handelsbereich ein gemischtes Konto, das Wareneingänge und Warenausgänge erfaßt. Üblicherweise aber aufgeteilt in ein *Wareneinkaufs-* und *Warenverkaufskonto*. Der Schlußbestand des Wareneinkaufskontos wird zur Bilanz und der Wareneinsatz zur GuV-Rechnung abgeschlossen. Das Warenverkaufskonto ist ein reines Erfolgskonto.

Warenkorb
Ausgesuchte Güter (Waren und Dienstleistungen), deren Preisveränderung von Jahr zu Jahr im ↑ Preisindex für die Lebenshaltung festgehalten wird. Der W. soll repräsentativ sein. Das bedeutet, daß bei Veränderungen der Käufergewohnheiten der W. geändert werden muß. – *Zusammensetzung* des W. 1991 (alte bzw. neue Länder): Nahrungsmittel, Getränke, Tabakwaren: 22,5 % (31,7 %); Bekleidung, Schuhe: 7,4 % (8,9 %); Wohnungsmieten, Energie: 24,5 % (10,8 %); Möbel, Hausrat 7,7 % (10,5 %); Gesundheits- und Körperpflege 5,4 % (3,7 %); Verkehr und Nachrichten 16,8 % (19,9 %); Bildung, Unterhaltung, Freizeit: 9,2 % (9,6 %); Persönliche Ausstattung, Sonstiges: 6,6 % (5,1 %).

Warenkredit
1. Im *Bankbereich* die Absicherung eines Kredites durch Waren (↑ Sicherungsübereignung).
2. Übliche Bezeichnung für einen *Lieferantenkredit* (↑ Verbindlichkeiten).

Warenrohgewinn
In Handelsbetrieben der positive Unterschiedsbetrag zwischen Verkaufs- und Einstandspreisen einer Ware. Ist der Verkaufspreis geringer als der Einstandspreis der verkauften Ware, spricht man von *Warenrohverlust*.

Warentermingeschäft
↑ Termingeschäft.

Warenwechsel
↑ Handelswechsel.

Warenzeichen
Ein Symbol, dessen sich jemand zur Unterscheidung seiner Waren von denen anderer Hersteller bedient. Das W. ist schutzfähig und wird in die Zeichenrolle beim Bundespatentamt eingetragen. Die Schutzdauer beträgt 10 Jahre, mit Verlängerungsmöglichkeit.

Warnstreik
↑ Streik.

Wassenaar Arrangement
↑ COCOM.

Wechsel
1. *Charakterisierung*: Urkunde, mit der der Aussteller (Gläubiger) des W. den Bezogenen (Wechselschuldner) anweist, eine bestimmte Geldsumme an einem festgelegten Termin und Ort zu zahlen. Die Geldsumme ist an die im W. genannte Person oder an Order zu leisten. – Solange der W. nicht durch den Bezogenen akzeptiert ist, wird er als *Tratte* bezeichnet, nach der Akzeptierung (Annahme durch „Querschreiben“) als *Akzept*. – Wird er als Zahlungsmittel weitergegeben, spricht man von einer *Rimesse*. – Gewöhnlich zieht der Aussteller auf den Schuldner einen W., indem er ihm einen ausgefertigten

W. zur Akzeptierung schickt (*gezogener W.*). Zieht der Aussteller den W. auf sich selbst, so sind Aussteller und Bezogener identisch (*Solawechsel*, auch *Eigenwechsel*). Grundsätzlich ist der W. bei Sicht fällig. Üblicherweise schreibt der Aussteller jedoch einen bestimmten Termin vor, an dem der W. zur Einlösung vorgelegt werden soll (Verfalltag).
2. *Formale Erfordernisse* des Wechsels (man spricht auch von den 8 *gesetzlichen Bestandteilen*): a) Ausstellungsort und -datum, b) das Wort W. im Text, c) Verfalltag, d) Wechselempfänger (Remittent), e) Wechselbetrag in DM und Buchstaben (im Zweifel zählt der Betrag in Worten), f) der Bezogene, g) der Zahlungsort und h) die Unterschrift des Ausstellers.
3. *Verwendung*: a) als Zahlungsmittel, indem er an andere indossiert (übertragen) wird; b) als Wertaufbewahrungsmittel, um ihn selbst am Verfalltag dem Bezogenen vorzulegen; c) zum Diskont an die Bank, um von der Bank Barmittel zu erhalten.
4. *Einlösung*: Die auf der Rückseite des W. vermerkten Personen, die den W. übertragen haben, heißen *Indossanten*. Am Verfalltag oder an den beiden folgenden Werktagen ist der W. dem Bezogenen vorzulegen. Löst der Schuldner den W. nicht ein, ergeht eine Notifikation (↑ Benachrichtigungspflicht). Rechtsgrundlage: Wechselgesetz.
5. *Arten* (nach Fälligkeit): a) *Sichtwechsel*: fällig bei der Vorlage. b) *Nachsichtwechsel*: fällig an einem bestimmten Termin nach der Vorlage, z.B. „zahlen Sie 30 Tage nach Sicht". c) *Datowechsel*: Der Ausstellungstag bestimmt die Fälligkeit, z.B. „Zahlen Sie heute in 2 Monaten". d) Der *Tagwechsel* (*Tageswechsel*) ist die übliche Form, in der der Verfalltag kalendermäßig genau bestimmt ist, z.B. „Gegen diesen Wechsel zahlen Sie am 22. März 19...". Sonstige Arten: ↑ Domizilwechsel; ↑ Besitzwechsel und ↑ Schuldwechsel; ↑ Finanzwechsel und ↑ Handelswechsel.

Wechselbuch
↑ Hilfsbuch der Buchführung, in dem verzeichnet wird, welche ↑ Wechsel wann fällig sind und an wen sie evtl. weitergegeben wurden. Diese Aussagen kann man aufgrund des Besitz- oder Schuldwechselkontos des Hauptbuchs nicht machen.

Wechselbürgschaft
Bürgschaften sind bei Wechseln durch den Zusatz „als Bürge" oder „per Aval" für den Aussteller, den Akzeptanten oder einen Indossanten möglich. Häufigste Form ist die W. einer Bank für den Akzeptanten. ↑ Avalkredit.

Wechseldiskont
↑ Diskont.

Wechselkredit
↑ Akzeptkredit, ↑ Diskontkredit.

Wechselkurs
Das Austauschverhältnis zwischen zwei nationalen Währungen. Der W. ist der Preis für die Einheiten einer anderen Währung. So wird bei der sog. *Preisnotierung* (↑ Devisenkurs) angegeben, wieviel an Inlandswährung (z.B. DM) für eine Einheit Auslandswährung (z.B. Dollar) zu zahlen ist (z.B. 1,60 DM/$). Die sog. *Mengennotierung* (W.) gibt die Menge der Auslandswährung an, die für eine inländische Währungseinheit zu erhalten ist (z.B. 0,63$/DM). Üblich ist die Verwendung der Preisnotierung. ↑ Fester Wechselkurs, ↑ flexibler Wechselkurs.

Wechselobligo
Die Gesamtheit aller bestehenden Wechselverpflichtungen a) speziell bei einer Bank oder b) einem Unternehmen überhaupt. In der Bilanz ist das Volumen der weitergegebenen Wechsel zu vermerken.

Wechselprotest
↑ Protest.

Wechselreiterei
Sittenwidrige Möglichkeit zweier oder mehrerer Personen, sich durch gegenseitiges Ausstellen und Akzeptieren von Wechseln Kredit zu verschaffen. Die einzelne Person ist dann auf einem Wechsel der Aussteller, auf dem anderen der Bezogene.

Wechselrembours
↑ Remboursgeschäft.

Wechselsteuer
Besteuerte gezogene und eigene ↑ Wechsel. Wurde zum 1.1.1992 abgeschafft.

Wechselverlängerung
↑ Prolongation.

Weihnachtsgratifikation
↑ Gratifikation.

weiße Produkte
↑ No-Name-Produkte.

Weltbank
Auch: *Internationale Bank für Wiederaufbau und Entwicklung (IBRD)*; den ↑ IMF, International Monetary Fund, unterstützendes Organ, das in Zusammenhang mit dem Bretton-Woods-Abkommen 1945 gegründet wurde. Ursprünglich für den Wiederaufbau und zur Unterstützung der vom zweiten Weltkrieg geschädigten Länder gedacht, betreibt die W. heute in immer stärkerem Maße Entwicklungs- und Förderungspolitik in den angeschlossenen Ländern (u.a. Entwicklungsländer).

Welthandelsorganisation
↑ WTO.

Weltwirtschaft
Länderübergreifende Verflechtung der Versorgungs- und Leistungsnetze aller Volkswirtschaften durch Ex- und Importe.

Weltwirtschaftsgipfel
↑ G7.

Werbeerfolg
Das Ergebnis einer Werbemaßnahme. Der W. hängt im wesentlichen davon ab, welche Werbemittel mit welchen Werbeträgern zu welchem Zeitpunkt und an welchem Ort eingesetzt werden (Werbeplan). Die Überprüfung eines Werbeerfolges kann durch Feststellen der Rücklaufquoten auf Anzeigen, Umsatzveränderungen oder durch Verkaufsgespräche erfolgen.

Werbeerfolgskontrolle
↑ Posttest, ↑ Pretest.

Werbeetat
Das einer Firma zur Verfügung stehende Geldvolumen, um die ↑ Werbung durchführen zu können.

Werbemittel
Die Ausdrucksformen der ↑ Werbung. Die W. bieten vielfache Gestaltungsmöglichkeiten innerhalb von Werbeaktionen. – *Beispiele:* Filme, Radiospots, Anzeigen, Plakate, Lichtwerbung, Briefe, Prospekte, aber auch Verkaufsgespräche.

Werbeträger
Einrichtungen, die das ↑ Werbemittel an den Verbraucher herantragen sollen. – *Beispiel:* Fernsehen, Radio, Litfaßsäulen, Häuserwände, Zeitungen.

Werbung
Der Inbegriff aller Maßnahmen, die darauf gerichtet sind, die Produkte eines Unternehmens dem vorgesehenen Kundenkreis bekannt zu machen, zu erläutern und Kaufwünsche zu wecken. Die W. soll klar und wahr sein. W. ist eines der wichtigsten absatzpolitischen Mittel. ↑ Marketing. – *Aufgaben*: Kurzfristig soll die W. Marktanteile ausdehnen oder eine Stagnation beenden. Langfristig wird auch die Festigung bzw. die Verbesserung des Firmenrufs angestrebt (↑ Public Relations).

Werbungskosten
Ausgaben, die steuermindernd geltend

gemacht werden können. W. sind ähnlich den Betriebsausgaben bei den Gewinneinkünften (↑ Einkünfte). Zu W. zählen u.a. 1. Aufwendungen für Fahrten zwischen Wohnung und Arbeitsstätte, 2. Beiträge an Berufsverbände, z.B. Gewerkschaftsbeiträge, 3. Aufwendungen für Arbeitsmittel, 4. Mehraufwendungen für doppelte Haushaltsführung, 5. Mehraufwendungen für Verpflegung bei beruflicher Abwesenheit von mehr als 12 Std., 6. andere W. wie beruflich bedingte Umzugskosten, Reisekosten, Berufsfortbildungskosten, Kosten für ein häusliches Arbeitszimmer. – *Pauschbeträge* für W. sind anzusetzen, wenn der Steuerpflichtige keine höheren Ausgaben nachweist; von den Einnahmen aus nicht selbständiger Arbeit jährlich 2.000 DM (Arbeitnehmer-Pauschbetrag, in Lohnsteuertabelle eingearbeitet), von den Einnahmen aus Kapitalvermögen 100 DM. – Werbungskosten sind nicht zu verwechseln mit *Werbekosten*, den Kosten für ↑ Werbung.

Werklieferungsvertrag

↑ Werkvertrag, bei dem sich ein Unternehmer verpflichtet, ein Werk aus einem von ihm selbst zu beschaffenden Stoff herzustellen und zu liefern.

Werkstattproduktion

↑ Produktionsverfahren, bei dem in einer Werkstatt gleiche Maschinenarten zusammengefaßt sind (Bohrerei, Dreherei), wobei jede Gruppe eine andere Verrichtung für das Produktionsprogramm ausführt. Teilbetriebe bei W. sind z.B. Dreherei, Bohrerei, Fräserei, Schleiferei und Lackiererei. Besonders für Kleinserien- und Einzelproduktion.

Werkstoff

Einer der betriebswirtschaftlichen Produktionsfaktoren (neben Betriebsmitteln und menschlicher Arbeit). Zu den Werkstoffen zählen Roh-, Hilfs- und Betriebsstoffe, halbfertige Erzeugnisse und Fertigerzeugnisse. Letztere werden unverarbeitet oder nur leicht veredelt in das zu fertigende Produkt eingearbeitet.

Werkverkehr

Begriff aus dem Güterkraftverkehrsgesetz (GüKG). Gemäß § 48 GüKG ist W. „jede Beförderung von Gütern für eigene Zwecke." Für den W. gelten gesonderte Vorschriften, insbesondere entfällt die Genehmigungspflicht. ↑ Güterfernverkehr.

Werkvertrag

Vertrag, bei dem ein Unternehmen verspricht, erfolgreich ein Werk herzustellen. Der Besteller verspricht das Werk zu bezahlen (*Werklohn*). *Werk* im Sinne des BGB kann sowohl Herstellung (z.B. Anfertigung eines Maßanzugs) bzw. Veränderung einer Sache (z.B. Reparatur) als auch ein anderer, durch Arbeit oder Dienstleistung herbeizuführender Erfolg sein. Der Unternehmer muß für den Erfolg seiner Tätigkeit einstehen; andernfalls liegt ↑ Dienstvertrag vor.

Wertanalyse

Systematische Untersuchung der Funktionen und Kosten eines Produktes, eines Produktteiles, eines Materials, einer Dienstleistung durch ein Sachverständigen-Team nach einem geplanten Programm mit dem Ziel, die notwendigen Funktionen mit den niedrigsten Kosten zu erfüllen.

Wertberichtigung

Eine ↑ indirekte Abschreibung auf Gegenstände des Anlagevermögens oder auf Forderungen. Die W. erscheint auf der Passivseite der Bilanz als Korrekturposten zum entsprechenden Aktivposten. Seit Inkrafttreten des Bilanzrichtlinien-Gesetzes dürfen W. zumindest bei Kapitalgesellschaften nicht mehr in der Bilanz ausgewiesen werden, so daß nur noch die direkte Abschreibung relevant ist.

Wertkarte
Bezeichnung für die Geldkarte (↑ elektronisches Geld), bei der die Kontobelastung durch Aufladen der Karte mit digitalen Werteinheiten vor der Bezahlung und dem Erhalt der Ware oder Dienstleistung erfolgt (vorausbezahlte Karte). – *Anders:* ↑ Debitkarte, ↑ Kreditkarte.

Wertkette
Modernes und bedeutendes Konzept der Betriebswirtschaft, das es erlaubt, wirtschaftliches Geschehen in und zwischen Unternehmen in Form zusammenhängender Aktivitäten (Wertschöpfungsstufen) zu interpretieren. Die W. eines Unternehmens kann beispielhaft aus folgenden Bestandteilen zusammengesetzt werden: Eingangslogistik, Operation bzw. Produktion, Marketing und Vertrieb, Ausgangslogistik sowie Kundendienst. Neben diesen primären Aktivitäten sind i.d.R. einige sekundäre, unterstützende Aktivitäten erforderlich, wie Unternehmensführung, Personalwirtschaft, Technologieentwicklung und Beschaffung. Die W. lenkt die Aufmerksamkeit des Managements auf die elementare Einsicht, daß die Produktion eines Gutes als ein Weg durch eine Kette primärer Aktivitäten gesehen werden kann, an deren Ende immer ein Kunde steht. Für jede dieser Aktivitäten ist zu hinterfragen, welche Kosten jeweils verursacht werden und welcher Wert aus Sicht des Kunden dabei geschöpft wird. Aktivitäten ohne Wertschöpfungsbeitrag sind kritisch zu hinterfragen.

Wertkettenintegration
↑ Wertkettenmanagement.

Wertkettenmanagement
Auch: Supply Chain Management, Wertkettenanalyse, Wertkettenintegration; modernes Managementkonzept, das versucht, durch eine übergreifende Optimierung von ↑ Wertketten in und zwischen Unternehmen Kostensenkungen zu erzielen. Vornehmliche Ansatzpunkte der Optimierung sind die Schnittstellen innerhalb der Wertketten sowie die Wertkettenintegration in dreifacher Hinsicht.

1. Integration durch engere Verknüpfung zeitlich aufeinander folgender Wertschöpfungsschritte innerhalb einer Wertkette über die Grenzen aller an der Wertschöpfung beteiligten Unternehmen hinweg.
2. Integration durch engere Verknüpfung und soweit möglich Bündelung verschiedener, parallel laufender Wertketten innerhalb des Unternehmens.
3. Integration durch engere zeitliche und organisatorische Verknüpfung von Produktentwicklungsprozessen („idea to market") und Produktherstellungsprozessen („order to payment").

Wertminderung
Abnahme eines Vermögenswertes durch verschiedene Ursachen, wie Abnutzung, Veralterung, Ablauf eines Patentes, Sinken der Börsenpreise für einige Gegenstände des Umlaufvermögens, Fehlinvestitionen. Buchhalterisch wird der W. durch eine Abschreibung Rechnung getragen.

Wertpapiere
Urkunden, die ein Recht über ein Vermögen bescheinigen, das ohne diese Urkunde nicht geltend gemacht werden kann. Die Vorlage des Papiers ist also Voraussetzung. Der Schuldner kann dann mit befreiender Wirkung leisten. Bei Order- und Inhaberpapieren ist zusätzlich die Übergabe des W. notwendig. – *Einteilung*: Vgl. Übersicht. – *Bestandteile*: ↑ Mantel und ↑ Bogen. ↑ Effekten.

Wertschöpfungsstufen
↑ Wertkette.

Wertschöpfungssteuer
Steuer, durch die die ↑ Gewerbesteuer ersetzt werden soll. Die W. soll nicht nur

Wertpapier – Arten

Nach der Art des verbrieften Rechts		
Mitgliedschaftspapiere verbriefen Mitgliedsrechte	Sachenrechtliche Papiere verbriefen Sachenrechte	Gäubigerpapiere verbriefen Schuldrechte
Aktie, Kux	Investmentzertifikat, Grundschguldbrief, Hypothekenbrief, Konnossement u.a.	Schuldverschreibung, Scheck, Wechsel u.a.

Nach der Art des verbrieften Vermögenswertes			
Kapitalwertpapiere		Warenwertpapiere	Geldwertpapiere
vertretbare Kapitalwertpapiere	nicht vertretbare Kapitalwertpapiere	Konnossement, Ladeschein, Orderlagerschein	Scheck, Wechsel, Schatzanweisung Zinsscheine u.a.
Aktie, Investmentzertifikat, Schuldverschreibung	Sparbrief, Hypothekenbrief, Grundschuldbrief u.a.		
Effekten			

Nach der Bestimmung des Berechtigten		
Inhaberpapiere	Orderpapiere	Rektapapiere
Berechtigt ist: Inhaber	Berechtigt ist: Namentlich genannter oder durch Order bestimmter Berechtigter	Berechtigt ist: Namentlich genannter Berechtigter
Verbrieftes Recht kann übertragen werden durch Einigung über Eigentumsübergang an der Urkunde plus Übergabe der Wertpapiere nach § 929 BGB	Verbrieftes Recht kann übertragen werden durch: Indossierung der Urkunde plus Einigung über den Eigentumsübergang an der Urkunde plus Übergabe der indossierten Urkunde	Verbrieftes Recht kann übertragen werden durch: Einigung über die Abtretung des verbrieften Rechts (Zession) (§ 398 BGB) plus Übergabe der Urkunde (erforderlich jedenfalls zur Ausübung des Rechts)

Quelle: Grill/Gramlich/Eller (Hrsg.), Gabler Bank-Lexikon, 11. Aufl., Wiesbaden 1995, S. 1678

von gewerblichen Unternehmen, sondern auch von freien Berufen und Behörden bezahlt werden. Bemessungsgrundlage soll sein die Summe von Löhnen, Mieten und Pachten, Zinsen und Gewinnen. Evtl. Vorteil: Auf Grund der breiten Bemessungsgrundlage würde die Steuerlast auf die Erträge geringer und die Kapitalbildung daher leichter.

Wertzuwachssteuer
Steuer, auf die gegenüber dem Vorjahr, Vormonat, usw. ermittelte positive Wertdifferenz („Zuwachs“) an Kapital bzw. Vermögen. Wird in der Bundesrepublik Deutschland nicht erhoben.

wesentliche Bestandteile
Gegenstände, die ohne Wesensveränderung oder Beschädigung der Hauptsache von dieser nicht getrennt werden können. So sind z.B. Gebäude wesentlicher Bestandteil eines Grundstückes.

Westeuropäische Union
↑ WEU.

Wettbewerb
Das Rivalisieren um den Geschäftsabschluß bzw. der Leistungskampf zwischen Unternehmen, die sich auf dem ↑ Markt als Konkurrenten gegenüberstehen. Der W. kann scharf und hart

sein, darf aber nicht gegen das UWG (Gesetz gegen den ↑ unlauteren Wettbewerb) verstoßen. Der W. fördert die Dynamik bzw. den technischen Fortschritt, weil jede Unternehmung versucht, bessere Güter auf den Markt zu bringen. Der Verbraucher profitiert vom W. durch Preis- und Qualitätskonkurrenz der Anbieter. Über den freien Preismechanismus werden Angebot und Nachfrage koordiniert, d.h. aufeinander abgestimmt. – *Problem:* Verschiedene Formen der Wettbewerbsbeschränkung, z.B. durch steigende Konzentration bis hin zur Monopolisierung oder Absprachen wie z.B. ↑ Kartelle.

Wettbewerbspolitik
Maßnahmen zur Sicherung des freien Wettbewerbs, dem Element der Marktwirtschaft. Das Kartellamt dient z.B. diesem Ziel.

Wettbewerbsrecht
Gesetze und Vorschriften, die einen reibungslosen Wettbewerb garantieren sollen. ↑ Unlauterer Wettbewerb, ↑ Kartellgesetz.

Wettbewerbsstrategie
Festlegung, wie der Wettbewerb in einem bestimmten ↑ Geschäftsfeld bestritten werden soll. – W. internationaler Unternehmen: ↑ globale Strategie.

Wettbewerbsverbot
↑ Konkurrenzklausel.

WEU
(Abk. für Western European Union; Westeuropäische Union). Gegründet am 23.10.1954; in Kraft seit 6.5.1955. – *Mitglieder*: Belgien, Bundesrepublik Deutschland, Frankreich, Griechenland, Großbritannien, Italien, Luxemburg, Niederlande, Spanien und Portugal. *Assoziierte Mitglieder*: Island, Norwegen, Türkei; *Assoziierte Partner:* Bulgarien, Estland, Lettland, Litauen, Polen, Rumänien, Slowakei, Slowenien, Tschechien, Ungarn. *Beobachter*: Dänemark, Finnland, Irland; Österreich und Schweden. – *Ziele* sind die Sicherheit der Partner durch automatischen gegenseitigen Beistand im Falle von Aggressionen; Kooperation auf politischem, wirtschaftlichem und militärischem Gebiet; bis heute allerdings nur ein sicherheitspolitisches Konsultationsforum. – *Organe* sind der halbjährlich tagende Ministerrat, der zweimal monatlich tagende Ständige Rat in London, das Institut für Sicherheitsstudien, die WEU-Versammlung und der Generalsekretär.

Willenserklärung
Gewollte und zwangfreie Erklärung einer Person, um eine Rechtsfolge zu erreichen, z.B. Vertragsabschluß, Kündigung, Anfechtung. Voraussetzung ist die ↑ Geschäftsfähigkeit der erklärenden Person. W. kommt zustande durch 1. mündliche, schriftliche oder telefonische Äußerung; 2. bloße Handlung (konkludente Handlung), aus der sich der Willen erkennen läßt (z.B. Mitbieten in Auktionen, Kopfnicken, Einsteigen in ein Taxi); 3. in Ausnahmefällen durch Schweigen. – *Arten*: Empfangsbedürftige W. wie Kündigung, Mahnung, muß dem Angesprochenen zugehen (z.B. in seinen Briefkasten gelangen), bei nicht empfangsbedürftiger W., wie dem Testament, ist dies nicht erforderlich.

Windowtechnik
↑ Fenstertechnik.

Wirtschaft
Alle wirtschaftlichen Tätigkeiten zur Deckung des ↑ Bedarfs an Waren und Dienstleistungen. Der Zwang zum Wirtschaften ergibt sich aus der relativen Knappheit der Güter. Die *Grundfragen* der W. lauten: Was soll produziert werden? Wie soll es hergestellt werden? An wen soll es verteilt werden? *Merkmalsausprägungen* einer W. sind der Grad der Arbeitsteilung, die Eigentumsverfassung, der Stand der

Technik, die Art der Koordination ökonomischer Tätigkeiten (Markt oder Plan) und die sozialen und rechtlichen Rahmenbedingungen. ↑ Marktwirtschaft.

Wirtschaftlichkeit
Meßzahl dafür, mit welchen wirtschaftlichen Mitteln ein wirtschaftliches Ziel erreicht wurde. Durch Gegenüberstellung von Aufwand und Ertrag zeigt sich, ob ökonomisch gearbeitet wurde, d.h., ob die vorhandenen Produktionsfaktoren richtig und ausreichend koordiniert eingesetzt wurden. ↑ Maximumprinzip, ↑ Minimumprinzip.

Wirtschaftsausschuß
Im Betriebsverfassungsgesetz vereinbartes Gremium, das in Unternehmen mit über 100 Arbeitnehmern eingerichtet werden soll. Der W. besteht aus 3-7 Betriebsangehörigen, wovon mindestens einer Betriebsratsmitglied sein muß. Dem W. ist unter Hinzuziehung des Betriebsrats der Jahresabschluß vorzulegen und zu erläutern. Der Unternehmer hat zusammen mit dem W. im Unternehmen mit mehr als 1.000 Arbeitnehmern der Belegschaft mindestens einmal im Vierteljahr einen wirtschaftlichen Lagebericht zu geben.

Wirtschaftsbereiche
Die innerhalb des Sektors Unternehmen (↑ Sektoren der Volkswirtschaft) zur Leistungserstellung beitragenden Bereiche: die ↑ Produktionsbereiche sowie Handel, Verkehr, Kredit- und Versicherungsgewerbe, Wohnungsvermietung und sonstige Dienstleistungsunternehmen.

Wirtschaftsgymnasium
(Auch: *berufliches Gymnasium*); Schulform, mit der i.d.R. die allgemeine Hochschulreife erreicht wird. Dauer 3 Jahre; *Voraussetzung:* Mittlere Reife.

Wirtschaftsinformatik
Wissenschaftliche Fachdisziplin zwischen Betriebswirtschaftslehre und Informatik. Die B. befaßt sich mit dem Einsatz von Informations- und Kommunikationstechniken (v.a. EDV) in Wirtschaft und Verwaltung und mit den damit verbundenen Wirkungen.

Wirtschaftsjahr
↑ Geschäftsjahr.

Wirtschaftskreislauf
Darstellung der ökonomischen Leistungen und Gegenleistungen von Wirtschaftssubjekten in Form eines Kreislaufs. Beim *einfachen W.* vollzieht sich zwischen zwei Wirtschaftssubjekten ein Waren-Geld-Tausch. Die Volkswirtschaft faßt nun viele Wirtschaftssubjekte zu sogenannten *Wirtschaftssektoren* zusammen. Der *erweiterte W.* zeigt daher alle Güter- und Geldströme zwischen den vier Sektoren Unternehmen, privater Haushalt, Staat, Banken und Ausland.

Wirtschaftsordnung
Die konkrete Ausgestaltung der Rahmenbedingungen einer Volkswirtschaft, die über die ↑ Wirtschaftsverfassung hinaus auch sonstige Organisationsprinzipien, nicht rechtliche Normen, Mechanismen sowie Institutionen umfaßt und damit die Verhaltensspielräume für die Wirtschaftssubjekte vorgibt (vgl. ↑ Wirtschaftssystem). Die W. ist Voraussetzung einer wirkungsvollen ↑ Ordnungspolitik. Die W. der Bundesrepublik basiert auf dem Prinzip der ↑ Sozialen Marktwirtschaft.

Wirtschaftspolitik
Gesamtheit aller Maßnahmen des Staates (aber auch der Zentralbank und Tarifparteien) zur Beeinflussung von Ablauf und Struktur der Wirtschaft, um damit die gesetzten ökonomischen Ziele (↑ magisches Viereck) zu erreichen. – *Bereiche*:
1. *Ordnungspolitik*: V.a. Entscheidung über Fragen des Wirtschaftssystems. ↑ Ordnungspolitik.
2. *Prozeßpolitik*: Beeinflussung des

Wirtschaftsablaufs, daher auch Ablaufpolitik genannt.
3. *Konjunktur- und Wachstumspolitik*: Maßnahmen zur Stabilisierung des Wirtschaftsablaufs. ↑ Konjunkturpolitik, ↑ Wachstumspolitik.
4. *Geldpolitik*: Oft der Konjunkturpolitik untergeordnete, sonst aber selbständige Politik zur Regulierung der Geldmenge und Beeinflussung des Preisniveaus. ↑ Geldpolitik.
5. *Sektorale und regionale Wirtschaftspolitik*: Maßnahmen zur Förderung einzelner Wirtschaftszweige oder Regionen. – *Außerdem:* Umwelt-, Finanz-, Energiepolitik etc.

Wirtschaftsprüfer
Freier Beruf, der durch öffentliche Bestellung dem Ausübenden den Befähigungsnachweis verleiht, betriebswirtschaftliche Gutachten zu erstellen, steuerberatend tätig zu sein und v.a. auch Jahresabschlüsse zu prüfen, die häufig ohne den Bestätigungsvermerk eines W. nicht veröffentlicht werden können (z.B. Aktiengesellschaft). An die Bestellung werden hohe Anforderungen geknüpft. Voraussetzungen zur Prüfungszulassung nach *Wirtschaftsprüferordnung*: abgeschlossenes Hochschulstudium mit wirtschaftswissenschaftlicher Ausrichtung und anschließende fünfjährige Tätigkeit im Wirtschaftsleben, davon mindestens vier Jahre als Prüfungstätigkeit. Ohne Hochschulstudium Prüfungszulassung nach langjähriger (mindestens 10 Jahre) Tätigkeit bei einem Wirtschaftsprüfer.

Wirtschaftsschwankungen
↑ Konjunkturschwankungen.

Wirtschaftssubjekt
Träger wirtschaftlicher Handlungen. W. ist z.B. der Konsument, Sparer, Produzent, Investor, aber auch ein Unternehmer oder ein privater Haushalt.

Wirtschaftssystem
Ein erdachtes, rein logisches Gebilde, das die Grundlage einer jeden ↑ Wirtschaftsordnung bildet. Die beiden grundlegenden Elemente eines jeden W. sind die Eigentumsordnung (Privat- oder Gemeineigentum) und der Koordinationsmechanismus (↑ Marktwirtschaft oder ↑ Zentralverwaltungswirtschaft), dh. die Art und Weise der Abstimmung von Angebot und Nachfrage.

Wirtschaftsverfassung
Gesamtheit der in der Verfassung, Gesetzen und Rechtsverordnungen enthaltenen, auf das Wirtschaften bezogenen Normen. Die W. ist Bestandteil einer jeden ↑ Wirtschaftsordnung.

Wirtschaftswachstum
↑ Wachstum.

Wirtschaftswissenschaften
Zusammenfassender Begriff für die wissenschaftlichen Disziplinen, die sich in Forschung und Lehre mit „der Wirtschaft“ beschäftigen. Die W. gliedern sich in ↑ Betriebswirtschaftslehre, ↑ Volkswirtschaftslehre und Wirtschaftsrecht.

wissensbasiertes System
↑ Expertensystem.

Wohlfahrtsstaat
Im Prinzip marktwirtschaftlich organisierte ↑ Wirtschaftsordnung, die aber in extremem Maße durch staatliche, sozialpolitische Maßnahmen beeinflußt („korrigiert“) wird, die der Einkommens- und Vermögensumverteilung dienen.

Workstation
Computer, der an ein Netzwerk angeschlossen ist und meist in Ausstattung und Leistungsfähigkeit (Speicherfähigkeit, Verarbeitungsgeschwindigkeit) über einen PC (↑ Personal Computer) hinausgeht.

World Wide Web
(Engl. = weltweites Netz (WWW)) Po-

pulärer multimedialer Internet-Dienst auf Basis der ↑ Client/Server-Architektur. Bietet dem Anwender (Client) einen einfachen Zugriff und die Anzeige von Dokumenten, die auf einem ↑ Server irgendwo im Internet gespeichert sind. Setzte die Entwicklung einer standardisierten Dokumentbeschreibungssprache (engl. = Hypertext Markup Language, ↑ HTML) voraus, die die Verknüpfung (Link) in Dokumenten zu anderen Dokumenten ermöglicht. Verschiedene Client-Anwendungen (↑ Browser) wurden entwickelt, um die WWW-Dokumente anzusteuern und zu betrachten. Über das Adressformat des WWW, genannt ↑ URL, wird der Zugriff auf alle bisher bestehenden Internet-Dienste (vgl. ↑ Internet) ermöglicht.

WTO

(Abk. für *W*orld *T*rade *O*rganization = Welthandelsorganisation); seit dem 1.1.1995 bestehende Nachfolgeorganisation des ↑ GATT (UN-Sonderorganisation). 132 Mitgliedstaaten; ca. 30 Staaten (u. a. China und Rußland) haben die Mitgliedschaft beantragt. – Die *Ziele* entsprechen im wesentlichen denjenigen des GATT. Zusätzlich verfolgt die WTO die Liberalisierung des Agrar- und Dienstleistungshandels sowie den Schutz des geistigen Eigentums. Auch die GATT-Prinzipien Gegenseitigkeit (↑ Reziprozität), ↑ Liberalisierung und Nicht-Diskriminierung (v.a. ↑ Meistbegünstigung) werden weiterverfolgt. – Die WTO umfaßt folgende drei Teilbereiche: (1) GATT (Warenhandel, einbezogen sind auch Agrar- und Textilwirtschaft); (2) GATS (Dienstleistungen) und (3) TRIPS (handelsbezogene Aspekte von Schutzrechten für geistiges Eigentum).

Wucher

Rechtsgeschäft, bei dem zwischen Leistung und Gegenleistung ein gravierendes Mißverhältnis besteht und das unter Ausnutzung einer Notlage oder der Unerfahrenheit und Unkenntnis des Vertragspartners abgeschlossen wurde. Ein wucherischer Vertrag ist nichtig.

Wurfsendung

Aufschriftlose, an Haushalte/Postabholer in einem Zustellbezirk zu verteilende Postsendung.

WWW

Abk. für ↑ World Wide Web.

Z

Zahlkarte
Form der halbbaren Zahlung, bei der der Empfänger ein Postbankkonto besitzen muß. Der Zahlungspflichtige zahlt mittels eines Zahlkartenformulars das Geld bei der Postbank bar ein, das dann dem Empfänger auf seinem Postbankkonto gutgeschrieben wird.

Zahlungsarten
↑ Barzahlung, ↑ bargeldlose Zahlung, ↑ halbbare Zahlung.

Zahlungsbedingungen
Vereinbarungen in Handelsverträgen über Zahlungsort, Zahlungszeitpunkt und die Zahlungsweise. Z. werden vertraglich frei vereinbart aufgrund von ↑ Allgemeinen Geschäftsbedingungen (AGB); i.d.R. zusammen mit ↑ Lieferungsbedingungen. U.a. gehören Gewährungen von Skonto und evtl. zu leistende Vorauszahlungen in die Z. hinein, z.B. „zahlbar in 30 Tagen ohne Abzug oder innerhalb 10 Tagen mit 2 % Skonto". Ist vertraglich nichts vereinbart, so ist der Zahlungsbetrag sofort nach Übergabe der Ware fällig.

Zahlungsbilanz
Eine systematische Darstellung der Werte aller ökonomischen Transaktionen zwischen Inländern und Ausländern in einer Periode. – Die Z. setzt sich aus der ↑ Leistungsbilanz und der ↑ Kapitalbilanz bzw. aus fünf *Teilbilanzen* (siehe Übersicht) zusammen. Formal ist die Zahlungsbilanz immer ausgeglichen, da nach dem Prinzip der doppelten Buchführung die Einnahmen und Ausgaben sich stets ausgleichen, d.h. die Summe der Salden aller Teilbilanzen ist Null. Demgegenüber sind die einzelnen Teilbilanzen der Z. lediglich zufällig ausgeglichen, da die Entscheidungen über zahlungsbilanzwirksame Transaktionen jeweils von verschiedenen Wirtschaftssubjekten getroffen werden. So wird z.B. ein Leistungsbilanzüberschuß durch ein Kapitalbilanzdeficit ausgeglichen. – Im Zusammenhang mit der Z. ist der stets formale Ausgleich zu unterscheiden von der Frage nach dem ↑ *außenwirtschaftlichen Gleichgewicht*, einem der wirtschaftspolitischen Hauptziele. Bei der Realisierung dieses Zieles kann es sich folglich nur um die Salden ei-nes oder mehrerer zusammengefaßter Teilbilanzen handeln; siehe Übersichten.

Zahlungsmittel
Geld und Geldersatz sowie Buchgeld zur Begleichung einer Verbindlichkeit. Für den Empfänger besteht lediglich bei *gesetzlichen Zahlungsmitteln* (Geldnoten und Münzen) die Verpflichtung der Annahme. Bei Schecks und Wechseln können Annahmeschwierigkeiten auftreten. ↑ Elektronisches Geld.

Zahlungsschwierigkeiten
Der vorübergehende Mangel an Zahlungsmitteln zur pünktlichen Schuldenbegleichung. *Ursachen*: Umsatz- und Gewinnrückgang, steigende Verschuldung, sinkendes Eigenkapital. *Folgen*: Vertrauensschwund, erschwerte Kreditvergabe, zögernde Belieferung und Nichtausnutzung von Skonti. Abwendung durch Einbringung zusätzlichen Kapitals sowie durch ↑ Sanierung.

Zahlungsbilanz – Zusammensetzung

Zahlungseingänge/Zufluß an Devisen	Zahlungsausgänge/Abfluß an Devisen
S **Handelsbilanz**	H
Warenexporte	Warenimporte
S **Dienstleistungsbilanz**	H
Dienstleistungsexporte	Dienstleistungsimporte
S **Übertragungsbilanz**	H
Empfangene Übertragungen	Geleistete Übertragungen
= Leistungsbilanz (i.w.S.)	
S **Kapitalbilanz**	H
Kapitalimporte Zunahme der Verbindlichkeiten gegenüber dem Ausland	Kapitalexporte Zunahme an ausländischen Forderungsrechten
S **Devisenbilanz**	H
Bestandsminderung an Währungsreserven bei der Zentralbank	Bestandserhöhung an Währungsreserven bei der Zentralbank
= Kapitalbilanz (i.w.S.)	

Zahlungsunfähigkeit
Das voraussichtlich dauernde Unvermögen eines Schuldners, seinen Zahlungsverpflichtungen nachzukommen. Z. führt zu ↑ Vergleich oder ↑ Konkurs.

Zahlungsverkehr
↑ Barzahlung, ↑ halbbare Zahlung, ↑ bargeldlose Zahlung.

Zahlungsverzug
Zeitpunkt, in dem der Schuldner einen im Vertrag fest vereinbarten Termin der Zahlung verstreichen läßt, sonst nach Mahnung und Stellung einer angemessenen Nachfrist. Der Gläubiger hat zunächst folgende Rechte: Zahlung verlangen, notfalls gerichtlich zu erzwingen oder Schadensersatz verlangen (Verzugszinsen, Auslagen). Hat ein Kaufmann den Kaufpreis gestundet, z.B. im Zielverkauf (Regel), so kann er nicht vom Vertrag zurücktreten, d.h. die Ware zurückverlangen. – Der Gläubiger hat die Möglichkeit, den Schuldner für den gesamten Schaden im Zuge des ↑ Mahnverfahrens verantwortlich zu machen. Verläuft das Mahnverfah-ren fruchtlos, so wird der Gläubiger Maßnahmen zur ↑ Zwangsvollstreckung einleiten. Dabei können die Mittel der Pfändung, der Zwangsversteigerung, der Zwangsverwaltung und der Sicherungshypothek angewendet werden.

Zeitlohn
Lohnform, bei der die „Anwesenheit" bezahlt wird, bei der mittelfristig aber das Erreichen einer Normalleistung vorausgesetzt wird. Vgl. im Gegensatz dazu ↑ Prämienlohn, ↑ Akkordlohn.

Zentralbankgeld
Geld, das von der Zentralbank in Umlauf gebracht wird, d.h. Bargeld in Form von Münzen und Noten sowie die

Zahlungsbilanz – Ausgleich

Zahlungsbilanzausgleich	Zufluß an Devisen = Abfluß an Devisen o Zum Zahlungsbilanzausgleich sind weder Zuflüsse noch Abflüsse von Währungsreserven erforderlich.
Zahlungsbilanzüberschuß = Aktive Zahlungsbilanz	Zufluß an Devisen > Abfluß an Devisen o Überschüsse z.B. in der Handelsbilanz werden nicht durch Defizite in anderen Teilbilanzen ausgeglichen. o Andere Volkswirtschaften werden kreditiert; der Notenbank fließen Währungsreserven zu. o Zahlungsbilanzüberschuß (mögliche Folgen): – Wohlstandsverluste durch Verminderung des Güterangebots – Inflationäre Effekte durch Erhöhung der Geldmenge – Aufwertung der inländischen Währung.
Zahlungsbilanzdefizit = Passive Zahlungsbilanz	Zufluß an Devisen < Abfluß an Devisen o Defizite z.B. in der Handelsbilanz werden nicht durch Überschüsse in anderen Teilbilanzen ausgeglichen. o Eigene Volkswirtschaft wird durch andere Volkswirtschaften kreditiert: Abfluß von Währungsreserven bei der Notenbank. o Zahlungsbilanzdefizit (mögliche Folgen): – Beschäftigungsrückgang – Abnahme der internationalen Zahlungsfähigkeit wegen Auslandsverschuldung – Deflationäre Effekte durch Verminderung der Geldmenge – Abwertung der inländischen Währung.

bei der Zentralbank bestehenden ↑ Sichteinlagen.

Zentralbankrat

Entscheidungsorgan der ↑ Bundesbank. Der Z. besteht aus dem Bundesbankpräsidenten, dem Vize-Präsidenten, bis zu 8 weiteren Mitgliedern des Direktoriums und den LZB-Präsidenten.

Zentralnotenbank

↑ Notenbank.

Zentralverwaltungswirtschaft

Auch: *Planwirtschaft*; ↑ Wirtschaftsordnung, in der die innerhalb einer Gesellschaft ablaufenden Wirtschaftsprozesse von einer staatlichen Zentralinstanz geplant und koordiniert werden. Private Wirtschaftssubjekte haben keine Entscheidungskompetenzen. Dementsprechend gibt es weder Wettbewerb, freie Preisbildung oder Arbeitsplatz- und Konsumwahl, noch Privateigentum an Produktionsmitteln. Theoretisch ist nur eine Planungsinstanz vorhanden (vgl. Übersicht). Den Betrieben werden Produktionsquoten vorgegeben, die erfüllt werden müssen. Durch den langen Planungszeitraum und die Beschäftigungsgarantie für Arbeitnehmer wird häufig an den Bedürfnissen der Nachfrager vorbeiproduziert. Kurzfristige Veränderungen, z.B. im Konsumentenverhalten oder durch einen stärkeren Bedarf an Ersatzteilen, können erst im folgenden Planungszeitraum berücksichtigt werden. – Es muß unterschieden werden zwischen den idealtypischen Z. und den tatsächlich existierenden, realtypischen Z., die auch gewisse Elemente der ↑ Marktwirtschaft aufweisen. Im Gegensatz zu kommunistischen Z. wies z.B. die nationalsozialistische Planwirtschaft auch private Produktionsmittel auf.

Zession

(lat. = Abtretung); eine Forderung wird

vom Zedenten an den Zessionär, in der Regel eine Bank, übertragen. Die Mitwirkung des Drittschuldners, also des Kunden des Kaufmanns, ist nicht erforderlich. Man spricht dann von einer *stillen Z.* Wird der Kunde von der Abtretung informiert, spricht man von einer *offenen Z.* Bei einer Z. wird dem Gläubiger (Bank) die Stellung eines voll- und selbständig Berechtigten eingeräumt. Nur im Innenverhältnis zum Kreditnehmer ist der Gläubiger verpflichtet, die Forderung selbst einzuziehen, wenn dieser nicht zahlt. – *Arten*:
1. *Einzelzession*: Nur eine Forderung wird an die Bank übertragen.
2. *Mantelzession*: Eine Reihe von Forderungen, die ein bestimmtes Gesamtvolumen haben müssen, werden zediert. Häufig zur Absicherung eines hohen Kontokorrentkredits. Eingelöste Forderungen müssen durch neue Forderungen ersetzt werden. Der Zedent kann zu diesem Zweck der Bank laufend die Rechnungsdurchschläge schicken oder periodisch Listen mit Namen, Wohnort, Forderungsgrund und -betrag vorlegen.
3. *Globalzession*: Bei einer Vielzahl von kleinen Forderungen kann es Schwierigkeiten geben, der Bank immer rechtzeitig die Forderungslisten einzureichen. Zu diesem Zweck wird vereinbart, daß alle bestehenden und zukünftigen Forderungen abgetreten werden. Die Gefahr besteht für die Bank in einer evtl. Übersicherung des gewährten Kredits und somit eines nichtigen Knebelungsvertrages.

Zeugnis

Dem ausscheidenden Arbeitnehmer oder Auszubildenden auszustellender Nachweis seiner Tätigkeit (Arbeitsbescheinigung), auf Verlangen als *qualifiziertes Z.* mit detaillierten Angaben über Führung und Leistung. In dem Z. dürfen keine dem Arbeitnehmer nach-

teiligen Vorkommnisse aufgeführt sein, ohne Zustimmung des Arbeitnehmers dürfen keine Angaben über seinen Gesundheitszustand gemacht werden. Das Z. ist dem Arbeitnehmer unverzüglich auszuhändigen.

Ziehungsrecht
Möglichkeit eines Staates, gegen Hingabe eigener Währung Devisen aus einem internationalen Fonds zu erhalten, um Zahlungsbilanzdefizite abzudecken. ↑ Sonderziehungsrechte, ↑ IMF, International Monetary Fund.

Zielgruppe
Personen und Unternehmen, die als potentielle Kunden gesehen werden. Auf ihre Wünsche und Bedürfnisse werden sämtliche marketingpolitischen Aktivitäten (*Marketing*) ausgerichtet, um sie als tatsächliche Kunden zu gewinnen.

Zielkauf
Kauf, bei dem ein *Zahlungsziel* gewährt wird. Häufige Form des Lieferanten-Kredits.

Zielkostenrechnung
Auch: *target costing*; Kostenrechnungssystem, das nicht erst bei der Produktion auf Kostenminimierung abzielt, sondern versucht, bereits in der Entwicklungsphase des Produkts Einsparungen vorzunehmen. Zugrunde liegt ein streng marktorientiertes Kostenmanagement, bei dem die wichtigste Frage lautet, wieviel ein Produkt höchstens kosten darf, um sich im Markt behaupten zu können.

Zins
Der Preis für überlassenes Geld oder Kapital, also auch für Vermögenswerte wie Wohnungen und andere Gegenstände (Miete, Pachtzins).

Zinsabschlagsteuer
↑ Kapitalertragsteuer.

Zinsfuß
Prozentuale Angabe des zu zahlenden Zinses. Häufig synonym mit Zinssatz gebraucht; für finanzmathematische Zwecke zu unterscheiden. Der Z. richtet sich nach dem Diskontsatz und der Geldpolitik der Bundesbank sowie den Beziehungen zwischen Bank und Bankkunden.

Zinsrechnung
Finanzmathematische Berechnung der Zinsen eines Kapitals.
Formel zur Berechnung der Zinsen:

$$\text{Zinsen} = \frac{\text{Kapital} \times \text{Zeit} \times \text{Zinsfuß}}{100 \times 360}$$

Zinssatz
↑ Zinsfuß.

Zinsschein
Urkunde, die für den Erhalt der Zinsen für festverzinsliche Wertpapiere dient (*Kupon*). Sämtliche Z., zuzüglich des ↑ Erneuerungsscheins (*Talon*) ergeben den *Zinsscheinbogen*.

Zivilgerichtsbarkeit
Teil der ↑ ordentlichen Gerichtsbarkeit, zuständig für die Rechtsverhältnisse und -beziehungen der Bürger untereinander. 1. Instanz bis zum Streitwert von 10.000 DM ist das Amtsgericht, sonst ist das Landgericht zuständig. Weitere Instanzen: Oberlandesgericht und Bundesgerichtshof.

Zoll
Steuerähnliche Abgabe an den Staat bei der Ein- oder Ausfuhr von Gütern in das Zollin- oder -ausland (↑ Ausfuhrzoll, ↑ Einfuhrzoll). Im Rahmen des ↑ Protektionismus spielt der *Schutzzoll* eine wichtige Rolle, da er inländische Produzenten vor ausländischer Konkurrenz schützen soll. Der Z. wird gewöhnlich als *Wertzoll* erhoben, d.h. die Höhe der zu leistenden Zollabgabe wird berechnet aus einem bestimmten Prozentsatz, der auf den Wert einer Ware erhoben wird. Im Gegensatz dazu wird bei dem sog. *Mengenzoll* ein bestimm-

ter Wert pro importierter Ware (oder pro Gewicht) als Zoll berechnet.

Zollbürgschaft
↑ Avalkredit.

Zollgebiet
Hoheitsgebiet, das durch die *Zollgrenze* umschlossen ist und in dem das *Zollrecht* gilt.

Zolltarif
Verzeichnis der zu erhebenden Zölle, geordnet nach Warengattungen. Dem Z. liegt jeweils ein Tarifschema zugrunde.

Zollunion
Zusammenschluß mehrerer Länder mit der Absprache, bei gegenseitigem Güteraustausch keinen Zoll zu erheben und gegenüber Drittländern einen gemeinsamen Außenzolltarif anzuwenden. ↑ Integration.

Zubehör
Bewegliche Sachen, die, ohne Bestandteile der Hauptsache zu sein, dazu bestimmt sind, der Hauptsache zu dienen, z.B. Reifen dem Auto oder Maschinen den Gebäuden. Z. wird im Zweifel bei Belastungen oder Veräußerungen der Hauptsache mit übertragen.

Zugangsberechtigung
Aus Sicherheitsgründen, aber auch wegen der Unternehmensorganisation wird der Zugang zu Netzwerken und deren Anwendungen geregelt, z.B. durch ↑ Paßworte und festgelegte Berechtigungen für bestimmte Daten.

Zug um Zug
Leistungsaustausch, bei dem beide Parteien gleichzeitig erfüllen, z.B. Warenlieferung gegen Bezahlung.

Zurückbehaltungsrecht
Das Recht einer Partei, eine Leistung so lange zu verweigern, bis der Vertragspartner seine geschuldete Leistung erbringt. Es muß ein natürlicher und wirtschaftlicher Zusammenhang zwischen den beiden Leistungen bestehen. Besondere Vorschriften gelten für das kaufmännische Z. und das Z. bei gegenseitigen Verträgen.

Zusatzkosten
Kosten, die sich nicht von ↑ Ausgaben oder ↑ Aufwendungen ableiten, sondern die kalkulatorisch für Leistungen des Unternehmens angesetzt werden, um die eigene Kostensituation mit derjenigen verwandter Betriebe vergleichen zu können. – *Beispiele:* ↑ Kalkulatorischer Unternehmerlohn, ↑ kalkulatorische Zinsen des Eigenkapitals.

Zusatznutzen
Teil des ↑ Nutzens, der ergänzend zum ↑ Grundnutzen eines Produktes hinzutritt. Z. meint die individuelle Wertschätzung des Produktes durch den Käufer bzw. die Geltung (soziale Bedeutung), die das Gut für ihn hat.

Zuschlagskalkulation
Bei Einzel- oder Serienfertigung in der Praxis am häufigsten angewendete ↑ Kalkulation, die mit Einzel- und Gemeinkosten rechnet. Die Z. ordnet den Kostenträgern die ↑ Einzelkosten zu, die anteiligen ↑ Gemeinkosten werden anschließend prozentual auf der Basis der Einzelkosten „zugeschlagen". – *Schema:*

	Materialeinzelkosten (Rohstoffverbrauch)
+	Materialgemeinkosten
(1)	Materialkosten
+	Fertigungseinzelkosten (Fertigungslöhne)
+	Fertigungsgemeinkosten
+	Sondereinzelkosten der Fertigung
(2)	Fertigungskosten
(1) + (2)	Herstellkosten
+	Verwaltungsgemeinkosten
+	Vertriebsgemeinkosten
+	evtl. Sondereinzelkosten des Vertriebs
=	Selbstkosten

Zuschreibung
Erhöhung des ↑ Buchwertes von Vermögensgegenständen entweder als Folge einer Wertzunahme, ohne daß sich die Substanz oder Wesensart des Wirtschaftsgutes geändert hat, oder als Korrektur überhöhter ↑ Abschreibungen früherer Rechnungsperioden. – *Handelsrechtlich* sind Z. zulässig, wenn die Gründe für die in früheren Geschäftsjahren vorgenommenen Abschreibungen nicht mehr bestehen. Für Kapitalgesellschaften besteht handelsrechtlich grundsätzlich ein Zuschreibungsgebot.

Zuschüsse
Private oder öffentliche Zuwendungen, i.d.R. Zahlungen an Unternehmen aus unterschiedlichen Gründen, z.B. Lohnkostenzuschuß durch die Bundesanstalt für Arbeit für die Eingliederung von Langzeitarbeitslosen.

Zustimmung
Juristischer Oberbegriff für ↑ Einwilligung (vorherige Z.) und ↑ Genehmigung (nachherige Z.).

Zwangsvergleich
Vom Gemeinschuldner vorgeschlagener und vom Konkursgericht bestätigter ↑ Vergleich zur Abwendung eines bereits eröffneten Konkurses, wenn für die Weiterführung des notleidenden Unternehmens gute Aussichten bestehen. Dem Z. kann vom Konkursgericht nur dann zugestimmt werden, wenn die ↑ bevorrechtigten Forderungen voll befriedigt worden sind. – Im Konkurs einer Personengesellschaft begrenzt der Z. den Umfang der persönlichen Haftung der Gesellschafter. – Durch die ab 1.1.1999 geltende ↑ Insolvenzordnung wird der Z. in gewisser Weise durch den ↑ Insolvenzplan ersetzt.

Zwangsversteigerung
↑ Zwangsvollstreckung.

Zwangsvollstreckung
Anwendung staatlicher Gewalt zur Durchsetzung eines privatrechtlichen Anspruchs des Gläubigers. – *Arten*:
1. Z. in das *bewegliche* Vermögen: ↑ Pfändung. Der Gerichtsvollzieher pfändet Sachen, die sich im Gewahrsam des Schuldners befinden, und verwertet sie bei der Zwangsversteigerung. Sie ist mit Ort, Zeit und Gegenstand der Versteigerung bekanntzugeben; ↑ Versteigerung.
2. Z. in das *unbewegliche* Vermögen: Im Rahmen der *Zwangsversteigerung* wird das Grundstück veräußert. Aus dem Erlös werden die Gläubiger befriedigt.

zweifelhafte Forderung
↑ Forderung, deren Eingang ungewiß ist. Das Gesetz schreibt vor, daß solche Forderungen am Jahresende mit ihrem wahrscheinlichen Wert anzugeben sind, d.h. der vermutete Ausfall ist abzuschreiben. – *Buchung*: Abschreibung auf Forderungen an z.F. (oder indirekt über Einzelwertberichtigung). Zu beachten ist, daß die Umsatzsteuer bei dieser geschätzten Abschreibung am Jahresende außer acht gelassen werden muß. Korrigiert wird sie erst dann, wenn der tatsächliche Ausfall besteht.

Zwischenprüfung
Nach § 42 Berufsbildungsgesetz vorgeschriebener Test zur Feststellung des Leistungsstandes des Auszubildenden innerhalb der Ausbildungszeit, oft nach 1 bis 1 1/2 Jahren. Der Ausbilder meldet den Auszubildenden zur Prüfung an, stellt ihn für die Prüfungsdauer frei und zahlt die Prüfungsgebühr.

Zwischenschein
Früher: *Interimsschein*; auf den Namen lautende vorläufige Urkunde, die nach Gründung einer AG vor Ausstellung der endgültigen Aktien ausgegeben wird.